D'accord! 2

LANGUE ET CULTURE DU MONDE FRANCOPHONE

VISTA®
HIGHER LEARNING

Boston, Massachusetts

On the cover: Staircase, Grand Palais, Paris, France

Publisher: José A. Blanco

Editorial Development: Megan Moran, Sharla Zwirek

Project Management: Brady Chin, Sally Giangrande, Rosemary Jaffe, Faith Ryan

Rights Management: Annie Pickert Fuller, Ashley Poreda

Technology Production: Jamie Kostecki, Reginald Millington, Sonja Porras, Paola Ríos Schaaf

Design: Radoslav Mateev, Gabriel Noreña, Andrés Vanegas

Production: Sergio Arias, Oscar Díez

Student Text ISBN: 978-1-68005-806-2
Teacher's Edition ISBN: 978-1-68005-807-9
Library of Congress Control Number: 2017949781

1 2 3 4 5 6 7 8 9 TC 22 21 20 19 18 17

AP and Advanced Placement Program are registered trademarks of the College Board, which was not involved in the production of, and does not endorse, this product.

Printed in Canada

Contents

Scope & Sequence: D'accord! 1A & 1B

1A

Unit/Lesson	Contextes	Structures	Culture/Panorama
Unité 1 Salut!			
Leçon 1A	Greetings and goodbyes Introductions and expressions of courtesy	Nouns and articles Numbers 0–60	Greetings and manners
Leçon 1B	People and things around the classroom	Subject pronouns and the verb **être** Adjective agreement	French identity and diversity **Le monde francophone**
Unité 2 Au lycée			
Leçon 2A	Academic life	Present tense of regular **-er** verbs Forming questions and expressing negation	French school life
Leçon 2B	Everyday activities	Present tense of **avoir** Telling time	**Le bac** **La France**
Unité 3 La famille et les copains			
Leçon 3A	Family, friends, and pets	Descriptive adjectives Possessive adjectives	Families in France
Leçon 3B	Descriptive adjectives Occupations	Numbers 61–100 Prepositions of location and disjunctive pronouns	Relationships **La Suisse** **La Belgique**
Unité 4 Au café			
Leçon 4A	Places and activities around town	The verb **aller** Interrogative words	Popular leisure activities
Leçon 4B	Going to a **café**	The verbs **prendre** and **boire**; Partitives Regular **-ir** verbs	**Café** culture **Le Québec**

1B

Unit/Lesson	Contextes	Structures	Culture/Panorama
Reprise			
	A brief overview of the contexts and grammar from Level 1A		
Unité 5 Les loisirs			
Leçon 5A	Leisure activities	The verb **faire** and the expression **il faut** Irregular **-ir** verbs	Soccer in France
Leçon 5B	Weather Seasons and months	Numbers 101 and higher Spelling-change **-er** verbs	Public spaces in France **L'Afrique de l'Ouest** **L'Afrique centrale**
Unité 6 Les fêtes			
Leçon 6A	Parties and celebrations Stages of life	Demonstrative adjectives The **passé composé** with **avoir**	**Le carnaval**
Leçon 6B	Clothing and colors	Indirect object pronouns Regular and irregular **-re** verbs	Fashion **Le Maroc** **L'Algérie** **La Tunisie**
Unité 7 En vacances			
Leçon 7A	Travel and transportation	The **passé composé** with **être** Direct object pronouns	Tahiti
Leçon 7B	Hotels and accommodations	Adverbs and the verbs **dire**, **écrire**, and **lire** The **imparfait**	Vacations **La Polynésie française** **L'Asie du Sud-Est**
Unité 8 Chez nous			
Leçon 8A	Parts of the house Furniture	The **passé composé** vs. the **imparfait** (Parts 1 and 2) The verb **vivre**	Housing in the Francophone world
Leçon 8B	Household chores	The **passé composé** vs. the **imparfait** (Summary) The verbs **savoir** and **connaître**	Household interiors **Paris** **L'Île-de-France**

Scope & Sequence: D'accord! 1

1

Unit/Lesson	Contextes	Structures	Culture/Panorama
Unité 1 Salut!			
Leçon 1A	Greetings and goodbyes Introductions and expressions of courtesy	Nouns and articles Numbers 0–60	Greetings and manners
Leçon 1B	People and things around the classroom	Subject pronouns and the verb **être** Adjective agreement	French identity and diversity **Le monde francophone**
Unité 2 Au lycée			
Leçon 2A	Academic life	Present tense of regular **-er** verbs Forming questions and expressing negation	French school life
Leçon 2B	Everyday activities	Present tense of **avoir** Telling time	**Le bac** **La France**
Unité 3 La famille et les copains			
Leçon 3A	Family, friends, and pets	Descriptive adjectives Possessive adjectives	Families in France
Leçon 3B	Descriptive adjectives Occupations	Numbers 61–100 Prepositions of location and disjunctive pronouns	Relationships **La Suisse** **La Belgique**
Unité 4 Au café			
Leçon 4A	Places and activities around town	The verb **aller** Interrogative words	Popular leisure activities
Leçon 4B	Going to a **café**	The verbs **prendre** and **boire;** Partitives Regular **-ir** verbs	**Café** culture **Le Québec**
Unité 5 Les loisirs			
Leçon 5A	Leisure activities	The verb **faire** and the expression **il faut** Irregular **-ir** verbs	Soccer in France
Leçon 5B	Weather Seasons and months	Numbers 101 and higher Spelling-change **-er** verbs	Public spaces in France **L'Afrique de l'Ouest** **L'Afrique centrale**
Unité 6 Les fêtes			
Leçon 6A	Parties and celebrations Stages of life	Demonstrative adjectives The **passé composé** with **avoir**	**Le carnaval**
Leçon 6B	Clothing and colors	Indirect object pronouns Regular and irregular **-re** verbs	Fashion **Le Maroc** **L'Algérie** **La Tunisie**
Unité 7 En vacances			
Leçon 7A	Travel and transportation	The **passé composé** with **être** Direct object pronouns	Tahiti
Leçon 7B	Hotels and accommodations	Adverbs and the verbs **dire**, **écrire**, and **lire** The **imparfait**	Vacations **La Polynésie française** **L'Asie du Sud-Est**
Unité 8 Chez nous			
Leçon 8A	Parts of the house Furniture	The **passé composé** vs. the **imparfait** (Parts 1 and 2) The verb **vivre**	Housing in the Francophone world
Leçon 8B	Household chores	The **passé composé** vs. the **imparfait** (Summary) The verbs **savoir** and **connaître**	Household interiors **Paris** **L'Île-de-France**

2

Unit/Lesson	Contextes	Structures	Culture/Panorama
Reprise			
	Review of Level 1 vocabulary	Review of Level 1 grammar	Summer vacation activities
Unité Préliminaire Chez nous			
Leçon PA	Parts of the house Furniture	The **passé composé** vs. **the imparfait** (Parts 1 and 2) The verb **vivre**	Housing in the Francophone world
Leçon PB	Household chores	The **passé composé** vs. the **imparfait** (Summary) The verbs **savoir** and **connaître**	Household interiors **Paris** **L'Île-de-France**
Unité 1 La nourriture			
Leçon 1A	Food and meals	The verb **venir**, the **passé récent**, and time expressions The verbs **devoir, vouloir, pouvoir**	French gastronomy and the **Guide Michelin**
Leçon 1B	Dining Specialty food shops	Comparatives and superlatives of adjectives and adverbs Double object pronouns	French meals **La Normandie** **La Bretagne**
Unité 2 La santé			
Leçon 2A	Parts of the body Daily routine	Reflexive verbs Reflexives: **Sens idiomatique**	Healthcare in France
Leçon 2B	Health, maladies, and remedies	The **passé composé** and **imparfait** of reflexive verbs The pronouns **y** and **en**	**La sécurité sociale** **La Nouvelle-Aquitaine** **L'Occitanie**
Unité 3 La technologie			
Leçon 3A	Computers and electronics	Prepositions with the infinitive Reciprocal verbs	Technology
Leçon 3B	Cars and driving	The verbs **ouvrir** and **offrir** **Le conditionnel**	Cars in France **Provence-Alpes-Côte d'Azur** **La Corse**
Unité 4 En ville			
Leçon 4A	Errands	**Voir, croire, recevoir,** and **apercevoir** Negative/affirmative expressions	Small shops
Leçon 4B	Giving and getting directions	**Le futur simple** Irregular stems in the **futur simple**	French cities and towns **Les Pays de la Loire** **Le Centre-Val de Loire**
Unité 5 L'avenir et les métiers			
Leçon 5A	At the office Making phone calls	**Le futur simple** with **quand** and **dès que** The interrogative pronoun **lequel**	Phones in France
Leçon 5B	Professions	**Si** clauses Relative pronouns **qui, que, dont, où**	Unions and strikes **L'Auvergne-Rhône-Alpes** **La Bourgogne-Franche-Comté**
Unité 6 L'espace vert			
Leçon 6A	Environmental concerns	Demonstrative pronouns The subjunctive (Part 1)	The ecological movement in France
Leçon 6B	Nature	The subjunctive (Part 2) Comparatives and superlatives of nouns	National parks **Le Grand Est** **Les Hauts-de-France**
Unité 7 Les arts			
Leçon 7A	Performance arts	The subjunctive (Part 3) Possessive pronouns and **être à (quelqu'un)**	Theater in France
Leçon 7B	Literary arts TV and movies	The subjunctive (Part 4) Review of the subjunctive	Haitian painting **La France d'outre-mer**

3	Lesson	Contextes	Structures	Imaginez/Culture	Film/Littérature
	Reprise				
		Review of Levels 1 and 2 vocabulary	Review of Levels 1 and 2 grammar		
	Leçon 1 Ressentir et vivre				
		Relationships	Spelling-change verbs The irregular verbs **être**, **avoir**, **faire**, and **aller** Forming questions	**Les États-Unis** **Les francophones d'Amérique**	**Court métrage:** *Tout le monde dit je t'aime* (**France**) **Littérature:** *Il pleure dans mon cœur* de Paul Verlaine
	Leçon 2 Habiter en ville				
		Towns and cities	Reflexive and reciprocal verbs Descriptive adjectives and adjective agreement Adverbs	**La France** **Rythme dans la rue: La fête de la Musique**	**Court métrage:** *J'attendrai le suivant* (**France**) **Littérature:** *Tout bouge autour de moi* de Dany Laferrière
	Leçon 3 L'influence des médias				
		News and media	The **passé composé** with **avoir** The **passé composé** with **être** The **passé composé** vs. the **imparfait**	**Le Québec** **Guy Laliberté, un homme hors du commun**	**Court métrage:** *Le Technicien* (**Canada**) **Littérature:** *99 Francs* de Fréderic Beigbeder
	Leçon 4 La valeur des idées				
		Human rights Politics	The **plus-que-parfait** Negation and indefinite adjectives and pronouns Irregular **-ir** verbs	**Les Antilles** **Haïti, soif de liberté**	**Court métrage:** *L'hiver est proche* (**France**) **Littérature:** *Discours sur la misère* de Victor Hugo
	Leçon 5 La société en évolution				
		Diversity Social change	Partitives The pronouns **y** and **en** Order of pronouns	**L'Afrique de l'Ouest** **Le numérique fait bouger les écoles africaines**	**Court métrage:** *Samb et le commissaire* (**Suisse**) **Littérature:** *Le marché de l'espoir* de Ghislaine Sathoud
	Leçon 6 Les générations que bougent				
		Families Stages of life	The subjunctive: impersonal expressions; will, opinion, and emotion Demonstrative pronouns Irregular **-re** verbs	**L'Afrique du Nord et le Liban** **Jour de mariage**	**Court métrage:** *De l'autre côté* (**Algérie/France**) **Littérature:** *La logique des grands* de Olivier Charneux
	Leçon 7 À la recherche du progrès				
		Technology and inventions The sciences	The comparative and superlative of adjectives and adverbs The **futur simple** The subjunctive with expressions of doubt and conjunctions; the past subjunctive	**La Belgique, la Suisse, et le Luxembourg** **CERN: À la découverte d'un univers particulier**	**Court métrage:** *Le Manie-Tout* (**France**) **Littérature:** *Solitude numérique* de Didier Daeninckx
	Leçon 8 S'évader et s'amuser				
		Leisure activities Sports	Infinitives Prepositions with geographical names The **conditionnel**	**L'océan Indien** **La Réunion, île intense**	**Court métrage:** *Le ballon prisonnier* (**France**) **Littérature:** *Le football* de Sempé-Goscinny
	Leçon 9 Perspectives de travail				
		At the office Banking and finances	Relative pronouns The present participle Irregular **-oir** verbs	**L'Afrique Centrale** **Des Africaines entrepreneuses**	**Court métrage:** *Bonne nuit Malik* (**France**) **Littérature:** *Les tribulations d'une caissière* de Anna Sam
	Leçon 10 Les richesses naturelles				
		Nature The environment	The past conditional The future perfect **Si** clauses	**La Polynésie française, la Nouvelle-Calédonie, l'Asie** **Les richesses du Pacifique**	**Court métrage:** *L'homme qui plantait des arbres* (**Québec, Canada**) **Littérature:** *Baobab* de Jean-Baptiste Tati-Loutard

Traditional
sequence of study

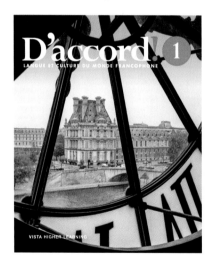
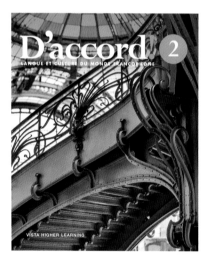
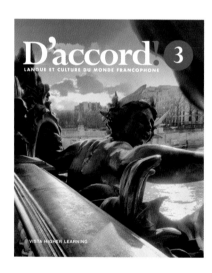

Year 1   **Year** 2   **Year** 3

- Sequenced instruction builds interpretive, interpersonal, and presentational communication skills
- Consistent pedagogy enables a seamless transition from year to year

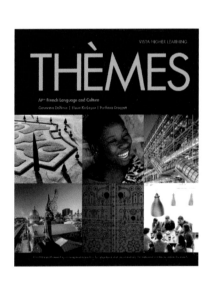

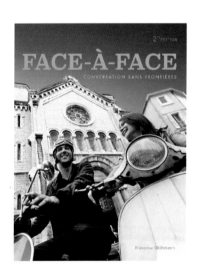

AP®   Advanced

- Focus on personalized language learning enhances the student experience
- A single technology portal built specifically for world language education—vhlcentral

Alternate
sequence of study

D'accord! 1
Unités 1 – 5

Salut! **1**

Au lycée **2**

La famille et les copains **3**

Au café **4**

Les loisirs **5**

D'accord! 1
Unités 6 – 8

Les fêtes **6**

En vacances **7**

Chez nous **8**

D'accord! 2
Unités 1 – 2

La nourriture **1**

La santé **2**

D'accord! 2
Unités 3 – 7

La technologie **3**

En ville **4**

L'avenir et les métiers **5**

L'espace vert **6**

Les arts **7**

Year 1   **Year 2**   **Year 3**

Are you considering a different pace that better accommodates the breadth and depth of the program? Then consider this alternative sequence of study successfully used in schools across the country.

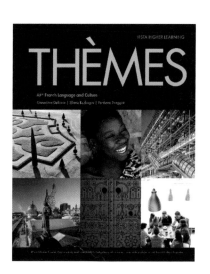

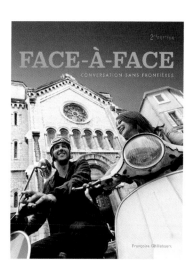

Year 4   AP®   Advanced

Pace **D'accord!** 1 and 2 over three years to give you the flexibility you desire for your program. And no matter which sequence of study you choose, vhlcentral is always there to support instruction and learning.

D'accord! PRIME vs. D'accord! Supersite

At Vista Higher Learning, we recognize that classrooms and districts across the country are implementing technology at varying rates. That's why we offer two levels of technology with **D'accord! Prime** or **Supersite**. The program's flexibility makes it a good fit for any curriculum or infrastructure—both today and for years to come.

For the **Teacher**

COMPONENT	WHAT IS IT?	PRIME	Supersite
Teacher's Edition	Teacher support for core instruction	•	•
Activity Pack (with Answer Key)	Supplementary activities for levels 1 and 2, including: • Additional structured language practice • Additional activities using authentic sources • Communication activities for practicing interpersonal speaking • Lesson review activities	•	•
Audio and Video Scripts	Scripts for all audio and video selections: • Textbook audio • *Cahier de l'élève* audio • Testing Program audio • Video Virtual Chat scripts • *Roman-photo*, *Le Zapping*, and *Flash culture* • Grammar Tutorials	•	•
Cahier de l'élève Teacher's Edition	Workbook with overprinted answers		•
Digital Image Bank	Images and maps from the text to use for presentation in class, plus a bank of illustrations to use with the Instructor-Created Content tool	•	•
Grammar Presentation Slides	Grammar presentation reformatted in PowerPoint	•	•
I Can Worksheets	Unit Objectives broken down by section and written in student-friendly "I Can" statement format	•	•
Implementation Guides	In-depth support for every stage of instruction—from planning and implementation, to assessment and remediation	•	•
Index to AP® Themes and Contexts	Overview chart showing where you can explore the various themes and contexts with students	•	•
Learning Templates	Pre-built syllabi that provide you with flexible options to suit your On-level and Above-level classes		•
Lesson Plans	Editable block and standard schedules	•	•
Pacing Guides	Guidelines for how to cover the level's instructional material for a variety of scenarios (standard, block, etc.)	•	•
Program Audio	Audio files for all textbook and *Cahier* audio activities	•	•
Teacher's DVD Set	*Roman-photo*/*Flash culture* DVD, Teacher Resources DVD	•	•
Testing Program (with Answer Key)	Quizzes, tests, and exams; includes IPAs with grading rubrics	•	•
Testing Program Audio	Audio to accompany all tests and exams	•	•

For the **Student**

COMPONENT	WHAT IS IT?	PRIME	Supersite
Student Edition	Core instruction for students	•	•
Cahier de l'élève	Student workbook with listening and writing practice		•
Audio-synced Readings	Audio to accompany all *Lecture* selections	•	•
Dictionary	Easy digital access to dictionary	•	•
eBook	Downloadable Student Edition		•
eCompanion	Online version of the Student Edition	•	
Enhanced Diagnostics	Embedded assessment activities provide immediate feedback to students	•	
Flash culture Video	Young broadcasters from the French-speaking world share cultural aspects of life	•	•
Grammar Tutorials	Animated tutorials pair lesson concepts with fun examples and interactive questions that check for understanding		•
Grammar Tutorials with Diagnostics	Interactive tutorials featuring embedded quick checks and multi-part diagnostics with real-time feedback and remediation	•	
Learning Progression	Unique learning progression logically contextualizes lesson content	•	
Le Zapping Video	Authentic TV clips from across the French-speaking world	•	•
My Vocabulary	A variety of tools to practice vocabulary	•	•
News and Cultural Updates	Monthly posting of authentic resource links with scaffolded activities	•	•
Online Information Gap Activities	Student pairs work synchronously to record a conversation as they negotiate for meaning to complete a task	•	
Partner Chat Activities	Pairs of students work synchronously to record a conversation in the target language	•	•
Personalized Study Plan	Personalized prescriptive pathway highlights areas where students need more practice	•	
Practice Tests with Diagnostics	Students get feedback on what they need to study before a test or exam	•	•
Pronunciation Tutorials	Interactive presentation of French pronunciation and spelling with Speech Recognition	•	
Roman-photo Video	Engaging storyline video	•	•
Speech Recognition	Innovative technology analyzes students' speech and provides real-time feedback	•	
vText	Virtual interactive textbook for browser-based exploration		•
Video Virtual Chat Activities	Students create simulated conversations by responding to questions delivered by video recordings of native speakers	•	•
Vocabulary Hotspots	Vocabulary presentation with embedded audio	•	•
Vocabulary Spotlights	Automated spotlighting on images with audio	•	
Vocabulary Tutorials (Interactive)	Lesson vocabulary taught in a cyclical learning sequence—Listen & repeat, Match, Say it—with Speech Recognition and diagnostics	•	
Web-enhanced Readings	Dynamic presentation with audio	•	

Student-Directed Learning

To effectively learn a new language, students need opportunities for meaningful practice—both inside and outside of the classroom. **D'accord! Prime** provides students with the interactive tools and engaging content they need to stay motivated and on track throughout the school year.

D'accord! Prime is unique in its organization and delivery of lesson content. Each color-coded strand features a progression that contextualizes the learning experience for students by breaking lesson content into comprehensible chunks.

Teacher-Driven Technology

D'accord! Prime allows your unique teaching style to shine through. Use the powerful Assignment Wizard to build courses quickly and easily to meet the needs of each classroom. With this program, you'll have the time and flexibility to create and incorporate your own activities, videos, assignments, and assessments. Adding your own voice is easy—and your students will hear your unique accent loud and clear.

With integrated content, comprehensive resources, and innovative tools, **D'accord! Prime** online provides everything you need to engage students and support language learning—all while making instruction easier.

A powerful setup wizard lets you customize your course settings, copy previous courses to save time, and create your all-in-one gradebook. Grades for teacher-created assignments (pop-quizzes, class participation, etc.) can be incorporated for a true, up-to-date cumulative grade.

Convenient options for grading include spot-checking, student-by-student, and question-by-question approaches. Plus, in-line editing tools and voice comments provide additional opportunities for targeted feedback.

Administer pre-built online quizzes and tests or develop your own—such as open-ended writing prompts or chat activities. You can also add your own text reference, image reference, or word bank to a section of a test.

Tailor your course to fit your needs. Create your own open-ended video Partner Chat activities, add video or outside resources, and modify existing content with personalized notes.

Explore and Learn

Explore and Learn activities engage students, so they can actively learn and build confidence in a safe online environment. With these low-stakes assignments, students receive credit for participation, not performance.

Explore

Explore interactive presentations activate students' prior knowledge and connect them with the material they are about to learn.

Contextes Explore features a multimodal presentation with audio, text, illustrations, and contemporary photos that immerses students in an engaging learning environment.

Contextes Spotlights capture and focus students' attention on key vocabulary from the lesson.

Roman-photo Explore mini video clips in an easy-to-follow storyboard format set the context for the entire episode.

Structures Explore features carefully designed charts and diagrams that call out key grammatical structures as well as additional active vocabulary. Audio and point-of-use photos from the Vocabulary Tutorials and *Roman-photo* episode provide additional context.

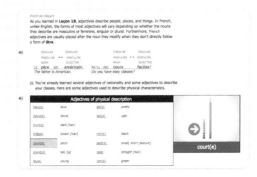

D'accord! Prime

Learn

Learn activities shift from receptive to interactive, inviting students to be active participants and take ownership of their learning. Embedded quick checks give students immediate feedback, without grading or demotivating them.

Vocabulary Tutorials feature a cyclical learning sequence that optimizes comprehension and retention:

- **Listen & repeat:** How does the word look and sound?

- **Match:** Which picture represents the word?

- **Say it:** Do you recognize the picture? Do you know how to say the word?

Audio hints and cognate/false cognate icons help students understand and remember new vocabulary.

Speech Recognition, embedded in the Vocabulary Tutorials, Pronunciation Tutorials, and *Roman-photo*, identifies student utterances in real time and objectively determines whether a student knows the word.

This innovative technology increases student awareness of pronunciation through low-stakes production practice.

Pronunciation Tutorials require students to engage with the material via interactive quick checks throughout each tutorial.

Real-time feedback via embedded Speech Recognition gives students an opportunity to reflect on their language patterns and increases their awareness of pronunciation for more effective speaking and listening skills.

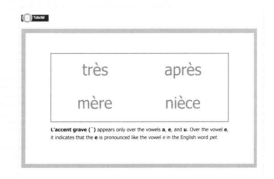

Culture à la loupe features a dynamic web-enhanced presentation of the reading with audio to engage 21st-century learners.

Practice

Practice activities are carefully scaffolded—moving from discrete to open-ended—to support students as they acquire new language. This purposeful progression develops students' confidence and skills as they master new vocabulary and structures.

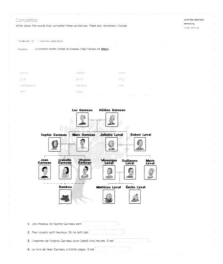

Communicate

Communicate activities provide opportunities for students to develop their oral skills and build confidence. Scaffolded activities expand on the three modes of communication: interpretive, interpersonal, and presentational.

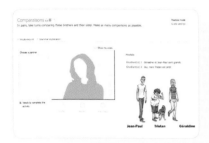

Online Information Gap activities engage student partners in interpersonal communication as they negotiate meaning to solve a real-world task. They also provide opportunities for students to learn how to ask for clarification, request information, and use circumlocution or paraphrasing when faced with misunderstandings.

Self-check

Self-check activities enable students to gauge their performance every step of the way. These low-stakes activities feature real-time feedback and personalized remediation that highlights areas where students may need more practice.

Évaluation personnelle is a self-check activity that provides students with low-stakes diagnostic opportunities for each vocabulary and grammar section. Depending on their performance, students are provided with opportunities for review.

Assessment

A variety of formative and summative assessments allow for varied and ongoing evaluation of student learning and progress. Tailor these assessments to meet the needs of your students.

Épreuve diagnostique is a multi-question practice test in the *Révision* section of each B lesson that provides students with a low-stakes opportunity for assessing their knowledge of the vocabulary and grammar points covered in each unit.

A **Personalized Study Plan** highlights areas where students need additional support and recommends remediation activities for completion prior to the unit test.

World-Readiness Standards
for Learning Languages

D'accord! blends the underlying principles of the *ACTFL Proficiency Guidelines and the World-Readiness Standards for Learning Languages* with features and strategies tailored specifically to build students' language and cultural competencies.

The *Standards* are organized into five goal areas, often called the Five C's: Communication, Cultures, Connections, Comparisons, and Communities. As **D'accord!** takes a communicative approach to the teaching and learning of French, the Communication goal is central to instruction. For example, the diverse formats used in *Communication* activities engage students in communicative exchanges, providing and obtaining information, and expressing feelings and emotions.

The Cultures goal is most evident in the *Culture*, *Le Zapping*, *Flash culture*, and *Panorama* sections, but **D'accord!** also weaves in culture throughout, exposing students to the multiple facets of practices, products, and perspectives of the French-speaking world. In keeping with the Connections goal, students can connect with other disciplines such as geography, history, fine arts, and science in the *Panorama* section; they can acquire information and recognize distinctive cultural viewpoints in the non-literary and literary texts of the *Lecture* sections.

The *Structures* sections feature clear explanations that reflect the Comparisons goal. Students can work toward the Connections and Communities goal when they do the *Culture* and *Panorama* sections' *Sur Internet activities*. Key Standards are called out in the Teacher's Edition wrap.

THE FIVE C'S OF FOREIGN LANGUAGE LEARNING	
Communication	Understand and be understood: read and listen to understand the French-speaking world, converse with others, and share your thoughts clearly through speaking and writing.
Cultures	Experience French-speaking cultures through their own viewpoints, in the places, objects, behaviors, and beliefs important to the people who live them.
Connections	Apply what you learn in your French course to your other studies; apply what you know from other courses to your French studies.
Comparisons	Discover in which ways the French language and French-speaking cultures are like your own—and how they differ.
Communities	Engage with French-speaking communities locally, nationally, and internationally both in your courses and beyond—for life.

Adapted from ACTFL's *Standards for Foreign Language Learning in the 21st Century*

Six-step
instructional design

D'accord! is built around Vista Higher Learning's proven six-step instructional design. Each unit is organized into color-coded strands that present new material in clear, comprehensible, and communicative ways. With a focus on personalization, authenticity, cultural immersion, and the seamless integration of text and technology, language learning comes to life in ways that are meaningful to each and every student.

1 **Context**
Provide students with a place to start. Let them share their own experiences with and about the unit topic.

2 **Vocabulary**
Give students a new linguistic code to express what they already know and experience in the context of the unit theme.

3 **Media**
Once students see that French is a tool for expressing their own ideas, media helps them relate their own experiences to those of native speakers.

4 **Culture**
Bring students into the experience of contemporary French-speaking culture as seen from the perspective of those living it.

5 **Structure**
The formal presentation of relevant grammar and scaffolded, personalized activities help students leverage grammar as a tool for building confidence, fluency, and accuracy.

6 **Synthesis**
Pulling everything together, students integrate context, personal experience, communication tools, and cultural products, perspectives, and practices.

Beginning with the
student in mind

La technologie

Unité 3

At-a-glance content summaries provide an overview of the vocabulary, grammar, and cultural topics covered in the unit.

Each unit includes two lessons and an end-of-unit **Savoir-faire** section.

All units open with images that provide visual context for the unit theme.

Pour commencer
jump-starts the unit, allowing students to use the French they know to talk about the photo.

Pour commencer
- La jeune fille est...
  a. au marché.   b. chez le médecin.
  c. en ville.
- Quel objet n'est pas sur la photo?
  a. du savon   b. une voiture
  c. un smartphone
- Que fait-elle?
  a. Elle va sur Internet.
  b. Elle téléphone.   c. Elle prend une photo.

Setting the stage
for communication

You will learn how to...
highlights the communicative goals and real-life tasks students will be able to carry out in French by the end of each lesson.

Theme-related vocabulary is introduced through full-color, expansive illustrations and easy-to-use reference lists.

Mise en pratique starts the lesson's activity sequence with controlled practice.

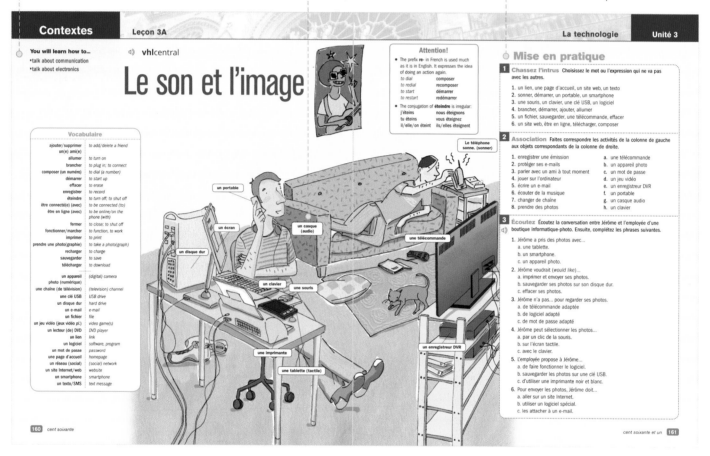

Contextes   Leçon 3A   La technologie   Unité 3

You will learn how to...
- talk about communication
- talk about electronics

◁)) **vhl**central

Le son et l'image

Attention!
- The prefix **re-** in French is used much as it is in English. It expresses the idea of doing an action again.

to dial	composer
to redial	recomposer
to start	démarrer
to restart	redémarrer

- The conjugation of **éteindre** is irregular:

j'éteins	nous éteignons
tu éteins	vous éteignez
il/elle/on éteint	ils/elles éteignent

Vocabulaire

ajouter/supprimer un(e) ami(e)	to add/delete a friend
allumer	to turn on
brancher	to plug in; to connect
composer (un numéro)	to dial (a number)
démarrer	to start up
effacer	to erase
enregistrer	to record
éteindre	to turn off; to shut off
être connecté(e) (avec)	to be connected (to)
être en ligne (avec)	to be online/on the phone (with)
fermer	to close; to shut off
fonctionner/marcher	to function, to work
imprimer	to print
prendre une photo(graphie)	to take a photo(graph)
recharger	to charge
sauvegarder	to save
télécharger	to download
un appareil photo (numérique)	(digital) camera
une chaîne (de télévision)	(television) channel
une clé USB	USB drive
un disque dur	hard drive
un e-mail	e-mail
un fichier	file
un jeu vidéo (jeux vidéo pl.)	video game(s)
un lecteur (de) DVD	DVD player
un lien	link
un logiciel	software, program
un mot de passe	password
une page d'accueil	homepage
un réseau (social)	(social) network
un site Internet/web	website
un smartphone	smartphone
un texto/SMS	text message

Le téléphone sonne. (sonner)

un portable
un écran
un casque (audio)
une télécommande
un disque dur
un clavier
une souris
un enregistreur DVR
une imprimante
une tablette (tactile)

160   cent soixante

◌ Mise en pratique

1 **Chassez l'intrus** Choisissez le mot ou l'expression qui ne va pas avec les autres.

1. un lien, une page d'accueil, un site web, un texto
2. sonner, démarrer, un portable, un smartphone
3. une souris, un clavier, une clé USB, un logiciel
4. brancher, démarrer, ajouter, allumer
5. un fichier, sauvegarder, une télécommande, effacer
6. un site web, être en ligne, télécharger, composer

2 **Association** Faites correspondre les activités de la colonne de gauche aux objets correspondants de la colonne de droite.

1. enregistrer une émission	a. une télécommande
2. protéger ses e-mails	b. un appareil photo
3. parler avec un ami à tout moment	c. un mot de passe
4. jouer sur l'ordinateur	d. un jeu vidéo
5. écrire un e-mail	e. un enregistreur DVR
6. écouter de la musique	f. un portable
7. changer de chaîne	g. un casque audio
8. prendre des photos	h. un clavier

3 **Écoutez** Écoutez la conversation entre Jérôme et l'employée d'une boutique informatique-photo. Ensuite, complétez les phrases suivantes.

1. Jérôme a pris des photos avec...
   a. une tablette.
   b. un smartphone.
   c. un appareil photo.
2. Jérôme voudrait (would like)...
   a. imprimer et envoyer ses photos.
   b. sauvegarder ses photos sur son disque dur.
   c. effacer ses photos.
3. Jérôme n'a pas... pour regarder ses photos.
   a. de télécommande adaptée
   b. de logiciel adapté
   c. de mot de passe adapté
4. Jérôme peut sélectionner les photos...
   a. par un clic de la souris.
   b. sur l'écran tactile.
   c. avec le clavier.
5. L'employée propose à Jérôme...
   a. de faire fonctionner le logiciel.
   b. sauvegarder les photos sur une clé USB.
   c. d'utiliser une imprimante noir et blanc.
6. Pour envoyer les photos, Jérôme doit...
   a. aller sur un site Internet.
   b. utiliser un logiciel spécial.
   c. les attacher à un e-mail.

cent soixante et un   161

Engaging students in **active communication**

Contextes | Leçon 3A

Communication

4 **Qui fait quoi?** Avec un(e) partenaire, formez des questions à partir de ces listes d'expressions. Ensuite, à tour de rôle, posez vos questions à votre partenaire afin d'en (*in order to*) savoir plus sur ses habitudes par rapport à la technologie.

MODÈLE
Élève 1: À qui envoies-tu des e-mails?
Élève 2: J'envoie des e-mails à mes professeurs pour les devoirs et à mes amis.

A	B	C
à qui	être en ligne	toi
combien de	recharger	tes parents
comment	télécharger	tes grands-parents
où	un e-mail	ton professeur de français
pour qui	un texto	ta sœur
pourquoi	un site web	tes amis
quand	un appareil photo numérique	les autres élèves
quel(le)(s)	un jeu vidéo	les enfants

5 **Mots croisés** Votre professeur va vous donner, à vous et à votre partenaire, deux grilles de mots croisés (*crossword puzzle*) incomplètes. Votre partenaire a les mots qui vous manquent, et vice versa. Donnez-lui une définition et des exemples pour compléter la grille. Attention! N'utilisez pas le mot recherché.

MODÈLE
Élève 1: Horizontalement (Across), le numéro 1, tu fais ça pour mettre ton fichier Internet sur ton disque dur.
Élève 2: Télécharger!

6 **La médiathèque** Travaillez avec un(e) partenaire pour créer une brochure pour une médiathèque. Ensuite, présentez votre brochure à la classe. Utilisez les mots et les expressions de cette leçon et mentionnez ces informations:

- nom, adresse et horaires de la médiathèque
- nombre et type d'appareils (*devices*) électroniques
- description des services et des collections de différents médias
- liste des services gratuits (*free*) et des services payants (*paid*) avec leurs prix

7 **La technologie d'hier et d'aujourd'hui** Avec un(e) partenaire, imaginez une conversation avec une personne célèbre du passé. Vous parlez de l'évolution de la technologie et, bien sûr, cette personne est choquée de voir (*see*) les appareils électroniques du 21ᵉ siècle (*century*). Utilisez les mots et expressions de cette leçon.

- Choisissez trois ou quatre appareils différents.
- Demandez/Donnez une définition pour chaque objet.
- Demandez/Expliquez comment utiliser chaque appareil.
- Demandez quels sont les points positifs et négatifs de chaque appareil, et expliquez-les.

The **Communication** section includes communicative activities that allow students to use the vocabulary creatively in interactions with a partner, a small group, or the entire class.

Hands-on activities encourage interaction and communication.

Video Virtual Chats Students create simulated conversations by responding to questions delivered by video recordings of native speakers. Students benefit from non-verbal and articulatory cues—essential for production and pronunciation.

Authenticity
in pronunciation and spelling

Les sons et les lettres presents the rules of French pronunciation and spelling.

The last activity features illustrative sayings and proverbs to practice the pronunciation or spelling point in an entertaining cultural context.

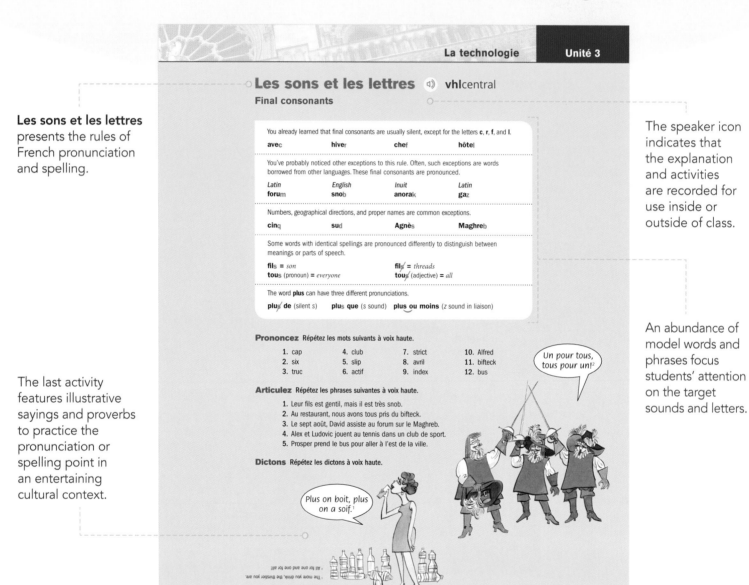

La technologie — Unité 3

Les sons et les lettres 🔊 vhlcentral
Final consonants

You already learned that final consonants are usually silent, except for the letters **c, r, f,** and **l**.

| avec | hiver | chef | hôtel |

You've probably noticed other exceptions to this rule. Often, such exceptions are words borrowed from other languages. These final consonants are pronounced.

| *Latin* | *English* | *Inuit* | *Latin* |
| forum | snob | anorak | gaz |

Numbers, geographical directions, and proper names are common exceptions.

| cinq | sud | Agnès | Maghreb |

Some words with identical spellings are pronounced differently to distinguish between meanings or parts of speech.

| fils = *son* | fils = *threads* |
| tous (pronoun) = *everyone* | tous (adjective) = *all* |

The word **plus** can have three different pronunciations.

plus de (silent s)   plus que (s sound)   plus ou moins (z sound in liaison)

Prononcez Répétez les mots suivants à voix haute.

1. cap
2. six
3. truc
4. club
5. slip
6. actif
7. strict
8. avril
9. index
10. Alfred
11. bifteck
12. bus

Articulez Répétez les phrases suivantes à voix haute.

1. Leur fils est gentil, mais il est très snob.
2. Au restaurant, nous avons tous pris du bifteck.
3. Le sept août, David assiste au forum sur le Maghreb.
4. Alex et Ludovic jouent au tennis dans un club de sport.
5. Prosper prend le bus pour aller à l'est de la ville.

Dictons Répétez les dictons à voix haute.

Plus on boit, plus on a soif.[1]

Un pour tous, tous pour un![2]

[1] The more you drink, the thirstier you are. [2] All for one and one for all!

cent soixante-trois 163

The speaker icon indicates that the explanation and activities are recorded for use inside or outside of class.

An abundance of model words and phrases focus students' attention on the target sounds and letters.

Media bridges
language and culture

Follow characters through all the levels of **D'accord!**.

Roman-photo storyline video brings lesson vocabulary and grammar to life. Students experience local life with a group of students living in Aix-en-Provence, France.

Products, practices, and perspectives are featured in every episode.

C'est qui, Cyberhomme? vhlcentral

Amina découvre l'identité de son ami virtuel.

PERSONNAGES

 Amina

 David

 Rachid

 Sandrine

 Valérie

Chez David et Rachid...
RACHID Dis donc, David! Un peu de silence. Je n'arrive pas à travailler!
DAVID Qu'est-ce que tu dis?
RACHID Je dis que je ne peux pas me concentrer! La télé est allumée, tu ne la regardes même pas. Et en même temps, la chaîne stéréo fonctionne et tu ne l'écoutes pas!

DAVID Oh, désolé, Rachid.
RACHID Ah, on arrive enfin à s'entendre parler et à s'entendre réfléchir! À quoi est-ce que tu joues?
DAVID Un jeu vidéo génial!
RACHID Tu n'étudies pas? Tu n'avais pas une dissertation à faire? Lundi, c'est dans deux jours!
DAVID Okay. Je le commence.

Au café...
SANDRINE Tu as un autre e-mail de Cyberhomme? Qu'est-ce qu'il dit?
AMINA Oh, il est super gentil, écoute: «Chère Technofemme, je ne sais pas comment te dire combien j'adore lire tes messages. On s'entend si bien et on a beaucoup de choses en commun. J'ai l'impression que toi et moi, on peut tout se dire.»

SANDRINE Il est adorable, ton Cyberhomme! Continue! Est-ce qu'il veut te rencontrer en personne?
VALÉRIE Qui vas-tu rencontrer, Amina? Qui est ce Cyberhomme?
SANDRINE Amina l'a connu sur Internet. Ils s'écrivent depuis longtemps, n'est-ce pas, Amina?

AMINA Oui, mais comme je te l'ai déjà dit, je ne sais pas si c'est une bonne idée de se rencontrer en personne. S'écrire des e-mails, c'est une chose; se donner rendez-vous, ça peut être dangereux.
VALÉRIE Amina a raison, Sandrine. On ne sait jamais.
SANDRINE Mais il est si charmant et tellement romantique...

Chez David et Rachid...
DAVID Et voilà! J'ai fini ma dissert, Rachid.
RACHID Bravo!
DAVID Maintenant, je l'imprime.
RACHID N'oublie pas de la sauvegarder.
DAVID Oh, non!
RACHID Tu n'as pas sauvegardé?

DAVID Si, mais... Attends... le logiciel redémarre. Ce n'est pas vrai! Il a effacé les quatre derniers paragraphes! Oh non!
RACHID Téléphone à Amina. C'est une pro de l'informatique. Peut-être qu'elle peut retrouver la dernière version de ton fichier.
DAVID Au secours, Amina! J'ai besoin de tes talents.

Un peu plus tard...
AMINA Ça y est, David. Voilà ta dissertation.
DAVID Tu me sauves la vie!
AMINA Ce n'était pas grand-chose, mais tu sais, David, il faut sauvegarder au moins toutes les cinq minutes pour ne pas avoir de problème.
DAVID Oui. C'est idiot de ma part.

RACHID Merci, Amina. Tu me sauves la vie aussi. Peut-être que maintenant, je vais pouvoir me concentrer.
AMINA Ah? Et tu travailles sur quoi? Ce n'est pas possible!... C'est toi, Cyberhomme?!

RACHID Et toi, tu es Technofemme?!
DAVID Évidemment, tu me l'as dit toi-même: Amina est une pro de l'informatique.

Expressions utiles

Expressing how you communicate with others
- **On arrive enfin à s'entendre parler!**
  Finally we can hear each other speak!
- **On s'entend si bien.**
  We get along so well.
- **On peut tout se dire.**
  We can tell each other anything.
- **Ils s'écrivent depuis longtemps.**
  They've been writing to each other for quite a while.
- **S'écrire des e-mails, c'est une chose; se donner rendez-vous, ça peut être dangereux.**
  Writing e-mails to each other, it's one thing; arranging to meet could be dangerous.

Additional vocabulary
- **se rencontrer**
  to meet each other
- **On ne sait jamais.**
  You/One never know(s).
- **Au secours!**
  Help!
- **C'est idiot de ma part.**
  It's stupid of me.
- **une chaîne stéréo**
  stereo system
- **une dissertation**
  paper
- **pas grand-chose**
  not much

A C T I V I T É S

1 **Vrai ou faux?** Indiquez si ces affirmations sont vraies ou fausses. Corrigez les phrases fausses.
1. Rachid est en train d'écrire (*in the process of writing*) une dissertation pour son cours de sciences po.
2. David ne fait pas ses devoirs immédiatement; il a tendance à remettre les choses à plus tard.
3. David aime les jeux vidéo.
4. David regarde la télévision avec beaucoup d'attention.
5. Rachid n'aime pas les distractions.
6. Valérie s'inquiète de la sécurité d'Amina.
7. David sauvegarde ses documents toutes les cinq minutes.
8. David pense qu'il a perdu la totalité de son document.
9. Amina sait beaucoup de choses sur la technologie.
10. Amina et Cyberhomme décident de se rencontrer.

2 **Questions** Répondez aux questions par des phrases complètes.
1. Pourquoi Rachid se met-il en colère?
2. Pourquoi y a-t-il beaucoup de bruit (*noise*) chez Rachid et David?
3. Est-ce qu'Amina s'entend bien avec Cyberhomme?
4. Que pense Valérie de la possibilité d'un rendez-vous avec Cyberhomme?
5. Qu'est-ce que Rachid fait pendant que David joue au jeu vidéo et écrit sa dissertation?

3 **À vous** Quant aux (*With regard to*) études, David et Rachid sont très différents. David aime les distractions et Rachid a besoin de silence pour travailler. Avec un(e) camarade de classe, décrivez vos habitudes en ce qui concerne (*concerning*) les études. Avez-vous les mêmes? Présentez vos conclusions à la classe.

Activities feature comprehension questions, communicative tasks, and research-based tasks.

The easy-to-follow storyboard sets the context for the video, while the dialogue boxes reinforce the lesson's vocabulary and preview the language structures that will be covered later in the lesson.

Expressions utiles organizes the most important words and expressions from the episode by language function, showing how students can apply them in real, practical ways.

Roman-photo Episodes bridge language and culture, providing a glimpse into everyday life in the French-speaking world. Each dramatic segment presents and reviews vocabulary and structures in accurate cultural contexts for effective training in both comprehension and personal communication.

Culture
presented in context

Culture à la loupe explores a topic related to the lesson theme with in-depth cultural information on related products, practices, and perspectives.

Le français quotidien presents familiar words and phrases related to the lesson's theme that are used in everyday spoken French.

Portrait features Francophone personalities, places, and customs that are of interest to students.

Culture — Leçon 3A — La technologie — Unité 3

vhlcentral

CULTURE À LA LOUPE

La technologie et les Français

Pendant les années 1980, la technologie a connu une grande évolution. En France, cette révolution technologique a commencé par l'invention du Minitel, développé par France Télécom, l'ancienne compagnie nationale française de téléphone, au début des années 1980. Le Minitel peut être considéré comme le prédécesseur d'Internet. C'est un petit terminal qu'on branche° sur sa ligne de téléphone et qui permet d'accéder à toutes sortes d'informations et de jeux, de faire des réservations de train ou d'hôtel, de commander des articles en ligne ou d'acheter des billets de concert, par exemple. Aujourd'hui, le Minitel n'existe plus. Internet l'a remplacé et la plupart° des Français sont équipés chez eux d'un ordinateur et d'une connexion haut débit°. Les Français ont le choix, pour ce haut débit, entre la connexion par câble, la ADSL° ou la fibre optique. L'autre manière° de se connecter à Internet, bien sûr, est avec son smartphone ou sa tablette.

mobile en 3G/4G ou à un des hotspots de wi-fi gratuit qui existent dans beaucoup de cafés, parcs, gares et autres lieux publics.

En ce qui concerne les autres appareils électroniques à la mode, on note une augmentation des achats° de consoles de jeux vidéo, de caméras vidéo, de tablettes tactiles, d'appareils photos numériques et hybrides° ou de produits périphériques° pour les ordinateurs, comme les imprimantes ou les casques audio. Mais l'appareil qui a connu le plus grand succès en France, c'est sans doute le téléphone portable. Presque tous les Français en possèdent un.

Tout ce dont° on a besoin est un abonnement° avec un opérateur téléphonique français ou international. On peut ensuite accéder à l'Internet grâce au réseau°

L'équipement technologique des Français (% de ménages)

Télévision	97,1
Téléphone fixe	91,1
Téléphone portable	88,9
Ordinateur	76,8
Lecteur DVD	76,7
Connexion Internet	75,1

SOURCE: INSEE

branche *connects* la plupart *most* haut débit *high speed* ADSL *DSL* manière *way* ce dont *that* abonnement *subscription* réseau *network* achats *purchases* hybrides *mirrorless* périphériques *peripheral*

LE FRANÇAIS QUOTIDIEN

Cyberespace

l'appli	application
faire glisser	to swipe; to scroll
un moteur de recherche	search engine
MDR (mort de rire)	LOL (laughing out loud)
l'ordi	computer
un pseudo	username
un smiley	emoticon; smiley face

LE MONDE FRANCOPHONE

Quelques stations de radio francophones

Voici quelques radios francophones en ligne.

En Afrique
Africa 1 radio africaine qui propose des actualités et beaucoup de musique africaine

En Belgique
Classic 21 radio orienté vers les tubes° classiques dans plusieurs genres: la musique rock, la pop, le métal, le blues, entre autres

En France
NRJ radio privée nationale pour les jeunes qui passe tous les grands tubes

En Suisse
Fréquence Banane radio universitaire de Lausanne

tubes *hits*

PORTRAIT

La fusée Ariane

Après la Seconde Guerre mondiale°, la conquête de l'espace° s'est amplifiée. En Europe, le premier programme spatial, le programme Europa, n'a pas eu beaucoup de succès et a été abandonné. En 1970, la France a proposé un nouveau programme spatial, le projet Ariane, qui a eu un succès considérable. La fusée° Ariane est un lanceur° civil de satellites européen. Elle est basée à Kourou, en Guyane française, département et région français d'outre-mer°, en Amérique du Sud. Elle transporte des satellites commerciaux vers° l'espace. La première fusée Ariane a été lancée en 1979 et il y a eu plusieurs générations de fusées Ariane depuis. Aujourd'hui, Ariane V (cinq), un lanceur beaucoup plus puissant° que ses prédécesseurs, est utilisée.

Guerre mondiale *World War* espace *space* fusée *rocket* lanceur *launcher* outre-mer *overseas* vers *towards* puissant *powerful*

Sur Internet

Qui est Jean-Loup Chrétien?

Go to vhlcentral.com to find more information related to this **Culture** section.

ACTIVITÉS

1 Répondez Répondez aux questions par des phrases complètes.
1. Quelle invention française est le prédécesseur d'Internet?
2. Qu'est-ce que le Minitel?
3. Quel était le nom de la compagnie nationale française de téléphone?
4. Quels sont les trois choix de connexion Internet haut débit en France?
5. Où peut-on accéder à l'Internet si on n'est pas à la maison?
6. Quels sont deux des appareils électroniques qu'on achète souvent en France en ce moment?
7. Quel appareil électronique a eu le plus de succès en France?
8. Quel est le pourcentage de Français qui possèdent un ordinateur?
9. Est-il courant (common) d'avoir Internet en France?
10. La majorité des Français ont-ils encore un Minitel?

2 Complétez Complétez les phrases d'après les textes.
1. Pour s'identifier sur un site Internet, on utilise souvent _____
2. Pour faire une recherche sur Internet, on utilise _____
3. En Suisse, beaucoup d'étudiants écoutent la radio _____
4. Le premier programme spatial européen s'appelait _____
5. La fusée Ariane est le _____ européen.

3 À vous... Avec un(e) partenaire, écrivez six phrases où vous utilisez le vocabulaire du Français quotidien. Soyez prêt(e)s à les présenter devant la classe.

166 *cent soixante-six*

167 *cent soixante-sept*

Charts and other graphic elements provide addtional cultural information to support student learning.

Le monde francophone continues the exploration of the lesson's cultural theme, but features information about various regions of the Francophone world.

Comprehension activities solidify learning.

Sur Internet features additional cultural explorations online.

News and Cultural Updates provide real-world connections to language and culture via authentic articles and videos. From online newspaper articles to TV news segments, each source is chosen for its age-appropriate content, currency, and high interest to students. All selections include scaffolded pre-, during, and post-reading and viewing activities for a wide range of learning abilities.

Grammar
as a tool not a topic

The **Structures** sections include two grammar points per lesson, each with an explanation and practice activities.

Carefully designed charts and diagrams call out key grammatical structures and forms, as well as important related vocabulary.

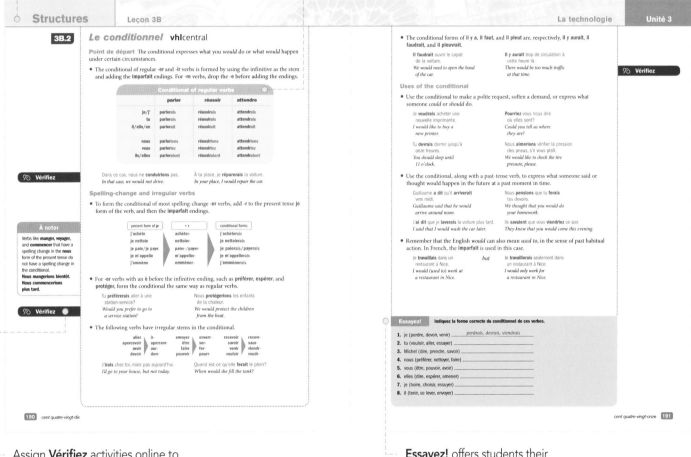

Assign **Vérifiez** activities online to give students practice with discrete grammar concepts before they move on to the main practice sequence.

Essayez! offers students their first comprehensive practice of each new grammar point.

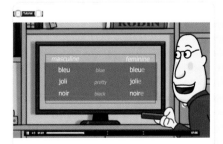

Animated Grammar Tutorials feature guided instruction with interspersed quick checks to keep students on track and ensure comprehension. *Le professeur* provides a humorous, engaging, and relatable twist to grammar instruction.

Carefully scaffolded
activities

Mise en pratique includes contextualized, sequenced activities that practice all the forms and structures in the grammar presentation.

Communication features pair and group activities for interpersonal and presentational communicative practice.

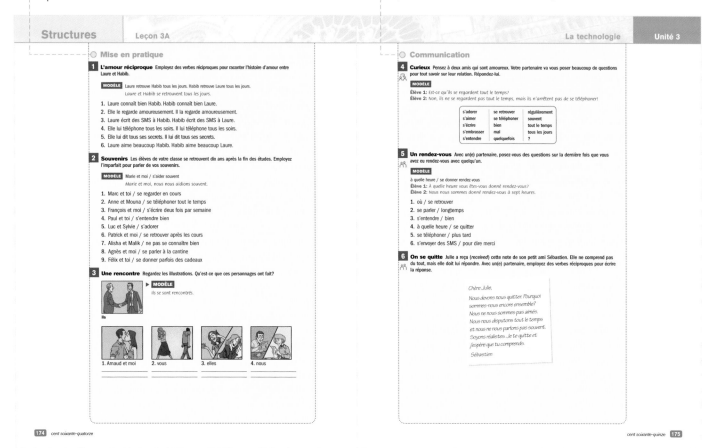

Partner Chat activities enable students to work in pairs to synchronously record a conversation in the target language to complete a specific activity. This collaboration facilitates spontaneous and creative communication in a safe environment.

Targeted review
and recycling

Révision

1 **À deux** Que peuvent faire deux personnes avec ces objets? Avec un(e) partenaire, répondez à tour de rôle et employez des verbes réciproques.

> **MODÈLE** un appareil photo numérique
>
> *Avec un appareil photo numérique, deux personnes peuvent s'envoyer des photos tout de suite.*

- un portable
- un smartphone
- du papier et un stylo
- un fax
- un ordinateur
- une tablette

Interpersonal activities encourage students to demonstrate proficiency with the lesson's vocabulary and grammar.

2 **La communication** Votre professeur va vous donner une feuille d'activités. Circulez dans la classe pour interviewer vos camarades. Comment communiquent-ils avec leurs familles et leurs amis? Pour chaque question, parlez avec des camarades différents qui doivent justifier leurs réponses.

> **MODÈLE**
>
> **Élève 1:** *Tes amis et toi, vous écrivez-vous plus de cinq textos par jour?*
> **Élève 2:** *Oui, parfois nous nous écrivons dix textos.*
> **Élève 1:** *Pourquoi vous écrivez-vous tellement souvent?*

Activités	Oui	Non
1. s'écrire plus de cinq textos par jour	Théo	Corinne
2. s'envoyer des lettres par la poste		
3. se téléphoner le week-end		
4. se parler dans les couloirs		
5. se retrouver au parc		
6. se donner rendez-vous		
7. se retrouver sur les réseaux sociaux		
8. bien s'entendre		

3 **Dimanche au parc** Ces personnes sont allées au parc dimanche dernier. Avec un(e) partenaire, décrivez à tour de rôle leurs activités. Employez des verbes réciproques.

4 **Leur rencontre** Comment ces couples se sont-ils rencontrés? Par groupes de trois, inventez une histoire courte pour chaque couple. Utilisez les verbes donnés (*given*) et des verbes réciproques.

1. venir de

3. continuer à

2. commencer à

4. rêver de

5 **Les bonnes relations** Parlez avec deux camarades. Que faut-il faire pour maintenir de bonnes relations avec ses amis ou sa famille? À tour de rôle, utilisez les verbes de la liste pour donner des conseils (*advice*).

> **MODÈLE**
>
> **Élève 1:** *Dans une bonne relation, deux personnes peuvent tout se dire.*
> **Élève 2:** *Oui, et elles apprennent à se connaître.*

s'adorer	se connaître	hésiter à
s'aider	se dire	oublier de
apprendre à	s'embrasser	pouvoir
arrêter de	espérer	refuser de
commencer à	éviter de	savoir

6 **Rencontre sur Internet** Votre professeur va vous donner, à vous et à votre partenaire, une feuille d'illustrations sur la rencontre d'Amandine et de Christophe. Attention! Ne regardez pas la feuille de votre partenaire.

Révision activities integrate the lesson's two grammar points with previously learned vocabulary and structures, providing consistent, built-in review and recycling as students progress through the text.

Authentic media and listening
for interpretive communication

Le Zapping presents authentic TV clips from around the Francophone world connected to the language, vocabulary, and theme of the lesson.

À l'écoute builds students' listening skills with a recorded conversation or narration.

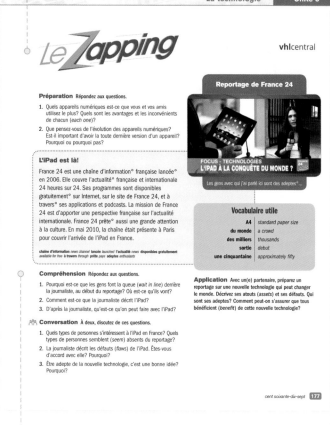

The scaffolded activity sequence really engages students by helping them to understand and apply what they have seen.

Stratégie and **Préparation** prepare students for the listening passage.

À vous d'écouter guides students through the recorded passage, and **Compréhension** checks their understanding of what they heard.

Le Zapping clips are a great tool for exposing students to target language discourse. This authentic input provides evidence of the correct formulations of the language so that students can form hypotheses about how it works.

Perspective through **geography**

Panorama presents interesting details about Francophone countries and regions.

Maps point out major cities, rivers, and other geographical features while captioned images provide a glimpse into the featured locations.

Art, history, and daily life are brought to life using vivid language and photos.

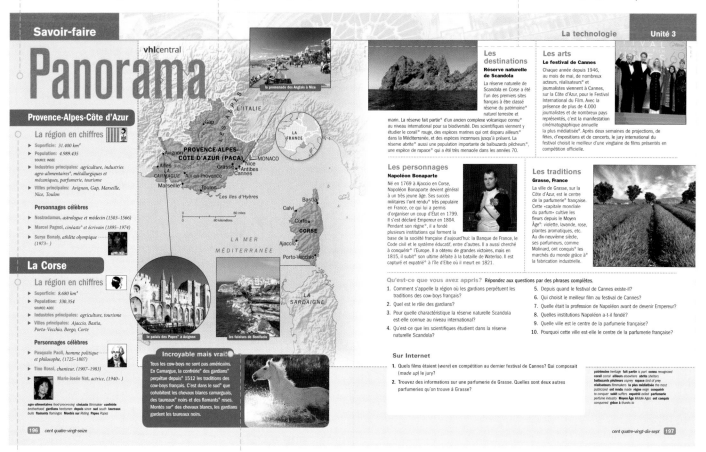

Interesting key facts about the featured location(s) demonstrate the diversity of the Francophone world.

Incroyable mais vrai! highlights an "Isn't that cool?" fact about the featured place or its people.

An **Interactive Map** points out major cities and geographical features and situates the country or region in the context of its immediate surroundings and the world.

Reading skills
developed in context

Avant la lecture
presents valuable reading strategies and pre-reading activities.

Context-based readings pull all the unit elements together.

Après la lecture activities include comprehension checks and post-reading expansion exercises.

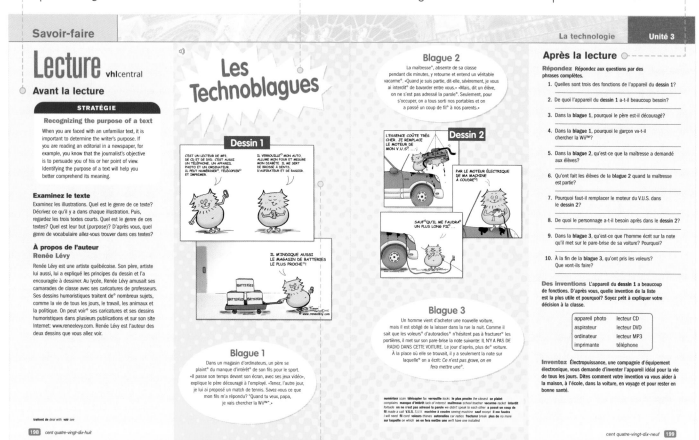

Graphic organizers, photos, and other visual elements support reading comprehension.

Lecture readings provide students with an opportunity to listen to native speakers as audio-sync highlighting of sentences guides their eyes and makes content more salient.

Writing skills
developed in context

Stratégie boxes provide strategies for preparation and execution of the writing task related to the unit's theme.

Après l'écriture provides post-writing tasks and problem-solving exercises for pairs or groups.

Écriture

STRATÉGIE

Listing key words

Once you have determined the purpose for a piece of writing and identified your audience, it is helpful to make a list of key words you might use. If you were to write a description of your campus, for example, you would probably need a list of prepositions that describe location, such as **devant**, **à côté de**, and **derrière**. Likewise, a list of descriptive adjectives would be useful if you were writing about the people and places of your childhood.

By preparing a list of potential words ahead of time, you will find it easier to avoid using the dictionary while writing your first draft.

Listing useful vocabulary is also a valuable organizational strategy since the act of brainstorming key words will help you form ideas about your topic. In addition, a list of key words can help you avoid redundancy when you write.

If you were going to write a composition about your communication habits with your friends, what words would be the most helpful to you? Jot a few of them down and compare your list with a partner's. Did you choose the same words? Would you choose any different or additional words, based on what your partner wrote?

_____
_____
_____
_____
_____
_____
_____
_____

200   deux cents

Thème

Écrire une dissertation

Avant l'écriture

1. Vous allez écrire une dissertation pour décrire vos préférences et vos habitudes en ce qui concerne (*regarding*) les moyens (*means*) de communication que vous utilisez.

2. D'abord, répondez en quelques mots à ces questions pour vous faire une idée de ce que (*what*) doit inclure votre dissertation.

   ■ Quel est votre moyen de communication préféré (e-mail, téléphone, SMS, ...)? Pourquoi?

   ■ En général, comment communiquez-vous avec les gens que vous connaissez? Pourquoi? Comment ce moyen de communication facilite-t-il les rapports entre vous et ces personnes?

   ■ Communiquez-vous avec tout le monde de la même manière ou cela dépend-il des personnes? Par exemple, restez-vous en contact avec vos grands-parents de la même manière qu'avec votre professeur de français? Expliquez.

   ■ Comment restez-vous en contact avec les membres de votre famille? Et avec vos amis et vos camarades de classe?

   ■ Communiquez-vous avec certaines personnes tous les jours? Avec qui? Comment?

3. Ensuite, complétez ce tableau pour faire une liste des personnes avec qui vous communiquez régulièrement et des moyens de communication que vous utilisez.

Personnes	Moyen(s) de communication
1.	
2.	
3.	
4.	
5.	

Écriture

1. Servez-vous de la liste de mots-clés que vous avez créée, de vos réponses aux questions et du tableau pour écrire votre dissertation. Utilisez le vocabulaire et la grammaire de l'unité.

2. N'oubliez pas d'inclure ces informations:

   ■ Toutes les personnes avec qui vous communiquez souvent

   ■ Les moyens de communications que vous utilisez avec chaque personne

   ■ La raison pour laquelle (*for which*) vous utilisez ce(s) moyen(s) de communication

   ■ De quelle manière ce(s) moyen(s) de communication influencent vos rapports avec les personnes et les choses que vous aimeriez changer dans ces rapports

Après l'écriture

1. Échangez votre dissertation avec celle (*the one*) d'un(e) partenaire. Répondez à ces questions pour commenter son travail.

   ■ Votre partenaire a-t-il/elle inclu toutes les personnes citées dans le tableau?

   ■ A-t-il/elle mentionné tous les moyens de communications qu'il/elle utilise?

   ■ A-t-il/elle mentionné la raison pour laquelle il/elle utilise ce(s) moyen(s) de communication?

   ■ A-t-il/elle utilisé le vocabulaire et la grammaire de l'unité?

   ■ Quel(s) détail(s) ajouteriez-vous (*would you add*)? Quel(s) détail(s) enlèveriez-vous (*would you delete*)? Quel(s) autre(s) commentaire(s) avez-vous pour votre partenaire?

2. Corrigez votre dissertation d'après (*according to*) les commentaires de votre partenaire. Relisez votre travail pour éliminer ces problèmes:

   ■ des fautes (*errors*) d'orthographe

   ■ des fautes de ponctuation

   ■ des fautes de conjugaison

   ■ un mauvais emploi (*use*) de la grammaire de l'unité

   ■ des fautes d'accord (*agreement*) des adjectifs

deux cent un   201

Avant l'écriture includes step-by-step tasks and problem-solving exercises for pairs or groups.

Thème describes the writing topic and includes suggestions for approaching it.

Vocabulary as a reference
and study tool

Vocabulaire summarizes all the active vocabulary in the unit.

Color-coded groups arrange vocabulary according to the section where it is presented.

Active vocabulary is recorded for convenient study and practice.

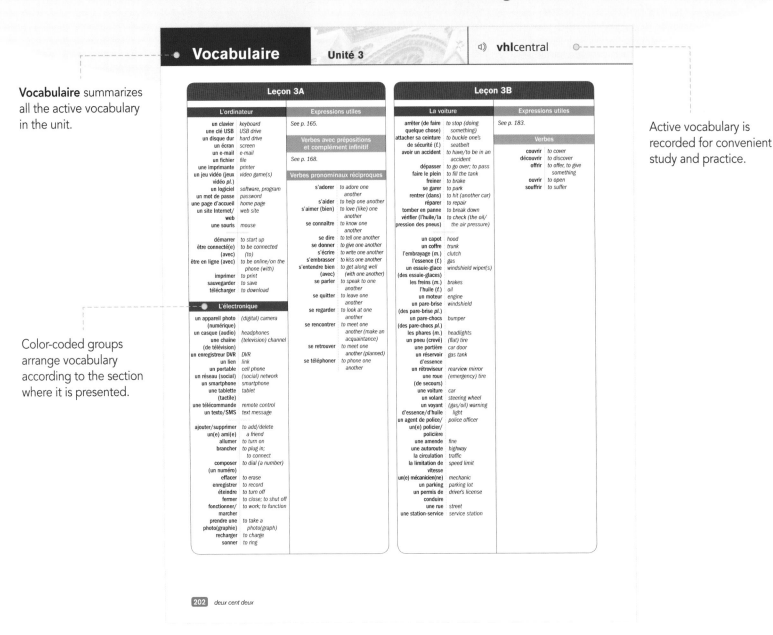

My Vocabulary enables students to identify, practice, and retain individualized vocabulary for each lesson.

Students can print bilingual word lists. They can also create personalized word lists.

Interactive Flashcards featuring the French word or expression (with audio) and the English translation are available for fast and effective review and practice.

Learning to Use Your **Teacher's Edition**

D'accord! offers you a comprehensive, thoroughly developed Teacher's Edition (TE). It features student text pages overprinted with answers to all activities with discrete responses. Each page also contains annotations for most activities that were written to complement and support varied teaching styles, to extend the already rich contents of the student textbook, and to save you time in class preparation and course management.

In the Teacher Wrap

- **Section Goals** summarize what students will learn and practice in each section

- **Key Standards** list the ACTFL standards that are met in each section

- **Suggestions** offer ideas for working with on-page materials, carrying out specific activities, and presenting new vocabulary or grammar

- **Expansions** present ways to expand or vary the activities on the page

- **TELL Connections** offer suggestions for incorporating the Teacher Effectiveness for Language Learning framework to define and focus on the skills, behaviors, and professional growth of world language educators

- **21st Century Skills** incorporate the Partnership for 21st Century Skills framework to identify and classify skills that high school students need to meet today's workplace requirements

- **Pre-AP®** activity suggestions offer ways for students to work with the materials on the page in a way that prepares them for advanced study

- **Communication Icons** indicate activities that engage students in one of the three different modes of communication:

  Interpretive communication Exercises that target students' reading or listening skills and assess their comprehension

  Presentational communication Ideas and contexts that require students to produce a written or verbal presentation in the target language

  Interpersonal communication Activities that provide students with opportunities to carry out language functions in simulated real-life contexts or engage in personalized communication with others

Pre-AP is a registered trademark of the College Board, which was not involved in the production of, and does not endorse, this product.

 Please visit **vhlcentral.com** for additional teaching support.

Differentiation

Knowing how to appeal to learners of different abilities and learning styles will allow you to foster a positive teaching environment and motivate all your students. Here are some strategies for creating inclusive learning environments. Point-of-use expansion activities and ideas for differentiation are also provided in your Teacher Wrap.

Learners with Special Needs

Learners with special needs include students with attention priority disorders or learning disabilities, slower-paced learners, at-risk learners, and English-language learners. Some inclusion strategies that work well with such students are:

Clear Structure By teaching concepts in a predictable order, you can help students organize their learning. Encourage students to keep outlines of materials they read, classify words into categories such as colors, or follow prewriting steps.

Frequent Review and Repetition Preview material to be taught and review material covered at the end of each lesson. Pair proficient learners with less proficient ones to practice and reinforce concepts. Help students retain concepts through continuous practice and review.

Multi-sensory Input and Output Use visual, auditory, and kinesthetic tasks to add interest and motivation, and to achieve long-term retention. For example, vary input with the use of audio recordings, video, guided visualization, rhymes, and mnemonics.

Additional Time Consider how physical limitations may affect participation in special projects or daily routines. Provide additional time and recommended accommodations.

Different Learning Styles

Visual Learners learn best by seeing, so engage them in activities and projects that are visually creative. Encourage them to write down information and think in pictures as a long-term retention strategy; reinforce their learning through visual displays such as diagrams, videos, and handouts.

Auditory Learners best retain information by listening. Engage them in discussions, debates, and role-playing. Reinforce their learning by playing audio versions of texts or reading aloud passages and stories. Encourage them to pay attention to voice, tone, and pitch to infer meaning.

Kinesthetic Learners learn best through moving, touching, and doing hands-on activities. Involve such students in skits and dramatizations; to infer or convey meaning, have them observe or model gestures and facial expressions.

Best Practices

The creators of **D'accord!** understand that there are many different approaches to successful language teaching and that no one method works perfectly for all teachers or all learners. These strategies and tips may be applied to any language-teaching method.

Maintain the Target Language

As much as possible, create an immersion environment by using French to *teach* French. Encourage the exclusive use of the target language in your classroom, employing visual aids, mnemonics, circumlocution, or gestures to complement what you say. Encourage students to perceive meaning directly through careful listening and observation, and by using cognates and familiar structures and patterns to deduce meaning.

Cultivate Critical Thinking

Prompt students to reflect, observe, reason, and form judgments in French. Engaging students in activities that require them to compare, contrast, predict, criticize, and estimate will help them to internalize the language structures they have learned.

Encourage Use of Circumlocution

Prompt students to discover various ways of expressing ideas and of overcoming potential blocks to communication through the use of circumlocution and paraphrasing.

Engage all students

Learning French isn't all about grammar and memorization. **D'accord!** provides multiple ways to get students excited about the language and culture of the Francophone world.

Make It Personal

- Find out why students decided to learn French. Is it to speak to relatives? To interact with Francophone friends on social media? To learn more about a particular element of French culture, film, or literature? Keep students motivated by helping them see how individual tasks lead to the larger goal of communicating with French-speaking people. Take the time to explore (and expand on) the **Culture** and **Panorama** sections to engage students with daily life and geography, as well as fine and performing arts.

- Have students talk about themselves! The Teacher's Edition interpersonal communication annotations point out activities where students ask each other questions about their own lives. Personalizing the discussion helps keep students engaged with the material they are practicing in French.

Get Students Talking

Look for icons calling out pair and group work. Some great speaking activities include:

Virtual and Partner Chat activities:

- Offer opportunities for spoken production beyond the face-to-face classroom

- Help reduce students' affective filter and build confidence

- Provide a recorded portfolio of students' spoken work that can be easily graded

Info Gap activities: Give students these worksheets either electronically or in print, and have them work to get information from a partner.

Textbook Activity Worksheets: Get the whole class on their feet to participate in classroom activities, such as surveys, using the language they just learned.

Take Advantage of Multimedia

For students:

- Are your students on YouTube every minute of their free time? Engage them with the video selections in **Le Zapping**.

- Do your students want to study abroad in a Francophone area? Get them engaged with the **Roman-photo** series featuring David, an American studying abroad in Aix-en-Provence. Younger students are fascinated by what older students are doing, so the situations with university students should hold their interest.

- Make learning vocabulary engaging and effective for students with **My Vocabulary** online. They can study the vocabulary for each lesson or customize flashcard banks to study only those words they need to learn for an upcoming quiz. The flashcard tool is ideal for student self-study of vocabulary.

- Provide a humorous, engaging, and relatable approach to gammar instruction with the **Grammar Tutorials** online. They feature guided instruction to keep students on track and ensure comprehension.

For teachers:

- Assign or use the audio-enabled **Vocabulary Presentations** online to give students an interactive experience while they hear the new terms spoken by a native speaker of French.

- Use the **Digital Image Bank** to enliven your own digital or print activities.

- Have students follow along in their text as the selections in **Lecture** are read aloud by a native French speaker.

- Keep grammar instruction focused by using the **Grammar Slides**. Breaking up the instructional points into slides helps make the lesson more digestible.

- Don't forget to use the summaries of the **Roman-photo** to reinforce grammar instruction.

Assessment

As you use the **D'accord!** program, you can employ a variety of assessments to evaluate progress. The program provides comprehensive, discrete answer assessments, as well as more communicative assessments that elicit open-ended, personalized responses.

Testing Program

The **D'accord!** Testing Program offers quizzes for each vocabulary and grammar section, Lesson and Unit tests with listening comprehension, Cumulative Exams, Optional Test Sections, IPAs with rubrics for every unit, oral testing suggestions with grading rubrics, audio scripts for listening comprehension activities, and all answer keys. The quizzes, tests, and exams may be administered online or printed for in-class assessment, and may be customized by adding, eliminating, or moving items according to your classroom and student needs.

Portfolio Assessment

Portfolios can provide further valuable evidence of your students' learning. They are useful tools for evaluating students' progress in French and also suggest to students how they are likely to be assessed in the real world. Since portfolio activities often comprise classroom tasks that you would assign as part of a lesson or as homework, you should think of the planning, selecting, recording, and interpreting of information about individual performance as a way of blending assessment with instruction.

You may find it helpful to refer to portfolio contents, such as drafts, essays, and samples of presentations when writing student reports and conveying the status of a student's progress to his or her parents.

Ask students regularly to consider which pieces of their own work they would like to share and help them develop criteria for selecting representative samples. Prompt students to choose a variety of media to demonstrate development in all four language skills.

Self-assessment

Students can assess their own progress by using "I Can" (or "Can-Do") Statements. The templates provided may be customized to guide student learning within and between units, and to train students to assess their progress.

Integrated Performance Assessments

IPAs give students a real-life task that makes sense to them and engages their interest. To complete the task, students progress through the three modes of communication: they read, view, and listen for information (interpretive mode); they talk and write with classmates and others on what they have experienced (interpersonal mode); and they share formally what they have learned (presentational mode). A critical step in administering the IPA is to define and share rubrics with students before beginning the task so they are aware of what successful performance should look like.

Strategies for Differentiating Assessment

Adjust Questions Direct complex or higher-level questions to students who are equipped to answer them adequately and modify questions for students with greater needs. Always ask questions that elicit thinking, but keep in mind the students' abilities.

Provide Tiered Assignments Assign tasks of varying complexity depending on individual student needs.

Promote Flexible Grouping Encourage movement among groups of students so that all learners are appropriately challenged. Group students according to interest, oral proficiency levels, or learning styles.

Adjust Pacing Pace the sequence and speed of assessments to suit your students' needs. Time advanced learners to challenge them and allow slower-paced learners more time to complete tasks or to answer questions.

The **Vista Higher Learning** Story

Your Specialized Foreign Language Publisher

Independent, specialized, and privately owned, Vista Higher Learning was founded in 2000 with one mission: to raise the teaching and learning of world languages to a higher level. This mission is based on the following beliefs:

- It is essential to prepare students for a world in which learning another language is a necessity, not a luxury.
- Language learning should be fun and rewarding, and all students should have the tools they need to achieve success.
- Students who experience success learning a language will be more likely to continue their language studies both inside and outside the classroom.

With this in mind, we decided to take a fresh look at all aspects of language instructional materials. Because we are specialized, we dedicate 100 percent of our resources to this goal and base every decision on how well it supports language learning.

That is where you come in. Since our founding, we have relied on the invaluable feedback of language teachers and students nationwide. This partnership has proved to be the cornerstone of our success, allowing us to constantly improve our programs to meet your instructional needs.

The result? Programs that make language learning exciting, relevant, and effective through:

- unprecedented access to resources
- a wide variety of contemporary, authentic materials
- the integration of text, technology, and media
- a bold and engaging textbook design

By focusing on our singular passion, we let you focus on yours.

The Vista Higher Learning Team

VISTA®
HIGHER LEARNING

www.vistahigherlearning.com

D'accord! ②

LANGUE ET CULTURE DU MONDE FRANCOPHONE

VISTA®
HIGHER LEARNING

Boston, Massachusetts

On the cover: Staircase, Grand Palais, Paris, France

Publisher: José A. Blanco

Editorial Development: Megan Moran, Sharla Zwirek

Project Management: Brady Chin, Sally Giangrande, Rosemary Jaffe, Faith Ryan

Rights Management: Annie Pickert Fuller, Ashley Poreda

Technology Production: Kamila Caicedo, Jamie Kostecki, Reginald Millington, Paola Ríos Schaaf

Design: Radoslav Mateev, Gabriel Noreña, Andrés Vanegas

Production: Sergio Arias, Oscar Díez

Student Text ISBN: 978-1-68005-806-2
Library of Congress Control Number: 2017949781

1 2 3 4 5 6 7 8 9 TC 22 21 20 19 18 17

Printed in Canada

D'accord! 2

LANGUE ET CULTURE DU MONDE FRANCOPHONE

Table of Contents

Contextes   Roman-photo

Unité préliminaire — Chez nous

UNITÉ 1 — La nourriture

UNITÉ 2 — La santé

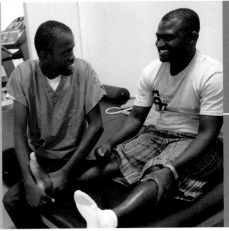

Table of Contents

UNITÉ 3
La technologie

UNITÉ 4
En ville

UNITÉ 5
L'avenir et les métiers

Culture	**Structures**	**Synthèse**	**Savoir-faire**

Table of Contents

Contextes

Roman-photo

Le monde francophone

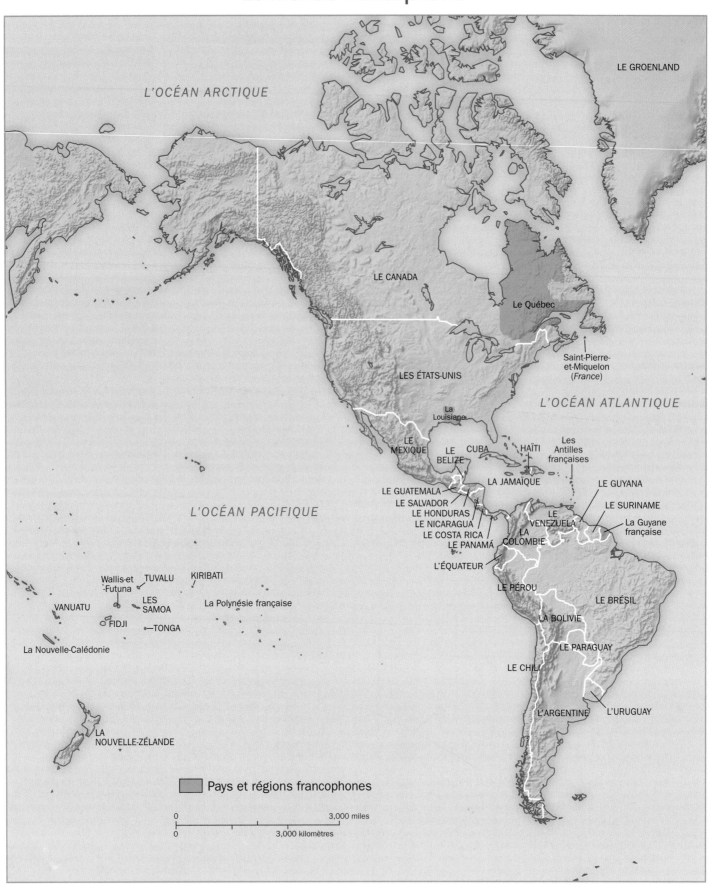

LE GROENLAND

L'OCÉAN ARCTIQUE

LE CANADA

Le Québec

Saint-Pierre-
et-Miquelon
(*France*)

LES ÉTATS-UNIS

L'OCÉAN ATLANTIQUE

La
Louisiane

LE
MEXIQUE

LE
BELIZE

CUBA

HAÏTI

Les
Antilles
françaises

LA JAMAÏQUE

LE GUYANA

LE GUATEMALA

LE SURINAME

LE SALVADOR

LE HONDURAS

LE
VENEZUELA

La Guyane
française

LE NICARAGUA

LE COSTA RICA

LA
COLOMBIE

LE PANAMÁ

L'OCÉAN PACIFIQUE

L'ÉQUATEUR

LE PÉROU

LE BRÉSIL

Wallis-et
-Futuna

TUVALU

KIRIBATI

La Polynésie française

VANUATU

LES
SAMOA

LA BOLIVIE

FIDJI

TONGA

LE PARAGUAY

La Nouvelle-Calédonie

LE CHILI

LA
NOUVELLE-ZÉLANDE

L'ARGENTINE

L'URUGUAY

Pays et régions francophones

0   3,000 miles

0   3,000 kilomètres

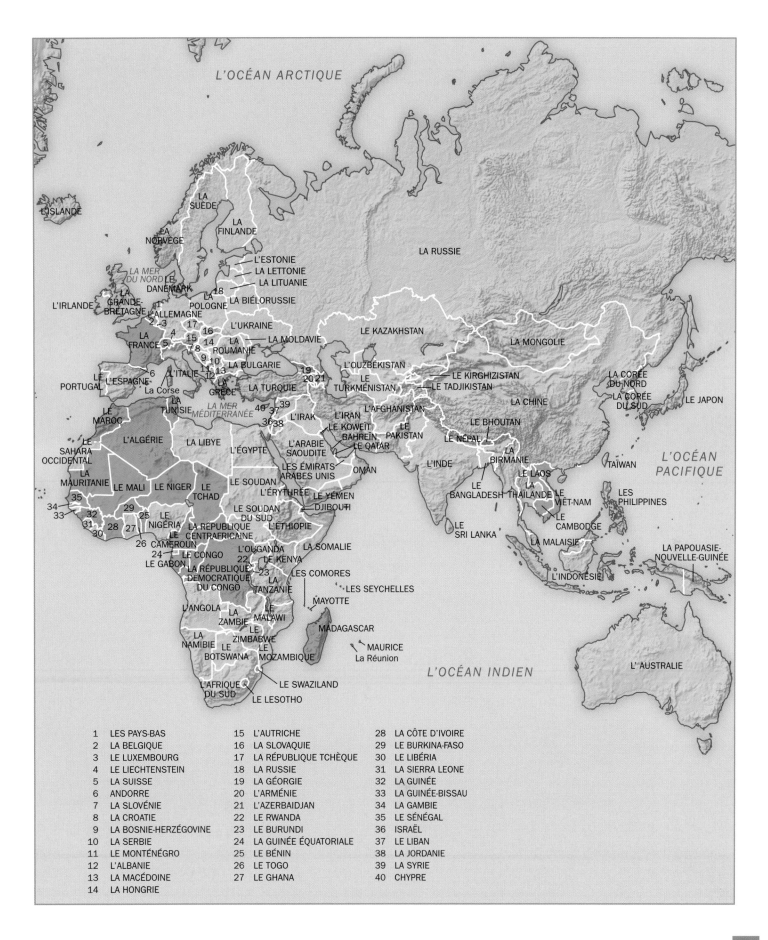

L'OCÉAN ARCTIQUE

L'ISLANDE

LA SUÈDE
LA NORVÈGE
LA FINLANDE
LA MER DU NORD
L'IRLANDE
LA GRANDE-BRETAGNE
LE DANEMARK
LA POLOGNE
L'ESTONIE
LA LETTONIE
LA LITUANIE
LA BIÉLORUSSIE
LA RUSSIE

LA FRANCE
L'ALLEMAGNE
L'UKRAINE
LA MOLDAVIE
LA ROUMANIE
LA BULGARIE
LE KAZAKHSTAN
LA MONGOLIE

LE PORTUGAL
L'ESPAGNE
L'ITALIE
La Corse
LA GRÈCE
LA TURQUIE
L'OUZBÉKISTAN
LE TURKMÉNISTAN
LE KIRGHIZISTAN
LE TADJIKISTAN
LA CHINE
LA CORÉE DU NORD
LA CORÉE DU SUD
LE JAPON

LE MAROC
LA TUNISIE
LA MER MÉDITERRANÉE
L'IRAK
L'IRAN
L'AFGHANISTAN
LE BHOUTAN
TAÏWAN
L'OCÉAN PACIFIQUE

LE SAHARA OCCIDENTAL
L'ALGÉRIE
LA LIBYE
L'ÉGYPTE
LE KOWEÏT
BAHREÏN
LE QATAR
LE PAKISTAN
LE NÉPAL
LE BHOUTAN
LA BIRMANIE

LA MAURITANIE
LE MALI
LE NIGER
LE TCHAD
LE SOUDAN
L'ARABIE SAOUDITE
LES ÉMIRATS ARABES UNIS
OMAN
L'INDE
LE LAOS
LE VIÊT-NAM
LES PHILIPPINES

LE SOUDAN DU SUD
L'ÉRYTHRÉE
LE YÉMEN
DJIBOUTI
LE BANGLADESH
THAÏLANDE
LE SRI LANKA
LE CAMBODGE

LE NIGÉRIA
LA RÉPUBLIQUE CENTRAFRICAINE
L'ÉTHIOPIE
LA MALAISIE
LA PAPOUASIE-NOUVELLE-GUINÉE

LE CAMEROUN
LE CONGO
LE GABON
L'OUGANDA
LE KENYA
LA SOMALIE
L'INDONÉSIE

LA RÉPUBLIQUE DÉMOCRATIQUE DU CONGO
LA TANZANIE
LES COMORES
LES SEYCHELLES
MAYOTTE

L'ANGOLA
LA ZAMBIE
LE MALAWI
MADAGASCAR
MAURICE
La Réunion

LA NAMIBIE
LE ZIMBABWE
LE BOTSWANA
LE MOZAMBIQUE
L'OCÉAN INDIEN
L'AUSTRALIE

L'AFRIQUE DU SUD
LE SWAZILAND
LE LESOTHO

1	LES PAYS-BAS	15	L'AUTRICHE	28	LA CÔTE D'IVOIRE
2	LA BELGIQUE	16	LA SLOVAQUIE	29	LE BURKINA-FASO
3	LE LUXEMBOURG	17	LA RÉPUBLIQUE TCHÈQUE	30	LE LIBÉRIA
4	LE LIECHTENSTEIN	18	LA RUSSIE	31	LA SIERRA LEONE
5	LA SUISSE	19	LA GÉORGIE	32	LA GUINÉE
6	ANDORRE	20	L'ARMÉNIE	33	LA GUINÉE-BISSAU
7	LA SLOVÉNIE	21	L'AZERBAIDJAN	34	LA GAMBIE
8	LA CROATIE	22	LE RWANDA	35	LE SÉNÉGAL
9	LA BOSNIE-HERZÉGOVINE	23	LE BURUNDI	36	ISRAËL
10	LA SERBIE	24	LA GUINÉE ÉQUATORIALE	37	LE LIBAN
11	LE MONTÉNÉGRO	25	LE BÉNIN	38	LA JORDANIE
12	L'ALBANIE	26	LE TOGO	39	LA SYRIE
13	LA MACÉDOINE	27	LE GHANA	40	CHYPRE
14	LA HONGRIE				

L'Amérique du Nord et du Sud

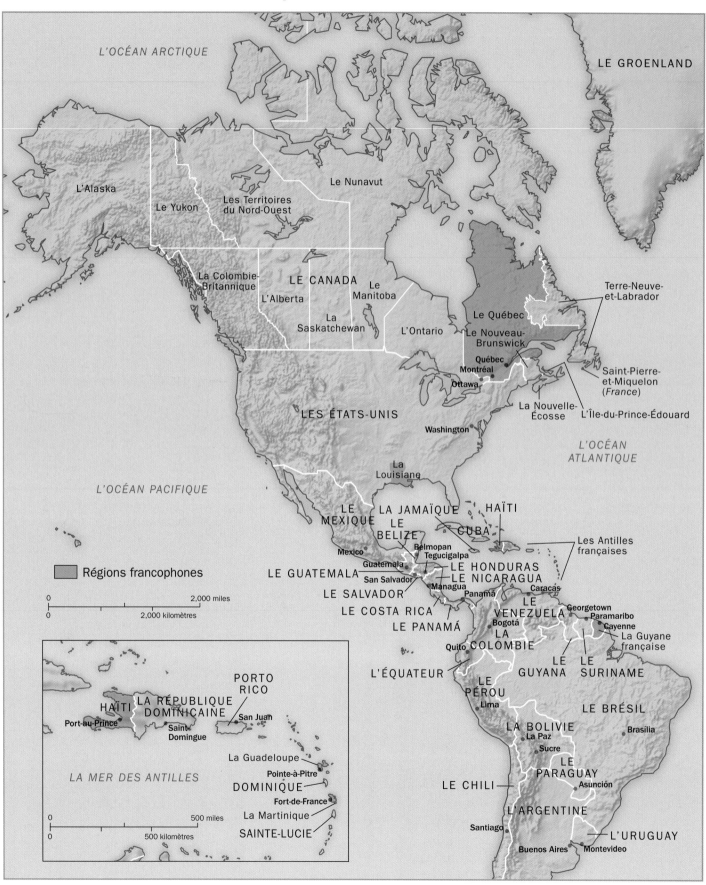

L'OCÉAN ARCTIQUE

LE GROENLAND

L'Alaska

Le Nunavut

Le Yukon

Les Territoires
du Nord-Ouest

La Colombie-
Britannique

LE CANADA

Le
Manitoba

Terre-Neuve-
et-Labrador

L'Alberta

La
Saskatchewan

L'Ontario

Le Québec

Le Nouveau-
Brunswick

Québec

Montréal

Ottawa

Saint-Pierre-
et-Miquelon
(France)

La Nouvelle-
Écosse

L'Île-du-Prince-Édouard

LES ÉTATS-UNIS

Washington

L'OCÉAN
ATLANTIQUE

L'OCÉAN PACIFIQUE

La
Louisiane

LE
MEXIQUE

LA JAMAÏQUE
LE
BELIZE

HAÏTI

CUBA

Les Antilles
françaises

Mexico

Belmopan
Tegucigalpa

Guatemala

LE HONDURAS
LE NICARAGUA

LE GUATEMALA

San Salvador

Managua

Caracas

LE SALVADOR

Panamá

LE
VENEZUELA

Georgetown

LE COSTA RICA

Bogotá

LA
COLOMBIE

Paramaribo

Cayenne

La Guyane
française

LE PANAMÁ

LE
GUYANA

LE
SURINAME

L'ÉQUATEUR

Quito

LE
PÉROU

Régions francophones

Lima

LE BRÉSIL

0   2,000 miles

0   2,000 kilomètres

LA BOLIVIE

La Paz

Sucre

Brasília

PORTO
RICO

LA RÉPUBLIQUE
DOMINICAINE

LE
PARAGUAY

HAÏTI

San Juan

Asunción

Port-au-Prince

Saint
Domingue

LE CHILI

L'ARGENTINE

La Guadeloupe

Pointe-à-Pitre

LA MER DES ANTILLES

DOMINIQUE

Fort-de-France

Santiago

L'URUGUAY

0   500 miles

La Martinique

Buenos Aires

Montevideo

0   500 kilomètres

SAINTE-LUCIE

La France

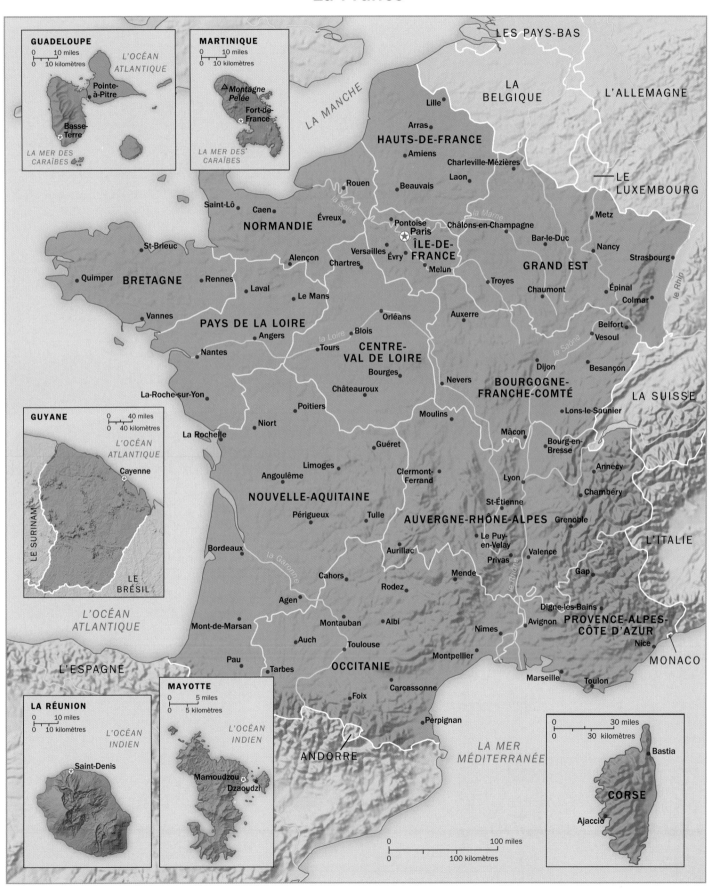

LES PAYS-BAS

LA MANCHE

LA BELGIQUE

L'ALLEMAGNE

LE LUXEMBOURG

GRAND EST

LA SUISSE

L'ITALIE

MONACO

LA MER MÉDITERRANÉE

L'ESPAGNE

ANDORRE

L'OCÉAN ATLANTIQUE

HAUTS-DE-FRANCE
Lille
Arras
Amiens
Charleville-Mézières
Laon
Beauvais
Rouen
Saint-Lô
Caen
Évreux
NORMANDIE
St-Brieuc
Quimper
BRETAGNE
Rennes
Laval
Vannes
PAYS DE LA LOIRE
Angers
Nantes
La-Roche-sur-Yon
La Rochelle
Niort
Poitiers
Limoges
Angoulême
NOUVELLE-AQUITAINE
Périgueux
Bordeaux
Mont-de-Marsan
Pau
Tarbes
Auch
Agen
Cahors
Montauban
Albi
Toulouse
OCCITANIE
Foix
Carcassonne
Perpignan
Montpellier
Nîmes
Avignon
Digne-les-Bains
PROVENCE-ALPES-CÔTE D'AZUR
Nice
Marseille
Toulon
Mende
Rodez
Aurillac
Le Puy-en-Velay
Privas
Valence
Gap
St-Étienne
Grenoble
Chambéry
AUVERGNE-RHÔNE-ALPES
Clermont-Ferrand
Lyon
Annecy
Bourg-en-Bresse
Mâcon
Lons-le-Saunier
Moulins
BOURGOGNE-FRANCHE-COMTÉ
Besançon
Dijon
Vesoul
Belfort
Auxerre
Nevers
Bourges
Châteauroux
Tours
Blois
Orléans
CENTRE-VAL DE LOIRE
Guéret
Tulle
Le Mans
Versailles
Chartres
Évry
Melun
ÎLE-DE-FRANCE
Pontoise
Paris
Alençon
Troyes
Chaumont
Bar-le-Duc
Châlons-en-Champagne
Metz
Nancy
Épinal
Colmar
Strasbourg

la Seine
la Marne
la Loire
la Garonne
le Rhône
la Saône
le Rhin

L'Europe

0 ____ 500 miles
0 ____ 500 kilomètres

■ Pays francophones

LA MER DE BARENTS

LA MER DE NORVÈGE

L'ISLANDE
Reykjavik

LA SUÈDE

LA FINLANDE

LA NORVÈGE
Oslo

Helsinki

LA RUSSIE

Stockholm

Tallinn

L'ESTONIE

Moscou

LA MER DU NORD

LE DANEMARK

Copenhague

LA MER BALTIQUE

Riga

LA LETTONIE

LA LITUANIE

Vilnius

Minsk

LA RUSSIE

LA BIÉLORUSSIE

L'IRLANDE
Dublin

LA GRANDE BRETAGNE

LES PAYS-BAYS

Berlin

Varsovie

Kiev

Londres

La Haye

L'ALLEMAGNE

LA POLOGNE

L'UKRAINE

L'OCÉAN ATLANTIQUE

Bruxelles

LA BELGIQUE

Luxembourg

Paris

LE LUXEMBOURG

LE LIECHTENSTEIN

Prague

LA RÉPUBLIQUE TCHÈQUE

Bratislava

LA SLOVAQUIE

LA MOLDAVIE

Chisinau

Vienne

Budapest

Berne

L'AUTRICHE

LA HONGRIE

LA ROUMANIE

LA FRANCE

LA SUISSE

Ljubljana

Zagreb

Belgrade

Bucarest

LA MER NOIRE

LA SLOVÉNIE

LA CROATIE

LA BOSNIE-HERZÉGOVINE

LA SERBIE

Monte Carlo

Sarajevo

LA BULGARIE

Andorre-la-Vieille

L'ITALIE

Podgorica

Sofia

ANDORRE

MONACO

LE MONTÉNÉGRO

Skopje

LE PORTUGAL

La Corse

Rome

Tirana

LA MACÉDOINE

LA TURQUIE

Madrid

L'ALBANIE

LA GRÈCE

Lisbonne

L'ESPAGNE

La Sardaigne

Athènes

Nicosie

La Sicile

CHYPRE

MALTE

La Valette

LA MER MÉDITERRANÉE

LE MAROC

LA TUNISIE

L'ALGÉRIE

LA LIBYE

L'ÉGYPTE

L'Afrique

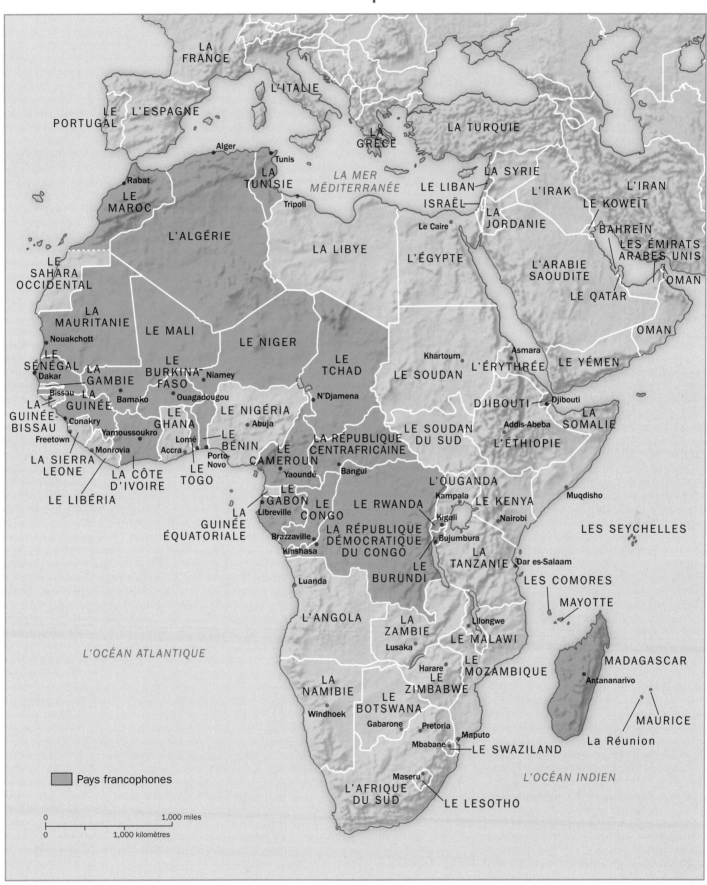

L'Asie et l'Océanie

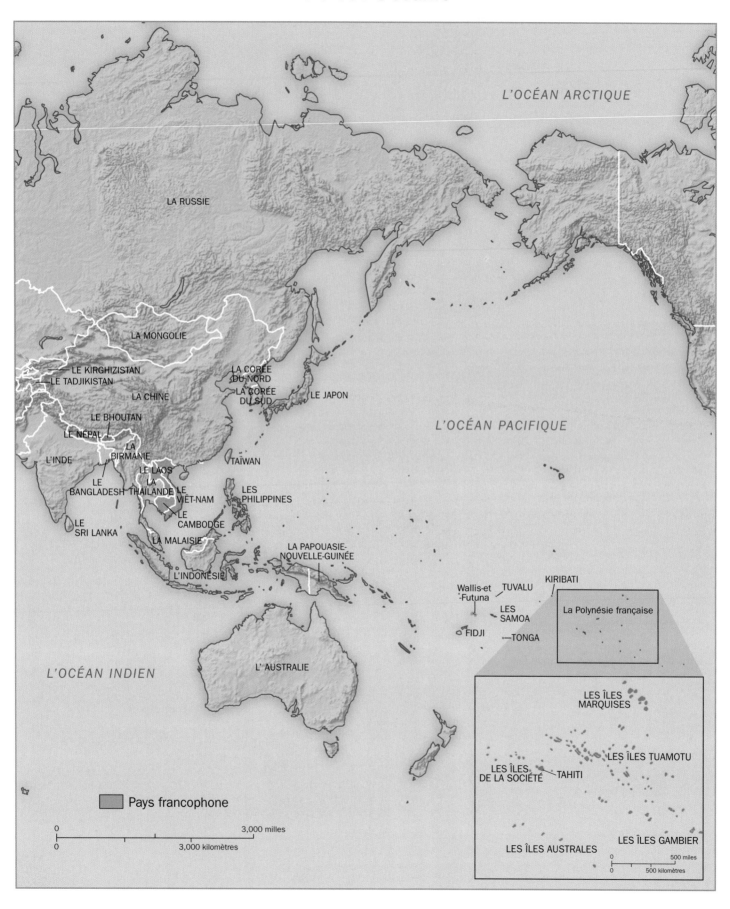

L'OCÉAN ARCTIQUE

LA RUSSIE

LA MONGOLIE

LE KIRGHIZISTAN
LE TADJIKISTAN

LA CHINE

LA CORÉE
DU NORD

LA CORÉE
DU SUD

LE JAPON

L'OCÉAN PACIFIQUE

LE BHOUTAN
LE NÉPAL

L'INDE

LA
BIRMANIE

LE LAOS

LE
BANGLADESH

LA
THAÏLANDE

LE
VIÊT-NAM

TAÏWAN

LES
PHILIPPINES

LE
SRI LANKA

LE
CAMBODGE

LA MALAISIE

L'INDONÉSIE

LA PAPOUASIE-
NOUVELLE-GUINÉE

Wallis-et-
Futuna

TUVALU

KIRIBATI

La Polynésie française

LES
SAMOA

FIDJI

TONGA

L'OCÉAN INDIEN

L' AUSTRALIE

LES ÎLES
MARQUISES

LES ÎLES TUAMOTU

LES ÎLES
DE LA SOCIÉTÉ

TAHITI

LES ÎLES AUSTRALES

LES ÎLES GAMBIER

Pays francophone

| 0 | | 3,000 milles |
| 0 | | 3,000 kilomètres |

| 0 | | 500 miles |
| 0 | | 500 kilomètres |

Roman-photo video program

Fully integrated with your textbook, the **Roman-photo** video series contains 36 dramatic episodes—one for each lesson in Levels 1 and 2, and 6 episodes in the **Reprise** lesson in Level 3. The episodes present the adventures of four college students who are studying in the south of France at the Université Aix-Marseille. They live in apartments above and near Le P'tit Bistrot, a café owned by Valérie Forestier. The videos tell their story and the story of Madame Forestier and her teenage son, Stéphane.

The **Roman-photo** dialogues in the printed textbook are an abbreviated version of the dramatic version of the video episodes. Therefore, each **Roman-photo** section in the text can used as a preparation before you view the corresponding video episode, as post-viewing reinforcement, or as a stand-alone section.

Each episode in Levels 1 and 2 features the characters using the vocabulary and grammar you are studying, as well as previously taught language. Each episode ends with a **Reprise** segment, which features the key language functions and grammar points used in the episode. The first four episodes in the Level 3 **Reprise** lesson review the topics and structures from Levels 1 and 2. The final two episodes bring you up-to-date on the lives of the characters.

The cast

Here are the main characters you will meet when you watch **Roman-photo**:

Of Senegalese heritage
Amina Mbaye

From Washington, D.C.
David Duchesne

From Paris
Sandrine Aubry

From Aix-en-Provence
Valérie Forestier

Of Algerian heritage
Rachid Kahlid

And, also from Aix-en-Provence
Stéphane Forestier

Flash culture video program

For one lesson in each unit, a **Flash culture** segment allows you to experience the sights and sounds of the French-speaking world and the daily life of French speakers. Each segment is from two-to-three minutes long and is correlated to your textbook in one **Culture** section in each unit.

Hosted by narrators Csilla and Benjamin, these segments of specially shot footage transport you to a variety of venues: schools, parks, public squares, cafés, stores, cinemas, outdoor markets, city streets, festivals, and more. They also incorporate mini-interviews with French speakers in various walks of life: for example, family members, friends, students, and people in different professions.

The footage was filmed taking special care to capture rich, vibrant images that will expand your cultural perspectives with information directly related to the content of your textbook. In addition, the narrations were carefully written to reflect the vocabulary and grammar covered in **D'accord!**

Le Zapping

Authentic TV clips from around the French-speaking world connect the vocabulary and theme of each unit. These clips include commercials, newscasts, short films, and TV shows.

Reportage de France 24

FOCUS - TECHNOLOGIES
L'IPAD À LA CONQUÊTE DU MONDE ?

Les gens avec qui j'ai parlé ici sont des adeptes°...

The French-speaking World

Do you know someone who speaks French? Chances are you do! More than 2 million Americans speak French or one of its varieties at home, and it is the second most common language in some states. It is the official language of more than twenty-five countries and an official language of the European Union and United Nations. English and French are the only two languages that are spoken on every continent of the world.

The Growth of French

Have you ever heard someone say that French is a Romance language? This doesn't mean it's romantic—although some say it is the language of love!—but that it is derived from Latin, the language of the Romans. Gaul, a country largely made up of what is now France and Belgium, was absorbed into the Roman Empire after the Romans invaded Gaul in 58 B.C. Most Gauls began speaking Latin. In the third century, Germanic tribes including the Franks invaded the Roman territories of Western Europe. Their language also influenced the Gauls. As the Roman empire collapsed in the fifth century, people in outlying regions and frontiers were cut off from Rome. The Latin spoken by each group was modified more and more over time. Eventually, the language that was spoken in Paris became the standard for modern-day French.

The French-speaking World

Speakers of French
(approx. 228 million worldwide)

- America and the Caribbean 7%
- Asia and Oceania 1%
- Europe 47%
- North Africa and the Middle-East 12%
- Sub-Saharan Africa and the Indian Ocean 33%

Source: Organisation internationale de la Francophonie

French in the United States

1500 **1600** **1700**

1534
Jacques Cartier claims territories for France as he explores the St. Lawrence river, and the French establish fur-trading posts.

1600s
French exploration continues in the Great Lakes and the Mississippi Valley. La Salle takes the colony of Louisiana for France in 1682.

1685–1755
The Huguenots (French Protestants) form communities in America. French Acadians leave Nova Scotia and settle in northern New England and Louisiana.

French in the United States

French came to North America in the 16th and 17th centuries when French explorers and fur traders traveled through what is now America's heartland. French-speaking communities grew rapidly when the French Acadians were forced out of their Canadian settlement in 1755 and settled in New England and Louisiana. Then, in 1803, France sold the Louisiana territory to the United States for 80 million francs, or about 15 million dollars. Overnight, thousands of French people became citizens of the United States, bringing with them their rich history, language, and traditions.

This heritage, combined with that of the other French populations that have immigrated to the United States over the years, as well as U.S. relations with France in World Wars I and II, has led to the remarkable growth of French around the country. It is one of the most commonly spoken languages in the U.S., and there are significant populations in Louisiana, Maine, New Hampshire, and Vermont who speak French or one of its varieties.

You've made a popular choice by choosing to take French in school; it is the second most commonly taught foreign language in classrooms throughout the country! Have you heard people speaking French in your community? Chances are that you've come across an advertisement, menu, or magazine that is in French. If you look around, you'll find that French can be found in some pretty common places. Depending on where you live, you may see French on grocery items such as juice cartons and cereal boxes. In some large cities, you can see French language television broadcasts on stations such as TV5Monde. When you listen to the radio or download music from the Internet, some of the most popular choices are French artists who perform in French. French and English are the only two official languages of the Olympic Games. More than 20,000 words in the English language are of French origin. Learning French can create opportunities within your everyday life.

1800	1900	2000

1803
The United States purchases Louisiana, where Cajun French is widely spoken.

1980s
Nearly all high schools, colleges, and universities in the United States offer courses in French as a foreign language. It is the second most commonly studied language.

2011
In the U.S., French is one of the languages most commonly spoken at home, with over 2 million speakers.

Why Study French?

Connect with the World

Learning French can change how you view the world. While you learn French, you will also explore and learn about the origins, customs, art, music, and literature of people all around the world. When you travel to a French-speaking country, you'll be able to converse freely with the people you meet. And whether here in the U.S. or abroad, you'll find that speaking to people in their native language is the best way to bridge any culture gap.

Learn an International Language

There are many reasons for learning French, a language that has spread to many parts of the world and has along the way embraced words and sounds of languages as diverse as Latin, Arabic, German, and Celtic. The French language, standardized and preserved by the Académie française since 1634, is now among the most commonly spoken languages in the world. It is the second language of choice among people who study languages other than English in North America.

Understand the World Around You

Knowing French can also open doors to communities within the United States, and it can broaden your understanding of the nation's history and geography. The very names Delaware, Oregon, and Vermont are French in origin. Just knowing their meanings can give you some insight into the history and landscapes for which the states are known. Oregon is derived from a word that means "hurricane," which tells you about the windy weather; and Vermont comes from a phrase

City Name	Meaning in French
Bel Air, California	"beautiful air"
Boise, Idaho	"wooded"
Des Moines, Iowa	"of the monks"
Montclair, New Jersey	"bright mountain"

meaning "green mountain," which is why its official nickname is The Green Mountain State. You've already been speaking French whenever you talk about these states!

Explore Your Future

How many of you are already planning your future careers? Employers in today's global economy look for workers who know different languages and understand other cultures. Your knowledge of French will make you a valuable candidate for careers abroad as well as in the United States. Doctors, nurses, social workers, hotel managers, journalists, businesspeople, pilots, flight attendants, and many other kinds of professionals need to know French or another foreign language to do their jobs well.

Expand Your Skills

Studying a foreign language can improve your ability to analyze and interpret information and help you succeed in many other subject areas. When you begin learning French, much of your studies will focus on reading, writing, grammar, listening, and speaking skills. You'll be amazed at how the skills involved with learning how a language works can help you succeed in other areas of study. Many people who study a foreign language claim that they gained a better understanding of English and the structures it uses. French can even help you understand the origins of many English words and expand your own vocabulary in English. Knowing French can also help you pick up other related languages, such as Portuguese, Spanish, and Italian. French can really open doors for learning many other skills in your school career.

How to Learn French

Start with the Basics!

As with anything you want to learn, start with the basics and remember that learning takes time!

Vocabulary Every new word you learn in French will expand your vocabulary and ability to communicate. The more words you know, the better you can express yourself. Focus on sounds and think about ways to remember words. Use your knowledge of English and other languages to figure out the meaning of and memorize words like **téléphone**, **l'orchestre**, and **mystérieux**.

Grammar Grammar helps you put your new vocabulary together. By learning the rules of grammar, you can use new words correctly and speak in complete sentences. As you learn verbs and tenses, you will be able to speak about the past, present, or future; express yourself with clarity; and be able to persuade others with your opinions. Pay attention to structures and use your knowledge of English grammar to make connections with French grammar.

Culture Culture provides you with a framework for what you may say or do. As you learn about the culture of French-speaking communities, you'll improve your knowledge of French. Think about a word like **cuisine** and how it relates to a type of food as well as the kitchen itself. Think about and explore customs observed at **le Réveillon de la Saint-Sylvestre** (New Year's Eve) or **le Carnaval** (or **Mardi Gras**, "fat Tuesday") and how they are similar to celebrations you are familiar with. Observe customs. Watch people greet each other or say good-bye. Listen for sayings that capture the spirit of what you want to communicate!

Listen, Speak, Read, and Write

Listening Listen for sounds and for words you can recognize. Listen for inflections and watch for key words that signal a question such as **comment** (*how*), **où** (*where*), or **qui** (*who*). Get used to the sound of French. Play French pop songs or watch French movies. Borrow books on CD from your local library, or try to attend a meeting with a French language group in your community. Download a podcast in French or watch a French newscast online. Don't worry if you don't understand every single word. If you focus on key words and phrases, you'll get the main idea. The more you listen, the more you'll understand!

Speaking Practice speaking French as often as you can. As you talk, work on your pronunciation, and read aloud texts so that words and sentences flow more easily. Don't worry if you don't sound like a native speaker, or if you make some mistakes. Time and practice will help you get there. Participate actively in French class. Try to speak French with classmates, especially native speakers (if you know any), as often as you can.

Reading Pick up a French-language newspaper or a magazine on your way to school, read the lyrics of a song as you listen to it, or read books you've already read in English translated into French. Use reading strategies that you know to understand the meaning of a text that looks unfamiliar. Look for cognates, or words that are related in English and French, to guess the meaning of some words. Read as often as you can, and remember to read for fun!

Writing It's easy to write in French if you put your mind to it. Memorize the basic rules of how letters and sounds are related, practice the use of diacritical marks, and soon you can probably become an expert speller in French! Write for fun—make up poems or songs, write e-mails or instant messages to friends, or start a journal or blog in French.

Tips for Learning French

- **Listen** to French radio shows, often available online. Write down words you can't recognize or don't know and look up the meaning.

- **Watch** French TV shows or movies. Read subtitles to help you grasp the content.

- **Read** French-language newspapers, magazines, websites, or blogs.

- **Listen** to French songs that you like—anything from a a jazzy pop song by Zaz to an old French ballad by Edith Piaf. Sing along and concentrate on your pronunciation.

- **Seek** out French speakers. Look for neighborhoods, markets, or cultural centers where French might be spoken in your community. Greet people, ask for directions, or order from a menu at a French restaurant in French.

- **Pursue** language exchange opportunities in your school or community. Try to join language clubs or cultural societies, and explore opportunities for studying abroad or hosting a student from a French-speaking country in your home or school.

Practice, practice, practice!

Seize every opportunity you find to listen, speak, read, or write French. Think of it like a sport or learning a musical instrument—the more you practice, the more you will become comfortable with the language and how it works. You'll marvel at how quickly you can begin speaking French and how the world that it transports you to can change your life forever!

- **Connect** your learning to everyday experiences. Think about naming the ingredients of your favorite dish in French. Think about the origins of French place names in the U.S., like Baton Rouge and Fond du Lac, or of common English words and phrases like **café**, **en route**, **fiancé**, **matinée**, **papier mâché**, **petite**, and **souvenir**.

- **Use** mnemonics, or a memorizing device, to help you remember words. Make up a saying in English to remember the order of the days of the week in French (L, M, M, J, V, S, D).

- **Visualize** words. Try to associate words with images to help you remember meanings. For example, think of a **pâté** or **terrine** as you learn the names of different types of meats and vegetables. Imagine a national park and create mental pictures of the landscape as you learn names of animals, plants, and habitats.

- **Enjoy** yourself! Try to have as much fun as you can learning French. Take your knowledge beyond the classroom and find ways to make your learning experience your very own.

Common Names

Get started learning French by using a French name in class. You can choose from the lists on these pages, or you can find one yourself. How about learning the French equivalent of your name? The most popular French names for girls are Emma, Léa, Chloé, Manon, and Inès. The most popular French names for boys are Nathan, Lucas, Enzo, Léo, and Louis. Is your name, or that of someone you know, in the French top five?

More Boys' Names	More Girls' Names
Thomas	Lola
Gabriel	Zoé
Théo	Alice
Hugo	Louise
Maxime	Camille
Alexandre	Océane
Antoine	Marie
Adam	Sarah
Quentin	Clara
Clément	Lilou
Nicolas	Laura
Alexis	Julie
Romain	Mathilde
Raphaël	Lucie
Valentin	Anaïs
Noah	Pauline
Julien	Margot
Paul	Lisa
Baptiste	Eva
Tom	Justine
Jules	Maéva
Arthur	Jade
Benjamin	Juliette
Mohamed	Charlotte
Mathis	Émilie

The top five names for boys:	The top five names for girls:
Nathan	Emma
Lucas	Léa
Enzo	Chloé
Léo	Manon
Louis	Inès

Useful French Expressions

The following expressions will be very useful in getting you started learning French. You can use them in class to check your understanding, and to ask and answer questions about the lessons. Learn these ahead of time to help you understand direction lines in French, as well as your teacher's instructions. Remember to practice your French as often as you can!

Expressions utiles	Useful expressions
Allez à la page 2.	Go to page 2.
Alternez les rôles.	Switch roles.
À tour de rôle...	Take turns...
À voix haute	Aloud
À votre/ton avis	In your opinion
Après une deuxième écoute...	After a second listen...
Articulez.	Enunciate.; Pronounce carefully.
Au sujet de, À propos de	Regarding/about
Avec un(e) partenaire/ un(e) camarade de classe	With a partner/a classmate
Avez-vous/As-tu des questions?	Do you have any questions?
Avez-vous/As-tu fini/ terminé?	Are you done?/Have you finished?
Chassez l'intrus.	Choose the item that doesn't belong.
Choisissez le bon mot.	Choose the right word.
Circulez dans la classe.	Walk around the classroom.
Comment dit-on ____ en français?	How do you say ____ in French?
Comment écrit-on ____ en français?	How do you spell ____ in French?

Expressions utiles	Useful expressions
Corrigez les phrases fausses.	Correct the false statements.
Créez/Formez des phrases...	Create/Form sentences...
D'après vous/Selon vous...	According to you...
Décrivez les images/ dessins...	Describe the images/ drawings...
Désolé(e), j'ai oublié.	I'm sorry, I forgot.
Déterminez si...	Decide whether...
Dites si vous êtes/Dis si tu es d'accord ou non.	Say if you agree or not.
Écrivez une lettre/ une phrase.	Write a letter/a sentence.
Employez les verbes de la liste.	Use the verbs from the list.
En utilisant...	Using...
Est-ce que vous pouvez/tu peux choisir un(e) autre partenaire/ quelqu'un d'autre?	Can you please choose... another partner/someone else?
Êtes vous prêt(e)?/ Es-tu prêt(e)?	Are you ready?
Excusez-moi, je suis en retard.	Excuse me for being late.
Faites correspondre...	Match...
Faites les accords nécessaires.	Make the necessary agreements.

Expressions utiles	Useful expressions
Félicitations!	Congratulations!
Indiquez le mot qui ne va pas avec les autres.	Indicate the word that doesn't belong.
Indiquez qui a dit...	Indicate who said...
J'ai gagné!/Nous avons gagné!	I won!/We won!
Je n'ai pas/Nous n'avons pas encore fini.	I/We have not finished yet.
Je ne comprends pas.	I don't understand.
Je ne sais pas.	I don't know.
Je ne serai pas là demain.	I won't be here tomorrow.
Je peux continuer?	May I continue?
Jouez le rôle de.../ la scène...	Play the role of.../ the scene...
Lentement, s'il vous plaît.	Slowly, please.
Lisez...	Read...
Mettez dans l'ordre...	Put in order...
Ouvrez/Fermez votre livre.	Open/Close your books.
Par groupes de trois/ quatre...	In groups of three/four...
Partagez vos résultats...	Share your results...
Posez-vous les questions suivantes.	Ask each other the following questions.
Pour demain, faites...	For tomorrow, do...

Expressions utiles	Useful expressions
Pour demain, vous allez/tu vas faire...	For tomorrow you are going to do...
Prononcez.	Pronounce.
Qu'est-ce que ____ veut dire?	What does ____ mean?
Que pensez-vous/ penses-tu de...	What do you think about...
Qui a gagné?	Who won?
...qui convient le mieux.	...that best completes/is the most appropriate.
Rejoignez un autre groupe.	Get together with another group.
Remplissez les espaces.	Fill in the blanks.
Répondez aux questions suivantes.	Answer the following questions.
Soyez prêt(e)s à...	Be ready to...
Venez/Viens au tableau.	Come to the board.
Vous comprenez?/ Tu comprends?	Do you understand?
Vous pouvez nous expliquer/m'expliquer encore une fois, s'il vous plaît?	Could you explain again, please?
Vous pouvez répéter, s'il vous plaît?	Could you repeat that, please?
Vrai ou faux?	True or false?

Acknowledgments

On behalf of its authors and editors, Vista Higher Learning expresses its sincere appreciation to the many educators nationwide who reviewed materials from **D'accord!** Their input and suggestions were vitally helpful in forming and shaping the program in its final, published form.

We also extend a special thank you to Mayanne Wright, Stephen Adamson, and Séverine Champeny, whose hard work was central to bringing **D'accord!** to fruition.

We are especially grateful to Norah Jones, for her continued support and feedback regarding all aspects of the text.

Reviewers

Rachel Safier Albino
Saint Francis High School
Mountain View, CA

Erin Austin
Poudre High School
Fort Collins, CO

Rebecca Barck
The Bryn Mawr School
Baltimore, MD

Jennifer Barnhill
The Archer School for Girls
Los Angeles, CA

Michael Battle
Saint Francis High School
Mountain View, CA

Mary Bell
St Mary's Episcopal School
Memphis, TN

Morgan Benz
Drew School
San Francisco, CA

Marie France Bernard
Carrollton School of the Sacred Heart
Miami, FL

Joyce Besserer
Brookfield Academy
Brookfield, WI

Cree Bol
Polaris Expeditionary School
Fort Collins, CO

Greta Brewer
West Boca High School
Boca Raton, FL

Kari Bridenbaugh
Rocky Mountain High School
Fort Collins, CO

Bradey Bulk
Wilmington Friends School
Wilmington, DE

Chantal Cassan
St Andrew's Episcopal School
Potomac, MD

Christi Castenson
West Aurora High School
Aurora, IL

Anna Maria Cherubin
Eleanor Roosevelt High School
Greenbelt, MD

Ines du Cos de La Hitte
Sierra Canyon School
Chatsworth, CA

Amaris Cuchanski
Falmouth Academy
Falmouth, MA

Isabelle Daly
Ranney School
Tinton Falls, NJ

Silvana Dessi-Olive
The Blake School
Minneapolis, MN

Michele Diament
Collins Hill High School
Suwanee, GA

Catherine Douglas
Xaverian Brothers High School
Westwood, MA

Parthena Draggett
Community School of Naples
Naples, FL

Jillian Eilert
Avon High School
Avon, IN

Erin Feltman
Timberline High School
Olympia, WA

Kristine Finnegan
Kempsville High School
Virginia Beach, VA

Mary Beth Fischer
Kinard Core Knowledge Middle School
Fort Collins, CO

Kimberly Fogelson
Dominion High School
Sterling, VA

Acknowledgments

Kevin Giggy
  Mitchell High School
  Mitchell, IN

Lee Holcomb
  Inspire School of Arts & Sciences
  Chico, CA

Anne Jackson
  Holy Innocents Episcopal School
  Atlanta, GA

Debra Jukich
  Mead High School
  Longmont, CO

Kimberley Jurawan
  The Benjamin School
  Palm Beach Gardens, FL

Catalina Keilhauer
  The Madeira School
  McLean, VA

Benjamin Lizotte
  St. John's High School
  Shrewsbury, MA

Jean Mari Hernandez Lopez
  Westtown School
  West Chester, PA

Sabrina Maggio
  Marist High School
  Chicago, IL

Miranda Markland
  Preston Middle School
  Fort Collins, CO

Michelle Martin
  Brebeuf Jesuit Preparatory School
  Indianapolis, IN

Patricia Massey
  Potomac Falls High School
  Potomac Falls, VA

Thomas Michaud
  Nichols School
  Buffalo, NY

Caron Morton
  Suncoast Community High School
  Riviera Beach, FL

Nadine Paulsen
  Archbishop Mitty High School
  San Jose, CA

Marilyn Payton
  St. John XXIII College Preparatory
  Katy, TX

Rebecca Philippone
  Greene High School
  Greene, NY

Sarah du Plessis
  Hopkins School
  New Haven, CT

Tom Pozen
  Saint Ignatius College Prep
  Chicago, IL

Meghan Primm
  Mill Creek High School
  Hoschton, GA

Carolyn Quinby
  Terra Linda High School
  San Rafael, CA

Philippe Radelet
  Benjamin Franklin High School
  New Orleans, LA

Caroline Ridenour
  Heritage Christian School
  North Hills, CA

Donna Romanick
  Pope John XXIII High School
  Sparta, NJ

Tracy Rucker
  Louisville Collegiate School
  Louisville, KY

Katherine Saxby
  Orinda Academy
  Orinda, CA

Sarah Sexton
  Fossil Ridge High School
  Fort Collins, CO

Ellen Spence
  Beavercreek High School
  Beavercreek, OH

Suzanne Stluka
  The New School of Northern Virginia
  Fairfax, VA

Maggie Strahl
  Bishop Fenwick High School
  Franklin, OH

Cammie Williams
  William Byrd High School
  Vinton, VA

Pachao Yajcherthao
  The Blake School
  Minneapolis, MN

Valerie Yoshimura
  The Archer School for Girls
  Los Angeles, CA

Reprise

YOU WILL REVIEW HOW TO...

- Describe people and things
- Discuss everyday activities
- Tell what happened in the past
- Use pronouns to avoid repetition
- Give commands or directions

Pour commencer
- Qui est dans la photo?
  a. un groupe d'amis b. une famille c. des garçons
- Quel âge ont-ils, à votre avis?
  a. huit ans b. quinze ou seize ans c. trente ans
- Où sont-ils?
  a. dans un appartement b. à la campagne
  c. au lycée
- Est-ce qu'ils sont tristes?
  a. Non, ils ont l'air contents. b. Oui, ils sont malheureux. c. Non, ils sont fatigués.

Reprise Goals

In **Reprise**, students will review:
- describing people and things
- discussing everyday activities
- talking about the past
- the present tense of **être** and **avoir**; regular **-er**, **-ir**, **-re** verbs; and spelling-change **-er** verbs
- the present tense of irregular verbs, including **aller**, **prendre**, **boire**, and **faire**
- expressions with **avoir**
- the **passé composé** and the **imparfait**
- direct and indirect object pronouns
- the **impératif**

 21ˢᵗ Century Skills

Initiative and Self-Direction
Students can monitor their progress online using the activities and assessments on vhlcentral.com.

Pour commencer
- a. un groupe d'amis
- b. quinze ou seize ans
- c. au lycée
- a. Non, ils ont l'air contents.

EXPANSION

Descriptions Have students work in pairs. Ask the pairs to create a description of a girl or a boy in the photo. Students should include a physical description as well as information about family, activities, or school. Encourage students to use their imagination as necessary. Call on volunteer pairs to read their description aloud.

PRE-AP®

Interpersonal Speaking 👥 Have students work in pairs to imagine a conversation between two people in the photo. The situation might be, for example, the two students meeting for the first time or the two discussing what they did before the scene in the photo. Have students present their conversations to the class.

Section Goals

In this section, students will review:

- the present tense of **être** and **avoir**
- expressions with **avoir**
- adjective agreement and placement
- possessive and demonstrative adjectives

Suggestions: Scaffolding

- Create several sentences that use present-tense forms of **être** and **avoir**. Ask volunteers to read the sentences aloud and identify the subject and the verb form. Students should then give the infinitive.
- Remind students of the meanings the subject pronoun **on** can have: 1. *one*, **Quand on a peur, on tremble.** *When one is afraid, one trembles.* 2. *they*, **On parle français ici.** *They speak French here.* 3. *we*, **On est tous Parisien.** *We are all Parisian.*
- Move through the list of Expressions with **avoir**, using each expression in a statement accompanied by TPR. Then ask students to provide sample sentences showing the meaning of each expression with **avoir**. Example: **C'est l'été, il fait soleil. J'ai chaud.**
- Have students complete the **Vérifiez** activity.
- You may wish to have students complete **Activités 1–3** on p. 4 at this time.

The verbs *être* and *avoir* vhl central

Je suis américain.

Cette année, nous avons le bac.

- The verb **être** (*to be*) is an irregular verb. Its conjugation (set of forms for different subjects) does not follow a pattern.

Present tense of *être*

je suis	*I am*	nous sommes	*we are*
tu es	*you are*	vous êtes	*you are*
il/elle/on est	*he/she/it/one is*	ils/elles sont	*they are*

- The verb **avoir** (*to have*) is also an irregular verb.

Present tense of *avoir*

j'ai	*I have*	nous avons	*we have*
tu as	*you have*	vous avez	*you have*
il/elle/on a	*he/she/it/one has*	ils/elles ont	*they have*

- The verb **avoir** is used in certain idiomatic or set expressions where English generally uses *to be* or *to feel*.

Nicolas **a sommeil.**
Nicolas is sleepy.

Il **a envie de** se coucher.
He feels like going to bed.

Vous **avez froid**?
Are you cold?

Avez-vous **envie de** soupe?
Do you want some soup?

Vérifiez

Expressions with *avoir*

avoir... ans	*to be... years old*	avoir froid	*to be cold*
		avoir honte (de)	*to be ashamed (of)*
avoir besoin (de)	*to need*	avoir l'air (de)	*to seem/look (like)*
avoir de la chance	*to be lucky*	avoir peur (de)	*to be afraid (of)*
		avoir raison	*to be right*
avoir chaud	*to be hot*	avoir sommeil	*to be sleepy*
avoir envie (de)	*to feel like/to want*	avoir tort	*to be wrong*

EXPANSION

Using Games Give each student an index card. Ask them to write five sentences about themselves using **être** and **avoir**. Collect the cards and have volunteers come to the front of the class to read a card chosen at random. The class should guess which student is being described.
Charades Have students work in groups of three or four. Group members should take turns pantomiming an expression with

DIFFERENTIATION

avoir for the other members to guess. The "actor" must then provide a complete sentence using the expression they chose.
Example: **Quand je regarde un film d'horreur, j'ai peur!**
For Visual Learners Provide students with photos (from magazines or downloaded from the Internet) showing people. Distribute one photo to each student. Have students make up sentences about the people using **être** and **avoir**.

Adjectives

- In French, all nouns have a number (singular or plural) and gender (masculine or feminine). Most adjectives take different forms according to the gender and number of the nouns they describe.

- To make many adjectives feminine, add **-e** to the masculine form, unless it already ends in an unaccented **e**. To make most adjectives plural, add **-s**, unless it already ends in **-s**.

MASCULINE SINGULAR	MASCULINE SINGULAR		FEMININE SINGULAR	FEMININE SINGULAR

Henri est **élégant**.   **Patricia** est **élégante**.

MASCULINE PLURAL	MASCULINE PLURAL		FEMININE PLURAL	FEMININE PLURAL

Henri et Jérôme sont **élégants**.   **Patricia et Marie** sont **élégantes**.

- French adjectives are usually placed after the noun they modify when they don't directly follow a form of **être**.

  Ce sont des **étudiantes brillantes**   Bernard est un homme **agréable et poli**.

∞ **Vérifiez**

- However, some adjectives, such as possessive and demonstrative adjectives, come before the noun.

C'est ta soeur?
Ce sont tes parents?

Combien coûte
cette montre?

Possessive and demonstrative adjectives

masculine singular	feminine singular	plural	
mon	ma	mes	*my*
ton	ta	tes	*your* (fam. and sing.)
son	sa	ses	*his, her, its*
notre	notre	nos	*our*
votre	votre	vos	*your* (form. or pl.)
leur	leur	leurs	*their*
ce	cette	ces	*this, these*
cet (before vowel sound)			*this*

🏃 **Boîte à outils**

The possessive adjectives **mon**, **ton**, and **son** are also used before feminine nouns beginning with a vowel sound.

Anne est mon amie.
Anne is my friend.

Ton école est grande.
Your school is big.

∞ **Vérifiez**

- Use **-ci** and **-là** to refer to something near versus something far, and to contrast similar items in the same sentence.

  Ce livre-**ci** est long, mais ce livre-**là** est court.
  This book is long, but that book is short.

trois **3**

Suggestions: Scaffolding
- Review adjectives students already know. Have them work in pairs and make a five-column chart. In column 1, students write the letters of the alphabet, omitting *k, q, w, x,* and *z*. In column 2, they write the masc. sing. form of an adjective beginning with the letter in column 1; in column 3, the masc. pl. form; in column 4, the fem. sing. form; in column 5, the fem. pl. form. Have pairs share their adjectives with the class. Create a master list of adjectives that students can draw upon for future activities.
- Review the change in pronunciation for the feminine form of adjectives that end in a consonant in the masculine form. Example: **élégant / élégante**.
- Review the spelling changes in the feminine singular forms: **-f** to **-ve** (**naïf / naïve**); **-x** to **-se** (**heureux / heureuse**); **-s** to **-sse** (**gros / grosse**), **-en** to **-enne** (**canadien / canadienne**)
- Review the spelling change in the masculine plural form: **-al** to **-aux** (**génial / géniaux**).
- Remind students that masculine singular adjectives ending in **-x** do not add an **-s** in the plural (**sérieux / sérieux**).
- Have students complete the **Vérifiez** activity on descriptive adjectives.
- Point out that possessive adjectives agree with the *noun* they are modifying, not the possessor. Example: To Tom—**Où est <u>ta</u> bicyclette?** Then model the possessive adjectives using TPR and items in the classroom. Examples: **C'est mon livre. Ce sont vos livres. C'est notre salle de classe**.
- Review demonstrative adjectives by describing different things in the classroom. Examples: **Ce garçon est roux. Cette fille est rousse**. Then have students complete the **Vérifiez** activity.
- You may wish to have students complete **Activités 4–7** on pp. 4–5 at this time.

DIFFERENTIATION

For Visual Learners Have students find or create pictures of a man and a woman. The people can be two friends, two relatives, two actors, two singers, etc. Instruct students to write descriptions of the two people using demonstrative and descriptive adjectives. Example: **Cet acteur est grand et beau. Cette actrice est petite et élégante.**

EXPANSION

Pairs To practice possessive adjectives, have students draw and label their real or an imaginary family tree with three generations. Then have them describe to a partner how family members are related to one another using possessive adjectives. Example: **Loïc est mon cousin. Sa mère est ma tante.** Challenge them to use as many possessive adjectives as possible.

1 Suggestion Ask students to write five more sentence completions. Then have them exchange sentences with a partner and complete the sentences.

2 Expansion Have students write a response to Sandra's email. They can write about their own family or an imaginary family.

3 Suggestion Change the subject for each item to another appropriate subject and have students write the new verb form. Example: 1. **Tu as chaud.**

4 Suggestions
• Present **Coup de main** and review definite articles **le**, **la**, **l'**, and **les** before students begin the activity.
• Have students write their answers, exchange papers with a partner, and correct each other's work.

Mise en pratique

1 **Où sommes-nous?** Complete each sentence with the correct form of the verb **être**.

1. Édouard et Nathalie _____sont_____ à l'hôtel.
2. Jean-François _____est_____ à l'école.
3. Ils _____sont_____ en vacances.
4. Julie et moi, nous _____sommes_____ au match de foot.
5. Vous _____êtes_____ en retard.
6. Tu _____es_____ végétarien?
7. Je _____suis_____ de Bordeaux.
8. Il _____est_____ deux heures et demie.
9. Daniel et Thomas _____sont_____ à l'hôpital.
10. Elle _____est_____ chez elle.

2 **Correspondance** Sandra is presenting her family to you. Complete her e-mail with the correct forms of **avoir**.

«J'(1) _____ai_____ une grande famille avec quatre frères et sœurs. Nous (2) _____avons_____ aussi beaucoup d'oncles et de tantes. Ils sont mariés et (3) _____ont_____ des enfants. Ce sont tous mes cousins et cousines. Mon grand frère Pierrot (4) _____a_____ déjà une petite fille, et elle est adorable. Dans les grandes familles, il y (5) _____a_____ toujours un petit préféré... eh bien, chez nous, c'est elle! Voilà, comme ça, tu (6) _____as_____ une idée de ma vie ici!»

3 **Expressions** Using the photos, complete each sentence using an expression with **avoir**.

1. Il _____a chaud_____.   2. Elle _____a sommeil_____.   3. Nous _____avons froid_____.   4. J' _____ai peur_____.

4 **Opinions** Victoire has opinions about everything. Complete her statements, following the model.

Coup de main
The following adjectives are irregular.

génial(-aux)	géniale(s)
heureux	heureuse(s)
long(s)	longue(s)
sportif(s)	sportive(s)
vieil/vieux	vieille(s)

MODÈLE

restaurant / cher / bon
Le restaurant est cher, mais bon.

1. prof / désorganisé / brillant   Le prof est désorganisé, mais brillant.
2. voisines / vieux / charmant   Les voisines sont vieilles, mais charmantes.
3. maison / petit / joli   La maison est petite, mais jolie.
4. fiancés / inquiet / heureux   Les fiancés sont inquiets, mais heureux.
5. plage / grand / laid   La plage est grande, mais laide.
6. matchs / long / génial   Les matchs sont longs, mais géniaux.
7. fille / timide / intelligent   La fille est timide, mais intelligente.
8. garçons / gros / sportif   Les garçons sont gros, mais sportifs.

4 *quatre*

5 **C'est à qui?** Using possessive adjectives, identify the owner(s) of each object.

▶ **MODÈLE**

mon copain
Ce sont ses cahiers.

toi et moi   **les vendeuses**   **Léo et toi**   **Josie**

1. C'est notre ordinateur.   2. C'est leur calculatrice.   3. Ce sont vos stylos.   4. Ce sont ses dictionnaires.

6 **Comparez** With a partner, discuss the differences in each illustration. Use demonstrative adjectives.

Answers will vary.

▶ **MODÈLE**

Élève 1: *Comment sont ces hommes?*
Élève 2: *Cet homme-ci est petit et cet homme-là est grand.*

1. _____   2. _____   3. _____   4. _____

7 **Quelle fête!** Vous êtes à la fête d'un ami et il y a des personnes célèbres (*famous*). Avec un(e) partenaire, faites une liste des célébrités présentes, puis décrivez-les. Utilisez des adjectifs.

MODÈLE

Élève 1: *Qui est cette femme-ci?*
Élève 2: *C'est Natalie Portman. Elle est jolie, mais cette femme-là est vraiment élégante!*
Élève 1: *Oui, c'est…*

5 Expansion Review other things found in the classroom. Point to different objects that belong to students and ask **Est-ce votre/Ce sont vos…?** Then have students respond. Example: **Est-ce votre crayon? (Oui, c'est mon crayon./Non, c'est votre stylo.)**

6 Suggestion Have two students read the model. Remind students to take turns asking and answering the questions.

6 Expansion Have students compare people and objects in the classroom, using the same sentence structure.

7 Suggestion Read and expand on the model with a student. Suggest students make at least five comparisons. Then call on partners to role-play their conversation for the class.

TEACHING OPTIONS

C'est à qui? Do a live version of **Activité 5**. Have students put their belongings (books, pencils, notebooks, calculators, etc.) on their desks. Pick up objects one at a time or in combinations and ask students to make statements about the objects with possessive adjectives. Example: You pick up pencils from two students. Students say: **Ce sont leurs crayons.**

EXPANSION

Game Divide the class into two teams. Choose one team member at a time to go to the board, alternating between teams. Say a noun and whether it is singular or plural. The person at the board must write and say the noun with the correct demonstrative adjective. Example: **filles, pluriel (ces filles)**. Give a point for each correct answer. The team with the most points at the end of the game wins.

Present tense of regular and irregular verbs; spelling-change -er verbs

vhlcentral

Regular verbs

- To create the present-tense forms of regular verbs, drop the infinitive ending (**-er**, **-ir**, **-re**) and add the corresponding endings for the different subject pronouns.

Demain, je **finis** mes cours à deux heures et demi.
Tomorrow I finish class at 2:30.

Et quand est-ce que tu **arrives** chez toi?
And when do you get home?

Regular verbs			
	parler	**finir**	**vendre**
je	parle	finis	vends
tu	parles	finis	vends
il/elle/on	parle	finit	vend
nous	parlons	finissons	vendons
vous	parlez	finissez	vendez
ils/elles	parlent	finissent	vendent

◎ Vérifiez

Irregular verbs

- Like **être** and **avoir**, some other commonly used verbs are irregular.

Common irregular verbs			
	aller	**faire**	**prendre**	**boire**
je	vais	fais	prends	bois
tu	vas	fais	prends	bois
il/elle/on	va	fait	prend	boit
nous	allons	faisons	prenons	buvons
vous	allez	faites	prenez	buvez
ils/elles	vont	font	prennent	boivent

- The verbs **comprendre** and **apprendre** are conjugated like **prendre**.

Je ne comprends pas non plus.

Je ne bois pas de limonade.

Irregular *-ir* verbs

	sortir	dormir	courir
je	sors	dors	cours
tu	sors	dors	cours
il/elle/on	sort	dort	court
nous	sortons	dormons	courons
vous	sortez	dormez	courez
ils/elles	sortent	dorment	courent

- The verbs **partir**, **sentir**, and **servir** follow the same pattern as **sortir** and **dormir**.

Irregular *-re* verbs

	conduire	mettre	dire	rire
je	conduis	mets	dis	ris
tu	conduis	mets	dis	ris
il/elle/on	conduit	met	dit	rit
nous	conduisons	mettons	disons	rions
vous	conduisez	mettez	dites	riez
ils/elles	conduisent	mettent	disent	rient

- The following verbs are conjugated like **conduire**: **construire, détruire, produire, réduire, traduire**.
- The following verbs are conjugated like **mettre**: **permettre, promettre**.
- The verb **sourire** is conjugated like **rire**.

Spelling-change *-er* verbs

- Some **-er** verbs, though regular with respect to their verb endings, have spelling changes that occur in the verb stem (what remains after the **-er** is dropped).

Spelling-change *-er* verbs

	acheter	espérer	envoyer
j'	achète	espère	envoie
tu	achètes	espères	envoies
il/elle/on	achète	espère	envoie
nous	achetons	espérons	envoyons
vous	achetez	espérez	envoyez
ils/elles	achètent	espèrent	envoient

- The following verbs are conjugated like **acheter**: **amener, emmener**.
- The following verbs are conjugated like **espérer**: **célébrer, considérer, posséder, préférer, protéger, répéter**.
- The following verbs are conjugated like **envoyer**: **employer, essayer, nettoyer, payer**.

 Vérifiez

 Vérifiez

 sept **7**

Suggestions: Scaffolding
- Have students study the irregular **-ir** and **-re** verb charts and point out any patterns they see. Then have them write out the forms for the verbs listed in the bullet points but not in the charts. Check that students know the meanings of all verbs.
- You may also wish to review **lire** and **écrire** at this time as well.
- Call on volunteers to use the irregular **-ir** and **-re** verb forms in a sentence.
- Have students complete the **Vérifiez** activity.
- You may wish to have students complete **Activités 3–5** on pp. 8–9 at this time.
- Model pronunciation of the spelling-change **-er** verbs. Ask students what effect the spelling-change has on pronunciation.
- Divide the class into teams of six to play a game of verb relays. Call out an infinitive. The first person on each team writes the **je** form of the verb on a sheet of paper, then passes it to the next person who writes the **tu** form. Students continue passing the paper until they have all the forms. The first team to complete the conjugations correctly earns a point.
- Assign the **Vérifiez** activity.
- Have students complete **Activités 6–12** on pp. 10–11.

NATIONAL STANDARDS
Comparisons Students may not realize that English also has a large number of irregular verbs. Some show irregularities in the present tense (Examples: *to be, to have*), but most verbs show changes in the past tense forms. Have students list as many verbs as they can think of that deviate from the regular *-ed* pattern in the past tense (Examples: *write/wrote, eat/ate, do/did,* etc.). Have students discuss the challenges this poses for people learning English.

DIFFERENTIATION

For Kinesthetic Learners Have volunteers pantomime the irregular or spelling-change verbs from this page. The rest of the class should identify the verb. Then have one student use the verb in a sentence.

EXPANSION

Using Games Working in small groups, ask students to make up a board or card game using the verbs from this page. For example, they could make cards for a game of fish, memory, or bingo. Have students play immediately and then save the cards for review later.

1 Expansion Have students make up answers to each question posed in the activity.

2 Suggestion In pairs, have students check each other's work.

3 Expansion Have students make up two original sentences about themselves for each verb.

Mise en pratique

1 **Des questions** Your friend Antoine is asking you a lot of questions. Complete each of his questions with the correct form of the verb in parentheses.

1. On __partage__ (partager) ce sandwich?
2. Tu __réfléchis__ (réfléchir) à quoi maintenant?
3. Maxime et toi, vous __finissez__ (finir) votre match de tennis vers quelle heure?
4. Cet après-midi, nous __retrouvons__ (retrouver) bien Elsa et Vivi à la bibliothèque, n'est-ce pas?
5. Est-ce que j'__invite__ (inviter) Édouard aussi?
6. Pourquoi est-ce qu'Elsa sourit quand je la __regarde__ (regarder)?
7. Pourquoi est-ce que les filles __rougissent__ (rougir) tout le temps?
8. Nous __choisissons__ (choisir) le restaurant pour ce soir, non?
9. Est-ce que tu __aimes__ (aimer) la cuisine japonaise?
10. Les copains __organisent__ (organiser) aussi une fête ce week-end?

2 **Complétez** Complete each sentence with the correct form of a verb from the list.

attendre	entendre	répondre
descendre	perdre	vendre

1. Chez moi, après huit heures du soir, nous ne __répondons__ pas au téléphone.
2. Où sont mes lunettes? Aujourd'hui, je __perds__ tout!
3. Est-ce qu'ils __vendent__ des billets de train ici?
4. Papi, tu n'__entends__ pas très bien quand on parle.
5. Delphine ne __descend__ jamais en ville sans son sac.
6. Monsieur, vous __attendez__ le bus 114?
7. Nous __entendons__ très mal au téléphone parce que la connection est toujours mauvaise.
8. Vous __descendez__ l'escalier, et les toilettes sont à votre droite.

3 **Le bon verbe** Conjugate a verb from the list to complete each sentence.

aller	boire	faire	prendre

1. Nous adorons le sport. Nous __faisons__ du jogging presque tous les matins.
2. Attention! Tu __bois/vas__ trop vite!
3. Quand vous avez envie de sortir, vous __allez__ au cinéma?
4. Yvan __prend__ le train pour rentrer chez lui le soir.
5. Les enfants __prennent__ des cours de tennis le dimanche.
6. Je __fais__ mes frites moi-même, à la maison!
7. Est-ce que cette ceinture __va__ avec mon pantalon?
8. En été, nous ne __buvons__ jamais assez.
9. Je __vais__ en ville ce soir. Tu viens (*Are you coming*) avec moi?
10. Qu'est-ce que vous __faites__ comme activité sportive?

PRE-AP®

Presentational Writing ← ⌂ → Have students write a short story about a family that goes to a restaurant together and tell what happens there. Tell them to use the irregular verbs **aller, faire, boire, prendre** as well as regular -er, -ir, and -re verbs. Encourage them to be creative.

EXPANSION

Interview ⌂↔⌂ Have students interview five different classmates to find out at least two different places they are going this week and what they plan to do there. Tell them to use the verbs **aller** and **faire**, note their classmates' responses, and then write a summary of what they found out.

4 Parfait! Using the illustrations as cues, write the correct form of the irregular –**ir** verb.

1. Je ___dors___ bien!

2. Il ___sert___ des sandwichs délicieux!

3. Nos chocolats chauds ___sentent___ bon!

4. Vous ___courez___ super vite!

5. Tu ___sors___ enfin de l'hôpital!

6. Nous ___partons___ à l'heure!

5 Finissez Complete each sentence, choosing the most logical ending for each. Remember to conjugate each verb.

permettre de rentrer à 11h00.	détruire les forêts.
dire «bonjour» en espagnol?	réduire vos heures de travail.
rire de mes histoires.	ne pas construire d'avions.

1. Ces ingénieurs ___ne construisent pas d'avions.___
2. Cette semaine, au bureau, ils ___réduisent vos heures de travail.___
3. Le feu (*fire*) ___détruit les forêts.___
4. Reiko est charmante quand elle ___rit de mes histoires.___
5. Maman et moi, nous vous ___permettons de rentrer à 11h00.___
6. Comment est-ce que vous ___dites «bonjour» en espagnol?___

neuf **9**

4 Suggestion Have pairs of students create the same kind of illustrated activity for six irregular -**re** verbs. Tell them that even simple stick figures are fine. Pairs exchange activities for completion.

4 Expansion ←↻→ Have students work with a partner to make up a story about what is happening in one of the illustrations. Have partners present their stories to the class.

5 Expansion
• Have students work with a partner to describe the photo. Suggest that they include the following details in their descriptions: who the men are, what they are like, where they are, what's in the room, and what they are doing.
• Have students write two to three logical follow-up sentences for each item that expands on what is said. Call on volunteers to present their sentences to the class.

EXPANSION

Writing Practice Have students work in pairs to write fill-in-the-blank or dehydrated sentences for each of the irregular -**ir** and -**re** verbs that they have reviewed in this lesson. Then tell them to exchange papers with another pair and complete the activity. Remind students to check answers.

TEACHING OPTIONS

Questions Ask students questions based on **Activités 4–5**. Examples: **Comment dort la femme? Qu'est-ce que le serveur sert? Qu'est-ce que les enfants boivent? Les passagers, où sont-ils? Qui ne construisent pas d'avions? Qu'est-ce qu'ils font au bureau? Qui est charmante quand elle rit? À quelle heure est-ce qu'il faut rentrer?**

6 Suggestion For each item, have a few pairs write their sentences on the board. Have the class check each sentence for logic and correct spelling.

6 Expansion After students give their answer for each item, have them give a full description of the images. For example, they can describe the people and the setting or imagine what the people are saying or thinking.

7 Expansion Ask students to write another sentence about each image using a different verb from **Reprise**.

7 Expansion Have students write a mini-conversation or monologue for each picture.

8 Suggestion Before assigning the activity, go over the meaning of the expressions in the second column. Display sentences that use the words in context. Read the sentences aloud and use gestures and props to clarify meaning.

8 Partner Chat You can also assign Activity 8 on vhlcentral.com. Students work in pairs to record the activity online. The pair's recorded conversation will appear in your gradebook.

9 Expansion After students complete the activity, review other information questions: **Où? Pourquoi? Quand? Qui? Avec qui?** Then have pairs go through each activity item again using question words and other verbs from **Reprise** to elicit additional information. Example: **Avec qui est-ce que tu vas à la cantine?**

---

6 Imaginez Describe what people are doing in each illustration. Use a spelling-change **-er** verb. *Answers will vary.*

MODÈLE

Elles essaient de patiner.

1.   2.   3.   4.

7 Que font-ils? Look at each illustration and write two sentences about what the people are doing or thinking. Use two different verbs from the list. *Answers will vary.*

1.   2.   3.   4.

attendre	choisir	entendre	oublier
passer	regarder	rendre visite	vendre

8 En général In pairs, take turns describing your habits. Use the word bank for ideas. *Answers will vary.*

MODÈLE

Élève 1: *En général, je ne regarde jamais la télévision le dimanche soir.*

(ne pas) courir	jusqu'à midi
(ne pas) dormir	tous les week-ends
(ne pas) finir	le dimanche
(ne pas) obéir	en été
(ne pas) partir	tous les jours
(ne pas) réfléchir	rarement
(ne pas) réussir	jamais
(ne pas) sortir	parfois
	souvent
	une (deux, etc.) fois par jour/ semaine etc.

9 Et toi? In pairs, take turns asking each other what you do or have when you go to these places. Use only the verbs **prendre**, **boire**, or **faire** in your answers. Use your imagination.

MODÈLE

Élève 1: *Qu'est-ce que tu prends quand tu vas au café?*
Élève 2: *Moi, quand je vais au café, je prends du café au lait. Et toi?*
Élève 1: *Moi, je ne prends jamais de café. Je prends du thé.*

1. à la cantine (*cafeteria*)
2. chez mon/ma meilleur(e) ami(e)
3. au stade
4. au cinéma
5. à la mer avec ma famille
6. à la bibliothèque
7. en cours
8. au restaurant avec ma famille

EXPANSION

Storybooks Have students work in groups of three. Give each group a children's book in French that uses many present-tense verbs. Each group should then make a list of all of the verbs they find. They should write the subject + verb form (as used in the story) as well as the infinitive.

EXPANSION

Surveys Have students design a survey of 10 questions that include verbs reviewed so far in **Reprise**. Example: **Qui a sommeil maintenant? Qui conduit une voiture?** Students then conduct the survey, compile the results, and present the results to the class.

10 Qui fait quoi?

In pairs, take turns saying what these people are doing. Use only spelling changing –er verbs. Be creative. Answers will vary.

MODÈLE

Il achète des croissants pour sa fiancée.

1.

3.

2.

4.

11 Des situations

In pairs, take turns asking each other how you generally react when other people do or do not do the following things. Answers will vary.

MODÈLE

sourire rarement
Élève 1: *Comment est-ce que tu réagis quand quelqu'un sourit rarement?*
Élève 2: *Je suis triste.*

1. rire très fort
2. conduire vite
3. mettre ses chaussures sur la table
4. ne pas dire «pardon»
5. détruire un livre de la bibliothèque
6. promettre trop de choses

12 Enquête

Copy the chart below onto a piece of paper. In groups of three, interview your classmates to see how often, if at all, they do each activity. Then write their names in the appropriate boxes. Be prepared to share the results of your poll with the class. Answers will vary.

MODÈLE

Élève 1: *Est-ce que tu achètes tes livres sur Internet?*
Élève 2 (Félix): *Oui, j'achète souvent mes livres sur Internet.*

	parfois	souvent	jamais
1. acheter des livres sur Internet		Félix	
2. écrire des e-mails à son/sa grand-père/mère			
3. partir en week-end avec sa famille			
4. faire ses devoirs devant la télé			
5. ne pas répondre aux questions de ses parents			
6. sortir avec des amis l'après-midi			

onze **11**

AP® **Theme:** Contemporary Life
Context: Education, Leisure and Sports

vhlcentral

CULTURE À LA LOUPE

Les vacances scolaires

Que font les jeunes pendant leurs vacances scolaires? Ce matin, Tiffany s'est levée° tôt—le jour du départ est enfin arrivé. Elle vérifie tout avant de partir: son passeport, son billet d'avion, son dictionnaire anglais-français… Elle a bien tout! En effet°, cet été, Tiffany a décidé d'aller apprendre le français au Québec.

Comme Tiffany, beaucoup de jeunes lycéens profitent des vacances d'été pour apprendre quelque chose de nouveau. Certains apprennent un nouveau sport en s'inscrivant à° des stages° de voile° ou de moto°. D'autres préfèrent une activité culturelle ou artistique et vont à des stages de cirque° ou de danse. D'autres enfin vont dans un pays étranger pour

suivre° des cours de langue. Les séjours linguistiques ou les programmes d'échanges internationaux ont beaucoup de succès chez° les lycéens. Non seulement les jeunes apprennent une langue, mais ils découvrent° aussi la culture du pays et rencontrent d'autres jeunes de tous les coins° du monde.

L'Université Laval à Québec, par exemple, propose un programme idéal pour ceux° qui désirent apprendre le français. Le matin, il y a quatre heures de cours, des exposés° et des projections de films qui racontent° l'histoire de la ville de Québec. L'après-midi, il y a des activités sociales et culturelles. Certains vont faire une promenade dans le Vieux-Québec et vont voir° les fortifications, admirer la chute° Montmorency ou visiter des cabanes à sucre où on récolte la sève des érables° comme le faisaient les premiers habitants de la région, les Autochtones°. Les plus aventureux° vont même observer les baleines° du fleuve Saint-Laurent.

Pour les jeunes qui choisissent de participer à ces stages, les vacances ne sont plus une longue période d'inactivité. Elles proposent, au contraire, la possibilité de rencontrer d'autres jeunes et d'apprendre quelque chose de nouveau tout en s'amusant.

s'est levée *got up* **En effet** *Indeed* **s'inscrivant à** *signing up for* **stages** *camps* **voile** *sailing* **moto** *motorcycle* **cirque** *circus* **suivre** *take* **chez** *among* **découvrent** *discover* **coins** *corners* **ceux** *those* **exposés** *presentations* **racontent** *tell* **voir** *see* **chute** *waterfall* **récolte** *collects* **sève des érables** *sap from maple trees* **Autochtones** *Native Americans* **aventureux** *adventurous* **baleines** *whales*

A C T I V I T É S

1 **Vrai ou faux?** Indicate whether each statement is **vrai** or **faux**.

1. Si on est sportif, on peut faire un stage de moto ou de voile pendant les vacances. Vrai.

2. Les séjours linguistiques sont d'abord pour les jeunes qui veulent apprendre une langue étrangère. Vrai.

3. Les séjours linguistiques ne proposent que des cours de langue. Faux.

4. Les participants aux séjours linguistiques viennent de tous les coins du monde. Vrai.

5. Les participants au programme de l'Université Laval ont six heures de cours de français par jour. Faux.

6. Québec est une ville fortifiée. Vrai.

7. Dans les cabines téléphoniques, on récolte la sève des érables. Faux.

8. Les Autochtones étaient les premiers habitants du Québec. Vrai.

9. Les camps de vacances sont idéaux pour les jeunes qui aiment l'inactivité. Faux.

10. Parfois, on observe des baleines dans le fleuve Saint-Laurent. Vrai.

Section Goals

In **Culture**, students will:
- read and discuss summer vacation activities
- learn about places to visit in **Québec**

21ˢᵗ Century Skills

Global Awareness
Students will gain perspectives on the Francophone world to develop respect and openness toward others and to interact appropriately and effectively with citizens of Francophone cultures.

Previewing Strategies
- Preview the text by having students read the title and the first sentence. Then have them describe the photos. Ask them to predict what the reading will be about.
- Suggest that students scan the reading to find cognates. Determine if they are real or false cognates.

Suggestions
- Divide the class into groups. Assign each group a paragraph of the reading. Have the groups read their paragraph several times for comprehension. Then have volunteers read their paragraphs aloud.
- Display a map of **la ville de Québec**. Take students on a "tour" of the city, pointing out the places mentioned in the text.

1 **Suggestion** Have students work in pairs and take turns asking and answering the questions. Have them correct the false statements.

1 **Expansion** Ask pairs to write one more true and one more false statement and exchange them with another pair.

TEACHING OPTIONS

Verb Search Provide students with a double-spaced copy of **Les vacances scolaires**. Working in pairs, have students highlight the verbs they find. Above each conjugated form, they should write the infinitive. If the verb is in the infinitive form, they should put a check mark.

EXPANSION

Culture Presentation Assign pairs of students one of the places mentioned in the reading to research: **l'Université Laval**, **le Vieux-Québec**, **la chute Montmorency**, **le fleuve Saint-Laurent**. Students should prepare an oral presentation accompanied by pictures. They should include verbs reviewed in **Structures R.1** and **R.2**.

LE FRANÇAIS QUOTIDIEN

Des sports atypiques

l'alpinisme (*m.*)	mountain climbing
le deltaplane	hang gliding
l'escrime (*f.*)	fencing
le kitesurf	kite surfing
le parachutisme	parachuting
le parkour	free running
la plongée sous-marine	scuba diving
le rugby	rugby
le tir à l'arc	archery

AP® Theme: Contemporary Life Context: Education, Leisure and Sports

LE MONDE FRANCOPHONE

Des stages pour tous

Voici quelques stages qui proposent des activités originales pour les jeunes les plus aventureux.

En France Stage d'aéronautique où, pendant le vol, le jeune est copilote, navigateur ou radio

En France Stage des sports de l'extrême pour les plus aventureux: spéléologie° dans le Vercors, Parc des volcans en Auvergne, rafting et escalade° en Haute-Savoie, etc.

En Guadeloupe Stage de kitesurf avec des moniteurs° brevetés°

Au Québec Camp de vacances scientifiques avec cours de science qui fait participer les jeunes à des recherches° expérimentales

À Tahiti Stage de surf où les cours sont donnés par des moniteurs qui ont le BEES (Brevet d'État d'Éducateur Sportif)

spéléologie *spelunking* **escalade** *climbing* **moniteurs** *instructors* **brevetés** *licensed* **recherches** *research*

PORTRAIT

AP® Theme: Contemporary Life
Context: Leisure and Sports

Le lac Saint-Jean

Aussi grand qu°'une mer intérieure, le lac Saint-Jean est un lieu de vacances très apprécié des Québécois et des touristes qui aiment le sport, la nature et la culture. Été comme hiver, il y a beaucoup de choses à faire. En été, les gens se baignent° ou se promènent le long de ses plages. Les sportifs font le tour du lac à vélo, vont à la pêche ou font du kayak; les plus courageux peuvent même faire du rafting à proximité du lac. Ceux qui aiment les animaux observent des loups° et des ours° dans leur habitat naturel. Ceux qui préfèrent l'histoire visitent des villages historiques qui recréent la vie des gens au début du siècle ou vont voir un moulin à eau°, construit en 1889, qui fonctionne toujours! En hiver, d'autres pratiquent la pêche blanche ou pêche sur glace, font des promenades en raquettes° ou des courses de traîneaux à chiens°, et visitent même des villages de glace! Le lac Saint-Jean, source d'amusement pour petits et grands n'importe quand!

Aussi grand que *As large as*
se baignent *swim*
loups *wolves* **ours** *bears*
moulin à eau *watermill*
raquettes *snowshoes*
traîneaux à chiens *dog sleds*

---

2 **Compréhension** Complete each sentence.

1. Il y a des camps de __vacances__ dans tout le monde francophone.
2. Il faut aller en __Haute-Savoie__ pour faire un stage de rafting et d'escalade.
3. Pendant les stages __d'aéronautique__, on apprend à voler.
4. Il y a des __volcans__ en Auvergne.
5. Le lac Saint-Jean est au __Canada/Québec__.

3 **Les vacances** Do you go to summer camp? Where? What are your favorite activities? Why? If you do not go to camp, how do you pass your time in the summer? Write a paragraph in French.
Answers will vary.

ACTIVITÉS

13

The *passé composé* and  the *imparfait*

- The **passé composé** expresses events in the past with a distinct beginning and end or indicates a change in a state or condition.

Passé composé with *avoir*

- For most verbs, the **passé composé** is formed with a present-tense form of **avoir** (the auxiliary verb) followed by the past participle of the verb expressing the action.
- The past participles of regular **-er**, **-ir**, and **-re** verbs are formed by replacing the infinitive ending with **é**, **i**, or **u**, respectively.

infinitive			past participle		
fêt**er**	chois**ir**	rend**re**	fêt**é**	chois**i**	rend**u**

The *passé composé*

j'ai parlé	nous avons parlé
tu as parlé	vous avez parlé
il/elle/on a parlé	ils/elles ont parlé

Some irregular past participles

apprendre	appris		être	été
avoir	eu		faire	fait
boire	bu		pleuvoir	plu
comprendre	compris		prendre	pris
courir	couru		surprendre	surpris
falloir	fallu			

Passé composé with *être*

- Some verbs, however, use **être** in the **passé composé**. To form the **passé composé** of these verbs, use a present-tense form of **être** and the past participle of the verb that expresses the action.

> **Boîte à outils**
>
> The **passé composé** has three English equivalents. Example: **Nous avons parlé**. = *We spoke. We did speak. We have spoken.*

Vérifiez

Tu es parti pour Paris?

Mes parents sont arrivés des États-Unis.

- The past participles of verbs conjugated with **être** agree with their subjects in number and gender.

Charles, tu **es allé** à Montréal?
Charles, did you go to Montreal?

Florence **est partie** en vacances.
Florence left on vacation.

Mes frères **sont rentrés**.
My brothers came home.

Elles **sont arrivées** hier soir.
They arrived last night.

Some verbs used with *être*				
aller	entrer	naître	rentrer	sortir
arriver	monter	partir	rester	tomber
descendre	mourir	passer	retourner	

🔊 **Vérifiez**

- To ask questions using inversion in the **passé composé**, invert the subject pronoun and the conjugated form of **avoir/être**.

Avez-vous fêté votre anniversaire?   **Est-elle restée** chez elle?

- Place the adverbs **déjà**, **encore**, **bien**, **mal**, and **beaucoup** directly before the past participle.

Tu as **déjà** mangé?
Did you already eat?

Je ne suis pas **encore** tombé.
I haven't fallen yet.

L'imparfait

- To form the **imparfait**, drop the **-ons** ending from the **nous** form of the present tense and replace it with these endings.

The *imparfait*				
	parler (parl~~ons~~)	finir (finiss~~ons~~)	vendre (vend~~ons~~)	boire (buv~~ons~~)
je	parlais	finissais	vendais	buvais
tu	parlais	finissais	vendais	buvais
il/elle/on	parlait	finissait	vendait	buvait
nous	parlions	finissions	vendions	buvions
vous	parliez	finissiez	vendiez	buviez
ils/elles	parlaient	finissaient	vendaient	buvaient

- The **imparfait** expresses habitual or repetitive actions in the past, or an ongoing action, event, or condition in the past with no definite beginning or end. With the verb **être**, it is often used for description. The verb **être** is irregular in the **imparfait**.

The *imparfait* of *être*	
j'étais	nous étions
tu étais	vous étiez
il/elle/on était	ils/elles étaient

🔊 **Vérifiez**

quinze **15**

Suggestions: Scaffolding
- Point out the optional liaison between the forms of **avoir** and **être** and past participles beginning with a vowel sound. Examples: **nous avons‿entendu; je suis‿allé**.
- Set the scene for a story using verbs in the **imparfait**. Write the sentences on the board and have students explain how to conjugate the verbs in this tense.
- Remind students that infinitives that end in **-ger** add an **e** before all endings of the **imparfait** except for the **nous** and **vous** forms. This **e** preserves the soft **g** sound.
- Additionally, infinitives that end in **-cer** change the **c** to **ç** before all endings of the **imparfait** except for the **nous** and **vous** forms. This **ç** preserves the soft **c** sound.
- Have students complete the **Vérifiez** activity, then move onto **Activités 5–7**.
- Remind students that the **passé composé** is used to describe a past completed action and that the **imparfait** is used to talk about actions that took place repeatedly or habitually during an unspecified period of time. You may want to show this visually with a time line.
- Display a paragraph with verbs in the **passé composé** and the **imparfait**. Have volunteers read each sentence aloud. Then ask students which tense is used and to explain why.
- Have students complete the remaining activities for this **Structure**.

EXPANSION

Question Drill Do a chain drill. The first student in each row turns around and asks the next student a question using inversion in the **passé composé**. That student answers the question, then turns and asks the next student a question, and so on. You may want to think of some suggestions as a group before beginning.

DIFFERENTIATION

For Visual Learners Ask students to bring in pictures of themselves at a party, on vacation, etc. Students should describe their pictures to the class using the **passé composé** and the **imparfait**. They should say where they were, how old they were, what they were doing, etc. After each description, the class asks additional questions. Remind students to use the **passé composé** for events and the **imparfait** for descriptions.

1 Suggestion Review formation of the negative before completing the activity.

2 Suggestion Before beginning the activity, have students identify the past participles of the verbs.

2 Expansion
• After completing the activity, have students change the sentences into questions with inversion.
• Change the subjects in items 2–5 and have students do the activity again.

3 Expansion Ask students to provide one or two more sentences for each picture using verbs not in the list. Example: **J'ai nagé. Je suis parti(e) à sept heures.**

Mise en pratique

1 **Au passé** Complete each sentence by writing the correct forms of the appropriate verb in parentheses. Use the **passé composé**.

1. Hier soir, tu _____ as appelé _____ ton ami et vous _____ avez bavardé _____ pendant des heures. (bavarder/appeler)

2. Lundi dernier, Monsieur et Madame Guillon _____ ont oublié _____ une écharpe à l'hôtel et la réception _____ a téléphoné _____ chez eux. (oublier/téléphoner)

3. Aujourd'hui, j'_____ ai invité _____ mes amis et nous _____ avons déjeuné _____ au café d'à côté. (déjeuner/inviter)

4. Mathis _____ n'a pas encore rencontré _____ Sabine, mais il _____ a travaillé _____ avec sa cousine Lætitia pendant deux ans. (ne pas encore rencontrer/travailler)

5. Vous _____ avez maigri _____ avec votre régime (*diet*), mais nous _____ avons grossi _____! (grossir/maigrir)

6. Ils _____ ont réussi _____ l'examen parce qu'ils _____ ont bien réfléchi _____ avant de répondre aux questions. (réussir/bien réfléchir)

7. Ce matin, j'_____ ai attendu _____ le bus pendant une heure pour aller en ville, puis j'_____ ai rendu visite _____ à mon oncle. (rendre visite/attendre)

8. Nous _____ avons perdu _____ notre temps parce que ces personnes-là n'_____ ont pas entendu _____ notre histoire. (perdre/ne pas entendre)

2 **Un vrai désastre!** Léna had a very bad evening yesterday. Complete her description with the verbs in parentheses and the **passé composé**.

1. Il _____ a fallu _____ (falloir) attendre pour avoir une table.

2. Nous _____ avons bu _____ (boire) du très mauvais café.

3. Je _____ n'ai pas compris _____ (ne pas comprendre) la conversation.

4. Maxime _____ a été _____ (être) désagréable avec le serveur.

5. Ensuite, on _____ a pris _____ (prendre) le mauvais train pour rentrer.

6. Il _____ a plu _____ (pleuvoir) en chemin (*on the way*) à la maison.

3 **Fait accompli** Say what these people did. Use the verbs from the list and the **passé composé**.

Suggested answers.

▶ **MODÈLE**

tu

Tu es allée à la piscine.

aller	descendre
arriver	sortir
rentrer	

1. je
Je suis rentré tard du travail.

2. Sophie
Sophie est descendue à cet hôtel.

3. vous
Vous êtes arrivés à l'église.

4. Margaud et moi
Nous sommes sorties ensemble.

EXPANSION

Storytelling Tell students to write a story about a bad day they had, similar to **Activité 2**. Students should also illustrate the story and then present it to the class using gestures and intonation. Have the class vote on who had the worst day.

DIFFERENTIATION

Kinesthetic Learners Give each student a statement in the **passé composé** to act out. Then have the class guess the statement. Example: **J'ai répondu au téléphone.** (Student mimes answering the phone.)

4 **Une journée sympa** Chloé is describing her first day of vacation in New Orleans with her family. Complete the sentences with the correct **passé composé** form of the verbs in parentheses.

1. Mes parents et moi, nous ___sommes partis___ (partir) de Lafayette.
2. Nous ___sommes arrivés___ (arriver) à la Nouvelle Orléans à 11h.
3. Le voyage ___a duré___ (durer) (to last) deux heures et quinze minutes.
4. Nous ___sommes descendus___ (descendre) à l'hôtel.
5. Mes parents ___sont allés___ (aller) au Vieux Carré.
6. J'___ai nagé___ (nager).
7. Nous ___avons pris___ (prendre) le bus pour aller rue Plum.
8. J'___ai mangé___ (mangé) une boule de neige (sno-ball).

5 **Quand j'étais petit** Complete José's story with the **imparfait** of the logical verb.

«Il (1) ___faisait___ (faire/pleuvoir) très chaud. Il (2) ___fallait___ (falloir/ne pas avoir) boire beaucoup d'eau. La journée, je (3) ___sortais___ (sortir/divorcer) peu. Les gens (4) ___essayaient___ (descendre/essayer) de faire du sport le matin très tôt. En général, maman et papa (5) ___ne dormaient pas___ (ne pas dormir/rire) bien. Heureusement le week-end, nous (6) ___allions___ (choisir/aller) à la plage dans la voiture de papa. Nous (7) ___restions___ (rester/détruire) dans l'eau fraîche pendant des heures et c'(8) ___était___ (être/sentir) fantastique!»

6 **Avant...** Things have changed a lot between now and back then. Express this by finishing each sentence with a verb in the **imparfait**. Answers will vary.

> **MODÈLE**
>
> Maintenant, j'ai un vélo. Avant, *je marchais.*

1. Monsieur Roques mange très peu. Avant, ___il mangeait beaucoup___.
2. Clément est bon aux échecs. Avant, ___il était mauvais___.
3. Ces jours-ci, tu maigris lentement. Avant, ___tu maigrissais vite___.
4. Auban et moi, nous rentrons tôt. Avant, ___nous rentrions tard___.
5. Ils achètent parfois un livre. Avant, ___ils achetaient beaucoup de livres___.
6. Aujourd'hui, vous partez avec vos enfants. Avant, ___vous partiez tout seul___.

7 **Quand...** In pairs, describe what these people used to do and under what circumstances. Answers will vary.

> **MODÈLE**
>
> *Quand il était plus jeune, Rafik dormait dans un lit confortable.*

Rafik

1. je
2. ils
3. vous
4. tu

---

4 Suggestion Point out that some verbs take **avoir** while others take **être**.

5 Suggestion Have students state whether each verb is expressing an ongoing, habitual, or repetitive action, or if it is describing something.

5 Expansion Have students write a short paragraph about what their summer was like using the paragraph in the activity as a model.

6 Expansion Ask students to write three similar sentences with information about themselves.

7 Suggestion Before completing the activity, you may want to have students suggest a few phrases with infinitives for each picture.

21ˢᵗ Century Skills

Technology Literacy
Ask students to prepare a digital presentation about their childhood. Remind them to use the imperfect.

EXPANSION

Culture **Les boules de neige** (*Sno-balls*) are a New Orleans specialty. Every year from March to October, stands all over the city sell these balls of finely shaved ice and flavored sugar cane syrup. Sno-balls are not snow cones. The ice is shaved to order and has the same texture as freshly fallen snow. The syrup comes in dozens of flavors, such as Orchid Cream Vanilla, Peach, Blackberry, and Pralines and Cream. Sno-balls are served in cups and pails of various

DIFFERENTIATION

sizes and customers often order more than one flavor per serving.
Visual Learners Gather images depicting a variety of scenes. Show an image to the class and have them brainstorm important vocabulary that could be used to describe the photo, keeping a list on the board. Then have them work in pairs to describe the setting depicted, using the **imparfait**. Call on volunteers to share their descriptions. Repeat with other images.

7 Suggestion Tell students to take turns asking and answering the questions.

7 Expansion
- Ask each student to prepare two additional items to ask his or her partner.
- After answering each question, have students expand on the answer. Example: **Pour le dessert, j'ai fait une tarte aux pommes.**

8 Suggestions
- Tell students to copy the list of verbs on paper so that they can refer to the list after closing their books.
- Have students write out their sentences. Check for correct use of the **passé composé**.

9 Suggestion Students may want to brainstorm a list of questions before getting together with their partners.

9 Partner Chat You can also assign Activity 9 on vhlcentral.com. Students work in pairs to record the activity online. The pair's recorded conversation will appear in your gradebook.

10 Suggestion Make one student responsible for providing sentences using the **passé composé** with **avoir**, one for providing sentences using the **passé composé** with **être**, and one for providing sentences using the **imparfait**.

7 Déjà fait Interview a partner, asking whether he/she has ever done the following things. Your partner should respond with additional information, as in the model. Answers will vary.

> **MODÈLE**
> **Élève 1:** Tu as déjà fait une surprise à tes parents?
> **Élève 2:** Oui, j'ai préparé un dîner romantique.

1. faire une surprise à ses parents
2. rencontrer une actrice ou un sportif célèbre
3. passer une nuit entière sans dormir
4. acheter un costume ou un tailleur
5. écouter un discours politique en entier
6. inviter un(e) ami(e) à manger avec sa famille

8 Mes voisins In pairs, take a minute to study the illustration. Then close your books and ask your partner questions about what these people did at the party. Use the **passé composé** and the verbs provided below. Answers will vary.

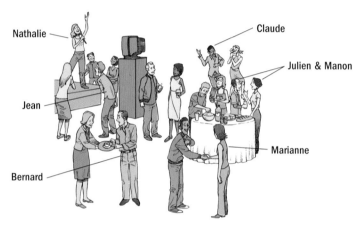

Nathalie • Claude • Julien & Manon • Jean • Marianne • Bernard

| accepter | bavarder | boire | chanter | danser | écouter | rencontrer |

9 La semaine dernière In pairs, take turns guessing what your partner did last week. Use only verbs that take **être** in the **passé composé**. Be prepared to share with the rest of the class what your partner did. Answers will vary.

> **MODÈLE**
> **Élève 1:** Tu es allé(e) à la piscine?
> **Élève 2:** Non, je suis allé(e) courir.

| aller | partir | rentrer | retourner |
| arriver | passer | rester | sortir |

10 À la plage In groups of three, describe what these people did this weekend. Then, compare your description to that of another group. Answers will vary.

EXPANSION

Drawing from Oral Descriptions Using **Activité 8** as a model, ask each student to make a simple sketch of people doing six activities. The scene and activities should be different from those in **Activité 8**. Students should label the people. Then, working in pairs, each student orally describes what the people did in their scene. The other student draws the scene. Pairs then compare their drawings.

EXPANSION

Writing Descriptions Have pairs of students think of five famous works such as books, fairy tales, or movies. They should use the **passé composé** to write two or three sentences describing the events of each work. Tell them to avoid names of people or other obvious giveaways. Students then exchange sentences with another pair and try to identify their classmates' works.

11 La ville In pairs, take a few seconds to look at this illustration. Then, close your books and describe what you saw, using the **imparfait**. Work together to write down as many details as you can remember. Answers will vary.

le café — l'hôtel
la banque — la librairie
le cinéma — le lycée
le restaurant — l'hôpital

12 Vos vacances In groups of three, interview your classmates to find out where and/or how they used to spend their vacation when they were younger. Then, share your results with the class. Answers will vary.

13 Pourquoi? In pairs, say what these people did yesterday and why. Use the **passé composé** for the action and the **imparfait** for the explanation. Answers will vary.

MODÈLE

Mme Gaspard
Mme Gaspard est allée chez le coiffeur parce qu'elle avait les cheveux trop longs.

Mme Gaspard

1. Brigitte

3. M. Duprès

2. Hélène

4. Arnaud et Dominique

14 Problèmes In pairs, take turns saying that you used to have these problems in the past and what solution you found to them. Answers will vary.

MODÈLE

Élève 1: *Avant, je grossissais en hiver.*
Élève 2: *Ah bon? Et qu'est-ce que tu as fait pour changer ça?*
Élève 1: *J'ai commencé à faire du sport.*

1. finir ses devoirs très tard le soir
2. ne pas avoir assez d'argent pour sortir
3. détester sa chambre
4. être désagréable le matin
5. ne pas lire assez
6. faire une dépression en hiver

dix-neuf **19**

11 Suggestions
• Review prepositions of location before students begin the activity.
• Have volunteers come to the board and write one of their descriptive sentences. The class corrects the sentences for content and accuracy.

12 Suggestion Students may want to create a list of interview questions in survey format. They should make two columns next to the questions (one for each of the other group members), and write the answers in the survey.

13 Suggestion Have students first brainstorm a list of words (nouns, verbs, adjectives) that they might use for each picture.

13 Expansion Have students "ask" the people in the pictures a question. One student asks the question and the other answers it.

14 Suggestion Be sure students understand that they are role-playing in this activity. They do not need to answer with personal information.

14 Expansion Have students make up two more items to ask and answer.

Mini-skits Have students work in small groups to create a humorous mini-skit. Some sample ideas: **Quand le professeur a quitté la salle de classe. Quand un chien est venu à l'école.** One student should be the storyteller and relate what happened in each scene of the skit using the **passé composé** and the **imparfait**. The other students in the group act it out.

PRE-AP®

Interpersonal Speaking Have students interview an older family member or friend. They should ask questions about what life was like when they were younger versus today. For example, what activities or sports they did or enjoyed, how they communicated with friends and family. Students should prepare an oral presentation of the information for the class.

Direct & indirect object pronouns; **vhl**central the *impératif*

Direct and indirect object pronouns

- Direct objects are nouns that receive the action of a verb. Indirect objects are things or people to whom or for whom an action is done. Indirect objects are frequently preceded by the preposition **à**.

DIRECT OBJECT	INDIRECT OBJECT
Je lis **le livre**.	Je lis le livre **à mon petit frère**.
I'm reading the book.	*I'm reading the book to my little brother.*
J'amène **mes parents**.	Je parle **à mes parents**.
I'm bringing my parents.	*I'm speaking to my parents.*

- You can use a direct object pronoun in the place of a direct object noun. The direct object pronoun precedes the conjugated verb unless that verb is followed by an infinitive. In this case, it precedes the infinitive.

Tu fais **les valises**?
Are you packing the suitcases?

Tu **les** fais?
Are you packing them?

Ils vont retrouver **Luc** à la gare.
They're going to meet Luc at the station.

Ils vont **le** retrouver à la gare.
They're going to meet him at the station.

Direct object pronouns

singular			plural		
me/m'	te/t'	le/la/l'	nous	vous	les

Vérifiez

- When a direct object pronoun is used with the **passé composé**, the past participle must agree with it in both gender and number.

J'ai mis **la valise** dans la voiture ce matin.
I put the suitcase in the car this morning.

Je **l'**ai **mise** dans la voiture ce matin.
I put it in the car this morning.

J'ai attendu **les filles** à la gare.
I waited for the girls at the station.

Je **les** ai **attendues** à la gare.
I waited for them at the station.

- Indirect object pronouns replace indirect object nouns.

Claire parle à **sa mère**.
Claire speaks to her mother.

Claire **lui** parle.
Claire speaks to her.

J'envoie des cadeaux à **mes nièces**.
I send gifts to my nieces.

Je **leur** envoie des cadeaux.
I send them gifts.

Indirect object pronouns

singular			plural		
me/m'	te/t'	lui	nous	vous	leur

- Here are some verbs that take indirect object pronouns.

Verbs used with indirect object pronouns			
demander à	to ask, to request	parler à	to speak to
donner à	to give to	poser une question à	to pose/ ask a question (to)
envoyer à	to send to	prêter à	to lend to
montrer à	to show to	téléphoner à	to phone, to call

The *impératif*

- The **impératif** is the form of a verb that is used to give commands or to offer directions, hints, and suggestions. With command forms, you do not use subject pronouns.

- Form the **tu** command of **-er** verbs by dropping the **-s** from the present tense form. Note that **aller** also follows this pattern. The **nous** and **vous** command forms of **-er** verbs are the same as the present tense forms.

Ferme la porte! (tu)	Appelez votre mère. (vous)	Allons au cinéma! (nous)
Close the door!	*Call your mother.*	*Let's go to the movies.*

- For **-ir** verbs, **-re** verbs, and most irregular verbs, all the command forms are identical to the present tense forms.

Finis tes devoirs!	Attendez une minute.	Buvons de l'eau.
Finish your homework!	*Wait a minute.*	*Let's drink water.*

- The **impératif** forms of **avoir** and **être** are irregular.

The *impératif* of *avoir* and *être*		
	avoir	**être**
(tu)	aie	sois
(nous)	ayons	soyons
(vous)	ayez	soyez

- An object pronoun can be added to the end of an affirmative command. Use a hyphen to separate them. Use **moi** and **toi** for the first- and second-person object pronouns.

Permettez-moi de vous aider.	Achète le dictionnaire et **utilise-le**.
Allow me to help you.	*Buy the dictionary and use it.*

- In negative commands, place object pronouns between **ne** and the verb. Use **me** and **te** for the first- and second-person object pronouns.

Ne **lui** donne pas ton argent.	Ne **la** touche pas.
Don't give him your money.	*Don't touch it.*

 Vérifiez

 Vérifiez

vingt et un **21**

1 **Suggestion** Have students write out each sentence, highlighting the direct object noun that the pronoun replaces.

2 **Suggestion** Ask students to make a simple drawing to illustrate each sentence. Have them write the cues and answers under each drawing.

2 **Expansion** Have students rewrite their answers in the negative with **ne...pas**.

3 **Suggestion** Ask volunteers to write the questions and answers on the board. Have them draw an arrow from the direct object noun to the pronoun. Then have them underline and explain any agreement in the past participle.

Mise en pratique

1 Choisissez Choose the most logical direct object pronoun to complete the sentences.

1. Ces chaussures sont laides et peu pratiques. Je _____les_____ déteste! (les/me).
2. Nous allons chez Alex ce soir. Il _____nous_____ a invités à dîner. (la/nous)
3. Toi, Léon, tu n'achètes jamais le journal. Tu _____le_____ lis au café. (vous/le)
4. Vous laissez un gros pourboire? Je _____vous_____ trouve bien généreux aujourd'hui! (vous/la)
5. Mon oncle est follement amoureux de Jeanne. Il va _____l'_____ épouser en juin. (l'/vous)
6. Vous avez écouté mon histoire? Vous _____m'_____ avez bien compris? (m'/vous)
7. Où es-tu? Je ne _____te_____ trouve pas. (me/te)
8. On regarde la télé ce soir? Tu _____la_____ regardes avec nous? (la/les)

2 Les bons pronoms Rephrase each sentence, using a direct object pronoun. Follow the model. Answers will vary.

MODÈLE
Dominique écoute la radio.
Il l'écoute.

1. Benoît regarde ses DVD. Il les regarde.
2. Ma mère admire cette robe. Elle l'admire.
3. Il mange son gâteau. Il le mange.
4. Ils achètent ces lunettes. Ils les achètent.
5. Je vais faire mes devoirs. Je vais les faire.
6. Elle débarasse la table. Elle la débarasse.
7. J'aime faire le ménage. J'aime le faire.
8. Nous achetons cet ordinateur. Nous l'achetons.

3 Déjà fait You are so hard-working that you have already done everything that your parents ask. Express this by using the cues, the **passé composé**, and a direct object pronoun. Pay attention to participle agreement.

MODÈLE
Tu vas lire ce livre? (la semaine dernière)
Je l'ai déjà lu la semaine dernière.

1. Tu vas emmener ta sœur à la piscine un de ces jours? (avant-hier)
Je l'ai déjà emmenée à la piscine avant-hier.
2. Tu vas acheter les billets pour aller chez tes grands-parents? (ce matin)
Je les ai déjà achetés ce matin.
3. Lolo et toi, vous allez prendre votre goûter maintenant? (à 4h00)
Nous l'avons déjà pris à 4h00.
4. Tu vas apporter les glaces bientôt?
Je les ai déjà apportées.
5. Tes copains et toi, vous allez faire les soldes pour trouver des shorts? (samedi)
Nous les avons déjà faites samedi.
6. Tu vas nous attendre un peu? (toute la matinée!)
Je vous ai déjà attendu(e)s toute la matinée!
7. Tu vas repasser les vêtements aujourd'hui? (hier)
Je les ai repassés hier.
8. Tu vas acheter les baguettes? (déjà)
Je les ai déjà achetées.
9. Tu vas aider ta mère dans le jardin? (ce matin)
Je l'ai aidée ce matin.
10. Tu vas m'écouter? (toujours)
Je t'ai toujours écouté/écoutée.

EXPANSION

For Visual Learners Ask pairs of students to choose a sentence from **Activité 1** to illustrate in comic strip-style with captions that use both direct and indirect object pronouns. For example, item 1 could show a frustrated store clerk helping a young customer try on several pairs of shoes.

EXPANSION

Game Ask students to draw three objects, such as **une calculatrice, un crayon, des livres**, on three separate pieces of paper. Have them write their name on each paper. Mix all the papers up and have each student choose three at random. Then have students find their objects by circulating around the room and asking classmates: **Tu as ma/mon/mes...** Students should respond using a direct object pronoun. Example: **Je l'ai. / Je ne l'ai pas.**

4 **Du shopping** Corinne and Célia are shopping. Complete each sentence with the correct indirect object pronoun.

1. Je ___leur___ achète des baskets. (à mes cousins)
2. Je ___te___ prends une ceinture. (à toi, Célia)
3. Nous ___lui___ achetons une jupe. (à Zoë)
4. Célia ___nous___ prend des lunettes de soleil. (à ma mère et à moi)
5. Je ___vous___ achète des gants. (à toi et Lucas)
6. Célia ___m'___ achète un pantalon. (à moi)

5 **Beaucoup de questions** Your friend Nathan is asking you a lot of questions. Answer using an indirect object pronoun.

MODÈLE

Tu as déjà téléphoné à Delphine?

Non, **je ne lui ai pas encore téléphoné**.

1. Tu me donnes ton nouveau numéro de téléphone? Oui, je te donne mon numéro.
2. On va prêter nos B.D. à Tao et à Franck? Oui, on va leur prêter nos B.D.
3. Céline te sourit souvent? Oui, elle me sourit souvent.
4. Tu as déjà parlé à sa copine? Non, je ne lui ai pas encore parlé.
5. Tu as demandé aux copains de venir au match? Oui, je leur ai demandé de venir.
6. Est-ce que le prof va envoyer un e-mail avec tous les devoirs à Paul et moi?
   Oui, il va nous envoyer un e-mail.

6 **Assemblez** With a partner, combine elements from the three columns to compare your family and friends. Use an indirect object pronoun in each sentence.

MODÈLE

Élève 1: *Mon père me prête souvent sa voiture.*
Élève 2: *Mon père, lui, nous prête de l'argent.*

A	B	C
je	acheter	argent
tu	apporter	biscuits
mon père	envoyer	cadeaux
ma mère	expliquer	devoirs
mon frère	faire	e-mails
ma sœur	montrer	problèmes
mon/ma	parler	vêtements
petit(e) ami(e)	payer	voiture
mes copains	prêter	

---

4 Expansion Have pairs of students use the answers to create a conversation between Corinne and Célia.

5 Suggestion Ask a pair of students to read the **modèle** aloud, using appropriate intonation and gestures.

5 Expansion Have students write three similar questions that they would like to ask a partner. Then have pairs of students ask each other their questions.

6 Suggestion Remind students that **acheter**, **envoyer**, and **payer** are spelling-change verbs.

6 Partner Chat You can also assign Activity 6 on vhlcentral.com. Students work in pairs to record the activity online. The pair's recorded conversation will appear in your gradebook.

EXPANSION

Pairs Tell students to write five questions they would like to ask their partner that require an indirect object pronoun in the answer. Then have them take turns asking and answering each other's questions. Call on volunteers to share what they learned about their partner with the class.

EXPANSION

Extra Practice Project an online newspaper or magazine article in French. Have students identify the object pronouns used in the article, what type of pronouns they are, and to what or to whom they refer. Use a highlighter if possible to identify and make connections among words so students can "see" the concepts they have learned used in a real-world context.

7 **Complétez** Copy the chart onto a separate piece of paper, and then write in the appropriate forms of the **impératif**.

	tu	nous	vous
finir	finis	finissons	1. finissez
danser	2. danse	dansons	dansez
répondre	réponds	3. répondons	répondez
faire	fais	faisons	4. faites
être	sois	5. soyons	soyez
avoir	6. aie	ayons	ayez

8 **C'est un ordre!** Tonight, you're babysitting your two younger brothers Paul and Raoul. Tell them what to do by using the **impératif**.

MODÈLE

ranger sa chambre (Paul)
Range ta chambre.

1. commencer ses devoirs (Paul et Raoul) Commencez vos devoirs.
2. faire son lit (Raoul) Fais ton lit.
3. ne pas envoyer trop d'e-mails (Paul) N'envoie pas trop d'e-mails.
4. être sympa (nous) Soyons sympas.
5. boire son verre de lait (Paul) Bois ton verre de lait.
6. lire une histoire ensemble (toi et moi) Lisons une histoire ensemble.
7. essayer de dormir (Paul et Raoul) Essayez de dormir.
8. ne pas faire trop de bruit (Paul et Raoul) Ne faites pas trop de bruit.

9 **S'il te plaît** Take charge! Using the drawings as cues, write a sentence with a verb in the **impératif** and an indirect object pronoun.

MODÈLE

montrer / à ton cousin / tes magasins préférés
Montre-lui tes magasins préférés.

1. expliquer / à moi et à la classe / ce problème de maths
Expliquez-nous ce problème de maths.

3. demander / à ton frère / ranger sa chambre
Demande-lui de ranger sa chambre.

2. donner / à ta mère / ton examen
Donne-lui ton examen.

4. apporter / aux clients / trois cafés et un chocolat
Apportez-leur trois cafés et un chocolat.

10 **Visitez-les!** In groups of three, write a small text of at least six sentences to go with this ad to attract tourists to these islands. Use verbs in the **impératif**. Then, share your ad with the class. Answers will vary.

Les îles de **Guadeloupe** vous attendent

Je choisis la Guadeloupe pour mes vacances.
Je réussis à trouver un paradis pour mes enfants!
Les îles de Guadeloupe.
Les îles où tout finit par arriver!

Chez nous

Pour commencer
- Où sont ces personnes?
  a. dans la cuisine b. dans la salle de bains
  c. dans la chambre
- Qu'est-ce qu'il y a sur la photo?
  a. une lampe b. une table c. une télévision
- Que font ces personnes?
  a. Elles étudient. b. Elles cuisinent.
  c. Elles regardent la télé.

Unit Goals

Leçon PA
In this lesson, students will learn:
- terms for parts of the house
- terms for furniture
- the pronunciation of **s** and **ss**
- about housing in France and **le château Frontenac**
- more about housing in France through specially shot video footage
- the uses of the **passé composé** and the **imparfait**, and the verb **vivre**
- about an entrepreneur who makes cardboard furniture

Leçon PB
In this lesson, students will learn:
- terms for household chores
- terms for appliances
- the pronunciation of semi-vowels
- about the interiors of French homes and the French Quarter in New Orleans
- more about the uses of the **passé composé** and the **imparfait**
- the uses of **savoir** and **connaître**
- to use visual cues to understand spoken French

Savoir-faire
In this section, students will learn:
- cultural and historical information about **Paris** and the French region **l'Île-de-France**
- to guess the meaning of unknown words from context
- to write a narrative using the **passé composé** and the **imparfait**

 21ˢᵗ Century Skills

Initiative and Self-Direction
Students can monitor their progress online using the activities and assessments on vhlcentral.com.

Pour commencer
- a. dans la cuisine
- b. une table
- b. Elles cuisinent.

SUPPORT FOR BACKWARD DESIGN

***Unité P* Essential Questions**
1. How do people describe their homes?
2. How do people talk about specific past actions contrasted with how things used to be?
3. How do people talk about household chores?

***Unité P* Integrated Performance Assessment**
Before teaching the chapter, review the Integrated Performance Assessment (IPA) and its accompanying scoring rubric provided in the Testing Program. Use the IPA to assess students' progress toward proficiency targets at the end of the chapter.
IPA Context: It is four years from now. You and a friend are planning to spend a semester in Paris and you are looking for an apartment to rent.

 FORUMS

Forums on vhlcentral.com allow you and your students to record and share audio messages. Use Forums for presentations, oral assessments, discussions, directions, etc.

You will learn how to...

• describe your home
• talk about habitual past actions

◁)) **vhl**central

La maison

AP® **Theme:** Contemporary Life
Context: Housing and Shelter

Vocabulaire

déménager	to move out
emménager	to move in
louer	to rent
un appartement	apartment
une cave	cellar; basement
un couloir	hallway
une cuisine	kitchen
un escalier	staircase
un immeuble	building
un jardin	garden; yard
un logement	housing
un loyer	rent
une pièce	room
un quartier	area, neighborhood
une salle à manger	dining room
un salon	formal living/sitting room
un studio	studio (apartment)
une armoire	armoire, wardrobe
une douche	shower
un lavabo	bathroom sink
un meuble	piece of furniture
un placard	closet, cupboard
un tiroir	drawer
un(e) propriétaire	owner

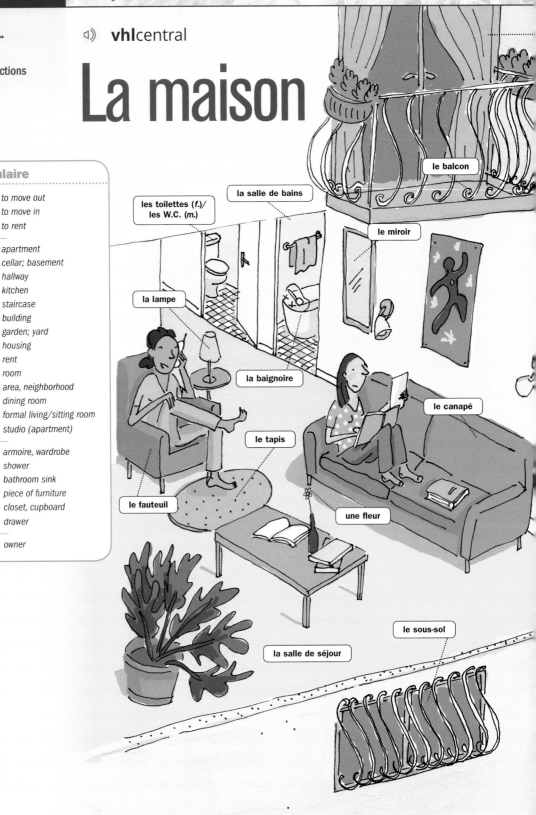

le balcon

la salle de bains

les toilettes (f.)/
les W.C. (m.)

le miroir

la lampe

la baignoire

le canapé

le tapis

le fauteuil

une fleur

le sous-sol

la salle de séjour

les rideaux (*m.*)

le mur

les affiches (*f.*)

les étagères (*f.*)

la commode

la chambre

le garage

Mise en pratique

1 **Chassez l'intrus** Indiquez le mot ou l'expression qui ne va pas avec les autres (*that doesn't belong*).

1. un appartement, un quartier, un logement, un studio
2. une baignoire, une douche, un sous-sol, un lavabo
3. un salon, une salle à manger, une salle de séjour, un jardin
4. un meuble, un canapé, une armoire, une affiche
5. un placard, un balcon, un jardin, un garage
6. une chambre, une cuisine, un rideau, une pièce
7. des étagères une commode, un couloir, un lit
8. un miroir, un tapis, une fenêtre, une affiche

2 **Écoutez** Patrice cherche un appartement. Écoutez sa conversation téléphonique et dites si les affirmations sont **vraies** ou **fausses**.

	Vrai	Faux
1. Madame Dautry est la propriétaire de l'appartement.	☑	☐
2. L'appartement est au 24, rue Pasteur.	☑	☐
3. L'appartement est au cinquième étage.	☐	☑
4. L'appartement est dans un vieil immeuble.	☐	☑
5. L'appartement n'a pas de balcon, mais il a un garage.	☐	☑
6. Il y a une baignoire dans la salle de bains.	☐	☑
7. Les toilettes ne sont pas dans la salle de bains.	☑	☐
8. L'appartement est un studio.	☐	☑
9. Le loyer est de 490€.	☑	☐
10. Patrice va tout de suite emménager.	☐	☑

3 **Définitions** Complétez les définitions avec les mots ou expressions qui correspondent.

1. C'est ce que (*what*) vous payez chaque mois quand vous n'êtes pas propriétaire de votre appartement. _____un loyer_____
2. Vous passez par ici pour aller d'une pièce à une autre. _____un couloir_____
3. C'est le fait de (*act of*) partir de votre appartement. _____déménager_____
4. C'est là que vous mettez vos livres. _____une étagère_____
5. En général, il y en a quatre dans une pièce et ils séparent les pièces de votre appartement. _____les murs_____
6. C'est ce que vous utilisez pour lire le soir. _____une lampe_____
7. C'est là que vous mettez votre voiture. _____un garage_____
8. C'est ce que vous utilisez pour aller du premier au deuxième étage d'un immeuble. _____un escalier/un ascenseur_____
9. Quand vous avez des invités, c'est la pièce dans laquelle (*in which*) vous dînez. _____la salle à manger_____
10. En général, il est sur le sol (*floor*) d'une pièce. _____un tapis_____

1 **Expansion** Have students create one or two additional sets using at least three of the new vocabulary words in each one. Collect their papers and write some of the items on the board.

2 **Script** PATRICE: Allô, Madame Dautry, s'il vous plaît. MADAME: Oui, c'est moi. J'écoute.
P: Mon nom est Patrice Leconte. Je vous appelle au sujet de votre appartement du 24, rue Pasteur. Est-ce qu'il est toujours libre?
M: Oui, jeune homme. Il est toujours libre.
P: Parfait. Comment est-il?
M: Il est au quatrième étage d'un immeuble moderne. Il y a un balcon, mais pas de garage. La chambre est plutôt petite, mais il y a beaucoup de placards.
P: Et la salle de bains?
M: Elle est petite aussi, avec une douche, un lavabo et un grand miroir. Les toilettes sont séparées.
P: Et le salon?
M: C'est la pièce principale. Elle est plutôt grande. La cuisine est juste à côté.
P: C'est combien, le loyer?
M: Le loyer est de 490€.
P: Oh, c'est cher!
M: Mais vous êtes à côté de l'université et l'appartement est libre le premier septembre.
P: Bon, je vais y penser. Merci beaucoup. Au revoir, Madame.
M: Au revoir, Monsieur.
Teacher Resources DVD

2 **Expansion** Play the recording again, stopping at the end of each sentence that contains an answer. Have students verify true statements and correct the false ones.

3 **Expansion** Have students work in pairs to create definitions for five other words or expressions. Before beginning this activity, teach them expressions for circumlocution. Examples: **C'est un objet qu'on utilise pour… C'est une pièce où…**

TEACHING OPTIONS

Using Games Write vocabulary words related to home furnishings on index cards. On another set of cards, draw or paste pictures to match each term. Tape them face down on the board in random order. Divide the class into two teams. Play a game of Concentration in which students match words with pictures. When a player has a match, his or her team collects those cards. When all cards are matched, the team with the most cards wins.

EXPANSION

Classifying Words Write **Logements** and **Meubles** at the top of two columns on the board or on a transparency. Say vocabulary words and have students classify them in the correct category. Examples: **un appartement (logement), une résidence (logement), un studio (logement), un canapé (meuble), un lit (meuble),** and **une armoire (meuble)**.

4 Suggestion Have students jot down notes during their interviews. Then have them report what they learned to another pair of students.

4 Virtual Chat You can also assign Activity 4 on vhlcentral.com. Students record individual responses that appear in your gradebook.

5 Suggestion Before beginning this activity, have students brainstorm vocabulary for furnishings and other items found in a bedroom. Write the words on the board.

6 Suggestion Divide the class into pairs and distribute the Info Gap Handouts from the Activity Pack. Have two volunteers read the **modèle** aloud.

7 Suggestion Tell students to include colors in their descriptions.

Successful Language Learning Suggest to students that they study vocabulary words in varying order to avoid relying on the order itself to help them remember. Point out that words at the beginning and the end of lists tend to be easier to recall than those in the middle.

Activity Pack For additional activities, go to the **Activity Pack** in the **Resources** section of vhlcentral.com.

Communication

4 **Répondez** À tour de rôle avec un(e) partenaire, posez-vous ces questions et répondez-y (*them*). Answers will vary.

1. Où est-ce que tu habites?
2. Combien de pièces y a-t-il chez toi?
3. Quand est-ce que ta famille a emménagé?
4. Est-ce qu'il y a un jardin? Un garage?
5. Combien de placards est-ce qu'il y a? Où sont-ils?
6. Quels meubles avez-vous? Comment sont-ils?
7. Quels meubles est-ce que tu voudrais (*would like*) avoir dans ta chambre?
   (Répondez: **Je voudrais...**)
8. Qu'est-ce que tu n'aimes pas au sujet de ta chambre?

5 **Votre chambre** Écrivez une description de votre chambre. À tour de rôle, lisez votre description à votre partenaire. Il/Elle va vous demander d'autres détails et dessiner un plan. Ensuite, regardez le dessin (*drawing*) de votre partenaire et dites s'il correspond à votre chambre ou non. N'oubliez pas d'utiliser des prépositions pour indiquer où sont certains meubles et objets. Answers will vary.

6 **Sept différences** Votre professeur va vous donner, à vous et à votre partenaire, deux feuilles d'activités différentes. Il y a sept différences entre les deux images. Comparez vos dessins et faites une liste de ces différences. Attention! Ne regardez pas la feuille de votre partenaire. Answers will vary.

MODÈLE

Élève 1: *Dans mon appartement, il y a un lit. Il y a une lampe à côté du lit.*
Élève 2: *Dans mon appartement aussi, il y a un lit, mais il n'y a pas de lampe.*

7 **La décoration** Formez un groupe de trois. L'un de vous est un décorateur d'intérieur qui a rendez-vous avec deux clients qui veulent (*want*) redécorer leur maison. Les clients sont très difficiles. Imaginez votre conversation et jouez la scène devant la classe. Utilisez les mots de la liste. Answers will vary.

un canapé	un fauteuil
une chambre	un meuble
une cuisine	un mur
un escalier	un placard
une étagère	un tapis

Finding the Correct Room Call out words for furnishings and other objects, and have students write or say the room(s) where they might be found. Examples: **la télévision (la salle de séjour), le lit (la chambre),** and **la table (la salle à manger).**

Interpersonal Speaking Have the class label various parts of the classroom with the names of rooms one would typically find in a house. Then have groups of three perform a skit in which the owner is showing the house to two exchange students who are going to spend the semester there.

Les sons et les lettres  vhlcentral

s and ss

You've already learned that an **s** at the end of a word is usually silent.

lavabo**s** copain**s** va**s** placard**s**

An **s** at the beginning of a word, before a consonant, or after a pronounced consonant is pronounced like the *s* in the English word *set*.

soir **s**alon **s**tudio ab**s**olument

A double **s** is pronounced like the *ss* in the English word *kiss*.

gro**ss**e a**ss**ez intére**ss**ant rou**ss**e

An **s** at the end of a word is often pronounced when the following word begins with a vowel sound. An **s** in a liaison sounds like a *z*, like the s in the English word *rose*.

très élégant trois hommes

The other instance where the French **s** has a z sound is when there is a single **s** between two vowels within the same word. The **s** is pronounced like the s in the English word *music*.

mu**s**ée amu**s**ant oi**s**eau be**s**oin

These words look alike, but have different meanings. Compare the pronunciations of each word pair.

poi**s**on poi**ss**on dé**s**ert de**ss**ert

Prononcez Répétez les mots suivants à voix haute.

1. sac
2. triste
3. suisse
4. chose
5. bourse
6. passer
7. surprise
8. assister
9. magasin
10. expressions
11. sénégalaise
12. sérieusement

Articulez Répétez les phrases suivantes à voix haute.

1. Le spectacle est très amusant et la chanteuse est superbe.
2. Est-ce que vous habitez dans une maison?
3. De temps en temps, Suzanne assiste à l'inauguration d'expositions au musée.
4. Heureusement, mes professeurs sont sympathiques, sociables et très sincères.

Dictons Répétez les dictons à voix haute.

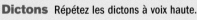

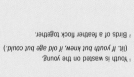

Si jeunesse savait, si vieillesse pouvait. [1]

Les oiseaux de même plumage s'assemblent sur le même rivage. [2]

[2] Birds of a feather flock together.
[1] Youth is wasted on the young. (lit. If youth but knew, if old age but could.)

vingt-neuf **29**

Section Goals

In this section, students will learn about the sounds of s and ss.

Key Standards
4.1

Suggestions
• Model the pronunciation of the example words and have students repeat them after you.
• Ask students to provide more examples of words from this lesson or previous lessons with these sounds. Examples: **cuisine, salon,** and **expression.**
• Dictate five familiar words containing **s** and **ss**, repeating each one at least two times. Then write them on the board or on a transparency and have students check their spelling.

TELL Connection

Environment 5 *Why:* Create a word-rich environment to support performance objectives. *What:* Have students create their own labeled illustrations of the proverbs from each lesson and of the tongue-twisters in the Teacher's Edition so that they can see the language patterns they have learned on a daily basis.

EXPANSION

Mini-dictée Use these sentences for additional practice or dictation. **1. Serge est professeur de sociologie. 2. Solange est paresseuse et pessimiste. 3. Ces étudiants sénégalais sont très intelligents. 4. Sylvain essaie les chaussures sans chaussettes.**

EXPANSION

Tongue-twisters Teach students these French tongue-twisters that contain the s and ss sounds. **1. Ces six saucissons-ci sont si secs qu'on ne sait si c'en sont. 2. Zazie causait avec sa cousine en cousant.**

29

Section Goals

In this section, students will learn functional phrases for talking about their home.

Key Standards

1.2, 2.1, 2.2, 4.1, 4.2

Video Synopsis Pascal arrives in Aix-en-Provence. He runs into Rachid, who helps him pick up his flowers. He has never met Rachid before. Rachid and David then take a tour of Sandrine's apartment, which is very nice and big. Pascal shows up unexpectedly. Sandrine is not pleased by his surprise visit and breaks up with him.

Suggestions

- If necessary, review the main characters in **Roman-photo** with students and summarize what happened previously before assigning this episode.
- Have students scan the **Roman-photo** and find words related to the home.
- Have students read the **Roman-photo** conversation in groups of four.

La visite surprise vhlcentral

AP® Theme: Contemporary Life
Context: Housing and Shelter

PERSONNAGES

David

Pascal

Rachid

Sandrine

En ville, Pascal fait tomber (drops) ses fleurs.

PASCAL Aïe!
RACHID Tenez. *(Il aide Pascal.)*
PASCAL Oh, merci.
RACHID Aïe!
PASCAL Oh pardon, je suis vraiment désolé!
RACHID Ce n'est rien.
PASCAL Bonne journée!

Chez Sandrine...

RACHID Eh, salut, David! Dis donc, ce n'est pas un logement d'étudiants ici! C'est grand chez toi! Tu ne déménages pas, finalement?
DAVID Heureusement, Sandrine a décidé de rester.
SANDRINE Oui, je suis bien dans cet appartement. Seulement, les loyers sont très chers au centre-ville.

RACHID Oui, malheureusement! Tu as combien de pièces?
SANDRINE Il y a trois pièces: le salon, la salle à manger, ma chambre. Bien sûr, il y a une cuisine et j'ai aussi une grande salle de bains. Je te fais visiter?

SANDRINE Et voici ma chambre.
RACHID Elle est belle!
SANDRINE Oui... j'aime le vert.

RACHID Dis, c'est vrai, Sandrine, ta salle de bains est vraiment grande.
DAVID Oui! Et elle a un beau miroir au-dessus du lavabo et une baignoire!
RACHID Chez nous, on a seulement une douche.
SANDRINE Moi, je préfère les douches, en fait.

Le téléphone sonne (rings).

RACHID Comparé à cet appartement, le nôtre, c'est une cave! Pas de décorations, juste des affiches, un canapé, des étagères et mon bureau.
DAVID C'est vrai. On n'a même pas de rideaux.

1 **Vrai ou faux?** Indiquez si ces affirmations sont **vraies** ou **fausses**. Corrigez les phrases fausses. Answers may vary.

1. C'est la première fois que Rachid visite l'appartement. Vrai.
2. Sandrine ne déménage pas. Vrai.
3. Les loyers au centre-ville ne sont pas chers. Faux. Les loyers au centre-ville sont très chers.
4. Sandrine invite ses amis chez elle. Vrai.

5. Rachid préfère son appartement à l'appartement de Sandrine. Faux. Rachid préfère l'appartement de Sandrine.
6. Chez les garçons, il y a une baignoire et des rideaux. Faux. Les garçons ont une douche et n'ont pas de rideaux.
7. Quand Pascal arrive, Sandrine est contente (*pleased*). Faux. Sandrine n'est pas contente.
8. Pascal doit (*must*) travailler ce week-end. Faux. Pascal ne travaille pas ce week-end.

TEACHING OPTIONS

La visite surprise Before viewing the video, have students read the title and predict what might happen in this episode. Write their predictions on the board. After students have watched the video, review their predictions and ask them which ones were correct.

TEACHING OPTIONS

Regarder la vidéo Show the video episode without sound and have the class create a plot summary based on the visual cues. Then show the video again with sound and have the class correct any mistakes and fill in any gaps in the plot summary they created.

Pascal arrive à Aix-en-Provence.

SANDRINE Voici la salle à manger.
RACHID Ça, c'est une pièce très
importante pour nous, les invités.

SANDRINE Et puis, la cuisine.
RACHID Une pièce très importante
pour Sandrine...
DAVID Évidemment!

SANDRINE Mais Pascal... je pensais
que tu avais du travail... Quoi? Tu es
ici, maintenant? C'est une blague!
PASCAL Mais ma chérie, j'ai pris le
train pour te faire une surprise...

SANDRINE Une surprise! Nous deux,
c'est fini! D'abord, tu me dis que les
vacances avec moi, c'est impossible
et ensuite tu arrives à Aix sans
me téléphoner!
PASCAL Bon, si c'est comme ça, reste
où tu es. Ne descends pas. Moi, je
m'en vais. Voilà tes fleurs. Tu parles
d'une surprise!

Expressions utiles

Talking about your home

- **Tu ne déménages pas, finalement?**
  You are not moving, after all?
- **Heureusement, Sandrine a décidé
  de rester.**
  *Thankfully/Happily, Sandrine has decided
  to stay.*
- **Seulement, les loyers sont très chers
  au centre-ville.**
  However, rents are very expensive downtown.
- **Je te fais visiter?**
  Shall I give you a tour?
- **Ta salle de bains est vraiment grande.**
  Your bathroom is really big.
- **Elle a un beau miroir au-dessus du lavabo.**
  It has a nice mirror above the sink.
- **Chez nous, on a seulement une douche.**
  At our place, we only have a shower.

Additional vocabulary

- **Aïe!**
  Ouch!
- **Tenez.**
  Here.
- **Je pensais que tu avais du travail.**
  I thought you had work to do.
- **Mais ma chérie, j'ai pris le train pour te
  faire une surprise.**
  But sweetie, I took the train to surprise you.
- **sans**
  without
- **Moi, je m'en vais.**
  I am leaving/getting out of here.

---

2 Quel appartement? Indiquez si ces objets sont dans
l'appartement de Sandrine (**S**) ou dans l'appartement de David
et Rachid (**D & R**).

1. baignoire S
2. douche D & R
3. rideaux S
4. canapé D & R, S
5. trois pièces S
6. étagères D & R
7. miroir S
8. affiches D & R

3 Conversez Sandrine décide que son loyer est vraiment trop cher.
Elle cherche un appartement à partager avec Amina. Avec deux
partenaires, écrivez leur conversation avec un agent immobilier
(*real estate agent*). Elles décrivent l'endroit idéal, le prix et les
meubles qu'elles préfèrent. L'agent décrit plusieurs possibilités.

A C T I V I T É S

trente et un **31**

AP® **Theme:** Contemporary Life
Context: Housing and Shelter

vhlcentral | *Flash culture*   CULTURE À LA LOUPE

Le logement en France

Il y a différents types de logements. En ville, on habite dans une maison ou un appartement. À la campagne, on peut° habiter dans une villa, un château, un chalet ou un mas° provençal.

Vous avez peut-être remarqué° dans un film français qu'il y a une grande diversité de style d'habitation°. En effet°, le style et l'architecture varient d'une région à l'autre, souvent en raison° du climat et des matériaux disponibles°. Dans le Nord°, les maisons sont traditionnellement en briques° avec des toits en ardoise°. Dans l'Est°, en Alsace-Lorraine, il y

a de vieilles maisons à colombages° avec des parties de mur en bois°. Dans le Sud°, il y a des villas de style méditerranéen avec des toits en tuiles° rouges et des mas provençaux (de vieilles maisons en pierre°). Dans les Alpes, en Savoie, les chalets sont en bois avec de grands balcons très fleuris°, comme en Suisse. Les maisons traditionnelles de l'Ouest° ont des toits en chaume°. Presque toutes les maisons françaises ont des volets° et les fenêtres sont assez différentes aussi des fenêtres aux États-Unis. Très souvent il n'y a pas de moustiquaire°, même° dans le sud de la France où il fait très chaud en été.

En France les trois quarts des gens habitent en ville. Beaucoup habitent dans la banlieue, où il y a beaucoup de grands immeubles mais aussi de petits pavillons individuels (maisons avec de petits jardins). Dans les centres-villes et dans les banlieues, il y a des HLM. Ce sont des habitations à loyer modéré°. Les HLM sont construits par l'État°. Ce sont souvent des logements réservés aux familles qui ont moins d'argent.

peut *can* mas *farmhouse* remarqué *noticed* habitation *housing* En effet *Indeed* en raison du due to the disponibles *available* Nord *North* en briques *made of bricks* toits en ardoise *slate roofs* Est *East* à colombages *half-timbered* en bois *made of wood* Sud *South* en tuiles *made of tiles* en pierre *made of stone* fleuris *full of flowers* Ouest *West* en chaume *thatched* volets *shutters* moustiquaire *window screen* même *even* habitations à loyer modéré *low-cost housing* construits par l'État *built by the State (government)*

Coup de main

Here are some terms commonly used in statistics.

un quart = *one quarter*

un tiers = *one third*

la moitié = *half*

la plupart de = *most of*

un sur cinq = *one in five*

A C T I V I T É S

1 Vrai ou faux? Indiquez si les phrases sont **vraies ou fausses.**

1. Les maisons sont similaires dans les différentes régions françaises. Faux.
2. Dans le Nord les maisons sont traditionnellement en briques. Vrai.
3. En Alsace-Lorraine il y a des chalets. Faux.
4. Dans les Alpes il y a des mas provençaux. Faux.
5. Les mas provençaux sont des maisons en bois. Faux.
6. Presque toutes les maisons françaises ont des volets. Vrai.
7. Les maisons françaises n'ont pas toujours des moustiquaires. Vrai.
8. La plupart (*majority*) des Français habite à la campagne. Faux.
9. Le pavillon individuel est une sorte de grand immeuble. Faux.
10. Les millionnaires habitent dans des HLM. Faux.

32 *trente-deux*

Le français quotidien Point out
that the word **location** is a **faux
ami**; it means *rental*. You might
also wish to add these terms
to the list: **un particulier**
(*a private seller/buyer*), **une
chambre de bonne** (*a small room,
usually on the top floor, to rent;
originally it was the maid's room
in someone's home*), **un deux-
pièces** (*a two-room apartment*),
and; **un gardien/une gardienne**
(*[building] caretaker*).

LE FRANÇAIS QUOTIDIEN

Location d'un logement

agence (f.) de location	*rental agency*
bail (m.)	*lease*
caution (f.)	*security deposit*
charges (f.)	*basic utilities*
chauffage (m.)	*heating*
électricité (f.)	*electricity*
locataire (m./f.)	*tenant*
petites annonces (f.)	*(rental) ads*

AP® Theme: Beauty and Aesthetics **Context:** Architecture

LE MONDE FRANCOPHONE

L'architecture

Voici quelques exemples d'habitations traditionnelles.

En Afrique centrale et de l'Ouest des maisons
construites sur pilotis°, avec un grenier à riz°

En Afrique du Nord des maisons en pisé (de la
terre° rouge mélangée° à de la paille°) construites
autour d'un patio central et avec, souvent, une
terrasse sur le toit°

Aux Antilles des maisons en bois de toutes les
couleurs avec des toits en métal

En Polynésie française des bungalows, construits
sur pilotis ou sur le sol, souvent en bambou avec
des toits en paille ou en feuilles de cocotier°

Au Viêt-nam des maisons sur pilotis construites
sur des lacs, des rivières ou simplement au-dessus
du sol°

pilotis *stilts* **grenier à riz** *rice loft* **terre** *clay* **mélangée** *mixed* **paille**
straw **toit** *roof* **feuilles de cocotier** *coconut palm leaves* **au-dessus
du sol** *off the ground*

PORTRAIT

AP® Theme: Contemporary Life
Context: Travel

Le château Frontenac

Le château Frontenac est un hôtel de luxe et un des plus beaux°
sites touristiques de la ville de Québec. Construit entre la fin° du

XIXᵉ siècle et le début°
du XXᵉ siècle sur le Cap
Diamant, dans le quartier
du Vieux-Québec, le
château offre une vue°
spectaculaire sur la ville.
Aujourd'hui, avec ses
618 chambres sur 18
étages, ses restaurants
gastronomiques, sa piscine
et son centre sportif,
le château Frontenac est
classé parmi° les 500
meilleurs° hôtels
du monde.

un des plus beaux *one of the
most beautiful* **fin** *end* **début**
beginning **vue** *view* **classé parmi**
ranked among **meilleurs** *best*

AP® Theme: Contemporary Life
Context: Holidays and Celebrations

Sur Internet

**Qu'est-ce qu'une
pendaison de
crémaillère? D'où vient
cette expression?**

Go to **vhlcentral.com**
to find more information
related to this **Culture**
section and to watch
the corresponding **Flash
culture** video.

Portrait
- **Le château Frontenac** is
  located on a hill overlooking
  the St. Lawrence River. It is
  considered the symbol of
  Quebec City. Have students
  locate Quebec City on the
  map of North America and
  point out its strategic location.
- Ask students: **Désirez-vous
  faire un séjour au château
  Frontenac? Pourquoi?**

Le monde francophone Bring
in photos of the various types of
houses from magazines or the
Internet. After students have
read the text, show them the
photos and have them identify
the location.

2 Expansion For additional
practice, give students these
items. **6. Combien de chambres
y a-t-il au château Frontenac?
(618) 7. Où trouve-t-on des
maisons en bois de toutes les
couleurs? (aux Antilles)**

Flash culture Tell students
that they will learn more about
housing by watching a video
narrated by Benjamin. You
can also use the activities in
the video manual in class to
reinforce this **Flash culture** or
assign them as homework.

21ˢᵗ Century Skills

**Information and Media
Literacy: Sur Internet**
Students access and critically
evaluate information from
the Internet.

---

2 Répondez Répondez aux questions, d'après les informations
données dans les textes.

1. Qu'est-ce que le château Frontenac?
   Un hôtel de luxe.
2. De quel siècle date le château Frontenac?
   De la fin du XIXᵉ et du début du XXᵉ siècles.
3. Dans quel quartier de la ville de Québec le trouve-t-on?
   Le quartier du Vieux-Québec.
4. Où trouve-t-on des maisons sur pilotis?
   En Afrique centrale et de l'Ouest, au Viêt-nam et en Polynésie française.
5. Quelles sont les caractéristiques des maisons d'Afrique du Nord?
   Le pisé, le patio central et la terrasse sur le toit.

3 Une année en France Vous allez habiter en France. Téléphonez
à un agent immobilier (*real estate*) (votre partenaire) et expliquez-
lui le type de logement que vous recherchez. Il/Elle va vous donner
des renseignements sur les logements disponibles (*available*). Posez
des questions pour avoir plus de détails.

A C T I V I T É S

EXPANSION

Location d'un logement Distribute photocopies of apartment
rental ads from a French newspaper or the Internet. Have
students guess the meanings of abbreviations, such as **sdb,
cuis.** and **pisc.**, and explain unfamiliar ones, such as **T3** or **m²**.
Then tell students to work in pairs and write five comprehension
questions based on the ads. Have volunteers read their
questions aloud, and ask other students to answer them.

EXPANSION

Cultural Comparison Have students work in groups of three
and compare **le château Frontenac** to the hotels in their city or
town. Tell them to list the similarities and differences in a two-
column chart under the headings **Similitudes** and **Différences**.
After completing their charts, have two groups get together and
compare their lists.

Section Goals

In this section, students will learn to compare and contrast some of the basic uses and meanings of the **passé composé** and the **imparfait**:

Key Standards

4.1, 5.1

Suggestions: Scaffolding

• Review how to form the **passé composé** and the **imparfait**. Do a rapid drill to review forms.

• Draw a timeline on the board to tell a story using examples similar to those in the presentation, such as: **Je suis allé à la pêche avec mon père la semaine dernière. Il a plu, mais nous avons passé une journée fantastique. Nous sommes partis à 6h du matin. Peu après nous avons eu faim.** Ask students what all these actions have in common (they started and ended in the past or expressed a change in state). Go through all the uses of the **passé composé** on this page and discuss the **À noter** and **Boîte à outils** boxes. Then write sentences in the imperfect related to the previous narrative on the board. Examples: **Il faisait froid sur le lac. C'était comme au bon vieux temps quand j'étais petit et que nous allions à la pêche.** Ask students to explain how these actions are different than those expressed in the **passé composé** (they occurred over an unspecified period of time).

PA.1

The *passé composé* vs. **vhl**central the *imparfait* (Part 1)

Point de départ Although the **passé composé** and the **imparfait** are both past tenses, they have very distinct uses and are not interchangeable. The choice between these two tenses depends on the context and on the point of view of the speaker.

À noter

The two basic uses of the **passé composé** are:

· to express completed actions in the past

· to describe changes in state of being

The explanations on this page point out further details regarding these two basic uses.

Boîte à outils

You have learned that **pendant** can mean *while* or *during*. When used with a time expression, however, it means *for*.

Pendant combien de temps as-tu habité à Paris?

For how long did you live in Paris?

J'ai habité à Paris pendant un an.

I lived in Paris for a year.

Uses of the *passé composé*

To express specific actions that started and ended in the past	J'**ai nettoyé** la salle de bains deux fois. *I cleaned the bathroom twice.*
	Nous **avons acheté** un tapis. *We bought a rug.*
	L'enfant **est né** à la maison. *The child was born at home.*
	Il **a plu** hier. *It rained yesterday.*
To tell about events that happened at a specific point in time or within a specific length of time in the past	Je **suis allé** à la pêche avec papa **l'année dernière**. *I went fishing with dad last year.*
	Il **est allé** au concert **vendredi**. *He went to the concert on Friday.*
	Nous **avons passé une journée** fantastique à la plage. *We spent a fantastic day at the beach.*
	Elle **a étudié** à Paris **pendant six mois**. *She studied in Paris for six months.*
To express the beginning or end of a past action	Le film **a commencé** à huit heures. *The movie began at 8 o'clock.*
	Ils **ont fini** leurs devoirs samedi matin. *They finished their homework Saturday morning.*
To narrate a series of past actions or events	Ce matin, j'**ai fait** du jogging, j'**ai nettoyé** ma chambre et j'**ai fait** la cuisine. *This morning, I jogged, I cleaned my bedroom, and I cooked.*
	Pour la fête d'anniversaire de papa, maman **a envoyé** les invitations, elle **a acheté** un cadeau et elle **a fait** les décorations. *For dad's birthday party, mom sent out the invitations, bought a gift, and did the decorations.*
To signal a change in someone's mental, physical, or emotional state	Il **est mort** dans un accident. *He died in an accident.*
	J'**ai eu** peur quand j'**ai vu** le serpent. *I got scared when I saw the snake.*
	Elle **a eu** soif. *She got thirsty.*

Flashcards Have students make two flashcards. On one they write **passé composé** and on the other they write **imparfait**. Read a short text in which both verb tenses are used. As you read each verb, students show the appropriate card. Then call on a volunteer to write the conjugated verb form on the board.

Interview Have students interview each other about their childhood activities using the following question: **Quand tu étais petit(e), qu'est-ce que tu faisais... a) après l'école? b) le week-end? c) pendant les grandes vacances (***summer vacation***)?**

Uses of the *imparfait*

To describe an ongoing past action with no reference to its beginning or end	Vous **dormiez** sur le canapé. *You were sleeping on the couch.*
	Tu **attendais** dans le café? *You were waiting in the café?*
	Nous **regardions** la télé chez Fanny. *We were watching TV at Fanny's house.*
	Les enfants **lisaient** tranquillement. *The children were reading peacefully.*
To express habitual or repeated past actions and events	Nous **faisions** un tour en voiture le dimanche matin. *We used to go for a drive on Sunday mornings.*
	Elle **mettait** toujours la voiture dans le garage. *She always put the car in the garage.*
	Maman **travaillait** souvent dans le jardin. *Mom would often work in the garden.*
To describe an ongoing mental, physical, or emotional state or condition	Karine **était** très inquiète. *Karine was very worried.*
	Simon et Marion **étaient** fatigués et ils **avaient** sommeil. *Simon and Marion were tired and sleepy.*
	Mon ami **avait** faim et il **avait** envie de manger quelque chose. *My friend was hungry and felt like eating something.*
	Quand j'**étais** jeune, j'**aimais** faire du camping. *When I was young, I used to like to go camping.*

 Boîte à outils

Note that the verb **avoir** has a different meaning when used in the **imparfait** versus the **passé composé**:

J'avais sommeil.
I was sleepy.

J'ai eu sommeil.
I got sleepy.

Suggestions: Scaffolding
- Go through all the uses of the **imparfait** on this page and discuss **Boîte à outils**.
- Contrast again the uses of the **passé composé** and **imparfait** by giving personalized examples of things you and/or your family did yesterday versus things you and your family used to do when you were young. Examples: **Hier soir, je suis allée au centre commercial. Quand j'étais petite, je jouais au foot.** Then make two columns on the board, one labeled **Hier, je/j'…** and the other labeled **Quand j'étais petit(e)…** Have volunteers take turns writing complete sentences about themselves under each column.
- As you compare the **passé composé** and the **imparfait**, have students focus on the pronunciation of these tenses. You might have them practice the following sentences: **J'ai travaillé. / Je travaillais. Il parlait. / Il a parlé. Tu allais. / Tu es allé(e). Elle chantait. / Elle a chanté.**
- Follow the Extra Practice suggestion on this page.

Essayez! Have students explain why they chose the **passé composé** or the **imparfait** for each of their responses.

Essayez!   **Complétez chaque phrase avec le verbe correct.**

1. Avant de partir, ils (donnaient / ont donné) leurs clés aux voisins. ___ont donné___
2. Vous (étiez / avez été) souvent fatigué. ___étiez___
3. Je (naissait / suis né) en 2003. ___suis né___
4. On (rendait / a rendu) visite à oncle Marc deux fois le mois dernier. ___a rendu___
5. Tu es rentré à la maison, et ensuite tu (regardais / as regardé) la télé. ___as regardé___
6. Quand j'étais petite, j' (habitais / ai habité) une grande maison. ___habitais___
7. À minuit, la température (tombait / est tombée) et nous avons eu froid. ___est tombée___
8. Papa (lisait / a lu) le journal tranquillement et Maman écrivait un email. ___lisait___

trente-cinq **35**

EXPANSION

Extra Practice Make cards that contain a verb or noun and an expression that signals a past tense. Example: **hier / parc** or **Quand j'étais jeune / voyager**. Mix them up in a hat and have each student pick a card at random. Have each student state the cues on his or her card and use them in a sentence with the **passé composé** or the **imparfait**. Have the student say which tense he or she will use before formulating the sentence.

EXPANSION

Small Groups Have students work in groups to pick a popular holiday and write a few sentences in the past tense to describe it. Students might talk about typical activities they did that day, the weather, or how they felt on that day. Then, have them share their description with the class without revealing the holiday and have their classmates guess what holiday it is.

1 Expansion Have volunteers explain why they chose the **passé composé** or the **imparfait** in each case. Ask them to point out any words or expressions that triggered one tense or the other.

2 Suggestion Before assigning the activity, remind students that actions viewed as completed by the speaker take the **passé composé**. Have students give personal examples of actions in the past using this verb tense.

3 Expansion ↔♟↔ Have students use this activity as a model to write a short journal entry about a vacation of their own using the **passé composé** and the **imparfait**.

Mise en pratique

1 Une surprise désagréable Récemment, Benoît a fait un séjour à Strasbourg avec sa grande sœur. Complétez ses phrases avec l'imparfait ou le passé composé.

Ce matin, il (1) __faisait__ (faire) chaud. J' (2) __étais__ (être) content de partir pour Strasbourg. Je (3) __suis parti__ (partir) pour la gare, où j' (4) __ai retrouvé__ (retrouver) Émile. Le train (5) __est arrivé__ (arriver) à Strasbourg à midi. Nous (6) __avons commencé__ (commencer) notre promenade en ville. Nous (7) __avions__ (avoir) besoin d'un plan. J' (8) __ai cherché__ (chercher) mon portefeuille (*wallet*), mais il (9) __était__ (être) toujours dans le train! Émile et moi, nous (10) __avons couru__ (courir) à la gare!

2 Le week-end dernier Qu'est-ce que la famille Tran a fait le week-end dernier? Utilisez les éléments donnés et le passé composé ou l'imparfait pour écrire des phrases.

> **MODÈLE** nous / passer le week-end / chez des amis
> *Nous avons passé le week-end chez des amis.*

1. faire / beau / quand / nous / arriver   Il faisait beau quand nous sommes arrivés.
2. nous / être / fatigué / mais content   Nous étions fatigués mais contents.
3. Audrey et son amie / aller / à la piscine   Audrey et son amie sont allées à la piscine.
4. moi, je / décider de / dormir un peu   Moi, j'ai décidé de dormir un peu.
5. samedi soir / pleuvoir / quand / nous / sortir / cinéma   Samedi soir, il pleuvait quand nous sommes sortis du cinéma.
6. nous / rire / beaucoup / parce que / film / être / amusant   Nous avons beaucoup ri parce que le film était amusant.
7. minuit / nous / rentrer / chez nous   À minuit, nous sommes rentrés chez nous.
8. Lanh / regarder / télé / quand / nous / arriver   Lanh regardait la télé quand nous sommes arrivés.
9. dimanche matin / nous / passer / chez des amis   Dimanche matin, nous sommes passés chez des amis.
10. nous / passer / cinq heures / chez eux   Nous avons passé cinq heures chez eux.
11. ce / être / très / sympa   C'était très sympa.

3 Vacances à la montagne Hugo raconte ses vacances. Complétez ses phrases avec un des verbes de la liste au passé composé ou à l'imparfait.

aller	neiger	retourner
avoir	passer	skier
faire	rester	venir

1. L'hiver dernier, nous __avons passé__ les vacances à la montagne.
2. Quand nous sommes arrivés sur les pistes de ski, il __neigeait__ beaucoup et il __faisait__ un temps épouvantable.
3. Ce jour-là, nous __sommes restés__ à l'hôtel tout l'après-midi.
4. Le jour suivant, nous __sommes retournés__ sur les pistes.
5. Nous __avons skié__ et papa __est allé__ faire une randonnée.
6. Quand ils __avaient__ mon âge, papa et oncle Hervé __venaient__ tous les hivers à la montagne.

For Auditory Learners Have your students make a list of 10 true and false sentences about what happened yesterday (or last week) in school using both the **passé composé** and the **imparfait**. For example: **Nous sommes allés à la gym; Marie était malade.** Encourage them to write sentences that contain both tenses, if they can. Ask them to read their sentences out loud. When someone in the class hears something that is not true, he or she should correct the sentence. Ex: **Non, Marie n'était pas malade. Elle allait bien et elle est venue en classe.**

Communication

4 Situations Avec un(e) partenaire, parlez de ces situations en utilisant le passé composé ou l'imparfait. Comparez vos réponses, puis présentez-les à la classe. Answers will vary.

MODÈLE

Le premier jour de cours...
Élève 1: *Le premier jour de cours, j'étais tellement nerveux/nerveuse que j'ai oublié mes livres.*
Élève 2: *Moi, j'étais nerveux/nerveuse aussi, alors j'ai quitté la maison très tôt.*

1. Quand j'étais petit(e),...
2. L'été dernier,...
3. Hier soir, mon/ma meilleur(e) ami(e)...
4. Hier, le professeur...
5. La semaine dernière, mon/ma camarade de classe...
6. Ce matin, au lycée,...
7. Quand j'avais dix ans,...
8. La dernière fois que j'étais en vacances,...

5 Votre premier/première ami(e) Posez ces questions à un(e) partenaire. Ajoutez (*Add*) d'autres questions si vous le voulez (*want*). Answers will vary.

1. Qui a été ton/ta premier/première ami(e)?
2. Quel âge avais-tu quand tu as fait sa connaissance?
3. Comment était-il/elle?
4. Est-ce que tu as fait la connaissance de sa famille?
5. Pendant combien de temps avez-vous resté(e)s ami(e)s?
6. À quoi jouiez-vous ensemble?
7. Aviez-vous les mêmes (*same*) centres d'intérêt?
8. Avez-vous perdu contact?

6 Conversation Sébastien est sorti avec des amis hier. Quand il est rentré plus tard que prévu (*later than planned*), sa mère était furieuse. Préparez leur conversation et présentez-la à la classe. Answers will vary.

MODÈLE

Élève 1: *Que faisais-tu cet après-midi?*
Élève 2: *Mes copains et moi, nous sommes allés manger une pizza...*

7 Un crime Vous avez été témoin (*witness*) d'un crime dans votre quartier et la police vous pose beaucoup de questions. Avec un(e) partenaire et à tour de rôle, jouez le détective et le témoin. Answers will vary.

MODÈLE

Élève 1: *Où étiez-vous vers huit heures hier soir?*
Élève 2: *Chez moi.*
Élève 1: *Avez-vous vu quelque chose?*

4 Expansion ↔♟↔ Have students choose one of these sentences to begin telling a short story in the past. Encourage students to use both the **passé composé** and the **imparfait.**

5 Expansion After completing the pair work, assign this activity as a short written composition.

5 Virtual Chat You can also assign Activity 5 on vhlcentral.com. Students record individual responses that appear in your gradebook.

6 Suggestion Act out the **modèle** with a volunteer before assigning this activity to pairs. Have pairs of students role-play their dialogues in front of the class.

6 Partner Chat You can also assign Activity 6 on vhlcentral.com. Students work in pairs to record the activity online. The pair's recorded conversation will appear in your gradebook.

Activity Pack For additional activities, go to the **Activity Pack** in the **Resources** section of vhlcentral.com.

EXPANSION

Fashion Show Have students work in pairs to write a critical review about a fashion show they attended last week. Have them give details about what the models were wearing and how they looked. They might also want to include comparisons between clothing styles they saw last week and how they were different from those in the past.

TEACHING OPTIONS

Small Groups Have students work in groups of four to write a brief account of a surprise party they organized last weekend. Have them tell how they prepared for the party, which rooms they decorated, what the weather was like, and how everyone felt after the party. Then, have them share their summary with the rest of the class.

Section Goals

In this section, students will learn:
• the use of the **passé composé** vs. the **imparfait** in narration, to describe interrupted actions, and to express cause and effect
• common expressions indicating the past tense
• the verb **vivre**

Key Standards
4.1, 5.1

Suggestions: Scaffolding
• Work with students to write the uses of the **passé composé** and the **imparfait** from pp. 34–35 on the board. Have students work in pairs to write example sentences for each use. When going over the sentences, emphasize that the **passé composé** is used to express completed actions in the past or a change in state or condition, and that the **imparfait** expresses actions with an undefined beginning or end. Then, have them explain the difference between these two sentences: **J'ai téléphoné quand ma mère est arrivée. Je téléphonais quand ma mère est arrivée.** (In the first case, I called after my mother arrived. In the second case, I was in the process of calling when my mother arrived.) Have students come up with other examples of sentences where the message changes based on which past tense form is used.
• Move through the bullet points on this page. Have students explain how the examples in each point relate to the uses listed earlier.
• Use timelines to illustrate an interrupted action and a cause and effect statement. The verb in the imperfect is a continuous line while the **passé composé** is a point on or at the end of that line.

8A.2 **The *passé composé* vs. the *imparfait* (Part 2) and the verb *vivre*** vhlcentral

Point de départ You have already seen some uses of the **passé composé** versus the **imparfait** for talking about actions and events in the past. Here are some other contexts in which the choice of tense is important.

• The **passé composé** and the **imparfait** are often used together to narrate a story or describe an incident. The **imparfait** provides the background description, such as time, weather, and location. The **passé composé** highlights specific events in the story.

Uses of the *passé composé* and the *imparfait*	
Le passé composé *is used to talk about:*	**L' imparfait** *is used to describe:*
• main facts	• the framework of the story: *weather, date, time, background scenery*
• specific, completed events	• descriptions of people: *age, physical and personality traits, clothing, feelings, state of mind*
• actions that advance the plot	• background setting: *what was going on, what others were doing*

Il **était** minuit et le temps **était** orageux. J'**avais** peur parce que j'**étais** seule dans la maison. Soudain, quelqu'un **a frappé** à la porte. J'**ai regardé** par la fenêtre et j'**ai vu** un vieil homme habillé en noir...
It was midnight and the weather was stormy. I was afraid because I was home alone. Suddenly, someone knocked at the door. I looked through the window and I saw an old man dressed in black…

• When the **passé composé** and the **imparfait** occur in the same sentence, the action in the **passé composé** often interrupts the ongoing action in the **imparfait**.

ACTION IN PROGRESS	INTERRUPTING ACTION
Je **chantais**	quand mon ami **est arrivé**.
I was singing	*when my friend arrived.*
Céline et Maxime **dormaient**	quand le téléphone **a sonné**.
Céline and Maxime were sleeping	*when the phone rang.*

• Sometimes the use of the **passé composé** and the **imparfait** in the same sentence expresses a cause and effect.

CAUSE	EFFECT
J'avais faim,	alors j'ai mangé un sandwich.
I was hungry,	*so I ate a sandwich.*
Elle est partie	parce qu'elle était fatiguée.
She left	*because she was tired.*

Vérifiez

EXPANSION

Pairs Ask students to narrate an embarrassing moment. Tell them to describe what happened and how they felt, using the **passé composé** and the **imparfait**. Then have volunteers retell their partner's embarrassing moment using the third person. You may want to let students make up a fake embarrassing moment.

TEACHING OPTIONS

Small Groups Have students work in groups of four to write a short article about an imaginary road trip they took last summer. Students should use the **imparfait** to set the scene and the **passé composé** to narrate events. Each student should contribute three sentences to the article. When finished, have students read their articles to the class.

Expressions that signal a past tense

- Use **pendant que** to indicate that one action was completed while another was still happening.

  Mes parents **sont arrivés** pendant que nous **répétions** dans le sous-sol.
  My parents arrived while we were rehearsing in the basement.

- Certain adverbs often indicate a particular past tense.

Expressions that signal a past tense

passé composé		imparfait	
soudain	*suddenly*	d'habitude	*usually*
tout d'un coup/ tout à coup	*all of a sudden*	parfois	*sometimes*
une (deux, etc.) fois	*once (twice, etc.)*	souvent	*often*
		toujours	*always*
un jour	*one day*	tous les jours	*every day*

🔊 **Vérifiez**

The verb *vivre*

- While talking about the past or narrating a story, you might use the verb **vivre** (*to live*) which is irregular.

vivre

je vis	nous vivons
tu vis	vous vivez
il/elle/on vit	ils/elles vivent

Les enfants **vivent** avec leurs grands-parents.   Je **vis** à Paris.
The children live with their grandparents.   *I live in Paris.*

- The past participle of **vivre** is **vécu**. The **imparfait** is formed like that of other –re verbs, by dropping **-ons** from the **nous** form, and adding the imperfect endings.

  Rémi **a vécu** à Nice pendant deux ans.   Nous **vivions** avec mon oncle.
  Rémi lived in Nice for two years.   *We used to live with my uncle.*

🔊 **Vérifiez**

Essayez!   **Choisissez la forme correcte du verbe au passé.**

1. Lise (a étudié /(étudiait)) toujours avec ses amis.
2. Anne ((lisait)/a lu) quand le téléphone à sonné.
3. Les garçons avaient soif, alors ils (buvaient /(ont bu)).
4. D'habitude, ils ((arrivaient)/sont arrivés) toujours en retard.
5. Tout à coup, le professeur (entrait /(est entré)) dans la classe.
6. Autrefois, plusieurs générations ((vivaient)/ont vécu) dans la même maison.

trente-neuf **39**

Suggestions: Scaffolding
- Present Expressions that signal a past tense. Give students these other expressions that signal the **imparfait: de temps en temps** (*from time to time*), **en général** (*in general, usually*), **quelquefois** (*sometimes*), **autrefois** (*in the past*).
- Write the following sentences on the board: **1. Je vais au cinéma avec un ami. 2. Nous prenons le bus. 3. Après le film, nous mangeons au restaurant. 4. Ensuite, nous allons danser dans une boîte de nuit. 5. Nous rentrons tard à la maison.** Have students change the sentences above first to the **passé composé** and then to the **imparfait.** Have them add adverbs or expressions they've learned that signal a past tense wherever possible. Assign the **Vérifiez** activity.
- Go over the forms for all tenses of **vivre.** Call on volunteers to use **vivre** in a sentence. Assign the **Vérifiez** activity.

Essayez! Give the following items as additional practice: **7. Autrefois, Nathan (a amené / amenait) sa sœur au cours de danse. (amenait) 8. Je/J' (ai parlé / parlais) deux fois à ma cousine la semaine dernière. (ai parlé) 9. Parfois, nous (faisions / avons fait) une randonnée en montagne. (faisions) 10. Elle (voyait / a vu) mes parents une fois à la mairie. (a vu)**

EXPANSION

Extra Practice Have students recall a memorable day from their childhood. Ask them to describe this day, giving as many details as possible: the weather, who was there, what happened, how they felt, etc. Alternatively, you could do this as a written activity and have students create a journal entry about their memorable day.

EXPANSION

Pairs Distribute illustrations or photos from magazines of everyday activities and vacation activities. Have students arrange the pictures in pairs and create sentences to say that one activity was going on when the other one interrupted it. Call on pairs of students to hold up their pictures and present their sentences to the rest of the class.

39

1 Expansion Have students redo this activity, this time coming up with their own explanations for why Sabine did or did not do the activities.

2 Suggestion Have students come up with different sentences using the same illustrations.

2 Expansion Have students come up with a short story for each illustration.

3 Suggestion Have students compare their answers with a partner's. For sentences where their answers differ, they should explain why they chose the **passé composé** or the **imparfait** and decide which tense is appropriate.

3 Expansion Have volunteers explain why they chose the **passé composé** or **imparfait** in each sentence. Ask them to point out any words or expressions that triggered one tense or the other.

Mise en pratique

1 Pourquoi? Expliquez pourquoi Sabine a fait ou n'a pas fait ces choses.

> **MODÈLE** ne pas faire de tennis / être fatigué
> *Sabine n'a pas fait de tennis parce qu'elle était fatiguée.*

1. aller au centre commercial / aimer faire les soldes — Sabine est allée au centre commercial parce qu'elle aimait faire les soldes.
2. ne pas travailler / avoir sommeil — Sabine n'a pas travaillé parce qu'elle avait sommeil.
3. ne pas sortir / pleuvoir — Sabine n'est pas sortie parce qu'il pleuvait.
4. mettre un pull / faire froid — Sabine a mis un pull parce qu'il faisait froid.
5. manger une pizza / avoir faim — Sabine a mangé une pizza parce qu'elle avait faim.
6. acheter une nouvelle robe / sortir avec des amis — Sabine a acheté une nouvelle robe parce qu'elle sortait avec des amis.
7. vendre son fauteuil / déménager — Sabine a vendu son fauteuil parce qu'elle déménageait.
8. ne pas bien dormir / être inquiet — Sabine n'a pas bien dormi parce qu'elle était inquiète.

2 Qu'est-ce qu'ils faisaient quand...? Dites ce qui (*what*) est arrivé quand ces personnes faisaient ces activités. Utilisez les mots donnés et d'autres mots. Suggested answers.

▶ **MODÈLE**

Tu nageais quand ton oncle est arrivé.

tu / oncle / arriver

1. Tristan / entendre / chien
Tristan nettoyait sa chambre quand il a entendu le chien.

2. nous / petite fille / tomber
Nous patinions quand la petite fille est tombée.

3. vous / perdre / billet
Vous partiez pour la France quand vous avez perdu votre billet.

4. Paul et Éric / téléphone / sonner
Paul et Éric déjeunaient dans la salle à manger quand le téléphone a sonné.

3 Rien d'extraordinaire Matthieu a passé une journée assez banale (*ordinary*). Réécrivez ce paragraphe au passé.

Il est 6h30. Il pleut. Je prends mon petit-déjeuner, je mets mon imperméable et je quitte la maison. J'attends une demi-heure à l'arrêt de bus et finalement, je cours au restaurant où je travaille. J'arrive en retard. Le patron (*boss*) n'est pas content. Le soir, après mon travail, je rentre à la maison et je vais directement au lit.

Il était 6h30. Il pleuvait. J'ai pris mon petit-déjeuner, j'ai mis mon imperméable et j'ai quitté la maison. J'ai attendu une demi-heure à l'arrêt de bus et finalement, j'ai couru au restaurant où je travaillais. Je suis arrivé en retard. Le patron n'était pas content. Le soir, après mon travail, je suis rentré à la maison et je suis allé directement au lit.

Communication

4 **La curiosité** Votre tante Louise veut tout savoir. Elle vous pose beaucoup de questions. Avec un(e) partenaire, répondez aux questions d'une manière logique et échangez les rôles. Answers will vary.

MODÈLE retourner au lycée
Élève 1: *Pourquoi est-ce que tu es retourné(e) au lycée?*
Élève 2: *Je suis retourné(e) au lycée parce que j'avais beaucoup de devoirs.*

1. aller à la bibliothèque
2. aller au magasin
3. sortir avec des amis
4. téléphoner à ton cousin
5. rentrer tard
6. aller au café
7. inviter des gens
8. être triste

5 **Une entrevue** Avec un(e) partenaire, posez-vous ces questions à tour de rôle. Answers will vary.

1. Où allais-tu souvent quand tu étais petit(e)?
2. Qu'est-ce que tu aimais lire?
3. Est-ce que tu as vécu dans un autre pays?
4. Comment étais-tu quand tu avais dix ans?
5. Qu'est-ce que ta sœur/ton frère faisait quand tu es rentré(e) hier?
6. Qu'est-ce que tu as fait hier soir?
7. Qu'est-ce que tu as pris au petit-déjeuner ce matin?
8. Qu'est-ce que tu as porté hier?

6 **Je me souviens!** Racontez à votre partenaire un événement spécial de votre vie qui s'est déjà passé. Votre partenaire vous pose des questions pour avoir plus de détails sur cet événement. Vous pouvez (*can*) parler d'un anniversaire, d'une fête familiale, d'un mariage ou d'un concert. Answers will vary.

MODÈLE
Élève 1: *Nous avons fait une grande fête d'anniversaire pour ma grand-mère l'année dernière.*
Élève 2: *Quel âge a-t-elle eu?*

7 **Scénario** Par groupes de trois, créez une histoire au passé. La première personne commence par une phrase. La deuxième personne doit (*must*) continuer l'histoire. La troisième personne reprend la suite d'une manière logique. Continuez l'histoire une personne à la fois jusqu'à ce que vous ayez (*until you have*) un petit scénario. Soyez créatif! Ensuite, présentez votre scénario à la classe. Answers will vary.

4 Expansion Have students redo the activity, reframing the questions in the negative and asking why their partner did not do those activities. Example: **Pourquoi est-ce que tu n'es pas allé(e) à la cantine?**

5 Suggestion Ask students some warm-up questions as a model, before they begin the activity in pairs. Examples: **Comment étaient tes profs l'année dernière? Qu'est-ce que tu as fait le week-end dernier?**

5 Expansion Have students do questions 1, 2, 3, 6, 7, and 8 as a survey by circulating around the classroom and interviewing at least five classmates. Have them tabulate the responses of each classmate in a chart and see how similar or different the responses were.

5 Virtual Chat You can also assign Activity 5 on vhlcentral.com. Students record individual responses that appear in your gradebook.

6 Suggestions
• Act out the **modèle** with a volunteer before assigning this activity to pairs.
• Encourage students to use key adverbs to indicate the appropriate verb tenses in the dialogue. Examples: **soudain, tout à coup, autrefois**, etc.

7 Suggestion This activity can be done either orally or in writing.

Activity Pack For additional activities, go to the **Activity Pack** in the **Resources** section of vhlcentral.com.

EXPANSION

Extra Practice Divide the class into groups of five. Have each group imagine that they own a household cleaning service and create a radio or TV commercial for it. Have students create a logo (if it is a TV commercial) and a slogan for their business and maybe a jingle to go with their commercial. As a part of their commercial, they should use testimonials from customers who used their service. The customers should talk in detail

EXPANSION

about everything the cleaning service did and their opinion of their work.

Pairs Have students work with a partner to write an e-mail to a friend telling about a horrible weekend they had because they had a lot of homework and complaining about their siblings who kept bothering them.

Révision

Key Standards
1.1

1 Suggestion Before beginning the activity, review prepositions of location.

2 Expansion You can expand this activity by having students do this in groups of three or four where one student plays the role of the detective and the others are possible witnesses who all claim to have seen the suspects. When questioned, the witnesses give the detective conflicting information about the suspects.

3 Suggestion As the students take turns being the interviewer and interviewee, have one of them answer the questions as if he or she had a wonderful vacation, the house was lovely, the weather was great, and everything went well while the other person had a negative experience where nothing was satisfactory.

4 Expansion Expand this activity by showing the class an **avant** and **après** picture of a person or place in a magazine. Divide the students into two groups. Have one group describe the person or place in the before picture. Have the other group describe the after picture using the present tense.

5 Suggestion Remind students that the floors are counted differently in France than in the U.S. The first floor in the U.S. would be the **rez-de-chaussée** in France while the second floor would be the **premier étage**. Ask students if they know other countries which refer to floors in the same way as the French do.

---

1 Mes affaires Vous cherchez vos affaires (*belongings*). À tour de rôle, demandez de l'aide à votre partenaire. Où étaient-elles? Utilisez l'illustration pour les trouver.
Answers will vary.

MODÈLE

Élève 1: *Je cherche mes baskets. Où sont-elles?*
Élève 2: *Tu n'as pas cherché sur l'étagère? Elles étaient sur l'étagère.*

baskets	ordinateur
casquette	parapluie
journal	pull
livre	sac à dos

2 Un bon témoin Il y a eu un cambriolage (*burglary*) chez votre voisin M. Cachetout. Le détective vous interroge parce que vous avez vu deux personnes suspectes sortir de la maison du voisin. Avec un(e) partenaire, créez cette conversation et jouez cette scène devant la classe. Utilisez ces éléments dans votre scène. *Answers will vary.*

- une description physique des suspects
- leurs attitudes
- leurs vêtements
- ce que (*what*) vous faisiez quand vous avez vu les suspects

MODÈLE

Élève 1: *À quelle heure est-ce que vous avez vu les deux personnes sortir?*
Élève 2: *À dix heures. Elles sont sorties du garage.*

3 Quel séjour! Vous venez de passer une semaine de vacances dans une maison à la campagne et votre partenaire veut tout savoir (*wants to know everything*). Répondez à ses questions sur la maison, le temps, les activités dans la région et votre opinion en général. Utilisez l'imparfait et le passé composé. Ensuite, changez de rôle. *Answers will vary.*

MODÈLE

Élève 1: *Combien de pièces y avait-il dans cette maison?*
Élève 2: *Il y avait six pièces dans la maison.*

4 Avant et après Voici la chambre d'Annette avant et après une visite de sa mère. Comment était sa chambre à l'origine? Avec un(e) partenaire, décrivez la pièce et cherchez les différences entre les deux illustrations. *Answers will vary.*

MODÈLE

Avant, la lampe était à côté de l'ordinateur. Maintenant, elle est à côté du canapé.

5 La maison de mon enfance Décrivez l'appartement ou la maison de votre enfance à un(e) partenaire. Où se trouvait-il/elle? Comment les pièces étaient-elles orientées? Y avait-il une piscine, un sous-sol? Qui vivait avec vous dans cet appartement ou cette maison? Racontez (*Tell*) des anecdotes. *Answers will vary.*

MODÈLE

*Ma maison se trouvait au bord de la mer.
C'était une maison à deux étages (floors).
Au rez-de-chaussée, il y avait...*

Floor Plan Have students work in pairs to draw the floor plan of their childhood home on a sheet of paper or cardboard. Have them cut out the floor plan into pieces by individual rooms. Then have them give these pieces to their partner who will reassemble the floor plan based on their memories of the house.

Skits Have small groups organize a skit about a birthday or other party that took place recently. Guide them to first make general comments about the party, such as **C'était vraiment amusant!** Then describe a few specific things that were going on, what people were talking about, what they were wearing, and what happened.

vhlcentral

AP® Theme: Beauty and Aesthetics
Context: Visual Arts

Section Goals
In this section, students will:
• read about an entrepreneur who makes cardboard furniture
• watch a news report about her
• answer questions about the report and creativity in general

Key Standards
1.1, 1.2, 1.3, 2.1, 4.2

Préparation Have students discuss the questions in small groups. You may also ask students who are creative to bring in some examples of their work to share with the class.

PRE-AP®

Interpretive Communication
• Have students look at the image and read the caption to predict what the video is about.
• Explain that students will not understand every word they hear. Tell them to listen for cognates and words they already know. Point out that the images they see will also help them understand the words they hear.

Créatrice de meubles en carton
To check comprehension, ask:
**1. Que fait Caroline Martial?
(des meubles en carton)
2. Qu'est-ce qu'il suffit d'avoir pour transformer du carton en meuble? (de l'imagination)
3. Qu'est-ce qu'elle utilise pour décorer ses créations?
(des plumes, des boutons ou des paillettes)**

Compréhension After students complete the activity, show the video again so they can check their answers. Guide them in revising false statements so they are true.

Conversation Once they finish their discussions, have groups share their thoughts with the class. Encourage students to express their opinions regarding the purpose of art.

Préparation Répondez aux questions. Answers will vary.

1. Aimez-vous bricoler? Créez-vous des objets ou des meubles? Ou préférez-vous acheter les meubles et la décoration? Expliquez.

2. De quelle manière votre chambre reflète-t-elle votre personnalité?

Créatrice de meubles en carton°

La passion de Caroline Martial est la création de meubles en carton. Elle fait toutes les tables, les chaises, et les armoires dans sa maison. Le carton est une matière° que d'autres voient comme laide et inutile, mais elle y voit plein de possibilités. Il suffit d'°un peu d'imagination pour le transformer en objet utile et beau. De quelques bouts° de carton ondulé°, elle peut construire un fauteuil et utiliser des plumes°, des boutons° ou des paillettes° pour le décorer. Des meubles en carton pour toute la maison? Pourquoi pas! Grâce à° Caroline Martial, les possibilités sont illimitées.

table de chevet *bedside table* **carton** *cardboard* **matière** *material* **Il suffit de** *All that's necessary is* **bouts** *bits* **ondulé** *corrugated* **plumes** *feathers* **boutons** *buttons* **paillettes** *glitter* **Grâce à** *Thanks to*

**Reportage de France 3
Côte d'Azur**

Ça va être un petit meuble...
une petite table de chevet.°

Vocabulaire utile

l'emballage (m.)	*packaging*
une niche	*small space*
ultraléger	*very lightweight*
laisser libre cours	*to give free reign*
une réalisation	*creation*

Compréhension Indiquez si les phrases sont vraies ou fausses.

1. Au début de la vidéo, Caroline Martial crée une commode.
Faux.
2. Les meubles peuvent (*can*) résister à un poids (*weight*) important.
Vrai.
3. Les meubles sont faciles à décorer.
Vrai.
4. On voit une commode, une table de chevet et une mini-bibliothèque en carton dans les chambres des enfants de Caroline Martial.
Vrai.
5. Le carton impose certaines limites à ce qu'on peut (*what one can*) créer.
Faux.

Conversation En petits groupes, discutez des questions.
Answers will vary.

1. Aimez-vous les créations de Caroline Martial? Pourquoi ou pourquoi pas?

2. Quels sont des exemples de l'art fonctionnel dans votre vie?

3. Quels artistes admirez-vous? Pourquoi les admirez-vous? Quelle influence ont-ils sur la société?

Application Choisissez un(e) artiste qui vous intéresse et préparez un reportage sur son œuvre (*work*). Montrez une de ses créations et expliquez leur impact sur la société.

EXPANSION

Craft Vocabulary Share the following craft terms used in the video with students: **le papier peint** (*wallpaper*), **les papiers artisanaux** (*hand-made papers*), **le poudre d'or** (*gold dust*), **la strasse** (*silk scraps*). Ask them what materials they use when they do crafts, and have them look up the French words for them to share with the class.

EXPANSION

Cultures Have students work in pairs or small groups to research crafts popular in other Francophone cultures. Assign each group a different Francophone area and have them research a craft that's popular there. Then discuss with the class how these crafts vary from the one seen in the video and those popular in their own region. Also discuss the purpose crafts serve in a community. What do they say about the community's culture and people?

43

Section Goals

In this section, students will learn and practice vocabulary related to:
• household chores
• home appliances

Key Standards

1.1, 1.2, 4.1

Suggestions

• Use the digital image for this page. Point out appliances and talk about what people in the illustration are doing. Examples: **Ça, c'est un four à micro-ondes. Cette fille balaie.**

• Ask students questions about chores using the new vocabulary. Examples: **Préférez-vous balayer ou passer l'aspirateur? Faire la cuisine ou faire la lessive? Mettre la table ou sortir la poubelle?**

• Say vocabulary words and tell students to write or say the opposite terms. Examples: **sale (propre), débarrasser la table (mettre la table),** and **salir les vêtements (faire la lessive).**

• Point out the difference between **un évier** (*kitchen sink*) and **un lavabo** (*bathroom sink*).

• Point out the expressions that use **faire: faire la lessive, faire la poussière, faire le ménage, faire le lit,** and **faire la vaisselle.**

• Tell students that the names of several appliances are compounds of verbs and nouns. Examples: **grille-pain, lave-vaisselle,** and **sèche-linge.** Other appliances use the preposition **à: un fer à repasser, un four à micro-ondes.**

You will learn how to...
• talk about chores
• talk about appliances

◁)) **vhl**central

Les tâches ménagères

Vocabulaire

débarrasser la table	*to clear the table*
enlever/faire la poussière	*to dust*
essuyer la vaisselle/ la table	*to dry the dishes/ to wipe the table*
faire la lessive	*to do the laundry*
faire le ménage	*to do the housework*
laver	*to wash*
mettre la table	*to set the table*
passer l'aspirateur	*to vacuum*
ranger	*to tidy up; to put away*
salir	*to soil, to make dirty*
propre	*clean*
sale	*dirty*
un appareil électrique/ ménager	*electrical/household appliance*
une cafetière	*coffeemaker*
une cuisinière	*stove*
un grille-pain	*toaster*
un lave-linge	*washing machine*
un lave-vaisselle	*dishwasher*
un sèche-linge	*clothes dryer*
une tâche ménagère	*household chore*

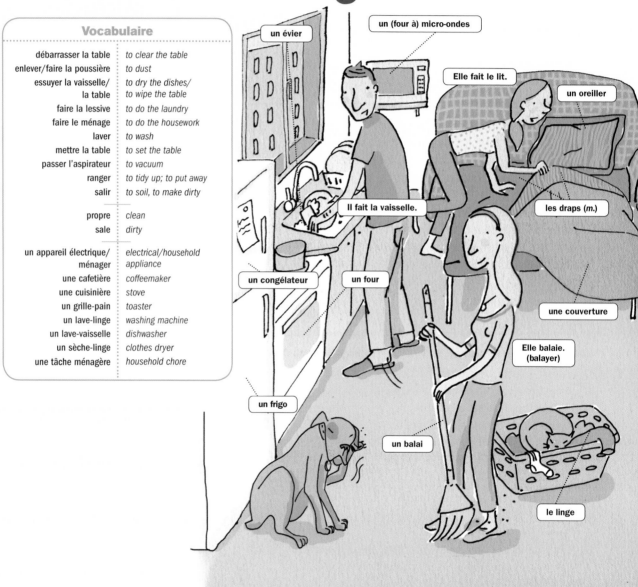

un (four à) micro-ondes

un évier

Elle fait le lit.

un oreiller

Il fait la vaisselle.

les draps (*m.*)

un congélateur

un four

une couverture

un frigo

Elle balaie. (balayer)

un balai

le linge

TEACHING OPTIONS

Using Games Write vocabulary words for appliances on index cards. On another set of cards, draw or paste pictures to match each term. Tape them face down on the board in random order. Divide the class into two teams. Then play a game of Concentration in which students match words with pictures. When a player has a match, that player's team collects those cards. When all the cards have been matched, the team with the most cards wins.

EXPANSION

Oral Practice Ask students what chores they do in various rooms. Examples: **Dans quelle pièce... faites-vous la vaisselle? faites-vous le lit? mettez-vous la table? passez-vous l'aspirateur? repassez-vous? balayez-vous?**

Mise en pratique

1 **On fait le ménage** Complétez les phrases avec le bon mot.

1. On balaie avec ___un balai___.
2. On repasse le linge avec ___un fer à repasser___.
3. On fait la lessive avec ___un lave-linge___.
4. On lave la vaisselle avec ___un lave-vaisselle___.
5. On prépare le café avec ___une cafetière___.
6. On sèche les vêtements avec ___un sèche-linge___.
7. On met la glace dans ___un congélateur___.
8. Pour faire le lit, on doit arranger ___les draps___, ___la couverture___ et ___l'oreiller/les oreillers___.

2 **Écoutez** Écoutez la conversation téléphonique (*phone call*) entre Laurent et un conseiller à la radio (*radio psychologist*). Ensuite, indiquez les tâches ménagères que faisaient Laurent et Paul l'année dernière.

	Laurent	Paul
1. Il mettait la table.	☑	☐
2. Il faisait les lits.	☐	☑
3. Il passait l'aspirateur.	☑	☐
4. Il sortait la poubelle.	☐	☑
5. Il balayait.	☐	☑
6. Il faisait la lessive.	☑	☐
7. Il faisait la vaisselle.	☐	☑
8. Il nettoyait le frigo.	☑	☐

3 **Les tâches ménagères** Avec un(e) partenaire, indiquez quelles tâches ménagères vous faites dans chaque pièce ou partie de votre logement. Il y a plus d'une réponse possible. *Answers will vary.*

1. La chambre: _____
2. La cuisine: _____
3. La salle de bains: _____
4. La salle à manger: _____
5. La salle de séjour: _____
6. Le garage: _____

Il sort la poubelle. (sortir)

un fer à repasser

Il repasse. (repasser)

---

1 **Expansion** Reverse this activity and ask students what each appliance is used for. Example: **Que fait-on avec une cuisinière?** (**On fait la cuisine.**)

2 **Script** J'ai un problème avec Paul, mon frère, parce qu'il ne m'aide pas à faire le ménage. L'année dernière, il faisait la vaisselle, il sortait la poubelle et il balayait. Parfois, il faisait même mon lit. Paul ne mettait jamais la table parce qu'il détestait ça. C'est moi qui la mettais. Je faisais aussi la lessive, je passais l'aspirateur et je nettoyais le frigo. Maintenant, Paul ne fait jamais son lit et il ne m'aide pas. C'est moi qui fais tout. Qu'est-ce que vous me suggérez de faire? *Teacher Resources DVD*

2 **Suggestion** After listening to the recording, have students identify Paul and Laurent in the photo and describe what they are doing.

2 **Expansion** Have students describe how they share household chores with their siblings or others at home.

3 **Suggestion** Have students get together with another pair and compare their answers.

 **TELL Connection**

Learning Tools 6 *Why:* Integrated technology provides tools for students to meet performance objectives. *What:* Use vhlcentral.com tools to encourage students to speak and write about their daily lives and environments. Tools include: audio and visual vocabulary practice, My Vocabulary, scaffolded listening activities, Partner and Virtual Chats for synchronous and asynchronous interpersonal speaking, Instructor Note function for guiding performance expectations, and Instructor-created activities for open-ended communication.

EXPANSION

Analogies Have students complete these analogies.
1. passer l'aspirateur : tapis / lave-vaisselle : _____ (verre/tasse)
2. chaud : froid / cuisinière : _____ (frigo/congélateur)
3. ordinateur : bureau / armoire : _____ (chambre)
4. tasse : cuisine / voiture : _____ (garage)
5. café : cafetière / pain : _____ (grille-pain)
6. mauvais : bon / sale : _____ (propre)
7. chaud : four à micro-ondes / froid : _____ (frigo/congélateur)
8. arriver : partir / nettoyer : _____ (salir)
9. table : verre / lit : _____ (draps/couverture/oreiller(s))

45

4 Suggestion Distribute the **Feuilles d'activités** from the Activity Pack. Have two volunteers read the **modèle**.

5 Suggestion Have students jot down notes during their interviews. Then ask them to report what they learned about their partner.

5 Expansion Take a quick survey about household chores using items 4 and 6. Tally the results on the board.

5 Virtual Chat You can also assign Activity 5 on vhlcentral.com. Students record individual responses that appear in your gradebook.

6 Suggestion Before beginning this activity, have students brainstorm desirable and undesirable qualities or habits of housemates. Write a list on the board.

7 Suggestion Have students exchange paragraphs for peer editing. Tell them to underline, rather than correct, grammar and spelling errors.

Activity Pack For additional activities, go to the **Activity Pack** in the **Resources** section of vhlcentral.com.

Presentational Writing Practice Have students create an ad offering to do odd jobs around the house to make some extra money this summer. In the ad, they should explain all the jobs they will offer to do (**faire la lessive, passer l'aspirateur, etc.**) and some details about each. Encourage them to be creative and use visuals to enhance their "marketing campaign."

Communication

4 Qui fait quoi? Votre professeur va vous donner une feuille d'activités. Dites si vous faites les tâches indiquées en écrivant (*by writing*) **Oui** ou **Non** dans la première colonne. Ensuite, posez des questions à vos camarades de classe, et écrivez leur nom dans la deuxième colonne quand ils répondent **Oui**. Présentez vos réponses à la classe. *Answers will vary.*

MODÈLE

mettre la table pour prendre le petit-déjeuner
Élève 1: *Est-ce que tu mets la table pour prendre le petit-déjeuner?*
Élève 2: *Oui, je mets la table chaque matin./ Non, je ne prends pas de petit-déjeuner, donc je ne mets pas la table.*

Activités	Moi	Mes camarades de classe
1. mettre la table pour prendre le petit-déjeuner		
2. passer l'aspirateur tous les jours		
3. salir ses vêtements quand on mange		
4. nettoyer les toilettes		
5. balayer la cuisine		
6. débarrasser la table après le dîner		
7. souvent enlever la poussière sur son ordinateur		
8. laver les vitres (*windows*)		

5 Conversez Interviewez un(e) camarade de classe. *Answers will vary.*

1. Qui fait la vaisselle chez toi?
2. Qui fait la lessive chez toi?
3. Fais-tu ton lit tous les jours?
4. Quelles tâches ménagères as-tu faites le week-end dernier?
5. Repasses-tu tous tes vêtements?
6. Quelles tâches ménagères détestes-tu faire?
7. Quels appareils électriques as-tu chez toi?
8. Ranges-tu souvent ta chambre?

6 Au pair Vous partez dans un pays francophone pour vivre dans une famille pendant (*for*) un an. Travaillez avec deux camarades de classe et préparez un dialogue dans lequel (*in which*) vous: *Answers will vary.*

- parlez des tâches ménagères que vous détestez/aimez faire.
- posez des questions sur vos nouvelles responsabilités.
- parlez de vos passions et de vos habitudes.
- décidez si cette famille vous convient.

7 Écrivez L'appartement de Martine est un désastre: la cuisine est sale et le reste de l'appartement est encore pire (*worse*). Préparez un paragraphe où vous décrivez les problèmes que vous voyez (*see*) et que vous imaginez. Ensuite, écrivez la liste des tâches que Martine va faire pour tout nettoyer. *Answers will vary.*

EXPANSION

Riddles Have groups of three write riddles about furnishings or appliances. For each riddle, the group comes up with at least three hints. Example: **Je suis très doux (*soft*). On me met sur le lit. Je vous aide à bien dormir. (Je suis un oreiller.)** Ask them to read their riddles to the class, who will guess the answer.

EXPANSION

Completion Have students complete this paragraph. **L'appartement de Roger est un désastre. Il a rarement le temps de faire le ____ (ménage). Il ____ (passe) l'aspirateur une fois par mois et il ne/n' ____ (fait/enlève) pas la poussière. Il y a des tasses et des verres dans l' ____ (évier) parce qu'il oublie de les mettre dans le ____ (lave-vaisselle). L'appartement sent mauvais parce qu'il ne sort pas la ____ (poubelle).**

Les sons et les lettres ◀)) **vhl**central

Semi-vowels

French has three semi-vowels. Semi-vowels are sounds that are produced in much the same way as vowels, but also have many properties in common with consonants. Semi-vowels are also sometimes referred to as *glides* because they glide from or into the vowel they accompany.

Lucien   **ch**ien   **so**if   **n**uit

The semi-vowel that occurs in the word **bien** is very much like the *y* in the English word *yes*. It is usually spelled with an **i** or a **y** (pronounced *ee*), then glides into the following sound. This semi-vowel sound is also produced when **ll** follows an **i**.

nation   **bala**yer   **bi**en   **bri**llant

The semi-vowel that occurs in the word **soif** is like the *w* in the English words *was* and *we*. It usually begins with **o** or **ou**, then glides into the following vowel.

trois   **fro**id   **ou**i   **ou**istiti

The third semi-vowel sound occurs in the word **nuit**. It is spelled with the vowel **u**, as in the French word **tu**, then glides into the following sound.

lui   **s**uis   **cr**uel   **intellect**uel

Prononcez Répétez les mots suivants à voix haute.

1. oui
2. taille
3. suisse
4. fille
5. mois
6. cruel
7. minuit
8. jouer
9. cuisine
10. juillet
11. échouer
12. croissant

Articulez Répétez les phrases suivantes à voix haute.

1. Voici trois poissons noirs.
2. Louis et sa famille sont suisses.
3. Parfois, Grégoire fait de la cuisine chinoise.
4. Aujourd'hui, Matthieu et Damien vont travailler.
5. Françoise a besoin de faire ses devoirs d'histoire.
6. La fille de Monsieur Poirot va conduire pour la première fois.

Dictons Répétez les dictons à voix haute.

La nuit, tous les chats sont gris.[1]

Vouloir, c'est pouvoir.[2]

[1] All cats are gray in the dark.
[2] Where there's a will, there's a way.

Section Goals

In this section, students will learn about semi-vowels.

Key Standards

4.1

Suggestions

- Model the pronunciation of the example words and have students repeat them after you.
- Ask students to provide more examples of words from this or previous lessons with these sounds. Examples: **essuyer, évier, moi, minuit, juillet.**
- Dictate five familiar words containing semi-vowels, repeating each one at least two times. Then write them on the board or on a transparency and have students check their spelling.
- Remind students that many vowels combine to make a single sound with no glide. Examples: **ai** and **ou**
- Explain that **un ouistiti** is a marmoset.

EXPANSION

Mini-dictée Use these sentences with semi-vowels for additional practice or dictation. **1. Nous balayons bien la cuisine. 2. J'ai soif, mais tu as froid. 3. Une fois, ma fille a oublié son parapluie. 4. Parfois, mon chien aime jouer entre minuit et trois heures du matin.**

EXPANSION

Tongue-twisters Teach students these French tongue-twisters that contain semi-vowels. **1. Trois petites truites non cuites, trois petites truites crues. 2. Une bête noire se baigne dans une baignoire noire.**

48 quarante-huit

In this section, students will learn functional phrases for talking about who and what they know.

Key Standards
1.2, 2.1, 2.2, 4.1, 4.2

Video Recap: Leçon PA
Before doing this **Roman-photo**, review the previous one with this activity.
1. Qui a fait une visite surprise à Aix-en-Provence? (Pascal)
2. Combien de pièces y a-t-il chez Sandrine? (trois)
3. Comment est l'appartement de Sandrine? (grand et beau)
4. Comment est l'appartement de Rachid et David? (petit, pas de décorations et pas beaucoup de meubles)
5. Que pense Sandrine de la visite surprise de Pascal? (Elle n'est pas contente.)

Video Synopsis
At the café, Amina talks to Sandrine on the phone. Valérie questions Stéphane about his chores and reminds him to do the dishes before he leaves. Amina arrives at Sandrine's. As Sandrine is baking cookies, she breaks a plate. The two girls talk about how annoying Pascal is. Sandrine asks if Amina plans to meet Cyberhomme in person. Amina is not sure that's a good idea.

Suggestions
- Have students predict what the episode will be about based on the title and video stills.
- Have students scan the **Roman-photo** and find sentences related to chores.
- After reading the captions, review students' predictions.

La vie sans Pascal vhlcentral

PERSONNAGES

Amina

Michèle

Sandrine

Stéphane

Valérie

Au P'tit Bistrot...

MICHÈLE Tout va bien, Amina?
AMINA Oui, ça va, merci. (*Au téléphone*) Allô?... Qu'est-ce qu'il y a, Sandrine?... Non, je ne le savais pas, mais franchement, ça ne me surprend pas... Écoute, j'arrive chez toi dans quinze minutes, d'accord? ... À tout à l'heure!

MICHÈLE Je débarrasse la table?
AMINA Oui, merci, et apporte-moi l'addition, s'il te plaît.
MICHÈLE Tout de suite.

VALÉRIE Tu as fait ton lit, ce matin?
STÉPHANE Oui, maman.
VALÉRIE Est-ce que tu as rangé ta chambre?
STÉPHANE Euh... oui, ce matin, pendant que tu faisais la lessive.

Chez Sandrine...

SANDRINE Salut, Amina! Merci d'être venue.
AMINA Mmmm. Qu'est-ce qui sent si bon?
SANDRINE Il y a des biscuits au chocolat dans le four.
AMINA Oh, est-ce que tu les préparais quand tu m'as téléphoné?

SANDRINE Tu as soif?
AMINA Un peu, oui.
SANDRINE Sers-toi, j'ai des jus de fruits au frigo.

Sandrine casse (breaks) une assiette.

SANDRINE Et zut!
AMINA Ça va, Sandrine?
SANDRINE Oui, oui... passe-moi le balai, s'il te plaît.
AMINA N'oublie pas de balayer sous la cuisinière.
SANDRINE Je sais! Excuse-moi, Amina. Comme je t'ai dit au téléphone, Pascal et moi, c'est fini.

1 Questions Répondez aux questions par des phrases complètes. *Answers may vary slightly.*

1. Avec qui Amina parle-t-elle au téléphone?
Elle parle avec Sandrine.
2. Comment va Sandrine aujourd'hui? Pourquoi?
Elle est de mauvaise humeur parce que c'est fini avec Pascal.
3. Est-ce que Stéphane a fait toutes ses tâches ménagères?
Non, il n'a pas fait toutes ses tâches ménagères.
4. Qu'est-ce que Sandrine préparait quand elle a téléphoné à Amina? Elle préparait des biscuits au chocolat.

5. Amina a faim et a soif. À votre avis (*opinion*), que va-t-elle prendre? Elle va prendre un jus de fruits et elle va manger des biscuits.
6. Pourquoi Amina n'est-elle pas fâchée (*angry*) contre Sandrine? Elle comprend pourquoi Sandrine est un peu triste/de mauvaise humeur.
7. Pourquoi Amina pense-t-elle que Sandrine aimerait (*would like*) un cyberhomme américain? Amina pense que Sandrine aime David.
8. Sandrine pense qu'Amina devrait (*should*) rencontrer Cyberhomme, mais Amina pense que ce n'est pas une bonne idée. À votre avis, qui a raison? *Answers will vary.*

TEACHING OPTIONS

La vie sans Pascal Before playing the video, show students individual photos from the **Roman-photo**, #5 or #8 for example, and have them write their own captions. Ask volunteers to write their captions on the board.

TEACHING OPTIONS

Regarder la vidéo Download and print the videoscript found on vhlcentral.com, then white out words related to household chores and other key vocabulary in order to create a master for a cloze activity. Distribute photocopies and tell students to fill in the missing information as they watch the video episode.

Amina console Sandrine.

VALÉRIE Hmm... et la vaisselle? Tu as fait la vaisselle?
STÉPHANE Non, pas encore, mais...
MICHÈLE Il me faut l'addition pour Amina.
VALÉRIE Stéphane, tu dois faire la vaisselle avant de sortir.
STÉPHANE Bon, ça va, j'y vais!

VALÉRIE Ah, Michèle, il faut sortir les poubelles pour ce soir!
MICHÈLE Oui, comptez sur moi, Madame Forestier.
VALÉRIE Très bien! Moi, je rentre, il est l'heure de préparer le dîner.

SANDRINE Il était tellement pénible. Bref, je suis de mauvaise humeur aujourd'hui.
AMINA Ne t'en fais pas, je comprends.
SANDRINE Toi, tu as de la chance.
AMINA Pourquoi tu dis ça?
SANDRINE Tu as ton Cyberhomme. Tu vas le rencontrer un de ces jours?
AMINA Oh... Je ne sais pas si c'est une bonne idée.

SANDRINE Pourquoi pas?
AMINA Sandrine, il faut être prudent dans la vie, je ne le connais pas vraiment, tu sais.
SANDRINE Comme d'habitude, tu as raison. Mais finalement, un cyberhomme, c'est peut-être mieux qu'un petit ami. Ou alors, un petit ami artistique, charmant et beau garçon.
AMINA Et américain?

Expressions utiles

Talking about what you know

- **Je ne le savais pas, mais franchement, ça ne me surprend pas.**
  I didn't know that, but frankly, I'm not surprised.
- **Je sais!**
  I know!
- **Je ne sais pas si c'est une bonne idée.**
  I don't know if that's a good idea.
- **Je ne le connais pas vraiment, tu sais.**
  I don't really know him, you know.

Additional vocabulary

- **Comptez sur moi.**
  Count on me.
- **Ne t'en fais pas.**
  Don't worry about it.
- **J'y vais!**
  I'm going there!/I'm on my way!
- **pas encore**
  not yet
- **tu dois**
  you must
- **être de bonne/mauvaise humeur**
  to be in a good/bad mood

Expressions utiles
- Model the pronunciation of the **Expressions utiles** and have students repeat them.
- As you work through the list, point out the forms of **savoir** and **connaître**. See if students can discern the difference in meaning between the two verbs from the example sentences. Respond briefly to their questions, but tell them that these verbs will be formally presented in **Structures PB.2**.

1 Suggestion Have volunteers write their answers on the board. Go over them as a class.

2 Expansion Ask students who works the hardest of all these people. Have them support their opinion with details from this episode and previous ones.

3 Suggestion To review past tenses, have students write a one-paragraph summary at the end of the month telling what their "sister" actually did or did not do, and why.

Presentational Writing Practice Ask students to reflect on what they think might happen in the next episode of **Roman-photo**, and have them create a story-board like the one shown here that represents their predictions.

2 Le ménage Indiquez qui a fait ou va faire ces tâches ménagères: Amina (**A**), Michèle (**M**), Sandrine (**S**), Stéphane (**St**), Valérie (**V**) ou personne (*no one*) (**P**).

1. sortir la poubelle   M
2. balayer   S & A
3. passer l'aspirateur   P
4. faire la vaisselle   St

5. faire le lit   St
6. débarrasser la table   M
7. faire la lessive   V
8. ranger sa chambre   St

3 Écrivez Vous avez gagné un pari (*bet*) avec votre grande sœur et elle doit faire (*must do*) en conséquence toutes les tâches ménagères que vous lui indiquez pendant un mois. Écrivez une liste de dix tâches minimum. Pour chaque tâche, précisez la pièce du logement et combien de fois par semaine elle doit l'exécuter.

A C T I V I T É S

TEACHING OPTIONS

Debate Divide the class into two groups based on their answers to question 8 on page 48 (whether or not Amina should meet Cyberhomme) and have a debate about who is right. Tell groups to brainstorm a list of arguments to support their point of view and anticipate rebuttals for what the other team might say.

EXPANSION

Predicting Future Episodes Have students work in pairs. Tell them to reread the last lines of the **Roman-photo** and write a short paragraph predicting what will happen in future episodes. Do they think Amina will meet Cyberhomme in person? What do they think will happen in Sandrine's love life? Have volunteers read their paragraphs aloud to the class.

49

AP® **Theme:** Contemporary Life
Context: Housing and Shelter

vhlcentral

CULTURE À LA LOUPE

L'intérieur des logements français

L'intérieur des maisons et des appartements français est assez° différent de celui chez les Américains. Quand on entre dans un immeuble ancien en France, on est dans un hall° où il y a des boîtes aux lettres°. Ensuite, il y a souvent une deuxième porte. Celle-ci conduit à° l'escalier. Il n'y a pas souvent d'ascenseur, mais s'il y en a un°, en général, il est très petit et il est au milieu de° l'escalier. Le hall de l'immeuble peut aussi avoir une porte qui donne sur une cour° ou un jardin, souvent derrière le bâtiment°.

À l'intérieur des logements, les pièces sont en général plus petites que° les pièces américaines, surtout les cuisines et les salles de bains. Dans la cuisine, on trouve tous les appareils ménagers nécessaires (cuisinière, four, four à micro-ondes, frigo), mais ils sont plus petits qu'aux États-Unis. Les lave-vaisselle sont assez rares dans les appartements et plus communs dans les maisons. On a souvent une seule° salle de bains et les toilettes sont en général dans une autre petite pièce séparée°. Les lave-linge sont aussi assez petits et on les trouve, en général, dans la cuisine ou dans la salle de bains. Dans les chambres, en France, il n'y a pas de grands placards et les vêtements sont rangés la plupart° du temps dans une armoire ou une commode. Les fenêtres s'ouvrent° sur l'intérieur, un peu comme des portes, et il est très rare d'avoir des moustiquaires°. Par contre°, il y a presque toujours des volets°.

assez rather **hall** entryway **boîtes aux lettres** mailboxes **conduit à** leads to **s'il y en a un** if there is one **au milieu de** in the middle of **cour** courtyard **bâtiment** building **plus petites que** smaller than **une seule** only one **séparée** separate **la plupart** most **s'ouvrent** open **moustiquaires** screens **Par contre** On the other hand **volets** shutters

Combien de logements ont ces appareils ménagers?

Réfrigérateur	99,8%
Cuisinière / Four	96,4%
Lave-linge	95,6%
Congélateur	91,2%
Four à micro-ondes	88,3%
Lave-vaisselle	57,1%
Sèche-linge	28,7%

SOURCE: INSEE

Coup de main

Demonstrative pronouns help to avoid repetition.

	S.	P.
M.	**celui**	**ceux**
F.	**celle**	**celles**

Ce lit est grand, mais le lit de Monique est petit.

Ce lit est grand, mais **celui** de Monique est petit.

A C T I V I T É S

1 **Complétez** Complétez chaque phrase logiquement.
Answers will vary. Possible answers provided.
1. Dans le hall d'un immeuble français, on trouve...
   des boîtes aux lettres et des portes.
2. Au milieu de l'escalier, dans les vieux immeubles français, ...
   il y a parfois un ascenseur.
3. Derrière les vieux immeubles, on trouve souvent...
   une cour ou un jardin.
4. Les cuisines et les salles de bains françaises sont...
   assez petites.
5. Dans les appartements français, il est assez rare d'avoir...
   un lave-vaisselle.

6. Les logements français ont souvent une seule...
   salle de bains.
7. En France, les toilettes sont souvent...
   dans une pièce séparée.
8. Les Français rangent souvent leurs vêtements dans une armoire parce qu'ils...
   n'ont pas souvent de placards.
9. On trouve souvent le lave-linge...
   dans la cuisine ou dans la salle de bains.
10. En général, les fenêtres dans les logements français...
    ont des volets.

50 Preliminary Unit • Lesson PB

Section Goals

In this section, students will:
- learn about the interior of French homes
- learn some colloquial terms for describing a home or room
- learn about traditional and modern architecture in the Francophone world
- read about the French Quarter in New Orleans

Key Standards
2.1, 2.2, 3.1, 3.2, 4.2

21ˢᵗ Century Skills

Global Awareness
Students will gain perspectives on the Francophone world to develop respect and openness toward others and to interact appropriately and effectively with citizens of Francophone cultures.

Culture à la loupe
Avant la lecture
- Have students look at the photo and describe what they see.
- Tell students to read the first sentence of the text. Then ask: **Quel est le sujet du texte?**

Lecture
- Point out the **Coup de main** and have two volunteers read the examples.
- Point out the statistics chart. Ask students what information the chart shows (the percentage of French residences that have the appliances listed).

Après la lecture Ask students: **Quelles sont les différences entre l'intérieur des logements français et l'intérieur des logements américains?**

1 **Suggestion** Go over the answers with the class.

EXPANSION

Cultural Comparison Take a quick class survey to find out how many students have the appliances listed in the chart in their homes. Tally the results on the board and have students calculate the percentages. Example: **Combien de personnes ont un réfrigérateur à la maison?**

Then have students compare the results of this survey with those in the chart. Examples: **Plus d'Américains ont un sèche-linge dans leur maison./Moins de Français ont un sèche-linge dans leur maison.**

Le français quotidien
- Model the pronunciation of each term and have students repeat it.
- Have volunteers create sentences using these words.

Portrait Ask students: **Que désirez-vous faire ou visiter dans le Vieux Carré de La Nouvelle-Orléans?**

Le monde francophone
- Bring in photos from magazines, books, or the Internet of buildings designed by Le Corbusier, as well as images showing **riads** and **kasbahs** in Morocco. Ask students to compare and contrast the buildings and dwellings in the photos and to say which they prefer, and why.
- Ask a few content questions based on the text. Examples: **1. Quel mouvement architectural est-ce que Le Corbusier représente? (moderne) 2. Qu'est-ce qu'on trouve dans une unité d'habitation? (des garderies d'enfants, des piscines, des écoles, des commerces, des lieux de rencontre) 3. Quel style d'art représentent les kasbahs marocaines? (un art berbère et rural)**

2 Expansion For additional practice, give students these items. **7. _____ est la fête la plus populaire de La Nouvelle-Orléans. (Mardi gras) 8. On trouve des kasbahs dans le _____. (Sud marocain) 9. Au Maroc, _____ est appelé un riad. (un jardin)**

3 Suggestion Encourage students to use terms in **Le français quotidien** in their role-plays.

21st Century Skills

Information and Media Literacy: Sur Internet
Students access and critically evaluate information from the Internet.

LE FRANÇAIS QUOTIDIEN

Quelles conditions!

boxon (*m.*)	*shambles*
piaule (*f.*)	*pad, room*
souk (*m.*)	*mess*
impeccable	*spic-and-span*
nickel	*spotless*
ringard	*cheesy, old-fashioned*
crécher	*to live*
semer la pagaille	*to make a mess*

AP® Theme: Beauty and Aesthetics Context: Architecture

LE MONDE FRANCOPHONE

Architecture moderne et ancienne

Architecte suisse

Le Corbusier Originaire du canton de Neuchâtel, il est l'un des principaux représentants du mouvement moderne au début° du 20ᵉ siècle. Il est connu° pour être l'inventeur de l'unité d'habitation°, concept sur les logements collectifs qui rassemblent dans un même lieu garderie° d'enfants, piscine, écoles, commerces et lieux de rencontre. Il est naturalisé français en 1930.

Architecture du Maroc

Les riads, mot° qui à l'origine signifie «jardins» en arabe, sont de superbes habitations anciennes° construites pour préserver la fraîcheur°. On les trouve au cœur° des ruelles° de la médina (quartier historique).
Les kasbahs, bâtisses° de terre° dans le Sud marocain, sont des exemples d'un art typiquement berbère et rural.

début *beginning* **connu** *known* **unité d'habitation** *housing unit*
garderie *daycare center* **mot** *word* **anciennes** *old* **fraîcheur** *coolness*
cœur *heart* **ruelles** *alleyways* **bâtisses** *dwellings* **terre** *earth*

PORTRAIT
AP® Theme: Beauty and Aesthetics
Context: Architecture

Le Vieux Carré

Le Vieux Carré, aussi appelé le Quartier Français, est le centre historique de La Nouvelle-Orléans. Il a conservé le souvenir° des époques° coloniales du 18ᵉ siècle°. La culture française est toujours présente avec des noms de rues° français comme *Toulouse* ou *Chartres*, qui sont de grandes villes françaises. Cependant° le style architectural n'est pas français; il est espagnol. Les maisons avec les beaux balcons sont l'héritage de l'occupation espagnole de la deuxième moitié° du 18ᵉ siècle. Mardi gras, en février, est la fête la plus populaire de La Nouvelle-Orléans, qui est aussi très connue° pour son festival de jazz, en avril.

souvenir *memory* **époques** *times* **siècle** *century* **noms de rues** *street names*
Cependant *However* **moitié** *half* **connue** *known*

 Sur Internet

Qu'est-ce qu'on peut voir (*see*) au musée des Arts décoratifs de Paris?

Go to **vhlcentral.com** to find more information related to this **Culture** section.

---

2 Complétez Complétez les phrases.

1. Le Vieux Carré est aussi appelé le Quartier Français.
2. *Toulouse* et *Chartres* sont deux noms de rues français à La Nouvelle-Orléans.
3. Le style architectural du Vieux Carré n'est pas français mais espagnol.
4. La Nouvelle-Orléans est connue pour son festival de jazz.
5. Le Corbusier est l'inventeur de l'unité d'habitation.
6. On trouve les riads parmi (*among*) les ruelles de la médina.

3 C'est le souk! Votre oncle favori vient vous rendre visite et votre petit frère a semé la pagaille dans votre chambre. C'est le souk! Avec un(e) partenaire, inventez une conversation où vous lui donnez des ordres pour nettoyer avant l'arrivée de votre oncle. Jouez la scène devant la classe.

A C T I V I T É S

EXPANSION

Le Vieux Carré Share the following information about two important historical sites in New Orleans with students. **Le Cabildo** was completed in 1799. The ceremonies finalizing the Louisiana Purchase were held there in 1803. Since 1903, it has been the Louisiana State Museum. The museum contains a number of objects from Napoleonic history.

The present-day **cathédrale Saint-Louis** was completed in 1851. Made of bricks, the cathedral is dedicated to King Louis IX of France (1214–1270), who was canonized in 1297. His life is depicted in ten of the stained glass windows.

Section Goals

In this section, students will review:
- the uses and meanings of the **passé composé** and the **imparfait**
- common expressions indicating past tenses

Key Standards

4.1, 5.1

Note If you feel that your students have sufficiently mastered the uses of the **passé composé** and the **imparfait**, you may wish to skip **Structures PB.1** and move on to **Structures PB.2**; or, you may wish to assign this section as remediation.

Suggestions: Scaffolding
- To practice contrasting the **passé composé** vs. the **imparfait**, first do a review of each tense and its uses. Then write the following sentences on the board: **1. Je vais au cinéma avec un ami. 2. Nous prenons le bus. 3. Après le film, nous mangeons au restaurant. 4. Ensuite, nous faisons une promenade. 5. Nous rentrons tard à la maison.** Have students change the sentences above first to the **passé composé** and then to the **imparfait**. Have them add adverbs or expressions they've learned that signal a past tense.
- Follow the Oral Practice suggestion on p. 52. Then have students work in pairs to complete the interview in the suggestion on p. 53.

PB.1

The *passé composé* vs. **vhl**central the *imparfait* (Summary)

Point de départ You have learned the uses of the **passé composé** versus the **imparfait** to talk about things and events in the past. These tenses are distinct and are not used in the same way. Remember always to keep the context and the message you wish to convey in mind while deciding which tense to use.

Uses of the *passé composé*

To talk about events that happened at a specific moment or for a precise duration in the past	Je **suis allé** au concert vendredi. *I went to the concert on Friday.*
To express an action or a sequence of actions that started and ended in the past	Tu **as fait** le lit, tu **as sorti** la poubelle et tu **as mis** la table. *You made the bed, took out the trash, and set the table.*
To indicate a change in the mental, emotional or physical state of a person	Tout à coup, elle **a eu** soif. *Suddenly, she got thirsty.*
To narrate the facts in a story	Nous **avons passé** une journée fantastique à la plage. *We spent a fantastic day at the beach.*
To describe actions that move the plot forward in a narration	Soudain, Thomas **a trouvé** la réponse à leur question. *Suddenly, Thomas found the answer to their question.*

Uses of the *imparfait*

To talk about actions that lasted for an unspecified duration of time	Elle **dormait** tranquillement. *She was sleeping peacefully.*
To relate habitual or repeated past actions and events	Nous **faisions** une promenade au parc tous les dimanches matins. *We used to walk in the park every Sunday morning.*
To describe mental, emotional or physical states or conditions	Elle **avait** toujours soif. *She was always thirsty.*
To describe the background scene and setting of a story	Il **faisait** beau et le ciel **était** bleu. *The weather was nice and the sky was blue.*
To describe people and things	C'**était** une photo d'une jolie fille. *It was a photograph of a pretty girl.*

EXPANSION

Oral Practice Have students recall a misunderstanding or a dispute they've had with a friend or family member in the past. Ask them to describe what happened using the **passé composé** and the **imparfait**. Example: **Mon ami et moi avions rendez-vous au cinéma pour voir un film. Il faisait mauvais et il pleuvait. J'ai attendu mon ami pendant une heure devant le cinéma, mais il n'est pas venu!**

TEACHING OPTIONS

Video Divide the class into small groups. Show the video of the **Roman-photo** again and have the groups write a summary of the episode, using the **passé composé** and the **imparfait**. Have the groups present their summaries and have the class vote for the best one.

Suggestion Before students complete **Essayez!**, have them reread all the points on pp. 52–53.

Essayez! Give the following items as additional practice. **9. La semaine dernière, mon ami et moi _____ (faire) de la planche à voile. (avons fait) 10. Avant, ils _____ (répondre) toujours aux questions du prof. (répondaient) 11. Papa _____ (acheter) un nouveau frigo hier. (a acheté) 12. D'habitude, nous _____ (mettre) nos vêtements dans le placard. (mettions)**

- The **imparfait** and the **passé composé** are sometimes used in the same sentence to say what was going on when something else happened. Use the **imparfait** to say what was going on and the **passé composé** to say what happened to interrupt that action.

  Je **travaillais** dans le jardin quand mon amie **a téléphoné**.
  I was working in the garden when my friend called.

  Ils **faisaient** de la planche à voile quand j'**ai pris** cette photo.
  They were wind-surfing when I took this photo.

- A cause and effect relationship is sometimes expressed by using the **passé composé** and the **imparfait** in the same sentence.

  Marie **avait** envie de faire du shopping, alors elle **est allée** au centre commercial.
  Marie felt like shopping so she went to the mall.

  Mon ami **a balayé** la maison parce qu'elle **était** sale.
  My friend swept the house because it was dirty.

- The verb **avoir** has a different meaning when used in the **imparfait** versus the **passé composé**.

  J'**avais** sommeil.
  I was sleepy.

  J'**ai eu** sommeil.
  I got sleepy.

Expressions that signal a past tense

- Certain expressions like **soudain, tout à coup, autrefois, une fois, d'habitude, souvent, toujours,** etc. serve as clues to signal a particular past tense.

  Autrefois, mes parents et moi **vivions** en Belgique.
  In the past, my parents and I used to live in Belgium.

  Un jour, j'**ai rencontré** Nathalie au cinéma.
  One day, I met Nathalie at the movies.

  D'habitude, j'**allais** au centre-ville avec mes amis.
  Usually, I used to go downtown with my friends.

  J'**ai fait** du cheval deux fois dans ma vie.
  I have gone horseback riding two times in my life.

Essayez!	**Écrivez la forme correcte du verbe au passé.**

1. D'habitude, vous _mangiez_ (manger) dans la salle à manger.
2. Quand mes copines étaient petites, elles _jouaient_ (jouer) de la guitare.
3. Tout à coup, ma sœur _est arrivée_ (arriver) à l'école.
4. Ce matin, Matthieu _a repassé_ (repasser) le linge.
5. Ils _ont vécu_ (vivre) en France pendant un mois.
6. Les chats _dormaient_ (dormir) toujours sur le tapis.
7. Je/J' _ai loué_ (louer) un studio en ville pendant trois semaines.
8. Vous _laviez_ (laver) toujours les rideaux?
9. Lise _avait_ (avoir) quinze ans quand elle a déménagé.
10. Soudain, nous _avons eu_ (avoir) peur.

TEACHING OPTIONS

Interview Have students interview each other about the first time they met their best friends, using the **passé composé** and the **imparfait**. Encourage them to include time expressions such as those presented on this page.

EXPANSION

Extra Practice Distribute the handout for the activity **Les souvenirs** from the online Resources (Unité P/Activity Pack/ Vocabulary and Grammar Activities). Have students read the instructions and give them 10 minutes to complete the activity. Ask volunteers to share their answers once everyone has finished.

1 & 2 Expansions Have volunteers explain why they chose the **passé composé** or the **imparfait** in each case. Ask them to point out any words or expressions that triggered one tense or the other.

3 Expansion ⟵👥⟶ Have students come up with a short story for each illustration.

TELL Connection

Learning Experience 4 *Why:* It is important to maintain 90% or more target language usage in the classroom, even when presenting grammar. *What:* Have students use the grammar explanations in English on the previous pages outside of class. In class, use the scaffolded activities as jumping-off points for more personalized activities that practice the structures in context. Use kinesthetic and visual approaches to clarify meaning without resorting to English, and to tap into the different learning styles in your classroom.

Structures | Leçon PB

Mise en pratique

1 **À l'étranger!** Choisissez l'imparfait ou le passé composé pour compléter cette histoire.

Lise (1) ___avait___ (avoir) vraiment envie de travailler en France après le lycée. Alors, un jour, elle (2) ___a quitté___ (quitter) son petit village près de Bruxelles et elle (3) ___a pris___ (prendre) le train pour Paris. Elle (4) ___est arrivée___ (arriver) à Paris. Elle (5) ___a trouvé___ (trouver) une chambre dans un petit hôtel. Pendant six mois, elle (6) ___a balayé___ (balayer) le couloir et (7) ___a nettoyé___ (nettoyer) les chambres. Au bout de (*After*) six mois, elle (8) ___a pris___ (prendre) des cours au Cordon Bleu et maintenant, elle est chef dans un petit restaurant!

2 **Explique-moi!** Dites pourquoi vous et vos amis n'avez pas fait les choses qu'il fallait faire. Utilisez le passé composé pour dire ce que (*what*) vous n'avez pas fait et l'imparfait pour expliquer la raison. Faites des phrases complètes.

MODÈLE

Élise / étudier / avoir sommeil
Élise n'a pas étudié parce qu'elle avait sommeil.

1. Carla / faire une promenade / pleuvoir   Carla n'a pas fait de promenade parce qu'il pleuvait.
2. Alexandre et Mia / ranger la chambre / regarder la télé   Alexandre et Mia n'ont pas rangé la chambre parce qu'ils regardaient la télé.
3. nous / répondre au prof / ne pas faire attention   Nous n'avons pas répondu au prof parce que nous ne faisions pas attention.
4. Jade et Noémie / venir au café / nettoyer la maison   Jade et Noémie ne sont pas venues au café parce qu'elles nettoyaient la maison.
5. Léo / mettre un short / aller à un entretien (*interview*)   Léo n'a pas mis son short parce qu'il allait à un entretien.
6. je / manger au restaurant / ne pas avoir d'argent   Je n'ai pas mangé au restaurant parce que je n'avais pas d'argent.
7. Amadou / promener son chien / neiger   Amadou n'a pas promené son chien parce qu'il neigeait.
8. Marc et toi, vous / aller à la piscine / laver la voiture   Marc et toi, vous n'êtes pas allés à la piscine parce que vous laviez la voiture.
9. on / téléphoner à nos amis / ne pas avoir de portable   On n'a pas téléphoné à nos amis parce qu'on n'avait pas de portable.
10. toi, tu / faire du surf / avoir peur   Toi, tu n'as pas fait de surf parce que tu avais peur.

3 **Qu'est-ce qu'ils faisaient quand...?** Que faisaient ces personnes au moment de l'interruption?

▶ **MODÈLE**

Papa débarrassait la table quand mon frère est arrivé.

débarrasser / arriver

1. sortir / dire
Ils sortaient la poubelle quand le voisin a dit bonjour.

2. passer / tomber
Michel passait l'aspirateur quand l'enfant est tombé.

3. faire / partir
Sa mère faisait la lessive quand Anne est partie.

4. laver / commencer
Ils lavaient la voiture quand il a commencé à pleuvoir.

54 *cinquante-quatre*

TEACHING OPTIONS

Extra Practice ⟵👥⟶ Have students work in small groups to write a story about a Francophone student who came to your school as part of a year-long exchange program. Tell them to use Activity 1 as a model and to include as much detail as possible in their stories.

TEACHING OPTIONS

Extra Practice 👥↔👥 Have students prepare questions to interview a classmate about something they did last weekend. Tell them to find out what their partner did, the circumstances surrounding the event, how they felt, etc. After students conduct their interviews, have them write a summary of what they learned.

Communication

4 **Situations** Avec un(e) partenaire, complétez ces phrases avec le passé composé ou l'imparfait. Comparez vos réponses, puis présentez-les à la classe.
Answers will vary.

1. Autrefois, ma famille...
2. Je faisais une promenade quand...
3. Mon/Ma meilleur(e) ami(e)... tous les jours.
4. D'habitude, au petit-déjeuner, je...
5. Une fois, mon copain et moi...
6. Hier, je rentrais des cours quand...
7. Parfois, ma mère...
8. Hier, il faisait mauvais. Soudain, ...
9. Souvent, quand j'étais petit(e)...
10. La semaine dernière, en cours de français, nous...

5 **À votre tour** Demandez à un(e) partenaire de compléter ces phrases avec le passé composé ou l'imparfait. Ensuite, présentez ses phrases à la classe.
Answers will vary.

1. Mes profs l'année dernière...
2. Quand je suis rentré(e) chez moi hier, ...
3. Le week-end dernier, ...
4. Quand j'ai fait la connaissance de mon/ma meilleur(e) ami(e), ...
5. La première fois que mon/ma meilleur(e) ami(e) et moi sommes sorti(e)s, ...
6. Quand j'avais dix ans, ...
7. Le jour de mon dernier anniversaire, ...
8. Pendant les vacances d'été, ...
9. Quand Leonardo DiCaprio a gagné son premier Oscar, ...
10. Hier soir, je regardais la télé quand...
11. Quand mes parents étaient plus jeunes, ...
12. La dernière fois que j'ai fait un voyage, ...

6 **Je me souviens!** Racontez à votre partenaire un événement spécial de votre vie qui s'est déjà passé. Votre partenaire vous pose des questions pour avoir plus de détails sur cet événement. Vous pouvez (can) parler d'un anniversaire, d'une fête familiale, d'un mariage ou d'un concert. Utilisez le passé composé et l'imparfait. Answers will vary.

MODÈLE
Élève 1: *Nous avons fait une grande fête d'anniversaire pour ma grand-mère l'année dernière.*
Élève 2: *Quel âge a-t-elle eu?*
Élève 1: *Elle a eu soixante ans.*
Élève 2: *Vous avez fait la fête chez toi?*
Élève 1: *Nous avons fait la fête dans le jardin parce qu'il faisait très beau.*

4 Expansion Have students choose one of these sentences to begin telling a short story in the past. Encourage students to use both the **passé composé** and the **imparfait**.

4 Partner Chat You can also assign Activity 4 on vhlcentral.com. Students work in pairs to record the activity online. The pair's recorded conversation will appear in your gradebook.

5 Expansion You could also have students do this activity as a survey by turning the phrases into questions and adding additional questions in the past. Examples: **Comment étaient tes profs l'année dernière? Que faisait ta mère quand tu es rentré(e) chez toi hier? Qu'est-ce que tu as fait le week-end dernier?**

Activity Pack For additional activities, go to the **Activity Pack** in the **Resources** section of vhlcentral.com.

55

PB.2 **The verbs *savoir* and *connaître*** **vhl**central

Point de départ **Savoir** and **connaître** both mean *to know*. The choice of verb in French depends on the context in which it is being used.

> N'oublie pas de balayer sous la cuisinière.

> Je sais!

> Je ne le connais pas vraiment, tu sais.

savoir	
je	sais
tu	sais
il/elle/on	sait
nous	savons
vous	savez
ils/elles	savent

Boîte à outils

Always use the construction **savoir** + [*infinitive*] to mean *to know how to do something*.

- **Savoir** means *to know a fact* or *to know how to do something*.

  Je **sais** tout sur lui.
  I know everything about him.

  Elle **sait** jouer du piano
  She knows how to play piano.

  Ils ne **savent** pas qu'il est parti.
  They don't know that he left.

  Savez-vous faire la cuisine?
  Do you know how to cook?

- The verb **savoir** is often followed by **que**, **qui**, **où**, **quand**, **comment**, or **pourquoi**.

  Nous **savons que** tu arrives mardi.
  We know that you're arriving on Tuesday.

  Je **sais où** je vais.
  I know where I am going.

  Vous **savez quand** on part?
  Do you know when we're leaving?

  Ils **savent comment** aller à la gare.
  They know how to get to the train station.

  Tu **sais qui** a fait la lessive?
  Do you know who did the laundry?

  Elle **comprend pourquoi** tu es en colère.
  She understands why you're angry.

- The past participle of **savoir** is **su**. When used in the **passé composé**, **savoir** means *found out*.

  J'**ai su** qu'il y avait une fête.
  I found out there was a party.

  Je **savais** qu'il y avait une fête.
  I knew there was a party.

In this section, students will learn the uses of **savoir** and **connaître**.

Key Standards

4.1, 5.1

Suggestions: Scaffolding

- Go over **Point de départ**. Model **savoir** by asking several questions with it. Examples: _____, savez-vous faire du ski? Et vous, _____, savez-vous où est la bibliothèque? Next, write **connaître** on the board and ask questions, such as: _____, connaissez-vous mon frère? Connaissez-vous La Nouvelle-Orléans? Ask students further questions using both verbs to help them infer the difference in use between the two.

- Discuss the images and captions from **Roman-photo**. Ask: **Que sait Amina? Est-ce qu'elle connaît Cyberhomme?** (qu'il faut balayer sous la cuisinière, non)

- Point out that the context of the phrase will indicate which verb to use. Using examples in English, have students say which verb would be used for the French translation. Examples: I know how to swim. (**savoir**) He doesn't know the president. (**connaître**)

- Go over the conjugations of both **savoir** and **connaître** in the present tense.

TEACHING OPTIONS

Large Groups Divide the class into two teams (**savoir** and **connaître**), and have them line up. Indicate the first member of each team and call out a sentence in English that uses *to know* (Ex: *We know the answer.*). The team member whose verb corresponds to the English sentence has to step forward and provide the French translation.

EXPANSION

Extra Practice Prepare dehydrated sentences such as these: **tu / savoir / que tu / ne pas connaître / mon meilleur ami; nous / connaître / les nouveaux élèves**. Write them on the board one at a time and have students create complete sentences using the fragments.

connaître	
je	connais
tu	connais
il/elle/on	connaît
nous	connaissons
vous	connaissez
ils/elles	connaissent

• **Connaître** means *to know* or *be familiar with a person, place, or thing.*

Avec les sofas par **Côte-Nord**, vous connaissez le confort et la joie d'être chez vous.

Vous **connaissez** le prof.
You know the teacher.

Nous **connaissons** bien Paris.
We know Paris well.

Tu **connais** ce quartier?
Do you know that neighborhood?

Je ne **connais** pas ce magasin.
I don't know this store.

Boîte à outils

The verb **connaître** is never followed by an infinitive. It is always followed by a noun.

• The past participle of **connaître** is **connu**. **Connaître** in the **passé composé** means *met* (*for the first time*).

Nous **avons connu** son père.   Nous **connaissions** son père.
We met his father.   *We knew his father.*

• **Reconnaître** means *to recognize*. It follows the same conjugation patterns as **connaître**.

Mes anciens profs me   Nous **avons reconnu** vos enfants
 reconnaissent encore.   à la soirée.
My former teachers still   *We recognized your children*
 recognize me.   *at the party.*

Essayez! Complétez les phrases avec les formes correctes des verbes **savoir** et **connaître**.

1. Je ___connais___ de bons restaurants.
2. Ils ne ___savent___ pas parler allemand.
3. Vous ___savez___ faire du cheval?
4. Tu ___connais___ une bonne coiffeuse?
5. Nous ne ___connaissons___ pas Jacques.
6. Claudette ___sait___ jouer aux échecs.
7. Laure et Béatrice ___connaissent___ -elles tes cousins?
8. Nous ___savons___ que vous n'aimez pas faire le ménage.

1 **Expansion** Ask individual students questions about what they know how to do. Example: **Savez-vous parler espagnol? (Non, je ne sais pas parler espagnol.)**

2 **Suggestions**
• Students might be inclined to use **savoir** for item 5. Explain that in French, one knows a phone number in the sense of being familiar with it, rather than in the sense of knowing a fact, as in English.
• Explain that **raï** (item 6) is a musical genre popular among young people that blends Algerian and Western influences.

2 **Expansion** Have students work in pairs to write three more sentences similar to those in the activity. Call on volunteers to present their sentences to the class.

Mise en pratique

1 **Les passe-temps** Qu'est-ce que ces personnes savent faire?

▶ **MODÈLE**
Patrick sait skier.

Patrick

1. Halima
Halima sait patiner.

2. vous
Vous savez nager.

3. tu
Tu sais jouer au tennis.

4. nous
Nous savons jouer au foot.

2 **Dialogues** Complétez les conversations avec le présent du verbe **savoir** ou **connaître**.

1. Marie _____sait_____ faire la cuisine?
   Oui, mais elle ne _____connaît_____ pas beaucoup de recettes (*recipes*).

2. Vous _____connaissez_____ les parents de François?
   Non, je _____connais_____ seulement sa cousine.

3. Tes enfants _____savent_____ nager dans la mer.
   Et mon fils aîné _____connaît_____ toutes les espèces de poissons.

4. Je _____sais_____ que le train arrive à trois heures.
   Est-ce que tu _____sais_____ à quelle heure il part?

5. Vous _____connaissez_____ le numéro de téléphone de Dorian?
   Oui, je le _____connais_____.

6. Nous _____connaissons_____ bien la musique arabe.
   Ah, bon? Tu _____sais_____ qu'il y a un concert de raï en ville demain?

3 **Assemblez** Assemblez les éléments des colonnes pour construire des phrases. Answers will vary.

MODÈLE *Je sais parler une langue étrangère.*

A	B	C
Marion Cotillard	(ne pas) connaître	des célébrités
Oprah Winfrey	(ne pas) savoir	faire la cuisine
je		jouer dans un film
ton/ta camarade		Julia Roberts
de classe		parler une
		langue étrangère

TEACHING OPTIONS

Large Group Ask students to write down six things they know how to do. Have them circulate around the room to find out who else knows how to do those things, jotting down the names of those who answer **oui**. Have students report back to the class. Ex: **Jamie et moi nous savons jouer du piano.**

EXPANSION

Extra Practice Ask students questions about what certain celebrities know how to do or whom they know. Examples: **Est-ce que Brad Pitt connaît Angelina Jolie? (Oui, il la connaît.) Est-ce que Jennifer Lopez sait parler espagnol? (Oui, elle sait le parler.)**

Communication

4 **Enquête** Votre professeur va vous donner une feuille d'activités. Circulez dans la classe pour trouver au moins une personne différente qui répond oui à chaque question. Answers will vary.

Sujet	Nom
1. Sais-tu faire une mousse au chocolat?	Jacqueline
2. Connais-tu New York?	
3. Connais-tu le nom des sénateurs de cet état (state)?	
4. Connais-tu quelqu'un qui habite en Californie?	

5 **Je sais faire** Michelle et Maryse étudient avec un(e) nouvel/nouvelle ami(e). Par groupes de trois, jouez les rôles. Chacun(e) (*Each one*) essaie de montrer toutes les choses qu'il/elle sait faire. Answers will vary.

MODÈLE

Élève 1: Alors, tu sais faire la vaisselle?
Élève 2: Je sais faire la vaisselle, et je sais faire la cuisine aussi.
Élève 3: Moi, je sais faire la cuisine, mais je ne sais pas passer l'aspirateur.

6 **Questions** À tour de rôle, posez ces questions à un(e) partenaire. Ensuite, présentez vos réponses à la classe. Answers will vary.

1. Quel bon restaurant connais-tu près d'ici? Est-ce que tu y (*there*) manges souvent?
2. Dans ta famille, qui sait chanter le mieux (*best*)?
3. Connais-tu l'Europe? Quelles villes connais-tu?
4. Reconnais-tu toutes les chansons (*songs*) que tu entends à la radio?
5. Tes grands-parents savent-ils utiliser Internet? Le font-ils bien?
6. Connais-tu un(e) acteur/actrice célèbre? Une autre personne célèbre?
7. Ton/Ta meilleur(e) (*best*) ami(e) sait-il/elle écouter quand tu lui racontes (*tell*) tes problèmes?
8. Connais-tu la date d'anniversaire de tous les membres de ta famille et de tous tes amis? Donne des exemples.
9. Connais-tu des films français? Lesquels (*Which ones*)? Les aimes-tu? Pourquoi?
10. Sais-tu parler une langue étrangère? Laquelle? (*Which one*)?

---

4 **Suggestions**
- Distribute the **Feuilles d'activités** found in the Activity Pack on vhlcentral.com.
- Have students read through the list of questions using **savoir** and **connaître** for comprehension before completing the activity.

5 **Suggestion** Ask for three volunteers to act out the **modèle** for the class.

6 **Expansion** Ask these questions of the whole class. Ask students who answer in the affirmative for additional information. Examples: **Qui sait chanter? Chantez-vous bien? Chantiez-vous à l'école quand vous étiez petit(e)?**

6 **Virtual Chat** You can also assign Activity 6 on vhlcentral.com. Students record individual responses that appear in your gradebook.

Activity Pack For additional activities, go to the **Activity Pack** in the **Resources** section of vhlcentral.com.

EXPANSION

Extra Practice Have students write down three things they know how to do well (using **savoir bien** + [*infinitive*]). Collect the papers, and then read the sentences. Tell students that they must not identify themselves when they hear their sentence. The rest of the class takes turns trying to guess who wrote each sentence. Repeat this activity with **connaître**.

EXPANSION

Pairs Ask students to write brief, but creative, paragraphs in which they use **savoir** and **connaître**. Then have them exchange their papers with a partner. Tell students to help each other, through peer editing, to make the paragraphs as error-free as possible. Collect the papers for grading.

Révision

Key Standards

1.1

1 Expansion Tell students to imagine they are hosting their own dinner party. Have them make a list of the tasks they completed and another one of the tasks left to complete before the guests arrive. Have them use the **passé composé**.

2 Suggestion Have two students act out the **modèle** before distributing the **Feuilles d'activités** from the Activity Pack.

3 Suggestion Review the **imparfait** with the verb phrases listed in this activity. Ask volunteers to supply the correct verb forms for the subjects you suggest. Example: **repasser le linge: je (je repassais le linge)**.

4 Suggestion Have students bring photos from magazines or newspapers to supplement this activity. Or, students may prefer to sketch drawings of events.

5 Expansion Ask students to imagine that they are writing an e-mail to a friend expressing what they have learned and whom they have met since starting the school year. Instruct them to use sentence constructions similar to those presented in this activity.

5 Partner Chat You can also assign Activity 5 on vhlcentral.com. Students work in pairs to record the activity online. The pair's recorded conversation will appear in your gradebook.

6 Suggestion Divide the class into pairs and distribute the Info Gap Handouts from the Activity Pack. Give students ten minutes to complete the activity.

---

1 **Un grand dîner** Émilie et son mari Vincent ont invité des amis à dîner ce soir. Qu'ont-ils fait cet après-midi pour préparer la soirée? Que vont-ils faire ce soir après le départ des invités? Conversez avec un(e) partenaire. Answers will vary.

> **MODÈLE**
>
> **Élève 1:** *Cet après-midi, Émilie et Vincent ont mis la table.*
>
> **Élève 2:** *Ce soir, ils vont faire la vaisselle.*

2 **Mes connaissances** Votre professeur va vous donner une feuille d'activités. Interviewez vos camarades. Pour chaque activité, trouvez un(e) camarade différent(e) qui réponde affirmativement. Answers will vary.

> **Élève 1:** *Connais-tu une personne qui aime faire le ménage?*
>
> **Élève 2:** *Oui, autrefois, mon père aimait bien faire le ménage.*

Activités	Noms
1. ne pas faire souvent la vaisselle	
2. aimer faire le ménage	Farid
3. dormir avec une couverture en été	
4. faire son lit tous les jours	
5. repasser rarement ses vêtements	

3 **Qui faisait le ménage?** Par groupes de trois, interviewez vos camarades. Qui faisait le ménage à la maison quand ils étaient petits? Préparez des questions avec ces expressions et comparez vos réponses. Answers will vary.

balayer	mettre et débarrasser la table
faire la lessive	passer l'aspirateur
faire le lit	ranger
faire la vaisselle	repasser le linge

4 **Soudain!** Tout était calme quand soudain... Avec un(e) partenaire, choisissez l'une des deux photos et écrivez un texte de dix phrases. Faites cinq phrases pour décrire la photo, et cinq autres pour raconter (*to tell*) un événement qui s'est passé soudainement (*that suddenly happened*). Employez des adverbes et soyez imaginatifs. Answers will vary.

5 **J'ai appris...** Avec un(e) partenaire, faites une liste de cinq choses que vous ne saviez pas avant ce cours de français, et cinq choses ou personnes que vous ne connaissiez pas. Utilisez l'imparfait et le présent dans vos explications. Answers will vary.

> **MODÈLE**
>
> **Élève 1:** *Avant, je ne savais pas comment dire bonjour en français, et puis j'ai commencé ce cours, et maintenant, je sais le dire.*
>
> **Élève 2:** *Avant, je ne connaissais pas tous les pays francophones, et maintenant, je les connais.*

6 **Élise fait sa lessive** Votre professeur va vous donner, à vous et à votre partenaire, une feuille sur la journée d'Élise. Décrivez sa journée d'après (*according to*) les dessins. Attention! Ne regardez pas la feuille de votre partenaire. Answers will vary.

> **MODÈLE**
>
> **Élève 1:** *Hier matin, Élise avait besoin de faire sa lessive.*
>
> **Élève 2:** *Mais, elle...*

TEACHING OPTIONS

Assigning Verbs Divide the class into three groups. One group is **savoir** (present tense with infinitive, **imparfait**), the second group is **connaître** (present tense, **imparfait**), and the third group is **savoir** and **connaître** (**passé composé**). Have each group brainstorm a list of phrases using their assigned verbs and tenses. A volunteer from each group should present their results to the class.

Example: Group 1 – **Je sais chanter. (présent) Ma mère savait parler français. (imparfait)** Group 2 – **Nous connaissons les nouveaux élèves. (présent) Il connaissait le président des États-Unis. (imparfait)** Group 3 – **J'ai su que l'examen de français était très difficile. (passé composé) Mon père a connu mon meilleur ami. (passé composé)**

À l'écoute vhlcentral

AP® **Theme:** Contemporary Life
Context: Housing and Shelter

STRATÉGIE

Using visual cues

Visual cues like illustrations and headings provide useful clues about what you will hear.

🔊 To practice this strategy, you will listen to a passage related to the image. Jot down the clues the image gives you as you listen. Answers will vary.

Préparation

Qu'est-ce qu'il y a sur les trois photos à droite? À votre avis, quel va être le sujet de la conversation entre M. Duchemin et Mme Lopez?

🔊 À vous d'écouter

Écoutez la conversation. M. Duchemin va proposer trois logements à Mme Lopez. Regardez les annonces et écrivez le numéro de référence de chaque possibilité qu'il propose.

1. Possibilité 1: _Réf. 521_
2. Possibilité 2: _Réf. 522_
3. Possibilité 3: _Réf. 520_

À LOUER

Appartement en ville, moderne, avec balcon
1.200 €
(Réf. 520)

5 pièces, jardin, proche parc Victor Hugo
950 €
(Réf. 521)

Maison meublée en banlieue, grande, tt confort, cuisine équipée
1.200 €
(Réf. 522)

Compréhension

Les détails Après une deuxième écoute, complétez le tableau (*chart*) avec les informations données dans la conversation.

	Où?	Maison ou appartement?	Meublé ou non?	Nombre de chambres?	Garage?	Jardin?
Logement 1	ville	maison	non	trois	non	oui
Logement 2	banlieue	maison	oui	quatre	oui	oui
Logement 3	centre-ville	appartement	non	deux	oui	non

Quel logement pour les Lopez? Lisez cette description de la famille Lopez. Décidez quel logement cette famille va probablement choisir et expliquez votre réponse.

M. Lopez travaille au centre-ville. Le soir, il rentre tard à la maison et il est souvent fatigué parce qu'il travaille beaucoup. Il n'a pas envie de passer son temps à travailler dans le jardin. Mme Lopez adore le cinéma et le théâtre. Elle n'aime pas beaucoup faire le ménage. Les Lopez ont une fille qui a seize ans. Elle adore retrouver ses copines pour faire du shopping en ville. Les Lopez ont beaucoup de beaux meubles modernes. Ils ont aussi une nouvelle voiture: une grosse BMW qui a coûté très cher!

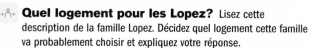

Ah, oui! La cuisine est équipée avec tout le nécessaire: frigo, congélateur, cuisinière, four à micro-ondes, lave-linge et sèche-linge.
C: Très bien. Et la troisième possibilité?
A: C'est un grand appartement dans le centre-ville, sur la place des Halles. Il n'y a pas de jardin.
C: Et combien de chambres y a-t-il?

A: Deux chambres avec des balcons. Si vous aimez le moderne, cet appartement est parfait pour vous. Et il a un garage.
C: Bon, je vais en parler avec mon mari.
A: Très bien, Madame. Au revoir.
C: Au revoir, Monsieur Duchemin.
Teacher Resources DVD

Section Goals

In this section, students will:
• use visual cues to understand an oral description
• listen to a conversation and complete several activities

Key Standards
1.2, 2.1

Stratégie
Script Nous avons trouvé un appartement super dans le quartier du Marais. Il est au premier étage, dans un immeuble très calme. Il y a une salle de séjour assez grande, une cuisine avec frigo, cuisinière et lave-linge, une petite salle de bains et deux chambres très jolies. Il y a aussi des placards dans toutes les pièces et un garage en sous-sol pour notre voiture. On peut emménager la semaine prochaine et le loyer n'est pas très cher. Nous sommes vraiment heureux, tu sais!
Teacher Resources DVD

À vous d'écouter
Script AGENT: Allô, bonjour. Madame Lopez, s'il vous plaît.
CLIENTE: C'est elle-même.
A: Ah, bonjour, Madame. Ici Monsieur Duchemin de l'agence immobilière. Vous cherchez un logement à louer à Avignon ou dans la banlieue, c'est bien ça?
C: Oui, Monsieur, c'est exact. Vous avez une maison à me proposer?
A: Oui, j'ai trois possibilités. La première est une maison en ville, dans un quartier calme près du parc Victor Hugo. Elle n'est pas très grande, mais elle est très jolie et elle a un petit jardin. Il y a un salon, une salle à manger, une grande cuisine avec beaucoup de placards, une salle de bains, les W.-C. et trois chambres.
C: Il y a un garage?
A: Non, Madame, mais il y a toujours des places dans le quartier.
C: Bon. Et qu'est-ce que vous avez d'autre?
A: J'ai aussi une très grande maison meublée avec jardin et garage en banlieue, à une demi-heure de la ville.
C: C'est un peu loin, mais bon… Il y a combien de chambres?
A: Quatre chambres.
C: Et qu'est-ce qu'il y a comme meubles?
A: Un canapé, des fauteuils et des étagères dans le salon, un grand lit et une commode dans la grande chambre… et voyons, quoi d'autre?

Panorama

l'Arc de Triomphe

Section Goals

In this section, students will learn historical and cultural information about the city of Paris.

Key Standards

2.2, 3.1, 3.2, 5.1

21st Century Skills

Global Awareness
Students will gain perspectives on the Francophone world to develop respect and openness to other cultures.

Plan de Paris

- Have students look at the map of Paris or use the Digital Image Bank. Point out that **Paris** and its surrounding areas (**la banlieue**) are called **l'Île-de-France**. This area is also known as **la Région parisienne**. Ask students to locate places mentioned in the **Panorama** on the map. Examples: **le musée du Louvre, le musée d'Orsay, l'Arc de Triomphe,** and **la tour Eiffel.**
- Point out that the Seine River (**la Seine**) divides Paris into two parts: the left bank (**la rive gauche**) to the south and the right bank (**la rive droite**) to the north.

La ville en chiffres

- Point out the city's coat of arms.
- Point out that the population figure for Paris does not include the suburbs.
- Tell students that there is a Rodin Museum in Paris and one in Philadelphia. If possible, show students a photo of one of Rodin's most famous sculptures: *The Thinker* (**le Penseur**).

Incroyable mais vrai! The miles of tunnels and catacombs under Paris used to be quarries; the city was built with much of the stone dug from them. Some of these quarries date back to Roman times. The skeletons in the catacombs are Parisians who were moved from overcrowded cemeteries in the late 1700s.

Paris

La ville en chiffres

▶ **Superficie:** *105 km²*

▶ **Population:** *2.229.621 (deux millions deux cents vingt-neuf mille six cents vingt et un)*
SOURCE: INSEE

Paris est la capitale de la France. On a l'impression que Paris est une grande ville—et c'est vrai si on compte° ses environs°. Mais Paris mesure moins de° 10 kilomètres de l'est à l'ouest°. On peut très facilement visiter la ville à pied°. Paris est divisée en 20 arrondissements°. Chaque° arrondissement a son propre maire° et son propre caractère.

▶ **Industries principales:** *haute couture, finances, transports, technologie, tourisme*

▶ **Musées:** *plus de° 150 (cent cinquante): le musée du Louvre, le musée d'Orsay, le centre Georges Pompidou et le musée Rodin*

Parisiens célèbres

▶ **Victor Hugo,** *écrivain° et activiste (1802–1885)*

▶ **Charles Baudelaire,** *poète (1821–1867)*

▶ **Auguste Rodin,** *sculpteur (1840–1917)*

▶ **Jean-Paul Sartre,** *philosophe (1905–1980)*

▶ **Simone de Beauvoir,** *écrivain (1908–1986)*

▶ **Édith Piaf,** *chanteuse (1915–1963)*

▶ **Emmanuelle Béart,** *actrice (1965–)*

si on compte *if one counts* **environs** *surrounding areas* **moins de** *less than* **de l'est à l'ouest** *from east to west* **à pied** *on foot* **arrondissements** *districts* **Chaque** *Each* **son propre maire** *its own mayor* **plus de** *more than* **écrivain** *writer* **rues** *streets* **reposent** *lie; rest* **provenant** *from* **repos** *rest*

l'opéra Garnier

une terrasse de café

0 ——— 0.5 mile
0 ——— 0.5 kilomètre

Incroyable mais vrai!

Sous les rues° de Paris, il y a une autre ville: les catacombes. Ici reposent° les squelettes d'environ 6.000.000 (six millions) de personnes provenant° d'anciens cimetières de Paris et de ses environs. Plus de 500.000 (cinq cent mille) touristes par an visitent cette ville de repos° éternel.

PRE-AP®

Presentational Speaking with Cultural Comparison If students know someone who has visited Paris, have them interview that person to find out what his or her favorite places and activities were as well as the cultural differences observed during the visit. Ask students to present what they learned to the class.

EXPANSION

Parisiens célèbres **Jean-Paul Sartre** and **Simone de Beauvoir** had a personal and professional relationship. Sartre became famous as the leader of a group of intellectuals who used to gather regularly at the **Café de Flore**. This group included Simone de Beauvoir and **Albert Camus**. Ask students to name some works they may have read or heard of by Sartre, de Beauvoir, or Camus.

Les monuments

AP® **Theme:** Beauty and Aesthetics
Context: Architecture

La tour Eiffel

La tour Eiffel a été construite°
en 1889 (mille huit cent
quatre-vingt-neuf) pour
l'Exposition universelle,
à l'occasion du centenaire°
de la Révolution française.
Elle mesure 324 (trois cent
vingt-quatre) mètres de haut et
pèse° 10.100 (dix mille cent)
tonnes. La tour attire près de°
7.000.000 (sept millions) de
visiteurs par an°.

Les gens

AP® **Theme:** Contemporary Life
Context: Leisure and Sports

Paris-Plages

Pour les Parisiens
qui ne voyagent pas
pendant l'été, la ville
de Paris a créé° Paris-
Plages pour apporter
la plage° aux Parisiens!
Inauguré en 2001
pour la première fois
sur les berges° de la Seine, puis prolongé sur le bassin de la
Villette en 2007, Paris-Plages consiste en plusieurs kilomètres de
sable et de pelouse°, plein° d'activités comme la natation° et le
volley. Ouvert en° juillet et en août, près de 4.000.000 (quatre
millions) de personnes visitent Paris-Plages chaque° année.

Les musées

AP® **Theme:** Beauty and Aesthetics
Context: Visual Arts

Le musée du Louvre

Ancien° palais royal, le musée du
Louvre est aujourd'hui un des plus
grands musées du monde avec
sa vaste collection de peintures°,
de sculptures et d'antiquités
orientales, égyptiennes, grecques et
romaines. L'œuvre° la plus célèbre
de la collection est *La Joconde*°
de Léonard de Vinci. La pyramide
de verre°, créée par l'architecte
américain I.M. Pei, marque l'entrée°
principale du musée.

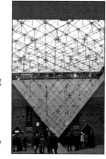

Les transports

AP® **Theme:** Beauty and Aesthetics
Context: Architecture

Le métro

L'architecte Hector Guimard
a commencé à réaliser° des
entrées du métro de Paris en
1898 (mille huit cent quatre-
vingt-dix-huit). Ces entrées
sont construites dans le style
Art Nouveau: en forme de
plantes et de fleurs°. Le métro
est aujourd'hui un système
très efficace° qui permet
aux passagers de traverser°
Paris rapidement.

Qu'est-ce que vous avez appris? Complétez les phrases.

1. La ville de Paris est divisée en vingt ___arrondissements___.

2. Chaque arrondissement a ses propres ___maire___ et ___caractère___.

3. Charles Baudelaire est le nom d'un ___poète___ français.

4. Édith Piaf est une ___chanteuse___ française.

5. Plus de 500.000 personnes par an visitent ___les catacombes___ sous les rues de Paris.

6. La tour Eiffel mesure ___324___ mètres de haut.

7. En 2001, la ville de Paris a créé ___Paris-Plages___ au bord (*banks*) de la Seine.

8. Le musée du Louvre est un ancien ___palais___.

9. ___La pyramide de verre___ est une création de I.M. Pei.

10. Certaines entrées du métro sont de style ___Art Nouveau___.

Sur Internet

1. Quels sont les monuments les plus importants à Paris? Qu'est-ce qu'on peut faire (*can do*) dans la ville?

2. Trouvez des informations sur un des musées de Paris.

3. Recherchez la vie (*Research the life*) d'un(e) Parisien(ne) célèbre.

4. Cherchez un plan du métro de Paris et trouvez comment aller du Louvre à la tour Eiffel.

---

construite *built* **centenaire** *100-year anniversary* **pèse** *weighs*
attire près de *attracts nearly* **par an** *per year* **a créé** *created*
apporter la plage *bring the beach* **berges** *banks* **de sable et de**
pelouse *of sand and grass* **plein** *full* **natation** *swimming*
Ouvert en *Open in* **chaque** *each* **Ancien** *Former* **peintures** *paintings*
L'œuvre *The work (of art)* **La Joconde** *The Mona Lisa* **verre** *glass*
entrée *entrance* **réaliser** *create* **fleurs** *flowers* **efficace** *efficient*
traverser *to cross*

La tour Eiffel Constructed of
wrought iron, the architectural
design of the Eiffel Tower was
an engineering masterpiece
for its time. Critics of Gustave
Eiffel's design said it couldn't be
built, but he proved them wrong.
Later, some of the engineering
techniques employed would
be used to build the first steel
skyscrapers. The Eiffel Tower
remained the world's tallest
building until 1930.

Paris-Plages Paris-Plages,
with its numerous organized
sports activities, dances,
and concerts, is one of the
most popular events in Paris
during the summer months.
All activities, beaches, and
playgrounds are open and free
to the public; however, the cost
to the city of Paris can reach up
to 4 million euros each year.
Ask students if they think that
Paris-Plages is worth the money.

Le musée du Louvre Bring in
photos or slides of the **Louvre**
and some of the most famous
artwork in its collection, such
as the *Mona Lisa*, the *Venus de
Milo*, Vermeer's *The Lacemaker*,
and Delacroix's *Liberty Leading
the People* (**La Liberté guidant
le peuple**). Ask students to
describe the woman in the
Mona Lisa. Point out that only
a fraction of the 300,000 works
owned by the museum are
on display.

Le métro The Paris public
transportation system, **le métro**
(short for **le Métropolitain**),
has 14 lines. It is the most
convenient and popular means
of transportation in the city since
every building in Paris is within
500 meters of a **métro** station.
Ask students what cities in the
United States have metro or
subway systems.

21ˢᵗ Century Skills

Information and Media Literacy
Go to vhlcentral.com to complete
the **Sur Internet** activity associated
with **Panorama** for additional
practice accessing and using
culturally authentic sources.

PRE-AP®

Presentational Writing Assign each student a famous site
in Paris. Examples: **l'Île de la Cité, la Sainte-Chapelle, le
quartier latin**, etc. Tell students to research the site and write a
brief description. Encourage them to include photos from the
Internet or magazines. Ask a few volunteers to share their
descriptions with the class.

EXPANSION

Mon itinéraire Have students work in pairs. Tell them that they
have three days in Paris, and they have to make a list of places
they want to see or visit each day so that they can make the most
of their time there. Remind students that many famous sights, other
than those mentioned in the text, appear on the map. Example:
Jour 1: visiter le musée du Louvre. Ask volunteers to share their
lists with the class.

Savoir-faire

vhlcentral

Panorama

L'Île-de-France

La région en chiffres

▶ Superficie: *12.012 km²*

▶ Population: *12.027.565*
SOURCE: INSEE

▶ Industries principales: *aéronautique, automobile, énergie nucléaire, santé°, services*

▶ Villes principales: *Paris, Meaux, Provins, Saint-Denis, Fontainebleau, Montreuil, Nanterre, Versailles, Argenteuil*

Franciliens célèbres

▶ **Jean Cocteau**, *poète, dramaturge° et cinéaste°* (1889–1963)

▶ **Dominique Voynet**, *femme politique°* (1958–)

▶ **Thierry Henry**, *footballeur* (1977–)

▶ **Jaques Prévert**, *poète, scénariste et artiste* (1900–1977)

▶ **Omar Sy**, *acteur* (1978–)

▶ **Vanessa Paradis**, *chanteuse et actrice* (1972–)

▶ **Les impressionnistes** *Plusieurs peintres impressionnistes du XIXᵉ siècle se sont inspirés des grands espaces° de l'Île-de-France. Quand Claude Monet a habité à Argenteuil pendant sept ans, il a réalisé° près de 250 peintures, comme «La Liseuse» (1872) et «Le pont d'Argenteuil» (1874). Auvers-sur-Oise aussi a été le sujet de plusieurs œuvres° impressionnistes, y compris° soixante-dix par Vincent Van Gogh. Aujourd'hui, on peut suivre° les quatre chemins de randonnée pédestre° aux Yveliennes qui sont dédiés aux impressionnistes pour voir° les sites où les artistes ont planté leur chevalet°.*

santé *health* dramaturge *playwright* femme politique *politician* grands espaces *natural spaces* réalisé *created* œuvres *works of art* y compris *including* suivre *follow* chemins de randonnée pédestre *walking paths* voir *see* chevalet *easel* closerie *enclosed property* comprend *includes* abrite *houses* pont *bridge* jardin *garden*

LA FRANCE

le pont° d'Argenteuil

Saint-Denis
Nanterre
Versailles
Paris
Meaux
Marne-la-Vallée
ÎLE-DE-FRANCE
Provins
Melun
Fontainebleau
Nemours

la Seine
l'Oise
la Marne
la Seine
la Loire

40 miles
40 kilomètres

le jardin° de Versailles

un tombeau royal de la basilique Saint-Denis

Incroyable mais vrai!

La closerie° Falbala a été construite entre 1971 et 1973 par l'artiste Jean Dubuffet, qui voulait créer un «espace mental» pour son énorme œuvre d'art, *Cabinet logologique*. Située sur l'île Saint-Germain, la closerie comprend° une sorte de jardin avec, au centre, la villa Falbala qui abrite° sa création. C'est l'un des monuments historiques les plus jeunes de France.

AP® Theme: Families and Communities
Context: Customs and Ceremonies

L'histoire

Provins

La ville de Provins a joué un rôle commercial très important en Europe au Moyen Âge. C'est ici que neuf chemins° commerciaux se croisaient. Donc, Provins est devenu la ville avec les plus grandes foires°

de Champagne. Ces foires attiraient les marchands les plus important de l'Europe. Ces rassemblements, qui avaient lieu périodiquement et duraient° plusieurs semaines, permettaient les échanges internationaux. Aujourd'hui, la ville, classée au Patrimoine mondial par l'UNESCO, est toujours entourée° par des remparts° du Moyen Âge et la tradition des foires se perpétue avec des spectacles sur la thématique médiévale.

AP® Theme: Beauty and Aesthetics
Context: Architecture

Les gens

André Le Nôtre

Né le 12 mars 1613, André Le Nôtre passe sa jeunesse à travailler avec son père, jardinier aux Tuileries. Ensuite, il suit des cours d'archictecture. Il devient jardinier du roi Louis XIV en 1637. Il amasse° une fortune énorme et gagne° une réputation internationale. Considéré «architecte paysagiste°,» Le Nôtre est connu pour ses «jardins de la française.» Ses œuvres les plus connus sont les jardins de Versailles, des Tuileries, et de Vaux-le-Vicomte. Ses créations précises et méticuleuses sont souvent caractérisées par des plantes en formes géométriques, ainsi que des éléments formelles et théâtrales.

AP® Theme: Contemporary Life
Context: Leisure and Sport

Les sports

En forêt de Fontainebleau

Chaque année, des millions de visiteurs vont en forêt de Fontainebleau attirés par les plus de 1.600 kilomètres de routes et de chemins de randonnée forestiers, par le site naturel d'escalade° et par les parcours acrobatiques en hauteur, ou PAH. Souvent appelée accrobranche, l'activité consiste à explorer la forêt en hauteur sur des structures fixées entre les arbres ou entre des supports artificiels. L'escalade naturelle est une autre activité populaire. Les rochers° de faible hauteur permettent aux grimpeurs° de pratiquer un type d'escalade sans corde, appelé «le bloc.» Réserve de bioshpère, la forêt de Fontainebleau offre un paysage varié et des vues exceptionnelles à ceux qui y pratiquent une activité physique.

AP® Theme: Contemporary Life
Context: Travel

Les destinations

Disneyland Paris

Ouvert° en 1992 sous le nom *Euro Disney Resort*, le parc d'attractions aujourd'hui appelé Disneyland Paris se trouve° à trente-deux kilomètres à l'est de° Paris. Le complexe compte° deux parcs à thèmes (un royaume° enchanté et un parc sur les thèmes du cinéma et de l'animation) et une soixantaine d'attractions. Le symbôle le plus connu du complexe, le Château de la Belle au bois dormant°, possède une particularité remarquable: son architecture est dans le style des contes de fée°, tandis que° les châteaux des autres parcs Disney représentent un style historique. Disneyland Paris est le parc d'attractions le plus visité de l'Europe, avec plus de 320 millions de visites depuis son ouverture°.

⁺⏦⁺ **Qu'est-ce que vous avez appris?** Complétez les phrases.

1. <u>Jean Dubuffet</u> était le créateur de la closerie Falbala.

2. L'artiste a construit la villa Falbala parce qu'il voulait créer un <u>espace mental</u> pour son œuvre.

3. <u>Euro Disney Resort</u> était le nom original de Disneyland Paris.

4. À Disneyland Paris, l'architecture du château est dans le style des <u>contes de fée</u>.

5. Au Moyen Âge, neuf chemins principaux ont croisé à <u>Provins</u>.

6. Les plus grandes <u>foires de Champagne</u> ont eu lieu à Provins.

7. Le jardinier principal du roi Louis XIV s'appelait <u>André Le Nôtre</u>.

8. Les plantes dans les jardins de Le Nôtre sont souvent en formes <u>géométriques</u>.

9. L'acronyme PAH signifie <u>parcours acrobatique en hauteur</u>

10. Le site d'escalade de la forêt de Fontainebleau est connu pour ses <u>rochers de faible hauteur</u>

Sur Internet

1. Trouvez quelques images des jardins de Le Nôtre. De quelle manière sont-ils similaires? Lequel est le plus visité?

2. Quelles autres particularités trouve-t-on à Disneyland Paris?

3. Trouvez un parc dans l'île-de-France où vous pouvez faire de l'accrobranche. Quels autres activités sont offertes?

chemins *routes* **foires** *fairs* **duraient** *lasted* **entourée** *surrounded* **remparts** *walls* **jardinier** *gardener* **suivi** *took* **illustre** *famed* **gagné** *earned* **architecte paysagiste** *landscape architect* **d'escalade** *rock climbing* **rochers** *boulders* **grimpeurs** *climbers* **Ouvert** *Opened* **se trouve** *is located* **à l'est de** *east of* **compte** *includes* **royaume** *kingdom* **Belle au bois dormant** *Sleeping Beauty* **contes de fée** *fairytales* **tandis que** *while* **ouverture** *opening*

Provins The city is also known for its famous **roses de Provins**, which have been cultivated there for centuries. During the Middle Ages the roses were said to have medicinal benefits. Today they are cultivated in **roseraies** and are used in both cuisine and cosmetics.

André Le Nôtre Le Nôtre's gardens require meticulous upkeep to maintain their manicured perfection. The gardens at Versailles cover almost 2,000 acres and have undergone five major replantations.

En forêt de Fontainebleau It wasn't until the early 2000s that adventure parks featuring ropes courses became popular recreation destinations in France. There are now about 500 locations in France dedicated to the activity, including an indoor facility in downtown Lyon.

Disneyland Paris In the 1990s, Disney considered hundreds of locations for its new park, including London and Barcelona, before choosing Paris, in part because of its flat terrain and moderate climate. Disneyland Paris celebrated its twenty-fifth anniversary in 2017 by renovating and adding several attractions and shows, including a new HyperSpace Mountain ride with a *Star Wars* theme, and a Disney Stars on Parade show.

21ˢᵗ Century Skills

Information and Media Literacy: Sur Internet
Students access and critically evaluate information from the Internet.

Cultural Comparison Have students work in pairs to find out about another Disney theme park, such as the one in California or the one in Florida, and compare it with the one in Paris. They should visit the websites and compare prices, maps, cuisine, and lodging. Have them make a chart or diagram showing the results of their research and share it with the class. If any students have been to a Disney theme park, ask them to describe the experience to the class.

Presentational Speaking ⁺⏦⁺ Have students prepare a one-minute presentation on Fontainebleau, Versailles, or Provins, in which they try to persuade their classmates to visit the location. They should include information not mentioned in the textbook, such as popular restaurants, monuments, and activities to do there. After they give their presentations, have the class vote on which location they will visit.

Lecture vhlcentral

Avant la lecture

AP® **Theme:** Beauty and Aesthetics
Context: Architecture, Contributions to World Artistic Heritage

STRATÉGIE

Guessing meaning from context

As you read in French, you will often see words you have not learned. You can guess what they mean by looking at surrounding words. Read this note and guess what **un deux-pièces** means.

Johanne,

Je cherchais un studio, mais j'ai trouvé un appartement plus grand: un deux-pièces près de mon travail! Le salon est grand et la chambre a deux placards. La cuisine a un frigo et une cuisinière, et la salle de bains a une baignoire. Et le loyer? Seulement 450 euros par mois!

If you guessed *a two-room apartment,* you are correct. You can conclude that someone is describing an apartment he or she will rent.

Examinez le texte

Regardez le texte et décrivez les photos. Quel va être le sujet de la lecture? Puis, trouvez ces mots et expressions dans le texte. Essayez de deviner leur sens (*to guess their meaning*).

ont été rajoutées <small>were added</small>	autour du <small>around</small>	de haut <small>in height</small>
de nombreux bassins <small>numerous pools/fountains</small>	légumes <small>vegetables</small>	roi <small>King</small>

Expérience personnelle

Avez-vous visité une résidence célèbre ou historique? Où? Quand? Comment était-ce? Un personnage historique a-t-il habité là? Qui? Parlez de cette visite à un(e) camarade.

À visiter près de Paris:

Le château de Versailles

La construction du célèbre° château de Versailles a commencé en 1623 sous le roi Louis XIII. Au départ, c'était un petit château où le roi logeait° quand il allait à la chasse°. Plus tard, en 1678, Louis XIV, aussi appelé le Roi-Soleil, a décidé de faire de Versailles sa résidence principale. Il a demandé à son architecte, Louis Le Vau, d'agrandir° le château, et à son premier peintre°, Charles Le Brun, de le décorer. Le Vau a fait construire, entre autres°, le Grand Appartement du Roi. La décoration de cet appartement de sept pièces était à la gloire du Roi-Soleil. La pièce la plus célèbre du château de Versailles est la galerie des Glaces°. C'est une immense pièce de 73 mètres de long, 10,50 mètres de large et 12,30 mètres de haut°. D'un côté, 17 fenêtres donnent° sur les jardins, et

de l'autre côté, il y a 17 arcades embellies de miroirs immenses. Au nord° de la galerie des Glaces, on trouve le salon de la Guerre°, et, au sud°, le salon de la Paix°. Quand on visite le château de Versailles, on peut également° voir de nombreuses autres pièces, ajoutées à différentes périodes, comme la chambre de la Reine°,

À l'intérieur du palais

plusieurs cuisines et salles à
manger d'hiver et d'été, des
bibliothèques, divers salons et
cabinets, et plus de 18.000 m²°
de galeries qui racontent°

**Le château de Versailles et
une fontaine**

l'histoire de France en images. L'opéra, une grande salle
où plus de° 700 personnes assistaient souvent à divers
spectacles et bals, a aussi été ajouté plus tard. C'est dans
cette salle que le futur roi Louis XVI et Marie-Antoinette
ont été mariés. Partout° dans le château, on peut admirer
une collection unique de meubles (lits, tables, fauteuils
et chaises, bureaux, etc.) et de magnifiques tissus° (tapis,
rideaux et tapisseries°). Le château de Versailles a aussi
une chapelle et d'autres bâtiments, comme le Grand et
le Petit Trianon. Autour du château, il y a des serres°
et de magnifiques jardins avec de nombreux bassins°,
fontaines et statues. Dans l'Orangerie, on trouve plus
de 1.000 arbres°, et de nombreux fruits et légumes sont
toujours cultivés dans le Potager° du Roi. L'Arboretum
de Chèvreloup était le terrain de chasse des rois et on y°
trouve aujourd'hui des arbres du monde entier°.

célèbre *famous* **logeait** *stayed* **chasse** *hunting* **agrandir** *enlarge* **peintre** *painter* **entre autres**
among other things **Glaces** *Mirrors* **haut** *high* **donnent** *open* **nord** *north* **Guerre** *War* **sud**
south **Paix** *Peace* **également** *also* **Reine** *Queen* **m²** **(mètres carrés)** *square meters* **racontent**
tell **plus de** *more than* **Partout** *Everywhere* **tissus** *fabrics* **tapisseries** *tapestries* **serres**
greenhouses **bassins** *ponds* **arbres** *trees* **Potager** *vegetable garden* **y** *there* **entier** *entire*

Après la lecture

Vrai ou faux? Indiquez si les phrases sont **vraies** ou
fausses. Corrigez les phrases fausses.

1. Louis XIII habitait à Versailles toute l'année.
   Faux. Louis XIII logeait à Versailles quand il allait à la chasse.

2. Louis Le Vau est appelé le Roi-Soleil.
   Faux. Louis XIV est appelé le Roi-Soleil.

3. La galerie des Glaces est une grande pièce avec beaucoup
   de miroirs et de fenêtres.
   Vrai.

4. Il y a deux salons près de la galerie des Glaces.
   Vrai.

5. Aujourd'hui, au château de Versailles, il n'y a pas de meubles.
   Faux. Il y a une collection unique de meubles (lits, tables, fauteuils et chaises, bureaux, etc.).

6. Le château de Versailles n'a pas de jardins parce qu'il a
   été construit en ville.
   Faux. Il a des jardins: l'Orangerie, le Potager et l'Arboretum de Chèvreloup.

Répondez Répondez aux questions par des
phrases complètes.

1. Comment était Versailles sous Louis XIII? Quand logeait-il là?
   C'était un petit château où le roi logeait quand il allait à la chasse.

2. Qu'est-ce que Louis XIV a fait du château?
   Il a fait de Versailles sa résidence principale. Il l'a agrandi et l'a décoré.

3. Qu'est-ce que Louis Le Vau a fait à Versailles?
   Il a construit, entre autres, le Grand Appartement du Roi.

4. Dans quelle salle Louis XVI et Marie-Antoinette ont-ils
   été mariés? Comment est cette salle?
   Ils ont été mariés dans l'Opéra. C'est une grande salle où plus de 700 personnes
   assistaient souvent à divers spectacles et bals.

5. Louis XVI est-il devenu roi avant ou après son mariage?
   Il est devenu roi après son mariage.

6. Le château de Versailles est-il composé d'un seul
   bâtiment? Expliquez.
   Non, le château a aussi une chapelle et d'autres bâtiments comme le Grand et
   le Petit Trianon.

Les personnages célèbres de Versailles

Par groupes de trois ou quatre, choisissez une des personnes
mentionnées dans la lecture et faites des recherches (*research*)
à son sujet. Préparez un rapport écrit (*written report*) à présenter
à la classe. Vous pouvez (*may*) utiliser les ressources de votre
bibliothèque ou Internet.

Vrai ou faux? Go over the
answers with the class. For false
items, have students point out
where they found the correct
information in the text. Expect
and allow for some errors in
vocabulary and grammar in
students' answers.

Répondez Have students work
with a partner and compare
their answers. If they don't
agree, tell them to locate the
answer in the text. Expect
and allow for some errors in
vocabulary and grammar in
students' answers.

**Les personnages célèbres de
Versailles** Before assigning this
activity, have students identify
the people mentioned in the
article and write their names on
the board. To avoid duplication of
efforts, you may want to assign
each group a specific person.
Encourage students to provide
visuals with their presentations.

21st Century Skills

Creativity and Innovation
Ask students to prepare a
presentation on another
French castle, inspired by the
information on these two pages.

EXPANSION

Discussion Working in groups of three or four, have students
discuss the features that they find most interesting or appealing
about **le château de Versailles** and make a list of them.

TEACHING OPTIONS

Skimming Tell students to skim the text and underline all of the
verbs in the **passé composé** and the **imparfait**. Then go through
the text and ask volunteers to explain why each verb is in the
passé composé or the **imparfait**.

67

Écriture

STRATÉGIE

Mastering the past tenses

In French, when you write about events that occurred in the past, you need to know when to use the **passé composé** and when to use the **imparfait**. A good understanding of the uses of each tense will make it much easier to determine which one to use as you write.

Look at the following summary of the uses of the **passé composé** and the **imparfait**. Write your own example sentence for each of the rules described.

Passé composé vs. imparfait

Passé composé

1. Actions viewed as completed

   _____

2. Beginning or end of past actions

   _____

3. Change in mental, emotional or physical state

   _____

Imparfait

1. Ongoing past actions

   _____

2. Habitual past actions

   _____

3. Mental, physical, and emotional states and characteristics of the past

   _____

With a partner, compare your example sentences. Use the sentences as a guide to help you decide which tense to use as you are writing a story about something that happened in the past.

Thème

Écrire une histoire

Avant l'écriture

1. Quand vous étiez petit(e), vous habitiez dans la maison ou l'appartement de vos rêves (*of your dreams*).

   - Vous allez décrire cette maison ou cet appartement.

   - Vous allez décrire les différentes pièces, les meubles et les objets décoratifs.

   - Vous allez parler de votre pièce préférée et de ce que (*what*) vous aimiez faire dans cette pièce.

   Ensuite, imaginez qu'il y ait eu (*was*) un cambriolage (*burglary*) dans cette maison ou dans cet appartement. Vous allez alors décrire ce qui est arrivé (*what happened*).

Coup de main

Here are some terms that you may find useful in your narration.

le voleur	*thief*
casser	*to break*
j'ai vu	*I saw*
manquer	*to be missing*

2. Utilisez le diagramme pour noter les éléments de votre histoire. Écrivez les éléments où il faut employer l'imparfait dans la partie IMPARFAIT et les éléments où il faut employer le passé composé dans les parties PASSÉ COMPOSÉ.

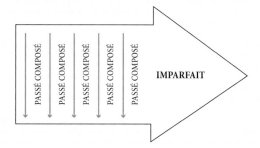

3. Échangez votre diagramme avec le diagramme d'un(e) partenaire. Est-ce qu'il faut changer quelque chose sur son diagramme? Si oui, expliquez pourquoi.

Écriture

Utilisez le diagramme pour écrire votre histoire. Écrivez trois paragraphes:

- le premier sur la présentation générale de la maison ou de l'appartement

- le deuxième sur votre pièce préférée et pourquoi vous l'avez choisie

- le troisième sur le cambriolage: les faits (*facts*) et vos réactions.

> *Quand j'étais petit(e), j'habitais dans un château, en France. Le château était dans une petite ville près de Paris. Il y avait un grand jardin, avec beaucoup d'animaux. Il y avait douze pièces...*
>
> *Ma pièce préférée était la cuisine parce que j'aimais faire la cuisine et...*
>
> *Un jour, mes parents et moi, nous sommes rentrés de vacances...*

Après l'écriture

1. Échangez votre histoire avec celle (*the one*) d'un(e) partenaire. Répondez à ces questions pour commenter son travail.

- Votre partenaire a-t-il/elle correctement utilisé l'imparfait et le passé composé?

- A-t-il/elle écrit trois paragraphes qui correspondent aux descriptions de sa maison ou de son appartement, de sa pièce préférée et du cambriolage?

- Quel(s) détail(s) ajouteriez-vous (*would you add*)? Quel(s) détail(s) enlèveriez-vous (*would you delete*)? Quel(s) autre(s) commentaire(s) avez-vous pour votre partenaire?

2. Corrigez votre histoire d'après (*according to*) les commentaires de votre partenaire. Relisez votre travail pour éliminer ces problèmes:

- des fautes (*errors*) d'orthographe

- des fautes de ponctuation

- des fautes de conjugaison

- des fautes d'accord (*agreement*) des adjectifs

- un mauvais emploi (*use*) de la grammaire

soixante-neuf **69**

Suggestion Tell students that an easy way to study from **Vocabulaire** is to cover up the French half of each section, leaving only the English equivalents exposed. They can then quiz themselves on the French items. To focus on the English equivalents of the French entries, they simply reverse this process.

21ˢᵗ Century Skills

Creativity and Innovation
Ask students to prepare a list of three products or perspectives they learned about in this unit to share with the class. Consider asking them to focus on the **Culture** and **Panorama** sections.

21ˢᵗ Century Skills

Leadership and Responsibility: Extension Project
If you have access to students in a Francophone country, have students decide on three questions they want to ask the partner class related to this unit's topic. Based on the responses they receive, work as a class to explain to the partner class one aspect of their responses that surprised the class and why.

Leçon PA

Les parties d'une maison

un balcon	balcony
une cave	basement, cellar
une chambre	bedroom
un couloir	hallway
une cuisine	kitchen
un escalier	staircase
un garage	garage
un jardin	garden; yard
un mur	wall
une pièce	room
une salle à manger	dining room
une salle de bains	bathroom
une salle de séjour	living/family room
un salon	formal living/sitting room
un sous-sol	basement
les toilettes/W.-C.	restrooms/toilet

Chez soi

un(e) propriétaire	owner
un appartement	apartment
un immeuble	building
un logement	housing
un loyer	rent
un quartier	area, neighborhood
un studio	studio (apartment)
une affiche	poster
une armoire	armoire, wardrobe
une baignoire	bathtub
un canapé	couch
une commode	dresser, chest of drawers
une douche	shower
une étagère	shelf
un fauteuil	armchair
une fleur	flower
une lampe	lamp
un lavabo	bathroom sink
un meuble	piece of furniture
un miroir	mirror
un placard	closet, cupboard
un rideau	drape, curtain
un tapis	rug
un tiroir	drawer
déménager	to move out
emménager	to move in
louer	to rent

Expressions utiles

See p. 31.

Expressions that signal a past tense

d'habitude	usually
une (deux, etc.) fois	once (twice, etc.)
un jour	one day
parfois	sometimes
soudain	suddenly
souvent	often
toujours	always
tous les jours	everyday
tout à coup/tout d'un coup	all of a sudden

Verbes

vivre	to live

Leçon PB

Les tâches ménagères

une tâche ménagère	household chore
balayer	to sweep
débarrasser la table	to clear the table
enlever/faire la poussière	to dust
essuyer la vaisselle/la table	to dry the dishes/to wipe the table
faire la lessive	to do the laundry
faire le lit	to make the bed
faire le ménage	to do the housework
faire la vaisselle	to do the dishes
laver	to wash
mettre la table	to set the table
passer l'aspirateur	to vacuum
ranger	to tidy up; to put away
repasser (le linge)	to iron (the laundry)
salir	to soil, to make dirty
sortir la/les poubelle(s)	to take out the trash
propre	clean
sale	dirty

Chez soi

un balai	broom
une couverture	blanket
les draps (m.)	sheets
un évier	kitchen sink
un oreiller	pillow

Les appareils ménagers

un appareil électrique/ménager	electrical/household appliance
une cafetière	coffeemaker
un congélateur	freezer
une cuisinière	stove
un fer à repasser	iron
un four (à micro-ondes)	(microwave) oven
un frigo	refrigerator
un grille-pain	toaster
un lave-linge	washing machine
un lave-vaisselle	dishwasher
un sèche-linge	clothes dryer

Expressions utiles

See p. 49.

Locutions de temps

autrefois	in the past

Verbes

connaître	to know, to be familiar with
reconnaître	to recognize
savoir	to know (facts), to know how to do something

La nourriture

Pour commencer
* Où a-t-on pris cette photo? Au restaurant ou à la maison?
* À votre avis, quand va-t-on manger ce repas? Le matin ou le soir?
* Qu'est-ce qu'il n'y a pas sur la table?
  a. du pain   b. du fromage   c. de la soupe

Unit Goals

Leçon 1A

In this lesson, students will learn:
* terms for food and meals
* about the **e caduc** and the **e muet**
* about French gastronomy and the Guide Michelin
* more about open-air markets through specially shot video footage
* the verb **venir** and similar verbs
* the **passé récent**
* to use time expressions with **depuis, pendant,** and **il y a**
* the verbs **devoir, vouloir,** and **pouvoir**
* how to prepare a **far breton**

Leçon 1B

In this lesson, students will learn:
* terms for eating in a restaurant
* terms for specialty food shops
* about stress and rhythm in spoken French
* about French meals and eating habits
* comparatives and superlatives of adjectives and adverbs
* irregular comparative and superlative forms
* double object pronouns
* to take notes as they listen

Savoir-faire

In this section, students will learn:
* cultural and historical information about **Normandie** and **Bretagne**
* to read for the main idea
* to express and support opinions
* to write a restaurant review

Pour commencer
* à la maison
* le matin
* c. de la soupe

 **21ˢᵗ Century Skills**

Initiative and Self-Direction
Students can monitor their progress online using the activities and assessments on vhlcentral.com.

SUPPORT FOR BACKWARD DESIGN

Unité 1 **Essential Questions**
1. How do people talk about food and the items they eat at each meal?
2. What language do people use during a meal?
3. Where do French people turn for restaurant reviews?
4. What are mealtimes like in France?

Unité 1 **Integrated Performance Assessment**
Before teaching the chapter, review the Integrated Performance Assessment (IPA) and its accompanying scoring rubric provided in the Testing Program. Use the IPA to assess students' progress toward proficiency targets at the end of the chapter.
IPA Context: Two students from your school will be selected to attend a French cooking school for a week in Paris, based on your presentation to a selection committee. You will prepare a presentation about French cuisine for the committee.

 FORUMS

Forums on vhlcentral.com allow you and your students to record and share audio messages.
Use Forums for presentations, oral assessments, discussions, directions, etc.

Section Goals

In this section, students will learn and practice vocabulary related to:
• foods
• meals

Key Standards

1.1, 1.2, 4.1

Suggestions

• Use the digital image for this page. Point out foods as you describe the illustration. Examples: **Voici des fraises. Elle achète une pêche. Le garçon a acheté des œufs, un poivron vert et une laitue.** Contrast the pronunciation of **œuf** (**f** pronounced) and **œufs** (**f** silent).

• Ask students questions about their food preferences. **Préférez-vous les poires ou les fraises? Les oranges ou les bananes? Les tomates ou les champignons? Les escargots ou le thon? Le porc ou le poulet? La viande ou les fruits de mer?**

• Point out that people often say **une salade**, instead of **une laitue**, for a head of lettuce.

• Name some dishes and have students explain what ingredients are used to make them. Examples: **une salade de fruits, une salade mixte,** and **un sandwich.**

• Say food items and have students classify them in categories under the headings: **les fruits, les légumes, la viande,** and **le poisson.**

• Review how to use articles. Remind students to use definite articles (**le, la, l', les**) to refer to something in general, as in **J'aime le petit-déjeuner**; partitive articles (**du, de la**) with non-count nouns, as in **Je vais acheter du riz**; and indefinite articles with count nouns that are new to the conversation, as in **Je mange une pomme tous les jours**.

You will learn how to...
• talk about food
• express needs, desires, and abilities

🔊 **vhl**central

Quel appétit!

Vocabulaire	
cuisiner	to cook
faire les courses (f.)	to go (grocery) shopping
un supermarché	supermarket
un aliment	food item
un déjeuner	lunch
un dîner	dinner
un goûter	afternoon snack
la nourriture	food, sustenance
un petit-déjeuner	breakfast
un repas	meal
des petits pois (m.)	peas
une salade	salad
le bœuf	beef
un escargot	escargot, snail
les fruits de mer (m.)	seafood
un pâté (de campagne)	pâté
le porc	pork
un poulet	chicken
une saucisse	sausage
un steak	steak
le thon	tuna
la viande	meat
le riz	rice
des pâtes (f.)	pasta
un yaourt	yogurt

Labels on illustration: les poires (f.), les oranges (f.), les fraises (f.), les pêches (f.), les fruits (m.), fruits, les bananes (f.), les pommes (f.), les légumes (m.), légumes, les pommes de terre (f.), les oignons (m.), les carottes (f.), les poivrons rouges (m.), les haricots verts (m.), l'ail (m.), les champignons (m.), les tomates (f.)

EXPANSION

Color Association To review colors and practice new vocabulary, ask students to name foods that are different colors. Examples: **jaune (les bananes), rouge (les pommes, les tomates, les fraises), vert (les haricots verts et les petits pois), orange (les oranges et les carottes), blanc (l'ail et le riz).**

TEACHING OPTIONS

Using Games Divide the class into two teams. Give one player a card with the name of a food item. That player is allowed 30 seconds to draw the item for another player on his or her team to guess. Award a point for a correct answer. If a player doesn't guess the correct answer, the next player on the opposing team may "steal" the point.

Mise en pratique

1 Les invités Richard se prépare à accueillir (*welcome*) ses cousins ce week-end. Complétez les phrases suivantes avec les mots ou les expressions qui conviennent le mieux (*fit the best*).

1. Au petit-déjeuner, Sébastien aime bien prendre un café et manger des croissants et ___un fruit___. (une salade, des fruits de mer, un fruit)
2. Pour un petit-déjeuner français, il faut aussi de ___la confiture___. (la confiture, l'ail, l'oignon)
3. J'adore les fruits, alors je vais acheter ___des pêches___. (des petits pois, un repas, des pêches)
4. Mélanie n'aime pas trop la viande, elle va préférer manger ___des fruits de mer___. (des fruits de mer, du pâté de campagne, des saucisses)
5. Je vais aussi préparer une salade pour Mélanie avec ___des tomates___. (de la confiture, des tomates, du bœuf)
6. Jean-François est allergique au lait. Je ne vais donc pas lui servir de ___yaourt___. (carottes, pommes de terre, yaourt)
7. Pour le dessert, je vais préparer une tarte aux fruits avec des ___fraises___. (poivrons, fraises, petits pois)
8. Il faut aller au supermarché pour acheter des ___oranges___ pour faire du jus pour le petit-déjeuner. (champignons, pâtes, oranges)

2 Écoutez Mme Abad et son mari vont faire des courses. Ils décident de ce qu'ils vont acheter. Écoutez leur conversation. Ensuite, complétez les phrases.

Dans le frigo, il reste six (1) ___carottes___, quelques (2) ___champignons___, une petite (3) ___laitue___ et trois (4) ___tomates___. René va utiliser ce qu'il reste dans le frigo pour préparer (5) ___le déjeuner/une salade___. Mme Abad va acheter des (6) ___pommes de terre___ et des (7) ___oignons___. M. Abad va acheter des (8) ___fruits___ : des (9) ___fraises___, des (10) ___pêches___ et quelques (11) ___poires___. M. Abad va faire un bon petit repas avec des (12) ___fruits de mer___.

3 Vos habitudes alimentaires Utilisez un élément de chaque colonne pour former des phrases au sujet de vos habitudes alimentaires. N'oubliez pas de faire les accords nécessaires. Answers will vary.

A	B	C
au petit-déjeuner	acheter	des bananes
au déjeuner	adorer	des carottes
au goûter	aimer (bien)	des fruits
au dîner	ne pas tellement	des haricots verts
à la cantine	aimer	des légumes
à la maison	détester	des œufs
au restaurant	manger	du riz
au supermarché	prendre	de la viande

soixante-treize **73**

La nourriture **Unité 1**

1 Expansion Have students explain why the other items are incorrect. Example: **En général, on ne mange pas de fruits de mer au petit-déjeuner.**

2 Script MME ABAD: Je n'ai presque plus rien dans le frigo. Il faut aller au supermarché.
M. ABAD: D'accord.
MME: Regardons d'abord ce qu'il nous reste. Voyons, il nous reste six carottes, quelques champignons, une petite laitue et trois tomates.
M.: Parfait. Juste de quoi faire une salade pour le déjeuner. Mais il n'y a plus rien pour le dîner.
MME: Dis, nous allons tout le temps au supermarché. Pourquoi ne pas aller au marché plutôt? Il y en a un place Victor Hugo aujourd'hui. Il est là deux fois par semaine: le mercredi et le dimanche. J'ai besoin d'acheter des pommes de terre et des oignons.
M.: D'accord. Moi, je vais acheter des fruits: des fraises, des pêches et quelques poires. Et j'ai envie d'acheter des fruits de mer aussi. Je vais te faire un bon petit repas.
MME: Alors, allons-y! Au marché!
Teacher Resources DVD

2 Suggestion Play the complete conversation. Give students a few minutes to complete the paragraph, then play the recording again, stopping at the end of each sentence that contains an answer, so students can check their work or fill in any missing information.

3 Suggestion This activity can be done orally or in writing, in pairs or in groups.

TELL Connection

Professionalism 1 *Why:* Keeping up with current research and developments in world languages and general education fosters effective learning experiences. *What:* Learn and incorporate current nutritional guidelines from your own and different Francophone cultures. Teach students how those guidelines relate to the foods presented in this unit.

DIFFERENTIATION

For Visual Learners Explain the concept of a food pyramid, and then have students draw food pyramids based not on what they should eat, but on what they actually do eat. Encourage them to include drawings or magazine photos to enhance their visual presentation. Then have students present their pyramids to the class.

EXPANSION

Using Games Play a memory game in which the first player begins with: **Je vais au supermarché. J'ai besoin d'acheter…** and names one food item. The next player repeats what the first person said and adds another food. The third player must remember what the first two people said before adding an item.

73

Communication

4 **Quel repas?** Indiquez quel repas chaque (*each*) dessin représente et faites une liste des aliments et autres choses sur la table. Ensuite, avec un(e) partenaire, décrivez une image à tour de rôle. Votre partenaire doit deviner (*must guess*) quel dessin vous décrivez. Answers will vary.

1. _____

2. _____

3. _____

4. _____

5 **Sondage** Votre professeur va vous donner une feuille d'activités. Circulez dans la classe et utilisez les informations sur la feuille pour poser des questions à vos camarades sur leurs habitudes alimentaires (*eating habits*). Quels sont les trois aliments les plus (*the most*) souvent mentionnés? Answers will vary.

MODÈLE

Élève 1: À quelle heure est-ce que tu prends ton petit-déjeuner? Que manges-tu?
Élève 2: Je prends mon petit-déjeuner à sept heures. Je mange du pain avec du beurre et de la confiture, et je bois un café au lait.

Questions	Noms	Réponses
1. Petit-déjeuner: Quand? Quoi?	1. _____	1. _____
2. Déjeuner: Où? Quand? Quoi?	2. _____	2. _____
3. Goûter: Quand? Quoi?	3. _____	3. _____
4. Dîner: Quand? Quoi?	4. _____	4. _____
5. Restaurant: Quoi? À quelle fréquence?	5. _____	5. _____
6. Cantine: Quoi? Quand? À quelle fréquence?	6. _____	6. _____

6 **La brochure** Avec un(e) partenaire, créez une brochure qui compare les habitudes alimentaires des Français et des Américains pour les nouveaux élèves du programme d'échange de votre lycée. Ensuite, présentez votre brochure à la classe. Answers will vary.

Coup de main

Here are some characteristics of traditional French eating habits.

Le petit-déjeuner is usually light, with bread, butter, and jam, or cereal and coffee or tea. Croissants are normally reserved for the weekend.

Le déjeuner is typically the main meal and may include a starter, a main dish (meat or fish with vegetables), cheese or yogurt, and dessert (often fruit). Lunch breaks may be a half hour to two hours (allowing people to eat at home).

Le goûter is a light afternoon snack such as cookies, French bread with chocolate, pastry, yogurt, or fruit.

Le dîner starts between 7:00 and 8:00 p.m. Foods served at lunch and dinner are similar. However, dinner is typically lighter than lunch and is usually eaten at home.

Les sons et les lettres 🔊 **vhl**central

e caduc and e muet

In **D'accord!** Level 1, you learned that the vowel **e** in very short words is pronounced similarly to the *a* in the English word *about*. This sound is called an **e caduc**. An **e caduc** can also occur in longer words and before words beginning with vowel sounds.

r**e**chercher	d**e**voirs	l**e** haricot	l**e** onze

An **e caduc** occurs in order to break up clusters of several consonants.

appart**e**ment	quelqu**e**fois	poivr**e** vert	gouvern**e**ment

An **e caduc** is sometimes called **e muet** (*mute*). It is often dropped in spoken French.

Tu n**e̸** sais pas.	J**e̸** veux bien!	C'est un livr**e̸** intéressant.

An unaccented **e** before a single consonant sound is often silent unless its omission makes the word difficult to pronounce.

s**e̸**maine	p**e̸**tit	final**e̸**ment

An unaccented **e** at the end of a word is usually silent and often marks a feminine noun or adjective.

frais**e̸**	salad**e̸**	intelligent**e̸**	jeun**e̸**

Prononcez Répétez les mots suivants à voix haute.

1. vendredi
2. logement
3. exemple
4. devenir
5. tartelette
6. finalement
7. boucherie
8. petits pois
9. pomme de terre
10. malheureusement

Articulez Répétez les phrases suivantes à voix haute.

1. Tu ne vas pas prendre de casquette?
2. J'étudie le huitième chapitre maintenant.
3. Il va passer ses vacances en Angleterre.
4. Marc me parle souvent au téléphone.
5. Mercredi, je réserve dans une auberge.
6. Finalement, ce petit logement est bien.

Dictons Répétez les dictons à voix haute.

L'habit ne fait pas le moine.[1]

Le soleil luit pour tout le monde.[2]

[1] Clothes don't make the man. (lit. *The habit doesn't make the monk.*)
[2] The sun shines for everyone.

Section Goals

In this section, students will learn about **e caduc** and **e muet**.

Key Standards

4.1

Suggestions

- Point out that although the pronunciation of the French **e caduc** and that of the *a* in the English word *about* are close, they are not identical. There is a difference in vowel quality and articulation.
- Model the pronunciation of the example words and have students repeat them after you.
- Point out that while the unaccented **e** at the end of a word is itself silent, it can influence the pronunciation of a word, often causing the final consonant to be pronounced. Example: **intelligent / intelligente**.
- Ask students to provide more examples of words from this lesson or previous lessons with **e caduc** and **e muet**. Examples: **repas, petit-déjeuner,** and **petits pois**.
- Dictate five familiar words containing **e caduc** and **e muet**, repeating each one at least two times. Then write them on the board or on a transparency and have students check their spelling.

TEACHING OPTIONS

Mini-dictée Use these sentences with **e caduc** and **e muet** for additional practice or dictation. **1.** Je fais mes devoirs le samedi. **2.** Malheureusement, elle ne va pas descendre de son appartement. **3.** Tu me fais une tartelette aux fraises, s'il te plaît? **4.** La semaine dernière, Denise a acheté un immeuble en ville.

EXPANSION

Tongue Twisters Teach students these French tongue-twisters that contain **e caduc** and **e muet**. **1.** Le poivre fait fièvre à la pauvre pieuvre (*octopus*). (by Pierre Abbat) **2.** Je dis que tu as dit à Didi ce que j'ai dit jeudi.

Au supermarché vhlcentral

PERSONNAGES

Amina

Caissière

David

Sandrine

Stéphane

Au supermarché...

AMINA Mais quelle heure est-il? Sandrine devait être là à deux heures et quart. On l'attend depuis quinze minutes!

DAVID Elle va arriver!

AMINA Mais pourquoi est-elle en retard?

DAVID Elle vient peut-être juste de sortir de la fac.

En ville...

STÉPHANE Eh! Sandrine!

SANDRINE Salut, Stéphane, je suis très pressée! David et Amina m'attendent au supermarché depuis vingt minutes.

STÉPHANE À quelle heure est-ce qu'on doit venir ce soir, ma mère et moi?

SANDRINE À sept heures et demie.

STÉPHANE D'accord. Qu'est-ce qu'on peut apporter?

SANDRINE Oh, rien, rien.

STÉPHANE Mais maman insiste.

SANDRINE Bon, une salade, si tu veux.

AMINA Alors, Sandrine. Qu'est-ce que tu vas nous préparer?

SANDRINE Un repas très français. Je pensais à des crêpes.

DAVID Génial, j'adore les crêpes!

SANDRINE Il nous faut des champignons, du jambon et du fromage. Et, bien sûr, des œufs, du lait et du beurre.

SANDRINE Et puis non! Finalement, je vous prépare un bœuf bourguignon.

AMINA Qu'est-ce qu'il nous faut alors?

SANDRINE Du bœuf, des carottes, des oignons...

DAVID Mmm... Ça va être bon!

AMINA Mais le bœuf bourguignon, c'est long à préparer, non?

SANDRINE Tu as raison. Vous ne voulez pas plutôt un poulet à la crème et aux champignons, accompagné d'un gratin de pommes de terre?

AMINA ET DAVID Mmmm!

SANDRINE Alors, c'est décidé.

A C T I V I T É S

1 Les ingrédients Répondez aux questions par des phrases complètes.

1. Quels ingrédients faut-il pour préparer les crêpes de Sandrine? Pour préparer ses crêpes, il faut des champignons, du jambon, du fromage, des œufs, du lait et du beurre.
2. Quels ingrédients faut-il pour préparer le bœuf bourguignon? Pour préparer le bœuf bourguignon, il faut du bœuf, des carottes et des oignons.
3. Quels ingrédients faut-il à Sandrine pour préparer le poulet et le gratin? Pour préparer le poulet et le gratin, il faut du poulet, de la crème, des champignons et des pommes de terre.

4. Quelle va être la salade de Valérie, à votre avis? Quels ingrédients va-t-elle mettre? Answers will vary. Possible answer: Ça va être une salade au thon avec des tomates.
5. À votre avis, quel(s) dessert(s) Sandrine va-t-elle préparer? Answers will vary. Possible answer: Sandrine va préparer une tarte aux fraises.
6. Quel plat de la vidéo préférez-vous? Pourquoi? Answers will vary.

Amina, Sandrine et David font les courses.

STÉPHANE Mais quoi, comme salade?

SANDRINE Euh, une salade de tomates ou... peut-être une salade verte... Désolée, Stéphane, je suis vraiment pressée!

STÉPHANE Une salade avec du thon, peut-être? Maman fait une salade au thon délicieuse!

SANDRINE Comme tu veux, Stéphane!

SANDRINE Je suis en retard. Je suis vraiment désolée. Je ne voulais pas vous faire attendre, mais je viens de rencontrer Stéphane et avant ça, mon prof de français m'a retenue pendant vingt minutes!

DAVID Oh, ce n'est pas grave!

AMINA Bon, on fait les courses?

SANDRINE Voilà exactement ce qu'il me faut pour commencer! Deux beaux poulets!

AMINA Tu sais, Sandrine, le chant, c'est bien, mais tu peux devenir chef de cuisine si tu veux!

CAISSIÈRE Ça vous fait 51 euros et 25 centimes, s'il vous plaît.

AMINA C'est cher!

DAVID Ah non, Sandrine, tu ne paies rien du tout. C'est pour nous!

SANDRINE Mais, c'est mon dîner et vous êtes mes invités.

AMINA Pas question, Sandrine. C'est nous qui payons!

Expressions utiles

Meeting friends

- **Sandrine devait être là à deux heures et quart.**
  Sandrine should have been here at 2:15.

- **On l'attend depuis quinze minutes!**
  We've been waiting for her for fifteen minutes!

- **Elle vient peut-être juste de sortir de la fac.**
  Maybe she just left school.

- **Je suis très pressé(e)!**
  I'm in a big hurry!

- **À quelle heure est-ce qu'on doit venir ce soir?**
  At what time should we come tonight?

- **Je ne voulais pas vous faire attendre, mais je viens de rencontrer Stéphane.**
  I didn't want to make you wait, but I just ran into Stéphane.

- **Mon prof m'a retenu(e) pendant vingt minutes!**
  My professor kept me for twenty minutes!

Additional vocabulary

- **une caissière**
  cashier

- **Vous ne voulez pas plutôt un poulet à la crème accompagné d'un gratin de pommes de terre?**
  Wouldn't you prefer chicken with cream sauce accompanied by potatoes au gratin?

- **Voilà exactement ce qu'il me faut.**
  Here's exactly what I need.

- **Tu peux devenir chef de cuisine si tu veux!**
  You could become a chef if you want!

- **Comme tu veux.**
  As you like./It's up to you./Whatever you want.

- **C'est pour nous.**
  It's on us.

---

2   **Les événements** Mettez les événements dans l'ordre chronologique.

    _3_   a. Sandrine décide de ne pas préparer de bœuf bourguignon.

    _1_   b. Le prof de Sandrine parle avec elle après la classe.

    _4_   c. Amina dit que Sandrine peut devenir chef de cuisine.

    _6_   d. David et Amina paient.

    _2_   e. Stéphane demande à quelle heure il doit arriver.

    _5_   f. Sandrine essaie de payer.

3   **À vous!** Stéphane arrive chez lui et dit à sa mère qu'il faut préparer une salade pour le dîner de Sandrine. Avec un(e) partenaire, préparez une conversation entre Stéphane et sa mère. Parlez du dîner et décidez des ingrédients pour la salade. Présentez votre conversation à la classe.

A C T I V I T É S

---

vhlcentral | *Flash culture*

CULTURE À LA LOUPE

Le Guide Michelin et la gastronomie

Chaque année le Guide Michelin sélectionne les meilleurs° restaurants et hôtels dans toute la France. Ce petit guide rouge est le guide gastronomique le plus réputé° et le plus ancien°. Les gastronomes et les professionnels de l'hôtellerie attendent sa sortie° au mois de mars avec impatience. Les plus grands restaurants reçoivent° des étoiles° Michelin, avec un maximum de trois étoiles. Il n'y a que° 25 restaurants trois étoiles en France, tous très prestigieux et très chers, et 79 restaurants deux étoiles. Un repas au Plaza Athénée à Paris, célèbre° restaurant trois étoiles du chef Alain Ducasse, coûte environ° 450 dollars ou plus. Un restaurant trois étoiles est une «cuisine exceptionnelle qui vaut° le voyage»; un restaurant deux étoiles, une «excellente cuisine, qui vaut le détour»; un restaurant une étoile, une «très bonne cuisine dans sa catégorie». Beaucoup de restaurants ne reçoivent pas d'étoiles mais simplement des fourchettes°. Quoi qu'il en soit°, c'est un honneur d'être sélectionné et d'apparaître° dans le Guide Michelin. Tous les restaurants sont des «bonnes tables°». Aujourd'hui, le Guide Michelin est publié pour plus de douze autres pays en Europe ainsi que° pour des villes comme New York, San Francisco et Tokyo.

Le premier Guide Michelin a été créé en 1900 par André et Édouard Michelin, propriétaires des pneus° Michelin. Il était offert° avec l'achat de pneus. À cette époque°, il n'y avait en France que 2.400 conducteurs°. Le guide leur donnait des informations précieuses sur les rares garagistes°, le plan de quelques villes et une liste de curiosités. Un peu plus tard, on a inclus les restaurants.

La gastronomie française fait maintenant partie du patrimoine mondial° de l'humanité depuis 2010.

> **meilleurs** best **le plus réputé** most renowned **le plus ancien** oldest **sortie** release **reçoivent** receive **étoiles** stars **Il n'y a que** There are only **célèbre** famous **environ** around **vaut** is worth **fourchettes** forks **Quoi qu'il en soit** Be that as it may **apparaître** appear **bonnes tables** good restaurants **ainsi que** as well as **pneus** tires **offert** offered **époque** time **conducteurs** drivers **garagistes** car mechanics **patrimoine mondial** world heritage

---

A C T I V I T É S

1 **Complétez** Complétez les phrases.

1. Chaque année le Guide Michelin sélectionne les <u>meilleurs restaurants et hôtels</u>
2. Les <u>professionnels</u> de l'hôtellerie attendent la sortie du Guide avec impatience.
3. Les restaurants peuvent (*can*) recevoir un maximum de <u>trois</u> étoiles.
4. Il y a <u>25</u> restaurants trois étoiles en France.
5. Un repas au Plaza Athénée coûte environ 450 <u>dollars</u> ou plus.

6. Un restaurant deux étoiles vaut le <u>détour</u>.
7. Beaucoup de restaurants ne reçoivent pas d'étoiles mais des <u>fourchettes</u>.
8. Aujourd'hui le Guide Michelin est publié pour des villes américaines comme <u>New York</u> ou San Francisco.
9. Le premier Guide Michelin a été créé en 1900 par les <u>propriétaires des pneus Michelin</u>.
10. Autrefois le Guide Michelin donnait aux conducteurs des informations sur les rares <u>garagistes</u>.

LE FRANÇAIS QUOTIDIEN

La nourriture

bidoche (*f.*)	*meat*
casse-croûte (*m.*)	*snack*
frometon (*m.*)	*cheese*
poiscaille (*f.*)	*fish*

faire un gueuleton	*to have a large meal*
faire ripaille	*to feast*
se faire une bouffe	*to have a dinner party with friends*

LE MONDE FRANCOPHONE

La cuisine de La Nouvelle-Orléans

À La Nouvelle-Orléans, la cuisine combine les influences créoles des colons° français et les influences cajuns des immigrés acadiens du Canada. Voici quelques spécialités.

le beignet un morceau de pâte frit° et recouvert de sucre, servi à toute heure du jour et de la nuit avec un café à la chicorée° et au lait

le gumbo une soupe à l'okra et aux fruits de mer, souvent accompagnée de riz

le jambalaya un riz très pimenté° préparé avec du jambon, du poulet, des tomates et parfois des saucisses et des fruits de mer

le po-boy de *poor boy* (garçon pauvre), un sandwich au poisson, aux écrevisses°, aux huîtres° ou à la viande dans un morceau de baguette

colons *colonists* **morceau de pâte frit** *fried piece of dough* **chicorée** *chicory* **pimenté** *spicy* **écrevisses** *crawfish* **huîtres** *oysters*

PORTRAIT

Les fromages français

Les Français sont très fiers de leurs fromages, et beaucoup de ces fromages sont connus dans le monde entier. La France produit près de 500 fromages dont° le type varie dans chaque région. Ils sont au lait de vache°, comme le Brie et le Camembert, au lait de chèvre°, comme le crottin de Chavignol, au lait de brebis°, comme le Roquefort, ou faits d'un mélange° de plusieurs laits. Ils sont aussi classés selon° leur fabrication: les fromages à pâte molle°, à pâte cuite° ou non cuite, à pâte persillée° et les fromages frais°. Environ° 95% des Français mangent du fromage et ils dépensent des milliards° d'euros par an pour le fromage. On célèbre aussi la Journée nationale du fromage avec des débats, des conférences, des démonstrations de recettes° et des dégustations°.

dont *of which* **vache** *cow* **chèvre** *goat* **brebis** *ewe* **mélange** *mix* **selon** *according to* **pâte molle** *soft* **cuite** *cooked* **persillée** *blue cheese* **frais** *fresh* **Environ** *Around* **milliards** *billions* **recettes** *recipes* **dégustations** *tastings*

Sur Internet

Peut-on acheter des appareils ménagers dans un hypermarché?

Go to **vhlcentral.com** to find more information related to this **Culture** section and to watch the corresponding **Flash culture** video.

---

2 **À table!** D'après les textes, répondez aux questions par des phrases complètes.

1. Combien de types de fromage sont produits en France?
   Près de 500 fromages différents sont produits en France.
2. Quels laits sont utilisés pour faire le fromage en France?
   Le lait de vache, le lait de chèvre et le lait de brebis sont utilisés pour faire le fromage.
3. Quelles sont trois des catégories de fromages?
   Answers will vary. Possible answer: Il y a des fromages à pâte cuite, non cuite et persillée.
4. Comment célèbre-t-on la Journée nationale du fromage? On la célèbre
   avec des débats, des conférences, des démonstrations de recettes et des dégustations.
5. Que met-on dans le jambalaya? On met du riz, du piment, du jambon, du poulet,
   des tomates et parfois des saucisses et des fruits de mer.
6. Quand peut-on manger des beignets à La Nouvelle-Orléans?
   On peut manger des beignets à toute heure du jour et de la nuit à La Nouvelle-Orléans.

3 **Le pique-nique** Vous et un(e) partenaire avez décidé de faire un pique-nique en plein air. Qu'allez-vous manger? Boire? Allez-vous apporter d'autres choses, comme des chaises ou une couverture? Parlez avec un autre groupe et échangez vos idées.

A C T I V I T É S

Le français quotidien
- Model the pronunciation of each term and have students repeat.
- The word **poiscaille** can be masculine or feminine, but it is more commonly used as a feminine noun.

Portrait
- Explain that in a good cheese shop customers can sample the cut cheeses before purchasing them. Also, the shop clerks often give advice on selecting cheese(s).
- Point out that a kind of goat cheese is generally referred to as **un chèvre**; the animal is **une chèvre**.

Le monde francophone Have students read the text. Then ask: **Avez-vous déjà mangé du gumbo? Du jambalaya? Avez-vous envie d'essayer un beignet? Pourquoi? Avez-vous envie d'essayer un po-boy au poisson, aux écrevisses, aux huîtres ou à la viande?**

2 **Expansion** For additional practice, give students these items. **7. Dans quels pays mange-t-on du fromage français? (dans le monde entier) 8. Combien de Français mangent du fromage? (environ 95%) 9. Combien les Français dépensent-ils par an pour le fromage? (des milliards d'euros)**

3 **Suggestion** Tell students to jot down their ideas so that they will be prepared to discuss them.

Flash culture Tell students they will learn more about open-air markets by watching a video narrated by Csilla. You can use the activities in the video manual in class to reinforce this **Flash culture** or assign them as homework.

21ˢᵗ Century Skills

Information and Media Literacy: Sur Internet Students access and critically evaluate information from the Internet.

EXPANSION

La cuisine de La Nouvelle-Orléans New Orleans has had many excellent chefs, but Paul Prudhomme and Emeril Lagasse are probably the most widely known. Additional specialities of the Crescent City include red beans and rice, crawfish étouffé, dirty rice, barbecued shrimp, blackened redfish, and pralines. Oysters are also popular and are featured in a number of dishes.

EXPANSION

Les fromages français Have students go to a grocery store or an online grocery store and make a list of the different varieties or brands of French cheese they can buy there. Also have them note how much each cheese costs per pound and how long it was aged.

1A.1 The verb *venir*, the *passé récent*, and time expressions

Point de départ In Level 1, you learned to use the verb **aller** (*to go*). Now you will learn how to conjugate and use the irregular verb **venir** (*to come*).

venir	
je viens	nous venons
tu viens	vous venez
il/elle/on vient	ils/elles viennent

Vous **venez** souvent ici?
Do you come here often?

Viens vers huit heures.
Come around 8 o'clock.

• **Venir** takes the auxiliary **être** in the **passé composé**. Its past participle is **venu**.

Ils **sont venus** vendredi dernier.
They came last Friday.

Nadine **est venue** déjeuner.
Nadine came to eat lunch.

Nous **sommes venues** au lycée.
We came to the high school.

Es-tu **venu** trop tard?
Did you come too late?

• **Venir** in the present tense can be used with **de** and an infinitive to say that something has just happened. This is called the **passé récent**.

Je **viens de prendre** mon goûter dans ma chambre.
I just had a snack in my room.

Nous **venons de regarder** cette émission.
We just watched that show.

• **Venir** can also be used in the present or past tenses with an infinitive to say that someone is coming or has come to do something.

Ali **vient** me chercher à sept heures.
Ali is coming to get me at seven.

Attends, je **viens** fermer la porte.
Wait, I'm coming to close the door.

Papa **est venu** me **chercher**.
Dad came to pick me up.

Elle **venait** nous **rendre** visite.
She used to come visit us.

Vérifiez

Verbs conjugated like *venir*

• The verbs **devenir** (*to become*) and **revenir** (*to come back*) are conjugated like **venir**. They, too, take **être** in the **passé composé**.

Estelle et sa copine **sont devenues** médecins.
Estelle and her friend became doctors.

Il **est revenu** avec une tarte aux fraises.
He came back with a strawberry tart.

• The verbs **tenir** (*to hold*), **maintenir** (*to maintain*), and **retenir** (*to keep, to retain, to remember*) are also conjugated like **venir**. However, they take **avoir** in the **passé composé**.

Corinne **tient** le livre de cuisine.
Corinne is holding the cookbook.

On **a retenu** mon passeport à la douane.
They kept my passport at customs.

• A command form of **tenir** is often used when handing something to someone.

Tiens, une belle orange pour toi.
Here's a nice orange for you.

Votre sac est tombé! **Tenez**, Madame.
Your bag fell! Here, ma'am.

Depuis, pendant, il y a + [time]

• To say that something happened at a certain time *ago* in the past, use **il y a** + [time ago].

Il y a une heure, on était à la cantine.
An hour ago, we were at the cafeteria.

Il a visité Ouagadougou **il y a deux ans**.
He visited Ouagadougou two years ago.

• To say that something happened *for* a particular period of time that has ended, use **pendant** + [time period]. Often the verb will be in the **passé composé**.

Salim a fait la vaisselle **pendant deux heures**.
Salim washed dishes for two hours.

Les équipes ont joué au foot **pendant un mois**.
The teams played soccer for one month.

• To say that something has been going on *since* a particular time and continues into the present, use **depuis** + [time period, date, or starting point]. Unlike its English equivalent, the verb in the French construction is usually in the present tense.

Elle danse **depuis son arrivée** à la fête.
She has been dancing since she arrived at the party.

Nous passons nos étés au Québec **depuis** 2010.
We have been spending summers in Quebec since 2010.

Vérifiez

Vérifiez

Essayez! Choisissez l'option correcte pour compléter chaque phrase.

1. Chloé, tu __c__ avec nous à la cantine?
2. Vous __h__ d'où, Monsieur?
3. Les Aubailly __a__ de dîner au café.
4. Julia Child est __g__ célèbre en 1961.
5. Qu'est-ce qu'ils __e__ dans la main?
6. Ils sont __b__ du supermarché à midi.
7. On parlait facilement __d__ dix ans.
8. On mange bien __f__ l'arrivée de grand-mère.
9. Le prof __j__ bien l'ordre dans la salle de classe.
10. Nous avons fait beaucoup de ski __i__ les vacances d'hiver.

a. viennent
b. revenus
c. viens
d. il y a
e. tiennent
f. depuis
g. devenue
h. venez
i. pendant
j. maintient

Suggestions: Scaffolding
• Follow one or both Expansion suggestions on p. 80. Then have students respond to questions. Examples: **Qu'est-ce que vous venez de faire? Qui vient vous chercher après les cours?**
• Have students complete the **Vérifiez** activity for **venir**.
• Explain that, when used as an interjection, **tiens/tenez** can mean either *here*, *here you*, or *hey*, depending on the context. Ask students to name which verbs take **avoir** and which take **être** in the **passé composé**.
• Have students complete the **Vérifiez** activity for verbs like **venir**.
• Present the time expressions using the examples in the book. Point out the French sentence structure in each case, contrasting it with its English equivalent. Emphasize the use of the present tense with **depuis**.
• Ask students questions like these to practice talking about time in the past: **Que faisiez-vous il y a trois ans? (J'étudiais au collège il y a trois ans.) Depuis quand allez-vous au lycée? (Je vais au lycée depuis l'année dernière.) Pendant combien de temps avez-vous regardé la télé hier soir? (J'ai regardé la télé pendant deux heures hier soir.)**
• Have students complete the **Vérifiez** activity for time expressions.

Essayez! After completing the activity, have students invent answers to items 1, 2, and 5. Then have them write questions that elicit the responses in items 3, 4, and 6–10.

TEACHING OPTIONS

Practice To check comprehension of how to use these time expressions, write the following sentences on the board and have students complete them with **pendant, il y a**, or **depuis**. Then have them explain their choices. Sentences: **Nous allons à ce marché _____ 6 mois. J'ai mangé une pomme par jour _____ une semaine. Maman est allé au supermarché _____ deux jours.**

DIFFERENTIATION

Visual/Logical Learners Post the following formulas in the classroom to help students remember how to use the time expressions:
1. [past tense] + **il y a** + *time period*
   il y a + *time period* + [past tense]
2. [usually **passé composé**] + **pendant** + *time period*
3. [present tense] + **depuis** + *time period, date, starting point*
   depuis + *time period, date, starting point* + [present tense]

Mise en pratique

1 **Mes tantes** Tante Olga téléphone à tante Simone pour lui donner des nouvelles (*news*) de la famille. Complétez ses phrases au passé composé.

1. La semaine dernière, Georges ___est revenu___ (revenir) de vacances.
2. Marc a déménagé, mais je ___n'ai pas retenu___ (ne pas retenir) sa nouvelle adresse.
3. J'ai rencontré Martine ce matin; elle ___est devenue___ (devenir) très jolie.
4. Alfred va avoir 100 ans; c'est parce qu'il ___a maintenu___ (maintenir) une bonne hygiène de vie.
5. Hier midi, Charles et Antoinette ___sont venus___ (venir) déjeuner à la maison.
6. Marie-Louise et Roland ___sont devenus___ (devenir) avocats.
7. La fille d'Albert ___n'est pas venue___ (ne pas venir) le voir le mois dernier.
8. Mélanie ___a tenu___ (tenir) son chien dans ses bras parce que les enfants avaient peur.

2 **Qu'est-ce qu'ils viennent de faire?** Regardez les images et dites ce qu'ils (*what they*) viennent de faire. Answers will vary.

▶ **MODÈLE**

Julien vient de faire du cheval.

Julien

1. M. et Mme Martin	**2.** vous	**3.** nous	**4.** je
M. et Mme Martin viennent d'assister au concert.	Vous venez de dîner.	Nous venons de jouer au tennis.	Je viens de faire des courses.

3 **Nos activités** Avec un(e) partenaire, dites ce que (*what*) chaque personne vient de faire et ce qu'elle va faire maintenant. Utilisez un élément de chaque (*each*) colonne. Answers will vary.

MODÈLE

Je viens de manger. Maintenant, je vais faire la vaisselle.

A	B	C
je	manger	emménager
tu	faire la lessive	répondre
elle	recevoir une lettre	faire un séjour
nous	acheter une maison	faire la vaisselle
vous	partir en vacances	prendre le train
ils	faire ses valises	repasser le linge

Communication

4 **Questions personnelles** À tour de rôle, répondez aux questions avec un partenaire.

1. À quelle heure tes copains et toi, venez-vous au lycée le matin?
2. De quel autre cours viens-tu avant ce cours?
3. Qui retient bien les leçons pendant le cours de français?
4. Maintiens-tu un bon niveau (*level*) dans tes cours?
5. Qu'est-ce que tu tiens toujours à la main quand tu es en cours?
6. Qui vient te chercher au lycée quand tu n'as pas de voiture?
7. En général, quand tes amis viennent-ils chez toi?
8. À quelle heure tes parents reviennent-ils à la maison le soir?

5 **Préparation de la fête** Loïc et Karine organisent une fête, mais ils ne savent pas si tout est prêt. Jouez les rôles de Loïc et Karine en alternant (*alternating*) les questions. Utilisez **venir de**, **il y a**, **depuis** et **pendant** dans vos réponses. Answers will vary.

> **MODÈLE**
> **Élève 1:** *Étienne a téléphoné?*
> **Élève 2:** *Oui, il a téléphoné il y a une heure.*

1. Ta mère a apporté les gâteaux?
2. Tu as mis les fleurs dans le vase?
3. Pierre et Stéphanie ont fini de faire les courses?
4. Tu as sorti les boissons depuis quand?
5. Il faut mettre les escargots au four pendant longtemps?
6. Les salades de fruits sont dans le frigo?
7. Tu as préparé les tartes aux poires?
8. Ton/Ta petit(e) ami(e) est déjà arrivé(e)?

6 **Un(e) Américain(e) à Paris** Vous êtes à Paris et vous venez de rencontrer un(e) Américain(e) de San Francisco (votre partenaire). Vous lui demandez de vous décrire sa vie à Paris, ses voyages, ce qui (*what*) l'intéresse, etc. Utilisez **depuis**, **il y a** et **pendant**. Ensuite, jouez la scène pour la classe. Answers will vary.

> **MODÈLE**
> **Élève 1:** *Tu habites en France depuis longtemps?*
> **Élève 2:** *Oui, j'habite à Paris depuis 2014.*

7 **De nouveaux voisins** Deux policiers (*police officers*) vous interrogent sur une famille mystérieuse qui vient d'emménager dans votre quartier. Par groupes de trois, jouez les rôles. Utilisez **depuis**, **il y a** et **pendant** dans votre conversation. Answers will vary.

> **MODÈLE**
> **Étudiant(e) 1:** *Quand est-ce que les Rocher ont emménagé?*
> **Étudiant(e) 2:** *Ils ont emmenagé il y a trois mois.*
> **Étudiant(e) 1:** *D'habitude, qui est à la maison pendant la journée?*

---

4 Suggestions
- Remind students that each partner should answer all of the questions.
- Call on volunteers to report their partners responses.

5 Suggestions
- Ask two students to act out the **modèle**.
- Tell pairs to feel free to create additional questions that fit in the conversation.
- Have volunteers rehearse the conversation, then present it to the class.

 PRE-AP®

Interpersonal Speaking
6 Suggestion Before beginning the activity, remind students that each expression of time takes a different verb tense when referencing the past. A sentence with **pendant** usually uses the **passé composé** while **depuis** usually uses the **présent**.

7 Suggestion Have groups perform their conversation for the class to see which group came up with the most questions using the time expressions.

Activity Pack For additional activities, go to the **Activity Pack** in the **Resources** section of vhlcentral.com.

Interview Pass out a copy of a sample French C.V. Explain that the French use this abbreviation for the Latin term *curriculum vitæ* instead of *résumé*. Remind them that **un résumé** is a false cognate meaning *a summary*. Point out differences from an American C.V., such as the incorporation of a photo. Have students invent a job and work in pairs to imagine that they must interview a candidate. They should create a list of questions about the candidate's experience and leisure activities using expressions of time. Example: **Pendant combien de temps avez-vous travaillé à Paris?** Once students have created five questions, have them switch with other pairs and come up with answers. Example: **J'ai travaillé à Paris pendant trois ans.** Finally, have students role-play their interviews in front of the class.

1A.2

The verbs *devoir, vouloir, pouvoir* **vhl**central

Point de départ The verbs **devoir** (*to have to [must]; to owe*), **vouloir** (*to want*), and **pouvoir** (*to be able to [can]*) are irregular.

devoir, vouloir, pouvoir			
	devoir	**vouloir**	**pouvoir**
je	dois	veux	peux
tu	dois	veux	peux
il/elle/on	doit	veut	peut
nous	devons	voulons	pouvons
vous	devez	voulez	pouvez
ils/elles	doivent	veulent	peuvent

Je **dois** repasser.
I have to iron.

Veut-elle des pâtes?
Does she want pasta?

Vous **pouvez** entrer.
You can come in.

● **Devoir**, **vouloir**, and **pouvoir** all take **avoir** in the **passé composé**. They have irregular past participles.

devoir ▷ dû
vouloir   voulu
pouvoir   pu

The verb *devoir*

● **Devoir** can be used with an infinitive to mean *to have to* or *must*.

On **doit** manger des légumes tous les jours.
One must eat vegetables every day.

Nous ne **devons** pas parler maintenant.
We shouldn't talk now.

● When followed by a noun, **devoir** means *to owe*.

Tu me **dois** huit euros pour la salade.
You owe me eight euros for the salad.

Il **doit** sa vie aux médecins.
He owes his life to the doctors.

Nous lui **devions** cent euros.
We owed him one hundred euros.

Ils leur **devaient** du respect.
They owed them respect.

● **Devoir** is often used in the **passé composé** with an infinitive to speculate on what *must have happened* or what someone *had to do*.

Augustin **a dû** trop manger hier soir.
Augustin must have eaten too much last night.

Ils **ont dû** payer le repas à l'avance.
They had to pay for the meal in advance.

● In the **imparfait**, **devoir** can be used with an infinitive to express *supposed to*.

🔊 **Vérifiez**

Je **devais faire** mes devoirs.
I was supposed to do my homework.

Vous **deviez arriver** à huit heures.
You were supposed to arrive at 8 o'clock.

The verbs *vouloir* and *pouvoir*

- When **vouloir** is used with the infinitive **dire**, it is translated as *to mean*.

Nous **voulons dire** exactement le contraire.
We mean exactly the opposite.

Biscuit? Ça **veut dire** *cookie* en français.
Biscuit? That means cookie *in French.*

- **Bien vouloir** can be used to express willingness.

Tu veux prendre de la glace?
Do you want to have some ice cream?

Oui, je **veux bien** prendre de la glace.
Yes, I'll gladly have some ice cream.

Voulez-vous dîner avec nous demain soir?
Do you want to have dinner with us tomorrow evening?

Nous **voulons bien** dîner avec vous demain soir.
We'd love to have dinner with you tomorrow evening.

- **Vouloir** is often used in the **passé composé** with an infinitive in negative sentences to express *refused to*.

J'ai essayé, mais il **n'a pas voulu** parler.
I tried, but he refused to talk.

Elles **n'ont pas voulu** débarrasser la table.
They refused to clear the table.

- **Pouvoir** can be used in the **passé composé** with an infinitive to express *managed to do something*.

Nous **avons pu** tout finir.
We managed to finish everything.

Fathia **a pu** nous trouver.
Fathia managed to find us.

Avez-vous **pu** trouver les légumes que je voulais?
Did you manage to find the vegetables I wanted?

Je n'**ai** pas **pu** aller au marché aujourd'hui.
I didn't manage to go to the market today.

Sandrine devait être là. Elle a dû parler à son prof.

J'ai pu vous retrouver au supermarché.

Boîte à outils

Vouloir often takes the **imparfait** in the past since the action of wanting does not usually have a clear beginning or end and lasts an unspecified amount of time. In cases where the beginning or end is specified, use the **passé composé**.

Je voulais rire.
I wanted to laugh.
(no beginning or end)

Tout à coup, j'ai voulu rire.
All of a sudden, I felt like laughing.
(a specific moment in time)

Vérifiez

Essayez!

Complétez ces phrases avec les formes correctes du présent des verbes.

devoir

1. Tu ___*dois*___ revenir à midi?
2. Elles ___doivent___ manger tout de suite.
3. Nous ___devons___ encore vingt euros.
4. Je ne ___dois___ pas aller au pique-nique.
5. Elle ___doit___ nous téléphoner.

vouloir

6. ___Voulez___-vous manger sur la terrasse?
7. Tu ___veux___ quelque chose à boire?

8. Il ___veut___ faire la cuisine.
9. Nous ne ___voulons___ pas prendre de dessert.
10. Ils ___veulent___ préparer un grand repas.

pouvoir

11. Je ___peux___ passer l'aspirateur ce soir.
12. Il ___peut___ acheter de l'ail au marché.
13. Elles ___peuvent___ emménager demain.
14. Vous ___pouvez___ maigrir de quelques kilos.
15. Nous ___pouvons___ mettre la table.

Suggestions: Scaffolding

- Present the different uses of **vouloir** and **pouvoir**.
- Ask volunteers to translate sentences such as: *We must study for the exam tonight.* (**Nous devons préparer l'examen ce soir.**) *Have you managed to clean your room?* (**As-tu /Avez-vous pu nettoyer ta/votre chambre?**) *My parents refused to eat the meal I prepared.* (**Mes parents n'ont pas voulu manger le repas que j'ai préparé.**)
- Practice by asking the class more questions using the different meanings of **devoir**, **vouloir**, and **pouvoir**. Examples: **Que deviez-vous faire hier soir? Qui vous doit de l'argent? Que veut dire cette phrase? Voulez-vous voyager dans un autre pays? Avez-vous pu faire vos devoirs?**
- Have students complete the **Vérifiez** activity.
- Follow the suggestion for Using Video on p. 84 before students complete **Essayez!**

Essayez! Have students rewrite the sentences in the past using the **passé composé** or the **imparfait**. Discuss whether the meaning changes. Example: **1. Tu devais …** (The meaning changes from *You have to…* to *You were supposed to….*)

EXPANSION

Using Games In groups of three or four, tell each student to write three sentences using different forms of **devoir, vouloir,** and **pouvoir.** Two of the sentences must be true, and one of them must be false. The other members of the group have to guess which of the sentences is false. This can also be done with the whole class.

EXPANSION

Using Lists Have students imagine they are going on vacation. Ask them to make a list of tasks **à faire…** (a "to do" list) using **devoir** to prepare for the trip. Example: **1. Avant de partir, je dois faire la lessive.** Then have them create a list of things they can or want to do on the trip using **pouvoir** and **vouloir.** Example: **1. On peut bronzer à la plage. 2. Je veux faire une randonnée.** Call on volunteers to present their lists to the class.

1 **Expansion** Have students create three sentences modeled on those in the activity for their partner to complete. Write some on the board and have the class use the appropriate forms of **devoir**, **vouloir**, and **pouvoir** to complete the sentences.

2 **Expansion** Have students imagine they are planning a class party and everyone must help out. Ask the class: **Qui peut faire quoi?**

3 **Suggestion** Have two students act out the **modèle**.

3 **Expansion** Have pairs repeat this activity in the first and second person, using affirmative and negative sentences with **vouloir**.

Mise en pratique

1 **Que doit-on faire?** Qu'est-ce que ces personnes doivent faire pour avoir ce qu'elles (*what they*) veulent?

MODÈLE André __veut__ courir le marathon, alors il __doit__ faire du jogging.

1. Je __veux__ grossir, alors je __dois__ manger des frites.
2. Il __veut__ être en forme, alors il __doit__ aller à la gym.
3. Vous __voulez__ manger des spaghettis, alors vous __devez__ aller dans un resto italien.
4. Tu __veux__ manger chez toi, alors tu __dois__ faire la cuisine.
5. Elles ne __veulent__ pas arriver en retard (*late*), alors elles __doivent__ courir.
6. Nous __voulons__ préparer des omelettes, alors nous __devons__ acheter des œufs.

2 **Qui peut faire quoi?** Ève prépare un grand repas. Dites ce que (*what*) chaque personne peut faire.

MODÈLE

Joseph / faire / courses
Joseph peut faire les courses.

1. Marc / acheter / boissons   Marc peut acheter les/des boissons.
2. Benoît et Anne / préparer / gâteaux   Benoît et Anne peuvent préparer les/des gâteaux.
3. Jean et toi / décorer / salle à manger   Jean et toi pouvez décorer la salle à manger.
4. Patrick et moi / essuyer / verres   Patrick et moi pouvons essuyer les verres.
5. je / prendre / photos   Je peux prendre les/des photos.
6. tu / mettre / table   Tu peux mettre la table.

3 **Mes enfants** M. Dion est au restaurant avec ses enfants. Le serveur/La serveuse lui demande ce qu'ils (*what they*) veulent prendre. Avec un(e) partenaire, posez les questions et répondez. Alternez les rôles. Answers will vary.

MODÈLE Éric: ou

Élève 1: *Veut-il un jus d'orange ou un verre de lait?*
Élève 2: *Il veut un jus d'orange, s'il vous plaît.*

1. Michèle: ou

2. Stéphanie et Éric: ou

3. Stéphanie: ou

4. Éric: ou

PRE-AP®

Presentational Communication Tell students that they have reached the age of 100 and would like to share their secrets for living such a long life with others. Tell them to use the verbs **devoir**, **vouloir**, and **pouvoir** to write ten ways to live a full, happy, and successful life. Then have students present their secrets and explain why they think the top three are important.

EXPANSION

Discussion In small groups, have students share at least one thing they want to do but cannot do at the moment, and explain why. Other group members should then offer possible solutions to help the speaker achieve his or her goal. Tell students to use **vouloir**, **pouvoir**, and **devoir** in their discussions.

Communication

4 Que faire? À tour de rôle avec un(e) partenaire, dites ce que (*what*) ces personnes peuvent, doivent ou veulent faire ou ne pas faire. Utilisez **pouvoir**, **devoir** et **vouloir** dans vos réponses. Answers will vary.

▶ **MODÈLE**
Élève 1: *Il veut maigrir.*
Élève 2: *Il ne peut pas beaucoup manger.*

1.   2.

3.   4.   5.   6.

5 Ce n'est pas de ma faute. Préparez une liste de cinq choses qui vous sont arrivées (*happened to you*) par accident. Montrez la liste à un(e) partenaire, qui va deviner pourquoi. A-t-il/elle raison? Answers will vary.

MODÈLE
Élève 1: *J'ai perdu les clés de ma maison.*
Élève 2: *Tu as dû les laisser sur ton lit.*

6 Ce week-end Invitez vos camarades de classe à faire des choses avec vous le week-end prochain. S'ils refusent votre invitation, ils doivent vous donner une excuse. Quelles réponses avez-vous reçues (*received*)? Answers will vary.

MODÈLE
Élève 1: *Tu veux jouer au tennis avec moi le week-end prochain?*
Élève 2: *Quel jour?*
Élève 1: *Samedi matin.*
Élève 2: *Je veux bien, mais je dois rendre visite à mes grands-parents.*

7 La permission La mère de Sylvain lui permet de faire certaines choses mais pas d'autres. Avec un(e) partenaire, préparez leur dialogue. Utilisez les verbes **devoir**, **vouloir** et **pouvoir**.
Answers will vary.

MODÈLE
Étudiant(e) 1: *Maman, je veux sortir avec Paul vendredi.*
Étudiant(e) 2: *Tu peux sortir, mais tu dois d'abord ranger ta chambre.*

8 Des conseils Votre ami(e) a beaucoup de problèmes et vous demande des conseils (*advice*). Avec un(e) partenaire, préparez le dialogue. Utilisez le verbe **devoir** pour lui faire des suggestions.
Answers will vary.

MODÈLE
Étudiant(e) 1: *Je n'ai pas pu dormir hier soir.*
Étudiant(e) 2: *Tu ne dois pas boire de café après le dîner.*

---

4 Suggestion Call on volunteer pairs to say aloud what the people want and what they have to do to attain their goal.

4 Expansion Use photos or magazine pictures to extend the activity. Choose pictures that lend themselves to sentences using **devoir**, **vouloir**, and **pouvoir**.

5 Suggestion Have pairs form groups of four, switch lists, and discuss the reasons why each thing happened. Tell students to suggest alternate or better reasons whenever possible.

6 Suggestions
• Ask two students to act out the **modèle**.
• Before doing the activity, review different ways to refuse an invitation politely using **devoir**, **vouloir**, and **pouvoir**.

7 Suggestion Have volunteers act out their conversations for the class.

8 Suggestions
• Have students brainstorm at least five problems each before they begin the activity.
• Tell students thay they may use only the present tense or they may use both the present and past tenses when appropriate.

Activity Pack For additional activities, go to the **Activity Pack** in the **Resources** section of vhlcentral.com.

Extra Practice Have students write down five things that people they know managed to do or not do using the **passé composé** of **pouvoir**. Then have them exchange papers with a partner who will write a reason why that person did or did not manage to do the activity using the **passé composé** of **devoir**.

Debate Teach students the proverb: **Vouloir, c'est pouvoir.** (*When there is a will, there is a way.*) Then have the class debate whether they agree or disagree with this statement, and why. Supply students with any needed vocabulary to assist them in supporting their opinions.

Révision

Key Standards

1.1

1 **Suggestion** Before assigning this activity, briefly review the **passé récent** with **venir de** + *infinitive*. Remind students that this tense conveys a different meaning than the **passé composé**.

2 **Expansion** Have the students state that the mother or father refused to purchase the item for the child using **vouloir** in the **passé composé**. Example: **La mère n'a pas voulu acheter de confiture.**

3 **Expansion** Have volunteers make comments to the chefs or ask them questions about their recipe. Example: **Je n'aime pas les carottes. Est-ce qu'on peut utiliser des tomates?**

4 **Suggestion** Before assigning the activity, ask the students questions using the construction **Depuis combien de temps...?** Review the different ways to answer (**il y a** + *time period* and **depuis** + *time period*).

5 **Suggestion** Have two students act out the **modèle** before assigning this activity.

5 **Expansion** Have pairs write down their conversation. Call on pairs to perform it for the class.

5 **Partner Chat** You can also assign Activity 5 on vhlcentral.com. Students work in pairs to record the activity online. The pair's recorded conversation will appear in your gradebook.

6 **Suggestions**
- Act out the **modèle** with a volunteer.
- Divide the class into pairs and distribute the Info Gap Handouts from the Activity Pack. Give students ten minutes to complete the activity.

---

1 **Au restaurant** Avec un(e) partenaire, dites ce que (*what*) ces personnes viennent de faire. Utilisez les verbes de la liste et d'autres verbes. Answers will vary.

apporter	manger
arriver	parler
boire	prendre
demander	téléphoner

2 **Au supermarché** Un(e) enfant et son père ou sa mère sont au supermarché. L'enfant demande ces choses à manger, mais le père ou la mère ne veut pas les acheter et doit lui donner des raisons. Avec un(e) partenaire, préparez un dialogue, puis jouez-le pour la classe. Employez les verbes **devoir**, **vouloir** et **pouvoir** et le passé récent. Answers will vary.

MODÈLE

Élève 1: *Maman, je veux de la confiture. Achète-moi cette confiture, s'il te plaît.*
Élève 2: *Tu ne dois pas manger ça. Tu viens de manger un dessert.*

du chocolat	une glace
des chips	du pâté
un coca	une saucisse
de la confiture	des yaourts aux fruits

3 **Le chef de cuisine** Vous et votre partenaire êtes deux chefs. Expliquez à votre partenaire comment préparer votre salade préférée. Donnez des conseils (*advice*) avec les verbes **devoir**, **vouloir** et **pouvoir**. Answers will vary.

MODÈLE

Élève 1: *Combien de carottes doit-on utiliser?*
Élève 2: *On peut utiliser deux ou trois carottes.*

---

4 **Dans le frigo** Vous et vos partenaires aidez vos parents à nettoyer le frigo. Qu'allez-vous mettre à la poubelle? Par groupes de trois, regardez l'illustration et décidez. Ensuite, présentez vos décisions à la classe. Answers will vary.

MODÈLE

Élève 1: *Depuis combien de temps a-t-on ce fromage dans le frigo?*
Élève 2: *Nous venons de l'acheter, nous pouvons le garder encore un peu./Nous l'avons acheté il y a un mois. Nous devons le mettre à la poubelle.*

5 **Chez moi** Vous et votre partenaire voulez manger ensemble après les cours. Vous voulez manger chez vous ou chez votre partenaire. Que pouvez-vous préparer? Que voulez-vous manger ou boire? Answers will vary.

MODÈLE

Élève 1: *Chez moi, j'ai du chocolat et du lait, et je peux te faire un chocolat chaud.*
Élève 2: *Non merci, je veux plutôt une boisson froide et j'ai des boissons gazeuses à la maison.*

6 **Une journée bien occupée** Votre professeur va vous donner, à vous et à votre partenaire, une feuille sur les activités d'Alexandra. Discutez de ses activités. Attention! Ne regardez pas la feuille de votre partenaire. Answers will vary.

MODÈLE

Élève 1: *À quatre heures et demie, Alexandra a pu faire du jogging.*
Élève 2: *Après, à cinq heures, elle...*

Step-by-step Instructions Have students write a "how to" paragraph describing a simple task without using commands, but rather the **vous** forms of **devoir**, **vouloir**, and **pouvoir**. Example: **faire un sandwich—D'abord, vous devez prendre du pain. Vous pouvez mettre du fromage si vous voulez. Ensuite, ...** The paragraph should include five or six basic directions and use vocabulary from this lesson and previous lessons.

Then have students exchange their papers with classmates who will ask questions for clarification and provide suggestions for peer editing. Call on volunteers to share their paragraphs with the class. Have one volunteer read an instructional paragraph while another student follows the instructions in front of the class. Encourage the use of props. Have students explain any mistakes they notice.

vhlcentral

Section Goals

In this section, students will:
- read about the history of **far breton**
- watch a professional chef prepare a **far breton**
- talk about recipes and food preparation

Key Standards
Communication 1.1, 1.2, 1.3, 2.2

Préparation
Ask students if they know the origin of their favorite dish. Ask them to bring in photos or a sample of the dish.

Le far breton
To check comprehension, ask these questions: **1. D'où vient le far breton? (de Bretagne) 2. Quand le cuisinait-on? (à l'occasion des fêtes religieuses) 3. Quelle version est devenue populaire dans toute la France? (une version sucrée aux pruneaux)**

Vidéo
Tell students to listen for verbs and nouns that the chef uses during each step of his presentation.

 PRE-AP®

Audiovisual Interpretive Communication Write the word **pâtissier** on the board and explain what it means. Have students look at the photo and the caption and ask if they have ever heard of, eaten, or prepared this dish or one like it.

 TELL Connection

Learning Experience 3 *Why:* Effective learning occurs when teachers share the sequence of learning experiences. *What:* Show students how the activity sequence grows their communication skills.

Préparation Répondez aux questions suivantes. Answers will vary.

1. Quelle est votre plat (*dish*) préféré?
2. Quels sont les ingrédients?
3. Comment le prépare-t-on?

Le far breton

Le far breton est un dessert typique de la Bretagne, région du nord-ouest de la France. Son nom vient du mot latin *far* qui veut dire blé°. Les Bretons cuisinaient traditionnellement le far à l'occasion des fêtes religieuses. En Bretagne, il existe des fars salés° et sucrés°. Mais c'est une version sucrée avec des pruneaux° qui a traversé les limites régionales pour se populariser dans toute la France sous le nom de «far breton».

blé *wheat* **salés** *savory* **sucrés** *sweet* **pruneaux** *prunes*

Émission télé

Alors, je vais vous présenter la recette du far breton.

Vocabulaire utile

émission	*program*
recette	*recipe*
casser	*to crack*
mélanger	*to mix*
la pâte	*batter*
déguster	*to taste*

 Compréhension Répondez aux questions. Some answers will vary.

1. Quels sont les ingrédients du far breton?
   du lait, de la farine, du beurre, des œufs, du sucre et des pruneaux
2. Quel verbe de la liste est-ce que le chef ne dit pas?
   ajouter (*to add*), **casser**, **chauffer** (*to heat*),
   (**couper**) (*to cut*), **mélanger**, **verser** (*to pour*)
3. À quelle température et pendant combien de temps le gâteau doit-il rester au four? à 180 degrés pendant une heure

 Conversation En petits groupes, discutez des questions suivantes. Answers will vary.

1. Avez-vous déjà mangé du far breton? Si non, aimeriez-vous en goûter (*would you like to taste it*)? Pourquoi?
2. Quels plats et quels aliments aimez-vous? Aimez-vous essayer de nouveaux plats ou aliments? Pourquoi ou pourquoi pas?
3. Aimez-vous cuisiner? Quels plats préparez-vous régulièrement? Suivez-vous une recette? Expliquez.

Application Trouvez la recette d'un plat que vous aimez et présentez-la à la classe. Utilisez des photos ou les vrais aliments pour présenter les ingrédients. Ensuite, expliquez les étapes de la préparation. Expliquez aussi l'origine du plat si possible.

EXPANSION

Une recette française Explain to students that following a French recipe might present a few surprises. When the pastry chef says to put the **far breton** mixture in a 180-degree oven, for instance, he means 180 degrees Celsius, or about 350 degrees Fahrenheit. Here are a few terms specific to cooking that students hear in this lesson's **Le Zapping** video and might find unfamiliar:

un appareil *mixture*
une cuisson *cooking, baking (time, process)*
démouler *to turn out of the pan*
dénoyauter *to pit*
une pointe *touch, hint*

You will learn how to...
▪ describe and discuss food
▪ shop for food

vhlcentral

À table!

Vocabulaire

être au régime	*to be on a diet*
une boîte (de conserve)	*can*
la crème	*cream*
la mayonnaise	*mayonnaise*
la moutarde	*mustard*
une tranche	*slice*
une entrée	*appetizer, starter*
un hors-d'œuvre	*hors-d'oeuvre, appetizer*
un plat (principal)	*(main) dish*
À table!	*Let's eat!/Food is ready!*
compris	*included*
une boucherie	*butcher's shop*
une boulangerie	*bread shop, bakery*
une charcuterie	*delicatessen*
un(e) commerçant(e)	*shopkeeper*
un kilo(gramme)	*kilo(gram)*
une pâtisserie	*pastry shop, bakery; pastry*
une poissonnerie	*fish shop*

Il goûte la soupe. (goûter)

l'assiette (f.)

la carte

la serviette

la fourchette

le couteau

la nappe

Mise en pratique

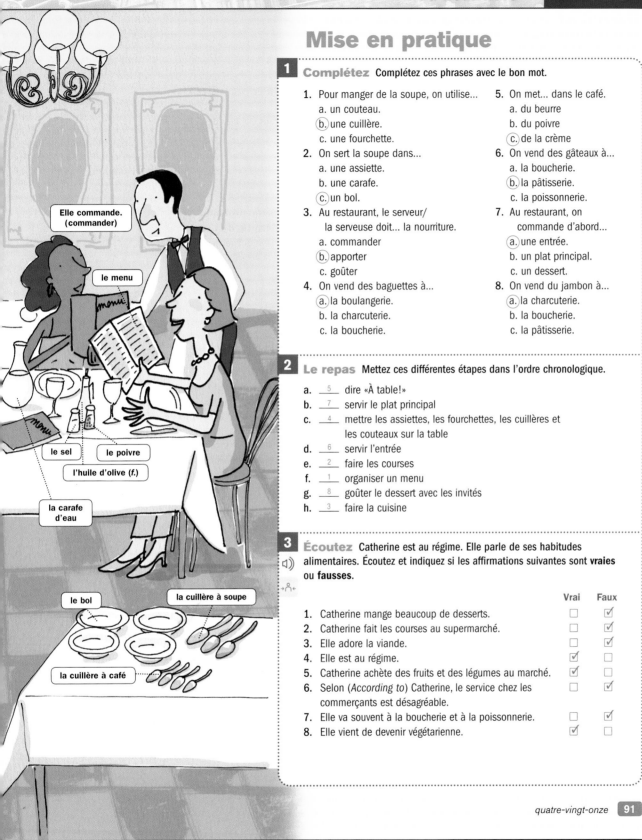

Elle commande.
(commander)

le menu

le sel

le poivre

l'huile d'olive (f.)

la carafe
d'eau

le bol

la cuillère à soupe

la cuillère à café

1 **Complétez** Complétez ces phrases avec le bon mot.

1. Pour manger de la soupe, on utilise...
   a. un couteau.
   b. une cuillère.
   c. une fourchette.

2. On sert la soupe dans...
   a. une assiette.
   b. une carafe.
   c. un bol.

3. Au restaurant, le serveur/
   la serveuse doit... la nourriture.
   a. commander
   b. apporter
   c. goûter

4. On vend des baguettes à...
   a. la boulangerie.
   b. la charcuterie.
   c. la boucherie.

5. On met... dans le café.
   a. du beurre
   b. du poivre
   c. de la crème

6. On vend des gâteaux à...
   a. la boucherie.
   b. la pâtisserie.
   c. la poissonnerie.

7. Au restaurant, on
   commande d'abord...
   a. une entrée.
   b. un plat principal.
   c. un dessert.

8. On vend du jambon à...
   a. la charcuterie.
   b. la boucherie.
   c. la pâtisserie.

2 **Le repas** Mettez ces différentes étapes dans l'ordre chronologique.

a. __5__ dire «À table!»

b. __7__ servir le plat principal

c. __4__ mettre les assiettes, les fourchettes, les cuillères et
   les couteaux sur la table

d. __6__ servir l'entrée

e. __2__ faire les courses

f. __1__ organiser un menu

g. __8__ goûter le dessert avec les invités

h. __3__ faire la cuisine

3 **Écoutez** Catherine est au régime. Elle parle de ses habitudes
alimentaires. Écoutez et indiquez si les affirmations suivantes sont **vraies**
ou **fausses**.

	Vrai	Faux
1. Catherine mange beaucoup de desserts.	☐	☑
2. Catherine fait les courses au supermarché.	☐	☑
3. Elle adore la viande.	☐	☑
4. Elle est au régime.	☑	☐
5. Catherine achète des fruits et des légumes au marché.	☑	☐
6. Selon (*According to*) Catherine, le service chez les commerçants est désagréable.	☐	☑
7. Elle va souvent à la boucherie et à la poissonnerie.	☐	☑
8. Elle vient de devenir végétarienne.	☑	☐

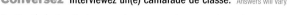

4 Suggestions
- Before beginning the activity, give students a few minutes to think about their responses to these questions.
- Tell students to jot down notes during their interviews. Then have volunteers share their partner's responses with the class.

4 Suggestions
- Before beginning the activity, give students a few minutes to think about their responses to these questions.
- Tell students to jot down notes during their interviews. Then have volunteers share their partner's responses with the class.

4 Virtual Chat You can also assign Activity 4 on vhlcentral.com. Students record individual responses that appear in your gradebook.

5 Suggestion Have two volunteers read the **modèle** aloud. Then divide the class into pairs and distribute the Info Gap Handouts from the Activity Pack. Give students ten minutes to complete the activity.

6 Suggestion Give each group a menu from a real French restaurant to use in their role-plays. Many restaurants include sample menus on their websites.

7 Suggestions
- Before beginning the activity, have students describe what they see in the drawing.
- Have students exchange paragraphs for peer editing. Students should make sure all required elements are included and underline grammar and spelling errors.

TELL Connection

Performance and Feedback 1
Why: Students should demonstrate growth across the different modes of communication. *What:* Point out to students that the activities on this page engage them in interpersonal and presentational communication. Ask: Which modes were most comfortable for you? Why might this be so? How have your skills grown in each area? Also share your own observations.

Activity Pack For additional activities, go to the **Activity Pack** in the **Resources** section of vhlcentral.com.

Communication

4 Conversez Interviewez un(e) camarade de classe. Answers will vary.

1. En général, qu'est-ce que tu commandes au restaurant comme entrée? Comme plat principal?
2. Qui fait les courses chez toi? Où? Quand?
3. Est-ce que tes parents préfèrent faire les courses au supermarché ou chez les commerçants? Pourquoi?
4. Es-tu au régime? Qu'est-ce que tu manges?
5. Quel est ton plat principal préféré?
6. Aimes-tu la moutarde? Avec quel(s) plat(s) l'utilises-tu?
7. Aimes-tu la mayonnaise? Avec quel(s) plat(s) l'utilises-tu?
8. Dans quel(s) plat(s) mets-tu de l'huile d'olive?

5 Sept différences Votre professeur va vous donner, à vous et à votre partenaire, deux feuilles d'activités différentes avec le dessin (*drawing*) d'un restaurant. Il y a sept différences entre les deux images. Sans regarder l'image de votre partenaire, comparez vos dessins et faites une liste de ces différences.

MODÈLE

Élève 1: *Dans mon restaurant, le serveur apporte du beurre à la table.*
Élève 2: *Dans mon restaurant aussi, on apporte du beurre à la table, mais c'est une serveuse, pas un serveur.*

6 Au restaurant Travaillez avec deux camarades de classe pour présenter ce dialogue. Answers will vary.

- Une personne invite un(e) ami(e) à dîner au restaurant.
- Une personne est le serveur/la serveuse et décrit le menu.
- Vous parlez du menu et de vos préférences.
- Une personne est au régime et ne peut pas manger certains ingrédients.
- Vous commandez les plats.
- Vous parlez des plats que vous mangez.

7 Écriture Écrivez un paragraphe dans lequel vous: Answers will vary.

- parlez de la dernière fois que vous avez aidé à préparer un dîner, un déjeuner ou un petit-déjeuner pour quelqu'un.
- décrivez les ingrédients que vous avez utilisés pour préparer le(s) plat(s).
- mentionnez les endroits où vous avez acheté les ingrédients et leurs quantités.
- décrivez comment vous avez mis la table.

TEACHING OPTIONS

Using Games Toss a beanbag to a student at random and say the name of a store from this lesson or a previous one. The person has four seconds to name a food that is sold there. That person then tosses the beanbag to another student and names a store. Students who cannot think of a food in time or who repeat an item that has already been mentioned are eliminated. The last person standing wins.

EXPANSION

Dinner Party Have groups of students plan a dinner party for a group of celebrities. Tell them to decide who will attend and what foods will be served. The meal should include several courses and appropriate beverages. You might want to bring in French cookbooks or food magazines for students' reference. Have the class vote on the most delicious-sounding meal and the most interesting guest list.

Les sons et les lettres 🔊 vhlcentral

Stress and rhythm

In French, all syllables are pronounced with more or less equal stress, but the final syllable in a phrase is elongated slightly.

Je fais souvent du sport, mais aujourd'hui, j'ai envie de rester à la maison.

French sentences are divided into three basic kinds of rhythmic groups.

Noun phrase	*Verb phrase*	*Prepositional phrase*
Caroline et Dominique	**sont venues**	**chez moi.**

The final syllable of a rhythmic group may be slightly accentuated either by rising intonation (pitch) or elongation.

Caroline et Dominique sont venues chez moi.

In English, you can add emphasis by placing more stress on certain words. In French, you can emphasize the word by adding the corresponding pronoun or you can elongate the first consonant sound.

Je ne sais pas, moi.   **Quel idiot!**   **C'est fantastique!**

Prononcez Répétez les phrases suivantes à voix haute.

1. Ce n'est pas vrai, ça.
2. Bonjour, Mademoiselle.
3. Moi, je m'appelle Florence.
4. La clé de ma chambre, je l'ai perdue.

5. Je voudrais un grand café noir et un croissant, s'il vous plaît.
6. Nous allons tous au marché, mais Marie, elle va au centre commercial.

Articulez Répétez les phrases en mettant l'emphase (*by emphasizing*) sur les mots indiqués.

1. C'est *impossible*!
2. Le film était *super*!
3. Cette tarte est *délicieuse*!

4. Quelle idée *extraordinaire*!
5. Ma sœur parle *constamment*.

Dictons Répétez les dictons à voix haute.

Le chat parti, les souris dansent.[2]

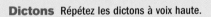

Les chemins les plus courts ne sont pas toujours les meilleurs.[1]

[1] The shortest paths aren't always the best.
[2] When the cat is away, the mice will play.

Section Goals

In this section, students will learn about:
• stress and rhythm
• a strategy for emphasizing a word

Key Standards

4.1

Suggestions
• Model the pronunciation of the example sentences and have students repeat after you.
• Write these sentences from the **Roman-photo** in **Leçon 1A** on the board or a transparency.
  1. Mais quelle heure est-il?
  2. Bon, une salade, si tu veux.
  3. Mais le bœuf bourguignon, c'est long à préparer, non?
  4. Il nous faut des champignons, du jambon et du fromage.
  Say the sentences and have students repeat after you. Alternately, have students read the entire video episode aloud in small groups, focusing on correct stress and rhythm.
• Have students read the sentences in the **Articulez** activity more than once, using a variety of methods to place emphasis on the appropriate words, for example, pauses before the word or between syllables.
• Prepare a handout that has several sentences with varied rhythm and stress. Tell students to draw arrows to mark rising and falling intonation as you read the sentences aloud.

EXPANSION

Mini-dictée Use these sentences for additional practice with stress and rhythm or as a dictation. **1. Ils préfèrent aller au cinéma. 2. Mon anniversaire, c'est le 14 octobre. 3. Charlotte est professeur d'anglais dans un lycée en France. 4. Pour mes vacances, il me faut un maillot de bain, un short et des lunettes de soleil.**

EXPANSION

Tongue Twisters To practice varying stress and rhythm, teach students these French tongue-twisters. **1. Mur pourrit, trou s'y fit, rat s'y mit; chat l'y vit, rat s'enfuit; chat suivit, rat fut pris. 2. Bonjour, Madame Sans Souci. Combien sont ces six saucissons-ci et combien sont ces six saucissons-là? Six sous, Madame, sont ces six saucissons-ci et six sous aussi sont ces six saucissons-là!**

93

Le dîner vhlcentral

AP® Theme: Families and Communities
Context: Customs and Ceremonies

PERSONNAGES

Amina

David

Rachid

Sandrine

Stéphane

Valérie

Au centre-ville...

DAVID Qu'est-ce que tu as fait en ville?
RACHID Des courses à la boulangerie et chez le chocolatier.
DAVID Tu as acheté ces chocolats pour Sandrine?
RACHID Pourquoi? Tu es jaloux? Ne t'en fais pas! Elle nous a invités. Il est normal d'apporter quelque chose.

DAVID Je n'ai pas de cadeau pour elle. Qu'est-ce que je peux lui acheter? Je peux lui apporter des fleurs!
Chez le fleuriste...
DAVID Ces roses sont très jolies, non?
RACHID Tu es tombé amoureux?
DAVID Mais non! Pourquoi tu dis ça?
RACHID Des roses, c'est romantique.
DAVID Ah... Ces fleurs-ci sont jolies. C'est mieux?

RACHID Non, c'est pire! Les chrysanthèmes sont réservés aux funérailles.
DAVID Hmmm. Je ne savais pas que c'était aussi difficile de choisir un bouquet de fleurs!
RACHID Regarde! Celles-là sont parfaites!
DAVID Tu es sûr?
RACHID Sûr et certain, achète-les!

AMINA Sandrine, est-ce qu'on peut faire quelque chose pour t'aider?
SANDRINE Oui, euh, vous pouvez finir de mettre la table, si vous voulez.
VALÉRIE Je vais t'aider dans la cuisine.
AMINA Tiens, Stéphane. Voilà le sel et le poivre. Tu peux les mettre sur la table, s'il te plaît?
SANDRINE À table!

SANDRINE Je vous sers autre chose? Une deuxième tranche de tarte aux pommes peut-être?
VALÉRIE Merci.
AMINA Merci. Je suis au régime.
SANDRINE Et toi, David?
DAVID Oh! J'ai trop mangé. Je n'en peux plus!
STÉPHANE Moi, je veux bien...
SANDRINE Donne-moi ton assiette.

STÉPHANE Tiens, tu peux la lui passer, s'il te plaît?
VALÉRIE Quel repas fantastique, Sandrine. Tu as beaucoup de talent, tu sais.
RACHID Vous avez raison, Madame Forestier. Ton poulet aux champignons était superbe!

A C T I V I T É S

1 **Vrai ou faux?** Indiquez si ces affirmations sont **vraies** ou **fausses**. Corrigez les phrases fausses. Answers may vary.

1. Rachid est allé chez le chocolatier. Vrai.
2. Rachid et David sont arrivés en avance. Faux. Rachid et David sont arrivés en retard.
3. David n'a pas apporté de cadeau. Faux. David a apporté des fleurs.
4. Sandrine aime les fleurs de David. Vrai.
5. Personne (*Nobody*) n'aide Sandrine. Faux. Valérie, Amina et Stéphane aident Sandrine.

6. David n'a pas beaucoup mangé. Faux. David a trop mangé.
7. Stéphane n'est pas au régime. Vrai.
8. Sandrine a fait une tarte aux pêches pour le dîner. Faux. Sandrine a fait une tarte aux pommes.
9. Les plats de Sandrine ne sont pas très bons. Faux. Les plats de Sandrine sont bons.
10. Les invités ont passé une soirée très agréable. Vrai.

Sandrine a préparé un repas fantastique pour ses amis.

Chez Sandrine...

SANDRINE Bonsoir... Entrez! Oh!
DAVID Tiens. C'est pour toi.
SANDRINE Oh, David! Il ne fallait pas, c'est très gentil!
DAVID Je voulais t'apporter quelque chose.
SANDRINE Ce sont les plus belles fleurs que j'aie jamais reçues! Merci!

RACHID Bonsoir, Sandrine.
SANDRINE Oh, du chocolat! Merci beaucoup.
RACHID J'espère qu'on n'est pas trop en retard.
SANDRINE Pas du tout! Venez! On est dans la salle à manger.

STÉPHANE Oui, et tes desserts sont les meilleurs! C'est la tarte la plus délicieuse du monde!
SANDRINE Vous êtes adorables, merci. Moi, je trouve que cette tarte aux pommes est meilleure que la tarte aux pêches que j'ai faite il y a quelques semaines.

AMINA Tout ce que tu prépares est bon, Sandrine.
DAVID À Sandrine, le chef de cuisine le plus génial!
TOUS À Sandrine!

Expressions utiles

Making comparisons and judgments

- **Ces fleurs-ci sont jolies. C'est mieux?**
  These flowers are pretty. Is that better?

- **C'est pire! Les chrysanthèmes sont réservés aux funérailles.**
  It's worse! Chrysanthemums are reserved for funerals.

- **Je ne savais pas que c'était aussi difficile de choisir un bouquet de fleurs!**
  I didn't know it was so hard to choose a bouquet of flowers!

- **Ce sont les plus belles fleurs que j'aie jamais reçues!**
  These are the most beautiful flowers I have ever received!

- **C'est la tarte la plus délicieuse du monde!**
  This is the most delicious tart in the world!

- **Cette tarte aux pommes est meilleure que la tarte aux pêches.**
  This apple tart is better than the peach tart.

Additional vocabulary

- **Ah, tu es jaloux! Ne t'en fais pas!**
  Are you jealous? Don't be!/Don't make anything of it!

- **sûr(e) et certain(e)**
  totally sure/completely certain

- **Il ne fallait pas.**
  You shouldn't have./It wasn't necessary.

- **J'ai trop mangé. Je n'en peux plus!**
  I ate too much. I can't fit anymore!

- **Tu peux la lui passer?**
  Can you pass it to her?

Expressions utiles
- Model the pronunciation of the **Expressions utiles** and have students repeat them after you.
- As you work through the list, point out the comparative and superlative expressions and double object pronouns. Explain that **mieux** and **meilleur** both mean *better*, but one is an adverb and the other is an adjective. Tell students that these constructions will be formally presented in the **Structures** section.
- Respond briefly to questions about the comparative, the superlative, and double object pronouns. Reinforce correct forms, but do not expect students to produce them consistently at this time.
- Tell students that the expression **je n'en peux plus** is used to say, "*I'm full.*" They should not use the word **plein(e)** in this context.

1 Suggestion Have students write their corrections on the board.

1 Expansion For additional practice, give students these items. **11. David achète les roses. (Faux. Il achète d'autres fleurs.) 12. Valérie aide Sandrine dans la cuisine. (Vrai.) 13. Amina est au régime. (Vrai.) 14. Sandrine n'aime pas sa tarte aux pommes. (Faux. Elle aime sa tarte aux pommes.)**

2 Expansion For additional practice, give students these items. **6. Pourquoi est-ce que David et Rachid ont acheté des cadeaux pour Sandrine? (Ils vont dîner chez elle.) 7. Qu'est-ce que Sandrine a préparé pour le dîner? (Elle a préparé un poulet aux champignons.) 8. Pourquoi est-ce que David n'a pas acheté les chrysanthèmes? (Les chrysanthèmes sont pour les funérailles.)**

---

2 Questions Répondez aux questions par des phrases complètes.
Answers may vary slightly.

1. Qu'est-ce que Rachid a apporté à Sandrine?
   Il lui a apporté des chocolats.
2. Qu'a fait Amina pour aider?
   Elle a fini de mettre la table.
3. Qui mange une deuxième tranche de tarte aux pommes?
   Stéphane la mange.
4. Quel type de tarte Sandrine a-t-elle préparé il y a quelques semaines?
   Elle a préparé une tarte aux pêches.
5. Pourquoi David n'a-t-il pas acheté les roses?
   Il ne les a pas achetées parce que (Rachid lui a dit que) les roses sont romantiques.

3 Écrivez David veut raconter le dîner de Sandrine à sa famille. Composez un e-mail. Quels ont été les préparatifs (*preparations*)? Qui a apporté quoi? Qui est venu? Qu'est-ce qu'on a mangé? Faites référence à la vidéo de la Leçon 1A si nécessaire.

A C T I V I T É S

 PRE-AP®

3 Interpersonal Writing Tell students to jot down the answers to the questions before they begin to compose their e-mail.

EXPANSION

Conversation de table Using the **Roman-photo** as a model, have students write a conversation that takes place at a dinner party. The host or hostess should offer foods, which the guests politely accept or refuse. As each dish is served, guests should comment on the quality of the food. Remind students to use as many of the **Expressions utiles** as they can.

EXPANSION

Les fleurs et les sentiments Various flowers are associated with specific sentiments. Much of the symbolism has been forgotten today, but some traditions stemming from the "language" of flowers remain in French culture. For example, red roses are romantic. Chrysanthemums bloom in the fall, so these flowers are placed on graves on All Saints Day (November 1st). Now they are a traditional flower for funerals.

Section Goals

In this section, students will:
• learn about meals and eating habits in France
• learn some terms for methods of preparing food
• learn some tips about dining manners in France and North Africa
• read about the popularity of North African food in France

Key Standards

2.1, 2.2, 3.1, 3.2, 4.2

 21ˢᵗ Century Skills

Global Awareness
Students will gain perspectives on the Francophone world to develop respect and openness toward others and to interact appropriately and effectively with citizens of Francophone cultures.

Culture à la loupe

Avant la lecture Have students look at the photo and describe what they see.

Lecture
• Explain that large family meals consisting of many courses typically take place on Sunday afternoons and on holidays.
• Point out the **Coup de main** and model the pronunciation of the terms. Ask: **Comment préférez-vous votre steak? À point? Bien cuit?**
• Point out the chart **Les habitudes alimentaires des Français**. Ask students what type of information is contained in this chart. (statistics about French meals and eating habits)

Après la lecture Ask students to name the courses in a large French meal in chronological order as you write them on the board.

1 Suggestion Have students read out the sentences in the text where they found the correct answers.

AP® **Theme:** Families and Communities
Context: Customs and Ceremonies

vhlcentral   CULTURE À LA LOUPE

Les repas en France

En France, un grand repas traditionnel est composé de beaucoup de plats différents et il peut durer° plusieurs heures. Avant de passer à table, on sert des amuse-gueules° comme des biscuits salés°, des olives ou des cacahuètes°. Ensuite, on commence le repas par un hors-d'œuvre ou directement par une ou deux entrées chaudes ou froides, comme une soupe, de la charcuterie, etc. Puis, on passe au plat principal, qui est en général une viande ou un poisson servi avec des légumes. Après, on apporte la salade puis le fromage et enfin, on sert le dessert et le café. Le grand repas traditionnel est accompagné de vin, et dans les grandes occasions, de champagne pour le dessert. Bien sûr, les Français ne font pas ce genre de grand repas tous les jours. En général, on mange beaucoup plus simplement.

Au petit-déjeuner, on boit du café au lait, du thé ou du chocolat chaud. On mange des tartines° ou du pain grillé° avec du beurre et de la confiture, et des croissants le week-end. Le déjeuner est traditionnellement le repas principal, mais aujourd'hui, les Français n'ont pas souvent le temps de rentrer à la maison. Pour cette raison, on mange de plus en plus° au travail ou au café. Après l'école, les enfants prennent parfois un goûter, par exemple du pain avec du chocolat. Et le soir, on dîne à la maison, en famille.

Les habitudes alimentaires des Français

• Environ° 75% des Français prennent trois repas par jour.

• Parmi° ces personnes, 33% déjeunent à l'extérieur, 25% prennent leur repas en famille et 17% les prennent seuls à la maison.

• Quand les Français sautent° un repas, c'est souvent le petit déjeuner.

• L'alimentation occupe environ 2h22 de l'emploi du temps par jour.

• Environ 29% des jeunes grignotent° entre les repas.

SOURCE: INSERM, INSEE

durer *last* amuse-gueules *small appetizers* salés *salty* cacahuètes *peanuts* tartines *slices of bread* pain grillé *toast* de plus en plus *more and more* Environ *About* Parmi *Among* sautent *skip* grignotent *snack*

Coup de main

You can use these terms to specify how you would like your meat to be cooked.

bleu(e)	*very rare*
saignant(e)	*medium rare*
à point	*medium*
bien cuit(e)	*well-done*

ACTIVITÉS

1 Vrai ou faux? Indiquez si ces phrases sont **vraies** ou **fausses**. Corrigez les phrases fausses.

1. On mange les hors-d'œuvre avant les amuse-gueules.
   Faux. On mange les amuse-gueules avant les hors-d'œuvre.
2. Le poisson est un plat principal.
   Vrai.
3. En France, pendant un repas traditionnel, la salade est servie après le plat principal.
   Vrai.
4. En général, on sert des légumes après le plat principal.
   Faux. En général, on sert des légumes avec le plat principal.
5. On sert le fromage entre la salade et le dessert.
   Vrai.
6. Les Français mangent souvent des œufs au petit-déjeuner. Faux. Ils mangent des tartines ou du pain grillé avec du beurre et de la confiture, ou des croissants le week-end.
7. Tous les Français mangent un grand repas traditionnel chaque soir.
   Faux. En général, on mange plus simplement.
8. Le déjeuner est traditionnellement le repas principal de la journée en France.
   Vrai.
9. À midi, les Français mangent toujours à la maison.
   Faux. Ils mangent de plus en plus souvent au travail ou au café.
10. Les enfants prennent parfois un goûter après l'école.
    Vrai.

EXPANSION

Cultural Comparison Have students work in groups of three and compare a large, traditional French meal with a typical, large American meal. Tell them to list the similarities and differences in a two-column chart under the headings **Similitudes** and **Différences**. After completing the charts, have volunteers read their lists aloud.

EXPANSION

Les Français et les repas Have students write five true/false sentences based on the information in the chart. Then tell them to exchange papers with a classmate and complete the activity. Remind them to verify their answers.

Le français quotidien
- Model the pronunciation of each term and have students repeat it.
- Have volunteers describe different dishes using these terms. Examples: **pommes frites, escalope de poulet, légumes à la vapeur,** and **côtelette de porc.**

LE FRANÇAIS QUOTIDIEN

Au menu

côtelette (f.)	chop
escalope (f.)	thin slice of meat or fish
faux-filet (m.)	sirloin steak
à la vapeur	steamed
farci(e)	stuffed
frit(e)	fried
garni(e)	garnished
rôti(e)	roasted

AP® Theme: Families and Communities **Context:** Customs and Ceremonies

LE MONDE FRANCOPHONE

Si on est invité...

Voici quelques bonnes manières à observer quand on dîne chez des amis.

En Afrique du Nord
- Si quelqu'un vous invite à boire un thé à la menthe, ce n'est pas poli de refuser.
- En général, on enlève ses chaussures avant d'entrer dans une maison.
- On mange souvent avec les doigts°.

En France
- Il est poli d'apporter un petit cadeau pour les hôtes, par exemple des bonbons ou des fleurs.
- On dit parfois «Santé!°» ou «À votre santé°!» avant de boire et «Bon appétit!» avant de manger.
- On mange avec la fourchette dans la main gauche et le couteau dans la main droite et on garde toujours les deux mains sur la table.

doigts fingers **Santé!** Cheers! **santé** health

PORTRAIT

La couscousmania des Français

La cuisine du Maghreb est très populaire en France. Les restaurants orientaux sont nombreux et appréciés pour la qualité de leur nourriture et leur ambiance. Les merguez, des petites saucisses rouges pimentées°, sont vendues dans toutes les boucheries. Dans les grandes villes, des pâtisseries au miel° sont dégustées° au goûter. Le plat le plus célèbre reste le couscous, le troisième plat préféré des Français, loin devant le steak frites! Aujourd'hui, des restaurants trois étoiles° le proposent en plat du jour et on le sert dans les cantines. Les Français consomment environ° 96.000 tonnes de couscous par an, une vraie couscousmania!

pimentées spicy **miel** honey **dégustées** savored
étoiles stars **environ** about

 Sur Internet

Les Français mangent-ils beaucoup de glace?

Go to **vhlcentral.com** to find more information related to this **Culture** section.

Portrait
- Have students look at the map of the French-speaking world in the front matter. Point out the proximity of France to North Africa. Explain that **le Maghreb** refers to the three French-speaking nations in North Africa (**le Maroc, l'Algérie,** and **la Tunisie**).
- Explain that couscous is steamed semolina usually served with meat and vegetables.
- Couscous is often considered the national dish of **le Maghreb.**

Le monde francophone Bring in a knife and fork. Demonstrate how Americans typically use these eating utensils, then show students how the French use them.

2 Expansion For additional practice, give students these items. **6. Où peut-on acheter des merguez? (dans toutes les boucheries) 7. Quel type de pâtisserie mange-t-on traditionnellement en Afrique du Nord? (les pâtisseries au miel) 8. Combien de tonnes de couscous les Français mangent-ils par an? (75.000 tonnes) 9. Quand peut-on dire «Santé!»? (avant de boire) 10. Que faut-il enlever avant d'entrer dans une maison en Afrique du Nord? (ses chaussures)**

3 Expansion Take a quick class survey to find out how many students have tried couscous and how many like it. Ask: **Combien d'élèves ont déjà mangé du couscous? Combien de personnes ont aimé ce plat?** Tally the results on the board.

2 Répondez Répondez aux questions d'après les textes.

1. Pourquoi les Français apprécient-ils les restaurants orientaux?
   Ils les apprécient pour leur ambiance et la qualité de leur nourriture.
2. Où sert-on le couscous aujourd'hui?
   On le sert dans les restaurants trois étoiles et les cantines.
3. Qu'est-ce qu'il est impoli de refuser en Afrique du Nord?
   Il est impoli de refuser un thé à la menthe.
4. Quel cadeau peut-on apporter quand on dîne chez des Français?
   On peut apporter des bonbons ou des fleurs.
5. Une fourchette et un couteau sont-ils nécessaires en Afrique du Nord? Non, on mange souvent avec les doigts.

3 Que choisir?
Avez-vous déjà mangé dans un restaurant nord-africain? Quand? Où? Qu'avez-vous mangé? Du couscous? Si vous n'êtes jamais allé(e) dans un restaurant nord-africain, imaginez que des amis vous invitent à en essayer un. Qu'avez-vous envie de goûter? Pourquoi?

ACTIVITÉS

21ˢᵗ Century Skills

Information and Media Literacy: Sur Internet Students access and critically evaluate information from the Internet.

EXPANSION

La couscousmania des Français Traditionally prepared, couscous is cooked very slowly with meat and vegetables and served on large platters made of colorful **faïence** (pottery). When preparing couscous, it is best to use a special couscous cooker called **un couscoussier.** The couscous found in stores is usually instant and requires only hot water.

EXPANSION

Si on est invité... It is customary to drink **un thé à la menthe** in small, narrow glasses that are often decorated with faux gold leaf. It is sometimes served with pine nuts floating in the tea. Mint is sold in large bunches at Arab markets in France. For an authentic experience drinking this tea, one should go to the café near **la mosquée** in Paris.

Section Goals

In this section, students will learn:
- comparatives and superlatives of adjectives and adverbs
- irregular comparative and superlative forms

Key Standards
4.1, 5.1

Suggestions: Scaffolding
- Write the expressions for comparison on the board, explaining their meaning. Illustrate with examples like this: **Cette classe est plus grande que la classe de l'année dernière. Sarah parle aussi vite que David.**
- Practice by asking the class questions whose responses require comparisons. Examples: **Qui écrit aussi bien que J.K. Rowling? Qui est aussi riche qu'Oprah Winfrey?**
- Point out that **que** and what follows it are optional if the items being compared are evident. Example: **Le steak est plus cher (que le poulet).**
- Follow the Using Games suggestion below, then have students complete the first **Vérifiez** activity.
- Write the superlative expression with adjectives on the board, including examples with and without the noun and with adjectives placed before the noun. Examples: **Mme Mignon est la femme la plus petite du lycée. Elle est aussi la plus vieille (femme).**
- Practice superlative questions by asking students their opinions. Example: **Quel cours est le plus difficile? Le plus facile?**

1B.1

Comparatives and superlatives of adjectives and adverbs

vhlcentral

Point de départ You already know how to describe nouns and verbs using adjectives and adverbs. Now you will learn how to compare them using comparative and superlative statements.

- To compare people, things, and actions, use the following expressions with adjectives and adverbs.

plus						*more... than*
aussi	+	[adjective/adverb]	+	que		*as... as*
moins						*less... than*

ADJECTIVE
Simone est **plus âgée que** son frère.
Simone is older than her brother.

ADVERB
Elle parle **plus vite que** son frère.
She speaks more quickly than her brother.

ADJECTIVE
Guillaume est **moins sportif que** son père.
Guillaume is less athletic than his father.

ADVERB
Il m'écrit **moins souvent que** son père.
He writes me less often than his father.

ADJECTIVE
Nina est **aussi indépendante qu'**Anne.
Nina is as independent as Anne.

ADVERB
Elle joue au golf **aussi bien qu'** Anne.
She plays golf as well as Anne.

- Superlatives express extremes like *the most* or *the least*. The preposition **de** often follows the superlative to express *in* or *of* (a particular group). Use the following construction to express the superlative with an adjective.

| [noun] | le la les | + | plus/moins | + | [adjective] | + | de |

NOUN / DEFINITE ARTICLE / COMPARATIVE
Les trains? Le TGV est **(le train) le plus rapide du** monde.
Trains? The TGV is the fastest (train) in the world.

- Some adjectives, like **beau**, **bon**, **grand**, and **nouveau**, precede the nouns they modify. Their superlative forms can also precede the nouns they modify, or they can follow them.

SUPERLATIVE / NOUN
C'est **la plus grande ville**.
It's the largest city.

NOUN / SUPERLATIVE
C'est **la ville la plus grande**.
It's the largest city.

Boîte à outils
The adjective in comparative phrases agrees in number and gender with the noun.
Nicole est plus nerveuse que Luc.
Luc est moins nerveux que Nicole.

Vérifiez

Boîte à outils
The noun in a superlative construction can be omitted if it is clear to whom or what it refers. To show this, the noun **le train** in the sample sentence appears in parentheses.

EXPANSION

Comparisons Have students write three original comparative or superlative sentences that describe themselves or compare themselves with a friend, family member, or famous person. Examples: **Je suis la personne la plus intelligente du lycée. Je suis moins égoïste que mon frère.** Then collect the papers and read the sentences aloud. See if the rest of the class can guess who wrote each description.

EXPANSION

Using Games Divide the class into two teams, A and B. Place the names of 20 famous people into a hat. Select a member from each group to draw a name. The student from team A then has ten seconds to compare those two famous people in a complete sentence. If the student has made a logical comparison, team A gets a point. Then it's team B's turn to make a different comparison. The team with the most points at the end wins.

- Since adverbs are invariable, you always use **le** to form the superlative.

M. Duval est le prof qui parle **le plus vite**.
Mr. Duval is the teacher who speaks the fastest.

C'est Amandine qui écoute **le moins patiemment**.
Amandine listens the least patiently.

∞ **Vérifiez**

- Some adjectives and adverbs have irregular comparative and superlative forms.

Irregular comparative and superlative adjectives

Adjective	Comparative	Superlative
bon(ne)(s)	meilleur(e)(s)	le/la/les meilleur(e)(s)
mauvais(e)(s)	pire(s) *or* plus mauvais(e)(s)	le/la/les pire(s) *or* le/la/les plus mauvais(e)(s)

Irregular comparative and superlative adverbs

Adverb	Comparative	Superlative
bien	mieux	le mieux
mal	plus mal *or* pire	le plus mal *or* le pire

En été, les pêches sont **meilleures** que les pommes.
In summer, the peaches are better than apples.

Quand on est au régime, les frites sont **pires** que les pâtes.
When you're dieting, fries are worse than pasta.

Johnny Hallyday chante bien, mais Jacques Brel chante **mieux**.
Johnny Hallyday sings well, but Jacques Brel sings better.

Tu fais le ménage **plus mal** que moi.
Tu fais le ménage **pire que** moi.
You do housework worse than I do.

Voilà **la meilleure** boulangerie de la ville.
There's the best bakery in town.

Dans la classe, c'est Clémentine qui écrit **le mieux**.
In the class, Clémentine is the one who writes the best.

C'est **le plus mauvais** restaurant du quartier.
C'est **le pire** restaurant du quartier.
It's the worst restaurant in the neighborhood.

C'est moi qui cuisine **le plus mal**.
C'est moi qui cuisine **le pire**.
It's me who cooks the worst.

Essayez!   **Complétez les phrases avec le comparatif ou le superlatif.**

Comparatifs

1. Les élèves sont _moins âgés que_ (- âgés [*old*]) le professeur.

2. Les plages de la Martinique sont-elles _meilleures que_ (+ bonnes) les plages de la Guadeloupe?

3. Évelyne parle _aussi poliment que_ (= poliment) Luc.

4. Les chaussettes sont _moins chères que_ (- chères) les baskets.

5. Ses soeurs sont _aussi généreuses que_ (= généreux) lui.

Superlatifs

6. Quelle librairie vend les livres _les plus intéressants_ (+ intéressants)?

7. Le jean est _le moins élégant_ (- élégant) de tous mes pantalons.

8. Je joue aux cartes avec ma mère. C'est elle qui joue _le mieux_ (+ bien).

9. Les fraises de son jardin sont _les plus mauvaises/ les pires_ (+ mauvaises).

10. Victor et son cousin sont _les plus beaux_ (+ beau) garçons de l'école.

1 Expansion In pairs, have students select two local restaurants and describe them using comparatives and superlatives modeled on those in the activity. Ask volunteers to share their sentences with the class.

2 Suggestion You may want to do this as a whole-class activity, giving different students the opportunity to ask and answer questions using the words in the columns.

3 Expansion After completing the activity, ask students to give their opinions about which is better: **la vie d'autrefois ou la vie moderne.** Encourage students to use superlative and comparative forms.

Mise en pratique

1 **Oui, mais...** Deux amis comparent deux restaurants. Complétez les phrases avec **bon**, **bien**, **meilleur** ou **mieux**.

1. J'ai bien mangé au Café du marché hier.
   Oui, mais nous avons __mieux__ mangé Chez Charles.

2. Les sandwichs au Café du marché sont __bons__.
   Oui, mais les sandwichs de Chez Charles sont meilleurs.

3. Mes amis ont bien aimé le Café du marché.
   Oui, mais mes amis ont __mieux__ mangé Chez Charles.

4. Au Café du marché, le chef prépare __bien__ le poulet.
   Oui, mais le chef de Chez Charles le prépare mieux.

5. Les salades au Café du marché sont bonnes.
   Oui, mais elles sont __meilleures__ Chez Charles.

6. Tout est bon au Café du marché!
   Tout est __meilleur__ Chez Charles!

2 **Un nouveau quartier** Vous venez d'emménager. Assemblez les éléments des trois colonnes pour poser des questions sur le quartier à un(e) voisin(e). Answers will vary.

> **MODÈLE**
> *Le jambon est-il moins cher au supermarché ou à la charcuterie?*

A	B	C
acheter	aussi	boucherie
aller	meilleur(e)	boulangerie
desserts	mieux	pâtisserie
dîner	moins	quartier
faire les courses	pire	supermarché
pain	plus	voisins

3 **Aujourd'hui et autrefois** Avec un(e) partenaire, comparez la vie domestique d'aujourd'hui et d'autrefois. Utilisez les adjectifs de la liste à tour de rôle. Ensuite, présentez vos opinions à la classe. Answers will vary.

> **MODÈLE**
> *Aujourd'hui, les tâches ménagères sont moins difficiles.*

bon	difficile	mauvais	poli
compliqué	grand	naturel	rapide
curieux	indépendant	occupé	sophistiqué

1. les congélateurs
2. la nourriture
3. les femmes
4. les voyages
5. les voitures
6. les enfants
7. les commerçants
8. la vie

TEACHING OPTIONS

Extra Support Create a poster with the different comparative and superlative constructions, with each one followed by a color-coded example. Display the poster in the class where all students can see it easily. Tell students to refer to the poster while completing the activities if necessary.

DIFFERENTIATION

For Kinesthetic Learners Have students work in groups to write three comparative statements using **plus... que, aussi... que,** and **moins... que**. Then have them write each word in each statement on a separate index card, and put all the cards in an envelope. Have groups exchange envelopes to reconstruct the statements. Take a poll to find out which groups reconstructed the original statements and which created new ones.

Communication

4 **Trouvez quelqu'un** Votre professeur va vous donner une feuille d'activités. Circulez dans la classe pour trouver des camarades différents qui correspondent aux phrases. Answers will vary.

MODÈLE

Élève 1: *Quel âge as-tu?*
Élève 2: *J'ai seize ans.*
Élève 1: *Alors, tu es plus jeune que moi.*

Trouvez dans la classe quelqu'un qui...	Noms
1. ... est plus jeune que vous.	Myriam
2. ... habite plus loin du lycée que vous.	
3. ... prend le bus aussi souvent que vous.	
4. ... fait moins de sport que vous.	

5 **Comparaisons** Avec un(e) partenaire, choisissez deux questions et comparez vos réponses. Utilisez des comparatifs et des superlatifs. Answers will vary.

1. Quels jobs d'été as-tu eus?
2. Où as-tu habité?
3. Où es-tu allé(e) en vacances?
4. Qu'as-tu fait le week-end dernier?
5. Quels films as-tu vus (*seen*) récemment?

6 **Je pense que...** Par groupes de trois, comparez les sujets présentés. Utilisez des comparatifs et des superlatifs. Answers will vary.

▶ **MODÈLE**

Élève 1: *Les vacances à la mer sont plus amusantes que les vacances à la montagne.*
Élève 2: *Moi, je pense que les vacances à la montagne sont plus intéressantes.*
Élève 3: *D'accord, mais les vacances à l'étranger sont les plus amusantes.*

1.   2.   3.   4.

7 **Ma famille et mes amis** À tour de rôle avec un(e) partenaire, parlez de votre famille et de vos amis. Utilisez des comparatifs et des superlatifs dans vos descriptions.

MODÈLE

Ma sœur Amy est plus sérieuse que moi, mais le plus sérieux de la famille, c'est mon frère Thomas.

---

4 Suggestions
• Before beginning the activity, have the class brainstorm additional characteristics to use in this survey. Encourage them to use other vocabulary from past lessons.
• Have two students act out the **modèle**. Then distribute the **Feuilles d'activités** from the Activity Pack

5 Suggestions
• Go through the questions with the class, making sure students have any extra vocabulary they might need.
• Model with a student how to use one of the questions to obtain information that can be compared.

5 Expansion After pairs complete the activity, ask the class questions about their conversations using comparatives and superlatives. Examples: **Qui a eu le pire job d'été? Le job le plus mal payé?**

5 Partner Chat You can also assign Activity 5 on vhlcentral.com. Students work in pairs to record the activity online. The pair's recorded conversation will appear in your gradebook.

6 Suggestion Act out the **modèle** with two volunteers.

6 Expansion Using magazine pictures, show images similar to those in the activity. Have students create additional sentences.

7 Suggestion Suggest that each student make at least three comparisons.

Activity Pack For additional activities, go to the **Activity Pack** in the **Resources** section of vhlcentral.com.

PRE-AP®

Presentational Communication Have students prepare a simple oral presentation in which they compare a typical French meal (**petit déjeuner, déjeuner,** or **dîner**) with one served in their home or community. Tell them to use information from this unit and their own background knowledge as well as comparative and superlative constructions. Suggest students make 3–5 comparative statements.

EXPANSION

Role-play Working in pairs, have students imagine that they are shopping in a market. Have them role-play a conversation in which they compare the produce, meats, or fish from a vendor. Suggest they compare two of the following: quality, price, service, or what they like and dislike. Tell them to use one comparative and one superlative construction. Call on volunteers to present their conversations to the class.

Section Goals

In this section, students will learn double object pronouns.

Key Standards

4.1, 5.1

Suggestions: Scaffolding

- Briefly review indirect object pronouns and direct object pronouns. Give sentences and have students replace objects with object pronouns. Examples: **Jean donne le cours. (Jean le donne.) Il écrit à sa tante. (Il lui écrit.) Le garçon mange la tarte. (Le garçon la mange.)**

- To help students visualize which object pronouns are indirect and which are direct, draw a Venn diagram on the board. In the left circle, write direct object pronouns **le, la, l'**, and **les**. Where there is overlap in the circles, write direct and indirect object pronouns **me, te, nous**, and **vous**. In the right circle, write the indirect object pronouns **lui** and **leur**. Label the left circle *Direct object pronouns* and the right circle *Indirect object pronouns*.

- Write the sequence for double object pronouns on the board. Go through each possible sequence orally, having students repeat after you. Then, write the first sentence in each example on the board. Have students indicate the objects and the pronouns that should replace them. Project the online version of this page and go over the second sentence in each example.

- Ask students questions to which they respond with third-person double object pronouns. Examples: **Qui rend la monnaie à la cliente? (Le serveur/La serveuse la lui rend.) Qui donne le livre de grammaire aux étudiants? (Le professeur le leur donne.)**

1B.2

Double object pronouns vhlcentral

Point de départ In Level 1, you learned to use indirect and direct object pronouns. Now you will learn to use these pronouns together.

| DIRECT OBJECT | INDIRECT OBJECT | | DIRECT OBJECT PRONOUN | INDIRECT OBJECT PRONOUN |

J'ai rendu **le menu** à **la serveuse**.
I returned the menu to the waitress.

▶ Je **le lui** ai rendu.
I returned it to her.

Tu peux la lui passer, s'il te plaît?

Une deuxième tranche? Je te la sers.

- Use this sequence when a sentence contains both a direct and an indirect object pronoun.

me		le			
te		la		lui	
nous	*before*	l'	*before*	leur	+ [verb]
vous		les			

Gérard m'envoie les messages de Christiane.
Il **me les** envoie tous les jours.
Gérard sends me Christiane's messages.
He sends them to me every day.

Je lui envoie aussi les messages de Laurent. Je **les lui** envoie tous les week-ends.
I send him Laurent's messages, too.
I send them to him every weekend.

Le chef nous prépare son meilleur plat.
Les serveurs **nous l'**apportent.
The chef prepares his best dish for us.
The waiters bring it to us.

Nous avons donné le pourboire au serveur.
Nous **le lui** avons donné quand nous sommes partis.
We gave the waiter the tip. We gave it to him when we left.

TEACHING OPTIONS

Using Video Replay the video, having students focus on the use of comparatives, superlatives, and all object pronouns. Stop the video where appropriate to discuss how these forms were used and to ask questions. Ask to whom or to what each object pronoun refers. For example, when David says **Qu'est-ce que je peux lui apporter?**, have students clarify the use of **lui**. **(Il demande ce qu'il peut apporter à Sandrine.)**

EXPANSION

You Say, I Say Have students write five sentences that contain both direct and indirect object nouns. When they are finished, have them switch papers with a partner who must restate the sentences using double object pronouns.

- In an infinitive construction, the double object pronouns come after the conjugated verb and precede the infinitive, just like single object pronouns.

  Mes notes de français? Je vais
  vous les prêter.
  *My French notes? I'm going to
  lend them to you.*

  Carole veut lire mon poème?
  Je vais **le lui** montrer.
  *Carole wants to read my poem?
  I'm going to show it to her.*

- In the **passé composé** the double object pronouns precede the auxiliary verb, just like single object pronouns. The past participle agrees with the preceding direct object.

  Rémi a-t-il acheté ces fleurs pour sa mère?
  Did Rémi buy those flowers for his mother?

  Oui, il **les lui** a **achetées**.
  Yes, he bought them for her.

  Vous m'avez donné la plus grande chambre?
  Did you give me the biggest room?

  Non, nous ne **vous l'**avons pas **donnée**.
  No, we didn't give it to you.

- In affirmative commands, the verb is followed by the direct object pronoun and then the indirect object pronoun, with hyphens in between. Remember to use **moi** and **toi** instead of **me** and **te**.

  Vous avez trois voitures?
  Montrez-**les-moi**.
  *You have three cars?
  Show them to me.*

  Tu connais la réponse à la
  question du prof? Dis-**la-nous**.
  *You know the answer to the
  teacher's question? Tell it to us.*

  Voici le livre. Donne-**le-leur**.
  Here's the book. Give it to them.

  Ce poème? Traduisons-**le-lui**.
  This poem? Let's translate it for her.

- In negative commands, the pronouns precede the verb.

  Elle ne veut pas les fruits de mer. Ne **les lui** commande pas.
  She doesn't want seafood. Don't order it for her.

Essayez!   **Utilisez deux pronoms pour refaire ces phrases.**

1. Le prof vous donne les résultats des examens. *Le prof vous les donne.*
2. Tes parents t'achètent le billet. *Tes parents te l'achètent.*
3. Qui t'a donné cette belle lampe bleue? *Qui te l'a donnée?*
4. Il nous a réservé les chambres. *Il nous les a réservées.*
5. Pose-moi tes questions. *Pose-les-moi.*
6. Ne leur donne pas les réponses. *Ne les leur donne pas.*
7. Peux-tu me montrer les photos? *Peux-tu me les montrer?*
8. Tu préfères lui prêter ton dictionnaire? *Tu préfères le lui prêter?*

cent trois **103**

---

1 Suggestion Have students write the answers on the board and go over them with the class.

2 Suggestion Before assigning this activity, have students underline the direct objects and circle the indirect objects in each sentence on photocopies or a transparency.

3 Expansion Have students write their own sentences using double object pronouns modeled on those in the activity. Pairs exchange papers and invent possible questions that elicit those responses.

Mise en pratique

1 **Les livres** Le père de Bertrand lui a acheté des livres. Refaites l'histoire avec deux pronoms pour chaque phrase.

1. Papa a acheté _ces livres à Bertrand._ Papa les lui a achetés.
2. Il a lu _les livres à ses petits frères._ Il les leur a lus.
3. Maintenant, ses frères veulent lire _les livres à leur père._ Maintenant, ses frères veulent les lui lire.
4. Bertrand donne _les livres à ses petits frères._ Bertrand les leur donne.
5. Les garçons montrent _les livres à leur père._ Les garçons les lui montrent.
6. Leur père préfère donner _sa place à leur mère._ Leur père préfère la lui donner.
7. Les enfants lisent _les livres à leur mère._ Les enfants les lui lisent.
8. «Maintenant, lisez _les livres à votre père_», dit-elle. «Maintenant, lisez-les-lui», dit-elle.

2 **Comment?** Un groupe d'amis parle de l'anniversaire de Christelle. Antoine n'entend pas très bien. Il répète tout ce que les gens disent. Utilisez des pronoms pour écrire ses questions.

MODÈLE

Je vais prêter mon pull noir à Christelle.
Tu veux le lui prêter?

1. Son père a acheté la petite voiture bleue à Christelle. Son père la lui a achetée?
2. Nous envoyons les invitations aux amis. Vous les leur envoyez?
3. Le prof a donné la meilleure note à Christelle le jour de son anniversaire. Le prof la lui a donnée?
4. Je vais prêter mon tailleur à Christelle vendredi soir. Tu vas le lui prêter vendredi soir?
5. Est-ce que vous voulez me lire l'invitation? Est-ce que je veux / nous voulons vous la lire?
6. Nous n'avons pas envoyé l'invitation au professeur. Vous ne la lui avez pas envoyée?
7. Gilbert et Arthur vont nous apporter le gâteau. Gilbert et Arthur vont vous l'apporter?
8. Sa mère va payer le repas à sa fille. Sa mère va le lui payer?

3 **De quoi parle-t-on?** Avec un(e) partenaire, imaginez les questions qui ont donné ces réponses. Ensuite, présentez vos questions à la classe. Answers will vary.

MODÈLE

Il veut le lui vendre.
Il veut vendre son vélo à son camarade?

1. Marc va la lui donner.
2. Nous te l'avons envoyée hier.
3. Elle te les a achetés la semaine dernière.
4. Tu me les prêtes souvent.
5. Micheline ne va pas vous les prendre.
6. Tu ne nous les as pas prises.
7. Rendez-les-moi!
8. Ne le lui disons pas!
9. Vous n'allez pas le leur apporter.

TEACHING OPTION

Comparisons Write items 5 and 6 from **Activité 1** on the board. Have students supply the answers. Write those on the board as well. Next, have students supply the English translations for all four sentences. Then, ask students what the similarities and differences are in sentence structure between the English and French sentences. End by discussing what these similarities and differences tell them about the nature of language.

DIFFERENTIATION

Struggling Students Have students write on a large index card the object pronoun sequence for verbs conjugated in the present tense, for verbs followed by an infinitive, for verbs in the **passé composé**, and for affirmative and negative commands. Check their notes for accuracy. Then, suggest that they refer to their cards as they complete the activities on pp. 104–105.

Communication

4 Une entrevue Avec un(e) partenaire, répondez aux questions sur votre enfance. Utilisez deux pronoms dans vos réponses. Answers will vary.

1. Est-ce que tes parents te montraient les films de Disney quand tu étais petit(e)?
2. Est-ce que tu vas montrer les films de Disney à tes enfants un jour?
3. Est-ce que quelqu'un te parlait en français quand tu étais petit(e)?
4. Qui t'a acheté ton premier vélo?
5. Qui te faisait à dîner quand tu étais petit(e)?
6. Qui te préparait le petit-déjeuner le matin?
7. Qui t'achetait tes vêtements quand tu étais petit(e)?
8. Est-ce que quelqu'un vous lisait les livres du Dr. Seuss, à toi et à tes frères et sœurs?

5 Qui vous aide? Avec un(e) partenaire, posez des questions avec les pronoms interrogatifs **qui** et **quand**. Vous pouvez choisir le présent, le passé composé ou l'imparfait. Répondez aux questions avec deux pronoms. Answers will vary.

MODÈLE prêter sa voiture

Élève 1: *Qui te prête sa voiture?*
Élève 2: *Ma mère me la prête.*
Élève 1: *Quand est-ce qu'elle te la prête?*
Élève 2: *Elle me la prête le vendredi.*

faire la cuisine	nettoyer la chambre
faire le lit	acheter un cadeau
laver les vêtements	prêter ses livres

6 Les courses Avec un(e) partenaire, préparez deux dialogues basés sur deux des photos. À tour de rôle, jouez le/la client(e) et le/la marchand(e). Utilisez le vocabulaire de la leçon et deux pronoms, si possible, dans les dialogues. Answers will vary.

commander	être au régime	du poulet
des croissants	les fruits de mer	une saucisse
cuisiner	un plat	un steak
une entrée	du porc	une tarte

4 Expansion Have two pairs get together and ask each other questions in the third person based on what they just learned about their partners.

4 Virtual Chat You can also assign Activity 4 on vhlcentral.com. Students record individual responses that appear in your gradebook.

5 Expansion Have students tell the class their partners' responses using the third person. Example: **Sa mère la lui prête le vendredi.**

5 & 6 Partner Chat You can also assign Activities 5 and 6 on vhlcentral.com. Students work in pairs to record the activity online. The pair's recorded conversation will appear in your gradebook.

6 Suggestions
- Go over the photos with the students so it is clear what stores are pictured.
- Make sure students include at least two affirmative commands including **s'il vous plaît** and double object pronouns in their conversations.
- Call on a few volunteer pairs to act out one of the conversations for the class.

Activity Pack For additional activities, go to the **Activity Pack** in the **Resources** section of vhlcentral.com.

EXPANSION

Culture Point out the chalkboards in two of the images in **Activité 6**. Tell students that daily specials in shops, at market stands, and in restaurants in France are often written on **l'ardoise** (literally *slate*). When a certain item runs out, it is simply erased. Ask students how customers find out about daily specials at the same locations in their community. Then have them compare the advantages and disadvantages of each system.

EXPANSION

Pairs Tell students to write five questions they would like to ask their partner that require a direct and an indirect object pronoun in the answer. Then have them take turns asking and answering each other's questions. Call on volunteers to share what they learned about their partner with the class.

Révision

Key Standards

1.1

1 Suggestion Encourage students to use both familiar commands and **pouvoir** + *infinitive* when completing the activity.

2 Expansion You can also do this activity in groups of three. Have the third student imagine he or she is the server. The other students must ask questions about the food in order to make a decision. Example: **La tarte aux pommes est-elle plus fraîche que les pêches à la crème?**

2 Partner Chat You can also assign Activity 2 on vhlcentral.com. Students work in pairs to record the activity online. The pair's recorded conversation will appear in your gradebook.

3 Expansion Students should imagine they must create a restaurant ad featuring their favorite dish. Have students make up five sentences using superlatives to convince customers their restaurant is the best and to entice them to order their favorite dish.

4 Suggestion Before assigning this activity, review the different meanings the verbs **devoir**, **vouloir**, and **pouvoir** can have in the past and negative forms.

5 Suggestions
• Act out the **modèle** with two volunteers.
• Have students brainstorm a list of additional ideas with two options on the board. Example: **étudier dans un grand ou un petit lycée**

6 Suggestion Divide the class into pairs and distribute the Info Gap Handouts from the Activity Pack. Give students ten minutes to complete the activity.

1 Fais les courses pour moi Vous n'avez pas le temps d'aller dans tous ces magasins. Choisissez un magasin. Puis, par groupes de quatre, trouvez des camarades qui vont dans d'autres magasins. À tour de rôle, demandez-leur de faire des courses pour vous. Utilisez des pronoms doubles dans vos réponses. Answers will vary.

MODÈLE

Élève 1: J'ai besoin de deux filets de poissons. Tu peux me les prendre à la poissonnerie?
Élève 2: Pas de problème. Et moi, j'ai besoin de...

un camembert	six croissants
deux bouteilles de lait	une tarte aux pêches
deux filets de poissons	des tomates
douze œufs	une tranche de jambon
quatre côtes (*chops*) de porc	trois baguettes

2 Je les leur commande Vous êtes au restaurant. Avec un(e) partenaire, choisissez le meilleur plat pour chaque membre de votre famille. Employez des comparatifs, des superlatifs et des pronoms doubles dans vos réponses. Answers will vary.

MODÈLE

Élève 1: Et le poulet?
Élève 2: Mon père mange du poulet plus souvent que ma mère. Je vais le lui commander.

Assiette de fruits de mer	Petits pois et carottes
Bœuf avec une sauce tomate	Pizza aux quatre fromages
Hamburger et frites	Sandwich au thon
Pêches à la crème	Tarte aux pommes

3 Mes plats préférés Par groupes de trois, interviewez vos camarades. Quels sont les plats qu'ils aiment le mieux? Quand les ont-ils mangés la dernière fois? Choisissez vos trois plats préférés, puis comparez-les avec les plats de vos camarades. Employez des comparatifs, des superlatifs et le passé récent. Answers will vary.

4 Le week-end dernier Préparez deux listes par écrit, une pour les choses que vous avez pu faire le week-end dernier et une pour les choses que vous n'avez pas pu faire. Ensuite, avec un(e) partenaire, comparez vos listes et expliquez vos réponses. Employez les verbes **devoir**, **vouloir** et **pouvoir** au passé composé et, si possible, les pronoms doubles. Answers will vary.

MODÈLE

Élève 1: J'ai voulu envoyer un e-mail à ma cousine.
Élève 2: Est-ce que tu as pu le lui envoyer?

5 C'est mieux Par groupes de trois, donnez votre opinion sur ces sujets. Pour chaque sujet, comparez les deux options. Soyez prêt(e)s à présenter les résultats de vos discussions à la classe. Answers will vary.

MODÈLE apporter des fleurs ou des chocolats à un dîner

Élève 1: C'est plus sympa d'apporter des fleurs à un dîner.
Élève 2: Oui, on peut les mettre sur la table. Elles sont plus jolies que des chocolats.
Élève 3: Peut-être, mais les chocolats, c'est un cadeau plus généreux.

• commencer ou finir un régime
• faire les courses ou faire la cuisine
• manger ou faire la cuisine

6 Six différences Votre professeur va vous donner, à vous et à votre partenaire, deux feuilles d'activités différentes. Comparez les deux familles pour trouver les six différences. Attention! Ne regardez pas la feuille de votre partenaire. Answers will vary.

MODÈLE

Élève 1: Fatiha est aussi grande que Samira.
Élève 2: Non, Fatiha est moins grande que Samira.

EXPANSION

Seeking Information Have students imagine that a French student wants to attend their high school the following year and wrote them an e-mail asking questions about it. Provide a brief sample message. Example: **Je suis en seconde et je veux être prêt(e) pour venir dans votre lycée. Mon lycée a cinq cents élèves. Votre lycée est plus grand ou plus petit? Quel cours est le plus intéressant? Est-ce que les repas sont meilleurs?**

Quelles sont les autres différences avec un lycée en France? Students then write a reply telling about different aspects of high school. Encourage the use of personal experience in their comparisons. Then in groups of three, have each student present his or her e-mail. Students should discuss whether they agree or disagree with their classmates.

À l'écoute vhlcentral

Section Goals

In this section, students will:
- learn to take notes as they listen
- listen to a paragraph and jot down the main points
- listen to a cooking program and complete several activities

Key Standards

1.2, 2.1

 21ˢᵗ Century Skills

Critical Thinking and Problem Solving
Students practice aural comprehension as a tool to negotiate meaning in French.

STRATÉGIE

Jotting down notes as you listen

Jotting down notes while you listen to a conversation in French can help you keep track of the important points or details. It will help you to focus actively on comprehension rather than on remembering what you have heard.

🔊 To practice this strategy, you will listen to a paragraph. Jot down the main points you hear.

Préparation

Regardez la photo et décrivez la scène. Où sont ces hommes? Que font-ils? Qui sont-ils, à votre avis? Qu'y a-t-il dans la poêle (*frying pan*)? À votre avis, que préparent-ils?

🔊 À vous d'écouter

👥 Écoutez les instructions pour préparer une salade niçoise et notez les ingrédients nécessaires.

Pour la salade

des haricots verts	des tomates
des pommes de terre	un poivron
des œufs	du thon
de la salade	des olives noires

Pour la vinaigrette (*dressing*)

de l'huile d'olive	du sel
de la moutarde	du poivre
de l'ail	du vinaigre

Compréhension

👥 **Le bon ordre** Mettez ces instructions simplifiées dans le bon ordre, d'après la recette de la salade niçoise.

- __7__ a. Mélanger (*Mix*) le vinaigre, l'huile d'olive, la moutarde et l'ail pour faire la vinaigrette.
- __6__ b. Mettre le thon et les olives sur la salade.
- __4__ c. Couper (*Cut*) les œufs et les mettre dans la salade.
- __1__ d. Faire cuire (*Cook*) les pommes de terre, les haricots verts et les œufs.
- __5__ e. Mettre les morceaux de tomates et de poivron sur la salade.
- __2__ f. Laver la salade et la mettre dans une grande assiette.
- __3__ g. Mettre les haricots verts et les pommes de terre sur la salade.
- __8__ h. Mettre la vinaigrette sur la salade et servir.

👥 **Votre recette préférée** Quel est votre plat ou dessert favori? Donnez la liste des ingrédients qu'il faut pour le préparer, puis expliquez à un groupe de camarades comment le préparer. Ne leur donnez pas le nom du plat. Ils vont prendre des notes et essayer de le deviner (*to guess*). Ensuite, changez de rôles.

cent sept **107**

peu d'ail. Mettez du sel et du poivre dans la vinaigrette et ajoutez-la à la salade. Et voilà! Votre salade est prête! Vous pouvez la servir avec du pain ou bien des croûtons, si vous le désirez. Cette salade délicieuse est rapide à préparer et vous pouvez la servir en entrée ou bien comme plat principal. Allez! À table! Et bon appétit à tous!
Teacher Resources DVD

Stratégie
Script Bon, je vais aller faire les courses. D'abord, je vais passer à la boucherie. J'ai besoin d'un poulet et de quatre steaks. Ensuite, je vais aller à la boulangerie pour acheter du pain et des croissants. Ah oui! Il faut aussi du poisson pour ce soir. Alors, du thon à la poissonnerie. Et au supermarché, des légumes et des fruits.
Teacher Resources DVD

Préparation Have students look at the photo and describe what they see. Then ask them to guess what dish the chef is preparing.

À vous d'écouter
Script Bonjour à tous et bienvenue à «Cuisiner avec Claude». Aujourd'hui, nous allons préparer une salade bien française: la salade niçoise. C'est une salade très complète qui est parfaite pour l'été. Alors, voici ce que vous devez faire pour préparer cette salade. Tout d'abord, faites cuire les haricots verts et les pommes de terre dans de l'eau très chaude avec un peu de sel. Faites aussi cuire les œufs dans de l'eau. Lavez bien la salade et mettez-la dans une grande assiette. Mettez les pommes de terre et les haricots verts sur la salade. Coupez les œufs, quelques tomates et un poivron et mettez-les dans la salade. Ensuite, mettez du thon et des olives noires. Et maintenant, pour la vinaigrette, mélangez du vinaigre, de l'huile d'olive, de la moutarde et un

Savoir-faire

Panorama

vhlcentral

La Normandie

La région en chiffres

▶ **Superficie:** 29.906 km² (vingt-neuf mille neuf cent six kilomètres carrés°)

▶ **Population:** 3.328.364 (trois millions trois cent vingt-huit mille trois cent soixante-quatre)
SOURCE: Institut National de la Statistique et des Études Économiques (INSEE)

▶ **Industries principales:** élevage bovin°, énergie nucléaire, raffinage° du pétrole

▶ **Villes principales:** Alençon, Caen, Évreux, Le Havre, Rouen

Personnages célèbres

▶ la comtesse de Ségur, écrivaine (1799–1874)

▶ Guy de Maupassant, écrivain (1850–1893)

▶ Christian Dior, couturier° (1905–1957)

La Bretagne

La région en chiffres

▶ **Superficie:** 27.208 km² (vingt-sept mille deux cent huit kilomètres carrés)

▶ **Population:** 3.237.097

▶ **Industries principales:** agriculture, élevage°, pêche°, tourisme

▶ **Villes principales:** Brest, Quimper, Rennes, Saint-Brieuc, Vannes

Personnages célèbres

▶ Anne de Bretagne, reine° de France (1477–1514)

▶ Jacques Cartier, explorateur (1491–1557)

▶ Bernard Hinault, cycliste (1954–)

carrés square **élevage bovin** raising cattle **raffinage** refining **couturier** fashion designer **élevage** raising livestock **pêche** fishing **reine** queen **les plus grandes marées** the highest tides **presqu'île** peninsula **entourée de sables mouvants** surrounded by quicksand **basse** low **île** island **haute** high **chaque** each **siècle** century **pèlerinage** pilgrimage **falaises** cliffs **moulin** mill

LE ROYAUME-UNI

LA MANCHE

LA FRANCE

les falaises° d'Étretat

Cherbourg
Dieppe
Le Havre
la Seine
Rouen
Deauville
Caen
NORMANDIE
Évreux
Brest
St-Brieuc
Le Mont-St-Michel
Alençon
Quimper
BRETAGNE
Rennes
Lorient
Vannes
Belle Île en Mer

L'OCÉAN ATLANTIQUE

l'art de faire les crêpes

un moulin° en Bretagne

0   50 miles
0   50 kilomètres

Incroyable mais vrai!

C'est au Mont-Saint-Michel qu'il y a les plus grandes marées° d'Europe. Une presqu'île° entourée de sables mouvants° à marée basse°, le Mont-Saint-Michel est transformé en île° à marée haute°. Trois millions de touristes visitent chaque° année l'église du onzième siècle°, centre de pèlerinage° depuis 1000 (mille) ans.

La gastronomie

Les crêpes bretonnes et le camembert normand

Les crêpes sont une des spécialités culinaires de Bretagne; en Normandie, c'est le camembert. Les crêpes sont appréciées sucrées, salées°, flambées... Dans les crêperies°, le menu est complètement composé de crêpes! Le camembert normand est un des grands symboles gastronomiques de la France. Il est vendu dans la fameuse boîte en bois ronde° pour une bonne conservation.

AP® Theme: Beauty and Aesthetics
Context: Contributions to World Artistic Heritage

Les arts

Giverny et les impressionnistes

Les maison de Claude Monet, maître du mouvement impressionniste, est à Giverny, en Normandie. Après des rénovations, la résidence et les deux jardins ont aujourd'hui leur ancienne° splendeur. Le légendaire jardin aquatique est la source d'inspiration pour des peintures° célèbres comme *Les Nymphéas*° et *Le Pont japonais*°. Depuis la fin° du dix-neuvième siècle°, beaucoup d'artistes américains, influencés par les techniques impressionnistes, font de la peinture à Giverny.

Les monuments

Les menhirs et les dolmens

À Carnac, en Bretagne, il y a 3.000 (trois mille) menhirs et dolmens. Les menhirs sont d'énormes pierres° verticales. Alignés ou en cercle, ils avaient une fonction rituelle associée au culte de la fécondité ou du soleil°. Les plus anciens° datent de 4.500 (quatre mille cinq cents) ans avant J.-C.° Les dolmens servaient de sépultures° collectives et étaient peut-être utilisés dans des rites funéraires de passage de la vie° à la mort°.

AP® Theme: Contemporary Life   Context: Leisure and sports

Les destinations

Deauville: station balnéaire de réputation internationale

Deauville, en Normandie, est une station balnéaire° de luxe et un centre de thalassothérapie°. La ville est célèbre pour sa marina, ses courses hippiques°, son casino, ses grands hôtels et son festival du film américain. La clientèle internationale apprécie beaucoup la plage, le polo et le golf. L'hôtel le Royal Barrière était un palace° du début° du vingtième siècle.

⁺ᴬ⁺ Compréhension Complétez ces phrases.

1. _Jacques Cartier_ était un explorateur breton.
2. À marée haute, le Mont-Saint-Michel est une ___île___.
3. _Les crêpes_ sont une spécialité bretonne.
4. Dans _les crêperies_, on mange uniquement des crêpes.
5. _Le camembert_ est vendu dans une boîte en bois ronde.
6. Le _jardin aquatique_ de Monet est la source d'inspiration de beaucoup de peintures.
7. Beaucoup d'artistes _américains_ ont fait de la peinture à Giverny.
8. Les menhirs avaient une fonction _rituelle_.
9. Les dolmens servaient de _sépultures_.
10. Deauville est une _station balnéaire_ de luxe.

⁺ᴬ⁺ Sur Internet

1. Cherchez des informations sur les marées du Mont-Saint-Michel. À quelle heure est la marée haute aujourd'hui?

2. Cherchez des informations sur deux autres peintres impressionnistes. Trouvez deux peintures que vous aimez et dites (*say*) pourquoi vous les aimez.

salées *savory* **crêperies** *crêpe restaurants* **boîte en bois ronde** *round, wooden box* **ancienne** *former* **peintures** *paintings* **Nymphéas** *Waterlilies* **Pont japonais** *Japanese Bridge* **la fin** *the end* **siècle** *century* **pierres** *stones* **soleil** *sun* **Les plus anciens** *The oldest* **avant J.-C.** *B.C.* **sépultures** *graves* **vie** *life* **mort** *death* **station balnéaire** *seaside resort* **thalassothérapie** *seawater therapy* **courses hippiques** *horse races* **palace** *luxury hotel* **début** *beginning*

Les crêpes et galettes bretonnes et le camembert normand

- There are various types of crêpes. In Brittany, the **galettes de blé noir** (buckwheat crêpes) are filled with foods such as egg, ham and cheese, or mushrooms. The **crêpes de froment** (wheat flour crêpes) frequently have sweet fillings such as honey, sugar, jam, or chocolate. Normandy has been known for its cheeses since the sixteenth century. Created in 1890, the wooden container permitted Camembert to be exported worldwide.

- Ask students if they have eaten crêpes or Camembert and if they like them. Or bring in some Camembert and a baguette for students to sample.

Giverny et les impressionnistes Considered one of the greatest landscape painters, Claude Monet lived in the village of Giverny from 1883 until his death in 1926. Bring in photos of *Les Nymphéas* or *Le pont japonais* and briefly comment on the style and colors.

Les menhirs et les dolmens The megaliths, which are ancient granite blocks, can be found all over Brittany. The **menhir** is the most common form of megalith. The **dolmen** has two upright stones with a flat stone on top, like a table. The words **menhir** and **dolmen** come from Breton; **men** means *stone*, **hir** means *long*, and **dol** means *table*.

Deauville: station balnéaire de réputation internationale Founded by the Duke of Normandy in the 1860s, Deauville is famous for its **Promenade des Planches**, the wooden boardwalk alongside the beach, which was created so women wouldn't have to walk in the sand. Ask students: **Avez-vous envie de visiter Deauville? Pourquoi?**

🌐 21ˢᵗ Century Skills

Information and Media Literacy Go to vhlcentral.com to complete the **Sur Internet** activity associated with **Panorama** for additional practice accessing and using culturally authentic sources.

Cultural Comparison Working in small groups, have students compare Deauville to a famous American seaside resort. Tell them to list the similarities and differences in a two-column chart under the headings **Similitudes** and **Différences**. After completing their charts, call on volunteers to read their lists.

La Chandeleur On February 2, friends and family gather to celebrate the holiday **la Chandeleur** by cooking and eating crêpes and hoping for a prosperous year. Originally a religious celebration, **la Chandeleur** attracted pilgrims to Rome, and according to legend, the pope gave the pilgrims crêpes. Since then, crêpes have been associated with the holiday.

Section Goals

In this section, students will:
- learn to identify the main idea in a text
- read a menu and restaurant review

Key Standards
1.2, 2.1, 3.2, 5.2

Interpretive Reading:
Stratégie Tell students that recognizing the main idea of a text will help them infer the meanings of unfamiliar words they encounter while reading. Tell them to check the title first because the main idea is often expressed there. Also tell them to read the topic sentence of each paragraph before they read the full text so they will get a sense of the main idea.

Examinez le texte First, have students look at the format of the two texts and ask them if the formats are similar or different. Then, tell them to get together with a partner and discuss the reading strategies they can use to identify the texts' genre.

Comparez les deux textes
- Have students look at the first text (the menu) and ask them if it has a title. Then have them identify the subtitles or subheadings and the type of vocabulary used. Finally, ask them to identify the text's genre.
- Have students look at the second text (the review) and identify the different parts of the reading. Then ask them to compare the formats and vocabulary of the two texts. Write a list of the similarities and differences on the board. Finally, have them identify the genre of the second text.

Lecture vhlcentral

Avant la lecture

STRATÉGIE

Reading for the main idea

As you know, you can learn a great deal about a reading selection by looking at its format and by looking for cognates, titles, and subtitles. You can skim to get the gist of the reading selection and scan it for specific information. Reading for the main idea is another useful strategy; it involves locating the topic sentences of each paragraph to determine the author's purpose. Topic sentences can provide clues about the content of each paragraph, as well as the general organization of the reading. Your choice of which reading strategies to use will depend on the style and format of each reading selection.

Examinez le texte

Cette lecture comporte (*includes*) deux textes. Regardez ces textes rapidement. Leur format est-il similaire ou différent? Quelles stratégies vont être utiles pour identifier le genre de ces textes, d'après vous? Comparez vos idées avec un(e) camarade.

Comparez les deux textes
Premier texte

Analysez le format du texte. Y a-t-il un titre? Des sous-titres? Plusieurs sections? Comment ce texte est-il organisé? Regardez rapidement le contenu (*content*) du texte. Quel genre de vocabulaire trouvez-vous dans ce texte? D'après vous, qu'est-ce que c'est?

Deuxième texte

Ce texte est-il organisé comme (*like*) le premier texte? Y a-t-il un titre, des sous-titres et plusieurs parties? Y a-t-il des informations similaires aux informations données dans le premier texte? Lesquelles? (*Which ones?*) Le vocabulaire est-il similaire au vocabulaire du premier texte? D'après vous, quel genre de texte est le deuxième texte? Les deux textes parlent-ils du même restaurant?

Chez Michel

12, rue° des Oliviers • 75006 Paris
Tél. 01.42.56.78.90
Ouvert° tous les soirs, de 19h00 à 23h30

Menu à 18 euros • Service compris

Entrée (au choix°)

Assiette de charcuterie
Escargots (1/2 douzaine°)
Salade de tomates au thon
Pâté de campagne
Soupe de légumes

Plat principal (au choix)

Poulet rôti° haricots verts
Steak au poivre pommes de terre
Thon à la moutarde (riz ou légumes au choix)
Bœuf aux carottes et aux champignons
Pâtes aux fruits de mer

Salade verte et plateau de fromages°

Dessert (au choix)

Tarte aux pommes
Tarte aux poires
Fruits de saison
Fraises à la crème Chantilly
Sorbet aux pêches
Gâteau au chocolat
Crème brûlée
Profiteroles au chocolat

Interpersonal Speaking Have students work in groups of three. Tell them to create a skit about a waiter or waitress and two customers at **Chez Michel**. The customers should enter the restaurant, ask for a table, order from the menu, and then ask for the check at the end of the meal. The waiter or waitress should respond appropriately and write down the customers' orders on a piece of paper.

Cultural Comparison Have students work in pairs. Tell them to compare the menu from **Chez Michel** with the menu of a restaurant that they know. Are they similar or different? Have them consider the format of the menu, the number of dishes and types of food served, and the prices.

À essayer: L'Huile d'Olive

Un nouveau restaurant provençal dans le quartier de Montmartre

L'Huile d'Olive
14, rue Molière
75018 Paris
01.44.53.76.35

*Ouvert tous les jours sauf° le lundi
Le midi, de 12h00 à 14h30, Menu à 12 euros
et Plat du jour
Le soir, de 19h00 à 23h00, Menus à 15 et 20
euros, Carte*

De l'extérieur, L'Huile d'Olive est un restaurant aux murs gris, dans une petite rue triste du quartier de Montmartre. Mais à l'intérieur, tout change. C'est la Provence, avec tout son soleil et toute sa beauté. Les propriétaires, Monsieur et Madame Duchesnes, ont transformé ce vieux restaurant qui est maintenant entièrement décoré dans le style provençal, en bleu et jaune. Dans ce nouveau restaurant très sympathique, les propriétaires vous proposent des plats provençaux traditionnels préparés avec soin°. Comme entrée, je vous recommande la salade de tomates à l'ail ou le carpaccio de thon à l'huile d'olive. Comme plat principal, commandez la daube° provençale, si vous aimez le bœuf, ou le poulet au pastis°. Le plateau des Sept Mers est un excellent choix pour les amoureux des fruits de mer. Comme légumes, essayez les pommes de terre au romarin° ou les petits pois aux oignons. Pour les végétariens, Madame Duchesnes propose des pâtes aux légumes avec une sauce à la crème délicieuse ou bien une ratatouille° de légumes fantastique. À la fin° du repas, commandez le fromage de chèvre° ou si vous préférez les desserts, goûtez la tarte poires-chocolat.

À L'Huile d'Olive, tout est délicieux et le service est impeccable. Alors, n'hésitez pas! Allez à L'Huile d'Olive pour goûter la Provence! ✦✦✦

rue *street* **Ouvert** *Open* **choix** *choice* **douzaine** *dozen* **rôti** *roast* **plateau de fromages** *cheeseboard* **sauf** *except* **soin** *care* **daube** *beef stew* **pastis** *anise liquor* **romarin** *rosemary* **ratatouille** *vegetable stew* **fin** *end* **chèvre** *goat*

Après la lecture

Vrai ou faux? Indiquez si les phrases au sujet du premier texte sont **vraies** ou **fausses**. Corrigez les phrases fausses.

1. On peut déjeuner au restaurant Chez Michel.
   Faux. On peut seulement dîner au restaurant Chez Michel.

2. Il n'y a pas de poisson dans les entrées.
   Faux. Il y a du poisson dans la salade de tomates au thon.

3. Il n'y a pas de plat principal pour les végétariens.
   Vrai.

4. Le poulet rôti est accompagné de légumes.
   Vrai.

5. Il y a trois plats principaux avec du bœuf.
   Faux. Il y a deux plats principaux avec du bœuf: le steak au poivre pommes de terre et le bœuf aux carottes et aux champignons.

6. On ne peut pas commander de fromage ou de dessert.
   Faux. On peut commander du fromage et des desserts.

Commandez Suggérez une entrée, un plat et un dessert pour ces personnes qui vont dîner au restaurant Chez Michel.
Answers will vary. Possible answers provided.

1. Mme Lonier est au régime et elle n'aime pas la viande.
   Elle peut prendre les escargots, le thon et les fruits de saison.

2. M. Sanchez ne mange pas de viande et il n'aime pas le thon. Il adore les légumes, mais il ne mange jamais de fruits.
   Il peut prendre la soupe de légumes, les pâtes aux fruits de mer et le gâteau au chocolat.

3. Mme Petit a envie de manger de la viande, mais elle n'aime pas beaucoup le bœuf. Elle n'aime ni (*neither*) les gâteaux ni (*nor*) les tartes. Elle peut prendre le pâté de campagne, le poulet rôti haricots verts et les fraises à la crème Chantilly.

4. Et vous, qu'est-ce que vous avez envie de goûter au restaurant Chez Michel? Pourquoi?

Répondez Répondez aux questions par des phrases complètes, d'après le deuxième texte.

1. Comment s'appelle le restaurant?
   Il s'appelle L'Huile d'Olive.

2. Combien coûtent les menus du soir?
   Ils coûtent 15 et 20 euros.

3. Quel est le style de cuisine du restaurant?
   Le style de cuisine est provençal.

4. Quelles viandes le critique (*critic*) recommande-t-il?
   Il recommande la daube provençale et le poulet au pastis.

5. Comment Madame Duchesnes prépare-t-elle les pâtes?
   Elle les prépare avec des légumes et une sauce à la crème délicieuse.

6. Le critique a-t-il aimé ce restaurant? Justifiez votre réponse. Answers may vary. Sample answer: Oui. Le restaurant est très sympathique. Les plats sont préparés avec soin. Tout est délicieux et le service est impeccable.

À Vous Vous et votre partenaire allez manger dans un de ces deux restaurants. Décidez quel restaurant vous préférez. Est-ce que vous allez déjeuner ou dîner? Qu'est-ce que vous allez commander? Combien d'argent allez-vous dépenser?

cent onze **111**

Vrai ou faux? Go over the answers with the class.

Commandez
• This activity can be done in pairs.
• For additional practice, give students these situations.
 5. David n'aime ni la soupe ni le poisson. Il aime les fruits.
 6. Isabelle adore la viande, mais elle n'aime pas les légumes. Elle adore les fruits, surtout les pommes.
 7. Claudine adore le thon et les tomates. Elle aime aussi le chocolat.

Répondez Have students write three more questions about the reading. Then tell them to exchange papers with a partner and answer the questions.

À Vous After completing the activity, take a quick class survey to find out which restaurant was more popular among students. Ask: **Combien de personnes choisissent Chez Michel? Et L'Huile d'Olive?** Tally the results on the board. Then ask pairs to explain why they chose that particular restaurant.

21ˢᵗ Century Skills

Creativity and Innovation Ask students to prepare a presentation on the ideal restaurant, inspired by the information on these two pages.

EXPANSION

Montmartre Le quartier de Montmartre, located on a hill in Paris (**la butte Montmartre**), is the highest natural point in the city and a popular tourist site. **La Basilique du Sacré-Cœur,** with its large white dome, sits on the top of the hill. Montmartre is famous for its history of bohemian artists and its nightlife, with the **Moulin Rouge** giving it worldwide acclaim.

EXPANSION

Oral Practice For additional practice with the restaurant review, give students these true/false items. **1. Le restaurant se trouve en Provence. (Faux.) 2. Le restaurant est fermé le samedi. (Faux.) 3. L'extérieur du restaurant n'est pas très beau. (Vrai.) 4. Il y a des choix de plats si on est végétarien. (Vrai.)**

Écriture

STRATÉGIE

Expressing and supporting opinions

Written reviews are just one of the many kinds of writing that require you to state your opinions. In order to convince your reader to take your opinions seriously, it is important to support them as thoroughly as possible. Details, facts, examples, and other forms of evidence are necessary. In a restaurant review, for example, it is not enough just to rate the food, service, and atmosphere. Readers will want details about the dishes you ordered, the kind of service you received, and the type of atmosphere you encountered. If you were writing a concert or album review, what kinds of details might your readers expect to find?

It is easier to include details that support your opinions if you plan ahead. Before going to a place or event that you are planning to review, write a list of questions that your readers might ask. Decide which aspects of the experience you are going to rate, and list the details that will help you decide upon a rating. You can then organize these lists into a questionnaire and a rating sheet. Bring these forms with you to remind you of the kinds of information you need to gather in order to support your opinions. Later, these forms will help you organize your review into logical categories. They can also provide the details and other evidence you need to convince your readers of your opinions.

Thème

Écrire une critique

Avant l'écriture

1. Vous allez écrire la critique d'un restaurant de votre ville pour le journal du lycée. Avant de l'écrire, vous allez d'abord créer un questionnaire et une feuille d'évaluation (*rating*) pour vous faire (*to form*) une opinion. Ces éléments vont aussi vous servir pour l'écriture de votre critique.

2. Travaillez avec un(e) partenaire pour créer le questionnaire. Vous pouvez utiliser ces questions ou en inventer (*invent some*) d'autres. Incluez les quatre catégories indiquées.

   - **Cuisine** Quel(s) type(s) de plat(s) y a-t-il au menu? Le restaurant a-t-il une spécialité? Quels plats avez-vous goûtés? Quels en sont les ingrédients? Est-ce que les ingrédients sont bio (*organic*)?

   - **Service** Comment est le service? Le service est-il lent ou rapide? Les serveurs sont-ils gentils et polis?

   - **Ambiance** Comment est le restaurant? Est-il beau? Grand? Bien décoré? Est-ce un restaurant simple ou élégant? Y a-t-il une terrasse? Des musiciens?

   - **Informations pratiques** Quel est le prix moyen d'un repas dans ce restaurant (au déjeuner et/ou au dîner)? Où est le restaurant? Quelle est son adresse et son numéro de téléphone? A-t-il un site Web? Quelles sont ses heures d'ouverture (*operating hours*)?

3. Après avoir écrit le questionnaire, utilisez les quatre catégories et la liste de questions pour créer une feuille d'évaluation. Un restaurant reçoit (*gets*) trois étoiles (*stars*) s'il est très bon et ne reçoit pas d'étoile s'il est mauvais.

4. Après avoir créé la feuille d'évaluation, utilisez-la pour évaluer un restaurant que vous connaissez. Utilisez des comparatifs et des superlatifs quand vous écrivez vos commentaires et vos opinions.

Nom du restaurant:

Nombre d'étoiles:

    1. Cuisine

      Type:

      Ingrédients:

      Qualité:

      Meilleur plat:

      Pire plat:

      Informations sur le chef:

Écriture

Utilisez la feuille d'évaluation que vous avez complétée pour écrire votre critique culinaire. Votre critique doit avoir:

1. une introduction pour indiquer votre opinion générale du restaurant et le nombre d'étoiles qu'il a reçu (*got*)

2. une description de la carte

3. une description du service

4. une description de l'ambiance (*atmosphere*)

5. des informations pratiques

6. une conclusion pour souligner (*to emphasize*) votre opinion et pour donner des suggestions pour améliorer (*to improve*) le restaurant

Après l'écriture

1. Échangez votre critique avec celle (*the one*) d'un(e) partenaire. Répondez à ces questions pour commenter son travail.

- Votre partenaire a-t-il/elle écrit une introduction présentant (*presenting*) une opinion générale du restaurant?

- Votre partenaire a-t-il/elle commenté la cuisine, le service, l'ambiance et les informations pratiques?

- Votre partenaire a-t-il/elle écrit une conclusion présentant une nouvelle fois son opinion et proposant (*suggesting*) des suggestions pour le restaurant?

- Votre partenaire a-t-il/elle utilisé des comparatifs et des superlatifs pour décrire le restaurant?

- Quel(s) détail(s) ajouteriez-vous (*would you add*)? Quel(s) détail(s) enlèveriez-vous (*would you delete*)? Quel(s) autre(s) commentaire(s) avez-vous pour votre partenaire?

2. Corrigez votre critique d'après (*according to*) les commentaires de votre partenaire. Relisez votre travail pour éliminer ces problèmes:

- des fautes (*errors*) d'orthographe et de ponctuation

- des fautes de conjugaison

- des fautes d'accord (*agreement*) des adjectifs

- un mauvais emploi de l'imparfait et du passé composé

- un mauvais emploi des comparatifs et des superlatifs

Leçon 1A

À table!

cuisiner	to cook
un déjeuner	lunch
un dîner	dinner
un goûter	afternoon snack
un petit-déjeuner	breakfast
un repas	meal

Les fruits

une banane	banana
une fraise	strawberry
un fruit	fruit
une orange	orange
une pêche	peach
une poire	pear
une pomme	apple
une tomate	tomato

Les légumes

l'ail (m.)	garlic
une carotte	carrot
un champignon	mushroom
des haricots verts (m.)	green beans
une laitue	lettuce
un légume	vegetable
un oignon	onion
des petits pois (m.)	peas
un poivron (vert, rouge)	(green, red) pepper
une pomme de terre	potato
une salade	salad

Les viandes et les poissons

le boeuf	beef
un escargot	escargot, snail
les fruits de mer (m.)	seafood
un pâté (de campagne)	pâté, meat spread
le porc	pork
un poulet	chicken
une saucisse	sausage
un steak	steak
le thon	tuna
la viande	meat

Autres aliments

un aliment	food item
la confiture	jam
la nourriture	food, sustenance
un oeuf	egg
des pâtes (f.)	pasta
le riz	rice
une tarte	pie, tart
un yaourt	yogurt

Les achats

faire les courses (f.)	to go (grocery) shopping
un supermarché	supermarket

Expressions utiles

See p. 77.

Verbes

devenir	to become
devoir	to have to (must); to owe
maintenir	to maintain
pouvoir	to be able to (can)
retenir	to keep, to retain
revenir	to come back
tenir	to hold
venir	to come
vouloir	to want; to mean (with dire)

Autres mots et locutions

depuis + [time]	since
il y a + [time]	ago
pendant + [time]	for

Leçon 1B

À table!

une assiette	plate
un bol	bowl
une carafe d'eau	pitcher of water
une carte	menu
un couteau	knife
une cuillère (à soupe/à café)	spoon (soup spoon/teaspoon)
une fourchette	fork
un menu	menu
une nappe	tablecloth
une serviette	napkin
une boîte (de conserve)	can
la crème	cream
l'huile (d'olive) (f.)	(olive) oil
la mayonnaise	mayonnaise
la moutarde	mustard
le poivre	pepper
le sel	salt
la soupe	soupe
une tranche	slice
À table!	Dinner is ready!
compris	included

Les repas

commander	to order
être au régime	to be on a diet
goûter	to taste
une entrée	appetizer, starter
un hors-d'oeuvre	hors-d'oeuvre, appetizer
un plat (principal)	(main) dish

Les achats

une boucherie	butcher's shop
une boulangerie	bread shop, bakery
une charcuterie	delicatessen
une pâtisserie	pastry shop, bakery
une poissonnerie	fish shop
un(e) commerçant(e)	shopkeeper
un kilo(gramme)	kilo(gram)

Expressions utiles

See p. 95.

Comparatives and superlatives

plus + [adjective/adverb] + que	more... than
aussi + [adjective/adverb] + que	as... as
moins + [adjective/adverb] + que	less... than
[noun] + le/la/les + plus + [adjective] + de	the most
[noun] + le/la/les + moins + [adjective] + de	the least
bon(ne)(s)	good
mauvais(e)(s)	bad
meilleur(e)(s)	better
pire(s)/plus mauvais(e)(s)	worse
le/la/les meilleur(e)(s)	best
le/la/les pire(s); le/la/les plus mauvais(e)(s)	worst
bien	well
mieux	better
le mieux	best

La santé

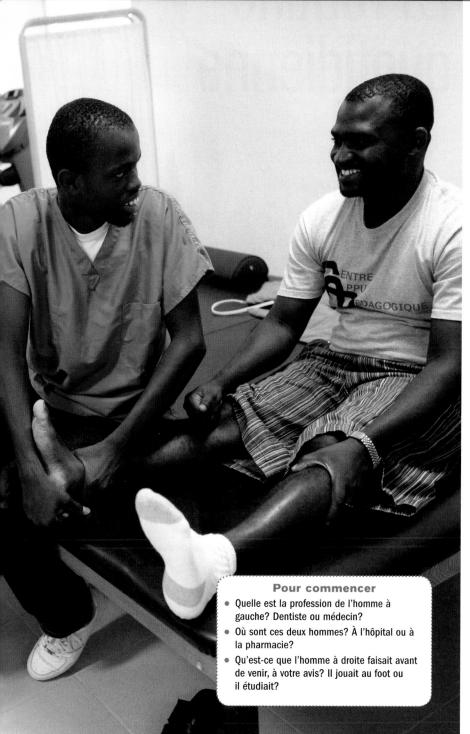

Pour commencer

- Quelle est la profession de l'homme à gauche? Dentiste ou médecin?
- Où sont ces deux hommes? À l'hôpital ou à la pharmacie?
- Qu'est-ce que l'homme à droite faisait avant de venir, à votre avis? Il jouait au foot ou il étudiait?

Unit Goals

Leçon 2A

In this lesson, students will learn:
- terms for parts of the body
- terms to discuss one's daily routine
- the pronunciation of **ch**, **qu**, **ph**, **th**, and **gn**
- about healthcare in France
- reflexive verbs
- some common idiomatic reflexive verbs
- about the company Krys

Leçon 2B

In this lesson, students will learn:
- terms to describe one's health
- terms for illnesses and remedies
- terms related to medical visits and treatments
- the pronunciation of **p**, **t**, and **c**
- about the national healthcare system in France
- more information on pharmacies and health-related businesses through specially shot video footage
- the **passé composé** of reflexive verbs
- the pronouns **y** and **en**
- to listen for specific information

Savoir-faire

In this section, students will learn:
- cultural and historical information about the French regions **la Nouvelle-Aquitaine** and **l'Occitanie**
- to use background knowledge to increase reading comprehension
- to sequence events in a narration

 **21ˢᵗ Century Skills**

Initiative and Self-Direction
Students can monitor their progress online using the activities and assessments on vhlcentral.com.

Pour commencer

- Il est médecin.
- Ils sont à l'hôpital.
- Il jouait au foot.

SUPPORT FOR BACKWARD DESIGN

Unité 2 **Essential Questions**
1. How do people describe their daily routines?
2. How do people talk about illness and health?
3. What is it like to visit a doctor in France?

Unité 2 **Integrated Performance Assessment**
Before teaching the chapter, review the Integrated Performance Assessment (IPA) and its accompanying scoring rubric provided in the Testing Program. Use the IPA to assess students' progress toward proficiency targets at the end of the chapter.
IPA Context: On your study abroad program in France, you are volunteering in a health clinic. You have been asked to prepare a short presentation in which you provide a few recommendations for staying healthy.

 Forums on vhlcentral.com allow you and your students to record and share audio messages.
Use Forums for presentations, oral assessments, discussions, directions, etc.

Section Goals

In this section, students will learn and practice vocabulary related to:
- daily routines
- personal hygiene
- some parts of the body

Key Standards

1.1, 1.2, 4.1

Suggestions

- Using the digital image for this page, describe what the people in the illustration are doing. Then point out objects and parts of the body. Examples: **Il se rase. Elle se maquille. C'est une serviette de bain.**
- Ask students yes/no questions based on the illustration. Examples: **La fille se lève-t-elle? La femme se regarde-t-elle? Est-ce le bras? Est-ce un peigne?**
- Model the pronunciation of **shampooing**. Mention that they may see the alternate spelling **shampoing**.
- Explain the relationships between these terms: **se raser, un rasoir, une crème à raser; se réveiller, un réveil; se coiffer, un coiffeur, une coiffeuse;** and **se brosser les dents, le dentifrice**.
- Remind students that the plural of **l'œil** is **les yeux**.
- Review the use of partitives with non-count nouns using words from **Contextes**. Examples: **du dentifrice** and **du shampooing**.
- Keep in mind that reflexives will only be used in the infinitive and third person singular in the activities until **Structures 2A.1**

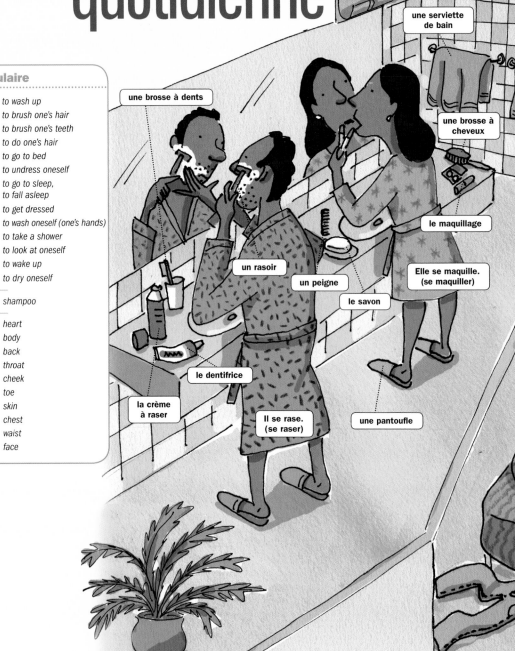

You will learn how to...

- describe your daily routine
- discuss personal hygiene

◁)) **vhl**central

La routine quotidienne

Vocabulaire

faire sa toilette	to wash up
se brosser les cheveux	to brush one's hair
se brosser les dents	to brush one's teeth
se coiffer	to do one's hair
se coucher	to go to bed
se déshabiller	to undress oneself
s'endormir	to go to sleep, to fall asleep
s'habiller	to get dressed
se laver (les mains)	to wash oneself (one's hands)
prendre une douche	to take a shower
se regarder	to look at oneself
se réveiller	to wake up
se sécher	to dry oneself
le shampooing	shampoo
le cœur	heart
le corps	body
le dos	back
la gorge	throat
une joue	cheek
un orteil	toe
la peau	skin
la poitrine	chest
la taille	waist
le visage	face

une serviette de bain

une brosse à dents

une brosse à cheveux

le maquillage

un rasoir

un peigne

Elle se maquille. (se maquiller)

le savon

le dentifrice

la crème à raser

Il se rase. (se raser)

une pantoufle

116 cent seize

TEACHING OPTIONS

Using Games Write vocabulary words for parts of the body on index cards. On another set of cards, draw or paste pictures to match each term. Tape them face down on the board in random order. Divide the class into two teams. Play a game of Concentration in which students match words with pictures. When a player makes a match, that player's team collects those cards. The team with the most cards at the end of the game wins.

TEACHING OPTIONS

Matin ou soir? Write two columns on the board: **la routine du matin** and **la routine du soir**. Have students classify the verbs in **Contextes** according to whether people do the actions when they wake up in the morning or in the evening before they go to bed. Then have students order the actions logically. This activity can also be done in pairs.

Mise en pratique

1 Associations Associez les activités de la colonne de gauche aux parties du corps correspondantes des colonnes de droite. Notez que certains éléments ne sont pas utilisés et que d'autres sont utilisés plus d'une fois.

_e_	1. écouter	a. la bouche	f. le pied
_a/b_	2. manger	b. la gorge	g. la taille
_f_	3. marcher	c. l'orteil	h. la tête
_i_	4. montrer	d. l'œil	i. le doigt
_a/b_	5. parler	e. l'oreille	j. le nez
_h_	6. penser		
_j_	7. sentir		
_d_	8. regarder		

2 Ça commence mal! Complétez le paragraphe sur le matin d'Alexandre avec les mots et expressions de la liste. Tous les mots et expressions ne sont pas utilisés.

bras	se coucher	se laver	réveil
se brosser les dents	gorge	peigne	ventre
cœur	s'habiller	pied	yeux

Ce matin, Alexandre n'entend pas son (1) __réveil__. Quand il se lève, il met d'abord le (2) __pied__ gauche par terre. Il entre dans la salle de bains. Là, il ne trouve pas le (3) __peigne__ pour se coiffer ni (*nor*) le dentifrice pour (4) __se brosser les dents__. Il se regarde dans le miroir. Ses (5) __yeux__ sont tout rouges. Comme il a très faim, son (6) __ventre__ commence à faire du bruit (*noise*). Il retourne ensuite dans sa chambre pour (7) __s'habiller__. Il met un pantalon noir et une chemise bleue. Puis, il descend les escaliers et tombe. Après un moment, il retourne dans sa chambre. Après un tel début (*such a beginning*) de journée, Alexandre va (8) __se coucher__.

3 Écoutez Sarah, son grand frère Guillaume et leur père parlent de qui va utiliser la salle de bains en premier ce matin. Écoutez la conversation et indiquez si les affirmations suivantes sont **vraies** ou **fausses**.

	Vrai	Faux
1. Sarah n'a pas entendu son réveil.	☑	☐
2. Guillaume ne va pas se raser.	☐	☑
3. Guillaume doit encore prendre une douche et se brosser les dents.	☑	☐
4. Guillaume demande à Sarah de lui apporter de la crème à raser.	☐	☑
5. Guillaume demande un savon à Sarah.	☐	☑
6. Guillaume demande une grande serviette de bain à Sarah.	☑	☐
7. Sarah doit prendre une douche et s'habiller en moins de vingt minutes.	☑	☐
8. Sarah décide de ne pas se maquiller et de ne pas se sécher les cheveux aujourd'hui.	☑	☐

Attention!

The verbs following the pronoun **se** are called reflexive verbs. You will learn more about them in STRUCTURES. For now, when talking about another person, place the pronoun **se** between the subject and the verb.

Il se regarde. *He looks at himself.*
Elle se réveille. *She wakes up.*

la tête
un œil (yeux *pl.*)
une oreille
un bras
un doigt
le ventre
un genou genoux *pl.*)
Elle se lève. (se lever)
le nez
la bouche
le cou
le réveil
une jambe
un pied
un doigt de pied

---

1 Expansion
- Have students think of other verbs to add to the list and let the class guess the body part(s) associated with them.
- Do this activity in reverse. Name various parts of the body and have students suggest verbs associated with them.

2 Expansion Ask students comprehension questions based on the paragraph. Examples: **1. Pourquoi Alexandre se lève-t-il tard? (Il n'entend pas son réveil.) 2. Que fait-il d'abord? (Il met le pied gauche par terre.) 3. Où va-t-il? (Il va à la salle de bains.) 4. Ça ne va pas bien. Pourquoi? (Il ne peut pas se coiffer./Il ne trouve pas le dentifrice./Ses yeux sont rouges.) 5. Que met-il quand il s'habille? (Il met un pantalon noir et une chemise bleue.) 6. Pourquoi Alexandre veut-il se coucher? (Il veut se coucher parce qu'il est tombé dans les escaliers./La journée commence mal.)**

3 Script SARAH: Allez, Guillaume. J'ai besoin d'utiliser la salle de bains.
GUILLAUME: Une minute! Je viens juste d'y entrer.
S: Mais, je suis en retard pour mes cours. Je n'ai pas entendu mon réveil.
PÈRE: Sarah, laisse ton frère se raser, prendre une douche et se brosser les dents. Il est arrivé le premier.
G: Je fais vite. Tiens! Il n'y a plus de shampooing. Est-ce que tu peux m'apporter une nouvelle bouteille et une grande serviette de bain, s'il te plaît?
S: Et tes pantoufles aussi?
Un peu plus tard…
P: Où est ta sœur?
G: Sarah va prendre sa douche. Elle doit se brosser les dents, s'habiller et se coiffer en moins de vingt minutes. Elle a décidé de ne pas se maquiller et de ne pas se sécher les cheveux pour gagner du temps.
P: Bon, on va te préparer quelque chose à manger dans le bus.
Teacher Resources DVD

3 Suggestion Have students correct the false statements. If necessary, play the recording again.

EXPANSION

Morning Routines Have students write down three daily routine activities. Each partner should ask questions using words that indicate time like **pendant**, **avant**, and **après** in order to guess the activities on their partner's list. Example: **Élève 1: C'est avant ou après le petit-déjeuner? Élève 2: C'est après le petit-déjeuner. Élève 1: C'est se brosser les dents? Élève 2: Oui, c'est ça.**

EXPANSION

Create an alien Have students work in groups of three. Tell them to draw a picture and write a description of a fantastical alien or monster. Example: **C'est un extraterrestre/un monstre. Il a trois nez, quatre yeux et huit bras.** Then have each group read their description while the class draws a picture of the alien or monster. Have students compare their drawings with the group's picture.

117

Communication

4 **Que font-ils?** Écrivez ce que (*what*) font ces personnes et ce qu'elles utilisent pour le faire. Donnez autant de (*as many*) détails que possible. Ensuite, à tour de rôle, lisez vos descriptions à votre partenaire. Il/Elle doit deviner quelle image vous décrivez. Answers will vary.

 1.  2.  3.  4.

 5.  6.  7.  8.

5 **Définitions** Créez votre propre définition des mots de la liste. Ensuite, à tour de rôle, lisez vos définitions à votre partenaire. Il/Elle doit deviner le mot correspondant. Answers will vary.

MODÈLE

cheveux
Élève 1: *On utilise une brosse ou un peigne pour les coiffer. Qu'est-ce que c'est?*
Élève 2: *Ce sont les cheveux.*

1. le cœur	**4.** les dents	**7.** la joue	**10.** l'orteil
2. le corps	**5.** le dos	**8.** le nez	**11.** la poitrine
3. le cou	**6.** le genou	**9.** l'œil	**12.** le visage

6 **Décrivez** Avec un(e) partenaire, décrivez votre acteur/actrice préféré(e) et sa routine du matin. Utilisez les adjectifs de la liste et les mots et les expressions de cette leçon. Answers will vary.

beau	gros	petit
court	heureux	sincère
égoïste	jeune	de taille moyenne
grand	long	vieux

7 **Que fait-elle?** Votre professeur va vous donner, à vous et à votre partenaire, deux feuilles d'activités différentes. À tour de rôle, posez-vous des questions pour savoir ce que fait Nadia chaque soir et chaque matin. Attention! Ne regardez pas la feuille de votre partenaire. Answers will vary.

MODÈLE

Élève 1: *À vingt-trois heures, Nadia se déshabille et met son pyjama. Que fait-elle ensuite?*
Élève 2: *Après, elle…*

Les sons et les lettres 🔊 vhlcentral

ch, qu, ph, th, and gn

The letter combination **ch** is usually pronounced like the English *sh*, as in the word *shoe*.

chat	**ch**ien	**ch**ose	enchanté

In words borrowed from other languages, the pronunciation of **ch** may be irregular.
For example, in words of Greek origin, **ch** is pronounced **k**.

psy**ch**ologie	te**ch**nologie	ar**ch**aïque	ar**ch**éologie

The letter combination **qu** is almost always pronounced like the letter **k**.

quand	prati**qu**er	kios**qu**e	**qu**elle

The letter combination **ph** is pronounced like an **f**.

télé**ph**one	**ph**oto	pro**ph**ète	géogra**ph**ie

The letter combination **th** is pronounced like the letter **t**. English *th* sounds, as in the words *this* and *with*, never occur in French.

thé	a**th**lète	biblio**th**èque	sympa**th**ique

The letter combination **gn** is pronounced like the sound in the middle of the English word *onion*.

monta**gn**e	espa**gn**ol	ga**gn**er	Allema**gn**e

Prononcez Répétez les mots suivants à voix haute.

1. thé
2. quart
3. chose
4. question
5. cheveux
6. parce que
7. champagne
8. casquette
9. philosophie
10. fréquenter
11. photographie
12. sympathique

Articulez Répétez les phrases suivantes à voix haute.

1. Quentin est martiniquais ou québécois?
2. Quelqu'un explique la question à Joseph.
3. Pourquoi est-ce que Philippe est inquiet?
4. Ignace prend une photo de la montagne.
5. Monique fréquente un café en Belgique.
6. Théo étudie la physique.

Dictons Répétez les dictons à voix haute.

N'éveillez pas le chat qui dort.[2]

La vache la première au pré lèche la rosée.[1]

[1] The early bird gets the worm. (lit. The cow that arrives at the pasture first licks the dew.)
[2] Let sleeping dogs lie. (lit. Don't wake a sleeping cat.)

Section Goals

In this section, students will learn functional phrases for talking about daily routines and emotional states.

Key Standards

1.2, 2.1, 2.2, 4.1, 4.2

Video Recap: Leçon 1B
Before doing this **Roman-photo**, review the previous one with this activity.
1. Quel cadeau Rachid a-t-il apporté à Sandrine? (des chocolats)
2. Et David, qu'a-t-il apporté à Sandrine? (des fleurs)
3. Qui aide à mettre la table? (Amina et Stéphane)
4. Qui est au régime? (Amina)
5. Qu'est-ce que Sandrine a préparé comme dessert? (une tarte aux pommes)

Video Synopsis

In the bathroom, David notices a rash on his face. Rachid needs to use the bathroom, because he woke up late and doesn't want to be late for class. David is taking a long time to get ready. When David finally opens the door, Rachid tricks him into closing his eyes so that he can slip into the bathroom and lock the door. Rachid also advises David to call a doctor about his rash.

Suggestions

- Have students predict what the episode will be about based on the video stills.
- Tell students to scan the **Roman-photo** and find sentences related to daily routines.
- After reading the **Roman-photo** in pairs, have students summarize the episode.

1 Suggestion Point out that the reflexive verbs in the questions are in the **passé composé**. Provide students with their meanings if necessary.

Drôle de surprise vhlcentral

PERSONNAGES

David

Rachid

Chez David et Rachid...
DAVID Oh là là, ça ne va pas du tout, toi!
RACHID David, tu te dépêches? Il est sept heures et quart. Je dois me préparer, moi aussi!

DAVID Ne t'inquiète pas. Je finis de me brosser les dents!
RACHID On doit partir dans moins de vingt minutes. Tu ne te rends pas compte!
DAVID Excuse-moi, mais on s'est couché tard hier soir.
RACHID Oui et on ne s'est pas réveillé à l'heure, mais mon prof de sciences po, ça ne l'intéresse pas tout ça.

DAVID Attends, je ne trouve pas le peigne... Ah, le voilà. Je me coiffe... Deux secondes!
RACHID C'était vraiment sympa hier soir... On s'entend tous super bien et on ne s'ennuie jamais ensemble... Mais enfin, qu'est-ce que tu fais? Je dois me raser, prendre une douche et m'habiller, en exactement dix-sept minutes!

RACHID Bon, tu veux bien me passer ma brosse à dents, le dentifrice et un rasoir, s'il te plaît?
DAVID Attends une minute. Je me dépêche.
RACHID Comment est-ce qu'un mec peut prendre aussi longtemps dans la salle de bains?

DAVID Euh, j'ai un petit problème...
RACHID Qu'est-ce que tu as sur le visage?
DAVID Aucune idée.
RACHID Est-ce que tu as mal à la gorge? Fais: Ah!
RACHID Et le ventre, ça va?
DAVID Oui, oui, ça va...

RACHID Attends, je vais examiner tes yeux... regarde à droite, à gauche... maintenant ferme-les. Bien. Tourne-toi...
DAVID Hé!

A C T I V I T É S

1 Vrai ou faux? Indiquez si ces affirmations sont **vraies ou fausses. Corrigez les phrases fausses.**
Some answers may vary slightly.
1. David va bien ce matin. Faux. David ne va pas bien ce matin.
2. Rachid est pressé (*in a hurry*) ce matin. Vrai.
3. David se rase. Faux. David se brosse les dents.
4. David se maquille. Faux. David se coiffe.
5. Rachid doit prendre une douche. Vrai.

6. David ne s'est pas réveillé à l'heure. Vrai.
7. David s'est couché tôt hier soir. Faux. David s'est couché tard hier soir.
8. Tout le monde s'est bien amusé (*had a good time*) hier soir. Vrai.
9. Les amis se disputent ce matin. Vrai.
10. Rachid est très inquiet pour David. Faux. Rachid n'est pas inquiet.

TEACHING OPTIONS

Drôle de surprise Tell students to read the title and scene setter. Then have them brainstorm what two roommates might say as they are trying to get ready for class at the same time. Write their ideas on the board.

EXPANSION

Extra Practice Show the video episode once without sound and have the class create a plot summary based on the visual cues. Then show the episode with sound and have the class make corrections and fill in any gaps in the plot summary.

David et Rachid se préparent le matin.

DAVID Patience, cher ami!

RACHID Tu n'as pas encore pris ta douche?!

DAVID Ne te mets pas en colère. J'arrive, j'arrive! Voilà... un peu de crème sur le visage, sur le cou...

RACHID Tu te maquilles maintenant?

DAVID Ce n'est pas facile d'être beau, ça prend du temps, tu sais. Écoute, ça ne sert à rien de se disputer. Lis le journal si tu t'ennuies, j'ai bientôt fini.

RACHID Ne t'inquiète pas, c'est probablement une réaction allergique. Téléphone au médecin pour prendre un rendez-vous. Qu'est-ce que tu as mangé hier?

DAVID Eh ben... J'ai mangé un peu de tout! Hé! Je n'ai pas encore fini ma toilette!

RACHID Patience, cher ami!

Expressions utiles

Talking about your routine

- **Je dois me préparer.**
  I have to get (myself) ready.
- **Je finis de me brosser les dents!**
  I'm almost done brushing my teeth!
- **On s'est couché tard hier soir.**
  We went to bed late last night.
- **On ne s'est pas réveillé à l'heure.**
  We didn't wake up on time.
- **Je me coiffe.**
  I'm doing my hair.
- **Je dois me raser et m'habiller.**
  I have to shave (myself) and get dressed.
- **Tu te maquilles maintenant?**
  Are you putting makeup on now?

Talking about states of being

- **Ça ne sert à rien de se disputer.**
  It doesn't help to argue.
- **Tu te dépêches?**
  Are you hurrying?/Will you hurry?
- **Ne t'inquiète pas.**
  Don't worry.
- **Tu ne te rends pas compte!**
  You don't realize!
- **On s'entend tous super bien et on ne s'ennuie jamais ensemble.**
  We all get along really well and we never get bored with one another.
- **Ne te mets pas en colère.**
  Don't get angry.
- **Lis le journal si tu t'ennuies.**
  Read the paper if you're bored.

Additional vocabulary

- **Je me dépêche.**
  I'm hurrying.
- **un mec**
  a guy
- **Tourne-toi.**
  Turn around.
- **aucune idée**
  no idea

2 **Les opposés** Trouvez pour chaque verbe de la colonne de gauche son opposé dans les colonnes de droite. Utilisez un dictionnaire. Attention! Tous les mots ne sont pas utilisés.

_e_ 1. bien s'entendre	a. s'amuser	d. s'appeler
_a/b_ 2. s'ennuyer	b. s'occuper	e. se disputer
_c_ 3. se dépêcher	c. se détendre	f. se coucher
_f_ 4. se lever		
_b_ 5. se reposer		

3 **Écrivez** Écrivez un paragraphe dans lequel (*in which*) vous décrivez la routine du matin et du soir de David ou de Rachid. Utilisez votre imagination et ce que vous savez de **ROMAN-PHOTO**.

A C T I V I T É S

cent vingt et un **121**

AP® Theme: Global Challenges
Context: Health Issues

vhlcentral   CULTURE À LA LOUPE

Les Français et la santé

Que fait-on en France quand on ne se sent pas bien? On peut, bien sûr, contacter son médecin. Généralement, il vous reçoit° dans son cabinet° pour une consultation et vous donne une ordonnance. Il faut ensuite se rendre à° la pharmacie et présenter son ordonnance pour acheter ses médicaments. Beaucoup de médicaments ne sont pas en vente libre°, donc consulter un médecin est important et nécessaire.

Les habitudes (*habits*) des Français et la santé

• 89% des Français voient° un médecin généraliste dans l'année.
• 54% vont chez le dentiste dans l'année.
• Les médecins donnent une ordonnance dans 80% des consultations.
• 57% des Français utilisent les médecines alternatives.
• 39% utilisent l'homéopathie° au moins une fois dans l'année.

SOURCES: INSEE, CNP/CNAM

Cependant°, pour leurs petits problèmes de santé, les Français aiment demander conseil° à leur pharmacien. Les pharmaciens en France ont un diplôme spécialisé et font six années d'études supérieures. Ils sont donc très compétents pour donner des conseils de qualité. Les pharmacies sont faciles à trouver: elles ont toutes une grande croix° verte lumineuse° suspendue° à l'extérieur. Elles sont en général ouvertes du lundi au samedi, entre 9h00 et 20h00. Pour les jours fériés et la nuit, il existe des pharmacies de garde°, dont° la liste est affichée sur la porte de chaque pharmacie.

Quand on est très malade, le médecin donne une consultation à domicile°, ce qui° est très pratique pour les enfants et les personnes âgées°! En cas d'urgence, on peut appeler deux autres numéros. SOS Médecin existe dans toutes les grandes villes. Ses médecins répondent aux appels 24 heures sur 24 et font des visites à domicile. Pour les accidents et les gros problèmes, on peut contacter le Samu. C'est un service qui emmène les malades et les blessés° à l'hôpital si nécessaire.

reçoit *sees* cabinet *office* se rendre à *to go to* en vente libre *available over the counter* Cependant *However* conseil *advice* croix *cross* lumineuse *illuminated* suspendue *hung* de garde *emergency* dont *of which* à domicile *at home* ce qui *which* personnes âgées *the elderly* blessés *injured* voient *see* homéopathie *homeopathy*

Coup de main

In France, body temperature is measured in Celsius.

37°C is the normal body temperature.

Between **37°** and **38°C** is a slight fever.

For a fever above **38.5°C**, medication should be taken.

Between **39°** and **40°C** is a high fever.

A C T I V I T É S

1 Complétez Complétez les phrases, d'après le texte et le tableau.

1. À la fin d'une consultation, le médecin vous donne parfois ___une ordonnance___.
2. ___Beaucoup de médicaments___ en France ne sont pas en vente libre.
3. Les pharmaciens en France font six années ___d'études supérieures___.
4. Les pharmacies sont faciles à trouver grâce à ___la grande croix verte lumineuse suspendue à l'extérieur___.
5. Parfois, le médecin vient à domicile pour donner ___une consultation___

6. Quand on est très malade, on peut appeler ___Answers will vary. Possible answers: SOS Médecin, le Samu___
7. ___89% des Français___ voient un médecin généraliste dans l'année.
8. 39% des Français utilisent ___l'homéopathie___ au moins une fois dans l'année.
9. La température normale du corps est de ___37°C___.
10. On a une forte fièvre quand on a ___39°C___.

Le français quotidien
- Model the pronunciation of each term and have students repeat it.
- Say the words and have students point to the corresponding body part.

Portrait
- Ask students: **Avez-vous déjà utilisé un produit de L'Occitane? Quel produit?**
- These products contain oils used in homeopathic remedies, a form of alternative medicine. Some product lines are based on honey (**le miel**), verbena (**la verveine**), everlasting flower (**l'immortelle**) from Corsica, or shea (**le karité**) from Africa.

Le monde francophone Model the pronunciation of each expression and have students repeat it. You might also give them these expressions: **prendre ses jambes à son cou (partir très vite)** (France), **perdre la tête (devenir fou)** (France), **être joli(e) comme un cœur (être très beau/belle)** (France/Canada).

2 Expansion For additional practice, give students these items. **6. Les produits de L'Occitane sont vendus seulement en France. (Faux. Il y a plus de 2.000 boutiques dans 100 pays.) 7. Olivier Baussan étudiait les maths avant de lancer sa compagnie. (Faux. Il étudiait la littérature.) 8. Baussan a d'abord travaillé avec l'huile de lavande. (Faux. Il a d'abord travaillé avec l'huile de romarin.)**

3 Expansion Have students write five sentences using these expressions in a specific context. Example: **Mon billet d'avion m'a coûté les yeux de la tête!**

21st Century Skills

Information and Media Literacy: Sur Internet Students access and critically evaluate information from the Internet.

LE FRANÇAIS QUOTIDIEN

Les parties du corps

bec (*m.*)	*mouth*
caboche (*f.*)	*head*
carreaux (*m.*)	*eyes*
esgourdes (*f.*)	*ears*
gosier (*m.*)	*throat*
paluche (*f.*)	*hand*
panard (*m.*)	*foot*
pif (*m.*)	*nose*
tifs (*m.*)	*hair*

LE MONDE FRANCOPHONE

Des expressions idiomatiques

Voici quelques expressions autour° du corps.

En France

avoir le bras long être une personne importante qui peut influencer quelqu'un

avoir un chat dans la gorge avoir du mal à parler

casser les pieds à quelqu'un ennuyer une personne

coûter les yeux de la tête coûter très cher

se mettre le doigt dans l'œil se tromper°

Au Québec

avoir quelqu'un dans le dos détester quelqu'un

coûter un bras coûter très cher

un froid à couper un cheveu un très grand froid

sur le bras gratuit, qu'on n'a pas besoin de payer

En Suisse

avoir des tournements de tête avoir des vertiges°

donner une bonne-main donner un pourboire

autour *related to* **se tromper** *to be mistaken* **vertiges** *dizziness, vertigo*

PORTRAIT

L'Occitane en Provence

En 1976, un jeune étudiant en littérature de 23 ans, Olivier Baussan, a commencé à fabriquer chez lui de l'huile de romarin° et l'a vendue sur les marchés de Provence. Son huile a été très appréciée par le public et Baussan a fondé° L'Occitane en Provence, marque° de produits de beauté. La première boutique a ouvert ses portes dans le sud de la France en 1980 et aujourd'hui, la compagnie a plus de 2.000 boutiques dans 100 pays, y compris aux États-Unis et au Canada. Les produits de L'Occitane, tous faits à base d'ingrédients naturels comme la lavande° ou l'olive, s'inspirent de la Provence et sont fabriqués avec des méthodes traditionnelles. L'Occitane propose° des produits de beauté, des parfums, du maquillage et des produits pour le bain, pour la douche et pour la maison.

huile de romarin *rosemary oil* **fondé** *founded* **marque** *brand* **lavande** *lavender* **propose** *offers*

Sur Internet

Les hommes en France dépensent-ils beaucoup d'argent pour les produits de beauté ou de soin?

Go to **vhlcentral.com** to find more information related to this **Culture** section.

---

2 Vrai ou faux? Indiquez si ces phrases sont **vraies** ou **fausses**. Corrigez les phrases fausses.

1. La compagnie L'Occitane a été fondée en Provence. Vrai.
2. Le premier magasin L'Occitane a ouvert ses portes en 1976. Faux. Le premier magasin a ouvert ses portes en 1980.
3. On trouve de l'olive dans certains produits de L'Occitane. Vrai.
4. L'Occitane se spécialise surtout (*especially*) dans les produits pour le corps. Vrai.
5. Les produits de L'Occitane utilisent des ingrédients naturels et sont fabriqués avec des méthodes traditionnelles. Vrai.

3 Les expressions idiomatiques Regardez bien la liste des expressions dans **Le monde francophone**. En petits groupes, discutez de ces expressions. Lesquelles (*Which*) aimez-vous? Pourquoi? Essayez de deviner l'équivalent de ces expressions en anglais.

ACTIVITÉS

EXPANSION

Cultural Activity Go to the L'Occitane web site in France at **https://fr.loccitane.com**. Print out a few pages of gift ideas for men and women from their **Coffrets cadeaux**, and make photocopies to distribute to pairs. Tell students to take turns asking each other questions about the products and which ones they want to buy.

EXPANSION

Les parties du corps Have students write four true/false statements defining the terms from **Le français quotidien**. Examples: **1. Le gosier est le pied. (Faux.) 2. La paluche veut dire la main. (Vrai.)** Then have students get together with a classmate and take turns reading their statements and responding.

Section Goals

In this section, students will learn:
• present-tense reflexive verbs
• the imperative with reflexive verbs

Key Standards

4.1, 5.1

Suggestions: Scaffolding

• Go over **Point de départ** and the first bullet point. Then review and present the common reflexives verbs using TPR. Mime a verb and have students state the infinitive.

• Model the first person reflexive by talking about yourself. Examples: **Je me réveille très tôt. En général, je me lève à six heures du matin.**

• Model the second person by asking questions using verbs you mentioned in the first person. Examples: **À quelle heure vous réveillez-vous pendant la semaine? Vous levez-vous tôt ou tard en général?** Encourage student responses.

• Introduce the third person by making statements and asking questions about what a student has told you. Examples: _____ **se lève très tard le samedi, n'est-ce pas? (Oui, il/elle se lève entre onze heures et midi.)**

• Write the paradigm of **se laver** on the board and model its pronunciation. Go over the information in the last two bullet points on this page.

2A.1   **Reflexive verbs**    vhlcentral

Point de départ A reflexive verb usually describes what a person does to or for himself or herself. In other words, it "reflects" the action of the verb back to the subject. Reflexive verbs always use reflexive pronouns.

SUBJECT	REFLEXIVE VERB
André	**se rase** à huit heures.
André	_shaves (himself) at 8 o'clock._

• The pronoun **se** before an infinitive identifies the verb as reflexive: **se laver**. Here are some common reflexive verbs.

Common reflexive verbs			
se brosser les cheveux	_to brush one's hair_	se laver (les mains)	_to wash oneself (one's hands)_
se brosser les dents	_to brush one's teeth_	se lever	_to get up, to get out of bed_
se coiffer	_to do one's hair_	se maquiller	_to put on makeup_
se coucher	_to go to bed_	se raser	_to shave oneself_
se déshabiller	_to undress_	se regarder	_to look at oneself_
s'endormir	_to fall asleep_	se réveiller	_to wake up_
s'habiller	_to get dressed_	se sécher	_to dry oneself_

• When a reflexive verb is conjugated, the reflexive pronoun agrees with the subject. Reflexive pronouns have the same forms as direct and indirect object pronouns, except for **se**, which is used for both singular and plural 3rd person subjects.

se _laver_ (to wash oneself)		
je	me **lave**	_I wash (myself)_
tu	te **laves**	_you wash (yourself)_
il/elle/on	se **lave**	_he/she/it washes (himself/herself/itself)_
nous	nous **lavons**	_we wash (ourselves)_
vous	vous **lavez**	_you wash (yourself/yourselves)_
ils/elles	se **lavent**	_they wash (themselves)_

Tu **te couches**.
You're going to bed.

Je **me maquille** aussi.
I put on makeup too.

Les enfants **se réveillent**.
The children wake up.

Nous **nous levons** très tôt.
We get up very early.

• Note that the reflexive pronouns **nous** and **vous** are identical to the corresponding subject pronouns.

Nous nous regardons dans le miroir.
We look at ourselves in the mirror.

Vous habillez-**vous** déjà?
Are you getting dressed already?

EXPANSION

Reflexive Verbs To provide oral practice with reflexive verbs, create sentences that follow the pattern of the sentences in the examples. Say each sentence, have students repeat it, and then say a different subject. Have students then say the new sentence with the new subject, changing pronouns and verb forms as necessary. Example: **Je me brosse les dents deux fois par jour: on (On se brosse les dents deux fois par jour.)**

DIFFERENTIATION

For Kinesthetic Learners Model gestures for a few of the reflexive verbs. Examples: **se coucher** (_lay head on folded hands_), **se coiffer** (_pretend to fix hair_). Have students stand. Begin by practicing as a class using only the **nous** form, saying an expression at random. Example: **Nous nous lavons les mains.** Then vary the verb forms and point to individuals or groups of students who should perform the appropriate gesture. Keep the pace rapid.

- **S'endormir** is conjugated like **dormir**. **Se lever** and **se sécher** follow the same spelling-change patterns as **acheter** and **espérer**, respectively.

Il **s'endort** tôt.	Tu **te lèves** à quelle heure?	Elles **se sèchent**.
He falls asleep early.	*What time do you get up?*	*They dry off.*

- When a body part is the direct object of a reflexive verb, it is usually preceded by a definite article.

Vous vous lavez **les** mains.	Je ne me brosse pas **les** dents.
*You wash **your** hands.*	*I'm not brushing my teeth.*

- Some verbs can be used both reflexively and non-reflexively. If the verb acts upon something other than the subject, the non-reflexive form is used.

La mère **se réveille** à sept heures.	Ensuite, elle **réveille** son fils.
The mother wakes up at 7 o'clock.	*Then, she wakes her son up.*

- Form the imperative of a reflexive verb as you would a non-reflexive verb. Add the reflexive pronoun to the end of an affirmative command. In negative commands, place the reflexive pronoun between **ne** and the verb. (Remember to change **me/te** to **moi/toi** in affirmative commands.)

Réveille-toi, Bruno!	*but*	**Ne te réveille pas**!
Wake up, Bruno!		*Don't wake up!*

- When the infinitive form of a reflexive verb follows a conjugated verb, place the reflexive pronoun directly before the infinitive. The reflexive pronoun still agrees with the subject, but the second verb stays in the infinitive.

Nous allons **nous** réveiller tôt.	Viens-tu de **te** raser?	Il ne doit pas **se** lever.
We are going to wake up early.	*Did you just shave?*	*He shouldn't get up.*

Je finis de me brosser les dents!

Je dois me raser...

Essayez!   Complétez les phrases avec les formes correctes des verbes.

1. Ils ___se brossent___ (se brosser) les dents.
2. À quelle heure est-ce que vous ___vous couchez___ (se coucher)?
3. Tu ___t'endors___ (s'endormir) en cours.
4. Nous ___nous séchons___ (se sécher) les cheveux.
5. On ___s'habille___ (s'habiller) vite! Il faut partir.
6. Les femmes ___se maquillent___ (se maquiller) souvent.
7. Tu ne ___te déshabilles___ (se déshabiller) pas encore.
8. Je ___me lève___ (se lever) vers onze heures.

Vérifiez

Boîte à outils

Since reflexive verbs already imply that the action is performed on the subject, French uses definite articles (**le, la, les**) with body parts, whereas English uses possessive adjectives (*my, your, his/her/its, our, their*).

Elle se brosse les dents.

She is brushing her teeth.

Vérifiez

Vérifiez

Suggestions: Scaffolding

- Write the spelling-change verbs on the board. Ask students if the spellings of the infinitives remind them of verbs they already know. Have volunteers write conjugations on the board.
- State and mime the examples that show the definite article used with body parts. Have students point out how this structure is different than in English.
- Tell students that to ask a question with a reflexive verb using inversion, they state the pronoun and then invert the subject and verb: **Tu te reposes** becomes **Te reposes-tu?**
- Have students complete the **Vérifiez** activity.
- Compare and contrast reflexive and non-reflexive verbs using examples like these: **Il se réveille à six heures et demie. Il réveille les enfants à sept heures.**
- Present affirmative and negative commands with reflexive verbs by giving students orders and having them act them out. Examples: **Coiffez-vous!** (Students mime fixing their hair.) **Anne, ne te coiffe pas**. (Anne stops.) To assess comprehension, assign the **Vérifiez** activity.
- Ask students where they generally place object pronouns when there is an infinitive. Have them read the examples in the last bullet point. Ask what similarities they see. Make sure they understand that when the sentence is negative, the **ne... pas** goes around the conjugated verb and the reflexive pronoun goes directly in front of the infinitive. Write these examples to illustrate: **Elles n'aiment pas se coucher tard. Je ne viens pas de me réveiller.** Have students then write their own examples. Go over as a class, then assign the **Vérifiez** activity.

Essayez! Have students say logical commands for items 2, 3, 4, and 7. (**2. Couchez-vous [de bonne heure]. 3. Ne t'endors pas en cours. 4. Séchons-nous les cheveux. 7. Ne te déshabille pas.**)

TEACHING OPTIONS

Group Work Divide the class into small groups to practice giving each other commands. Tell students to move through the list of common reflexive verbs, taking turns giving both the affirmative and negative **tu, vous,** and **nous** command forms of each verb. Then have them take turns miming an action for which the group gives an appropriate command.

EXPANSION

Extra Practice Have students write down five things they are going to do tonight that are part of a daily routine, using the **futur proche** and reflexive verbs. Have students share their lists with the class. Then ask the class questions about students' routines. Examples: **Qui va se coucher à dix heures? Nicole et Mike, vont-ils se brosser les dents après le dîner?**

125

Mise en pratique

1 **Les habitudes** Vous allez chez vos amis Frédéric et Pauline. Tout le monde a ses habitudes. Que fait-on tous les jours?

> **MODÈLE** Frédéric / se raser
> *Frédéric se rase.*

1. vous / se réveiller / à six heures Vous vous réveillez à six heures.
2. Frédéric et Pauline / se brosser les dents Frédéric et Pauline se brossent les dents.
3. tu / se lever / puis / tu / prendre / douche Tu te lèves, puis tu prends une douche.
4. nous / se sécher / cheveux Nous nous séchons les cheveux.
5. on / s'habiller / avant / petit-déjeuner On s'habille avant le petit-déjeuner.
6. Frédéric et Pauline / se coiffer / avant de / sortir Frédéric et Pauline se coiffent avant de sortir.
7. je / se déshabiller / et après / je / se coucher Je me déshabille et après, je me couche.
8. tout le monde / s'endormir / tout de suite Tout le monde s'endort tout de suite.
9. leurs tantes / se maquiller / et après / elles / s'habiller Leurs tantes se maquillent et après elles s'habillent.
10. leur père / se laver les mains / avant de manger Leur père se lave les mains avant de manger.

2 **La routine** Tous les matins, Juliette suit (*follows*) la même routine. Regardez les illustrations et dites ce que (*what*) fait Juliette.

1. _Juliette se réveille._ 2. _Juliette se lève._ 3. _Juliette se brosse les dents._ 4. _Juliette se maquille._

3 **L'ordre logique** À tour de rôle avec un(e) partenaire, indiquez dans quel ordre vous (ou quelqu'un que vous connaissez) faites ces choses. Suggested answers

> **MODÈLE** se lever / se réveiller
> *D'abord, je me réveille. Ensuite, je me lève.*

1. se laver / se sécher D'abord, je me lave. Ensuite, je me sèche.
2. se maquiller / prendre une douche D'abord, ma sœur prend une douche. Ensuite, elle se maquille.
3. se lever / s'habiller D'abord, mon frère se lève. Ensuite, il s'habille.
4. se raser / se réveiller D'abord, je me réveille. Ensuite, je me rase.
5. se coucher / se brosser les cheveux D'abord, nous nous brossons les cheveux. Ensuite, nous nous couchons.
6. s'endormir / se coucher D'abord, tu te couches. Ensuite, tu t'endors.
7. se coucher / se déshabiller D'abord, je me déshabille. Ensuite, je me couche.
8. se lever / se réveiller D'abord, le prof se réveille. Ensuite, il se lève.
9. se brosser les cheveux / se coiffer D'abord ma cousine se brosse les cheveux. Ensuite, elle se coiffe.
10. s'habiller / se sécher D'abord nous nous séchons. Ensuite, nous nous habillons.
11. se maquiller / se regarder dans la glace D'abord je me regarde dans la glace. Ensuite, je me maquille.
12. se réveiller / se lever D'abord nous nous réveillons. Ensuite nous nous levons.

Communication

4 **Tous les jours** Que fait votre partenaire tous les jours? Posez-lui les questions et il/elle vous répond. Some answers will vary.

> **MODÈLE** se lever tôt le matin
>
> **Élève 1:** *Est-ce que tu te lèves tôt le matin?*
> **Élève 2:** *Non, je ne me lève pas tôt le matin.*

1. se réveiller tôt ou tard le week-end   Est-ce que tu te réveilles tôt ou tard le week-end?

2. se lever tout de suite   Est-ce que tu te lèves tout de suite?

3. se maquiller tous les matins   Est-ce que tu te maquilles tous les matins?

4. se laver les cheveux tous les jours   Est-ce que tu te laves les cheveux tous les jours?

5. se raser le soir ou le matin   Est-ce que tu te rases le soir ou le matin?

6. se coucher avant ou après dix heures   Est-ce que tu te couches avant ou après dix heures?

7. se brosser les dents chaque soir   Est-ce que tu te brosses les dents chaque soir?

8. s'habiller avant ou après le petit-déjeuner   Est-ce que tu t'habilles avant ou après le petit-déjeuner?

9. s'endormir parfois en classe   Est-ce que tu t'endors parfois en classe?

5 **Enquête** Votre professeur va vous donner une feuille d'activités. Circulez dans la classe et trouvez un(e) camarade différent(e) pour chaque action. Présentez les réponses à la classe.
Answers will vary.

> **MODÈLE**
>
> **Elève 1:** *Est-ce que tu te lèves avant six heures du matin?*
> **Élève 2:** *Oui, je me lève parfois à cinq heures!*

Activités	Noms
1. se lever avant six heures du matin	Carole
2. se maquiller pour venir en cours	
3. se brosser les dents trois fois par jour	
4. se laver les cheveux le soir	
5. se coiffer à la dernière mode (fashion)	
6. se reposer le vendredi soir	

6 **Jacques a dit** Par groupes de quatre, un(e) élève donne des ordres au groupe. Attention! Vous devez obéir seulement si l'ordre est précédé de **Jacques a dit...** (*Simon says...*) La personne qui se trompe devient le meneur de jeu (*leader*). Le gagnant (*winner*) est l'élève qui n'a pas été le meneur de jeu. Utilisez les expressions de la liste, puis trouvez vos propres expressions.   Answers will vary.

se brosser les dents	se laver les mains
se coiffer	se lever
s'endormir	se maquiller
s'habiller	se sécher les cheveux

---

4 **Expansions**
- Have students ask the questions again using inversion.
- Have students come up with four additional items. Pairs then switch papers and form questions.

5 **Suggestion** Have two students demonstrate the **modèle**. Then distribute the **Feuilles d'activités** from the Activity Pack.

6 **Suggestions**
- Make sure students understand that they are to use commands (both positive and negative). You may also wish to model how the game is played before students break into groups.
- To give winners a chance to lead the game, have **le/la gagnant(e)** from each group come to the front of the room to take turns saying **Jacques a dit...**

Activity Pack For additional activities, go to the **Activity Pack** in the **Resources** section of vhlcentral.com.

Class Discussion Divide the class into small groups to discuss the survey result from **Activité 5**. Tell students to find three behaviors shared by a majority of their classmates and share them with the class. Note group responses on the board. Then discuss as a class how these behaviors might influence students' lives and performance at school.

Presentational Communication Using the key words "**vie quotidienne**" (*daily life*), "**jeunes**" and "**France**", have students do an internet search to find out at least three facts about the daily routine of young people in France. Then, have them prepare a short oral presentation in which they present their findings and compare them to their own daily life or to those of their friends.

2A.2

Reflexives: *Sens idiomatique* **vhl**central

Point de départ You've learned that reflexive verbs "reflect" the action back to the subject. Some reflexive verbs, however, do not literally express a reflexive meaning. They are idiomatic.

Common idiomatic reflexives

s'amuser	to play; to have fun	s'intéresser (à)	to be interested (in)
s'appeler	to be called	se mettre à	to begin to
s'arrêter	to stop	se mettre en colère	to become angry
s'asseoir	to sit down	s'occuper (de)	to take care of, to keep oneself busy
se dépêcher	to hurry		
se détendre	to relax	se préparer	to get ready
se disputer (avec)	to argue (with)	se promener	to take a walk
s'énerver	to get worked up, to become upset	se rendre compte (de/que)	to realize
s'ennuyer	to get bored	se reposer	to rest
bien s'entendre (avec)	to get along well (with)	se souvenir (de)	to remember
		se tromper	to be mistaken
s'inquiéter	to worry	se trouver	to be located

Le marché **se trouve** derrière l'église.
The market is located behind the church.

Nous **nous amusons** bien chez Fabien.
We have fun at Fabien's house.

Ne **te mets** pas **en colère**.
Don't get angry.

Je **m'occupe du** linge.
I'm taking care of the laundry.

Vérifiez

Lis le journal, si tu t'ennuies.

Ne t'inquiète pas.

Irregular and spelling change reflexive verbs

- **Se souvenir** is conjugated like **venir**.

  Souviens-toi de son anniversaire.
  Remember her birthday.

  Nous nous souvenons de cette date.
  We remember that date.

- **S'ennuyer** has the same spelling changes as **envoyer**. **Se promener** and **s'inquiéter** have the same spelling changes as **acheter** and **espérer**, respectively.

  Je **m'ennuie** à mourir aujourd'hui.
  I'm bored to death today.

  On **se promène** dans le parc.
  We take a walk in the park.

  Ils **s'inquiètent** pour leur fille.
  They worry about their daughter.

• Note the spelling changes of **s'appeler** in the present tense.

s'appeler (to be named, to call oneself)	
je m'appelle	nous nous appelons
tu t'appelles	vous vous appelez
il/elle/on s'appelle	ils/elles s'appellent

Tu **t'appelles** comment?
What is your name?

Vous **vous appelez** Laure?
Is your name Laure?

• Note the irregular conjugation of the verb **s'asseoir**.

s'asseoir (to be seated, to sit down)	
je m'assieds	nous nous asseyons
tu t'assieds	vous vous asseyez
il/elle/on s'assied	ils/elles s'asseyent

Asseyez-vous, Monsieur.
Have a seat, sir.

Il **s'assied** sur le canapé.
He's sitting on the sofa.

Using idiomatic reflexive verbs

• Many idiomatic reflexive expressions can be used alone, with a preposition, or with the conjunction **que**.

Tu **te trompes**.
You're wrong.

Il **se trompe** toujours **de** date.
He's always mixing up the date.

Marlène **s'énerve** facilement.
Marlène gets mad easily.

Marlène **s'énerve contre** Thierry.
Marlène gets mad at Thierry.

Ils **se souviennent de** ton anniversaire.
They remember your birthday.

Je **me souviens que** tu m'as téléphoné.
I remember you phoned me.

Vérifiez

Essayez! **Choisissez les formes correctes des verbes.**

1. Mes parents ___s'inquiètent___ (s'inquiéter) beaucoup.
2. Nous ___nous entendons___ (s'entendre) bien, ma sœur et moi.
3. Alexis ne ___se rend___ (se rendre) pas compte que sa petite amie ne l'aime pas.
4. On doit ___se dépêcher___ (se dépêcher) pour arriver au lycée.
5. Papa ___s'occupe___ (s'occuper) toujours de la cuisine.
6. Tu ___t'amuses___ (s'amuser) quand tu vas au cinéma?
7. Vous ___vous intéressez___ (s'intéresser) au cours d'histoire?
8. Je ne ___me dispute___ (se disputer) pas souvent avec les profs.
9. Tu ___te reposes___ (se reposer) un peu sur le lit.
10. Angélique ___s'assied___ (s'asseoir) toujours près de la porte.
11. Je ___m'appelle___ (s'appeler) Suzanne.
12. Elles ___s'ennuient___ (s'ennuyer) chez leurs cousins.

---

1 Expansion Give students related sentences like the following. **1. Stéphanie et Anne ____ (se promener) parfois le week-end. (se promènent) 2. Le soir, elles ____ (ne pas s'endormir) tout de suite parce qu'elles parlent beaucoup. (ne s'endorment pas)**

2 Expansion Give additional statements modeled on those in the activity. Examples: **9. Cette élève n'est pas très patiente et elle ____ facilement. (s'énerve) 10. Tu t'entends assez bien avec mon frère, mais quelquefois vous ____. (vous disputez)**

3 Suggestion Help pairs get started by asking a question or two to the whole class. Example: **Que fait Yasmina? (Elle s'ennuie./ Elle ne parle pas.)**

Mise en pratique

1 **Ma sœur et moi** Complétez ce texte avec les formes correctes des verbes.

Je (1) ____m'appelle____ (s'appeler) Anne, et j'ai une sœur, Stéphanie. Nous (2) ____nous habillons____ (s'habiller) souvent de la même manière, mais nous sommes très différentes. Stéphanie (3) ____s'intéresse____ (s'intéresser) à la politique et elle lit beaucoup, et moi, je (4) ____m'intéresse____ (s'intéresser) à l'art et je fais de la peinture (*paint*). Nous (5) ____nous entendons bien____ (s'entendre bien). Après les cours, on (6) ____s'arrête____ (s'arrêter) souvent au parc et on (7) ____s'assied____ (s'asseoir) sur un banc (*bench*) pour bavarder. Quelquefois, on (8) ____se met en colère____ (se mettre en colère). Heureusement, on (9) ____se rend compte____ (se rendre compte) que c'est inutile. En fait, Stéphanie et moi, nous (10) ____ne nous ennuyons pas____ (ne pas s'ennuyer) ensemble.

2 **Que faire?** Diane parle des habitudes de ses amis. Que font-ils? Utilisez les verbes de la liste pour compléter les phrases. Suggested answers

s'amuser	se disputer	s'occuper
s'appeler	s'énerver	se préparer
s'asseoir	s'ennuyer	se promener
se dépêcher	s'entendre	se reposer
se détendre	s'inquiéter	se tromper

1. Si je suis en retard pour mon cours, je ____me dépêche____.
2. Parfois, Toufik ____se trompe____ et ne donne pas la bonne réponse.
3. Quand un cours n'est pas intéressant, nous ____nous ennuyons____.
4. Le week-end, Hubert et Édith sont fatigués, alors ils ____se reposent____.
5. Quand je ne comprends pas mon prof, je ____m'inquiète____.
6. Quand il fait beau, vous allez dans le parc et vous ____vous promenez____.
7. Quand tes parents sortent, tu ____t'occupes____ de tes petites sœurs.
8. Tes petites sœurs ____se disputent____ tout le temps. C'est difficile pour toi!

3 **La fête** Marc a invité ses amis pour célébrer la fin (*end*) de l'année. Avec un(e) partenaire, décrivez la scène à tour de rôle. Utilisez tous les verbes possibles de la liste de l'**Activité 2**.
Answers will vary.

Marc Yasmina Virginie

Christine et Mohammed

Tran et Yves

Rachel et Victor

Christelle et Thomas

Communication

4 **Se connaître** Vous voulez mieux connaître vos camarades. Par groupes de quatre, posez-vous des questions, puis présentez les réponses à la classe. Answers will vary.

MODÈLE s'intéresser à la politique

Élève 1: *Je ne m'intéresse pas à la politique. Et toi, t'intéresses-tu à la politique?*
Élève 2: *Je m'intéresse beaucoup à la politique et je lis le journal tous les jours.*

1. s'amuser en cours de français
2. s'inquiéter pour les examens
3. s'asseoir au premier rang (*row*) dans la classe
4. s'énerver facilement
5. se mettre souvent en colère
6. se reposer le week-end
7. s'entendre bien avec ses camarades de classe
8. se promener souvent

5 **Curieux** Utilisez ces verbes et expressions pour interviewer un(e) partenaire. Answers will vary.

MODÈLE s'amuser / avec qui

Élève 1: *Avec qui est-ce que tu t'amuses?*
Élève 2: *Je m'amuse avec mes amis.*

1. s'entendre bien / avec qui
2. s'intéresser / à quoi
3. s'ennuyer / quand, pourquoi
4. se mettre en colère / pourquoi
5. se détendre / quand, comment
6. se promener / avec qui, où, quand
7. se disputer / avec qui, pourquoi
8. se dépêcher / quand, pourquoi

6 **Une mère inquiète** La grand-mère de Philippe lui a écrit cet e-mail. Avec un(e) partenaire, préparez par écrit la réponse de Philippe. Employez des verbes réfléchis à sens idiomatique. Answers will vary.

> Mon chéri,
>
> Je m'inquiète beaucoup pour toi. Je me rends compte que tu as changé. Tu ne t'amuses pas avec tes amis et tu te mets constamment en colère. Maintenant, tu restes tout le temps dans ta chambre et tu t'intéresses seulement à la télé. Est-ce que tu t'ennuies à l'école? Te souviens-tu que tu as des amis? J'espère que je me trompe.

---

4 Suggestions
• Have two volunteers act out the **modèle**.
• Give more topics to discuss. Examples: **s'appeler comme son père/sa mère** and **bien s'entendre avec tout le monde**.

5 Expansion Have two pairs form a group of four. Students take turns asking questions in the second person plural. Example: **Vous vous amusez bien avec vos amis? (Oui, nous nous amusons bien avec eux.)** Then have students report back to the class in the third person singular and plural. Examples: _____ **s'entend bien avec sa tante.** _____ **et** _____ **s'intéressent à la médecine.**

6 Suggestion Read the e-mail aloud and ask if students have any questions before assigning this activity.

Activity Pack For additional activities, go to the **Activity Pack** in the **Resources** section of vhlcentral.com.

EXPANSION

Venn Diagram Have students write a short account of their own daily routine using both types of reflexives. Pairs then compare and contrast their routines using a Venn Diagram. Have the pair write one of their names in the left circle, the other in the right circle, and **les deux** where the circles overlap. They list their activities in the appropriate locations. Remind them to change the subject pronoun to **nous** in the overlapping section.

PRE-AP®

Interpretive Communication Have students read the e-mail in **Activité 3** again and analyze Philippe's behaviors. What do they think is wrong? Ask them to write a paragraph presenting and justifying their opinion. Tell them to use idiomatic reflexive verbs where appropriate in their explanation.

Révision

Key Standards

1.1

1 Suggestion First, have students describe the people physically as a brief review activity. Then have them make up names for the people before describing what they are doing.

2 Suggestion Act out the **modèle** with a volunteer. Then point out the use of double object pronouns. Review the correct order if necessary.

3 Suggestion Before assigning groups, go over some of the things that men and women often do differently to get ready to go out. Examples: **Les femmes ne se rasent pas le visage. Les hommes ne se maquillent pas.**

4 Suggestion Ask students what sentence structure they will likely use most in this conversation. (commands)

4 Partner Chat You can also assign Activity 4 on vhlcentral.com. Students work in pairs to record the activity online. The pair's recorded conversation will appear in your gradebook.

5 Suggestion Have pairs compare their stories with others. Have students point out any errors or omissions. Vote on the funniest story.

6 Suggestion Divide the class into pairs and distribute the Info Gap Handouts from the Activity Pack. Give students ten minutes to complete the activity.

Interpretive Listening Practice Have students listen to the traditional children's song *Alouette* and write down all the body parts they hear. Explain the words that are unfamiliar to students, then sing the song together as a class.

---

1 À sept heures… Avec un(e) partenaire, décrivez ces personnes. Que font-ils à sept heures du matin? Answers will vary.

1.

2.

3.

2 Le camping Vous et votre partenaire faites du camping dans un endroit isolé. Malheureusement, vous avez tout oublié. À tour de rôle, parlez de ces problèmes à votre partenaire. Il/Elle va essayer de vous aider. Answers will vary.

MODÈLE

Élève 1: *Je veux me laver les cheveux, mais je n'ai pas pris mon shampooing.*
Élève 2: *Moi, j'ai apporté mon shampooing. Je te le prête.*

se brosser les cheveux	se laver le visage
se brosser les dents	prendre une douche
se coiffer	se raser
se laver les mains	se sécher les cheveux

3 Débat Par groupes de quatre, débattez cette question: Qui prend plus de temps pour se préparer avant de sortir, les garçons ou les filles? Préparez une liste de raisons pour défendre votre point de vue. Présentez vos arguments à la classe. Answers will vary.

4 Dépêchez-vous! Vous et votre partenaire, vous êtes les parents de trois enfants. Ils doivent partir pour l'école dans dix minutes, mais ils viennent juste de se réveiller! Que leur dites-vous? Utilisez des verbes réfléchis. Answers will vary.

MODÈLE

Élève 1: *Dépêchez-vous!*
Élève 2: *Lève-toi!*

5 Départ en vacances Avec un(e) partenaire, observez les images et décrivez-les. Utilisez tous les verbes de la liste. Ensuite, racontez à la classe l'histoire du départ en vacances de la famille Glassié. Answers will vary.

s'amuser	s'énerver
se dépêcher	se mettre en colère
se détendre	se préparer
se disputer (avec)	se rendre compte

1.   3.

2.   4.

6 La personnalité de Martin Votre professeur va vous donner, à vous et à votre partenaire, une feuille d'information sur Martin. À tour de rôle, décrivez ses habitudes. Attention! Ne regardez pas la feuille de votre partenaire. Answers will vary.

MODÈLE

Élève 1: *Martin s'habille élégamment.*
Élève 2: *Mais il s'ennuie le soir.*

EXPANSION

Translations Ask students to translate these sentences into French using the same verb in each item. They choose reflexive or non-reflexive. 1. My dog is called Buddy. When I call him, he doesn't listen to me. (**Mon chien s'appelle Buddy. Quand je l'appelle, il ne m'écoute pas.**) 2. The children are walking the dog while their parents take a walk. (**Les enfants promènent le chien pendant que leurs parents se promènent.**) 3. We have to get ready. Why are you *(pl.)* preparing for the exam now? (**Nous devons nous préparer. Pourquoi préparez-vous l'examen maintenant?**) 4. Wash your *(sing.)* hands. Then wash your little brother. (**Lave-toi les mains. Puis lave ton petit frère.**) 5. The hairdresser does her hair in the morning. She does her clients' hair all day. (**La coiffeuse se coiffe le matin. Elle coiffe ses clients toute la journée.**)

vhlcentral

AP® **Theme:** Contemporary Life
Context: Advertising and Marketing

Jolies lunettes!

Préparation Répondez aux questions. Answers will vary.

1. Quel moment de votre routine du matin prend le plus de temps? Quel moment est essentiel?

2. De quelle manière votre look influence-t-il votre humeur (*mood*) du jour?

S'aimer mieux

La marque° Krys veut que la beauté soit° accessible à tous. Ses lunettes ont donc des prix raisonnables et elles sont vendues partout° en France, en Belgique et sur Internet. Ses opticiens sont des professionnels qui savent aussi donner de bons conseils° esthétiques à leurs clients. Cette compagnie a été fondé° en 1966 par les 14 plus grands opticiens de France qui ont décidé de travailler ensemble. Pour choisir le nom de l'entreprise, ils ont pensé à la transparence et au cristal, et «Krys» est née.

marque *brand* **soit** *be* **partout** *everywhere* **conseils** *advice* **été fondé** *was founded*

Compréhension Répondez aux questions. Answers will vary.

1. Comment le jeune homme se sentait-il au début? Quel était son problème?

2. Qu'est-ce qui a ensuite changé dans sa vie?

Conversation En petits groupes, discutez de ces questions.
Answers will vary.

1. Avez-vous déjà fait un compliment à un étranger sur son apparence? Comment cette personne a-t-elle réagi (*react*)?

2. Pensez à un moment où une personne vous a fait un compliment sur votre look. Comment avez-vous réagi? Pourquoi? Est-ce que ce moment a influencé votre opinion sur le fait de (*about*) faire des compliments aux autres?

Application En petits groupes, préparez une enquête (*survey*) dans laquelle vous interviewez d'autres élèves, votre famille, ou des membres de votre communauté sur l'importance de leur look par rapport à leur moral. Faites un graphique avec les réponses. Quelles tendances (*trends*) se présentent?

Section Goals

In this section, students will:
- read about the eyeglass company Krys
- watch a commercial for Krys
- complete activities about the commercial and personal appearance

Key Standards

1.1, 1.2, 1.3, 3.2, 5.2

Préparation Tell students that reflecting on their personal experiences will help them better understand the video and cultural similarities and differences.

S'aimer mieux
Have students complete these statements to check comprehension: **1. La marque Krys veut que la beauté soit… (accessible à tous.) 2. (Les quatorze plus grands opticiens de France) … ont décidé de travailler ensemble pour fonder la marque Krys. 3. Les lunettes Krys sont vendues… (en France, en Belgique et sur Internet).**

 PRE-AP®

Audiovisual Interpretive Communication
Have students look at the video still and caption and make observations and predictions.
Ask: **Pourquoi l'homme sourit-il? (Il reçoit un compliment sur son look.)**

Application Have students interview 15–20 people of different ages. Suggest they prepare a chart to record respondents' ages and answers. You may also wish to have students graph the information to help them see patterns.

Krys Here is some additional useful information about the brand Krys.
- The name Krys was chosen in 1967 to replace the name **Guilde des Lunetiers de France**.
- Today, there are around 1,400 Krys stores.

- The brand's slogan is **Vous allez vous aimer.**
- Through its foundation, **la fondation Krys**, the brand collects, refurbishes, and provides free eyeglasses to those who need them in several regions of the world.

Section Goals

In this section, students will learn and practice vocabulary related to:
- illnesses and medical conditions
- accidents
- medical visits and treatments

Key Standards

1.1, 1.2, 4.1

Suggestions

- Use the digital image for this page. Describe the scene at this emergency room. Point out various medical conditions and treatments. Examples: **Ces personnes sont chez le médecin. Elle est enceinte. Il a une blessure. Elle fait une piqûre.**
- Ask questions based on your narrative. Examples: **Est-il en bonne santé? A-t-il un rhume? A-t-il/elle mal?**
- Point out expressions with **avoir (avoir mal au dos, avoir mal au cœur); faire (faire mal, faire une piqûre, faire de l'exercice);** and **être (être en bonne/mauvaise santé, être malade, être en pleine forme).**
- Then point out reflexive verbs (**se fouler, se casser, se sentir**). Tell students to use **se sentir bien** to say they *feel good (feel well)* and **se sentir mal** to say they *feel bad.* **Sentir bon/mauvais** means *to smell good/bad.* Remind them to use the definite article, not a possessive adjective, when describing injuries to body parts. Example: **Il se casse *le* bras** (not **son** bras). Also point out that when **se blesser** is used with a body part, the preposition **à** follows it: **Il vient de se blesser au genou.**
- Point out the different spelling of the French word **exercice** and the English *exercise.*

You will learn how to...
- describe your health
- talk about remedies and well-being

🔊 **vhlcentral**

J'ai mal!

Vocabulaire

aller aux urgences/ à la pharmacie	*to go to the emergency room/ to the pharmacy*
avoir mal	*to have an ache*
avoir mal au cœur	*to feel nauseous*
enfler	*to swell*
être en bonne santé	*to be in good health*
être en mauvaise santé	*to be in bad health*
être en pleine forme	*to be in good shape*
éviter de	*to avoid*
faire mal	*to hurt*
garder la ligne	*to stay slim*
guérir	*to get better*
se blesser	*to hurt oneself*
se casser (la jambe/ le bras)	*to break one's (leg/ arm)*
se fouler la cheville	*to twist/sprain one's ankle*
se porter mal/mieux	*to be ill/better*
se sentir	*to feel*
tomber/être malade	*to get/to be sick*
un(e) dentiste	*dentist*
un(e) pharmacien(ne)	*pharmacist*
une allergie	*allergy*
une douleur	*pain*
la grippe	*flu*
un symptôme	*symptom*
une aspirine	*aspirin*
un médicament (contre/pour)	*medication (to prevent/for)*
une ordonnance	*prescription*
les urgences	*emergency room*
déprimé(e)	*depressed*
grave	*serious*
sain(e)	*healthy*

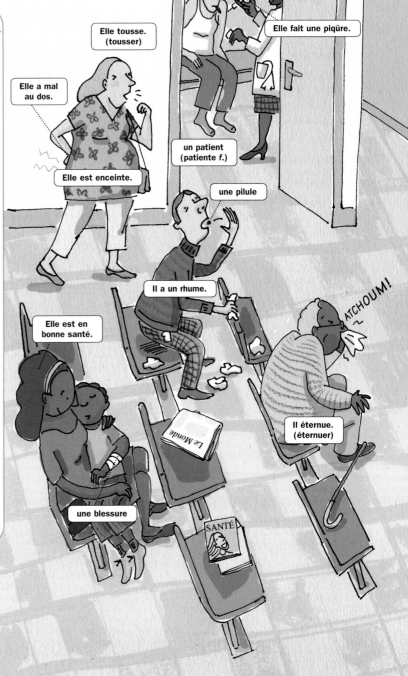

Il a de la fièvre.

Elle tousse. (tousser)

Elle fait une piqûre.

Elle a mal au dos.

un patient (patiente f.)

Elle est enceinte.

une pilule

Il a un rhume.

Elle est en bonne santé.

ATCHOUM!

Il éternue. (éternuer)

une blessure

Le Monde

SANTÉ

EXPANSION

Categories Write the following headings at the top of three columns on the board: **Les maladies, Les remèdes,** and **Les professions médicales.** Say words and expressions from **Contextes** and have students classify them. Ask volunteers to write them in the appropriate column.

TEACHING OPTIONS

Suggesting Remedies Have students stand. Toss a beanbag to a student and say the name of an illness or injury. The person has five seconds to suggest a remedy or treatment. Tell students they should be creative (**prendre un thé/de la soupe, se reposer, ne pas marcher...**). That person then tosses the beanbag to another student and says an illness or injury. Students who cannot think of a remedy or treatment are eliminated. The last person standing wins.

Mise en pratique

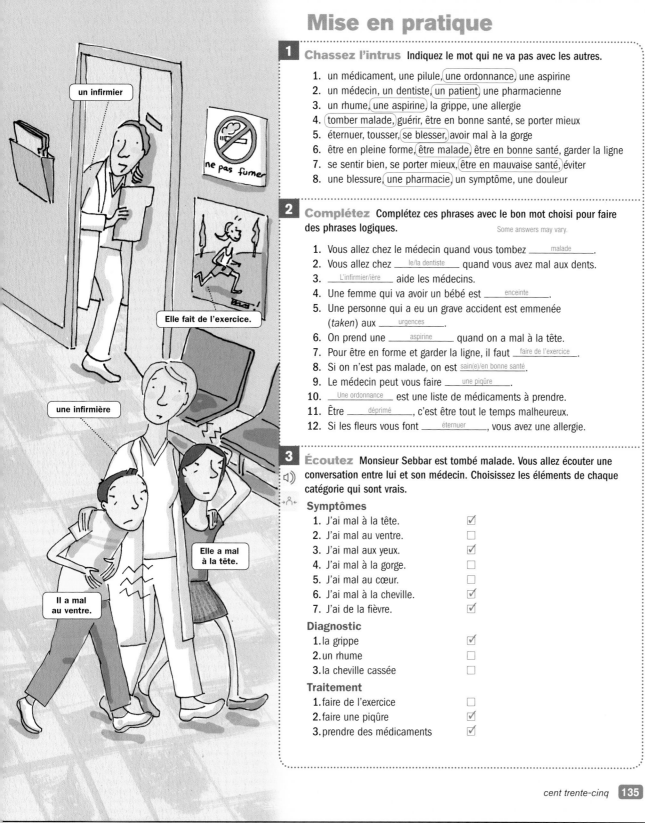

un infirmier

ne pas fumer

Elle fait de l'exercice.

une infirmière

Il a mal au ventre.

Elle a mal à la tête.

1 **Chassez l'intrus** Indiquez le mot qui ne va pas avec les autres.

1. un médicament, une pilule, une ordonnance, une aspirine
2. un médecin, un dentiste, un patient, une pharmacienne
3. un rhume, une aspirine, la grippe, une allergie
4. tomber malade, guérir, être en bonne santé, se porter mieux
5. éternuer, tousser, se blesser, avoir mal à la gorge
6. être en pleine forme, être malade, être en bonne santé, garder la ligne
7. se sentir bien, se porter mieux, être en mauvaise santé, éviter
8. une blessure, une pharmacie, un symptôme, une douleur

2 **Complétez** Complétez ces phrases avec le bon mot choisi pour faire des phrases logiques.   Some answers may vary.

1. Vous allez chez le médecin quand vous tombez ___malade___.
2. Vous allez chez ___le/la dentiste___ quand vous avez mal aux dents.
3. ___L'infirmier/ière___ aide les médecins.
4. Une femme qui va avoir un bébé est ___enceinte___.
5. Une personne qui a eu un grave accident est emmenée (*taken*) aux ___urgences___.
6. On prend une ___aspirine___ quand on a mal à la tête.
7. Pour être en forme et garder la ligne, il faut ___faire de l'exercice___.
8. Si on n'est pas malade, on est ___sain(e)/en bonne santé___.
9. Le médecin peut vous faire ___une piqûre___.
10. ___Une ordonnance___ est une liste de médicaments à prendre.
11. Être ___déprimé___, c'est être tout le temps malheureux.
12. Si les fleurs vous font ___éternuer___, vous avez une allergie.

3 **Écoutez** Monsieur Sebbar est tombé malade. Vous allez écouter une conversation entre lui et son médecin. Choisissez les éléments de chaque catégorie qui sont vrais.

Symptômes

1. J'ai mal à la tête.   ☑
2. J'ai mal au ventre.   ☐
3. J'ai mal aux yeux.   ☑
4. J'ai mal à la gorge.   ☐
5. J'ai mal au cœur.   ☐
6. J'ai mal à la cheville. ☑
7. J'ai de la fièvre.   ☑

Diagnostic

1. la grippe   ☑
2. un rhume   ☐
3. la cheville cassée   ☐

Traitement

1. faire de l'exercice   ☐
2. faire une piqûre   ☑
3. prendre des médicaments   ☑

cent trente-cinq **135**

1 Suggestion Go over the answers with the class. Have volunteers explain why each word doesn't belong.

2 Suggestion Ask volunteers to read the completed sentences aloud.

3 Script MÉDECIN: Monsieur Sebbar, qu'est-ce qui ne va pas?
MONSIEUR SEBBAR: Docteur, j'ai mal partout. J'ai mal aux yeux et j'ai mal à la tête.
M: Laissez-moi voir... je vais prendre votre température. Vous avez de la fièvre, aussi.
S: Ce n'est pas tout! Ce matin, quand je me suis levé pour aller aux toilettes, je suis tombé. J'ai peur de m'être cassé la cheville parce qu'elle me fait très mal.
M: Monsieur Sebbar, ne vous inquiétez pas. Heureusement, vous vous êtes seulement foulé la cheville. Je vais vous donner quelques médicaments contre la douleur. Quant à vos autres symptômes, vous avez la grippe. Restez au lit pendant une semaine. Buvez beaucoup d'eau. L'infirmière va vous faire une piqûre. Comme ça, vous allez guérir plus vite.
Teacher Resources DVD

3 Suggestion Play the conversation again, stopping at the end of each sentence that contains an answer so students can check their work.

EXPANSION

Questions Have students work in pairs and take turns asking each other questions based on the illustration on pages 104–105. Tell them to point to the people as they ask their questions. Examples: **1. Qui travaille chez le médecin? 2. Que fait le médecin? 3. Qui prend une pilule? 4. Qu'est-ce que ce patient fait? 5. Qui se sent mal?**

DIFFERENTIATION

For Visual Learners Bring in drawings or magazine photos related to illness, medicine, and medical appointments. Have the class describe what is going on in the images or create stories about the people.

Communication

4 Suggestions
- Tell students to jot down notes during their interviews.
- After completing the interviews, have pairs get together with another pair and report what they learned about their partner.

4 Virtual Chat You can also assign Activity 4 on vhlcentral.com. Students record individual responses that appear in your gradebook.

5 Suggestion Tell students to write a description of each illustration. Then ask volunteers to read their descriptions aloud and have the class guess which illustration they are describing.

6 Suggestions
- Provide a model for students by describing an illness or accident you may have had.
- For this activity, you might want to preview the **passé composé** of reflexive verbs by presenting the first person singular form of a few verbs. Example: **Je me suis foulé (cassé/blessé) la cheville (le bras/l'orteil)**.

7 Suggestions
- Before beginning the activity, remind students that the doctor/patient relationship calls for the formal subject pronoun **vous**.
- Have students brainstorm a list of symptoms they might have and write them on the board.

7 Partner Chat You can also assign Activity 7 on vhlcentral.com. Students work in pairs to record the activity online. The pair's recorded conversation will appear in your gradebook.

Activity Pack For additional activities, go to the **Activity Pack** in the **Resources** section of vhlcentral.com.

4 **Conversez** Interviewez un(e) camarade de classe. Answers will vary.

1. Quand était la dernière fois qu'on t'a fait une piqûre? Pourquoi? Et une ordonnance?
2. Est-ce que tu as souvent un rhume? Que fais-tu pour te soigner (*to treat yourself*)?
3. Quel médicament prends-tu quand tu as de la fièvre? Et quand tu as mal à la tête?
4. Es-tu allé(e) chez le médecin cette année? À l'hôpital? Pourquoi?
5. Es-tu déjà allé(e) aux urgences? Pourquoi?
6. Un membre de ta famille ou un(e) de tes ami(e)s est-il/elle à l'hôpital en ce moment? Comment se sent cette personne?
7. Comment te sens-tu aujourd'hui? Et comment te sentais-tu hier?

5 **Qu'est-ce qui ne va pas?** Travaillez avec un(e) camarade de classe et à tour de rôle, indiquez ce qui ne va pas chez chaque personne. Ensuite, proposez un traitement (*treatment*). Answers will vary.

1.   2.   3.   4.

5.   6.   7.   8.

6 **Écriture** Suivez les instructions et composez un paragraphe. Ensuite, comparez votre paragraphe avec celui d'un(e) camarade de classe. Answers will vary.

- Décrivez la dernière fois que vous étiez malade ou la dernière fois que vous avez eu un accident.
- Dites quels étaient vos symptômes.
- Dites si vous êtes allé(e) chez le médecin ou aux urgences.
- Mentionnez si vous avez eu une ordonnance et quels médicaments vous avez pris.

7 **Chez le médecin** Travaillez avec un(e) camarade de classe pour présenter un dialogue dans lequel vous: Answers will vary.

- jouez le rôle d'un médecin et d'un(e) patient(e).
- parlez des symptômes du/de la patient(e).
- présentez le diagnostic (*diagnosis*) du médecin.
- proposez une ordonnance au/à la patient(e).

EXPANSION

Using Lists Have students work in pairs. Tell them to make a list of suggestions on how to prevent getting a cold (**un rhume**) or the flu (**la grippe**). Examples: **On doit souvent se laver les mains. On doit manger des fruits et des légumes. On doit éviter les personnes malades.** Then have them get together with another pair and compare their lists.

TEACHING OPTIONS

Narrative Have the class create a story of a very unfortunate person, **Pauvre Pierre**. The first person starts by saying what happens to him using the present tense. The next person repeats what the first one said, then adds another sentence to the story. Example: **Pauvre Pierre, quand il se réveille, il a mal à la tête.** The last student to speak concludes the story.

Les sons et les lettres 🔊 vhlcentral

p, t, and c

Read the following English words aloud while holding your hand an inch or two in front of your mouth. You should feel a small burst of air when you pronounce each of the consonants.

pan	**t**op	**c**ope	**p**a**t**

In French, the letters **p**, **t**, and **c** are not accompanied by a short burst of air. This time, try to minimize the amount of air you exhale as you pronounce these consonants. You should feel only a very small burst of air or none at all.

panne	**t**au**p**e	**c**a**p**i**t**al	**c**œur

To minimize a **t** sound, touch your tongue to your teeth and gums, rather than just your gums.

taille	**t**ê**t**e	**t**omber	**t**ousser

Similarly, you can minimize the force of a **p** by smiling slightly as you pronounce it.

pied	**p**oitrine	**p**ilule	**p**iqûre

When you pronounce a hard **c** sound, you can minimize the force by releasing it very quickly.

corps	**c**ou	**c**asser	**c**omme

Prononcez Répétez les mots suivants à voix haute.

1. plat
2. cave
3. tort
4. timide
5. commencer
6. travailler
7. pardon
8. carotte
9. partager
10. problème
11. rencontrer
12. confiture
13. petits pois
14. camarade
15. canadien

Articulez Répétez les phrases suivantes à voix haute.

1. Paul préfère le tennis ou les cartes?
2. Claude déteste le poisson et le café.
3. Claire et Thomas ont-ils la grippe?
4. Tu préfères les biscuits ou les gâteaux?

Dictons Répétez les dictons à voix haute.

Les absents ont toujours tort.[1]

Il n'y a que le premier pas qui coûte.[2]

Bienvenue les ENFANTS !

[1] Those who are absent are always the ones to blame.
[2] The first step is always the hardest.

Section Goals

In this section, students will learn about the letters **p**, **t**, and **c**.

Key Standards

4.1

Suggestions

- Model the pronunciation of the example words and have students repeat them after you.
- Ask students to provide more examples of words from this lesson or previous lessons with these sounds. Examples: **ventre, pleine, patient, santé, thé, café,** and **commander.**
- Dictate five familiar words containing the consonants **p, t** and **c**, repeating each one at least two times. Then write them on the board or a transparency and have students check their spelling.

EXPANSION

Mini-dictée Use these sentences with **p, t,** and **c** for additional practice or as a dictation. **1. Carole partage son gâteau avec Paul. 2. Ta tante Thérèse nous a apporté du thé. 3. Patricia prend des pilules pour sa grippe. 4. Chloé a très mal au cou parce qu'elle est tombée.**

EXPANSION

Tongue Twisters Teach students this French tongue twister that contains plosive sounds. **Tu t'entêtes à tout tenter, tu t'uses et tu te tues à tant t'entêter. Tatie, ton thé t'a-t-il ôté ta toux, disait la tortue au tatou. Mais pas du tout, dit le tatou, je tousse tant que l'on m'entend de Tahiti à Tombouctou.**

137

L'accident vhlcentral

PERSONNAGES

Amina

David

Dr Beaumarchais

Rachid

Stéphane

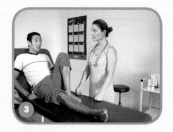

Au parc...
RACHID Comment s'appelle le parti politique qui gagne les élections en 1936?
STÉPHANE Le Front Populaire.
RACHID Exact. Qui en était le chef?
STÉPHANE Je ne m'en souviens pas.
RACHID Réfléchis. Qui est devenu président...?

AMINA Salut, vous deux!
RACHID Bonjour, Amina! (*Il tombe.*) Aïe!
STÉPHANE Tiens, donne-moi la main. Essaie de te relever.
RACHID Attends... non, je ne peux pas.
AMINA On va t'emmener chez le médecin tout de suite. Stéphane, mets-toi là, de l'autre côté. Hop là! On y va? Allons-y.

Chez le médecin...
DOCTEUR Alors, expliquez-moi ce qui s'est passé.
RACHID Eh bien, je jouais au foot quand tout à coup, je suis tombé.
DOCTEUR Et où est-ce que vous avez mal? Au genou? À la jambe? Ça ne vous fait pas mal ici?
RACHID Non, pas vraiment.

AMINA Ah, te voilà, Rachid!
STÉPHANE Alors, tu t'es cassé la jambe? Euh... tu peux toujours jouer au foot?
AMINA Stéphane!
RACHID Pas pour le moment, non; mais ne t'inquiète pas. Après quelques semaines de repos, je vais guérir rapidement et retrouver la forme.

AMINA Qu'est-ce que t'a dit le docteur?
RACHID Oh, ce n'est pas grave. Je me suis foulé la cheville. C'est tout.
AMINA Ah, c'est une bonne nouvelle. Bon, on rentre?
RACHID Oui, volontiers. Dis, est-ce qu'on peut passer par la pharmacie?
AMINA Bien sûr!

Chez David et Rachid...
DAVID Rachid! Qu'est-ce qui t'est arrivé?
RACHID On jouait au foot et je suis tombé. Je me suis foulé la cheville.
DAVID Oh! C'est idiot!
AMINA Bon, on va mettre de la glace sur ta cheville. Il y en a au congélateur?
DAVID Oui, il y en a.

A C T I V I T É S

1 Les événements Mettez ces événements dans l'ordre chronologique.

<u>7</u> **a.** Rachid, Stéphane et Amina vont à la pharmacie.
<u>3</u> **b.** Rachid tombe.
<u>9</u> **c.** David explique qu'il a eu une réaction allergique.
<u>1</u> **d.** Rachid et Stéphane jouent au foot.
<u>5</u> **e.** Le docteur Beaumarchais explique que Rachid n'a pas la cheville cassée.

<u>2</u> **f.** Stéphane ne se souvient pas de la réponse.
<u>4</u> **g.** Amina et Stéphane aident Rachid.
<u>8</u> **h.** Amina et Stéphane sont surpris de voir (*see*) comment est le visage de David.
<u>10</u> **i.** David dit qu'il est allé aux urgences.
<u>6</u> **j.** Le docteur Beaumarchais prépare une ordonnance.

138 *cent trente-huit*

Section Goals

In this section, students will learn functional phrases for giving instructions or suggestions and for describing ailments or injuries.

Key Standards

1.2, 2.1, 2.2, 4.1, 4.2

Video Recap: Leçon 2A
Before doing this **Roman-photo**, review the previous one with this activity.
1. Qui ne se sent pas bien? (David)
2. Où est David? (dans la salle de bains)
3. Qui est en retard pour son cours de sciences po? (Rachid)
4. Comment est-ce que Rachid entre enfin dans la salle de bains? (Il dit à David de fermer les yeux.)
5. À qui est-ce que David va téléphoner? (au médecin)

Video Synopsis
Rachid and Stéphane are playing soccer at the park. Rachid hurts his ankle so Amina and Stéphane take him to the doctor's. Dr. Beaumarchais says it is only sprained. Then she tells him how to treat his ankle and writes a prescription. At the apartment, David is surprised when Rachid arrives on crutches. Stéphane wants to know what happened to David. He explains that the cream is for his rash, which is an allergic reaction. They also gave him a shot and some medication.

Suggestions
• Have students predict what the episode will be about based on the video stills.
• Have students scan the captions for sentences related to injuries or illnesses.
• After reading the **Roman-photo**, have students summarize the episode.

TEACHING OPTIONS

L'accident Before viewing the video, have students work in pairs and brainstorm a list of things people might say to a doctor when they get hurt. Also have them write a list of things a doctor might ask a patient who is hurt.

EXPANSION

Extra Practice Download and print the videoscript found on vhlcentral.com. Then white out words related to injuries, illnesses, and other key vocabulary in order to create a master for a cloze activity. Distribute the photocopies and tell students to fill in the missing information as they watch the video episode.

Rachid se foule la cheville.

DOCTEUR Et là, à la cheville?
RACHID Aïe! Oui, c'est ça!
DOCTEUR Vous pouvez tourner le pied à droite... Et à gauche? Doucement. La bonne nouvelle, c'est que ce n'est pas cassé.
RACHID Ouf, j'ai eu peur.

DOCTEUR Vous vous êtes simplement foulé la cheville. Alors, voilà ce que vous allez faire: mettre de la glace, vous reposer. Ça veut dire: pas de foot pendant une semaine au moins et prendre des médicaments contre la douleur. Je vous prépare une ordonnance tout de suite.
RACHID Merci, Docteur Beaumarchais.

STÉPHANE Et toi, David, qu'est-ce qui t'est arrivé? Tu fais le clown ou quoi?
DAVID Ah! Ah!... Très drôle, Stéphane.
AMINA Ça te fait mal?
DAVID Non. C'est juste une allergie. Ça commence à aller mieux. Je suis allé aux urgences. On m'a fait une piqûre et on m'a donné des médicaments. Ça va passer. En attendant, je dois éviter le soleil.

STÉPHANE Vous faites vraiment la paire, tous les deux!
AMINA Allez, Stéphane. Laissons-les tranquilles. Au revoir, vous deux. Reposez-vous bien!
RACHID Merci! Au revoir!
DAVID Au revoir!
DAVID Eh! Rends-moi la télécommande! Je regardais ce film...

Expressions utiles

Giving instructions and suggestions

- **Essaie de te relever.**
  Try to get up.
- **On y va? Allons-y.**
  Ready? Let's go (there).
- **Qu'est-ce qui t'est arrivé?**
  What happened to you?
- **Laissons-les tranquilles.**
  Let's leave them alone.
- **Rends-moi la télécommande.**
  Give me back the remote.

Referring to ideas, quantities, and places

- **Qui en était le chef?**
  Who was the leader of it?
- **Je ne m'en souviens pas.**
  I don't remember it.
- **De la glace. Il y en a au congélateur?**
  Ice. Is there any in the freezer?
- **Oui, il y en a.**
  Yes, there is some (there).

Additional vocabulary

- **la bonne nouvelle**
  the good news
- **ça veut dire**
  that is to say/that means
- **volontiers**
  gladly/I'd love to!
- **en attendant**
  in the meantime

---

2 **À vous!** Sandrine ne sait pas encore ce qui (*what*) est arrivé à David et à Rachid. Avec deux camarades de classe, préparez une conversation dans laquelle Sandrine découvre ce qui s'est passé. Ensuite, jouez les rôles de Sandrine, David et Rachid devant la classe.

- Imaginez le contexte de la conversation: le lieu, qui fait/a fait quoi.
- Décidez si Sandrine rencontre les garçons ensemble ou séparément.
- Décrivez la surprise initiale de Sandrine. Détaillez ses questions et ses réactions.

3 **Écrivez** Rachid et David ont deux problèmes de santé très différents. Qu'est-ce que vous préférez, une cheville foulée pendant une semaine ou une réaction allergique au visage? Écrivez un paragraphe dans lequel vous comparez les deux situations. Quelle situation est la pire? Pourquoi?

A C T I V I T É S

cent trente-neuf **139**

Expressions utiles
- Model the pronunciation of the **Expressions utiles** and have students repeat them.
- As you work through the list, point out the **passé composé** of reflexive verbs and the pronouns **y** and **en**. Tell students that these structures will be formally presented in **Structures**.
- Respond briefly to questions about the **passé composé** of reflexive verbs and the pronouns **y** and **en**. Reinforce correct forms, but do not expect students to produce them consistently at this time.
- Point out that the pronoun **en** is not the same as the preposition **en**. To illustrate this point, write the following sentences on the board and compare them. **Il y en a.** (*There is/are some.*) **Il est en France.** (*He is in France.*)

Successful Language Learning Tell students that before traveling to a French-speaking country, they should make a list of their allergies and medical needs and learn how to say them in French.

1 Suggestion Have students form groups of five. Make a set of individual sentences on strips of paper for each group and distribute them (two sentences per student). Tell students to arrange the sentences in the proper order and read them aloud.

1 Expansion Have students create sentences to fill in parts of the story not mentioned in this activity.

2 Suggestion Assign students a role (Sandrine, David, or Rachid). Encourage them to be creative.

3 Suggestion Before writing their paragraphs, tell students to jot down a list of positive and negative aspects of each situation so that they can make a decision.

TEACHING OPTIONS

Using Games Play a game of **Dix questions**. Ask a volunteer to think of an ailment or illness from this lesson. Other students get to ask one yes/no question each. Then they can guess the ailment/illness. Limit attempts to ten questions per item. You may want to provide students with some sample questions. Examples: **As-tu mal à la tête? As-tu mal au cœur? Es-tu blessé(e)?**

EXPANSION

Interviews Have students work in pairs and interview each other using these questions. **1. Est-ce que tu tombes souvent malade? 2. Est-ce que tu as souvent mal à la tête? 3. Est-ce que tu manges bien ou mal? 4. Est-ce que tu manges beaucoup de fruits et de légumes? 5. Est-ce que tu fais de l'exercice? 6. Combien de fois par an est-ce que tu vas chez le dentiste?**

Section Goals

In this section, students will:
- learn about the national healthcare system in France
- learn some terms for common health problems
- learn about several Francophone pioneers in medicine
- read about Marie Curie
- view authentic video footage

Key Standards
2.1, 2.2, 3.1, 3.2, 4.2

21st Century Skills

Global Awareness
Students will gain perspectives on the Francophone world to develop respect and openness toward others and to interact appropriately and effectively with citizens of Francophone cultures.

Culture à la loupe

Avant la lecture Have students look at the visuals and describe what they see. Then ask them what they think **la Sécurité sociale** in France is.

Lecture
- Point out the statistics chart. Ask students what information the chart shows. (French medical visits)
- Tell students that the French healthcare system was ranked number one by the World Health Organization in 2016.

Après la lecture Ask students to name the different branches of **la Sécurité sociale** and explain what they do. (**la branche «famille», la branche «vieillesse» et la branche «maladie»**)

1 Expansion Have students write two more true/false statements based on the reading. Then tell them to get into groups of three and take turns reading their sentences and responding.

AP® Theme: Global Challenges
Context: Health Issues

vhlcentral | *Flash culture*   CULTURE À LA LOUPE

La Sécurité sociale

En France, presque tous les habitants sont couverts par le système national de la Sécurité sociale. La Sécurité sociale, ou «la sécu», est un organisme d'État, financé principalement par les cotisations° sociales des travailleurs, qui donne une aide financière à ses bénéficiaires dans différents domaines. La branche «famille», par exemple, s'occupe des allocations° pour la maternité et les enfants. La branche «vieillesse» paie les retraites des personnes âgées°. La branche «maladie» aide les gens en cas de maladies et d'accidents du travail. Chaque personne qui bénéficie des prestations° de la Sécurité sociale a une carte Vitale qui ressemble à une carte de crédit et qui contient° toutes ses informations personnelles.

La Sécurité sociale rembourse° en moyenne° 75% des frais° médicaux. Les visites chez le médecin sont remboursées à 70%. Le taux° de remboursement varie entre 80 et 100% pour les séjours en clinique ou à l'hôpital et entre 70 et 100% pour les soins dentaires°. Pour les médicaments sur ordonnance, le taux de remboursement varie beaucoup: de 35 à 100% selon° les médicaments achetés. Beaucoup de gens ont aussi une mutuelle, une assurance santé supplémentaire qui rembourse ce que la Sécurité sociale ne rembourse pas. Ceux° qui ne peuvent pas avoir de mutuelle et ceux qui n'ont pas droit à° la Sécurité sociale traditionnelle bénéficient parfois de la Couverture Maladie Universelle (CMU). La CMU garantit le remboursement à 100% des frais médicaux aux gens qui n'ont pas assez de ressources.

cotisations *contributions* **allocations** *allowances* **personnes âgées** *the elderly* **prestations** *benefits* **contient** *holds* **rembourse** *reimburses* **en moyenne** *on average* **frais** *expenses* **taux** *rate* **soins dentaires** *dental care* **selon** *depending on* **Ceux** *Those* **n'ont pas droit à** *don't qualify for* **dont** *of which* **ont lieu** *take place*

Les visites médicales

- En moyenne, les Français consultent un médecin sept fois par an, dont° quatre fois un généraliste et trois fois un spécialiste.
- 70% des visites médicales ont lieu° chez le médecin.
- 20% ont lieu à la maison.
- 10% ont lieu à l'hôpital.

SOURCE: Francoscopie

A C T I V I T É S

1 **Vrai ou faux?** Indiquez si les phrases sont **vraies** ou **fausses**. Corrigez les phrases fausses.

1. Les cotisations des travailleurs financent la Sécurité sociale. Vrai.
2. La Sécurité sociale a plusieurs branches. Vrai.
3. La branche «vieillesse» s'occupe des accidents du travail.
   Faux. Elle s'occupe des retraites.
4. La carte Vitale est une assurance supplémentaire.
   Faux. C'est une carte qui contient toutes les informations personnelles d'une personne.
5. La Sécurité sociale rembourse en moyenne 100% des frais médicaux. Faux. Elle rembourse en moyenne 75% des frais médicaux.

6. Entre 70 et 100% des soins dentaires sont remboursés par la sécu. Vrai.
7. La Sécurité sociale ne rembourse pas les médicaments.
   Faux. Elle rembourse entre 35 et 100% du prix des médicaments sur ordonnance.
8. En plus de la Sécurité sociale, certaines personnes ont des assurances santé supplémentaires. Vrai.
9. Si on n'a pas beaucoup d'argent, on peut bénéficier de la CMU. Vrai.
10. 20% des consultations médicales ont lieu à l'hôpital.
    Faux. 10% ont lieu à l'hôpital. 20% ont lieu à la maison.

EXPANSION

Cultural Comparison Take a quick class survey to find out how many times students visit a doctor in a year and if they see the doctor at his or her office, at the hospital, or the doctor comes to their home. Tally the results on the board and have students figure out the percentages. Then have students compare the results of this survey with the information in the chart **Les visites médicales**.

EXPANSION

La Sécurité sociale France offers a degree of socialized medicine, though the coverage is not as complete as in some other countries. Criticism of the system stems from abuse by those who pay little for services at the expense of those who earn the most, and thus pay the most to the government.

Le français quotidien
- Model the pronunciation of each term and have students repeat it.
- Ask students questions using these terms. Examples:
  1. Avez-vous déjà eu une angine (une bronchite/une migraine/une sinusite)? Quand? 2. Les frissons sont-ils un symptôme d'une migraine?

LE FRANÇAIS QUOTIDIEN

Des problèmes de santé

angine (*f.*)	*strep throat*
bronchite (*f.*)	*bronchitis*
carie (*f.*)	*cavity*
frissons (*m.*)	*chills*
migraine (*f.*)	*migraine*
nez bouché	*stuffy nose*
nez qui coule	*runny nose*
sinusite (*f.*)	*sinus infection*
toux (*f.*)	*cough*

LE MONDE FRANCOPHONE

Des pionniers de la médecine

Voici quelques pionniers francophones de la médecine.

En Belgique

Jules Bordet (1870–1961) médecin et microbiologiste qui a découvert° le microbe de la coqueluche°

En France

Bernard Kouchner (1939–) médecin, cofondateur° de Médecins sans frontières° et de Médecins du monde

En Haïti

Yvonne Sylvain (1907–1989) première femme médecin et gynécologue obstétricienne d'Haïti

Au Québec

Jeanne Mance (1606–1673) fondatrice du premier hôpital d'Amérique du Nord

En Suisse

Henri Dunant (1828–1910) fondateur de la Croix-Rouge°

a découvert *discovered* **coqueluche** *whooping cough* **cofondateur** *cofounder* **frontières** *Borders* **Croix-Rouge** *Red Cross*

PORTRAIT

AP® Theme: Science and Technology
Context: Discoveries and Inventions

Marie Curie

Grande figure féminine du 20ᵉ siècle et de l'histoire des sciences, Marie Curie reçoit° en 1903 le prix Nobel de physique avec son mari, Pierre, pour leurs travaux° sur la radioactivité. Quelques années plus tard elle reçoit le prix Nobel de chimie pour la découverte° de deux éléments radioactifs: le polonium et le radium.

Pendant la Première Guerre mondiale° elle organise un service de radiologie mobile pour mieux soigner° les blessés. La lutte° contre le cancer bénéficie aussi des vertus thérapeutiques du radium. Marie Curie est la première femme à recevoir° un prix Nobel et la seule personne à en avoir reçu° deux. Elle est née Maria Sklodowska à Varsovie en Pologne. À 24 ans elle est venue à Paris pour faire des études scientifiques car° l'université de Varsovie refusait l'accès aux jeunes filles. Elle a consacré° toute sa vie aux recherches scientifiques et est morte d'une leucémie en 1934.

reçoit *receives* **travaux** *work* **découverte** *discovery* **Première Guerre mondiale** *World War I* **soigner** *treat* **lutte** *fight* **recevoir** *receive* **reçu** *received* **car** *because* **consacré** *devoted*

Sur Internet

Qui a découvert le vaccin contre la tuberculose?

Go to **vhlcentral.com** to find more information related to this **Culture** section and to watch the corresponding **Flash culture** video.

Portrait Marie Curie was also the first female professor at the University of Paris, La Sorbonne. In 1995, Curie's remains were transferred to the necropolis of the **Panthéon**, a neoclassical mausoleum found in the Latin Quarter in Paris where only the remains of highly distinguished French citizens are interred.

Le monde francophone Have students write four true/false statements based on the information given in **Des pionniers de la médecine**. Then have them get together with a classmate and take turns reading their sentences and responding.

2 Expansion For additional practice, give students these items. **6. Qui a fondé** (*founded*) **le premier hôpital d'Amérique du Nord?** (Jeanne Mance) **7. Qui a fondé** (*founded*) **la Croix-Rouge?** (Henri Dunant) **8. Qui a aidé à fonder Médecins sans frontières?** (Bernard Kouchner)

3 Suggestion Have pairs get together with another pair of students and peer edit each other's sentences.

Flash culture Tell students that they will learn more about pharmacies and other health related businesses by watching a video narrated by Benjamin. You can use the activities in the video manual in class or as homework to reinforce this **Flash culture**.

2 Répondez Répondez aux questions par des phrases complètes.

1. Quels grands prix Marie Curie a-t-elle reçus?
   Elle a reçu le prix Nobel de physique et de chimie.
2. Quelles sont les implications pour la lutte contre le cancer?
   La lutte contre le cancer bénéficie des vertus thérapeutiques du radium.
3. Où Marie Curie est-elle née?
   Marie Curie est née à Varsovie en Pologne.
4. Pourquoi est-elle venue à Paris?
   Elle est venue à Paris pour faire des études scientifiques.
6. Qui a été la première femme médecin d'Haïti?
   Yvonne Sylvain a été la première femme médecin d'Haïti.

3 Problèmes de santé Avec un(e) camarade, écrivez cinq phrases dans lesquelles (*in which*) vous utilisez le vocabulaire du **français quotidien**. Soyez prêt(e)s à les présenter devant la classe.

A C T I V I T É S

21ˢᵗ Century Skills

Information and Media Literacy: Sur Internet Students access and critically evaluate information from the Internet.

EXPANSION

Symptoms and Treatments Have students work in groups of three. Tell them to make a list of symptoms and treatments for these illnesses: **l'angine, la bronchite, la migraine**, and **la sinusite**. You might want to give them the words **l'antibiotique** and **la pénicilline**. Then have two groups get together and compare their lists.

EXPANSION

D'autres pionniers dans le domaine scientifique Have small groups of students use the Internet to research information about other famous Francophone people who are considered to be scientific pioneers. Have them prepare short reports to share with the class.

2B.1 The *passé composé* and *imparfait* of reflexive verbs

vhlcentral

Point de départ In **Leçon 2A**, you learned to form the present tense and command forms of reflexive verbs. You will now learn how to form the **passé composé** and **imparfait** of reflexive verbs.

Vous vous êtes foulé la cheville.

Tu t'es cassé la jambe?

● Use the auxiliary verb **être** with all reflexive verbs in the **passé composé**, and place the reflexive pronoun before it.

Je **me suis fait** mal hier, pendant la randonnée.
I hurt myself during the hike yesterday.

Où est-ce que tu **t'es blessé**?
Where did you hurt yourself?

Il **s'est lavé** les mains avant de prendre le médicament.
He washed his hands before taking the medicine.

Vou **vous êtes trompé**?
Did you make a mistake?

● If the verb is not followed by a direct object, such as a body part, the past participle generally agrees with the subject in gender and number.

SUBJECT   PAST PARTICIPLE

L'infirmier et le médecin **se sont disputés**.
The nurse and the doctor argued.

SUBJECT   PAST PARTICIPLE

Elle **s'est mise** en colère.
She became angry.

● If the verb is followed by a direct object, the past participle does not agree with the subject.

PAST PARTICIPLE   DIRECT OBJECT

Régine **s'est foulé** les deux chevilles.
Régine twisted both ankles.

PAST PARTICIPLE   DIRECT OBJECT

Ils **se sont cassé** les bras.
They broke their arms.

● To make a reflexive verb negative in the **passé composé**, place **ne** before the reflexive pronoun and **pas** after the auxiliary verb.

Elles **ne se sont pas** mises en colère.
They didn't get angry.

Je **ne me suis pas** rasé ce matin.
I didn't shave this morning.

Nous **ne nous sommes pas** sentis mieux.
We didn't feel better.

Tu **ne t'es pas** coiffée.
You didn't do your hair.

🏃 Boîte à outils

The past participles of a few reflexive verbs like **se faire mal** and **se rendre compte** don't agree with the subject even though no direct object follows. They are exceptions to the rule.

👐 Vérifiez

- To ask a question using inversion with a reflexive verb in the **passé composé**, do as you would with non-reflexive verbs. Place the subject pronoun after the auxiliary verb and keep the reflexive pronoun before the auxiliary.

Irène **s'est-elle** blessée au genou?
Did Irène hurt her knee?

Ne **vous êtes-vous** pas rendu compte de ça?
Didn't you realize that?

- Place a direct object pronoun between the reflexive pronoun and the auxiliary verb. Make the past participle agree with the direct object pronoun that precedes it.

Il a la cheville un peu enflée. Il **se l'**est **cassée** il y a une semaine.
His ankle is a bit swollen. He broke it a week ago.

Mes mains? Mais je **me les** suis déjà **lavées**.
My hands? But I already washed them.

Boîte à outils

Remember that if a direct object pronoun precedes the verb, the past participle agrees with it in number and gender. If the direct object follows the verb, it does not agree.

Je me suis cassé la jambe.

Je me la suis cassée.

- The irregular past participle of the verb **s'asseoir** is **assis(e)**.

Elle **s'est assise** près de la fenêtre.
She sat near the window.

Les invités **se sont assis** dans le salon.
The guests sat in the living room.

- Form the **imparfait** of reflexive verbs just as you would non-reflexive verbs. Just add the corresponding reflexive pronoun.

Je **me brossais** les dents trois fois par jour.
I used to brush my teeth three times a day.

Tu ne **t'asseyais** jamais à côté de moi.
You never used to sit next to me.

Nous **nous promenions** souvent au parc.
We used to take walks often in the park.

Vous blessiez-vous souvent quand vous étiez petit?
Did you hurt yourself often when you were little?

Vérifiez

Essayez! **Complétez ces phrases.**

1. Natalia s'est (foulé/foulée) la cheville.
2. Sa jambe? Comment Robert se l'est-il (cassé/cassée)?
3. Les deux joueurs de basket se sont (blessé/blessés) au genou.
4. L'infirmière s'est (lavé/lavées) les mains.
5. M. Pinchon s'est (fait/faite) mal à la jambe.
6. S'est-elle (rasé/rasées) les jambes?
7. Elles se sont (maquillé/maquillés) les yeux?
8. Nous nous sommes (cassé/cassées) la jambe.
9. Sylvie, tu t'es (réveillé/réveillée) tard ce matin.
10. Tout à coup, Omar s'est (senti/sentie) mal.
11. Nous ne nous sommes pas (déshabillé/déshabillées) avant de nous coucher.

Suggestions: Scaffolding

- Review how direct object pronouns are used with the **passé composé**. Go over the **Boîte à outils**. Clarify that when a direct object comes after a reflexive verb in the **passé composé**, the reflexive pronoun acts as an indirect object, and there is no agreement. Example: **Léa s'est lavé les cheveux.** When there is no direct object after the verb, the reflexive pronoun acts as a direct object, and past participle agreement is required. Example: **Léa s'est lavée.**

- Write the examples on the board from the second bullet point. Ask students to identify the reflexive pronoun, the direct object, and the past participle. Ask them what they notice about placement and agreement of the different words in the sentences.

- Review with students how to form the imperfect tense and when it is used. Then explain the last bullet point. Go over all the imperfect forms for these verbs: **s'asseoir, s'énerver, se promener,** and **se souvenir.**

- Have students complete the **Vérifiez** activity.

Essayez! Have students watch the Grammar Tutorial before they complete **Essayez!** Then after they complete it, have them explain the reasoning behind their choices.

DIFFERENTIATION

For Kinesthetic Learners Have a volunteer quickly mime two or three activities in front of the class. Examples: stand up, wash hands, and do hair. Then ask: **Qu'a-t-il/elle fait?** Call on students to say what the classmate did in the **passé composé** with reflexive verbs. Example: _____ **s'est levé(e). Ensuite, il/elle s'est lavé les mains. Enfin, il/elle s'est coiffé(e).** Repeat with more than one volunteer miming the activities at the same time.

EXPANSION

Guessing Game Have groups compile a list of famous fictional characters who could be described using one of the reflexive verbs. Then group members must work together to write a sentence with a reflexive verb in the **passé composé** about each person without mentioning the person's name. Other groups guess who it is. Example: **Hermione Granger et Ron Weasley se sont bien entendus avec ce héros. (Harry Potter)**

143

1 **Expansion** Ask students to think of other details that Christine didn't mention. Examples: **Elle s'est habillée. Elle (ne) s'est (pas) maquillée. Elle (ne) s'est (pas) peigné les cheveux.**

2 **Expansion** Show photos or magazine pictures, having students describe what happened based on the subject (pronoun) you give. Examples: **5.** a couple of young women relaxing (**nous**) (**Nous nous sommes détendues.**) **6.** an elderly woman going to bed (**notre grand-mère**) (**Notre grand-mère s'est couchée.**)

3 **Suggestions**
• Have students work in pairs to describe Djamila's day.
• Call on pairs to present their sentences to the class.

Mise en pratique

1 **Une lettre** Complétez le paragraphe que Christine a écrite sur sa journée dans son journal intime. Mettez les verbes au passé composé.

Hier soir, je (1) _me suis couchée_ (se coucher) trop tard, et quand je (2) _me suis réveillée_ (se réveiller), j'étais fatiguée. Mais je voulais jouer au basket, alors je (3) _me suis levée_ (se lever) et je (4) _me suis brossé_ (se brosser) les dents. Mon amie est venue me chercher et je (5) _me suis endormie_ (s'endormir) dans la voiture! Je pense que mon amie (6) _s'est énervée_ (s'énerver) un peu contre moi. Nous (7) _nous sommes préparées_ (se préparer) pour le match et nous (8) _nous sommes mises_ (se mettre) à jouer.

2 **Descriptions** Utilisez des verbes réfléchis pour décrire ce que (*what*) les personnages des illustrations ont fait ou n'ont pas fait hier. Mettez les verbes au passé composé. Suggested answers

▶ **MODÈLE**
Thomas ne s'est pas lavé.

Thomas

1. mes amis
Mes amis se sont disputés.

2. tu
Tu t'es rasé.

3. je
Je me suis ennuyée.

4. vous
Vous vous êtes mise en colère.

3 **Une mauvaise journée** Hier, Djamila a eu toutes sortes de difficultés. Utilisez le vocabulaire de la liste pour raconter sa mauvaise journée. Answers will vary.

MODÈLE
Djamila s'est trompée. Elle s'est brossé les dents avec du savon!

se brosser	le bras
se casser	les chaussures
se fouler	la cheville
s'habiller	du dentifrice
se laver	la jambe
se lever	le pied
se sentir	un rhume
se tromper	la salle des urgences
	du savon
	du shampooing

Extra Practice Have students write a journal entry describing their day yesterday. Suggest they use Christine's paragraph in **Activité 1** as a model. Encourage them to describe not just their daily routine, but events that happened and how they felt. Tell them to use the **imparfait** and the **passé composé** of five to ten reflexive verbs.

Storytelling Working in small groups, have students invent a melodramatic story about two unlucky friends who had a very bad weekend. Tell students that stories should use the past tenses of reflexive verbs and have: a beginning that sets the stage, a middle that tells what happened, and an end that ties all the loose ends together. Encourage students to exaggerate and use humor in their stories.

Communication

4 **Et toi?** Avec un(e) partenaire, posez-vous ces questions. Ensuite, présentez vos réponses à la classe. Answers will vary.

1. À quelle heure t'es-tu réveillé(e) ce matin?
2. Avec quel dentifrice t'es-tu brossé les dents?
3. Avec quel shampooing t'es-tu lavé les cheveux aujourd'hui?
4. T'es-tu énervé(e) cette semaine? Pourquoi?
5. T'es-tu disputé(e) avec quelqu'un cette semaine? Avec qui?
6. T'es-tu endormi(e) facilement hier soir? Pourquoi?
7. T'es-tu promené(e) récemment? Où?
8. Comment t'es-tu détendu(e) le week-end dernier?
9. Comment t'es-tu amusé(e) le week-end dernier?
10. T'es-tu bien entendu(e) avec tes camarades de classe l'année dernière?
11. T'es tu couché(e) tard le week-end dernier? Pourquoi?
12. T'es tu mis(e) en colère contre quelqu'un récemment? Contre qui? Pourquoi?

5 **Enquête criminelle** Il y a eu un crime dans votre quartier et un agent de police vous pose des questions pour son enquête (*investigation*). Avec un(e) partenaire, utilisez le vocabulaire de la liste pour créer le dialogue. Answers will vary.

appartement	se coucher
blessure	se disputer
corps	s'énerver
déprimé(e)	se lever
douleur	se mettre en colère
ensuite	se réveiller
grave	revenir
quartier	se souvenir
soudain	se trouver

6 **Charades** Par groupes de quatre, pensez à une phrase au passé composé avec un verbe réfléchi et jouez-la. La première personne qui devine joue la prochaine phrase. Answers will vary.

4 **Expansion** Ask volunteers to share some of their answers. The class then adds information by speculating on the reason behind each answer. Have the volunteer confirm or refute the speculation. Allow students to make up answers if the questions are too personal. Example: **Tu t'es énervé(e) cette semaine parce que ton/ta copain/copine et toi vous êtes disputé(e)s.**

4 **Virtual Chat** You can also assign Activity 4 on vhlcentral.com. Students record individual responses that appear in your gradebook.

5 **Suggestion** Before beginning this activity, ask students warm-up questions. Examples: **Y a-t-il déjà eu un crime dans votre quartier? Quelqu'un a-t-il été blessé? Y a-t-il eu une enquête?**

6 **Suggestion** Ask each group to present their best charade to the class.

Activity Pack For additional activities, go to the **Activity Pack** in the **Resources** section of vhlcentral.com.

DIFFERENTIATION

For Hearing Impaired Students Assign **Activité 4** to pairs as homework, and have students ask and respond to the questions via instant messaging. Then, have them print out their transcript to turn in.

PRE-AP®

Interpretive Communication Have students find an article online about a robbery (**cambriolage**) in a Francophone region. Then have them work with a partner to write a summary of what happened. Tell them to use as many reflexive verbs in their summary as they can. Or, as an alternative assignment, have students write a summary of one of the scenes role-played by their classmates in **Activité 5**.

2B.2   The pronouns *y* and *en*   vhlcentral

Point de départ The pronoun **y** replaces a previously mentioned phrase that begins with the prepositions **à, chez, dans, en,** or **sur**. The pronoun **en** replaces a previously mentioned phrase that begins with a partitive or indefinite article, or with the preposition **de**.

PREPOSITIONAL PHRASE		PRONOUN
Nous allons **chez le médecin**.	▶	Nous **y** allons.

PREPOSITIONAL PHRASE		PRONOUN
Il était le chef **du Front Populaire**.	▶	Il **en** était le chef.

Allons-y!

Le Front Populaire. Qui en était le chef?

- The pronouns **y** and **en** precede the conjugated verb.

Es-tu allée **à la plage**?	Oui, j'**y** suis allée.
Did you go to the beach?	*Yes, I went there.*
Achètent-elles **de la moutarde**?	Oui, elles **en** achètent.
Are they buying mustard?	*Yes, they're buying some.*
Tu te mets **à la danse**?	Oui, je m'**y** mets.
Are you taking up dancing?	*Yes, I'm taking it up.*
Vous revenez **de vacances?**	Oui, nous **en** revenons.
Are you coming back from vacation?	*Yes, we're coming back from vacation.*

- In the **passé composé**, the past participle never agrees with **y** or **en**.

Avez-vous trouvé **des fraises**?	Oui, nous **en** avons trouvé.
Did you find some strawberries?	*Yes, we found some.*

- Like other pronouns in an infinitive construction, **y** and **en** follow the conjugated verb and precede the infinitive.

Quand préfères-tu manger **chez Fatima**?	Je préfère **y** manger demain soir.
When do you prefer to eat at Fatima's?	*I prefer to eat there tomorrow night.*
Vas-tu prendre **du thé**?	Non, je ne vais pas **en** prendre.
Are you going to have tea?	*No, I'm not going to have any.*

- Never omit **y** or **en** even when the English equivalents can be omitted.

Ah, vous allez **à la boulangerie**.	Tu **y** vas aussi?
Oh, you're going to the bakery.	*Are you going (there), too?*
Est-ce qu'elle prend **du sucre**?	Non, elle n'**en** prend pas.
Does she take sugar?	*No, she doesn't (take any).*

Suggestions: Scaffolding

- Always use **en** with a number or expression of quantity when the noun is omitted. The number or expression of quantity then follows the verb.

Combien **de frères** a-t-elle?
How many brothers does she have?

Elle **en** a un (deux, trois).
She has one (two, three).

Avez-vous acheté **beaucoup de pain**?
Did you buy a lot of bread?

Oui, j'**en** ai acheté **beaucoup**.
Yes, I bought a lot.

Y and *en* with *tu* commands

- In an affirmative **tu** command, add an **-s** to any **-er** verb followed by **y** or **en**. Note that **aller** also follows this pattern. In a negative command, the **s** is dropped.

Tu vas chez le médecin? Va**s**-y!
You're going to the doctor's? Go!

but N'y va pas!
Don't go!

Il y a des pommes. Mange**s-en**!
There are some apples. Eat a few!

but N'en mange pas!
Don't eat any!

Y and *en* with object pronouns

- When using two pronouns in the same sentence, **y** and **en** always come in second position.

Vous parlez **à Hélène de sa toux**?
Are you talking to Hélène about her cough?

Oui, nous **lui en** parlons.
Yes, we're talking to her about it.

Tu vas mettre **les serviettes dans la salle de bain**?
Are you going to put towels in the bathroom?

Oui, je vais **les y** mettre.
Yes, I'm going to put them there.

- With imperatives, **moi** followed by **y** and **en** becomes **m'y** and **m'en**. **Toi** followed by **y** and **en** becomes **t'y** and **t'en**.

Vous avez **des pêches** aujourd'hui?
Do you have peaches today?

Donnez-**m'en** dix.
Give me ten.

- When used together in the same sentence, **y** is placed before **en**.

Il y a **de bons médecins à l'hôpital**?
Are there good doctors at the hospital?

Oui, il **y en** a.
Yes, there are.

Vérifiez

Essayez! Complétez les phrases avec le pronom correct.

1. Faites-vous du sport? Oui, nous _en_ faisons.
2. Papa est au garage? Oui, il _y_ est.
3. Nous voulons des fraises. Donnez-nous- _en_ un kilo.
4. Mettez-vous du sucre dans votre café? Oui, nous _en_ mettons.
5. Est-ce que tu t'intéresses à la médecine? Oui, je m' _y_ intéresse.
6. Il est allé au cinéma? Oui, il _y_ est allé.
7. Combien de pièces y avait-il? Il y _en_ avait quatre.
8. Avez-vous des lampes? Non, nous n'_en_ avons pas.
9. Elles sont chez leur copine. Elles _y_ sont depuis samedi.
10. Êtes-vous allés en France? Oui, nous _y_ sommes allés.

cent quarante-sept **147**

Go over how en is used with expressions of quantity, modeling the examples as mini-conversations. Present y and en with tu commands. Review placement of object pronouns. Assign the Vérifiez activity.

Essayez! Supplement this activity with items like these: 11. Avez-vous besoin d'une aspirine? (Non, nous n'en avons pas besoin.) 12. Qui joue au foot? (J'y joue. / ____ y joue.) 13. Combien d'élèves y avait-il dans la classe? (Il y en avait seize).

TEACHING OPTIONS

Using Video Replay the video episode, having students focus on the passé composé of reflexive verbs and the pronouns y and en. Examples: Stéphane s'est-il souvenu du nom du chef du Front Populaire? (Non, il ne s'en est pas souvenu.) Qui s'est blessé? (Rachid s'est blessé.) Va-t-il chez le médecin? (Oui, il y va.)

EXPANSION

Questions and Answers Have pairs ask each other if they play sports, musical instruments, or do certain activities. Examples: Fais-tu de l'exercice? (Oui, j'en fais cinq fois par semaine.) Fais-tu du golf? (Non, je n'en fais pas, mais ma mère en fait.)

147

1 Expansion After completing the activity, have students form the questions that would elicit the responses. Then have them take turns asking each other the questions and answering them. Example: **Combien d'enfants a-t-il? (Il en a trois.)**

2 Expansion Have students use the questions to create a role-play between a nurse and patient.

3 Suggestion You may want to assign this activity to groups of three. If so, call on a volunteer group to act out the completed conversation for the class.

Mise en pratique

1 Sondage M. Renaud répond aux questions d'un journaliste qui fait un sondage (*poll*) pour un magazine français. Utilisez **y** ou **en** pour compléter les notes du journaliste. *Answers may vary slightly.*

Nombre/Fréquence		Notes
1. Enfant	3	M. Renaud en a trois.
2. Chien	0	M. Renaud n'en a pas.
3. Voiture	2	M. Renaud en a deux.
4. Cinéma	rarement	M. Renaud y va rarement.
5. Argent	peu	M. Renaud en a peu.
6. Thé/café	parfois	M. Renaud en boit parfois.
7. New York	en 2015	M. Renaud y est allé en 2015.
8. Chez le médecin	une fois par an	M. Renaud y va une fois par an.

2 Histoire médicale Vous êtes à l'hôpital où on vous pose des questions sur votre santé. Utilisez les pronoms **y** et **en** dans vos réponses. *Some answers will vary.*

1. Avez-vous des allergies? Oui, j'en ai. / Non, je n'en ai pas.
2. Êtes-vous allé(e) aux urgences cette année? Oui, j'y suis allé(e). / Non, je n'y suis pas allé(e).
3. Allez-vous chez le médecin régulièrement? Oui, j'y vais régulièrement. / Non, je n'y vais pas régulièrement.
4. Combien d'aspirines prenez-vous par jour? J'en prends… / Je n'en prends pas.
5. Faites-vous du sport tous les jours? Oui, j'en fais. / Non, je n'en fais pas.
6. Mangez-vous beaucoup de sucre? Oui, j'en mange beaucoup./Non, je n'en mange pas (beaucoup).
7. Avez-vous des douleurs? Oui, j'en ai. / Non, je n'en ai pas.
8. Avez-vous de la fièvre? Oui, j'en ai. / Non, je n'en ai pas.
9. Vous êtes-vous blessé(e) au travail? Oui, je m'y suis blessé(e). / Non, je ne m'y suis pas blessé(e).
10. Êtes-vous déjà allé(e) à la pharmacie? Oui, j'y suis déjà allé(e)./Non, je n'y suis pas allé(e).

3 Chez le dentiste Mme Hanh emmène ses fils chez le dentiste pour la première fois. Complétez le dialogue entre le dentiste et les deux garçons. Utilisez les pronoms **y** et **en**. *Suggested answers*

LE DENTISTE C'est la première fois que vous allez chez le dentiste?
FRÉDÉRIC Oui, (1) c'est la première fois que nous y allons.
LE DENTISTE N'ayez pas peur. Alors, mangez-vous beaucoup de bonbons?
HENRI (2) Non, nous n'en mangeons pas beaucoup.
LE DENTISTE Et toi, Frédéric, utilises-tu du dentifrice?
FRÉDÉRIC (3) Oui, j'en utilise.
HENRI Est-ce que vous allez nous faire une piqûre?
LE DENTISTE (4) Oui, je vais vous en faire une.
HENRI Moi, je n'ai pas peur des piqûres… mais j'espère que vous n'allez pas trouver de caries (*cavities*).
LE DENTISTE (5) Je vais peut-être en trouver une ou deux.

DIFFERENTIATION

For Struggling Learners Before students begin **Activité 1**, make sure they understand that **en** is used with a quantity and **y** with frequency. Then have students indicate whether each item on the list refers to quantity or frequency. Finally, go over verbs they should use for each item on the list.

TEACHING OPTIONS

Extra Practice Write a completed version of the conversation in **Activité 3** on the board. Then ask students comprehension questions to further practice **y** and **en**. Examples: **Est-ce que c'est la première fois que Frédéric va chez le dentiste? (Oui, c'est la première fois qu'il y va.) Frédéric et Henri mangent-ils beaucoup de sucre? (Non, ils n'en mangent pas beaucoup.)**

Communication

4 Trouvez quelqu'un qui... Votre professeur va vous donner une feuille d'activités. Circulez dans la classe pour trouver un(e) camarade différent(e) qui donne une réponse affirmative à chaque question. Employez les pronoms **y** et **en**. Answers will vary.

MODÈLE

Élève 1: *Je suis né(e) à Los Angeles. Y es-tu né(e) aussi?*
Élève 2: *Oui, j'y suis né(e) aussi!*

Qui...	Noms
1. *est né(e) dans la même (same) ville que vous?*	Mélanie
2. *a pris une aspirine aujourd'hui? Pourquoi?*	
3. *est allé(e) en Californie? Quand?*	
4. *a mangé à la cantine cette semaine? Combien de fois?*	
5. *est déjà allé(e) aux urgences? Pourquoi?*	
6. *est allé(e) chez le dentiste ce mois-ci? Quand?*	

5 Interview Posez ces questions à un(e) partenaire. Employez **y** ou **en** dans vos réponses, puis présentez-les à la classe. Answers will vary.

Demandez à un(e) partenaire...

1. s'il/elle va à la bibliothèque (au restaurant, à la plage, chez le dentiste) aujourd'hui. Pourquoi?
2. s'il/elle a besoin d'argent (d'un vélo, de courage, de temps libre). Pourquoi?
3. s'il/elle s'intéresse aux sports (à la littérature, au jazz, à la politique). Que préfère-t-il/elle?
4. combien de personnes il y a dans sa famille (dans la classe de français, dans son immeuble ou dans sa rue).
5. s'il/elle a un chien (beaucoup de cousins, un grand-père, un vélo, un ordinateur). Où sont-ils?
6. s'il/elle a des allergies (une blessure, un rhume). Que fait-il/elle contre les symptômes?

6 Chez le docteur Vous avez ces problèmes et vous allez chez le docteur. Votre partenaire va jouer le rôle du docteur. Parlez de vos symptômes. Que faut-il faire? Utilisez les pronoms **y** et **en**. Answers will vary.

- des allergies
- la grippe
- un rhume
- une cheville foulée
- mal à la gorge
- se sentir mal

7 Devinez! Avec un(e) partenaire, décrivez un endroit ou une chose en utilisant les pronoms **y** ou **en**. Votre partenaire va essayer de deviner (*guess*) ce que vous décrivez.

MODÈLE

Élève 1: *J'y vais pour jouer au foot.*
Élève 2: *Tu vas au stade?*
Élève 1: *J'en mange deux le matin.*
Élève 2: *Tu manges des croissants?*

cent quarante-neuf **149**

Suggestions / Pre-AP notes (margin)

4 Suggestions
- Have two volunteers act out the **modèle**.
- Distribute the **Feuilles d'activités** from the Activity Pack

5 Suggestions
- Encourage students to think of a few additional questions modeled on those in the activity.
- Have students report what they learned about their partner in small groups.

PRE-AP®

6 Interpersonal Speaking
- Make sure each student plays both the doctor and patient roles.
- Tell students to feel free to talk about other symptoms learned in this lesson.

6 Partner Chat You can also assign Activity 6 on vhlcentral.com. Students work in pairs to record the activity online. The pair's recorded conversation will appear in your gradebook.

Activity Pack For additional activities, go to the **Activity Pack** in the **Resources** section of vhlcentral.com.

EXPANSION

Sondage Have students work in small groups to create a survey regarding the health habits of their peers. Tell them that their goal is to determine how well students eat, how much exercise and sleep they get, and how they manage their stress. Suggest that they include 10–15 questions in their survey. Then have students administer their survey to students in other French classes or to a partner class in another country.

Have students tally their results and create a pie chart, a bar chart, or some other graphic to represent them. Then, have students discuss and interpret the results. What tendencies do they see? Have students present their findings to the class using some form of media to project their graphic and their conclusions.

Révision

1 La salle d'attente Observez cette salle d'attente (*waiting room*) et, avec un(e) partenaire, décrivez la situation ou la maladie de chaque personne. À tour de rôle, essayez de prescrire un remède. Utilisez les pronoms **y** ou **en** dans vos dialogues. Answers will vary.

MODÈLE

Élève 1: *Ce garçon s'est foulé la cheville. Il doit aller aux urgences.*
Élève 2: *Oui, et cette fille...*

2 Êtes-vous souvent malade? Avec un(e) partenaire, préparez huit questions pour savoir si vos camarades de classe sont en bonne ou en mauvaise santé. Ensuite, par groupes de quatre, posez les questions à vos camarades et écrivez leurs réponses. Employez des pronoms. Answers will vary.

3 Oh! Ça va?! Vous êtes un(e) piéton(ne) (*pedestrian*) et tout à coup, vous voyez (*see*) un(e) cycliste tomber de son vélo. Avec un(e) partenaire, suivez (*follow*) ces instructions et préparez la scène. Utilisez les pronoms **y** et **en**. Answers will vary.

Piéton(ne)	Cycliste
Demandez s'il/elle s'est fait mal.	Dites quel est le problème.
Posez des questions sur les symptômes.	Décrivez les symptômes.
Proposez de l'emmener aux urgences.	Acceptez ou refusez la proposition.

4 Pour partir loin Vous et un(e) partenaire allez vivre (*to live*) un mois dans une région totalement isolée. Regardez l'illustration: vous pouvez mettre seulement cinq choses dans votre sac de voyage. Choisissez-les avec votre partenaire. Answers will vary.

MODÈLE

Élève 1: *On prend de l'aspirine pour la migraine?*
Élève 2: *Non, on n'en prend pas. La bouteille est trop grande!*

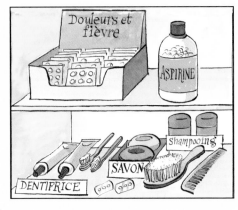

5 La consultation Vous êtes malade et vous voulez tout savoir sur vos symptômes. Posez des questions à votre partenaire, qui va jouer le rôle du médecin. Utilisez les pronoms **y** et **en** dans votre dialogue. Answers will vary.

MODÈLE

Élève 1: *Est-ce que j'ai de la fièvre?*
Élève 2: *Non, tu n'en as pas.*
Élève 1: *Est-ce que j'ai besoin d'un médicament?*
Élève 2: *Oui, tu en as besoin.*

6 La famille Valmont Votre professeur va vous donner, à vous et à votre partenaire, une feuille d'informations sur la famille Valmont. Attention! Ne regardez pas la feuille de votre partenaire. Answers will vary.

MODÈLE

Élève 1: *David jouait au baseball.*
Élève 2: *Voilà comment il s'est cassé le bras!*

À l'écoute 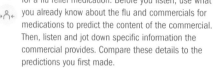 vhlcentral

STRATÉGIE

Listening for specific information

You can listen for specific information effectively once you identify the subject of a conversation. You can also use your background knowledge to predict what kinds of information you might hear.

To practice this strategy, you will listen to a commercial for a flu relief medication. Before you listen, use what you already know about the flu and commercials for medications to predict the content of the commercial. Then, listen and jot down specific information the commercial provides. Compare these details to the predictions you first made.

Préparation

Regardez la photo et décrivez les deux personnes. Comment est l'homme? Est-il sportif, d'après vous? A-t-il l'air en forme? Pensez-vous qu'il a des problèmes de santé? Quels problèmes? Et la femme, comment est-elle? A-t-elle l'air en forme? De quoi parlent-ils?

À vous d'écouter

Écoutez la conversation et indiquez chaque problème que Dimitri mentionne.

1. Il est déprimé. ___X___
2. Il dort trop. _____
3. Il ne fait pas assez d'exercice. ___X___
4. Il a des douleurs à la gorge. _____
5. Il a beaucoup d'allergies. _____
6. Il a mal au dos. ___X___
7. Il ne mange pas sainement. ___X___
8. Il a de la fièvre. _____

Compréhension

Les conseils de Nadine Écoutez la conversation une deuxième fois. Pour chaque catégorie, donnez un des conseils (*pieces of advice*) de Nadine. Answers will vary. Possible answers provided.

1. Nutrition

   manger plus sainement; manger des fruits, des légumes et du poisson; éviter les régimes

2. Exercice

   faire du sport (de l'exercice); faire de la natation

3. Mode de vie (*Lifestyle*)

   prendre le temps de se reposer; s'amuser un peu tous les jours

Avez-vous deviné? Relisez vos notes de la **Préparation**. Avez-vous deviné le sujet de la conversation entre Dimitri et Nadine? Comparez avec un(e) camarade.

Un questionnaire Par groupes de trois ou quatre, préparez un questionnaire en français sur la santé et le mode vie des élèves dans votre communauté. Votre questionnaire doit avoir au moins 10 questions. Soyez prêt(e)s à le présenter à la classe. Voici quelques thèmes à considérer:

- les maladies
- les problèmes de santé récents
- la nutrition
- l'exercice
- les régimes
- le stress et les problèmes personnels
- le repos

cent cinquante et un **151**

et de poisson. Tu vas voir, si tu manges sainement, tu vas retrouver de l'énergie. Et tu ne fais pas de sport?
D: Non, j'ai souvent des douleurs dans le dos, alors le sport...
N: Fais de la natation! C'est excellent pour le dos.
D: Oui, bonne idée... Mais toi, tu as l'air d'être en forme, dis donc!

N: Oui, je suis en super forme en ce moment. Je mange bien et je fais de l'exercice trois fois par semaine. Je me sens vraiment très bien!
D: Eh bien, bravo!
Teacher Resources DVD

Section Goals

In this section, students will:
- listen for specific information
- listen to a commercial and jot down information
- listen to a conversation and complete several activities

Key Standards
1.2, 2.1

Stratégie
Script Vous ne vous sentez pas bien? Vous avez mal à la tête et au dos? Tout votre corps vous fait mal? Vous éternuez et vous toussez? Vous vous sentez faible et vous n'êtes pas en forme? Vous avez probablement la grippe. Alors, n'attendez pas! Dépêchez-vous d'acheter le médicament homéopathique Grippum. Avec Grippum, la santé est retrouvée en quelques jours! Grippum, en vente chez votre pharmacien.
Teacher Resources DVD

À vous d'écouter
Script NADINE: Tiens... Dimitri? Dimitri Klein?
DIMITRI: Euh... oui?
N: C'est moi, Nadine Girardot, du cours de littérature de Madame Larose. Tu ne te souviens pas de moi?
D: Ah si, bien sûr! Excuse-moi. Je ne me sens pas très bien, aujourd'hui.
N: Oui, tu as l'air fatigué... Qu'est-ce qui ne va pas?
D: Ben, je ne sais pas trop. Je ne suis pas très en forme depuis deux mois.
N: Ah bon? Et tu es allé chez le médecin?
D: Oui, mais il dit que je ne suis pas malade. Il pense que je suis un peu déprimé parce que je m'ennuie au lycée. Et comme je ne me repose pas beaucoup, il pense aussi que je suis fatigué.
N: C'est très important de se reposer. Tu dois prendre le temps de te reposer et de t'amuser un peu tous les jours.
D: Il dit aussi que je dois manger plus sainement et faire de l'exercice.
N: C'est vrai, tu sais. On est beaucoup plus en forme quand on mange bien et quand on fait du sport.
D: Oui, je sais... Je pense commencer un régime.
N: Ah non! Ce n'est pas une bonne idée. Les régimes sont mauvais pour la santé. Manger sainement, c'est simplement manger plus de fruits, de légumes

Savoir-faire

vhlcentral

Panorama

La Nouvelle-Aquitaine

La région en chiffres

- ▶ **Superficie:** *84.100 km²*
- ▶ **Population:** *5.800.000 (environ)*
- ▶ **Industrie principale:** *agriculture, bois° et industries papetières, aéronautique et spatiale, tourisme*
- ▶ **Villes principales:** *Bordeaux, Bayonne, Poitiers, La Rochelle, Limoges, Pau*

Personnages célèbres

- ▶ **Aliénor d'Aquitaine,** *reine° de France (1122–1204)* ·············
- ▶ **Jacques-Yves Cousteau,** *explorateur océanographique et cinéaste (1910–1997)* ·············
- ▶ **Barbara Schulz,** *actrice (1972–)*
- ▶ **Francis Cabrel,** *chanteur (1953–)*

L'Occitanie

La région en chiffres

- ▶ **Superficie:** *72.724 km²*
- ▶ **Population:** *5.724.711*
- ▶ **Industries principales:** *aéronautique, agriculture, recherches°*
- ▶ **Villes principales:** *Toulouse, Montpellier, Nîmes, Perpignan*

Personnages célèbres

- ▶ **Jean Jaurès,** *homme politique (1859–1914)* ·············
- ▶ **Henri de Toulouse-Lautrec,** *peintre et lithographe (1864–1901)*
- ▶ **Georges Brassens,** *Languedoc-Roussillon, chanteur (1921–1981)*

bois *wood* **reine** *queen* **recherches** *research* **grotte** *cave* **gravures** *carvings* **peintures** *paintings* **découvrent** *discover*

le parc d'attractions Futuroscope

Poitiers

La Rochelle

Angoulême

Limoges

LA FRANCE

L'OCÉAN ATLANTIQUE

Périgueux

NOUVELLE-AQUITAINE

Bordeaux

la Garonne

Agen

la Tarn

Albi

OCCITANIE

Toulouse

LES CÉVENNES

Nîmes

Montpellier

Bayonne

Pau

la Garonne

Béziers

Perpignan

LA MER MÉDITERRANÉE

0 80 miles
0 80 kilomètres

ANDORRE

LES PYRÉNÉES

L'ESPAGNE

la dune du Pilat

la cité de Carcassonne

Incroyable mais vrai!

Appelée parfois «la chapelle Sixtine préhistorique», la grotte° de Lascaux, en Nouvelle-Aquitaine, est décorée de 1.500 gravures° et de 600 peintures°, vieilles de plus de 17.000 ans. En 1940, quatre garçons découvrent° ce sanctuaire. Les fresques, composées de plusieurs animaux, ont jusqu'à ce jour une signification mystérieuse.

La gastronomie

Le foie gras et le cassoulet

Le foie gras° et le cassoulet sont des spécialités du Sud-Ouest° de la France. Le foie gras est un produit° de luxe, en général réservé aux grandes occasions. On le mange sur du pain grillé ou comme ingrédient d'un plat élaboré. Le cassoulet est un plat populaire, préparé à l'origine dans une «cassole°». Les ingrédients varient, mais en général cette spécialité est composée d'haricots blancs, de viande de porc et de canard, de saucisses, de tomates, d'ail et d'herbes.

AP® Theme: Contemporary Life
Context: Leisure and Sports

Les monuments

Les arènes de Nîmes

Inspirées du Colisée de Rome, les arènes° de Nîmes, en Occitanie, datent de la fin du premier siècle. C'est l'amphithéâtre le plus grand de France et le mieux conservé de l'ère° romaine. Les spectacles de gladiateurs d'autrefois°, appréciés par plus de 20.000 spectateurs, sont aujourd'hui remplacés° par des corridas° et des spectacles musicaux. Chaque année, la ville de Nîmes accueille plus de 500.000 visiteurs.

AP® Theme: Contemporary Life
Context: Leisure and Sports

Le sport

La pelote basque

L'origine de la pelote est ancienne°: on retrouve des versions du jeu chez les Mayas, les Grecs et les Romains. C'est au Pays Basque, à la frontière° entre la France et l'Espagne, en Nouvelle-Aquitaine, que le jeu se transforme en véritable sport. La pelote basque existe sous sept formes différentes; le principe de base est de lancer° une balle en cuir°, la «pelote», contre un mur avec la «paleta», une raquette en bois°, et le «chistera», un grand gant en osier°.

AP® Theme: Personal and Public Identities
Context: Language and Identity

Les traditions

La langue d'Oc

La langue d'Oc (l'occitan) est une langue romane° développée dans le sud de la France. Cette langue a donné son nom à la région: Occitanie. La poésie lyrique occitane et la philosophie des troubadours° du Moyen Âge° influencent les valeurs° culturelles et intellectuelles européennes. Il existe plusieurs dialectes de l'occitan. «Los cats fan pas de chins» (les chats ne font pas des chiens) et «la bornicarié porta pas pa a casa» (la beauté n'apporte pas de pain à la maison) sont deux proverbes occitans connus.

Qu'est-ce que vous avez appris? Répondez aux questions par des phrases complètes.

1. Qui était peintre, lithographe et d'origine occitane?
   Henri de Toulouse-Lautrec était peintre, lithographe et d'origine occitane.
2. Quel est le surnom (nickname) de la grotte de Lascaux?
   Le surnom de la grotte de Lascaux est «la chapelle Sixtine préhistorique».
3. Que trouve-t-on dans la grotte de Lascaux?
   On trouve des peintures et des gravures dans la grotte de Lascaux.
4. Quand mange-t-on du foie gras en général?
   En général, le foie gras est réservé aux grandes occasions.
5. Quels ingrédients utilise-t-on pour le cassoulet?
   On utilise des haricots blancs, de la viande, des saucisses, des tomates, de l'ail et des herbes.
6. De quand datent les arènes de Nîmes?
   Les arènes de Nîmes datent de la fin du premier siècle.

7. Combien de visiteurs la ville de Nîmes accueille-t-elle chaque année?
   La ville de Nîmes accueille plus de 500.000 visiteurs chaque année.
8. Quelles civilisations ont une version de la pelote?
   Les civilisations des Mayas, des Romains et des Grecs ont une version de la pelote.
9. Combien de formes de pelote basque y a-t-il?
   Il y a sept formes différentes de pelote basque.
10. Qu'est-ce qui influence les valeurs culturelles et intellectuelles européennes? Ce sont la poésie occitane et la philosophie des troubadours du Moyen Âge.

Sur Internet

1. Il existe une forme de la pelote basque aux États-Unis. Comment s'appelle ce sport?

2. Cherchez des peintures de la grotte de Lascaux. Quelles sont vos préférées? Pourquoi?

3. Cherchez plus d'informations sur Henri de Toulouse-Lautrec. Avez-vous déjà vu quelques-unes de ses peintures? Où?

foie gras *fattened liver of an animal served as a pâté*
Sud-Ouest *Southwest* **produit** *product* **cassole** *pottery dish*
arènes *amphitheaters* **ère** *era* **autrefois** *long ago*
remplacés *replaced* **corridas** *bullfights* **ancienne** *ancient*
frontière *border* **lancer** *throw* **cuir** *leather* **bois** *wood*
osier *wicker* **langue romane** *Romance language*
troubadours *minstrels* **Moyen Âge** *Middle Ages*
valeurs *values*

Le foie gras et le cassoulet

- The raising of geese and ducks for **foie gras** dates back to ancient Egypt, Greece, Rome, and Gaul. There is a rivalry among the southwestern regions for the best variety of **cassoulet**. The differences occur mostly in the type of meat used.
- Ask students to name some regional dishes in the United States. Also ask if they know of a dish similar to **cassoulet**.

Les arènes de Nîmes

- The amphitheater has always remained in use. At one time, residences were built within the arena, and during another period it was used as a fortress and refuge. In 1909, it was restored to its original design and is used today as an arena for entertainment.
- Have students compare today's amphitheaters or arenas to the amphitheaters of the Romans.

La pelote basque

- The courts, gear, and rules for playing **pelote basque** can vary from village to village. But no matter which variety of the game is played, it is always lively and fast. The speed of the **pelote** can get up to 250–300 km/hr or about 155–186 mph.
- Ask students what sports are similar to **pelote basque**.

La langue d'Oc
La langue d'Oc is spoken by over a million people in the south of France. Although the Occitan dialects have been influenced by modern French, they still strongly resemble dialects of the Middle Ages in which the phonology and grammar are more closely related to Spanish.

21ˢᵗ Century Skills

Information and Media Literacy
Students access and critically evaluate information from the Internet.

EXPANSION

La langue d'Oc The troubadours of southern France were traveling poet-musicians. They wrote and performed courtly love poems or songs for the ladies of the courts in the Occitan dialect Provençal. Eleanor of Aquitaine, a patron of troubadours, used her influence to introduce Provençal poetry at the courts in northern France. This type of poetry thrived in the twelfth and thirteenth centuries, and had a great influence on later lyric poetry.

EXPANSION

Cultural Activity Point out that France and Spain share a border. Ask students to give some examples of cross-cultural influences. (**les corridas à Nîmes, la pelote basque,** or jai-alai, and **la poésie lyrique des troubadours**)

Section Goals

In this section, students will:
- learn to use background knowledge when reading
- read a magazine article on combating fatigue

Key Standards
1.2, 2.1, 3.2, 5.2

PRE-AP®

**Interpretive Reading:
Stratégie** Explain to students that they will find it easier to understand the content of a text by reviewing previous knowledge about the topic before they begin reading.

Examinez le texte Students should mention that the text is a magazine article written by Dr. Émilie Parmentier and published in France.

Questions personnelles
- Point out to students that by answering these questions they are activating their background knowledge about health habits and fatigue. This will help them understand the magazine article.
- Have students discuss their answers to the questions in pairs or small groups.

21st Century Skills

Health Literacy
Ask students to work in groups of three to make a list of the five health habits doctors recommend the most.

Lecture vhlcentral

Avant la lecture

STRATÉGIE

Activating background knowledge

Using what you already know about a particular subject will often help you better understand a reading selection. For example, if you read an article about a recent medical discovery, you might think about what you already know about health in order to understand unfamiliar words or concepts.

Examinez le texte

Regardez le document. Analysez le titre de la lecture. Quel est le mot-clé de ce titre? Quel est le sens (*meaning*) du titre? Quel va être le sujet du texte? Faites une liste de vos idées et comparez-les avec les idées d'un(e) camarade. Puis, avec votre partenaire, faites aussi une liste de ce que vous savez déjà sur ce sujet. Essayez de répondre aux questions.

- Quel type de texte est-ce?
- Où pensez-vous que ce texte a été publié?
- Qui a écrit ce texte?
- Quelle est la profession de l'auteur?

Questions personnelles

Répondez aux questions par des phrases complètes.

1. Vous sentez-vous parfois fatigué(e) pendant la journée? Quand? Pourquoi?
2. Êtes-vous souvent fatigué(e) quand vous avez beaucoup de devoirs? Et quand vous faites beaucoup de sport?
3. Dormez-vous bien, en général? Vous couchez-vous tôt ou tard? Et le matin, à quelle heure vous levez-vous, en général?
4. Prenez-vous le temps de vous détendre dans la journée? Que faites-vous pour vous détendre?
5. Mangez-vous sainement? Qu'aimez-vous manger?
6. Faites-vous du sport ou d'autres activités physiques? Lesquel(le)s (*Which ones*)?

Non à la fatigue!

Par le docteur Émilie Parmentier

Selon un sondage° récent, plus de 50% des Français se sentent souvent fatigués. Que faire pour être moins fatigué? Voici les dix conseils° du docteur Émilie Parmentier.

(1) Mangez sainement et évitez les régimes

Vous pouvez garder la ligne et la forme si vous évitez les régimes et choisissez les fruits, les légumes et le poisson au lieu de° la viande et des féculents°. Le matin, prenez le temps de vous préparer un bon petit-déjeuner, mais le soir, mangez léger°.

(2) Dormez bien

Chaque personne est différente. Certaines ont besoin de 6 heures de sommeil° par nuit, d'autres de 10 heures. Respectez vos besoins et essayez de dormir assez, mais pas trop.

(3) Essayez de respecter des horaires réguliers

Avoir des horaires réguliers°, c'est bon pour la forme. Levez-vous à la même heure chaque jour, si possible, puis le soir, essayez aussi de vous coucher toujours à la même heure.

(4) Prenez le temps de vous détendre avant de vous coucher

Le soir avant de vous coucher, prenez quelques minutes pour vous détendre et oublier vos préoccupations et vos problèmes. Essayez la méditation ou le yoga.

(5) Ne vous dépêchez pas tout le temps

Il est très important d'avoir des moments de calme tous les jours et de ne pas toujours se dépêcher. Promenez-vous dans un parc, asseyez-vous et reposez-vous quelques minutes.

EXPANSION

Les raisons de la fatigue Have students work in groups of three or four. Tell them to create a list of possible reasons why more than 50% of French people often feel tired. Example: **Ils travaillent beaucoup**. Then have them get together with another group and compare their lists. Record the most popular reasons on the board.

EXPANSION

Reflexive Verbs Have students work in pairs. Tell them to go through the article and find all the sentences that contain reflexive verbs. Mention that students should watch for reflexive verbs appearing in the infinitive. Example: **... prenez le temps de *vous préparer*...** Then have them point out which verbs are literally reflexive versus those with an idiomatic sense.

6 **Amusez-vous et détendez-vous avec les personnes que vous aimez**

Passez des moments en famille ou avec des amis et des personnes avec qui vous vous entendez bien. Parlez de sujets agréables, riez et amusez-vous!

7 **Faites du sport ou d'autres activités physiques**

Si on fait trop de sport, on peut être fatigué, mais quand on ne pratique pas assez d'activités physiques, on se sent fatigué aussi. Donc, pour bien vous porter, pratiquez des activités physiques plusieurs fois par semaine. Mais attention! Les activités sportives sont à éviter tard le soir parce qu'elles peuvent causer des troubles du sommeil.

8 **Évitez les discussions importantes le soir**

Il n'est pas bon de s'énerver, de se mettre en colère ou de s'inquiéter avant de se coucher parce que cela rend le sommeil difficile. Le soir, évitez donc les grandes discussions (entre époux, entre colocataires°, entre petits amis, sur vos problèmes dans les études).

9 **Faites des petites siestes**

Parfois, quand vous êtes fatigué, même° une sieste° de vingt minutes peut vous aider à continuer la journée. Alors, quand vous avez juste° quelques minutes de libres, pensez à faire une petite sieste.

Enfin, si vous vous sentez très faible, voire° mal pendant une période de plus de deux semaines, allez voir le médecin. Consultez un médecin si vous tombez malade très souvent ou si vous vous sentez déprimé.

Selon un sondage *According to a survey* conseils *pieces of advice* au lieu de *instead of* féculents *starches* léger *light* sommeil *sleep* horaires réguliers *set schedules* colocataires *roommates* même *even* sieste *nap* juste *just* voire *or even*

Après la lecture

Complétez Complétez les phrases.

1. Pour être en bonne santé, il est nécessaire de manger ___sainement___.

2. Il est bon de toujours ___se lever___ et ___se coucher___ à la même heure.

3. Il est bon de faire du yoga ou de la méditation pour ___se détendre___.

4. On doit prendre le temps de ___s'amuser et de se détendre___ avec ses amis.

5. Pour être en forme, pratiquez ___des activités physiques___ plusieurs fois par semaine.

6. Il est préférable d'éviter les discussions importantes ou graves ___le soir___.

7. Quand vous êtes ___fatigué(e)___, une sieste de quelques ___minutes___ peut aider.

8. Si on se sent vraiment très fatigué ou si on est déprimé, c'est toujours une bonne idée d' ___aller consulter un médecin___.

Vrai ou faux? Indiquez si les phrases sont **vraies** ou **fausses**. Corrigez les phrases fausses.

1. C'est une infirmière qui donne ces conseils.
Faux. Émilie Parmentier est médecin.

2. Les Français ne sont pas souvent fatigués.
Faux. Plus de 50% des Français sont souvent fatigués.

3. D'après le docteur Parmentier, il est important de faire un régime pour garder la ligne.
Faux. Il est important d'éviter les régimes et de manger des fruits, des légumes et du poisson.

4. C'est le soir qu'on doit manger le plus.
Faux. Le soir, on doit manger léger.

5. Quand on dort trop, on peut se sentir fatigué.
Vrai.

6. Quand on ne pratique pas assez d'activités physiques, on peut se sentir fatigué.
Vrai.

7. On doit se reposer au calme tous les jours.
Vrai.

8. Il est recommandé de faire du sport le soir avant de se coucher. Faux. Il est recommandé d'éviter les activités sportives tard le soir parce qu'elles peuvent causer des troubles du sommeil.

Votre opinion compte Que pensez-vous des conseils du docteur Parmentier? A-t-elle raison ou tort, d'après vous? Avec un(e) camarade, choisissez deux de ses conseils et donnez votre opinion sur chacun (*each one*). Quels conseils allez-vous donner à votre camarade?

Complétez Go over the answers with the class. Call on volunteers to read the completed sentences aloud.

Vrai ou faux?
- Have students work in pairs. Tell them to take turns reading the statements aloud and deciding whether they are true or false. They should also locate the correct answer to the false items in the text.
- Have students write two more true/false items. Then ask volunteers to read their sentences aloud and have the class respond.

Votre opinion compte After completing the activity, take a quick class survey to find out which pieces of advice students agreed with and which ones they thought were wrong.

 21ˢᵗ Century Skills

Creativity and Innovation Ask students to prepare a presentation on the ideal lifestyle, inspired by the information on these two pages.

PRE-AP®

Presentational Writing Have students write an additional piece of advice on staying healthy and fighting fatigue. Remind them to use the imperative. Then ask volunteers to read their piece of advice to the class. The class should decide if the advice is valid or not.

EXPANSION

Suggestions Have students write the numbers from the reading that correspond to the suggestions that they already follow and the numbers of the suggestions they would like to try. Then have students form groups of four and compare their answers.

155

Écriture

STRATÉGIE

Sequencing events

Paying attention to sequencing will ensure that your writing flows logically from one section to the next. Of course, every composition should have an introduction, a body, and a conclusion.

The introduction presents the subject, the setting, the situation, and the people involved. The main part, or the body, describes the events and people's reactions to these events. The conclusion brings the narrative to a close.

Adverbs and adverbial phrases provide transitions between the introduction, the body, and the conclusion. Here is a list of commonly used adverbs in French.

Adverbes	
(tout) d'abord	*first*
premièrement / en premier	*first*
avant (de)	*before*
après	*after*
alors	*then, at that time*
(et) puis	*(and) then*
ensuite	*then*
plus tard	*later*
bientôt	*soon*
enfin	*finally; at last*
finalement	*finally*

Thème

Écrire une lettre
Avant l'écriture

1. Vous avez eu un problème de santé le jour du dernier examen de français et vous n'avez pas pu passer l'examen. Vous allez préparer une lettre destinée à votre professeur de français pour lui expliquer ce qui s'est passé. Pour vous y aider, répondez d'abord aux questions:

   - Que s'est-il passé? (maladie, accident, autre problème de santé, etc.)

   - Quels étaient les symptômes ou quelle blessure avez-vous eue? (avoir mal au ventre, avoir de la fièvre, avoir une jambe cassée, etc.)

   - Qu'est-ce qui a peut-être causé ce problème? (accident, pas assez d'exercice physique, ne pas manger sainement, etc.)

   - Qu'avez-vous fait? (prendre des médicaments, aller chez le docteur ou le dentiste, aller aux urgences, etc.)

   - Qu'est-ce qu'on vous a fait là-bas? (une piqûre, une radio [*X-ray*], une ordonnance, etc.)

   - Comment vous sentez-vous maintenant et qu'allez-vous faire pour rester en forme? (dormir plus, faire plus attention, faire de l'exercice, etc.)

2. Maintenant, complétez ce schéma d'idées avec vos réponses. Il va vous servir à placer les informations dans le bon ordre. Chaque cadre (*box*) représente une information. Ajoutez (*Add*) une introduction et une conclusion dans les cercles. Utilisez des verbes réfléchis.

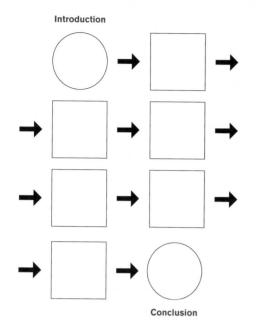

3. Regardez à nouveau (*again*) le schéma d'idées. Quels adverbes pouvez-vous y ajouter pour lier (*link*) les informations? Écrivez-les au-dessus de (*above*) chaque cadre.

Écriture

Utilisez le schéma d'idées pour écrire votre lettre au passé (passé composé et imparfait). Elle doit inclure (*include*) une introduction, une partie centrale (le corps), une conclusion et les adverbes que vous avez écrits au-dessus des cadres. À la fin (*end*) de la lettre, excusez-vous et demandez à votre professeur si (*if*) vous pouvez passer l'examen la semaine prochaine. (Attention! Cette partie de la lettre doit être au présent.)

Après l'écriture

1. Échangez votre lettre avec celle (*the one*) d'un(e) partenaire. Répondez à ces questions pour commenter son travail.

- Votre partenaire a-t-il/elle écrit une introduction et une conclusion?

- Votre partenaire a-t-il/elle écrit une partie centrale expliquant les raisons de son absence?

- Votre partenaire a-t-il/elle inclu les adverbes?

- Votre partenaire s'est-il/elle excusé(e) et a-t-il/elle demandé de repasser l'examen?

- Votre partenaire a-t-il/elle correctement utilisé les verbes réfléchis?

- Y a-t-il des détails que votre partenaire peut ajouter ou supprimer (*delete*)? Avez-vous d'autres commentaires pour votre partenaire?

2. Corrigez votre lettre d'après (*according to*) les commentaires de votre partenaire. Relisez votre travail pour éliminer ces problèmes:

- des fautes (*errors*) d'orthographe

- des fautes de ponctuation

- des fautes de conjugaison

- un mauvais emploi (*use*) du passé

- un mauvais emploi de la grammaire de l'unité

- des fautes d'accord (*agreement*) des adjectifs

EVALUATION

Criteria

Content Contains descriptions of each of the bulleted points of the task, as well as an appropriate introduction and conclusion.
Scale: 1 2 3 4 5

Organization Organized into a letter with a salutation, an introduction, one or more descriptive paragraphs, a conclusion, a closing, and a signature.
Scale: 1 2 3 4 5

Accuracy Uses forms of **passé composé**, **imparfait**, and reflexive verbs correctly. Spells words, conjugates verbs, and modifies adjectives correctly throughout.
Scale: 1 2 3 4 5

Creativity Includes additional information that is not mentioned in the task and/or uses adjectives, descriptive verbs, and additional details to make the letter more interesting and persuasive.
Scale: 1 2 3 4 5

Scoring

Excellent	18–20 points
Good	14–17 points
Satisfactory	10–13 points
Unsatisfactory	< 10 points

21ˢᵗ Century Skills

Productivity and Accountability
Provide the rubric to students before they hand their work in for grading. Ask students to make sure they have met the highest standard possible on the rubric before submitting their work.

157

Key Standards

4.1

Suggestion Tell students that an easy way to study from **Vocabulaire** is to cover up the French half of each section, leaving only the English equivalents exposed. They can then quiz themselves on the French items. To focus on the English equivalents of the French entries, they simply reverse this process.

21ˢᵗ Century Skills

Creativity and Innovation
Ask students to prepare a list of three products or perspectives they learned about in this unit to share with the class. Consider asking them to focus on the **Culture** and **Panorama** sections.

21ˢᵗ Century Skills

Leadership and Responsibility
Extension Project
As a class, have students decide on three questions they want to ask the partner class related to this unit's topic. Based on the responses they receive, work as a class to explain to the partner class one aspect of their responses that surprised the class and why.

Leçon 2A

La routine

se brosser les cheveux/dents	to brush one's hair/teeth
se coiffer	to do one's hair
se coucher	to go to bed
se déshabiller	to undress
s'endormir	to go to sleep, to fall asleep
faire sa toilette	to wash up
s'habiller	to get dressed
se laver (les mains)	to wash oneself (one's hands)
se lever	to get up, to get out of bed
se maquiller	to put on makeup
prendre une douche	to take a shower
se raser	to shave oneself
se regarder	to look at oneself
se réveiller	to wake up
se sécher	to dry oneself

Dans la salle de bains

un réveil	alarm clock
une brosse (à cheveux, à dents)	brush (hairbrush, toothbrush)
la crème à raser	shaving cream
le dentifrice	toothpaste
le maquillage	makeup
une pantoufle	slipper
un peigne	comb
un rasoir	razor
le savon	soap
une serviette (de bain)	(bath) towel
le shampooing	shampoo

Le corps

la bouche	mouth
un bras	arm
le coeur	heart
le corps	body
le cou	neck
un doigt	finger
un doigt de pied	toe
le dos	back
un genou (genoux pl.)	knee (knees)
la gorge	throat
une jambe	leg
une joue	cheek
le nez	nose
un oeil (yeux pl.)	eye (eyes)
une oreille	ear
un orteil	toe
la peau	skin
un pied	foot
la poitrine	chest
la taille	waist
la tête	head
le ventre	stomach
le visage	face

Expressions utiles

See p. 121.

Verbes pronominaux

s'amuser	to play, to have fun
s'appeler	to be called
s'arrêter	to stop
s'asseoir	to sit down
se dépêcher	to hurry
se détendre	to relax
se disputer (avec)	to argue (with)
s'énerver	to get worked up, to become upset
s'ennuyer	to get bored
s'entendre bien (avec)	to get along well (with)
s'inquiéter	to worry
s'intéresser (à)	to be interested (in)
se mettre à	to begin to
se mettre en colère	to become angry
s'occuper (de)	to take care of, to keep oneself busy
se préparer	to get ready
se promener	to take a walk
se rendre compte	to realize
se reposer	to rest
se souvenir (de)	to remember
se tromper	to be mistaken
se trouver	to be located

Leçon 2B

La forme

être en pleine forme	to be in good shape
faire de l'exercice	to exercise
garder la ligne	to stay slim

La santé

aller aux urgences/à la pharmacie	to go to the emergency room/ to the pharmacy
avoir mal	to have an ache
avoir mal au coeur	to feel nauseous
enfler	to swell
éternuer	to sneeze
être en bonne/ mauvaise santé	to be in good/bad health
éviter de	to avoid
faire mal	to hurt
faire une piqûre	to give a shot
guérir	to get better
se blesser	to hurt oneself
se casser (la jambe/le bras)	to break one's (leg/arm)
se faire mal (à la jambe, au bras...)	to hurt one's (leg, arm...)
se fouler la cheville	to twist/sprain one's ankle
se porter mal/ mieux	to be ill/better
se sentir	to feel
tomber/être malade	to get/to be sick
tousser	to cough
une allergie	allergy
une blessure	injury, wound
une douleur	pain
la fièvre (avoir de la fièvre)	fever (to have a fever)
la grippe	flu
un rhume	cold
un symptôme	symptom
une aspirine	aspirin
un médicament (contre/pour)	medication (to prevent/for)
une ordonnance	prescription
une pilule	pill
la salle des urgences	emergency room
déprimé(e)	depressed
enceinte	pregnant
grave	serious
sain(e)	healthy
un(e) dentiste	dentist
un infirmier/une infirmière	nurse
un(e) patient(e)	patient
un(e) pharmacien(ne)	pharmacist

Expressions utiles

See p. 139.

The pronouns y and en

y	there; it
en	some; any; replaces prepositional phrases beginning with de
Il y en a	There are (some).

La technologie

Unit Goals

Leçon 3A

In this lesson, students will learn:
• terms for electronics products
• Internet terms
• the pronunciation of final consonants
• about technology in France and the Ariane rocket
• the use of prepositions with infinitives
• reciprocal reflexives
• about the use of iPad in France

Leçon 3B

In this lesson, students will learn:
• terms for cars and driving
• terms for car maintenance and repair
• the pronunciation of the letter **x**
• about cars and driving in France and the car manufacturer Citroën
• more about city streets and driving in France through specially shot video footage
• the verbs **ouvrir** and **offrir**
• the conditional
• to guess the meaning of words from context in spoken French

Savoir-faire

In this section, students will learn:
• cultural and historical information about the French regions **Provence-Alpes-Côte d'Azur** and **la Corse**
• to recognize the purpose of a text
• to make a list of key words

21ˢᵗ Century Skills

Initiative and Self-Direction
Students can monitor their progress online using the activities and assessments on vhlcentral.com.

Pour commencer
• c. en ville.
• a. du savon
• c. Elle prend une photo.

Pour commencer
• La jeune fille est...
  a. au marché.   b. chez le médecin.
  c. en ville.
• Quel objet n'est pas sur la photo?
  a. du savon   b. une voiture
  c. un smartphone
• Que fait-elle?
  a. Elle va sur Internet.
  b. Elle téléphone.   c. Elle prend une photo.

SUPPORT FOR BACKWARD DESIGN

Unité 3 **Essential Questions**
1. How do people talk about new technology?
2. How do people talk about automobiles and driving?
3. What innovations and new technology exist in the French-speaking world?

Unité 3 **Integrated Performance Assessment**
Before teaching the chapter, review the Integrated Performance Assessment (IPA) and its accompanying scoring rubric provided in the Testing Program. Use the IPA to assess students' progress toward proficiency targets at the end of the chapter.
IPA Context: You are writing an article for the French club newsletter about cell phones and technology use among students at your school. Your goal is to inform other students and to provide tips on balanced use of technology.

FORUMS

Forums on vhlcentral.com allow you and your students to record and share audio messages.
Use Forums for presentations, oral assessments, discussions, directions, etc.

You will learn how to...
- talk about communication
- talk about electronics

◁)) **vhl**central

Le son et l'image

Vocabulaire

ajouter/supprimer un(e) ami(e)	to add/delete a friend
allumer	to turn on
brancher	to plug in; to connect
composer (un numéro)	to dial (a number)
démarrer	to start up
effacer	to erase
enregistrer	to record
éteindre	to turn off; to shut off
être connecté(e) (avec)	to be connected (to)
être en ligne (avec)	to be online/on the phone (with)
fermer	to close; to shut off
fonctionner/marcher	to function, to work
imprimer	to print
prendre une photo(graphie)	to take a photo(graph)
recharger	to charge
sauvegarder	to save
télécharger	to download
un appareil photo (numérique)	(digital) camera
une chaîne (de télévision)	(television) channel
une clé USB	USB drive
un disque dur	hard drive
un e-mail	e-mail
un fichier	file
un jeu vidéo (jeux vidéo *pl.*)	video game(s)
un lecteur (de) DVD	DVD player
un lien	link
un logiciel	software, program
un mot de passe	password
une page d'accueil	homepage
un réseau (social)	(social) network
un site Internet/web	website
un smartphone	smartphone
un texto/SMS	text message

un portable

un écran

un casque (audio)

un disque dur

un clavier

une souris

une imprimante

une tablette (tactile)

Attention!

- The prefix **re-** in French is used much as it is in English. It expresses the idea of doing an action again.

to dial	composer
to redial	recomposer
to start	démarrer
to restart	redémarrer

- The conjugation of **éteindre** is irregular:

j'éteins	nous éteignons
tu éteins	vous éteignez
il/elle/on éteint	ils/elles éteignent

Mise en pratique

1 **Chassez l'intrus** Choisissez le mot ou l'expression qui ne va pas avec les autres.

1. un lien, une page d'accueil, un site web, un texto
2. sonner, démarrer, un portable, un smartphone
3. une souris, un clavier, une clé USB, un logiciel
4. brancher, démarrer, ajouter, allumer
5. un fichier, sauvegarder, une télécommande, effacer
6. un site web, être en ligne, télécharger, composer

Le téléphone sonne. (sonner)

2 **Association** Faites correspondre les activités de la colonne de gauche aux objets correspondants de la colonne de droite.

1. enregistrer une émission e
2. protéger ses e-mails c
3. parler avec un ami à tout moment f
4. jouer sur l'ordinateur d
5. écrire un e-mail h
6. écouter de la musique g
7. changer de chaîne a
8. prendre des photos b

a. une télécommande
b. un appareil photo
c. un mot de passe
d. un jeu vidéo
e. un enregistreur DVR
f. un portable
g. un casque audio
h. un clavier

une télécommande

3 **Écoutez** Écoutez la conversation entre Jérôme et l'employée d'une boutique informatique-photo. Ensuite, complétez les phrases suivantes.

1. Jérôme a pris des photos avec...
   a. une tablette.
   b. un smartphone.
   c. un appareil photo.

2. Jérôme voudrait (*would like*)...
   a. imprimer et envoyer ses photos.
   b. sauvegarder ses photos sur son disque dur.
   c. effacer ses photos.

3. Jérôme n'a pas... pour regarder ses photos.
   a. de télécommande adaptée
   b. de logiciel adapté
   c. de mot de passe adapté

4. Jérôme peut sélectionner les photos...
   a. par un clic de la souris.
   b. sur l'écran tactile.
   c. avec le clavier.

5. L'employée propose à Jérôme...
   a. de faire fonctionner le logiciel.
   b. sauvegarder les photos sur une clé USB.
   c. d'utiliser une imprimante noir et blanc.

6. Pour envoyer les photos, Jérôme doit...
   a. aller sur un site Internet.
   b. utiliser un logiciel spécial.
   c. les attacher à un e-mail.

un enregistreur DVR

cent soixante et un **161**

---

1 **Expansion** Have students create two more items using words or expressions from the new vocabulary. Collect their papers, write some of the items on the board, and have the class identify **l'intrus**.

2 **Expansion** Ask students what electronic devices are used to perform these actions. **1. imprimer un document (une imprimante) 2. composer un numéro (un téléphone/un portable/un smartphone) 3. regarder un film (un enregistreur DVR/une télévision/un lecteur [de] DVD/un ordinateur) 4. écouter de la musique (un casque audio, un smartphone, un ordinateur, une tablette)**

3 **Script** JÉRÔME: Bonjour, Mademoiselle. J'ai besoin de votre aide, s'il vous plaît.
L'EMPLOYÉE: Oui, bien sûr, Monsieur.
J: Voilà. J'ai pris des photos avec mon appareil numérique, mais je n'ai pas de logiciel adapté pour les regarder. Je veux les imprimer et aussi les envoyer par e-mail.
E: Venez. Vous pouvez utiliser cet ordinateur. Pour imprimer, vous n'avez qu'à utiliser cette imprimante couleur, mais d'abord, il faut télécharger vos photos sur ce lecteur. Ensuite, vous pouvez les sélectionner par un simple clic de la souris. Vous pouvez aussi les sauvegarder sur une clé USB.
J: Parfait. Et pour les envoyer par e-mail?
E: Pour envoyer les photos, passez à votre compte d'e-mail. Attachez les photos à l'e-mail, et envoyez-le normalement.
J: C'est finalement simple.
E: Oui, c'est très simple. Avez-vous d'autres questions, Monsieur?
J: Non, c'était le seul problème que j'avais. Je vous remercie beaucoup.
E: De rien. Au revoir, Monsieur.
Teacher Resources DVD

3 **Suggestion** Play the conversation again, stopping at the end of each sentence that contains the answer to one of the items so students can check their work.

161

Communication

4 Qui fait quoi? Avec un(e) partenaire, formez des questions à partir de ces listes d'expressions. Ensuite, à tour de rôle, posez vos questions à votre partenaire afin d'en (*in order to*) savoir plus sur ses habitudes par rapport à la technologie. Answers will vary.

MODÈLE

Élève 1: À qui envoies-tu des e-mails?
Élève 2: J'envoie des e-mails à mes professeurs pour les devoirs et à mes amis.

A	B	C
à qui	être en ligne	toi
combien de	recharger	tes parents
comment	télécharger	tes grands-parents
où	un e-mail	ton professeur de français
pour qui	un texto	ta sœur
pourquoi	un site web	tes amis
quand	un appareil photo numérique	les autres élèves
quel(le)(s)	un jeu vidéo	les enfants

5 Mots croisés Votre professeur va vous donner, à vous et à votre partenaire, deux grilles de mots croisés (*crossword puzzle*) incomplètes. Votre partenaire a les mots qui vous manquent, et vice versa. Donnez-lui une définition et des exemples pour compléter la grille. Attention! N'utilisez pas le mot recherché.

MODÈLE

Élève 1: Horizontalement (*Across*), le numéro 1, tu fais ça pour mettre ton fichier Internet sur ton disque dur.
Élève 2: Télécharger!

6 La médiathèque Travaillez avec un(e) partenaire pour créer une brochure pour une médiathèque. Ensuite, présentez votre brochure à la classe. Utilisez les mots et les expressions de cette leçon et mentionnez ces informations: Answers will vary.

- nom, adresse et horaires de la médiathèque
- nombre et type d'appareils (*devices*) électroniques
- description des services et des collections de différents médias
- liste des services gratuits (*free*) et des services payants (*paid*) avec leurs prix

7 La technologie d'hier et d'aujourd'hui Avec un(e) partenaire, imaginez une conversation avec une personne célèbre du passé. Vous parlez de l'évolution de la technologie et, bien sûr, cette personne est choquée de voir (*see*) les appareils électroniques du 21ᵉ siècle (*century*). Utilisez les mots et expressions de cette leçon. Answers will vary.

- Choisissez trois ou quatre appareils différents.
- Demandez/Donnez une définition pour chaque objet.
- Demandez/Expliquez comment utiliser chaque appareil.
- Demandez quels sont les points positifs et négatifs de chaque appareil, et expliquez-les.

Les sons et les lettres 🔊 vhlcentral

Final consonants

You already learned that final consonants are usually silent, except for the letters **c**, **r**, **f**, and **l**.

| ave**c** | hive**r** | che**f** | hôte**l** |

You've probably noticed other exceptions to this rule. Often, such exceptions are words borrowed from other languages. These final consonants are pronounced.

| *Latin* | *English* | *Inuit* | *Latin* |
| foru**m** | sno**b** | anora**k** | ga**z** |

Numbers, geographical directions, and proper names are common exceptions.

| cin**q** | su**d** | Agnè**s** | Maghre**b** |

Some words with identical spellings are pronounced differently to distinguish between meanings or parts of speech.

| fil**s** = *son* | fil~~s~~ = *threads* |
| tou**s** (pronoun) = *everyone* | tou~~s~~ (adjective) = *all* |

The word **plus** can have three different pronunciations.

| plu~~s~~ de (silent s) | plu**s** que (s sound) | plu**s** ou moins (z sound in liaison) |

Prononcez Répétez les mots suivants à voix haute.

1. cap
2. six
3. truc
4. club
5. slip
6. actif
7. strict
8. avril
9. index
10. Alfred
11. bifteck
12. bus

Articulez Répétez les phrases suivantes à voix haute.

1. Leur fils est gentil, mais il est très snob.
2. Au restaurant, nous avons tous pris du bifteck.
3. Le sept août, David assiste au forum sur le Maghreb.
4. Alex et Ludovic jouent au tennis dans un club de sport.
5. Prosper prend le bus pour aller à l'est de la ville.

Dictons Répétez les dictons à voix haute.

Un pour tous, tous pour un![2]

Plus on boit, plus on a soif.[1]

[1] The more you drink, the thirstier you are.
[2] All for one and one for all!

Section Goals
In this section, students will learn about final consonants.

Key Standards
4.1

Suggestions
- Model the pronunciation of the examples and have students repeat them after you.
- Explain that some words with pronounced final consonants are actually abbreviated forms of longer words. Examples: **gym** (*f.*) = **gymnastique** (*f.*) and **petit-déj** = **petit-déjeuner**.
- Mention that many exceptions must be memorized.
- Dictate five familiar words containing pronounced and silent final consonants, repeating each one at least two times. Then write them on the board or a transparency and have students check their spelling.

Dictons The proverb «**Plus on boit, plus on a soif.**» is a quote from Arthur Schopenhauer. The full quote is «**La richesse est pareille à l'eau de mer: plus on en boit, plus on a soif.**» The proverb «**Un pour tous, tous pour un!**» is the motto of Switzerland.

⭐ **TELL Connection**

Learning Tools 6 *Why:* Technological learning tools will help students meet performance objectives. *What:* Use the vhlcentral.com tools for listening and speaking practice here and throughout the unit. Train students' ears by exposing them to different types of speakers and have them record, compare, and submit formative speaking assessments.

EXPANSION

Pronunciation For additional practice with silent and pronounced final consonants, have students write sentences on individual index cards using the words below. Then collect the cards and distribute some of them (at least one for each word) for students to read aloud. **1.** porc **2.** concept **3.** œufs **4.** bol **5.** appareil **6.** truc **7.** premier **8.** four **9.** hôtel **10.** gentil

EXPANSION

Tongue Twisters Teach students the following French tongue twisters that contain silent and pronounced final consonants. **1. Des blancs pains, des bancs peints, des bains pleins. 2. Lily lit le livre dans le lit. 3. Si ton bec aime mon bec comme mon bec aime ton bec, donne-moi le plus gros bec de la Province de Québec!**

C'est qui, Cyberhomme? **vhl**central

PERSONNAGES

Amina

David

Rachid

Sandrine

Valérie

Chez David et Rachid...
RACHID Dis donc, David! Un peu de silence. Je n'arrive pas à travailler!
DAVID Qu'est-ce que tu dis?
RACHID Je dis que je ne peux pas me concentrer! La télé est allumée, tu ne la regardes même pas. Et en même temps, la chaîne stéréo fonctionne et tu ne l'écoutes pas!

DAVID Oh, désolé, Rachid.
RACHID Ah, on arrive enfin à s'entendre parler et à s'entendre réfléchir! À quoi est-ce que tu joues?
DAVID Un jeu vidéo génial!
RACHID Tu n'étudies pas? Tu n'avais pas une dissertation à faire? Lundi, c'est dans deux jours!
DAVID Okay. Je la commence.

Au café...
SANDRINE Tu as un autre e-mail de Cyberhomme? Qu'est-ce qu'il dit?
AMINA Oh, il est super gentil, écoute: «Chère Technofemme, je ne sais pas comment te dire combien j'adore lire tes messages. On s'entend si bien et on a beaucoup de choses en commun. J'ai l'impression que toi et moi, on peut tout se dire.»

Chez David et Rachid...
DAVID Et voilà! J'ai fini ma dissert, Rachid.
RACHID Bravo!
DAVID Maintenant, je l'imprime.
RACHID N'oublie pas de la sauvegarder.
DAVID Oh, non!
RACHID Tu n'as pas sauvegardé?

DAVID Si, mais... Attends... le logiciel redémarre. Ce n'est pas vrai! Il a effacé les quatre derniers paragraphes! Oh non!
RACHID Téléphone à Amina. C'est une pro de l'informatique. Peut-être qu'elle peut retrouver la dernière version de ton fichier.
DAVID Au secours, Amina! J'ai besoin de tes talents.

Un peu plus tard...
AMINA Ça y est, David. Voilà ta dissertation.
DAVID Tu me sauves la vie!
AMINA Ce n'était pas grand-chose, mais tu sais, David, il faut sauvegarder au moins toutes les cinq minutes pour ne pas avoir de problème.
DAVID Oui. C'est idiot de ma part.

A C T I V I T É S

1 **Vrai ou faux?** Indiquez si ces affirmations sont **vraies** ou **fausses**. Corrigez les phrases fausses. Answers may vary.

1. Rachid est en train d'écrire (*in the process of writing*) une dissertation pour son cours de sciences po.
Faux. Rachid est en train d'écrire à Technofemme.
2. David ne fait pas ses devoirs immédiatement; il a tendance à remettre les choses à plus tard. Vrai.
3. David aime les jeux vidéo. Vrai.
4. David regarde la télévision avec beaucoup d'attention.
Faux. David ne regarde pas la télévision.

5. Rachid n'aime pas les distractions. Vrai.
6. Valérie s'inquiète de la sécurité d'Amina. Vrai.
7. David sauvegarde ses documents toutes les cinq minutes.
Faux. David ne sauvegarde pas toujours ses documents.
8. David pense qu'il a perdu la totalité de son document.
Faux. David pense qu'il a perdu les quatre derniers paragraphes.
9. Amina sait beaucoup de choses sur la technologie. Vrai.
10. Amina et Cyberhomme décident de se rencontrer.
Faux. Amina ne veut pas rencontrer Cyberhomme.

Amina découvre l'identité de son ami virtuel.

SANDRINE Il est adorable, ton Cyberhomme! Continue! Est-ce qu'il veut te rencontrer en personne?

VALÉRIE Qui vas-tu rencontrer, Amina? Qui est ce Cyberhomme?

SANDRINE Amina l'a connu sur Internet. Ils s'écrivent depuis longtemps, n'est-ce pas, Amina?

AMINA Oui, mais comme je te l'ai déjà dit, je ne sais pas si c'est une bonne idée de se rencontrer en personne. S'écrire des e-mails, c'est une chose; se donner rendez-vous, ça peut être dangereux.

VALÉRIE Amina a raison, Sandrine. On ne sait jamais.

SANDRINE Mais il est si charmant et tellement romantique...

RACHID Merci, Amina. Tu me sauves la vie aussi. Peut-être que maintenant, je vais pouvoir me concentrer.

AMINA Ah? Et tu travailles sur quoi? Ce n'est pas possible!... C'est toi, Cyberhomme?!

RACHID Et toi, tu es Technofemme?!

DAVID Évidemment, tu me l'as dit toi-même: Amina est une pro de l'informatique.

Expressions utiles

Expressing how you communicate with others

- **On arrive enfin à s'entendre parler!**
  Finally we can hear each other speak!
- **On s'entend si bien.**
  We get along so well.
- **On peut tout se dire.**
  We can tell each other anything.
- **Ils s'écrivent depuis longtemps.**
  They've been writing to each other for quite a while.
- **S'écrire des e-mails, c'est une chose; se donner rendez-vous, ça peut être dangereux.**
  Writing e-mails to each other, it's one thing; arranging to meet could be dangerous.

Additional vocabulary

- **se rencontrer**
  to meet each other
- **On ne sait jamais.**
  You/One never know(s).
- **Au secours!**
  Help!
- **C'est idiot de ma part.**
  It's stupid of me.
- **une chaîne stéréo**
  stereo system
- **une dissertation**
  paper
- **pas grand-chose**
  not much

2 **Questions** Répondez aux questions par des phrases complètes.

1. Pourquoi Rachid se met-il en colère?
   Il se met en colère parce qu'il ne peut pas se concentrer.
2. Pourquoi y a-t-il beaucoup de bruit (*noise*) chez Rachid et David?
   Il y a beaucoup de bruit parce que la chaîne stéréo et la télévision sont allumées.
3. Est-ce qu'Amina s'entend bien avec Cyberhomme?
   Oui, elle s'entend bien avec Cyberhomme.
4. Que pense Valérie de la possibilité d'un rendez-vous avec Cyberhomme?
   Elle pense que ça peut être dangereux.
5. Qu'est-ce que Rachid fait pendant que David joue au jeu vidéo et écrit sa dissertation?
   Il écrit des e-mails à Amina/Technofemme.

3 **À vous** Quant aux (*With regard to*) études, David et Rachid sont très différents. David aime les distractions et Rachid a besoin de silence pour travailler. Avec un(e) camarade de classe, décrivez vos habitudes en ce qui concerne (*concerning*) les études. Avez-vous les mêmes? Présentez vos conclusions à la classe.

A C T I V I T É S

Expressions utiles

- Model the pronunciation of the **Expressions utiles** and have students repeat them after you.
- As you work through the list, point out reciprocal verbs and prepositions used with infinitives. Explain the difference between **entendre** and **s'entendre**. Tell students that these grammar points will be formally presented in **Structures**.
- Respond briefly to questions about reciprocal verbs and prepositions with infinitives. Reinforce correct forms, but do not expect students to produce them consistently at this time.
- Ask students what **arriver** means. (*to arrive, to happen*) Then point out that **arriver à** + *infinitive* means *to be able to* or *to manage to do something.* Example: **Je n'arrive pas à travailler.**
- Explain that **une dissertation** is a *paper,* such as an essay, not a *dissertation.* The abbreviated form is **dissert.**

1 **Suggestion** After students complete the activity, review their answers and clarify as needed.

2 **Suggestion** Have students compare their answers in pairs or small groups.

2 **Expansion** For additional practice, give students these items. **6. David éteint la télé et la chaîne stéréo, puis que se met-il à faire? (Il se met à jouer à un jeu vidéo.) 7. Qu'est-ce que Cyberhomme et Technofemme ont en commun? (Ils aiment la technologie.) 8. Selon Sandrine, comment est Cyberhomme? (Il est adorable, charmant et romantique.)**

3 **Suggestion** Before beginning this activity, give students a few minutes to think about their study habits and jot down some ideas.

Role-play Working in groups of three, have students role-play this situation. One student is an irate customer in a café who is annoyed by something the customer seated nearby is doing, for example, playing music too loudly or making noises while playing a game. Another student is the customer who defends his or her own actions. The third student is an employee who tries to resolve the situation.

EXPANSION

Questions Have students work in pairs and discuss these questions. **1. Pourquoi Amina n'a-t-elle pas l'intention d'avoir un rendez-vous avec Cyberhomme? 2. Sandrine pense que Cyberhomme est romantique et elle encourage Amina à fixer un rendez-vous avec lui. Qui a raison, Amina ou Sandrine? Pourquoi?**

AP® Theme: Science and Technology
Context: Discoveries and Inventions, The New Media

vhlcentral   CULTURE À LA LOUPE

La technologie et les Français

Pendant les années 1980, la technologie a connu une grande évolution. En France, cette révolution technologique a commencé par l'invention du Minitel, développé par France Télécom, l'ancienne compagnie nationale française de téléphone, au début des années 1980. Le Minitel peut être considéré comme le prédécesseur d'Internet. C'est un petit terminal qu'on branche° sur sa ligne de téléphone et qui permet d'accéder à toutes sortes d'informations et de jeux, de faire des réservations de train ou d'hôtel, de commander des articles en ligne ou d'acheter des billets de concert, par exemple. Aujourd'hui, le Minitel n'existe plus. Internet l'a remplacé et la plupart° des Français sont équipés chez eux d'un ordinateur et d'une connexion haut débit°. Les Français ont le choix, pour ce haut débit, entre la connexion par câble, la ADSL° ou la fibre optique. L'autre manière° de se connecter à Internet, bien sûr, est avec son smartphone ou sa tablette.

mobile en 3G/4G ou à un des hotspots de wi-fi gratuit qui existent dans beaucoup de cafés, parcs, gares et autres lieux publics.

Tout ce dont° on a besoin est un abonnement° avec un opérateur téléphonique français ou international. On peut ensuite accéder à l'Internet grâce au réseau°

En ce qui concerne les autres appareils électroniques à la mode, on note une augmentation des achats° de consoles de jeux vidéo, de caméras vidéo, de tablettes tactiles, d'appareils photos numériques et hybrides° ou de produits périphériques° pour les ordinateurs, comme les imprimantes ou les casques audio. Mais l'appareil qui a connu le plus grand succès en France, c'est sans doute le téléphone portable. Presque tous les Français en possèdent un.

L'équipement technologique des Français (% de ménages)	
Télévision	97,1
Téléphone fixe	91,1
Téléphone portable	88,9
Ordinateur	76,8
Lecteur DVD	76,7
Connexion Internet	75,1
SOURCE: INSEE	

branche *connects* **la plupart** *most* **haut débit** *high-speed* **ADSL** *DSL* **manière** *way* **ce dont** *that* **abonnement** *subscription* **réseau** *network* **achats** *purchases* **hybrides** *mirrorless* **périphériques** *peripheral*

ACTIVITÉS

1 Répondez Répondez aux questions par des phrases complètes.

1. Quelle invention française est le prédécesseur d'Internet?
   C'est le Minitel.
2. Qu'est-ce que le Minitel? C'est un petit terminal qu'on branche sur sa ligne téléphonique et qui permet d'accéder à toutes sortes d'informations.
3. Quel était le nom de la compagnie nationale française de téléphone? C'était France Télécom.
4. Quels sont les trois choix de connexion Internet haut débit en France? Ce sont les connexions par câble, par ADSL et par fibre optique.
5. Où peut-on accéder à l'Internet si on n'est pas à la maison? On peut y accéder dans les cafés, les parcs, les gares et autres lieux publics.
6. Quels sont deux des appareils électroniques qu'on achète souvent en France en ce moment? Answers will vary. Possible answer: Ce sont les tablettes tactiles et les consoles de jeux vidéo.
7. Quel appareil électronique a eu le plus de succès en France? C'est le téléphone portable.
8. Quel est le pourcentage de Français qui possèdent un ordinateur? 76,8% des Français possèdent un ordinateur.
9. Est-il courant (common) d'avoir Internet en France? Oui, 75% des Français ont Internet chez eux et de plus en plus de gens ont des smartphones.
10. La majorité des Français ont-ils encore un Minitel? Non. Le Minitel n'existe plus.

EXPANSION

Cultural Comparison Take a quick class survey to find out how many students have the electronic devices listed in the chart in their homes. Example: **Combien d'élèves ont un téléphone portable?** Tally the results on the board and have students calculate the percentages. Then have them research online to find out what the statistics are for the United States in general. Have them report their findings.

Then have students compare their class survey with the national averages, and then with the percentages in the chart. Example: **Nous avons moins d'ordinateurs que les Américains en général. Plus d'Américains que de Français ont un ordinateur chez eux.**

Section Goals

In this section, students will:
- learn about technology in France
- learn some common Internet terms
- learn about some online Francophone radio stations
- read about the Ariane rocket

Key Standards

2.1, 2.2, 3.1, 3.2, 4.2

 21st Century Skills

Global Awareness
Students will gain perspectives on the Francophone world to develop respect and openness toward others and to interact appropriately and effectively with citizens of Francophone cultures.

Culture à la loupe

Avant la lecture Have students look at the photos and describe what the people are doing.

Lecture
- Tell students to make a list of new Internet terms they encounter as they read the article. Examples: **la connexion par câble/ADSL, le haut débit,** and **le 3G/4G.**
- **France Télécom** was privatized in 2004. In 2013, it changed its name to **Orange.**
- Cell phone service is fairly inexpensive in France. Unlimited calls, SMS, and Internet can be as low as 20 euros a month.
- Point out the statistics chart. Ask students what information it shows. (the percentage of French households that have the electronics devices listed)

Après la lecture Ask students: **À votre avis, pourquoi est-ce qu'il y a beaucoup de hotspots de wi-fi gratuit dans les espaces publics en France? Est-ce pareil (the same) aux États-Unis?**

1 Suggestion Have students get together with a classmate to check their answers.

Le français quotidien
- Model the pronunciation of each term and have students repeat it.
- Ask students questions using these terms. Examples: **1. Combien d'applis avez-vous sur votre tablette ou smartphone? Quelles applis utilisez-vous régulièrement? 2. Quel moteur de recherche préférez-vous? 3. Quels sont les pseudos de Rachid et d'Amina dans la vidéo?** (Cyberhomme et Technofemme) **4. Quels smileys utilisez-vous dans vos textos? Les smileys MDR? Heureux, tristes, fâchés?**

LE FRANÇAIS QUOTIDIEN

Cyberespace

l'appli	*application*
faire glisser	*to swipe; to scroll*
un moteur de recherche	*search engine*
MDR (mort de rire)	*LOL (laughing out loud)*
l'ordi	*computer*
un pseudo	*username*
un smiley	*emoticon; smiley face*

LE MONDE FRANCOPHONE

Quelques stations de radio francophones

Voici quelques radios francophones en ligne.

En Afrique
Africa 1 radio africaine qui propose des actualités et beaucoup de musique africaine

En Belgique
Classic 21 radio orienté vers les tubes° classiques dans plusieurs genres: la musique rock, la pop, le métal, le blues, entre autres

En France
NRJ radio privée nationale pour les jeunes qui passe tous les grands tubes

En Suisse
Fréquence Banane radio universitaire de Lausanne

tubes *hits*

PORTRAIT

AP® Theme: Science and Technology
Context: Discoveries and Inventions

La fusée Ariane

Après la Seconde Guerre mondiale°, la conquête de l'espace° s'est amplifiée. En Europe, le premier programme spatial, le programme Europa, n'a pas eu beaucoup de succès et a été abandonné. En 1970, la France a proposé un nouveau programme spatial, le projet Ariane, qui a eu un succès considérable. La fusée° Ariane est un lanceur° civil de satellites européen. Elle est basée à Kourou, en Guyane française, département et région français d'outre-mer°, en Amérique du Sud. Elle transporte des satellites commerciaux vers° l'espace. La première fusée Ariane a été lancée en 1979 et il y a eu plusieurs générations de fusées Ariane depuis. Aujourd'hui, Ariane V (cinq), un lanceur beaucoup plus puissant° que ses prédécesseurs, est utilisée.

Guerre mondiale *World War* **espace** *space* **fusée** *rocket* **lanceur** *launcher*
outre-mer *overseas* **vers** *towards* **puissant** *powerful*

Sur Internet

Qui est Jean-Loup Chrétien?

Go to **vhlcentral.com** to find more information related to this **Culture** section.

Portrait Point out that the space age began in 1957 with the launch of the satellite *Sputnik*. This touched off a "space race" between the United States and Russia, which culminated in the first man landing on the moon in 1969.

Le monde francophone
- You might want to tell students about **RFI (Radio France Internationale)**. **RFI** also has a music site (**Radio France Internationale Musique**).
- Take a quick class survey to find out which radio station(s) they would be interested in listening to and have them explain why.

2 Expansion For additional practice, give students these items. **6. Si on trouve quelque chose très drôle, on écrit ____. (MDR)**
7. La première fusée Ariane a été lancée en ____. (1979)

3 Suggestion Have each pair get together with another pair of students to peer edit each other's sentences.

21st Century Skills

Information and Media Literacy: Sur Internet Students access and critically evaluate information on the Internet.

---

2 **Complétez** Complétez les phrases d'après les textes.

1. Pour s'identifier sur un site Internet, on utilise souvent _**un pseudo**_.
2. Pour faire une recherche sur Internet, on utilise _**un moteur de recherche**_.
3. En Suisse, beaucoup d'étudiants écoutent la radio _**Fréquence Banane**_.
4. Le premier programme spatial européen s'appelait _**Europa**_.
5. La fusée Ariane est le _**lanceur civil de satellites**_ européen.

3 **À vous...** Avec un(e) partenaire, écrivez six phrases où vous utilisez le vocabulaire du Français quotidien. Soyez prêt(e)s à les présenter devant la classe.

A C T I V I T É S

TEACHING OPTIONS

Quelques stations de radio francophones Have students write a brief critique of one of the radio stations in **Le monde francophone.** Assign each student a station so that all are covered. Tell them to go to the station's website, look at the features, and listen to the music. They should comment on what they like, dislike, or find interesting about the website.

EXPANSION

Cultural Comparison Have students research and discuss the similarities and differences between **le projet Ariane** and NASA's Apollo Space Program (**le projet Apollo**), Skylab (**le projet Skylab**), and the space shuttle (**la navette spatiale**).

Section Goals

In this section, students will learn verbs that require a preposition before the infinitive.

Key Standards

4.1, 5.1

Suggestions: Scaffolding

- Point out that students already know how to use verbs with infinitives by asking questions with **aller, pouvoir, savoir**, etc. Examples: **Allez-vous faire une promenade après la classe? Pouvons-nous refaire la leçon? Savez-vous danser?**
- Introduce prepositions with the infinitive by using both constructions (*verb + infinitive, verb + preposition + infinitive*) in the same sentence. Ask students what differences they hear. Example: **D'habitude, mon oncle déteste voyager à l'étranger, mais il a décidé d'aller à Paris cet été**.
- After presenting the use of **à** and **de** with the infinitive, write an infinitive on the board and ask volunteers to use it in a sentence with the appropriate preposition. Examples: **hésiter (J'hésite à inviter ton frère à la fête.) rêver (Il rêve d'acheter une nouvelle voiture.)**
- To contrast the use of **à** and **de** with pronouns, review the contractions these prepositions form with definite articles: **au, aux, des**. Point out that prepositions with infinitives and pronouns do not take this form. Example: **Ce film... j'hésite à le voir.**
- Point out that the preposition **pour** + [*infinitive*] can mean *in order to*. Example: **Ils sont allés à la bibliothèque pour étudier.** *(They went to the library [in order] to study.)*

3A.1   Prepositions with the infinitive   **vhl**central

Point de départ Infinitive constructions, where the first verb is conjugated and the second verb is an infinitive, are common in French.

	CONJUGATED VERB	INFINITIVE
Vous	**pouvez**	**fermer** le document.
You can		*close the document.*

- Some conjugated verbs are followed directly by an infinitive. Others are followed by the preposition **à** or **de** before the infinitive.

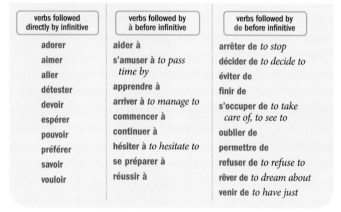

verbs followed directly by infinitive	verbs followed by à before infinitive	verbs followed by de before infinitive
adorer	aider à	arrêter de *to stop*
aimer	s'amuser à *to pass time by*	décider de *to decide to*
aller		éviter de
détester	apprendre à	finir de
devoir	arriver à *to manage to*	s'occuper de *to take care of, to see to*
espérer	commencer à	
pouvoir	continuer à	oublier de
préférer	hésiter à *to hesitate to*	permettre de
savoir	se préparer à	refuser de *to refuse to*
vouloir	réussir à	rêver de *to dream about*
		venir de *to have just*

Nous **allons manger** à midi.
We are going to eat at noon.

Elle **a appris à conduire** une voiture.
She learned to drive a car.

Il **rêve de visiter** l'Afrique.
He dreams of visiting Africa.

- Place object pronouns before infinitives. Unlike definite articles, they do not contract with the prepositions **à** and **de**.

J'ai décidé **de les** télécharger.
I decided to download them.

N'oublie pas **de l'**éteindre.
Don't forget to turn it off.

Il est arrivé **à le lui** donner.
He managed to give it to him.

Elle continue **à t'**envoyer des e-mails?
Does she continue to send you e-mails?

- The infinitive is also used after the prepositions **pour** (*[in order] to*) and **sans** (*without*).

Nous sommes venus **pour** t'aider.
We came to help you.

Il a téléphoné **pour** dire bonjour.
He called to say hello.

Elle part **sans** manger.
She's leaving without eating.

Ne fermez pas le fichier **sans** le sauvegarder.
Don't close the file without saving it.

Essayez!   Décidez s'il faut ou non une préposition. S'il en faut une, choisissez entre **à** et **de**.

1. Tu sais __Ø__ cuisiner.
2. Commencez __à__ travailler.
3. Tu veux __Ø__ goûter la soupe?
4. Allez-vous vous occuper __de__ vos chiens?
5. J'espère __Ø__ avoir mon diplôme cette année.
6. Elles vont __Ø__ revenir.
7. Je finis __de__ mettre la table.
8. Il hésite __à__ me poser la question.
9. Marc continue __à__ lui parler.
10. Arrête __de__ m'énerver!

Essayez! Have students underline the conjugated verb and preposition (if applicable). Ask volunteers to replace the verbs and prepositions with others from the list on page 134.

Le français vivant
• Ask what the ad is for, and then ask a volunteer to read it aloud.
• Have students describe what the person in the photo is doing and identify the objects.
• Ask students: **Voulez-vous acheter cet ordinateur? Expliquez.**

Questions Virtual Chat You can also assign the **Questions** activity on vhlcentral.com. Students record individual responses that appear in your gradebook.

Le français vivant

Football? Jeux? Musique? Films et séries?

Vous avez toujours rêvé de posséder un ordinateur comme ça. Vous vouliez l'acheter, et vous venez de l'allumer. Maintenant, vous commencez à vous rendre compte de ses possibilités. N'hésitez pas à en profiter. En tout confort.

Identifiez Quels verbes trouvez-vous devant un infinitif dans le texte de cette publicité (*ad*)? Lesquels (*Which ones*) sont suivis (*are followed*) d'une préposition? Quelle préposition?
rêver de, vouloir, venir de, commencer à, hésiter à

Questions À tour de rôle avec un(e) partenaire, posez-vous ces questions. Answers will vary.

1. As-tu toujours rêvé de posséder quelque chose en particulier? De faire quelque chose en particulier? Explique.

2. Que veux-tu acheter en ce moment? Pourquoi?

3. D'habitude, qu'hésites-tu à faire?

4. La technologie peut-elle vraiment apporter le confort?

5. Qu'as-tu commencé à faire grâce à (*thanks to*) la technologie? Qu'as-tu arrêté de faire à cause de la technologie?

cent soixante-neuf **169**

EXPANSION

Writing Practice Have students write three sentences about themselves using three different types of verbs: verbs followed directly by an infinitive, verbs followed by **à** before the infinitive, and verbs followed by **de** before the infinitive. Collect the papers and read them aloud. The rest of the class tries to guess who wrote the sentences.

EXPANSION

Presentational Communication Have students create an advertisement for a smartphone, tablet, computer, or other piece of technology similar to the one in **Le français vivant**. Advertisements should have an image and use at least five of the verbs on p. 168. Remind students to use persuasive and descriptive language. Post advertisements around the room for students to read each other's work.

169

1 Suggestion Before starting, ask individuals to identify the infinitives of the conjugated verbs.

2 Expansion Take a survey of students' responses to the statements. Examples: **Qui vient de sortir du bureau? Qui hésite à travailler tard?** Have students expand on their answers. Example: **Pourquoi hésitez-vous à travailler tard?**

3 Expansion Ask volunteers to tell two things they did last weekend.

Mise en pratique

1 **Les vacances** Paul veut voyager cet été. Il vous raconte ses problèmes. Complétez le paragraphe avec les prépositions **à** ou **de**, si nécessaire.

Je n'arrive pas (1) _à_ décider où passer mes vacances. Je veux (2) _Ø_ visiter un pays chaud et ensoleillé (*sunny*). J'espère (3) _Ø_ trouver des billets d'avion pour la Martinique. Cet après-midi, je me suis amusé (4) _à_ regarder les prix des billets d'avion sur Internet. Je n'ai pas réussi (5) _à_ trouver un bon tarif (*fare*). Je vais continuer (6) _à_ chercher. J'hésite (7) _à_ payer plein tarif, mais je refuse (8) _de_ voyager en stand-by.

2 **Questionnaire** Vous cherchez un travail d'été. Complétez les phrases avec les prépositions à ou de, quand c'est nécessaire. Ensuite, indiquez si vous êtes d'accord avec ces affirmations.

oui non

__ __ 1. Vous savez _Ø_ parler plusieurs langues.

__ __ 2. Vous venez _de_ sortir de la cantine.

__ __ 3. Vous n'hésitez pas _à_ travailler tard.

__ __ 4. Vous oubliez _de_ répondre au téléphone.

__ __ 5. Vous pouvez _Ø_ travailler le week-end.

__ __ 6. Vous commencez _à_ travailler immédiatement.

3 **Le week-end dernier** Sophie et ses copains ont fait beaucoup de choses le week-end dernier. Regardez les illustrations et dites ce qu'ils (*what they*) ont fait. Suggested answers

▶ **MODÈLE**

J'ai décidé de conduire ma voiture.

je / décider

1. nous / devoir
Nous avons dû nous réveiller tôt.

2. elles / apprendre
Elles ont appris à jouer au tennis.

3. André / refuser
André a refusé de nager.

4. vous / aider
Vous avez aidé à faire la cuisine.

5. tu / s'amuser
Tu t'es amusée à dessiner.

6. mes cousins / éviter
Mes cousins ont évité de ranger leur chambre.

7. Sébastien / continuer
Sébastien a continué à faire de la planche à voile.

8. il / finir
Il a fini de nettoyer.

EXPANSION

Writing Practice Have students write five original sentences using verbs with prepositions and infinitives. Students should use as much active lesson vocabulary as possible. Then have students read their sentences aloud.

Using Games Divide the class into teams. Call out a verb from the list above. The first member of each team runs to the board and

EXPANSION

writes a sample sentence, using the verb, its corresponding preposition (if applicable), and an infinitive. If the sentence of the team finishing first is correct, the team gets a point. If not, check the next team, and so on. Practice all verbs from the chart, making sure each team member has had at least two turns. Then tally the points to see which team wins.

Communication

4 **Suggestion** Introduce the activity using your own situation. Example: **Moi, j'aime envoyer des e-mails à mes amis. J'arrive à sauvegarder tous les messages qu'ils m'envoient.**

4 **Partner Chat** You can also assign activity 4 on vhlcentral.com. Students work in pairs to record the activity online. The pair's recorded conversation will appear in your gradebook.

5 **Expansion** Have students continue the activity, using these items **7. arriver / utiliser un plan 8. éviter / bronzer**

6 **Expansion** Have students from other groups imagine they are **École-dinateur** clients and ask questions about their services. Examples: **Est-ce que nous apprenons à naviguer un site web? Qui nous aide à télécharger des fichiers?**

Activity Pack For additional activities, go to the **Activity Pack** in the **Resources** section of vhlcentral.com.

4 **Assemblez** Avez-vous eu de bonnes ou de mauvaises expériences avec la technologie? À tour de rôle, avec un(e) partenaire, assemblez les éléments des colonnes pour créer des phrases logiques. *Answers will vary.*

MODÈLE

Élève 1: *Je déteste télécharger des logiciels.*
Élève 2: *Chez moi, ma mère n'arrive pas à envoyer des e-mails.*

A	B	C	D
ma mère		accepter	composer
mon père		aimer	effacer
mon frère		arriver	envoyer
ma sœur		décider	éteindre
mes copains		détester	être en ligne
mon petit ami	(ne pas)	hésiter	fermer
ma petite amie		oublier	supprimer
notre prof		refuser	ouvrir
nous		réussir	sauvegarder
?		?	télécharger

5 **Les voyages** Vous et votre partenaire parlez des vacances et de voyages. Utilisez ces éléments pour vous poser des questions. Justifiez vos réponses. *Answers will vary.*

MODÈLE aimer / faire des voyages

Élève 1: *Aimes-tu faire des voyages?*
Élève 2: *Oui, j'aime faire des voyages. J'aime faire la connaissance de beaucoup de personnes.*

1. rêver / aller en Asie
2. vouloir / visiter des musées
3. préférer / voyager avec un groupe ou juste en famille
4. commencer / lire des guides touristiques
5. réussir / trouver des moyens de transport bon marché
6. aimer / rencontrer des amis à l'étranger
7. hésiter / visiter un pays où on ne parle pas anglais
8. apprendre / parler des langues étrangères
9. décider / faire des recherches (*research*) sur la destination

6 **Une pub** Par groupes de trois, préparez une publicité pour École-dinateur, une école qui enseigne l'informatique aux technophobes. Utilisez le plus de verbes possible de la liste avec un infinitif. *Answers will vary.*

MODÈLE *Rêvez-vous d'écrire des e-mails? Continuez-vous à travailler comme vos grands-parents? Alors...*

aimer	détester	refuser
s'amuser	espérer	réussir
apprendre	éviter	rêver
arriver	hésiter	savoir
continuer	oublier	vouloir

Section Goals

3A.2 Reciprocal verbs vhlcentral

Point de départ In **Leçon 2A**, you learned that reflexive verbs indicate that the subject of a sentence does the action to itself. Reciprocal verbs, on the other hand, express a shared or reciprocal action between two or more people or things. In this context, the pronoun means *(to) each other* or *(to) one another*.

REFLEXIVE
Il **se regarde** dans le miroir.
He looks at himself in the mirror.

but

RECIPROCAL
Alain et Diane **se regardent**.
Alain and Diane look at each other.

Common reciprocal verbs

s'adorer	to adore one another	s'entendre bien	to get along well (with one another)
s'aider	to help one another	se parler	to speak to one another
s'aimer (bien)	to love (to like) one another	se quitter	to leave one another
se connaître	to know one another	se regarder	to look at one another
se dire	to tell one another	se rencontrer	to meet one another (make an acquaintance)
se donner	to give one another		
s'écrire	to write one another	se retrouver	to meet one another (planned)
s'embrasser	to kiss one another	se téléphoner	to phone one another

Boîte à outils

The pronouns **nous**, **vous**, and **se** are used to reflect reciprocal actions.

Annick et Joël **s'écrivent** tous les jours.
Annick and Joël write one another every day.

Nous **nous retrouvons** devant le métro à midi.
We're meeting each other in front of the subway at noon.

Vous **vous donnez** souvent rendez-vous le lundi?
Do you often arrange to meet each other on Mondays?

Vous embrassez-vous devant vos parents?
Do you kiss each other in front of your parents?

- The past participle of a reciprocal verb only agrees with the subject when the subject is also the direct object of the verb.

DIRECT OBJECT
Marie a aidé **son frère**.
Marie helped her brother.

DIRECT OBJECT → AGREEMENT
Marie et son frère **se sont aidés**.
Marie and her brother helped each other.

DIRECT OBJECT
Son frère a aidé **Marie**.
Her brother helped Marie.

INDIRECT OBJECT
Régine a parlé à **Sophie**.
Régine spoke to Sophie.

INDIRECT OBJECT → NO AGREEMENT
Régine et Sophie **se sont parlé**.
Régine and Sophie spoke to each other.

INDIRECT OBJECT
Sophie a parlé à **Régine**.
Sophie spoke to Régine.

Essayez! **Donnez les formes correctes des verbes.**

1. (s'embrasser) nous _nous embrassons_
2. (se quitter) vous _vous quittez_
3. (se rencontrer) ils _se rencontrent_
4. (se dire) nous _nous disons_
5. (se parler) elles _se parlent_
6. (se retrouver) ils _se retrouvent_
7. (se regarder) vous _vous vous regardez_
8. (s'aider) nous _nous nous aidons_

Le français vivant
- Have students describe what the man in the photos is doing.
- Call on a volunteer to read the ad aloud.
- Ask: **Possédez-vous un smartphone?** If any students in the class do own a smartphone, have them note which feature(s) in the ad they use or like most or least. Examples: **Je fais tout avec mon téléphone, mais je l'utilise surtout pour répondre à mes e-mails. / Moi, je ne me sers pas de l'agenda.**

Questions Virtual Chat You can also assign the **Questions** activity on vhlcentral.com. Students record individual responses that appear in your gradebook.

Le français vivant

MIEUX CHERCHER ▪ MIEUX COMMUNIQUER ▪ MIEUX JOUER

▪ POUR MIEUX S'ENTENDRE ▪

Avec le smartphone, je cherche l'heure de mes cours.
Nous nous retrouvons entre amis.

Nous nous écrivons.
Nous nous entendons mieux.
Avec ce téléphone, c'est facile de se parler.

Identifiez Quels verbes réciproques avez-vous trouvés dans la publicité (*ad*)?

se retrouver, s'écrire, s'entendre mieux, se parler

Questions À tour de rôle avec un(e) partenaire, posez-vous ces questions. Answers will vary.

1. Tes amis et toi, vous envoyez-vous des messages par téléphone?
2. Penses-tu que les gens s'entendent mieux grâce à (*thanks to*) la technologie? Pourquoi?
3. Quels gadgets technologiques utilises-tu pour communiquer avec tes amis? Pourquoi les utilises-tu?
4. Quels gadgets technologiques utilisaient tes grands-parents pour communiquer avec leurs amis? Pourquoi les utilisaient-ils?

cent soixante-treize **173**

1 **Suggestion** Do this as a whole-class activity, giving different students the opportunity to form sentences.

2 **Expansion** Have students imagine that someone from the class contradicts what is said at the reunion. Ask volunteers to change the sentences in the activity to their negative form.

3 **Suggestion** Remind students to pay attention to the agreement of the past participle.

3 **Expansion** After assigning this activity, have pairs find magazine pictures and create three more sentences using reciprocal reflexives and the **passé composé**.

Mise en pratique

1 **L'amour réciproque** Employez des verbes réciproques pour raconter l'histoire d'amour entre Laure et Habib.

> **MODÈLE** Laure retrouve Habib tous les jours. Habib retrouve Laure tous les jours.
>
> *Laure et Habib se retrouvent tous les jours.*

1. Laure connaît bien Habib. Habib connaît bien Laure. Laure et Habib se connaissent bien.
2. Elle le regarde amoureusement. Il la regarde amoureusement. Ils se regardent amoureusement.
3. Laure écrit des SMS à Habib. Habib écrit des SMS à Laure. Laure et Habib s'écrivent des SMS.
4. Elle lui téléphone tous les soirs. Il lui téléphone tous les soirs. Ils se téléphonent tous les soirs.
5. Elle lui dit tous ses secrets. Il lui dit tous ses secrets. Ils se disent tous leurs secrets.
6. Laure aime beaucoup Habib. Habib aime beaucoup Laure. Laure et Habib s'aiment beaucoup.

2 **Souvenirs** Les élèves de votre classe se retrouvent dix ans après la fin des études. Employez l'imparfait pour parler de vos souvenirs.

> **MODÈLE** Marie et moi / s'aider souvent
>
> *Marie et moi, nous nous aidions souvent.*

1. Marc et toi / se regarder en cours Marc et toi, vous vous regardiez en cours.
2. Anne et Mouna / se téléphoner tout le temps Anne et Mouna se téléphonaient tout le temps.
3. François et moi / s'écrire deux fois par semaine François et moi, nous nous écrivions deux fois par semaine.
4. Paul et toi / s'entendre bien Paul et toi, vous vous entendiez bien.
5. Luc et Sylvie / s'adorer Luc et Sylvie s'adoraient.
6. Patrick et moi / se retrouver après les cours Patrick et moi, nous nous retrouvions après les cours.
7. Alisha et Malik / ne pas se connaître bien Alisha et Malik ne se connaissaient pas bien.
8. Agnès et moi / se parler à la cantine Agnès et moi, nous nous parlions à la cantine.
9. Félix et toi / se donner parfois des cadeaux Félix et toi, vous vous donniez parfois des cadeaux.

3 **Une rencontre** Regardez les illustrations. Qu'est-ce que ces personnages ont fait? Suggested answers

> ▶ **MODÈLE**
>
> *Ils se sont rencontrés.*

ils

1. Arnaud et moi
Arnaud et moi, nous nous sommes embrassés.

2. vous
Vous vous êtes quittés.

3. elles
Elles se sont téléphoné.

4. nous
Nous nous sommes écrit.

Communication

4 **Curieux** Pensez à deux amis qui sont amoureux. Votre partenaire va vous poser beaucoup de questions pour tout savoir sur leur relation. Répondez-lui. Answers will vary.

MODÈLE

Élève 1: *Est-ce qu'ils se regardent tout le temps?*
Élève 2: *Non, ils ne se regardent pas tout le temps, mais ils n'arrêtent pas de se téléphoner!*

s'adorer	se retrouver	régulièrement
s'aimer	se téléphoner	souvent
s'écrire	bien	tout le temps
s'embrasser	mal	tous les jours
s'entendre	quelquefois	?

5 **Un rendez-vous** Avec un(e) partenaire, posez-vous des questions sur la dernière fois que vous avez eu rendez-vous avec quelqu'un. Answers will vary.

MODÈLE

à quelle heure / se donner rendez-vous
Élève 1: *À quelle heure vous êtes-vous donné rendez-vous?*
Élève 2: *Nous nous sommes donné rendez-vous à sept heures.*

1. où / se retrouver
2. se parler / longtemps
3. s'entendre / bien
4. à quelle heure / se quitter
5. se téléphoner / plus tard
6. s'envoyer des SMS / pour dire merci

6 **On se quitte** Julie a reçu (*received*) cette note de son petit ami Sébastien. Elle ne comprend pas du tout, mais elle doit lui répondre. Avec un(e) partenaire, employez des verbes réciproques pour écrire la réponse. Answers will vary.

> *Chère Julie,*
>
> *Nous devons nous quitter. Pourquoi sommes-nous encore ensemble? Nous ne nous sommes pas aimés. Nous nous disputons tout le temps et nous ne nous parlons pas souvent. Soyons réalistes. Je te quitte et j'espère que tu comprends.*
>
> *Sébastien*

Révision

1 À deux Que peuvent faire deux personnes avec ces objets? Avec un(e) partenaire, répondez à tour de rôle et employez des verbes réciproques. Answers will vary.

> **MODÈLE** un appareil photo numérique
>
> *Avec un appareil photo numérique, deux personnes peuvent s'envoyer des photos tout de suite.*

- un portable
- du papier et un stylo
- un ordinateur
- un smartphone
- un fax
- une tablette

2 La communication Votre professeur va vous donner une feuille d'activités. Circulez dans la classe pour interviewer vos camarades. Comment communiquent-ils avec leurs familles et leurs amis? Pour chaque question, parlez avec des camarades différents qui doivent justifier leurs réponses. Answers will vary.

> **MODÈLE**
>
> **Élève 1:** *Tes amis et toi, vous écrivez-vous plus de cinq textos par jour?*
> **Élève 2:** *Oui, parfois nous nous écrivons dix textos.*
> **Élève 1:** *Pourquoi vous écrivez-vous tellement souvent?*

Activités	Oui	Non
1. s'écrire plus de cinq textos par jour	Théo	Corinne
2. s'envoyer des lettres par la poste		
3. se téléphoner le week-end		
4. se parler dans les couloirs		
5. se retrouver au parc		
6. se donner rendez-vous		
7. se retrouver sur les réseaux sociaux		
8. bien s'entendre		

3 Dimanche au parc Ces personnes sont allées au parc dimanche dernier. Avec un(e) partenaire, décrivez à tour de rôle leurs activités. Employez des verbes réciproques. Answers will vary.

4 Leur rencontre Comment ces couples se sont-ils rencontrés? Par groupes de trois, inventez une histoire courte pour chaque couple. Utilisez les verbes donnés (*given*) et des verbes réciproques. Answers will vary.

1. venir de

3. continuer à

2. commencer à

4. rêver de

5 Les bonnes relations Parlez avec deux camarades. Que faut-il faire pour maintenir de bonnes relations avec ses amis ou sa famille? À tour de rôle, utilisez les verbes de la liste pour donner des conseils (*advice*). Answers will vary.

> **MODÈLE**
>
> **Élève 1:** *Dans une bonne relation, deux personnes peuvent tout se dire.*
> **Élève 2:** *Oui, et elles apprennent à se connaître.*

s'adorer	se connaître	hésiter à
s'aider	se dire	oublier de
apprendre à	s'embrasser	pouvoir
arrêter de	espérer	refuser de
commencer à	éviter de	savoir

6 Rencontre sur Internet Votre professeur va vous donner, à vous et à votre partenaire, une feuille d'illustrations sur la rencontre d'Amandine et de Christophe. Attention! Ne regardez pas la feuille de votre partenaire. Answers will vary.

Section Goals

In this section, students will:
- read about the news channel **France 24**
- watch a report on an iPad début
- complete activities about the report and changing technologies

Key Standards
1.1, 1.2, 1.3, 2.2, 5.2

Préparation Répondez aux questions. Answers will vary.

1. Quels appareils numériques est-ce que vous et vos amis utilisez le plus? Quels sont les avantages et les inconvénients de chacun (*each one*)?

2. Que pensez-vous de l'évolution des appareils numériques? Est-il important d'avoir la toute dernière version d'un appareil? Pourquoi ou pourquoi pas?

vhlcentral

AP® **Theme:** Contemporary Life
Context: Advertising and Marketing

Reportage de France 24

FOCUS - TECHNOLOGIES
L'IPAD À LA CONQUÊTE DU MONDE ? FRANCE 24

Les gens avec qui j'ai parlé ici sont des adeptes°...

L'iPad est là!

France 24 est une chaîne d'information° française lancée° en 2006. Elle couvre l'actualité° française et internationale 24 heures sur 24. Ses programmes sont disponibles gratuitement° sur Internet, sur le site de France 24, et à travers° ses applications et podcasts. La mission de France 24 est d'apporter une perspective française sur l'actualité internationale. France 24 prête° aussi une grande attention à la culture. En mai 2010, la chaîne était présente à Paris pour couvrir l'arrivée de l'iPad en France.

chaîne d'information *news channel* lancée *launched* l'actualité *news* disponibles gratuitement *available for free* à travers *through* prête *pays* adeptes *enthusiasts*

Vocabulaire utile

A4	*standard paper size*
du monde	*a crowd*
des milliers	*thousands*
sortie	*debut*
une cinquantaine	*approximately fifty*

Préparation Note that student access to technology may vary. Focus on general usage in society instead of on students individually.

L'iPad est là! To check comprehension, ask these questions: **1. Qu'est-ce que la chaîne France 24 couvre?** (l'actualité française et internationale) **2. Où peut-on regarder gratuitement les programmes de France 24?** (sur le site Internet de la chaîne) **3. Quel événement est couvert dans ce clip?** (l'arrivée de l'iPad en France)

PRE-AP®

Audiovisual Interpretive Communication
Have the students look at the video still and caption and make observations and predictions. Ask: **Où est la journaliste?** (Devant le magasin Apple.) **Qui est là?** (Des adeptes de technologie.)

Compréhension Répondez aux questions.
Answers will vary. Suggested answers.

1. Pourquoi est-ce que les gens font la queue (*wait in line*) derrière la journaliste, au début du reportage? Où est-ce qu'ils vont?
Ils font la queue pour entrer dans le magasin d'Apple et voir ou acheter le nouvel iPad.
2. Comment est-ce que la journaliste décrit l'iPad?
C'est une tablette numérique, pas plus grande qu'une demi-feuille d'A4, avec des milliers d'applications.
3. D'après la journaliste, qu'est-ce qu'on peut faire avec l'iPad?
On peut lire des livres, écouter de la musique, lire des journaux et regarder France 24.

Conversation À deux, discutez de ces questions. Answers will vary.

1. Quels types de personnes s'intéressent à l'iPad en France? Quels types de personnes semblent (*seem*) absents du reportage?

2. La journaliste décrit les défauts (*flaws*) de l'iPad. Êtes-vous d'accord avec elle? Pourquoi?

3. Être adepte de la nouvelle technologie, c'est une bonne idée? Pourquoi?

Application Avec un(e) partenaire, préparez un reportage sur une nouvelle technologie qui peut changer le monde. Décrivez ses atouts (*assets*) et ses défauts. Qui sont ses adeptes? Comment peut-on s'assurer que tous bénéficient (*benefit*) de cette nouvelle technologie?

Compréhension Have students work in pairs or groups to write their answers. Show the video again and have them check their work or add missing information.

Application Encourage students to address the last question as fully as possible as they prepare their **reportage**, connecting digital innovation to larger societal benefits.

cent soixante-dix-sept **177**

TEACHING OPTIONS

France 24 Have students watch other short news reports on the France 24 website. You may wish to preview the site to select a list of clips related to the chapter theme that are appropriate for your students. Have them work in pairs to prepare summaries of the reports and share them orally with the class.

Technologies du monde Have small groups research different francophone countries to find out about the use of digital devices by individuals in those countries. Which devices are in use? What purposes do they serve? To what extent? Capture student research on a graphic that shows which devices are most and least used and why.

Section Goals

In this section, students will learn and practice vocabulary related to:
• cars and driving
• car maintenance and repair

Key Standards

1.1, 1.2, 4.1

Suggestions
• Use the digital image for this page. Point out objects and describe what the people are doing. Examples: **Ces personnes sont dans une station-service. C'est une voiture. Elle a un pneu crevé. Il fait le plein d'essence.**
• Follow up with simple questions based on your narrative. Examples: **C'est un volant? Qu'est-ce que c'est? Le mécanicien vérifie la pression des pneus?**
• Ask students questions about cars and driving using the new vocabulary. Examples: **Attachez-vous votre ceinture de sécurité quand vous êtes en voiture? Quand vous allez à la station-service, qui fait le plein? Combien coûte un gallon d'essence?**
• Explain that **dépasser** has two meanings: **dépasser la limitation de vitesse** means *to go over the speed limit* and **dépasser une voiture/un camion** means *to pass a car/truck.*

You will learn how to...
▪ talk about cars
▪ talk about traffic
▪ say what you would do

◁)) **vhl**central

En voiture!

Vocabulaire

arrêter (de faire quelque chose)	to stop (doing something)
attacher	to buckle, to fasten
avoir un accident	to have/to be in an accident
dépasser	to go over; to pass
freiner	to brake
se garer	to park
rentrer dans	to hit
réparer	to repair
tomber en panne	to break down
vérifier (l'huile/ la pression des pneus)	to check (the oil/ the air pressure)
l'embrayage (*m.*)	clutch
l'essence (*f.*)	gas
les freins (*m., pl.*)	brakes
l'huile (*f.*)	oil
un pare-chocs (pare-chocs *pl.*)	bumper
un réservoir d'essence	gas tank
un rétroviseur	rearview mirror
une roue	wheel
une roue de secours	spare tire
un voyant (d'essence/ d'huile)	(gas/oil) warning light
une amende	fine
une autoroute	highway
un parking	parking lot
un permis de conduire	driver's license
une rue	street

libre-service

une station-service

un coffre

une voiture

Il fait le plein.

un volant   un capot

une ceinture de sécurité

un moteur

un mécanicien (mécanicienne *f.*)

une portière

un pneu crevé

EXPANSION

Using Games Play a game of **Dix questions**. Ask a volunteer to think of a car part from the new vocabulary. Other students get to ask one yes/no question, then they can guess what the word is. Limit attempts to ten questions per word. You might want to tell students that they can narrow down the options by asking questions about where the part is on the car and what it does.

DIFFERENTIATION

For Visual Learners Distribute pictures of cars to groups of three students. Detailed photos of car interiors and exteriors are available online or from car dealerships. List parts of the car on the board, such as **volant, pneu, coffre,** and **rétroviseur.** Tell students to label the parts on the pictures. Alternatively, ask a student who can draw to sketch a car (inside and out) on the board and have students label its parts.

Mise en pratique

la limitation de vitesse

la circulation

un agent de police/un policier
(policière f.)

les essuie-glaces (m.)

un pare-brise
(pare-brise pl.)

les phares (m.)

1 **Les correspondances** Reliez (*Link*) les éléments des deux colonnes.

_b_ 1. dépasser	a. les freins
_d_ 2. tomber en panne	b. la limitation de vitesse
_a_ 3. freiner	c. la ceinture de sécurité
_e_ 4. faire le plein	d. une voiture
_g_ 5. réparer une voiture	e. l'essence
_f_ 6. se garer	f. un parking
_c_ 7. attacher	g. un mécanicien
_h_ 8. vérifier la pression	h. les pneus

2 **Complétez** Complétez les phrases avec le bon mot de vocabulaire.

1. La personne qui répare une voiture est un ___mécanicien___.
2. Il faut ouvrir le ___capot___ de la voiture pour vérifier l'huile.
3. On met de l'essence dans le ___réservoir d'essence___.
4. Le ___permis de conduire___ est un document officiel qui vous autorise à conduire.
5. On utilise les ___phares___ pour voir (*see*) quand on conduit la nuit.
6. On utilise les ___essuie-glaces___ pour voir à travers (*through*) le pare-brise quand il pleut.
7. Le ___volant___ sert à diriger (*steer*) la voiture.
8. Vous utilisez le ___rétroviseur___ pour voir la circulation derrière vous.
9. La personne qui peut donner une amende est un ___policier/agent de police___.
10. On peut ranger ses valises dans le ___coffre___ de la voiture.
11. On utilise les ___freins___ quand on veut s'arrêter.
12. Quand il y a beaucoup de voitures sur la route, il y a de la ___circulation___.

3 **Écoutez** Madeleine a eu une mauvaise journée. Écoutez son histoire. Ensuite, indiquez si les phrases suivantes sont **vraies** ou **fausses**.

	Vrai	Faux
Madeleine...		
1. a oublié son permis de conduire.	☐	☑
2. a dépassé la limitation de vitesse.	☑	☐
3. a fait le plein avant d'aller au lycée.	☐	☑
4. a attaché sa ceinture de sécurité.	☑	☐
5. s'est garée au lycée.	☑	☐
6. conduisait quand un policier l'a arrêtée.	☑	☐
Sa voiture...		
7. a redémarré.	☐	☑
8. avait un pneu crevé.	☐	☑
9. n'avait pas d'essence.	☑	☐
10. était en panne.	☑	☐

1 **Expansion** For additional practice, ask students what parts of a car are associated with these activities. **1. nettoyer le pare-brise (les essuie-glaces) 2. conduire (le volant) 3. arrêter (les freins) 4. changer de vitesse (l'embrayage) 5. regarder ce qui est derrière la voiture (le rétroviseur)**

2 **Suggestion** Have students work in pairs on this activity. Then go over the answers with the class.

3 **Script** Hier, j'ai eu une journée terrible! J'avais un examen de maths à 8h00 du matin et je me suis levée en retard. J'étais très pressée, donc je conduisais très vite, quand tout à coup j'ai entendu une sirène. Quand j'ai regardé dans le rétroviseur, c'était un policier. Heureusement, j'avais mon permis de conduire avec moi et j'avais ma ceinture de sécurité attachée, mais comme je roulais plus vite que la vitesse autorisée, j'ai dû payer une amende. Finalement, je suis arrivée au lycée et j'ai trouvé une place pour me garer sans problème. J'ai passé mon examen de maths et j'ai terminé ma journée. Quand je suis retournée à ma voiture pour partir, elle n'a pas démarré. Un mécanicien est venu, il a vérifié la voiture et il m'a dit qu'elle ne démarrait pas parce qu'elle n'avait plus d'essence. *Teacher Resources DVD*

3 **Suggestion** Play the recording again, stopping at the end of each sentence that contains an answer so students can check their work.

EXPANSION

Les appellations des routes en France The letter preceding the highway number indicates what type of road it is. For example, the **A-8** is **une autoroute** (*freeway*). **Une autoroute à péage** is a *toll road*. The **N-7** is **une route nationale**, a smaller highway. The **D-15** is **une route départementale**, an even smaller road. **Les autoroutes** are much faster than **les routes nationales** or **départementales**, but they are not free and usually less scenic.

EXPANSION

Questions and Answers Propose various driving situations to your students and then ask: **De quoi avez-vous besoin?** Examples: **1. Vous allez en ville en voiture pour faire vos courses. (un parking) 2. Vous êtes sur l'autoroute et vous avez un pneu crevé. (une roue de secours) 3. Vous avez 18 ans et vous voulez conduire. (un permis de conduire) 4. Vous conduisez et il commence à pleuvoir. (les essuie-glaces)**

Communication

4 Conversez Interviewez un(e) camarade de classe. Answers will vary.

1. Quelle sorte de voiture ont tes parents?
2. À quel âge ta mère a-t-elle obtenu (*obtained*) son permis de conduire? Et ton père?
3. Sais-tu comment changer un pneu crevé? En as-tu déjà changé un?
4. La voiture est-elle tombée en panne récemment? Qui l'a réparée?
5. Tes parents respectent-ils la limitation de vitesse sur l'autoroute? Et d'autres membres de la famille?
6. Tes parents ont-ils déjà été arrêtés par un policier? Pour quelle(s) raison(s)?
7. Combien de fois par mois font-ils le plein (d'essence)? Combien paient-ils à chaque fois?
8. Quelle(s) route(s) utilises-tu pour aller au lycée?
9. Tes parents savent-ils conduire une voiture à boîte de vitesses manuelle (*manual*)? Et d'autres membres de la famille?
10. La voiture a-t-elle eu des problèmes de freins récemment? Et des problèmes d'essuie-glaces?

5 Sept différences Votre professeur va vous donner, à vous et à votre partenaire, deux feuilles d'activités différentes. À tour de rôle, posez-vous des questions pour trouver les sept différences entre vos dessins. Attention! Ne regardez pas la feuille de votre partenaire.

MODÈLE

Élève 1: *Ma voiture est blanche. De quelle couleur est ta voiture?*
Élève 2: *Oh! Ma voiture est noire.*

6 Chez le mécanicien Travaillez avec un(e) camarade de classe pour présenter un dialogue dans lequel (*in which*) vous jouez les rôles d'un(e) client(e) et d'un(e) mécanicien(ne). Answers will vary.

Le/La client(e)...
- explique le problème qu'il/elle a.
- donne quelques détails sur les problèmes qu'il/elle a eus dans le passé.
- négocie le prix et la date à laquelle (*when*) il/elle peut venir chercher la voiture.

Le/La mécanicien(ne)...
- demande quand le problème a commencé et s'il y en a d'autres.
- explique le problème et donne le prix des réparations.
- accepte les conditions du/de la clien(e).

7 Écriture Écrivez un paragraphe à propos d'un (*about an*) accident de la route. Suivez les instructions. Answers will vary.

- Parlez d'un accident (voiture, moto [f.], vélo) que vous avez eu récemment. Si vous n'avez jamais eu d'accident, inventez-en un.
- Décrivez ce qui (*what*) s'est passé avant, pendant et après.
- Donnez des détails.
- Comparez votre paragraphe à celui (*that*) d'un(e) camarade de classe.

DIFFERENTIATION

For Visual Learners Write vocabulary words related to cars on index cards. On another set of cards, draw or paste pictures to match each term. Tape them face down on the board in random order. Divide the class into two teams. Play a game of Concentration in which students match words with pictures. When a player makes a match, that player's team collects those cards. The team with the most cards at the end of the game wins.

TEACHING OPTIONS

Oral Practice Have students work in pairs. Tell them to take turns explaining to a younger brother or sister how to drive a car. Example: **Tout d'abord, tu attaches ta ceinture de sécurité. Puis...**

Les sons et les lettres 🔊 **vhl**central

The letter x

The letter **x** in french is sometimes pronounced *-ks*, like the *x* in the English word *axe*.

| ta**x**i | e**x**pliquer | me**x**icain | te**x**te |

Unlike English, some French words begin with a *gz-* sound.

| **x**ylophone | **x**énon | **x**énophile | **X**avière |

The letters **ex-** followed by a vowel are often pronounced like the English word *eggs*.

| e**x**emple | e**x**amen | e**x**il | e**x**act |

Sometimes an **x** is pronounced *s*, as in the following numbers.

| soi**x**ante | si**x** | di**x** |

An **x** is pronounced *z* in a liaison. Otherwise, an **x** at the end of a word is usually silent.

| deu**x** enfants | si**x** éléphants | mieu~~x~~ | curieu~~x~~ |

Prononcez Répétez les mots suivants à voix haute.

1. fax
2. eux
3. dix
4. prix
5. jeux
6. index
7. excuser
8. exercice
9. orageux
10. expression
11. contexte
12. sérieux

Articulez Répétez les phrases suivantes à voix haute.

1. Les amoureux sont devenus époux.
2. Soixante-dix euros! La note (*bill*) du taxi est exorbitante!
3. Alexandre est nerveux parce qu'il a deux examens.
4. Xavier explore le vieux quartier d'Aix-en-Provence.
5. Le professeur explique l'exercice aux étudiants exceptionnels.

Dictons Répétez les dictons à voix haute.

Les belles plumes font les beaux oiseaux.[2]

Les beaux esprits se rencontrent.[1]

[1] Great minds think alike.
[2] Beautiful feathers make beautiful birds.

Section Goals

In this section, students will learn about the letter **x**.

Key Standards
4.1

Suggestions
- Model the pronunciation of the example words and have students repeat after you.
- Have students practice saying words that contain the letter **x** in various positions. Examples: Middle: **excellent, expliquer, expérience,** and **extérieur.** End: **yeux, heureux, époux, cheveux, jeux,** and **mieux.**
- Ask students to provide more examples of words with the letter **x**.
- Dictate five simple sentences with words that have the letter **x**, repeating each one at least two times. Then write the sentences on the board or a transparency and have students check their spelling.

Dictons The saying **«Les belles plumes font les beaux oiseaux»** is a quote from the French poet Bonaventure Des Périers (1500–1544).

TEACHING OPTIONS

Flash Cards For additional practice with the letter **x**, have students write sentences on individual index cards using the words below. Then collect the cards and distribute some of them (at least one for each word) for students to read aloud.
1. excuser 2. deux 3. époux 4. cheveux 5. malheureux 6. roux 7. vieux 8. ennuyeux 9. explorer 10. généreux

EXPANSION

Tongue Twisters Teach students these French tongue twisters that contain the letter **x**. 1. **Le fisc fixe exprès chaque taxe fixe excessive exclusivement au luxe et à l'acquis. 2. Un taxi attaque six taxis. 3. Je veux et j'exige d'exquises excuses.**

181

Roman-photo   Leçon 3B

La panne   vhlcentral

PERSONNAGES

 Amina

 Mécanicien

 Rachid

 Sandrine

 Valérie

À la station-service...
MÉCANICIEN Elle est belle, votre voiture! Elle est de quelle année?
RACHID Elle est de 2005.
MÉCANICIEN Je vérifie l'huile ou la pression des pneus?
RACHID Non, merci, ça va. Je suis un peu pressé, en fait. Au revoir.

Au P'tit Bistrot...
SANDRINE Ton Cyberhomme, c'est Rachid! Quelle coïncidence!
AMINA C'est incroyable, non? Je savais qu'il habitait à Aix, mais...
VALÉRIE Une vraie petite histoire d'amour, comme dans les films!
SANDRINE C'est exactement ce que je me disais!

AMINA Rachid arrive dans quelques minutes. Est-ce que cette couleur va avec ma jupe?
SANDRINE Vous l'avez entendue? Ne serait-elle pas amoureuse?
AMINA Arrête de dire des bêtises.

RACHID Oh, non!!
AMINA Qu'est-ce qu'il y a? Un problème?
RACHID Je ne sais pas. J'ai un voyant qui s'est allumé.
AMINA Allons à une station-service.
RACHID Oui... c'est une bonne idée.

De retour à la station-service...
MÉCANICIEN Ah! Vous êtes de retour. Mais que se passe-t-il? Je peux vous aider?
RACHID J'espère. Il y a quelque chose qui ne va pas, peut-être avec le moteur. Regardez, ce voyant est allumé.
MÉCANICIEN Ah, ça? C'est l'huile. Je m'en occupe tout de suite.

MÉCANICIEN Vous pouvez redémarrer? Et voilà.
RACHID Parfait. Au revoir. Bonne journée.
MÉCANICIEN Bonne route!

A C T I V I T É S

1 Vrai ou faux? Indiquez si ces affirmations sont **vraies** ou **fausses**. Corrigez les phrases fausses. Answers may vary.

1. La voiture de Rachid est neuve (*new*). Faux. Elle est de 2005.
2. Quand Rachid va à la station-service la première fois, il a beaucoup de temps. Faux. Il est un peu pressé.
3. Amina savait que Cyberhomme habitait à Aix. Vrai.
4. Sandrine trouve l'histoire de Rachid et Amina très romantique. Vrai.

5. Amina ouvre la portière de la voiture. Faux. Rachid ouvre la portière.
6. Rachid est galant (*a gentleman*). Vrai.
7. Le premier problème que Rachid rencontre est une panne d'essence. Faux. Un voyant s'est allumé.
8. Le mécanicien répare la voiture. Vrai.
9. La voiture a un pneu crevé. Vrai.
10. Rachid n'est pas très content. Vrai.

Amina a rendez-vous avec Rachid pour la première fois.

SANDRINE Oh, regarde, il lui offre des fleurs.
RACHID Bonjour, Amina. Tiens, c'est pour toi.
AMINA Bonjour, Rachid. Oh, merci, c'est très gentil.
RACHID Tu es très belle, aujourd'hui.
AMINA Merci.

RACHID Attends, laisse-moi t'ouvrir la portière.
AMINA Merci.
RACHID N'oublie pas d'attacher ta ceinture.
AMINA Oui, bien sûr.

AMINA Heureusement, ce n'était pas bien grave. À quelle heure est notre réservation?
RACHID Oh! C'est pas vrai!

AMINA Qu'est-ce que c'était?
RACHID On a un pneu crevé.
AMINA Oh, non!!

Expressions utiles

Talking about dating

- Il lui offre des fleurs.
  He's offering/giving her flowers.

- Attends, laisse-moi t'ouvrir la portière.
  Wait, let me open the (car) door for you.

Talking about cars

- N'oublie pas d'attacher ta ceinture.
  Don't forget to fasten your seatbelt.

- J'ai un voyant qui s'est allumé.
  One of the dashboard lights came on.

- Il y a quelque chose qui ne va pas.
  There's something wrong.

Additional vocabulary

- incroyable
  incredible

2 **Qui?** Indiquez qui dirait (*would say*) ces affirmations: Amina (**A**), le mécanicien (**M**), Rachid (**R**), Sandrine (**S**) ou Valérie (**V**).

1. La prochaine fois, je vais suivre les conseils du mécanicien. R

2. Je suis un peu anxieuse. A

3. C'est comme dans un conte de fées (*fairy tale*)! S/V

4. Taisez-vous (*Be quiet*), s'il vous plaît! A

5. Il aurait dû (*should have*) m'écouter. M

3 **Écrivez** Que se passe-t-il après le deuxième incident? Utilisez votre imagination et écrivez un paragraphe qui raconte ce qu'Amina et Rachid ont fait. Est-ce que quelqu'un d'autre les aide? Amina est-elle fâchée? Y aura-t-il (*Will there be*) un deuxième rendez-vous pour Cyberhomme et Technofemme?

A C T I V I T É S

Expressions utiles
- Model the pronunciation of the **Expressions utiles** and have students repeat them after you.
- As you work through the list, point out forms of **offrir** and **ouvrir**. Tell students that these verbs will be formally presented in **Structures**.
- Respond briefly to questions about verbs like **offrir** and **ouvrir**. Reinforce correct forms, but do not expect students to produce them consistently at this time.
- Tell students that **un mécanicien** is a *car mechanic* and **un garagiste** is a *garage owner*. However, in daily language, these terms tend to be used as synonyms.
- Explain the different words for *light*: **un voyant (lumineux)** is a *warning light* on a vehicle, **les phares** are *headlights*, and the generic term for *light* is **la lumière**.
- Point out that **une portière** is a *car door*; a door in a room or a house is **une porte**. Similarly, a *car window* is **une vitre**, not **une fenêtre**.

1 **Suggestion** After students complete the activity, review their answers and clarify as needed.

2 **Expansion** Have students create three more items using lines from the **Roman-photo** conversation. Collect their papers, write some of the items on the board, and ask volunteers to identify the speakers.

3 **Expansion** Have students exchange papers for peer editing. Then ask volunteers to read their paragraphs aloud.

TEACHING OPTIONS

Narrative Assign students a character (**Rachid, Amina,** or **le mécanicien**) and have them prepare a brief summary of the day's events from that character's point of view without saying the person's name. Ask volunteers to read their summaries to the class. Then have the class guess which character would have given each summary.

EXPANSION

Le permis de conduire In France, the legal driving age for a regular permit is 18. In order to get a license, students take classes at an **auto-école**. Drivers must know **le code de la route** (*the driving code*) and understand how a car works. Since the lessons are very expensive, it is not unusual for young people to receive them as a gift for their eighteenth birthday.

183

AP® **Theme:** Global Challenges
Context: Economic Issues

 vhlcentral | *Flash culture*

CULTURE À LA LOUPE

Les voitures en France

la Smart Fortwo

Dans l'ensemble°, les Français utilisent moins leur voiture que les Américains. Il n'est pas rare qu'un couple ou une famille possède une seule voiture. Dans les grandes villes, beaucoup de gens se déplacent° à pied ou utilisent les transports en commun°. Dans les villages ou à la campagne, les gens utilisent un peu plus fréquemment leurs voitures. Même pour les trajets longues distances, les Français ont tendance, plus que les Américains, à laisser leurs voitures chez eux et à prendre le train ou l'avion, ou faire du covoiturage°. En général, les voitures en France sont beaucoup plus petites que les voitures qu'on trouve aux États-Unis, mais on trouve

des quatre-quatre° (4x4), même dans les grandes villes. La Smart Fortwo, une voiture minuscule issue d'un partenariat° entre Daimler, une compagnie allemande et Renault, une compagnie française, et la Twingo de Renault, ont aussi beaucoup de succès.

Il y a plusieurs raisons qui expliquent ces différences. D'abord, les rues des villes françaises sont beaucoup moins larges. En centre-ville, beaucoup de rues sont piétonnes° et d'autres sont si petites qu'il est parfois difficile de passer, même avec une petite voiture. Il y a aussi de gros problèmes de parking dans la majorité des villes françaises. Il y a peu de places de parking et elles sont en général assez petites. Il est donc nécessaire de faire un créneau° pour se garer et plus la voiture est petite, plus° on a de chance de le réussir. En plus, en France, l'essence est plus chère qu'aux États-Unis. Il vaut donc mieux avoir une petite voiture économique qui ne consomme pas beaucoup d'essence, ou prendre les transports en commun quand c'est possible.

Les voitures les plus vendues° en France

Renault Twingo	1 380.000
Peugeot 206	700.000
Renault Clio 2	630.000
Renault Clio 3	401.000
Peugeot 207	400.500
Citroën Xsara	395.000

SOURCE: Fiches-Auto

Dans l'ensemble *By and large* **se déplacent** *get around* **transports en commun** *public transportation* **covoiturage** *car sharing* **pourtant** *however* **quatre-quatre** *sport utility vehicles* **partenariat** *partnership* **piétonnes** *reserved for pedestrians* **faire un créneau** *parallel park* **plus... plus** *the more ... the more* **vendues** *sold*

A C T I V I T É S

1 Complétez Donnez un début ou une suite logique à chaque phrase, d'après le texte. Answers may vary. Possible answers provided.

1. ... possèdent parfois une seule voiture. Les familles françaises
2. Les Français qui habitent en ville se déplacent souvent... à pied ou utilisent les transports en commun.
3. ..., la grande majorité des Français ont une voiture. Dans les villages et à la campagne
4. Le nombre de Français qui ont une voiture est plus important dans les villages et à la campagne qu'... à Paris.
5. Beaucoup de Français prennent le train ou l'avion... pour faire de longs voyages.

6. ... sont en général plus petites qu'aux États-Unis. Les voitures en France
7. Comme aux États-Unis, même dans les grandes villes en France, on trouve... des quatre-quatre.
8. Il n'est pas toujours facile de se garer dans les villes françaises... parce qu'il y a peu de places de parking et parce qu'elles sont en général assez petites.
9. ..., on peut facilement faire un créneau pour se garer. Avec la Smart Fortwo/la Twingo/une petite voiture
10. ... parce que l'essence coûte cher en France. Il vaut mieux avoir une petite voiture économique

---

EXPANSION

Autolib' City dwellers without a car can use **Autolib'**, an electric car sharing service found in Paris, Lyon, and Bordeaux. The system is similar to bike sharing systems found in cities around France and in the United States. The cars are available to anyone who has a French or an international driver's license. In addition to subscription fees, drivers pay by the half-hour. They pick up a car in one designated location and then leave

EXPANSION

it in another. Discuss with students the advantages and disadvantages of such a system.

Les parcmètres Parking meters in France are not generally located next to the parking spot. The failure to see a parking meter is not a valid excuse for an expired meter. One should look for a meter down the street to avoid getting a parking ticket and having to pay a fine.

Section Goals

In this section, students will:
- learn about cars and driving habits in France
- learn some terms for types of vehicles
- learn about the rules of the road in various Francophone regions
- read about the car manufacturer Citroën
- view authentic video footage

Key Standards
2.1, 2.2, 3.1, 3.2, 4.2

21ˢᵗ Century Skills

Global Awareness
Students will gain perspectives on the Francophone world to develop respect and openness toward others and to interact appropriately and effectively with citizens of Francophone cultures.

Culture à la loupe

Avant la lecture Have students look at the photos and describe what they see.

Lecture
- Explain that in Europe gas is sold in liters, not in gallons (1 gallon = 3.79 liters).
- Point out the statistics chart. Ask students what information it shows. (the top selling cars in France)

Après la lecture Have students compare cars, driving habits, and car ownership in France and in the United States.

1 Suggestion Have students work on this activity in pairs.

LE FRANÇAIS QUOTIDIEN

Pour parler des voitures

bagnole (*f.*)	*car*
berline (*f.*)	*sedan*
break (*m.*)	*station wagon*
caisse (*f.*)	*car*
char (*m.*) **(Québec)**	*car*
coupé (*m.*)	*coupe*
décapotable (*f.*)	*convertible*
monospace (*m.*)	*minivan*
pick-up (*m.*)	*pickup*

LE MONDE FRANCOPHONE

Conduire une voiture

Voici quelques informations utiles.

En France Il n'existe pas de carrefours° avec quatre panneaux° de stop.

En France, en Belgique et en Suisse Il est interdit d'utiliser un téléphone portable quand on conduit et on n'a pas le droit de tourner à droite quand le feu° est rouge.

À l'île Maurice et aux Seychelles Faites attention! On conduit à gauche.

En Suisse Pour conduire sur l'autoroute, il est nécessaire d'acheter une vignette° et de la mettre sur son pare-brise. On peut l'acheter à la poste ou dans les stations-service, et elle est valable° un an.

Dans l'Union européenne Le permis de conduire d'un pays de l'Union européenne est valable dans tous les autres pays de l'Union.

carrefours *intersections* **panneaux** *signs* **feu** *traffic light* **vignette** *sticker* **valable** *valid*

PORTRAIT

AP® **Theme:** Science and Technology
Context: Discoveries and Inventions

Le constructeur automobile Citroën

La marque° Citroën est une marque de voitures française créée° en 1919 par André Citroën, ingénieur et industriel français. La marque est réputée pour son utilisation de technologies d'avant-garde et pour ses innovations dans le domaine de l'automobile. Le premier véhicule construit par Citroën, la voiture type A, a été la première voiture européenne construite en série°. En 1924, Citroën a utilisé la première carrosserie° entièrement faite en acier° d'Europe. Puis, dans les années 1930, Citroën a inventé la traction avant°. Parmi les modèles de voiture les plus vendus de la marque Citroën, on compte la 2CV, ou «deux chevaux», un modèle bon marché et très apprécié des jeunes dans les années 1970 et 1980. En 1976, Citroën a fusionné° avec un autre grand constructeur automobile° français, Peugeot, pour former le groupe PSA Peugeot-Citroën.

marque *make* **créée** *created* **en série** *mass-produced* **carrosserie** *body* **acier** *steel* **traction avant** *front-wheel drive* **a fusionné** *merged* **constructeur automobile** *car manufacturer*

Sur Internet

Qu'est-ce que la Formule 1?

Go to **vhlcentral.com** to find more information related to this **Culture** section and to watch the corresponding **Flash culture** video.

---

2 **Répondez** Répondez aux questions.

1. Quelles sont les caractéristiques de la marque Citroën?
   l'utilisation de technologies d'avant-garde et les innovations
2. Quelle est une des innovations de la marque Citroën? *Answers will vary.*
   Possible answer: la construction en série d'une voiture
3. Quel modèle de Citroën a eu beaucoup de succès?
   la 2CV, ou «deux chevaux»
4. Qu'a fait la compagnie Citroën en 1976?
   La compagnie a fusionné avec Peugeot.
5. Que faut-il avoir pour conduire sur l'autoroute, en Suisse?
   une vignette sur le pare-brise
6. Les résidents d'autres pays de l'UE ont-ils le droit de conduire en France? oui

3 **À vous...** Quelle est votre voiture préférée? Pourquoi? Avec un(e) partenaire, discutez de ce sujet et soyez prêt(e)s à expliquer vos raisons au reste de la classe.

A C T I V I T É S

Le français quotidien
- Model the pronunciation of each term and have students repeat it.
- Bring in photos of the different types of vehicles from an automotive magazine and have students identify them. Ask: **Qu'est-ce que c'est? C'est un monospace?**

Portrait
- André Citroën (1878–1935) got the idea of mass producing cars when he visited Henry Ford's new Rouge River plant in Detroit. He was also a master at marketing his cars.
- Have students look at the photo of the car. Ask: **Que pensez-vous de la Citroën sur la photo? Voulez-vous en posséder une? Pourquoi?**

Le monde francophone Have students compare the information given here with driving rules in the United States. Example: **Aux États-Unis, il y a souvent des carrefours avec quatre panneaux de stop. En France, il n'y en a pas.**

2 Expansion For additional practice, give students these items. 7. **Qu'est-ce qu'il est interdit de faire au volant dans les pays francophones d'Europe?** (utiliser un portable) 8. **Dans quels lieux francophones conduit-on à gauche?** (à l'île Maurice et aux Seychelles)

3 Suggestion Have students bring in a photo of their favorite car to use as a visual aid during this activity. Photos can generally be found at a company's or a car dealer's website.

Flash culture Tell students that they will learn more about cars and driving in a city by watching a variety of real-life images narrated by Csilla. Show the video segment. Then ask students to close their eyes and describe from memory what they saw as you write their descriptions on the board. You can also use the activities in the *Cahier* in class to reinforce this **Flash culture** or assign them as homework.

EXPANSION

Les limitations de vitesse Speed limits are generally higher in France than in the United States. For example, speed limits are 130 km/h (about 80 mph) on **les autoroutes**, 110 km/h (about 70 mph) on **les voies** (*lanes*) **rapides**, 90 km/h (about 55 mph) on **les routes**, and 50 km/h (about 30 mph) in cities and towns.

EXPANSION

Cultural Activity Make a color transparency of French road signs (**panneaux de signalisation/signaux routiers**), which can be reproduced from the Internet or other reference sources. Then have the class guess what the signs mean.

185

Section Goals

In this section, students will learn:
• the verbs **ouvrir** and **offrir**
• other verbs with the same conjugation (**couvrir**, **souffrir**, etc.)

Key Standards
4.1, 5.1

Suggestions: Scaffolding
• Review the conjugation of **-er** verbs.
• Write **j'ouvre, tu ouvres, il/elle ouvre** on the board. Point out that the endings are the same as **-er** verbs in the present tense.
• Follow the same procedure with **ouvrir**, but in the imperfect tense. Point out that with this tense, the verb is regular and takes **-ir** verb endings.
• Model verbs like **ouvrir** and **offrir** by asking volunteers questions and using TPR. Examples: **Souffrez-vous quand vous allez chez le dentiste? Vos parents couvrent-ils toujours la table avec une nappe? Qu'est-ce que vous découvrez quand vous êtes en ligne?**
• Present the past participles of **ouvrir, offrir,** and the verbs like them. Then ask students questions using the **passé composé**. Examples: **Qui a découvert le radium? (Marie Curie) Qu'est-ce que vos parents vous ont offert pour votre anniversaire?**

Essayez! Give additional items such as these. **10. Qu'est-ce que je t'____ (offrir) pour ton anniversaire? (offre) 11. Vous ____ (ouvrir) les fichiers. (ouvrez)**

3B.1

The verbs *ouvrir* and *offrir*   **vhl**central

Point de départ The verbs **ouvrir** (*to open*) and **offrir** (*to offer*) are irregular. Although they end in **-ir**, they use the endings of regular **-er** verbs in the present tense.

	ouvrir	*offrir*
j'	ouvre	offre
tu	ouvres	offres
il/elle/on	ouvre	offre
nous	ouvrons	offrons
vous	ouvrez	offrez
ils/elles	ouvrent	offrent

La boutique **ouvre** à dix heures.
The shop opens at 10 o'clock.

Nous **offrons** soixante-quinze dollars.
We offer seventy-five dollars.

• The verbs **couvrir** (*to cover*), **découvrir** (*to discover*), and **souffrir** (*to suffer*) use the same endings as **ouvrir** and **offrir**.

Elle **souffre** quand elle est chez le dentiste.
She suffers when she's at the dentist's.

Couvrez la tête d'un enfant quand il fait soleil.
Cover the head of a child when it's sunny.

• The past participles of **ouvrir** and **offrir** are, respectively, **ouvert** and **offert**. Verbs like **ouvrir** and **offrir** follow this pattern.

Elle a **ouvert** la porte.
She opened the door.

Gabriel a **offert** des fleurs à Alice.
Gabriel gave Alice some flowers.

Nous **avons découvert** un bon logiciel.
We discovered a good software program.

Elles **ont souffert** d'une allergie.
They suffered from an allergy.

• Verbs like **ouvrir** and **offrir** are regular in the **imparfait**. They take **-ir** verb endings.

Nous **souffrions** pendant les moments difficiles.
We suffered during the bad times.

Ils nous **offraient** de beaux cadeaux.
They used to give us nice gifts.

Essayez!   Complétez les phrases avec les formes correctes du présent ou du passé composé des verbes.

1. On _découvre_ (découvrir) beaucoup de choses quand on lit.
2. Vous _ouvrez_ (ouvrir) le livre.
3. Tu _as souffert_ (souffrir) chez le dentiste hier?
4. Elle _offre_ (offrir) des fleurs à ses amis.
5. Nous _offrons_ (offrir) dix mille dollars pour la voiture.
6. Les profs _couvrent_ (couvrir) les réponses.
7. Tu _découvres_ (découvrir) la culture francophone en cours.
8. Ils _ont ouvert_ (ouvrir) les fenêtres parce qu'il faisait chaud.
9. Nous _avons couvert/_ _couvrons_ (couvrir) la table pour la protéger (*protect*).

TEACHING OPTIONS

Using Video Play the video and have students listen for **-er** and **-ir** verbs. Have them write down those they hear. Afterward, write the verbs on the board. Ask their meanings. Have students write original sentences using each verb.

EXPANSION

Mini-dictée Here are four sentences containing verbs like **ouvrir** to use as dictation. Read each twice, pausing after the second time for students to write. **1. J'ai découvert que mon frère a eu un accident! 2. Nous couvrons la piscine en hiver. 3. Mon grand-père m'offrait des bonbons après le dîner. 4. Le musée ouvre à dix heures.**

Le français vivant
- Call on a volunteer to read the advertisement aloud.
- After pairs finish the **Questions** activity, discuss the answers as a class.

Virtual Chat You can also assign the **Questions** activity on vhlcentral.com. Students record individual responses that appear in your gradebook.

Le français vivant

Identifiez Avez-vous trouvé des formes des verbes **ouvrir** et **offrir** dans cette publicité (*ad*)? Lesquelles (*Which ones*)? offrez, ouvre, offrir, ouvert

  Questions Posez ces questions à un(e) partenaire et répondez à tour de rôle. Answers will vary.

1. Qui offre un cadeau dans la pub? Qui reçoit (*receives*) un cadeau?
2. Quel cadeau offre-t-on?
3. Qui t'offre les plus beaux cadeaux? Quels sont quelques exemples de beaux cadeaux qu'on t'a offert?
4. À qui offres-tu de beaux cadeaux? Quels sont quelques examples de beaux cadeaux que tu as offerts?

PRE-AP®

Interpretive Communication Have students interpret the underlying message presented in the advertisement in **Le français vivant**. Ask: **Qui sont les personnes dans la publicité? Se connaissent-ils bien? Quelle est la relation entre ces deux personnes? Qu'est-ce que le téléphone portable représente? Quel est le message principal de la publicité?**

DIFFERENTIATION

For Visually Impaired Learners Have students describe the images in the advertisement as well as read the text aloud to their visually impaired partners. Or, describe the ad and read the text aloud as a class before students do the activity. Encourage visually impaired students to ask clarification questions to confirm comprehension.

187

1 Suggestion Have students check their answers orally with a partner.

2 Suggestions
- Before assigning this activity, ask questions using **déjà**. Remind students that **déjà** is placed after the conjugated verb and before the past participle. Example: **Qui a déjà étudié la biologie au lycée?**
- Remind students that the past participle agrees with any preceding direct object pronoun.

3 Expansion Divide the class into groups of four. Have each student pick one of the images to present to the group as a verbal portrait. Each one should include an introductory sentence that sets the scene, a body, and a conclusion. The verbal portrait should answer the questions *who, what, where, when,* and *why* based on the image. After everyone in the group has presented an image, the group votes on which one to present to the class.

Mise en pratique

1 Mais non! Alexandra et sa copine Djamila viennent d'arriver en cours et parlent de leurs camarades. Que se disent-elles?

> **MODÈLE** Julianne souffre d'un mal de tête. (je)
> *Je souffre aussi d'un mal de tête.*

1. Sylvain ouvre son livre. (Caroline) Caroline ouvre aussi son livre.
2. Antoine souffre d'allergies. (le professeur et moi) Le professeur et moi souffrons aussi d'allergies.
3. Loïc découvre la réponse. (nous) Nous découvrons aussi la réponse.
4. Tu offres ta place à Maéva. (Théo) Théo offre aussi sa place à Maéva.
5. Je souffre beaucoup avant les examens. (nous) Nous souffrons aussi beaucoup avant les examens.
6. Vous ouvrez votre sac à dos. (Luc et Anne) Luc et Anne ouvrent aussi leur sac à dos.
7. Odile et Fatou couvrent leurs devoirs. (Lise) Lise couvre aussi ses devoirs.
8. Angèle découvre qu'elle adore les maths. (je) Je découvre aussi que j'adore les maths.

2 Je l'ai déjà fait Maya parle avec sa sœur des choses qu'elle veut faire pour organiser une fête dans leur nouvelle maison. Sophie lui dit qu'elle les a déjà faites.

> **MODÈLE** Je veux ouvrir les bouteilles.
> *Je les ai déjà ouvertes.*

1. Je veux couvrir les meubles pour les protéger. Je les ai déjà couverts.
2. Je veux ouvrir toutes les fenêtres. Je les ai déjà ouvertes.
3. Je veux découvrir le centre-ville. Je l'ai déjà découvert.
4. Je veux offrir des cadeaux aux voisins. Je leur en ai déjà offert.
5. Je veux ouvrir ces fichiers. Je les ai déjà ouverts.
6. Je veux couvrir les murs d'affiches. Je les ai déjà couverts.
7. Je veux découvrir ce que (*what*) nos amis vont nous offrir. Je l'ai déjà découvert.
8. Je veux offrir une fleur aux invités. Je leur en ai déjà offert une.

3 Que faisaient-ils? Qu'est-ce que ces personnages faisaient hier? Employez les verbes de la liste. Answers may vary.

| couvrir | découvrir | offrir | ouvrir | souffrir |

1. Benoît
Benoît ouvrait son livre.

2. tu
Tu souffrais d'une grippe.

3. vous
Vous découvriez de l'argent.

4. ils
Ils offraient un cadeau.

5. Thérèse
Thérèse ouvrait la fenêtre.

6. je
Je souffrais d'une allergie.

DIFFERENTIATION

For Slower Pace Learners Before students begin **Activité 2**, read through the statements with students and have them identify the direct object in each statement as well as the indirect objects in items 4 and 8. Next, have them determine the pronoun they should use to replace the objects. Then review where the objects are placed in relationship to the verb. Finally, have students complete the activity.

EXPANSION

Using Games Divide the class into two teams. Indicate one team member at a time, alternating between teams. Give an infinitive from the lesson (**couvrir, découvrir, offrir, ouvrir, souffrir**) and name a subject. The team member uses that subject and verb in a sentence. Give a point per correct sentence. Deduct a point for each erroneous sentence. The team with the most points at the end of play wins.

Communication

4 **Questions** Avec un(e) partenaire, posez-vous ces questions à tour de rôle. Ensuite, présentez les réponses à la classe. Answers will vary.

1. Qu'est-ce que tu as offert à ta mère pour la fête des Mères?
2. En quelle saison souffres-tu le plus des allergies? Pourquoi?
3. Est-ce que tu te couvres la tête quand tu bronzes? Avec quoi?
4. Est-ce que tu ouvres la fenêtre de ta chambre quand tu dors? Pourquoi?
5. Qu'est-ce que tes amis t'ont offert pour ton dernier anniversaire?
6. Que fais-tu quand tu souffres d'une grippe?
7. As-tu découvert des sites web intéressants? Quels sites?
8. Qu'est-ce que tu fait quand tu ouvres un logiciel ou une application et que ça ne marche pas? Est-ce que ça t'arrive souvent?

5 **Une amende** Un agent de police vous arrête parce que vous n'avez pas respecté la limitation de vitesse. Vous inventez beaucoup d'excuses. Avec un(e) partenaire, créez le dialogue et utilisez ce vocabulaire. Answers will vary.

amende	dépasser	ouvrir
avoir	freiner	permis
un accident	freins	de conduire
circulation	se garer	pneu crevé
coffre	limitation	rentrer dans
couvrir	de vitesse	rue
découvrir	offrir	souffrir

6 **Un cadeau électronique** Vous avez de l'argent et vous voulez acheter des cadeaux à des membres de votre famille. Dites à un(e) partenaire les choses que vous voulez acheter et pourquoi. Utilisez les verbes de la liste. Answers will vary.

MODÈLE

Je peux acheter un jeu vidéo pour l'offrir à mon neveu.

couvrir	découvrir	offrir
ouvrir	souffrir	

7 **En panne!** Hier, vous rentriez tard avec votre frère quand votre voiture esttombée en panne sur l'autoroute. Racontez à votre partenaire ce qui s'est passé (*what happened*) avec les mots de la liste. Answers will vary.

capot	crevé	freins	ouvrir	roue
coffre	découvrir	moteur	phares	souffrir
couvrir	essence	offrir	pneu	station-service

4 **Expansion** Have pairs create two additional questions using the verbs **couvrir, découvrir, offrir, ouvrir,** and **souffrir**. Then pairs switch their questions with other pairs. Students should answer their classmates' questions in complete sentences.

4 **Partner Chat** You can also assign activity 4 on vhlcentral.com. Students work in pairs to record the activity online. The pair's recorded conversation will appear in your gradebook.

5 **Expansion** Ask pairs to perform their conversation for the class or have them videotape it outside of class.

6 **Expansion** Have pairs use the sentences created in the activity to write a short conversation between two friends shopping for a gift at an electronics store. Then ask for volunteers to present their conversation to the class.

7 **Expansion** Have students give their partners feedback on their stories. Then based on that feedback, retell the story as a class. Encourage them to use body language and tone of voice to express the emotions felt during the incident.

Activity Pack For additional activities, go to the **Activity Pack** in the **Resources** section of vhlcentral.com.

TELL Connection

Performance and Feedback 3 *Why:* Self-assessment and peer review help students monitor their performance progress. *What:* Assign Activity 4 on vhlcentral.com and have students assess themselves. Suggest they listen to what they record, reflect, and re-record when needed. Play selections from Virtual and Partner Chat recordings periodically for the whole class to peer review.

3B.2 Le conditionnel **vhl**central

Point de départ The conditional expresses what you *would* do or what *would* happen under certain circumstances.

- The conditional of regular **-er** and **-ir** verbs is formed by using the infinitive as the stem and adding the **imparfait** endings. For **-re** verbs, drop the **-e** before adding the endings.

Conditional of regular verbs			
	parler	**réussir**	**attendre**
je/j'	parlerais	réussirais	attendrais
tu	parlerais	réussirais	attendrais
il/elle/on	parlerait	réussirait	attendrait
nous	parlerions	réussirions	attendrions
vous	parleriez	réussiriez	attendriez
ils/elles	parleraient	réussiraient	attendraient

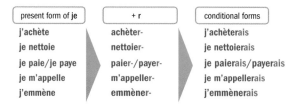

Vérifiez

Dans ce cas, nous ne **conduirions** pas.
In that case, we would not drive.

À ta place, je **réparerais** la voiture.
In your place, I would repair the car.

Spelling-change and irregular verbs

- To form the conditional of most spelling-change **-er** verbs, add **-r** to the present tense **je** form of the verb, and then the **imparfait** endings.

present form of je		+ r		conditional forms
j'achète		achèter-		j'achèterais
je nettoie		nettoier-		je nettoierais
je paie/je paye		paier-/payer-		je paierais/payerais
je m'appelle		m'appeller-		je m'appellerais
j'emmène		emmèner-		j'emmènerais

À noter

Verbs like **manger, voyager,** and **commencer** that have a spelling change in the **nous** form of the present tense do not have a spelling change in the conditional.
Nous mangerions bientôt.
Nous commencerions plus tard.

Vérifiez

- For **-er** verbs with an **è** before the infinitive ending, such as **préférer, espérer,** and **protéger,** form the conditional the same way as regular verbs.

Tu **préférerais** aller à une station-service?
Would you prefer to go to a service station?

Nous **protégerions** les enfants de la chaleur.
We would protect the children from the heat.

- The following verbs have irregular stems in the conditional.

aller	ir-	envoyer	enverr-	recevoir	recevr-
apercevoir	apercevr-	être	ser-	savoir	saur-
avoir	aur-	faire	fer-	venir	viendr-
devoir	devr-	pouvoir	pourr-	vouloir	voudr-

J'**irais** chez toi, mais pas aujourd'hui.
I'd go to your house, but not today.

Quand est-ce qu'elle **ferait** le plein?
When would she fill the tank?

Section Goals

In this section, students will learn:
- the conditional tense
- the use of the conditional for expressing polite requests and future actions in the past

Key Standards

4.1, 5.1

Suggestions: Scaffolding
- Present **Point de départ** and the first bullet. Review endings for the imperfect tense.
- After going through the regular conjugations, check for understanding by asking volunteers to give different forms of verbs not listed: **finir, rendre, arrêter,** etc.
- Assign the first **Vérifiez** activity.
- Review **-er** spelling change verbs in the present tense. Write the **je** form on the board for each verb, add **-r** to each, then have students provide the imperfect endings for each subject pronoun. Assign the second **Vérifiez** activity.
- Go over the irregular stems for the conditional. Call out infinitives and subject pronouns, and have students provide the correct form. Then follow the Using Games suggestion below.

EXPANSION

Using Games To prepare for a relay race, line students up in teams of six several feet from the board. Write an infinitive on the board and call out **Commencez!** The first team members go to the board and write the **je** form of the verb in the conditional, then pass the chalk to the next team member, who writes the **tu** form, and so on. The team that finishes first and has all the forms correct wins the round.

EXPANSION

Dream Vacation Ask students what they would or would not do over the next six months if they could do anything they wanted and money and time were no object. Example: **Je ferais le tour du monde.** Call on volunteers to read their sentences, and then ask the class comprehension questions about what was said. Example: **Qu'est-ce que Paula ferait?**

- The conditional forms of **il y a**, **il faut**, and **il pleut** are, respectively, **il y aurait**, **il faudrait**, and **il pleuvrait**.

Il faudrait ouvrir le capot
de la voiture.
*We would need to open the hood
of the car.*

Il y aurait trop de circulation à
cette heure-là.
*There would be too much traffic
at that time.*

Vérifiez

Uses of the conditional

- Use the conditional to make a polite request, soften a demand, or express what someone *could* or *should* do.

Je **voudrais** acheter une
nouvelle imprimante.
*I would like to buy a
new printer.*

Pourriez-vous nous dire
où elles sont?
*Could you tell us where
they are?*

Tu **devrais** dormir jusqu'à
onze heures.
*You should sleep until
11 o'clock.*

Nous **aimerions** vérifier la pression
des pneus, s'il vous plaît.
*We would like to check the tire
pressure, please.*

- Use the conditional, along with a past-tense verb, to express what someone said or thought would happen in the future at a past moment in time.

Guillaume **a dit** qu'il **arriverait**
vers midi.
*Guillaume said that he would
arrive around noon.*

Nous **pensions** que tu **ferais**
tes devoirs.
*We thought that you would do
your homework.*

J'**ai dit** que je **laverais** la voiture plus tard.
I said that I would wash the car later.

Ils **savaient** que vous **viendriez** ce soir.
They knew that you would come this evening.

- Remember that the English *would* can also mean *used to*, in the sense of past habitual action. In French, the **imparfait** is used in this case.

Je **travaillais** dans un
restaurant à Nice.
*I would (used to) work at
a restaurant in Nice.*

but

Je **travaillerais** seulement dans
un restaurant à Nice.
*I would only work for
a restaurant in Nice.*

Essayez! Indiquez la forme correcte du conditionnel de ces verbes.

1. je (perdre, devoir, venir) _perdrais, devrais, viendrais_
2. tu (vouloir, aller, essayer) _voudrais, irais, essaierais_
3. Michel (dire, prendre, savoir) _dirait, prendrait, saurait_
4. nous (préférer, nettoyer, faire) _préférerions, nettoierions, ferions_
5. vous (être, pouvoir, avoir) _seriez, pourriez, auriez_
6. elles (dire, espérer, amener) _diraient, espéreraient, amèneraient_
7. je (boire, choisir, essuyer) _boirais, choisirais, essuierais_
8. il (tenir, se lever, envoyer) _tiendrait, se lèverait, enverrait_

Mise en pratique

1 Changer de vie Alexandre parle à son ami de ce qu'il (*what he*) aimerait changer dans sa vie. Complétez ses phrases avec les formes correctes du conditionnel.

MODÈLE

Je n' *étudierais* (étudier) jamais le week-end.

1. Ma petite amie et moi ___ferions___ (faire) des études dans la même (*same*) ville.
2. Je ___vendrais___ (vendre) ma vieille voiture.
3. Nous ___achèterions___ (acheter) une Porsche.
4. J' ___attacherais___ (attacher) toujours ma ceinture de sécurité.
5. Nos amis nous ___rendraient___ (rendre) souvent visite.
6. Quelqu'un ___nettoierait___ (nettoyer) la maison.
7. Je n' ___aurais___ (avoir) pas de problèmes d'argent.
8. Mes amis et moi, nous ___pourrions___ (pouvoir) nous retrouver tous les jours.
9. Tous mes cours ___seraient___ (être) très faciles.

2 Les professeurs Que feraient ces personnes si elles étaient profs de français? Faites des changements et ajoutez des mots si nécessaire.

MODÈLE tu / donner / examen / difficile
Tu donnerais des examens difficiles.

1. Marc / donner / devoirs Marc donnerait des devoirs.
2. vous / répondre / à / questions / élèves Vous répondriez aux questions des élèves.
3. nous / permettre / à / élèves / de / manger / en classe Nous permettrions aux élèves de manger en classe.
4. tu / parler / français / tout le temps Tu parlerais français tout le temps.
5. tes parents / boire / café / classe Tes parents boiraient du café en classe.
6. nous / regarder / films / français Nous regarderions des films français.
7. je / enseigner / chansons françaises / étudiants J'enseignerais des chansons françaises aux étudiants.
8. Guillaume et Robert / être / gentil / avec / étudiants Guillaume et Robert seraient gentils avec les étudiants.

3 Je suis d'accord! Quand on vous dit ce que vos amis font ou ne font pas, dites que vous feriez ou ne feriez pas ces choses. Utilisez le conditionnel dans vos réponses. Answers will vary.

MODÈLE

Je n'ai pas envie de ranger les valises dans le coffre.
Moi non plus, je n'aurais pas envie de ranger les valises dans le coffre.
Je regarde souvent dans le rétroviseur.
Moi aussi, je regarderais souvent dans le rétroviseur.

1. Élodie ne prend pas le vélo. Moi non plus, je ne prendrais pas le vélo.
2. Arthur et Emma ne se garent pas devant le café. Moi non plus, je ne me garerais pas devant le café.
3. Laurent et toi ne vérifiez pas la pression des pneus. Moi non plus, je ne vérifierais pas la pression des pneus.
4. Tu fais le plein avant de partir. Moi aussi, je ferais le plein avant de partir.
5. Ma petite amie veut acheter une nouvelle voiture. Moi aussi, je voudrais acheter une nouvelle voiture.
6. Chloé ne dépasse pas le policier sur l'autoroute. Moi non plus, je ne dépasserais pas le policier sur l'autoroute.
7. Nous devons souvent nettoyer le pare-brise. Moi aussi, je devrais souvent nettoyer le pare-brise.
8. Marie vient chaque semaine à la station-service. Moi aussi, je viendrais chaque semaine à la station-service.

Communication

4 **Une grosse fortune** Imaginez que vous héritez d'une très grosse fortune. Avec un(e) partenaire, échangez vos idées sur la manière dont vous dépenseriez cet argent. Answers will vary.

1. Partirais-tu en voyage? Où irais-tu?
2. Quelle voiture achèterais-tu?
3. Où habiterais-tu?
4. Qu'est-ce que tu achèterais à tes amis? À ta famille?
5. Donnerais-tu de l'argent à des associations caritatives (*charities*)? Auxquelles (*To which ones*)?
6. Qu'est-ce qui changerait dans ta vie quotidienne (*daily*)?

5 **Sans ça...** Par groupes de trois, dites ce qui (*what*) changerait dans le monde sans ces choses. Answers will vary.

> **MODÈLE** sans devoirs?
>
> *Les élèves s'amuseraient plus.*

- sans voiture?
- sans ordinateur?
- sans télévision?
- sans avion?
- sans téléphone?
- ?

6 **Le tour de la France** Vous aimeriez faire le tour de la France avec un(e) partenaire. Regardez la carte et discutez de l'itinéraire. Où commenceriez-vous? Que visiteriez-vous? Utilisez ces idées et trouvez-en d'autres. Answers will vary.

> **MODÈLE**
>
> *Nous commencerions à Paris.*

- les plages de la Côte d'Azur
- les randonnées dans le Centre
- le ski dans les Alpes
- les musées à Paris
- les châteaux (*castles*) de la Loire

---

4 **Expansion** Have volunteers use the third person to present their partner's responses to the questions.

5 **Suggestion** Before assigning the activity, have the class brainstorm other items similar to those in the activity. Ask a volunteer to write these items on the board.

PRE-AP®

6 **Presentational Speaking** Have pairs present their itinerary to the class. Ask volunteers to come up with questions for each pair.

Activity Pack For additional activities, go to the **Activity Pack** in the **Resources** section of vhlcentral.com.

PRE-AP®

Presentational Communication Have students research one of the areas listed in **Activité 6** and report on it to the class. Presentations should include the type of transportation students would need to visit the area, how long they would stay there, and at least three places they would visit and why.

TEACHING OPTIONS

Extra Practice Review the culture of French regions and francophone countries that students have studied by asking them questions, such as: **Où mangeriez-vous des crêpes? (J'en mangerais en Bretagne.), Où joueriez-vous à la pelote basque? (J'y jouerais en Nouvelle-Aquitaine/Pays Basque.) Où iriez-vous pour visiter des musées? (J'irais à Paris.)**

Révision

1 **Dans ma famille…** Votre professeur va vous donner une feuille d'activités. Circulez dans la classe pour interviewer un(e) camarade différent(e) pour chaque question. Mentionnez un détail supplémentaire dans vos réponses. Answers will vary.

MODÈLE

Élève 1: Qui, dans ta famille, a peur de conduire?
Élève 2: Mon oncle Olivier a peur de conduire. Il a eu trop d'accidents.

Qui, dans ta famille, …	Noms
1. a peur de conduire?	l'oncle de Marc
2. aime l'odeur de l'essence?	
3. n'aime pas conduire vite?	
4. n'a jamais eu d'accident?	
5. ne dépasse jamais la limitation de vitesse?	
6. n'a pas son permis de conduire?	
7. ne sait pas faire le plein?	
8. sait vérifier l'huile?	

2 **Des explications** Avec un(e) partenaire, observez ces personnages et inventez une phrase au conditionnel pour décrire leur situation. Answers will vary.

MODÈLE

Elle ferait du jogging, mais elle s'est foulé la cheville.

1.

3.

2.

4.

3 **Le marathon** Votre ami(e) va participer à un marathon dans six mois. Écrivez-lui un e-mail pour lui expliquer ce que (*what*) vous feriez pour vous préparer si (*if*) vous étiez à sa place. Utilisez le conditionnel. Answers will vary.

4 **La leçon de conduite** Inventez une conversation entre un moniteur/une monitrice de conduite (*driving instructor*) et un(e) candidat(e) au permis où vous parlez des différentes fonctions de la voiture et de ce qu'il faut faire dans une variété de situations. Utilisez le conditionnel dans votre dialogue. Answers will vary.

MODÈLE

Élève 1: J'utiliserais ce bouton pour ouvrir le capot?
Élève 2: Non. Tu utiliserais ce bouton pour ouvrir le coffre.

5 **Les slogans** Avec un(e) partenaire, utilisez ces verbes dans des slogans pour vendre cette voiture. Soyez prêt(e)s à présenter vos slogans à la classe. Answers will vary.

MODÈLE

Élève 1: Qu'est-ce que tu penses de: «Offrez-vous l'évasion»?
Élève 2: Ce n'est pas mal, mais j'aime bien aussi: «Le monde vous découvre.»

| couvrir | découvrir | offrir | ouvrir | souffrir |

6 **Mots croisés** Votre professeur va vous donner, à vous et à votre partenaire, deux grilles de mots croisés (*crossword*) incomplètes. Attention! Ne regardez pas la feuille de votre partenaire. Utilisez le conditionnel dans vos définitions.

MODÈLE

Élève 1: Horizontalement, le numéro 1, tu les allumerais pour conduire la nuit.
Élève 2: Les phares!

DIFFERENTIATION

For Kinesthetic Learners Ask students to work in groups of five. One person in each group will play the role of a campus radio talk show host along the lines of "Dear Abby". The other four students will take turns calling in with various problems and the host will give them advice. Students can perform their skits in front of the class or record it and play the "show" for the class.

EXPANSION

Using Games Divide the class into several groups. Tell them to imagine that it is the year 2050. Each team has to write as many phrases as they can using the conditional to describe what the world would be like. Set a time limit for the game. At the end of the allotted time, have each team read their phrases. The team with the most number of grammatically correct phrases at the end of the game wins.

À l'écoute vhlcentral

Guessing the meaning of words through context

When you hear an unfamiliar word, you can often guess its meaning by listening to the words and phrases around it.

🔊 To practice this strategy, you will listen to a paragraph. Jot down the unfamiliar words that you hear. Then, listen to the paragraph again and jot down the word or words that are the most useful clues to the meaning of each unfamiliar word.

Préparation

Regardez la photo. Que fait la policière? Et l'homme, que fait-il? Où sont-ils? Que se passe-t-il, d'après vous?

🔊 À vous d'écouter

👥 Écoutez la conversation entre la policière et l'homme et utilisez le contexte pour vous aider à comprendre les mots et expressions de la colonne A. Trouvez leur équivalent dans la colonne B.

A	B
_d_ 1. la moto	a. un document qui indique une infraction
_f_ 2. la loi	
_a_ 3. une contravention	b. un signal pour indiquer dans quelle direction on va aller
_c_ 4. rouler	c. conduire une voiture
_b_ 5. le clignotant	d. véhicule à deux roues
_e_ 6. être prudent	e. faire attention
	f. quelque chose qu'il faut respecter

Compréhension

👥 **Vrai ou faux?** Indiquez si les phrases sont **vraies** ou **fausses**. Corrigez les phrases fausses.

1. L'homme a oublié son permis de conduire à l'aéroport.
   Faux. Il va chercher son fils à l'aéroport.

2. L'homme roulait trop vite.
   Vrai.

3. La vitesse est limitée à 150 km/h sur cette route.
   Faux. Elle est limitée à 130.

4. L'homme a dépassé un camion rouge.
   Faux. Il a dépassé une grosse moto.

5. L'agent de police n'accepte pas les excuses de l'homme.
   Vrai.

6. L'agent de police donne une contravention à l'homme.
   Vrai.

7. L'homme préfère payer l'amende tout de suite.
   Faux. Il pense qu'il ne va pas pouvoir payer l'amende.

8. L'agent de police demande à l'homme de faire réparer son rétroviseur avant de repartir.
   Faux. Elle lui demande de bien regarder dans son rétroviseur avant de repartir.

👥 **Racontez** Choisissez un sujet et écrivez un paragraphe.

1. Connaissez-vous une personne qui a déjà eu une contravention (*ticket*)? Quand? Où? Que faisait-elle? Donnez des détails.

2. Vous êtes-vous déjà trouvé(e) dans une voiture qui est tombée en panne? Quand? Où? Quel était le problème? Êtes-vous allé(e) chez un mécanicien? Qu'a-t-il fait? Est-ce que ça a coûté cher?

cent quatre-vingt-quinze **195**

Section Goals

In this section, students will:
• learn to guess the meaning of words from context
• listen to a paragraph and jot down unfamiliar words plus clues to their meaning
• listen to a conversation and complete several activities

Key Standards
1.2, 2.1

Stratégie
Script Bonjour, Monsieur. J'ai examiné votre voiture. Suite à l'accident, votre voiture a plusieurs problèmes. En particulier, la portière côté passager ne ferme pas et on ne peut plus remonter la vitre. J'ai regardé sous le capot et le moteur est en bon état. Je vais réparer la voiture et vous pouvez venir la chercher demain.
Teacher Resources DVD

À vous d'écouter
Script L'AGENT DE POLICE: Bonjour, Monsieur. Votre permis de conduire, s'il vous plaît.
L'HOMME: Oui, Madame. Voilà. Euh... Quel est le problème?
AP: Vous rouliez à 150 kilomètres/heure quand vous avez dépassé la grosse moto et la limitation de vitesse sur cette autoroute est à 130, Monsieur.
H: Vous êtes sûre que j'allais si vite?
AP: Sûre et certaine, Monsieur!
H: Euh... Je suis désolé. C'est que... je suis très, très en retard. Je dois aller chercher mon fils à l'aéroport à vingt heures et...
AP: Ce n'est pas une raison, Monsieur. Vous devez respecter la limitation de vitesse comme tout le monde...
H: Oui, je sais. Je suis vraiment désolé. Vous ne pouvez pas...
AP: Je dois vous donner une contravention.
H: Oh non! Je vous en prie... Je n'ai vraiment pas beaucoup d'argent en ce moment. Je ne sais pas comment je vais pouvoir payer une amende pareille!
AP: Désolée, Monsieur, mais c'est la loi. Tenez. Et roulez moins vite!
H: Oui, Madame.

AP: Et n'oubliez pas d'attacher votre ceinture de sécurité, de mettre votre clignotant et de bien regarder dans votre rétroviseur avant de repartir.

H: Oui, Madame. Au revoir.
AP: Au revoir, Monsieur, et soyez prudent.
Teacher Resources DVD

la promenade des Anglais à Nice

vhlcentral
Panorama

Section Goals

In this section, students will read historical and cultural information **Provence-Alpes-Côte d'Azur** and **Corse**

Key Standards

2.2, 3.1, 3.2, 5.1

21st Century Skills

Global Awareness

Students will gain perspectives on the Francophone world to develop respect and openness toward others and to interact appropriately and effectively with citizens of Francophone cultures.

Carte de Provence-Alpes-Côte d'Azur et de la Corse

• Have students look at the map or use the digital image for this page. Ask volunteers to read the names of cities and other geographical features aloud. Model the pronunciation as necessary. Point out that both regions are popular tourist destinations. Ask students to cite the geographic features that likely make these regions desirable vacation spots.

Les régions en chiffres

• Have volunteers read the sections aloud. After each section, ask students questions about the content.
• Point out cognates and clarify unfamiliar words.
• Point out Corsica's flag with the Moor's head (**testa mora**). Tell students that on the original flag, the bandana covered the man's eyes. However, when Pasquale Paoli established the Corsican Republic in 1755, the bandana was moved to above the eyes to symbolize the people's liberation.

Incroyable mais vrai! Have students locate **la Camargue** on the map. Tell them that a reserve was created to protect the flora and fauna found in the 211,740 acre park.

Provence-Alpes-Côte d'Azur

La région en chiffres

▶ **Superficie:** *31.400 km²*
▶ **Population:** *4.989.435*
  SOURCE: INSEE
▶ **Industries principales:** *agriculture, industries agro-alimentaires°, métallurgiques et mécaniques, parfumerie, tourisme*
▶ **Villes principales:** *Avignon, Gap, Marseille, Nice, Toulon*

Personnages célèbres

▶ **Nostradamus,** *astrologue et médecin (1503–1566)*
▶ **Marcel Pagnol,** *cinéaste° et écrivain (1895–1974)*
▶ **Surya Bonaly,** *athlète olympique (1973–)*

La Corse

La région en chiffres

▶ **Superficie:** *8.680 km²*
▶ **Population:** *330.354*
  SOURCE: ADEC
▶ **Industries principales:** *agriculture, tourisme*
▶ **Villes principales:** *Ajaccio, Bastia, Porto-Vecchio, Borgo, Corte*

Personnages célèbres

▶ **Pasquale Paoli,** *homme politique et philosophe, (1725–1807)*
▶ **Tino Rossi,** *chanteur, (1907–1983)*
▶ **Marie-Josée Nat,** *actrice, (1940–)*

agro-alimentaires *food-processing* **cinéaste** *filmmaker* **confrérie** *brotherhood* **gardians** *herdsmen* **depuis** *since* **sud** *south* **taureaux** *bulls* **flamants** *flamingos* **Montés sur** *Riding* **Papes** *Popes*

Map labels

Gap, L'ITALIE, LES ALPES, LA FRANCE, PROVENCE-ALPES-CÔTE D'AZUR (PACA), Avignon, la Durance, le Verdon, le Var, Grasse, Nice, MONACO, Arles, LA CAMARGUE, Aix-en-Provence, Antibes, Cannes, Marseille, Toulon, Les îles d'Hyères, Bastia, Calvi, Corte, CORSE, Ajaccio, Porto-Vecchio, LA MER MÉDITERRANÉE, LA SARDAIGNE, le Rhône

0 80 miles
0 80 kilomètres

le palais des Papes° à Avignon

les falaises de Bonifacio

Incroyable mais vrai!

Tous les cow-boys ne sont pas américains. En Camargue, la confrérie° des gardians° perpétue depuis° 1512 les traditions des cow-boys français. C'est dans le sud° que cohabitent les chevaux blancs camarguais, des taureaux° noirs et des flamants° roses. Montés sur° des chevaux blancs, les gardians gardent les taureaux noirs.

EXPANSION

Personnages célèbres **Nostradamus** was a physician and astrologer best known for his predictions of the future. **Marcel Pagnol** was the first filmmaker to be elected to the **Académie française**. **Surya Bonaly** has competed in three Olympic Games and won medals in many national and international figure skating competitions. **Pasquale Paoli** led a rebellion in 1755 to create the first democratic state in Europe, **la République de Corse**. **Tino Rossi** was a popular singer in the 20th century and best known for his Christmas song **Petit papa Noël**. Cannes Film Festival award-winner, **Marie-Josée Nat (née Benhalassa)**, has performed on stage, screen, and in theater.

Les destinations

AP® Theme: Global Challenges
Context: Environmental Issues

Réserve naturelle de Scandola

La réserve naturelle de Scandola en Corse a été l'un des premiers sites français à être classé réserve du patrimoine° naturel terrestre et marin. La réserve fait partie° d'un ancien complexe volcanique connu° au niveau international pour sa biodiversité. Des scientifiques viennent y étudier le corail° rouge, des espèces marines qui ont disparu ailleurs° dans la Méditerranée, et des espèces inconnues jusqu'à présent. La réserve abrite° aussi une population importante de balbuzards pêcheurs°, une espèce de rapace° qui a été très menacée dans les années 70.

Les arts

AP® Theme: Beauty and Aesthetics
Context: Performing Arts

Le festival de Cannes

Chaque année depuis 1946, au mois de mai, de nombreux acteurs, réalisateurs° et journalistes viennent à Cannes, sur la Côte d'Azur, pour le Festival International du Film. Avec la présence de plus de 4.000 journalistes et de nombreux pays représentés, c'est la manifestation cinématographique annuelle la plus médiatisée°. Après deux semaines de projections, de fêtes, d'expositions et de concerts, le jury international du festival choisit le meilleur d'une vingtaine de films présentés en compétition officielle.

Les personnages

Napoléon Bonaparte

Né en 1769 à Ajaccio en Corse, Napoléon Bonaparte devient général à un très jeune âge. Ses succès militaires l'ont rendu° très populaire en France, ce qui lui a permis d'organiser un coup d'État en 1799. Il s'est déclaré Empereur en 1804. Pendant son règne°, il a fondé plusieurs institutions qui forment la base de la société française d'aujourd'hui: la Banque de France, le Code civil et le système éducatif, entre d'autres. Il a aussi cherché à conquérir° l'Europe. Il a obtenu de grandes victoires, mais en 1815, il subit° son ultime défaite à la bataille de Waterloo. Il est capturé et expatrié° à l'île d'Elbe où il meurt en 1821.

Les traditions

Grasse, France

La ville de Grasse, sur la Côte d'Azur, est le centre de la parfumerie° française. Cette «capitale mondiale du parfum» cultive les fleurs depuis le Moyen Âge°: violette, lavande, rose, plantes aromatiques, etc. Au dix-neuvième siècle, ses parfumeurs, comme Molinard, ont conquis° les marchés du monde grâce à° la fabrication industrielle.

Qu'est-ce que vous avez appris? Répondez aux questions par des phrases complètes.

1. Comment s'appelle la région où les gardians perpétuent les traditions des cow-boys français?
   La région s'appelle la Camargue.
2. Quel est le rôle des gardians?
   Ils gardent les taureaux.
3. Pour quelle caractéristique la réserve naturelle Scandola est-elle connue au niveau international?
   Elle est connue pour sa biodiversité.
4. Qu'est-ce que les scientifiques étudient dans la réserve naturelle Scandola?
   Ils étudient le corail rouge et des espèces marines.

5. Depuis quand le festival de Cannes existe-il?
   Le festival de Cannes existe depuis 1946.
6. Qui choisit le meilleur film au festival de Cannes?
   Le jury international choisit le meilleur film.
7. Quelle était la profession de Napoléon avant de devenir Empereur?
   Il était général (militaire).
8. Quelles institutions Napoléon a-t-il fondé?
   Il a fondé la Banque de France, le Code civil et le système éducatif.
9. Quelle ville est le centre de la parfumerie française?
   La ville de Grasse est le centre de la parfumerie française.
10. Pourquoi cette ville est-elle le centre de la parfumerie française?
    Grasse est le centre de la parfumerie française parce que la ville cultive les fleurs / grâce à la fabrication industrielle.

Sur Internet

1. Quels films étaient (*were*) en compétition au dernier festival de Cannes? Qui composait (*made up*) le jury?

2. Trouvez des informations sur une parfumerie de Grasse. Quelles sont deux autres parfumeries qu'on trouve à Grasse?

patrimoine *heritage* **fait partie** *is part* **connu** *recognized* **corail** *corral* **ailleurs** *elsewhere* **abrite** *shelters* **balbuzards pêcheurs** *osprey* **rapace** *bird of prey* **réalisateurs** *filmmakers* **la plus médiatisée** *the most publicized* **ont rendu** *made* **règne** *reign* **conquérir** *to conquer* **subit** *suffers* **expatrié** *exiled* **parfumerie** *perfume industry* **Moyen Âge** *Middle Ages* **ont conquis** *conquered* **grâce à** *thanks to*

La réserve naturelle de Scandola

Located on the western coast of Corsica, the reserve covers over 900 **hectares** (1 **hectare** = 2.47 acres) of land and around 1000 hectares of water. The only ways to reach it are by boat or by crossing high mountains on foot.

Le festival de Cannes

Only accredited film industry professionals can attend **le festival de Cannes**. Those not involved in the film industry can obtain invitations to the **Cinéma de la Plage** where films not in the running for the **Palme d'Or** (the highest award) may be viewed on an open-air screen.

Napoléon Bonaparte

Many consider **Napoléon** one of the greatest leaders in military history, but he was also a reformer. He created a tax system, central banking system, sewer system, and a system of higher education. The Napoleonic Code, a code of basic civil laws, is perhaps one of his most lasting reforms. In fact, this code is still followed not only in France but also in the State of Louisiana. Have students research the Napoleonic Code to find out how it is different from the Common Law code followed in the rest of the United States.

Grasse, France

Each summer, people in Grasse celebrate the **Fête du Jasmin.** Over 150,000 flowers are used in the Battle of the Flowers parade. Women throw flowers from the floats and spray the audience with jasmine water.

> 🌐 **21st Century Skills**
>
> **Information and Media Literacy: Sur Internet**
> Students access and critically evaluate information from the Internet.

PRE-AP®

Presentational Speaking with Cultural Comparison ←👥→ Have students look at the web sites for **le festival de Cannes, les César du Cinéma,** and a major award show or film festival from their region. Ask them to compare and contrast the award categories, the selection process, the event, and the winners. Have each student share his or her findings with the class.

EXPANSION

Narrative 👥↔👥 Have students imagine that they have gone on vacation in **Provence-Alpes-Côte d'Azur** or **Corse.** In pairs, have students tell where they went, talk about at least two activities they did there, and what the weather was like. Their partner should then ask a question about the trip and tell about his or her vacation.

Savoir-faire

Lecture vhlcentral

Avant la lecture

STRATÉGIE

Recognizing the purpose of a text

When you are faced with an unfamiliar text, it is important to determine the writer's purpose. If you are reading an editorial in a newspaper, for example, you know that the journalist's objective is to persuade you of his or her point of view. Identifying the purpose of a text will help you better comprehend its meaning.

Examinez le texte

Examinez les illustrations. Quel est le genre de ce texte? Décrivez ce qu'il y a dans chaque illustration. Puis, regardez les trois textes courts. Quel est le genre de ces textes? Quel est leur but (*purpose*)? D'après vous, quel genre de vocabulaire allez-vous trouver dans ces textes?

À propos de l'auteur
Renée Lévy

Renée Lévy est une artiste québécoise. Son père, artiste lui aussi, lui a expliqué les principes du dessin et l'a encouragée à dessiner. Au lycée, Renée Lévy amusait ses camarades de classe avec ses caricatures de professeurs. Ses dessins humoristiques traitent de° nombreux sujets, comme la vie de tous les jours, le travail, les animaux et la politique. On peut voir° ses caricatures et ses dessins humoristiques dans plusieurs publications et sur son site Internet: www.reneelevy.com. Renée Lévy est l'auteur des deux dessins que vous allez voir.

traitent de *deal with* **voir** *see*

Les Technoblagues

Dessin 1

C'EST UN LECTEUR DE MP3, DE CD ET DE DVD. C'EST AUSSI UN TÉLÉPHONE, UN APPAREIL PHOTO ET UN ORDINATEUR. IL PEUT NUMÉRISER°, TÉLÉCOPIER° ET IMPRIMER.

IL VERROUILLE° MON AUTO, ALLUME MON FOUR ET MESURE MON DIABÈTE. IL ME SERT DE BROSSE À DENTS, D'ASPIRATEUR ET DE RASOIR.

IL M'INDIQUE AUSSI LE MAGASIN DE BATTERIES LE PLUS PROCHE°!

BATTERIES
BATTERIES BATTERIES

www.reneelevy.com

Blague 1

Dans un magasin d'ordinateurs, un père se plaint° du manque d'intérêt° de son fils pour le sport. «Il passe son temps devant son écran, avec ses jeux vidéo», explique le père découragé à l'employé. «Tenez, l'autre jour, je lui ai proposé un match de tennis. Savez-vous ce que mon fils m'a répondu? "Quand tu veux, papa, je vais chercher la Wii™".»

Blague 2

La maîtresse°, absente de sa classe pendant dix minutes, y retourne et entend un véritable vacarme°. «Quand je suis partie, dit-elle, sévèrement, je vous ai interdit° de bavarder entre vous.» «Mais, dit un élève, on ne s'est pas adressé la parole°. Seulement, pour s'occuper, on a tous sorti nos portables et on a passé un coup de fil° à nos parents.»

Dessin 2

L'ESSENCE COÛTE TRÈS CHER. JE REMPLACE LE MOTEUR DE MON V.U.S°. …!

PAR LE MOTEUR ÉLECTRIQUE DE MA MACHINE À COUDRE°!

SAUF°QU'IL ME FAUDRA° UN PLUS LONG FIL°…

www.reneelevy.com

Blague 3

Un homme vient d'acheter une nouvelle voiture, mais il est obligé de la laisser dans la rue la nuit. Comme il sait que les voleurs° d'autoradios° n'hésitent pas à fracturer° les portières, il met sur son pare-brise la note suivante: IL N'Y A PAS DE RADIO DANS CETTE VOITURE. Le jour d'après, plus de° voiture. À la place où elle se trouvait, il y a seulement la note sur laquelle° on a écrit: *Ce n'est pas grave, on en fera mettre une°.*

numériser *scan* **télécopier** *fax* **verrouille** *locks* **le plus proche** *the closest* **se plaint** *complains* **manque d'intérêt** *lack of interest* **maîtresse** *school teacher* **vacarme** *racket* **interdit** *forbade* **on ne s'est pas adressé la parole** *we didn't speak to each other* **a passé un coup de fil** *made a call* **V.U.S.** *S.U.V.* **machine à coudre** *sewing machine* **sauf** *except* **il me faudra** *I will need* **fil** *cord* **voleurs** *thieves* **autoradios** *car radios* **fracturer** *break* **plus de** *no more* **sur laquelle** *on which* **on en fera mettre une** *we'll have one installed*

Après la lecture

Répondez Répondez aux questions par des phrases complètes.

1. Quelles sont trois des fonctions de l'appareil du **dessin 1**?
Answers will vary. Possible answer: C'est un lecteur de MP3, un téléphone et un aspirateur.

2. De quoi l'appareil du **dessin 1** a-t-il beaucoup besoin?
L'appareil a besoin de beaucoup de batteries.

3. Dans la **blague 1**, pourquoi le père est-il découragé?
Il est découragé parce que son fils ne s'intéresse pas au sport et passe son temps devant son écran avec ses jeux vidéo.

4. Dans la **blague 1**, pourquoi le garçon va-t-il chercher la Wii™?
Il va la chercher pour jouer au tennis avec son père.

5. Dans la **blague 2**, qu'est-ce que la maîtresse a demandé aux élèves?
Elle a demandé aux élèves de ne pas bavarder entre eux.

6. Qu'ont fait les élèves de la **blague 2** quand la maîtresse est partie?
Ils ont téléphoné à leurs parents avec leur portable.

7. Pourquoi faut-il remplacer le moteur du V.U.S. dans le **dessin 2**?
Il faut le remplacer parce que l'essence coûte très cher.

8. De quoi le personnage a-t-il besoin après dans le **dessin 2**?
Il a besoin d'un fil plus long.

9. Dans la **blague 3**, qu'est-ce que l'homme écrit sur la note qu'il met sur le pare-brise de sa voiture? Pourquoi?
Il écrit qu'il n'y a pas de radio dans sa voiture. Il pense que les voleurs d'autoradios ne vont pas fracturer les portières s'il n'y a pas de radio dans la voiture.

10. À la fin de la **blague 3**, qu'ont pris les voleurs? Que vont-ils faire?
Ils ont pris la voiture et vont faire mettre un autoradio.

Des inventions L'appareil du **dessin 1** a beaucoup de fonctions. D'après vous, quelle invention de la liste est la plus utile et pourquoi? Soyez prêt à expliquer votre décision à la classe.

appareil photo	lecteur CD
aspirateur	lecteur DVD
ordinateur	lecteur MP3
imprimante	téléphone

Inventez Électropuissance, une compagnie d'équipement électronique, vous demande d'inventer l'appareil idéal pour la vie de tous les jours. Dites comment votre invention va vous aider à la maison, à l'école, dans la voiture, en voyage et pour rester en bonne santé.

cent quatre-vingt-dix-neuf **199**

Répondez
• Go over the answers with the class.
• Ask various students: **À votre avis, quelle blague est la plus drôle? Quel dessin est le plus drôle? Pourquoi?** Then take a quick poll to find out which cartoon or joke the class considers the funniest or most amusing. Tally the results on the board.

Des inventions
• Give students a few minutes to choose an invention and jot down their reasons before discussing them.
• For each invention listed, ask: **Combien d'élèves ont choisi _____? Pourquoi?**

Inventez
• If time is limited, you may want to assign this activity as written homework. Then have volunteers present their devices during the next class period. Encourage students to make a drawing of their device so the class can see what it looks like.
• Have the class vote on the most useful invention.

 21ˢᵗ Century Skills

Health Literacy
Ask students to get in small groups and discuss current medical advances that make people lives better. They should also brainstorm some possible future developments that would improve people's health in general. Encourage them to use the conditional and share their thoughts with the whole class.

Section Goals

In this section, students will:
• learn to make a list of key words before writing
• write a composition about their past and present communication habits

Key Standards

1.3, 3.1, 5.1

Stratégie Explain that having a list of key words will allow students to maintain their writing flow rather than stopping every few minutes to try and think of a specific word to use.

Thème Tell students to answer the questions first. Then they should make a list of people they communicate with regularly and the means they use to communicate before they begin writing their compositions.

 PRE-AP®

Presentational Writing
Encourage students to try to persuade their readers about using a given means of communication (or a social network of their preference) as the best way to keep in contact with friends and relatives. They should show the advantages of their favorite means over other communication means.

Écriture

STRATÉGIE

Listing key words

Once you have determined the purpose for a piece of writing and identified your audience, it is helpful to make a list of key words you might use. If you were to write a description of your campus, for example, you would probably need a list of prepositions that describe location, such as **devant**, **à côté de**, and **derrière**. Likewise, a list of descriptive adjectives would be useful if you were writing about the people and places of your childhood.

By preparing a list of potential words ahead of time, you will find it easier to avoid using the dictionary while writing your first draft.

Listing useful vocabulary is also a valuable organizational strategy since the act of brainstorming key words will help you form ideas about your topic. In addition, a list of key words can help you avoid redundancy when you write.

If you were going to write a composition about your communication habits with your friends, what words would be the most helpful to you? Jot a few of them down and compare your list with a partner's. Did you choose the same words? Would you choose any different or additional words, based on what your partner wrote?

Thème

Écrire une dissertation

Avant l'écriture

1. Vous allez écrire une dissertation pour décrire vos préférences et vos habitudes en ce qui concerne (*regarding*) les moyens (*means*) de communication que vous utilisez.

2. D'abord, répondez en quelques mots à ces questions pour vous faire une idée de ce que (*what*) doit inclure votre dissertation.

   ■ Quel est votre moyen de communication préféré (e-mail, téléphone, SMS, ...)? Pourquoi?

   ■ En général, comment communiquez-vous avec les gens que vous connaissez? Pourquoi? Comment ce moyen de communication facilite-t-il les rapports entre vous et ces personnes?

   ■ Communiquez-vous avec tout le monde de la même manière ou cela dépend-il des personnes? Par exemple, restez-vous en contact avec vos grands-parents de la même manière qu'avec votre professeur de français? Expliquez.

   ■ Comment restez-vous en contact avec les membres de votre famille? Et avec vos amis et vos camarades de classe?

   ■ Communiquez-vous avec certaines personnes tous les jours? Avec qui? Comment?

EXPANSION

Stratégie Encourage students to rely primarily on known vocabulary when preparing their lists. They should consult a dictionary only if they need a word that is central to their topic and they can't think of it on their own.

Review other strategies for creating a list of useful vocabulary.
• Two or more students can work together to brainstorm a list of words.
• Students can list antonyms for key words related to the topic.
• If necessary, students can look up key words in a bilingual dictionary or a thesaurus and review the entries for related words and synonyms.

3. Ensuite, complétez ce tableau pour faire une liste des personnes avec qui vous communiquez régulièrement et des moyens de communication que vous utilisez.

Personnes	Moyen(s) de communication
1.	
2.	
3.	
4.	
5.	

Écriture

1. Servez-vous de la liste de mots-clés que vous avez créée, de vos réponses aux questions et du tableau pour écrire votre dissertation. Utilisez le vocabulaire et la grammaire de l'unité.

2. N'oubliez pas d'inclure ces informations:

   - Toutes les personnes avec qui vous communiquez souvent

   - Les moyens de communications que vous utilisiez avec chaque personne

   - La raison pour laquelle (for which) vous utilisez ce(s) moyen(s) de communication

   - De quelle manière ce(s) moyen(s) de communication influencent vos rapports avec les personnes et les choses que vous aimeriez changer dans ces rapports

Après l'écriture

1. Échangez votre dissertation avec celle (the one) d'un(e) partenaire. Répondez à ces questions pour commenter son travail.

   - Votre partenaire a-t-il/elle inclu toutes les personnes citées dans le tableau?

   - A-t-il/elle mentionné tous les moyens de communications qu'il/elle utilise?

   - A-t-il/elle mentionné la raison pour laquelle il/elle utilise ce(s) moyen(s) de communication?

   - A-t-il/elle utilisé le vocabulaire et la grammaire de l'unité?

   - Quel(s) détail(s) ajouteriez-vous (would you add)? Quel(s) détail(s) enlèveriez-vous (would you delete)? Quel(s) autre(s) commentaire(s) avez-vous pour votre partenaire?

2. Corrigez votre dissertation d'après (according to) les commentaires de votre partenaire. Relisez votre travail pour éliminer ces problèmes:

   - des fautes (errors) d'orthographe

   - des fautes de ponctuation

   - des fautes de conjugaison

   - un mauvais emploi (use) de la grammaire de l'unité

   - des fautes d'accord (agreement) des adjectifs

EVALUATION

Criteria
Content Contains answers to each set of questions called out in the bulleted points of the task, as well as a preliminary list of people and means of communication.
Scale: 1 2 3 4 5

Organization Organized into logical paragraphs that begin with a topic sentence and contain appropriate supporting details.
Scale: 1 2 3 4 5

Accuracy Uses prepositions with the infinitive and the conditional correctly. Spells words, conjugates verbs, and modifies adjectives correctly throughout.
Scale: 1 2 3 4 5

Creativity Includes additional information that is not included in the task and/or uses adjectives, descriptive verbs, and additional details to make the composition more interesting.
Scale: 1 2 3 4 5

Scoring
Excellent	18–20 points
Good	14–17 points
Satisfactory	10–13 points
Unsatisfactory	< 10 points

 TELL Connection

Environment 4 *Why:* Displaying samples of student work and grading rubrics fosters a positive learning environment. *What:* Find an area in the classroom to display student work in this section, including the tables created in **Avant l'écriture**, the finished pieces, and the rubrics. Alternatively, have students publish their work on the school website or a blog.

EXPANSION

Avant l'écriture Have students create the list of persons on their own. Then tally the results as a class to see how many people the average student is in touch with, as well as what means of communication he or she used two years ago and what he or she uses today. Create a summary that lists the different means of communication in order of popularity, now and two years ago.

Tell students that they should organize their information around the questions called out by the five bulleted items in the writing task. Here are some transitional phrases they may find useful for moving from one bulleted category to the next: **À mon avis…, Concernant/À propos de/Au sujet de…, Quand il s'agit de…, En général/Généralement, Normalement, D'habitude.**

201

Key Standards
4.1

Suggestion Tell students that an easy way to study from **Vocabulaire** is to cover up the French half of each section, leaving only the English equivalents exposed. They can then quiz themselves on the French items. To focus on the English equivalents of the French entries, they simply reverse this process.

21ˢᵗ Century Skills

Creativity and Innovation
Ask students to prepare a list of three products or perspectives they learned about in this unit to share with the class. Consider asking them to focus on the **Culture** and **Panorama** sections.

21ˢᵗ Century Skills

Leadership and Responsibility Project
As a class, have students decide on three questions they want to ask the partner class related to this unit's topic. Based on the responses they receive, work as a class to explain to the partner class one aspect of their responses that surprised the class and why.

Leçon 3A

L'ordinateur

un clavier	keyboard
une clé USB	USB drive
un disque dur	hard drive
un écran	screen
un e-mail	e-mail
un fichier	file
une imprimante	printer
un jeu vidéo (jeux vidéo pl.)	video game(s)
un logiciel	software, program
un mot de passe	password
une page d'accueil	home page
un site Internet/web	web site
une souris	mouse
démarrer	to start up
être connecté(e) (avec)	to be connected (to)
être en ligne (avec)	to be online/on the phone (with)
imprimer	to print
sauvegarder	to save
télécharger	to download

L'électronique

un appareil photo (numérique)	(digital) camera
un casque (audio)	headphones
une chaîne (de télévision)	(television) channel
un enregistreur DVR	DVR
un lien	link
un portable	cell phone
un réseau (social)	(social) network
un smartphone	smartphone
une tablette (tactile)	tablet
une télécommande	remote control
un texto/SMS	text message
ajouter/supprimer un(e) ami(e)	to add/delete a friend
allumer	to turn on
brancher	to plug in; to connect
composer (un numéro)	to dial (a number)
effacer	to erase
enregistrer	to record
éteindre	to turn off
fermer	to close; to shut off
fonctionner/marcher	to work; to function
prendre une photo(graphie)	to take a photo(graph)
recharger	to charge
sonner	to ring

Expressions utiles

See p. 165.

Verbes avec prépositions et complément infinitif

See p. 168.

Verbes pronominaux réciproques

s'adorer	to adore one another
s'aider	to help one another
s'aimer (bien)	to love (like) one another
se connaître	to know one another
se dire	to tell one another
se donner	to give one another
s'écrire	to write one another
s'embrasser	to kiss one another
s'entendre bien (avec)	to get along well (with one another)
se parler	to speak to one another
se quitter	to leave one another
se regarder	to look at one another
se rencontrer	to meet one another (make an acquaintance)
se retrouver	to meet one another (planned)
se téléphoner	to phone one another

Leçon 3B

La voiture

arrêter (de faire quelque chose)	to stop (doing something)
attacher sa ceinture de sécurité (f.)	to buckle one's seatbelt
avoir un accident	to have/to be in an accident
dépasser	to go over; to pass
faire le plein	to fill the tank
freiner	to brake
se garer	to park
rentrer (dans)	to hit (another car)
réparer	to repair
tomber en panne	to break down
vérifier (l'huile/la pression des pneus)	to check (the oil/the air pressure)
un capot	hood
un coffre	trunk
l'embrayage (m.)	clutch
l'essence (f.)	gas
un essuie-glace (des essuie-glaces)	windshield wiper(s)
les freins (m.)	brakes
l'huile (f.)	oil
un moteur	engine
un pare-brise (des pare-brise pl.)	windshield
un pare-chocs (des pare-chocs pl.)	bumper
les phares (m.)	headlights
un pneu (crevé)	(flat) tire
une portière	car door
un réservoir d'essence	gas tank
un rétroviseur	rearview mirror
une roue (de secours)	(emergency) tire
une voiture	car
un volant	steering wheel
un voyant d'essence/d'huile	(gas/oil) warning light
un agent de police/un(e) policier/policière	police officer
une amende	fine
une autoroute	highway
la circulation	traffic
la limitation de vitesse	speed limit
un(e) mécanicien(ne)	mechanic
un parking	parking lot
un permis de conduire	driver's license
une rue	street
une station-service	service station

Expressions utiles

See p. 183.

Verbes

couvrir	to cover
découvrir	to discover
offrir	to offer, to give something
ouvrir	to open
souffrir	to suffer

En ville

Unité 4

Pour commencer

- Où est-ce que cette photo a été prise? Dans un marché en ville ou dans un supermarché?
- Qu'est-ce qu'on voit sur la photo?
- Que font les gens sur la photo? Qu'est-ce qu'ils achètent?
- Et vous, où est-ce que votre famille fait les courses d'habitude?

BOUCHER
CHARCUTIER
TRAITEUR
VOLAILLER

BLASON
PRESTIGE

Unit Goals

Leçon 4A

In this lesson, students will learn:
- terms for banking
- terms for business establishments
- terms for the post office
- the pronunciation of the letter **h**
- about small shops in France
- more about businesses and small shops through specially shot video footage
- the verbs **voir, croire, recevoir,** and **apercevoir**
- negative and affirmative expressions
- about the city of Rennes

Leçon 4B

In this lesson, students will learn:
- terms for asking for and giving directions
- rules of French capitalization
- about the centers of French cities and towns
- the formation and usage of **le futur simple**
- irregular future tense forms
- to use background information to understand spoken French

Savoir-faire

In this section, students will learn:
- cultural and historical information about the French regions of **les Pays de la Loire** and **le Centre-Val de Loire**
- to identify the narrator's point of view
- to use linking words when writing

 21ˢᵗ Century Skills

Initiative and Self-Direction
Students can monitor their progress online using the activities and assessments on vhlcentral.com.

Pour commencer
- **Elle a été prise dans un marché en ville.**
- **On voit une rue, des gens, des magasins et un marché.** (Answers may vary).
- **Ils font des courses. Ils achètent des fruits et des légumes.**
- Answers may vary.

SUPPORT FOR BACKWARD DESIGN

Unité 4 Essential Questions
1. How do people talk about errands and getting around town?
2. How do people ask for directions?
3. What are some characteristics of French cities?

Unité 4 Integrated Performance Assessment
Before teaching the chapter, review the Integrated Performance Assessment (IPA) and its accompanying scoring rubric provided in the Testing Program. Use the IPA to assess students' progress toward proficiency targets at the end of the chapter.
IPA Context: A friend wants to go to a local department store and asks for directions. First, listen to a dialogue and then discuss with a partner the different things that you can say when giving directions. Then, create a map and write the directions on it, indicating all the steps and details necessary.

 FORUMS

Forums on vhlcentral.com allow you and your students to record and share audio messages. Use Forums for presentations, oral assessments, discussions, directions, etc.

Section Goals

In this section, students will learn and practice vocabulary related to:
- banking
- the post office
- business establishments

Key Standards

1.1, 1.2, 4.1

Suggestions

- Use the digital image for this page. Describe what people are doing. Examples: **Elle poste une lettre. Il retire de l'argent.** Then point out the various stores and other businesses. Have students identify the types of business based on the signs.
- Explain that **un salon de beauté** is a day spa where one gets manicures, pedicures, facials, massages, etc. It is not the same as **un coiffeur/une coiffeuse**.
- Ask students questions using the new vocabulary. Examples: **Que fait le facteur? Que fait l'homme au distributeur automatique? Qui utilise les distributeurs automatiques dans votre famille? Que vend-on dans une papeterie? Qu'achète-t-on chez le marchand de journaux?**
- To introduce banking terms, mime several transactions. Say: **Quand j'ai besoin d'argent, je vais au distributeur.** Follow the same procedure with the post office vocabulary.
- Point out the difference in spelling between the French words **adresse** and **enveloppe** and the English words *address* and *envelope*.

Contextes — Leçon 4A

vhlcentral

You will learn how to...
- make business transactions
- get around town

Les courses

Vocabulaire

accompagner	to accompany
avoir un compte bancaire	to have a bank account
déposer de l'argent	to deposit money
emprunter	to borrow
payer par carte (bancaire/de crédit)	to pay by debit/credit card
payer en espèces	to pay in cash
payer par chèque	to pay by check
remplir un formulaire	to fill out a form
retirer de l'argent	to withdraw money
signer	to sign
une adresse	address
une carte postale	postcard
une enveloppe	envelope
un timbre	stamp
une boutique	boutique, store
une brasserie	restaurant
un commissariat de police	police station
une laverie	laundromat
une mairie	town/city hall; mayor's office
un compte-chèques	checking account
un compte d'épargne	savings account
une dépense	expenditure, expense
les pièces de monnaie	coins
de la monnaie	change
fermé(e)	closed
ouvert(e)	open

Image labels: une papeterie, La Maison du Papier, LA POSTE, Bijouterie Martin, CAFÉ, SOLDES, un bureau de poste, une bijouterie, un colis, LA POSTE, une boîte aux lettres, Elle poste une lettre. (poster), un marchand de journaux

Mise en pratique

un salon de beauté

le facteur

le courrier

une banque

guichet

les billets (m.)

un distributeur (automatique/de billets)

Elle fait la queue.

1 **Associez** Associez chaque activité de la colonne de gauche avec le lieu qui correspond dans la colonne de droite.

_d_	1. acheter un chemisier	a.	un bureau de poste
_j_	2. acheter du maquillage	b.	une banque
_i_	3. acheter un magazine	c.	une bijouterie
_c_	4. acheter une montre	d.	une boutique
_e_	5. déjeuner	e.	une brasserie
_a_	6. envoyer une carte	f.	un commissariat de police
_g_	7. retirer de l'argent	g.	un distributeur automatique
_h_	8. faire la lessive	h.	une laverie
_b_	9. ouvrir un compte	i.	un marchand de journaux
_f_	10. payer une amende	j.	un salon de beauté

2 **Complétez** Complétez ces phrases avec le mot ou l'expression qui convient le mieux. N'oubliez pas de faire les accords nécessaires.

1. _____Le facteur_____ apporte le courrier tous les jours à la même heure.
2. Quand les magasins sont _____fermés_____, on ne peut pas faire de courses.
3. Pour poster une lettre, on peut simplement la mettre dans _____une boîte aux lettres_____.
4. Quand on n'a pas beaucoup d'argent, il faut faire attention à ses _____dépenses_____.
5. Si la banque n'est pas ouverte, on peut toujours _____retirer de l'argent_____ au distributeur automatique.
6. Quand on envoie une lettre, il ne faut pas oublier d'écrire _____l'adresse_____ et de mettre _____un timbre_____.
7. Pour acheter une voiture, il faut souvent _____emprunter_____ de l'argent.
8. Si on n'a pas de lave-linge à la maison, il faut aller à _____la laverie_____.

3 **Écoutez** Écoutez la conversation entre Jean-Pierre et Carole. Ensuite, complétez les phrases avec les bons mots.

1. Carole demande à Jean-Pierre d'acheter des timbres et de _____poster un colis_____ (poster un colis, retirer de l'argent, acheter du papier).
2. _____Le bureau de poste_____ se trouve sur la route de Jean-Pierre. (Le bureau de poste, La papeterie, Le distributeur automatique)
3. Jean-Pierre veut _____déposer_____ de l'argent à la banque. (retirer, déposer, emprunter)
4. Jean-Pierre doit _____remplir des formulaires_____ à la banque. (faire la queue, remplir des formulaires, utiliser le distributeur automatique)
5. Jean-Pierre a acheté un journal _____chez le marchand de journaux_____ (à la papeterie, chez le marchand de journaux, au supermarché)
6. Jean-Pierre n'avait pas de/d' _____espèces_____ sur lui pour tout faire. (chèques, carte bancaire, espèces)

deux cent cinq **205**

1 Suggestion Ask students what one does at each place listed. They should respond with the activity. Example: **Que fait-on dans un bureau de poste? (On envoie une lettre/carte.)**

1 Expansion For additional practice, ask students where they might do these activities. **1. poster un colis (au bureau de poste) 2. déposer de l'argent (à la banque/au distributeur automatique) 3. acheter un cadeau (dans une boutique/dans une bijouterie)**

2 Suggestion Have students check their answers with a classmate.

3 Script JEAN-PIERRE: Carole, je vais aller à la banque. Est-ce que tu as besoin de quelque chose en ville?
CAROLE: Oui. Est-ce que tu peux aller faire des courses pour moi? Tu peux prendre le journal chez le marchand de journaux? J'ai aussi un colis à poster et j'ai besoin de timbres.
J-P: Pas de problème. Le bureau de poste et le marchand de journaux sont sur ma route.
Jean-Pierre est maintenant à la banque.
J-P: Bonjour, Monsieur. J'ai de l'argent à déposer sur mon compte-chèques et sur mon compte d'épargne, s'il vous plaît.
L'EMPLOYÉ: Oui, bien sûr, Monsieur. Voici les formulaires à remplir et à signer. Si vous avez besoin d'espèces pendant le week-end, nous avons un nouveau distributeur de billets à l'extérieur.
J-P: Très bien, je vous remercie.
Plus tard, à la maison…
C: Alors, tu as fait mes courses?
J-P: Oui, voici le journal, mais je n'ai pas envoyé le colis. La machine ne fonctionnait pas. Je n'ai pas pu payer avec ma carte bancaire et je n'avais pas assez de monnaie sur moi. Je suis désolé.
C: Ce n'est pas grave. Je dois aller à la papeterie plus tard, je peux passer à la poste après.
Teacher Resources DVD

3 Suggestion Have volunteers read the completed sentences aloud.

TEACHING OPTIONS

Using Games Toss a beanbag to a student at random and call out the name of a place. The person has four seconds to name an activity that goes with it. That person then tosses the beanbag to another student and says another place. Students who cannot think of an activity or repeat one that has already been mentioned are eliminated. The last person standing wins.

EXPANSION

Narrative Have students work in groups of four or five. Give each group a different list of errands. Tell them to create a story in which someone goes to various places to complete the errands. Remind them to use sequencing expressions, such as **d'abord, puis,** and **après ça.**

Communication

4 Décrivez Avec un(e) partenaire, regardez les photos et décrivez où et comment Annick et Charles ont passé la journée samedi dernier. Donnez l'heure exacte pour chaque endroit. *Answers will vary.*

1.

2.

3.

4.

5.

6.

5 Répondez Avec un(e) partenaire, posez ces questions et répondez-y à tour de rôle. Ensuite, comparez vos réponses avec celles (*the ones*) d'un autre groupe. *Answers will vary.*

1. Tes parents vont-ils souvent au bureau de poste? Pour quoi faire?
2. Quel genre de courses ta famille fait-elle le week-end?
3. Où est-ce que tu fais souvent la queue? Pourquoi?
4. Y a-t-il une laverie près de chez toi? Combien de fois par mois tes parents ou toi y allez-vous?
5. Comment tes parents préfèrent-ils payer leurs achats (*purchases*)? Pourquoi?
6. As-tu déjà utilisé un distributeur de billets? Combien de fois?

6 À vous de jouer Par petits groupes, choisissez une de ces situations et écrivez un dialogue. Ensuite, jouez la scène. *Answers will vary.*

1. À la banque, un(e) étudiant(e) veut ouvrir un compte bancaire et connaître les services offerts.
2. À la poste, une vieille dame (*lady*) veut envoyer un colis, acheter des timbres et faire un changement d'adresse. Il y a la queue derrière elle.
3. Dans un salon de beauté, deux femmes discutent de leurs courses à la mairie, à la papeterie et chez le marchand de journaux.
4. Dans un café, des étudiants font des achats en ligne sur différents sites.

Les sons et les lettres 🔊 vhlcentral

The letter h

You already know that the letter **h** is silent in French, and you are familiar with many French words that begin with an **h muet**. In such words, the letter **h** is treated as if it were a vowel. For example, the articles **le** and **la** become **l'** and there is a liaison between the final consonant of a preceding word and the vowel following the **h**.

l'heure　　l'homme　　　des hôtels　　des hommes

Some words begin with an **h aspiré**. In such words, the **h** is still silent, but it is not treated like a vowel. Words beginning with **h aspiré**, like these you've already learned, are not preceded by **l'** and there no liaison.

la honte　　les haricots verts　　le huit mars　　les hors-d'œuvre

Words that begin with an **h aspiré** are normally indicated in dictionaries by some kind of symbol, usually an asterisk (*).

Prononcez Répétez les mots suivants à voix haute.

1. le hall
2. le handicap
3. l'humeur
4. la honte
5. le héron
6. l'horloge
7. l'horizon
8. le hippie
9. l'hilarité
10. la Hongrie
11. l'hélicoptère
12. les hamburgers
13. les hiéroglyphes
14. les hors-d'œuvre
15. les hippopotames
16. l'hiver

Articulez Répétez les phrases suivantes à voix haute.

1. Hélène joue de la harpe.
2. Hier, Honorine est allée à l'hôpital.
3. Le hamster d'Hervé s'appelle Henri.
4. La Havane est la capitale de Cuba.
5. L'anniversaire d'Héloïse est le huit mars.
6. Le hockey et le handball sont mes sports préférés.

Dictons Répétez les dictons à voix haute.

La honte n'est pas d'être inférieur à l'adversaire, c'est d'être inférieur à soi-même.[1]

L'heure, c'est l'heure; avant l'heure, c'est pas l'heure; après l'heure, c'est plus l'heure.[2]

[1] Shame is not being inferior to an adversary; it's being inferior to oneself.
[2] On time is on time; before the hour is not on time; after the hour is no longer on time.

Section Goals

In this section, students will learn about the letter h.

Key Standards

4.1

Suggestions

- Model the pronunciation of the example words and have students repeat them after you.
- Remind students that **h** often combines with other consonants to make different sounds. Examples: **ch** (**chat, chose**) and **ph** (**téléphone**). The **h** is silent when it combines with the letter **t**. Examples: **thé** and **théâtre**.
- Point out that many words beginning with an **h aspiré** are borrowed from other languages. Examples: **le hall, le handicap, les hamburgers, le handball,** and **la Hollande.**
- Ask students to provide more examples of words that begin with the letter **h**. Examples: **l'huile, l'hôte, l'hôtesse, des habitants,** and **l'hôtel.**
- Dictate five familiar words containing the letter **h**, repeating each one at least two times. Then write them on the board or a transparency and have students check their spelling.

Dictons The saying **«La honte n'est pas d'être inférieur à l'adversaire, c'est d'être inférieur à soi-même.»** is a Manchurian proverb. The saying **«L'heure, c'est l'heure; avant l'heure, c'est pas l'heure; après l'heure, c'est plus l'heure.»** is a quote from Jules Jouy, a 19th century singer-songwriter and poet from Montmartre.

EXPANSION

Mini-dictée Use these sentences with the letter **h** for additional practice or dictation. 1. En hiver, Henri va en Hongrie. 2. Horace a honte d'habiter dans cette habitation. 3. Hélène est heureuse de fêter ses huit ans. 4. Notre hôte Hubert sert des huîtres à l'huile d'olive comme hors-d'œuvre.

EXPANSION

Tongue Twisters Teach students this French tongue twister that contains the letter **h**. La pie niche en haut, l'oie niche en bas, le hibou niche ni haut ni bas.

On fait des courses   vhlcentral

Section Goals

In this section, students will learn functional phrases for talking about errands and money and expressing negation.

Key Standards

1.2, 2.1, 2.2, 4.1, 4.2

Video Recap: Leçon 3B
Before doing this **Roman-photo**, review the previous one with this activity.
1. Où est Rachid quand l'épisode commence? (Il est à une station-service.)
2. Pourquoi y va-t-il? (Il y va pour faire le plein.)
3. Qui attend Rachid au P'tit Bistrot? (Amina l'attend.)
4. Qu'est-ce que Rachid donne à Amina? (Il lui donne des fleurs.)
5. Qu'est-ce qui se passe en route? (Un voyant s'allume. Ils ont un pneu crevé.)

Video Synopsis

Rachid and Amina are buying some food at a **charcuterie** for a picnic. Rachid needs some cash, so they head for an ATM. As they are walking, Amina says she has to go to the post office, the jewelry store, and a boutique that afternoon. David invites Sandrine to eat at a **brasserie**. On the way, they run into Rachid and Amina at the ATM. Sandrine and Amina discuss their new relationships.

Suggestions

- Have students predict what the episode will be about based on the video stills.
- Have students scan the captions for sentences related to places in a city.
- After reading the **Roman-photo**, have students summarize the episode.
- Point out that Amina can buy stamps from a machine even when the post office is closed.

PERSONNAGES

Amina

David

Employée

Rachid

Sandrine

À la charcuterie...

EMPLOYÉE Bonjour, Mademoiselle, Monsieur. Qu'est-ce que je vous sers?
RACHID Bonjour, Madame. Quatre tranches de pâté et de la salade de carottes pour deux personnes, s'il vous plaît.
EMPLOYÉE Et avec ça?
RACHID Deux tranches de jambon, s'il vous plaît.

RACHID Vous prenez les cartes de crédit?
EMPLOYÉE Ah, désolée, Monsieur. Nous n'acceptons que les paiements en liquide ou par chèque.
RACHID Amina, je viens de m'apercevoir que je n'ai pas de liquide sur moi!
AMINA Ce n'est pas grave, j'en ai assez. Tiens.

Dans la rue...

RACHID Merci, chérie. Passons à la banque avant d'aller au parc.
AMINA Mais, nous sommes samedi midi, la banque est fermée.
RACHID Peut-être, mais il y a toujours le distributeur automatique.
AMINA Bon, d'accord... J'ai quelques courses à faire plus tard cet après-midi. Tu veux m'accompagner?

Dans une autre partie de la ville...

DAVID Tu aimes la cuisine alsacienne?
SANDRINE Oui, j'adore la choucroute!
DAVID Tu veux aller à la brasserie La Petite France? C'est moi qui t'invite.
SANDRINE D'accord, avec plaisir.
DAVID Excellent! Avant d'y aller, il faut trouver un distributeur automatique.
SANDRINE Il y en a un à côté de la banque.

Au distributeur automatique...

SANDRINE Eh, regarde qui fait la queue!
RACHID Tiens, salut, qu'est-ce que vous faites de beau, vous deux?
SANDRINE On va à la brasserie. Vous voulez venir avec nous?

AMINA Non non! Euh... je veux dire... Rachid et moi, on va faire un pique-nique dans le parc.
RACHID Oui, et après ça, Amina a des courses importantes à faire.
SANDRINE Je comprends, pas de problème... David et moi, nous avons aussi des choses à faire cet après-midi.

A C T I V I T É S

1 Vrai ou faux? Indiquez si ces affirmations sont **vraies** ou **fausses**. Corrigez les phrases fausses. Answers may vary.

1. Aujourd'hui, la banque est ouverte. Faux. Le samedi midi, la banque est fermée.
2. Amina doit aller à la poste pour envoyer un colis. Faux. Elle doit envoyer des cartes postales.
3. Amina doit aller à la poste pour acheter des timbres. Vrai.
4. Amina va mettre ses cartes postales dans une boîte aux lettres à côté de la banque. Faux. Elle va les mettre dans une boîte aux lettres à côté de la poste.
5. Sandrine n'aime pas la cuisine alsacienne. Faux. Elle adore la cuisine alsacienne.

6. David et Rachid vont retirer de l'argent. Vrai.
7. Il n'y a pas de queue au distributeur automatique. Faux. Il y a la queue au distributeur automatique.
8. David et Sandrine invitent Amina et Rachid à la brasserie. Vrai.
9. Amina et Rachid vont à la brasserie. Faux. Ils vont faire un pique-nique dans le parc.
10. Amina va faire ses courses après le pique-nique. Vrai.

TEACHING OPTIONS

On fait des courses Tell students to read the title and the scene setter. Then have them predict what might happen in this episode. Write their predictions on the board. After viewing the episode, have them confirm or correct their predictions.

TEACHING OPTIONS

Regarder la vidéo Show the video in four parts, pausing the video before each location change. Have students describe what happens in each place. Write their observations on the board. Then show the entire episode again without pausing and have the class fill in any missing details to summarize the plot.

RACHID Volontiers. Où est-ce que tu vas?

AMINA Je dois aller à la poste pour acheter des timbres et envoyer quelques cartes postales, et puis je voudrais aller à la bijouterie. J'ai reçu un e-mail de la bijouterie qui vend les bijoux que je fais. Regarde.

RACHID Très joli!

AMINA Oui, tu aimes? Et après ça, je dois passer à la boutique Olivia où l'on vend mes vêtements.

RACHID Tu vends aussi des vêtements dans une boutique?

AMINA Oui, mes créations! J'étudie le stylisme de mode, tu ne t'en souviens pas?

RACHID Si, bien sûr, mais... Tu as vraiment du talent.

AMINA Alors! On n'a plus besoin de chercher un cyberhomme?

SANDRINE Pour le moment, je ne cherche personne. David est super.

DAVID De quoi parlez-vous?

SANDRINE Oh, rien d'important.

RACHID Bon, Amina. On y va?

AMINA Oui. Passez un bon après-midi.

SANDRINE Vous aussi.

Expressions utiles

Dealing with money

- Nous n'acceptons que les paiements en liquide.
  We only accept payment in cash.
- Je viens de m'apercevoir que je n'ai pas de liquide.
  I just noticed/realized I don't have any cash.
- Il y a toujours le distributeur automatique.
  There's always the ATM.

Running errands

- J'ai quelques courses à faire plus tard cet après-midi.
  I have a few/some errands to run later this afternoon.
- Je voudrais aller à la bijouterie qui vend les bijoux que je fais.
  I would like to go to the jewelry shop that sells the jewelry I make.

Expressing negation

- Pas de problème.
  No problem.
- On n'a plus besoin de chercher un cyberhomme?
  We no longer need to look for a cyberhomme?
- Pour le moment, je ne cherche personne.
  For the time being/the moment, I'm not looking for anyone.
- Rien d'important.
  Nothing important.

Additional vocabulary

- J'ai reçu un e-mail.
  I received an e-mail.
- Qu'est-ce que vous faites de beau?
  What are you up to?

2 Complétez Complétez ces phrases.

1. La charcuterie accepte les paiements en liquide et __par chèque__.
2. Amina veut aller à la poste, à la boutique de vêtements et à la __bijouterie__.
3. À côté de la banque, il y a un __distributeur automatique__.
4. Amina paie avec des pièces de monnaie et des __billets__.
5. Amina a des __courses__ à faire cet après-midi.

3 À vous! Que se passe-t-il au pique-nique ou à la brasserie? Avec un(e) camarade de classe, écrivez une conversation entre Amina et Sandrine ou Rachid et David, dans laquelle elles/ils se racontent ce qu'ils ont fait. Qu'ont-ils mangé? Se sont-ils amusés? Était-ce romantique? Jouez la scène devant la classe.

ACTIVITÉS

EXPANSION

Les heures d'ouverture Many small shops and banks close for an hour or two between 12:30 p.m. and 2:30 p.m. It is common to reopen in the afternoon and stay open until around 7:00 p.m. Most stores are not open late in the evening or on Sundays except around the holidays. Stores near popular tourist attractions are exceptions. For example, many businesses along the Champs-Élysées in Paris are open until midnight.

PRE-AP®

Interpersonal Speaking Ask volunteers to ad-lib the scenes in video stills 5–10 for the class. Tell them it is not necessary to memorize the episode. They should just try to get the general meaning across with the vocabulary they know. Give them time to prepare or have them do their skit as a review activity during the next class period.

Expressions utiles

- Model the pronunciation of the **Expressions utiles** and have students repeat them.
- As you work through the list, point out the forms of **recevoir** and **apercevoir**, and negative expressions. Tell students that these verbs and constructions will be formally presented in **Structures**.
- Respond briefly to questions about **recevoir**, **apercevoir**, and negative expressions. Reinforce correct forms, but do not expect students to produce them consistently at this time.
- Point out that **les brasseries** usually offer quick, hearty meals. They often specialize in Alsatian dishes, such as **la choucroute**.
- Point out that **liquide** is slang for **espèces**.

1 Suggestion Have volunteers write their answers on the board. Then go over them as a class.

1 Expansion For additional practice, give students these items. **11. La charcuterie accepte les cartes de crédit. (Faux. Elle n'accepte que les paiements en liquide ou par chèque.) 12. À la charcuterie, Rachid paie par chèque. (Faux. Amina paie en liquide.) 13. Rachid va accompagner Amina cet après-midi. (Vrai.) 14. Sandrine cherche toujours un cyberhomme. (Faux. Sandrine n'a plus besoin de chercher un cyberhomme.)**

2 Suggestion Have volunteers read the completed sentences aloud.

3 Suggestion Tell students to choose a situation and brainstorm ideas before writing their conversations. Encourage them to be creative.

 **TELL Connection**

Learning Experience 6 *Why:* It is important to recognize and understand how one's own culture affects how one views other cultures. *What:* Guide students to compare what they see in the **Roman-photo** and **Le Zapping** videos to cultural products and practices in their own culture. Which cultural products and practices do they find similar or different? What questions do they have?

209

Section Goals

In this section, students will:
- learn about small shops France
- learn more terms to talk about small shops and businesses
- learn about some interesting places to shop in the Francophone world
- read about Alain Robert, the French "Spiderman"
- view authentic video footage

Key Standards

2.1, 2.2, 3.1, 3.2, 4.2

21st Century Skills

Global Awareness
Students will gain perspectives on the Francophone world to develop respect and openness toward others and to interact appropriately and effectively with citizens of Francophone cultures.

Culture à la loupe

Avant la lecture Have students look at the visual and describe what they see.

Lecture
- Tell students that another term for **les petits commerces** is **les commerces de proximité** because most are neighborhood stores.
- Point out that supermarkets in France usually close no later than 9:30 p.m., and are only open in the morning on Sunday if at all. Small shops close earlier and are generally open on Sunday morning.
- Give students the names of these additional small shops: **la charcuterie, la confiserie.**

Après la lecture Ask students: **Où est-ce qu'on va pour la viande en France? (à la boucherie) Et pour le poisson? (à la poissonnerie) Quel petit commerce français est le plus fréquenté? (la boulangerie)**

1 Suggestion Have volunteers write the answers on the board. Then go over them with the class.

AP® Theme: Global Challenges
Context: Economic Issues

vhlcentral | *Flash culture*

CULTURE À LA LOUPE

Les petits commerces

Dans beaucoup de pays francophones, on fait toujours les courses chez les petits commerçants, même° s'il est plus pratique d'aller au supermarché. On allie° modernité et tradition: on fait souvent les courses une fois par semaine au supermarché mais quand on a plus de temps, on se rend° dans les petits commerces, souvent plus proches° de son domicile°, où on achète des produits plus authentiques.

Pour le fromage, par exemple, on va à la fromagerie ou à la crémerie; pour la viande, on va à la boucherie; pour le poisson, à la poissonnerie. Dans les épiceries de quartier, on trouve aussi toutes sortes de produits, par exemple des fruits et des légumes, des produits frais°, des boîtes de conserve°, des produits surgelés°, etc. Les épiceries fines se spécialisent dans les produits de luxe et parfois, dans les plats préparés.

En France, la boulangerie reste le petit commerce le plus fréquenté. Le pain artisanal, les croissants et les brioches ont aussi un goût° bien différent des produits industriels. Chaque quartier, chaque village a au minimum une boulangerie. Dans certaines quartiers des grandes villes françaises (Paris, Lyon, Marseille, Bordeaux, etc.) il y en a parfois quatre ou cinq proches les unes des autres. Les pâtisseries aussi sont très nombreuses°.

Les petits commerces ont survécu° en France grâce à° une volonté° politique. Pour les sauvegarder°, les pouvoirs° publics des années 1980 ont limité les autorisations de constructions des supermarchés et hypermarchés dans la périphérie° des villes. Malgré° cela, les supermarchés se sont intégrés dans les villes au cours des années. Aujourd'hui, les petits commerces sont menacés par les prix plus intéressants des supermarchés et la hausse° des achats en ligne. Donc, une fois de plus, les pouvoirs publics ont relancé° leurs efforts afin de° les sauver parce que c'est la présence des petits commerces qui donne vie aux centres-villes et aux quartiers.

même *even* **allie** *combines* **se rend** *goes* **proches** *close* **domicile** *home* **frais** *fresh* **boîtes de conserve** *canned goods* **surgelés** *frozen* **goût** *flavor* **nombreuses** *numerous* **survécu** *survived* **grâce à** *thanks to* **volonté** *will* **sauvegarder** *protect* **pouvoirs** *authorities* **périphérie** *outskirts* **Malgré** *Despite* **hausse** *rise* **ont relancé** *renewed* **afin de** *in order to*

A C T I V I T É S

1 Complétez Complétez les phrases.

1. Dans beaucoup de pays francophones, on fait les courses au supermarché ou chez <u>les petits commerçants</u>

2. On fait souvent les courses une fois par semaine <u>au supermarché</u>

3. Dans les petits commerces on achète des produits plus <u>authentiques / proches de son domicile</u>

4. Pour acheter du fromage, on peut aller à <u>la crémerie / la fromagerie</u>

5. Dans <u>les épiceries de quartier</u>, on peut acheter des produits frais et surgelés.

6. On peut acheter des plats préparés et des produits de luxe dans certaines <u>épiceries fines</u>

7. Le pain artisanal des boulangeries a <u>un goût</u> très différent des produits industriels.

8. Dans certaines rues <u>des grandes villes françaises</u>, il y a parfois cinq boulangeries.

9. Les petits commerces français ont survécu grâce à une volonté <u>politique</u>

10. Les pouvoirs publics en France ont limité la construction des hypermarchés dans <u>la périphérie</u> des villes.

EXPANSION

Cultural Comparison Have students work in groups of three. Tell them to compare French and American shopping habits. Have them list the similarities and differences in a two-column chart under the headings **Similitudes** and **Différences**. Also tell them to discuss where they like to shop for groceries.

EXPANSION

Les marchés en France In addition to supermarkets and small shops, most French cities, towns, and villages also have a weekly outdoor market, where shoppers can find food items, as well as a variety of other things (clothing and shoes, housewares, flowers and plants, books, etc.). In some French cities and towns, people can also do their grocery shopping at a daily indoor market called **les halles**.

Le français quotidien
- Model the pronunciation of each term and have students repeat it.
- Have volunteers explain what service(s) each store offers or what product(s) each one sells. Example: **Chez le fleuriste, on vend des fleurs.**

Portrait
- After two accidents while training in 1982, Robert hasn't suffered any more climbing injuries. He continues to climb today, which he is now sometimes paid to do.
- Ask students: **À votre avis, quel type d'homme est Alain Robert? Avez-vous envie d'escalader un gratte-ciel? Pourquoi?**

Le monde francophone After students have read the text, ask: **Où voulez-vous faire des courses dans le monde francophone? Pourquoi?**

2 Expansion For additional practice, give students these items. **6. Alain Robert escalade des bâtiments en France aussi bien qu'à l'étranger. (Vrai.) 7. Le public ne s'intéresse pas à Robert. (Faux. Il attire des milliers de spectateurs.)**

3 Expansion Bring in pictures of objects one might find at a market, such as vegetables, pottery, and shirts. Have pairs practice bargaining for these objects. They should take turns playing the customer and the vendor.

Flash culture Tell students that they will learn more about businesses and small shops by watching a video narrated by Benjamin. Show the video segment, then have students jot down in French at least three examples of people or things they saw. You can also use the activities in the video manual in class to reinforce this **Flash culture** or assign them as homework.

LE FRANÇAIS QUOTIDIEN

Des magasins

cordonnerie (*f.*)	cobbler's
fleuriste (*m.*)	florist
parfumerie (*f.*)	perfume/beauty shop
primeur (*m.*)	produce store
quincaillerie (*f.*)	hardware store
tailleur (*m.*)	tailor's
teinturerie (*f.*)	dry cleaner's
traiteur (*m.*)	deli

LE MONDE FRANCOPHONE

Où faire des courses?

Voici quelques endroits intéressants où faire des courses.

En Afrique du Nord les souks, des marchés couverts ou en plein air° où il y a une grande concentration de magasins et de stands
En Côte d'Ivoire le marché de Cocody à Abidjan où on trouve des tissus° et des objets locaux
À la Martinique le grand marché de Fort-de-France, un marché couvert°, ouvert tous les jours, qui offre toutes sortes de produits
À Montréal la ville souterraine°, un district du centre-ville où il y a de nombreux centres commerciaux reliés° entre eux par des tunnels
À Paris le marché aux puces° de Saint-Ouen où on trouve des antiquités et des objets divers
À Tahiti le marché de Papeete où on propose des produits pour les touristes et pour les Tahitiens

plein air *outdoor* **tissus** *fabrics* **couvert** *covered* **souterraine** *underground* **reliés** *connected* **marché aux puces** *flea market*

PORTRAIT   AP® Theme: Contemporary Life
Context: Leisure and Sports

Le «Spiderman» français

Alain Robert, le «Spiderman» français, découvre l'escalade° quand il est enfant et devient un des meilleurs grimpeurs° de falaises° du monde. Malgré° deux accidents qui l'ont laissé invalide à 60%°, avec des problèmes de vertiges°, il commence sa carrière de grimpeur «urbain» et escalade son premier gratte-ciel° à Chicago, en 1994. Depuis, il a escaladé près de 100 gratte-ciel et autres structures du monde, dont la tour Eiffel à Paris, le Golden Gate Bridge à San Francisco et la Burj Khalifa, la plus grande tour au monde (823 mètres), à Dubaï. Parfois en costume de Spiderman, mais toujours sans corde° et à mains nues°, Robert fait souvent des escalades pour collecter des dons° et il attire° des milliers de spectateurs.

escalade *climbing* **grimpeurs** *climbers* **falaises** *cliffs* **Malgré** *In spite of* **invalide à 60%** *60% disabled* **vertiges** *vertigo* **gratte-ciel** *skyscraper* **corde** *rope* **nues** *bare* **dons** *charitable donations* **attire** *attracts*

Sur Internet

Que peut-on acheter chez les bouquinistes, à Paris?

Go to **vhlcentral.com** to find more information related to this **Culture** section and to watch the corresponding **Flash culture** video.

---

2 Vrai ou faux? Indiquez si les phrases sont **vraies** ou **fausses.**

1. Alain Robert est connu pour ses escalades de gratte-ciel. Vrai.
2. Alain Robert n'a jamais eu de problèmes de santé dans sa carrière de grimpeur. Faux. Il a eu deux accidents graves et il a des problèmes de vertiges.
3. Alain Robert grimpe toujours sans corde et à mains nues. Vrai.
4. Il y a un quartier souterrain à Montréal. Vrai.
5. Il y a des souks dans les marchés d'Abidjan.
Faux. Il y a des souks dans les vieilles villes d'Afrique du Nord.

3 Le marchandage En Afrique du Nord, il est très courant de marchander ou de discuter avec un vendeur pour obtenir un meilleur prix. Avez-vous déjà eu l'occasion de marchander? Où? Quand? Qu'avez-vous acheté? Avez-vous obtenu un bon prix? Discutez de ce sujet avec un(e) partenaire.

A C T I V I T É S

21st Century Skills

Information and Media Literacy: Sur Internet Students access and critically evaluate information from the Internet.

EXPANSION

Où faire des courses? Bargaining (**le marchandage**) is a common practice in Arab markets in France and throughout the Arab world. If visiting a souk in North Africa, it is best to go with someone who speaks Arabic. If that isn't possible, it's better to speak French than English, since Americans have a reputation for being wealthy.

PRE-AP®

Interpersonal Speaking Have students prepare a conversation between two people discussing the errands they need to run around town. Tell students to discuss at least four different **petits commerces** where they plan to shop and what they are going to buy in each place. Then have pairs role-play their conversations for the class.

4A.1

Voir, croire, recevoir, **vhl**central
and *apercevoir*

Point de départ In this section, you will learn to conjugate four new irregular verbs.

Je m'aperçois que je n'ai pas d'argent.

On vous a vus devant le distributeur!

- Here is the conjugation of the verb **voir** (*to see*).

voir	
je vois	nous voyons
tu vois	vous voyez
il/elle voit	ils/elles voient

Vous **voyez** la mairie à côté du commissariat de police?
Do you see the city hall next to the police station?

Je ne **vois** pas bien sans mes lunettes.
I don't see well without my glasses.

- The verb **revoir** (*to see again*) is derived from **voir** and is conjugated the same way.

On se **revoit** mercredi ou jeudi?
Will we see each other again Wednesday or Thursday?

Il ne va pas **revoir** ce film avec moi.
He is not going to see this movie again with me.

- Here is the conjugation of the verb **croire** (*to believe*). The prepositions **en** and **à** as well as the conjunction **que** often follow the verb **croire**.

croire	
je crois	nous croyons
tu crois	vous croyez
il/elle/on croit	ils/elles croient

Je crois en lui.
I believe in him.

Croyez-vous à son histoire?
Do you believe his story?

Tu **crois** que l'homme est innocent.
You believe that the man is innocent.

Nous **croyons** que la boutique est fermée aujourd'hui.
We think that the store is closed today.

Section Goals

In this section, students will learn:
- the verbs **voir**, **croire**, **recevoir**, and **apercevoir**
- the meaning of **revoir** and **s'apercevoir**

Key Standards
4.1, 5.1

Suggestions: Scaffolding
- Project the digital version of these pages so students can study the paradigms. Point out that all the verbs are "boot verbs" in the present tense. Have students find the common endings and the stems of each verb.
- Ask students why they think some forms of **recevoir** and **apercevoir** are spelled with a **cédille**. (It helps the reader know to pronounce the sound as [s]. Remind them that the letter **c** is pronounced [s] in front of the letters **e** and **i**, and [k] in front of the letters **a**, **o**, and **u**.)
- Ask questions to practice **voir**, **revoir**, **croire**, **recevoir**, and **apercevoir** in the present tense. Examples: **Qui voit un film ce soir? Qui reçoit des SMS tous les jours? Qui croit aux fantômes?**
- You may want to teach the class the verb **décevoir** and the adjective **déçu** along with **recevoir** and **apercevoir**.

DIFFERENTIATION

For Visual Learners Briefly show the class a picture or drawing with numerous objects displayed, for example, a photo of a messy or cluttered room. Ask students to study the objects they see in the photo. Then remove the picture from view and ask students what they remember seeing and what they did not see, using **croire** and/or the **passé composé** of **voir**. Examples: **J'ai vu un lit. Je crois avoir vu...**

EXPANSION

Using Games Tell pairs of students to write an obviously illogical sentence with **voir**, **croire**, **recevoir**, or **apercevoir**. Example: **J'ai reçu une mauvaise note pour mon anniversaire**. Have students read their sentences aloud while their classmates correct the sentences so that they are logical. Then award prizes for the funniest, most ridiculous, and most creative sentences.

- In **Leçon 1A**, you learned to conjugate **devoir**. You will now learn two verbs that are conjugated similarly.

recevoir and *apercevoir*

	recevoir (to receive)	**apercevoir** (to catch sight of, to see)
je/j'	reçois	aperçois
tu	reçois	aperçois
il/elle/on	reçoit	aperçoit
nous	recevons	apercevons
vous	recevez	apercevez
ils/elles	reçoivent	aperçoivent

Je **reçois** de l'argent de mon père.
I receive money from my father.

D'ici, on **aperçoit** le bureau de poste.
From here, you see the post office.

- The verb **s'apercevoir** means *to notice, to be aware of,* or *to realize.*

Cela ne **s'aperçoit** pas.
It is not noticeable.

Il **s'aperçoit** de son erreur.
He realizes his mistake.

Forms in other tenses

- **Voir, croire, recevoir,** and **apercevoir** all take **avoir** as the auxiliary verb in the **passé composé**. Their past participles are respectively, **vu, cru, reçu,** and **aperçu**.

Tu **as vu** son ami au parc?
Did you see his friend at the park?

Nous **avons reçu** un colis.
We received a package.

- The **imperfect** of **voir, croire, recevoir,** and **apercevoir** is formed the same way as regular verbs. Drop the **-ons** from the **nous** form of the present tense and add the **imparfait** endings.

Je **recevais** toujours des colis pour mon anniversaire.
I used to always receive packages for my birthday.

Croyiez-vous qu'elle disait la verité?
Did you believe that she was telling the truth?

- The **conditionnel** of **voir, croire, recevoir,** and **apercevoir** are formed respectively with the stems **verr-, croir-, recevr-,** and **apercevr-**.

On **croirait** que c'est facile à faire.
One would think it's easy to do.

De là-bas, on **apercevrait** le commissariat.
From over there, you would catch sight of the police station.

 Vérifiez

 Boîte à outils

Recall that in Level 1, you learned the expression **être reçu(e) à un examen** (*to pass an exam*).

Vérifiez

Vérifiez

Essayez!

Complétez les phrases avec les formes correctes des verbes au présent.

1. Je ne ___vois___ (voir) pas la banque d'ici.
2. Vous ___croyez___ (croire) à son histoire (*story*)?
3. Nous ___recevons___ (recevoir) toujours une lettre de Marie à Noël.
4. Mes amis ___croient___ (croire) que je dors.
5. Ils ___aperçoivent___ (apercevoir) le facteur au coin (*corner*) de la rue.
6. Nous ___voyons___ (voir) encore nos amis d'enfance.
7. Le prof ___reçoit___ (recevoir) un cadeau des élèves.
8. Tu ___aperçois___ (apercevoir) le marchand de journaux?

deux cent treize **213**

Mise en pratique

1 **Autour du lycée** Vous parlez avec un(e) ami(e) de votre vie. Complétez les phrases avec les verbes appropriés au présent.

1. De sa chambre, mon ami Marc _voit/aperçoit_ le lycée.
2. Ma famille et moi, nous ne _recevons_ pas de visites pendant la semaine.
3. Je _crois_ que la vie au lycée peut être difficile quelquefois.
4. Ma petite amie et sa sœur _reçoivent_ souvent des colis.
5. Quand il fait beau, nous _apercevons/ voyons_ les montagnes derrière le stade.
6. Ton meilleur ami et toi, vous _recevez_ de bonnes notes aux examens?
7. Mes parents _croient_ que le quartier du lycée est assez sympa.
8. Tu _vois_ beaucoup de personnes sur ton chemin (*way*) quand tu vas au lycée?

2 **À Québec** Mélanie a passé une semaine à Québec avec sa famille. Elle en parle avec son petit ami. Utilisez les verbes donnés au passé composé.

> **MODÈLE** mon frère Paul / voir / la Citadelle
>
> *Mon frère Paul a vu la Citadelle.*

1. nous / recevoir / le journal / à sept heures / du matin
   Nous avons reçu le journal à sept heures du matin.
2. papa et Fabrice / apercevoir / la chute (*waterfalls*) Montmorency / de l'avion
   Papa et Fabrice ont aperçu la chute Montmorency de l'avion.
3. papa et maman / revoir / de vieux amis
   Papa et maman ont revu de vieux amis.
4. ils / recevoir / des cadeaux / de leurs amis
   Ils ont reçu des cadeaux de leurs amis.
5. je / voir / beaucoup / de spectacles
   J'ai vu beaucoup de spectacles.
6. Simon / croire / à la vieille légende / de Québec
   Simon a cru à la vieille légende de Québec.
7. ta sœur et toi / recevoir / ma carte postale / ?
   Ta sœur et toi avez reçu ma carte postale?
8. vous / s'apercevoir / du joli timbre / ?
   Vous vous êtes aperçus du joli timbre?

3 **Ma vie au lycée** Tristan parle de sa vie au lycée l'année dernière. Regardez les illustrations et complétez les phrases avec les verbes **recevoir** et **apercevoir** au passé composé ou à l'imparfait.

Suggested answers

1. Toutes les semaines, je _____
   recevais une lettre.

2. De leur fenêtre, les élèves _____
   apercevaient des arbres.

3. La semaine dernière, mon meilleur ami _____
   a reçu son diplôme.

4. Quelquefois, nous _____
   apercevions notre prof à la cantine.

Communication

4 **Enquête** Votre professeur va vous donner une feuille d'activités. Circulez dans la classe et demandez à vos camarades s'ils connaissent quelqu'un à qui chaque activité de la liste correspond. S'ils répondent oui, demandez-leur qui est la personne et écrivez la réponse. Ensuite, présentez vos réponses à la classe.

Answers will vary.

MODÈLE

Élève 1: *Connais-tu quelqu'un qui reçoit rarement des e-mails?*
Élève 2: *Oui, mon frère aîné reçoit très peu d'e-mails.*

Activités	Noms	Réponses
1. recevoir / rarement / e-mails	Quang	son frère aîné
2. s'inquiéter / quand / ne pas / recevoir / e-mails		
3. apercevoir / e-mail bizarre / le / ouvrir		

5 **Assemblez** Connaissez-vous des personnes qui achètent sur Internet? Assemblez les éléments des colonnes pour en parler. Utilisez les verbes **voir**, **recevoir**, **apercevoir**, **croire** et **s'apercevoir** dans votre conversation. *Answers will vary.*

MODÈLE

Élève 1: *Mon frère aîné commande parfois des livres sur Internet.*
Une fois, il n'a pas reçu ses livres!
Élève 2: *Mon père adore acheter sur Internet. Il voit souvent des objets qui l'intéressent.*

A	B	C
je	apercevoir	adresse
tu	s'apercevoir	bureau de poste
un(e) ami(e)	commander	carte bancaire
nous	croire	colis
vous	payer	compte-chèques
tes parents	recevoir	formulaire
tes profs	voir	espèces
?	?	?

6 **Curieux!** Avec un(e) partenaire, posez-vous ces questions à tour de rôle. *Answers will vary.*

1. Reçois-tu souvent des textos? De qui?
2. Tes parents recevaient-ils souvent des amis quand tu étais petit(e)?
3. Crois-tu aux extraterrestres? Pourquoi?
4. Qu'aperçois-tu de ta chambre? Des arbres?
5. Qui as-tu vu le week-end dernier?
6. Est-ce que tu as reçu beaucoup de cadeaux pour ton anniversaire? De qui?
7. D'habitude, quand est-ce que tu vois tes cousins?
8. Reçois-tu toujours de bonnes notes? Dans quels cours?
9. Que ferais-tu si tu apercevais un acteur connu dans la rue?

deux cent quinze   **215**

---

4 Suggestion Call on volunteers to do the **modèle**. Then distribute the **Feuilles d'activités** from the Activity Pack.

4 Expansion Ask students questions about themselves based on the sentence fragments given for the activity. Examples: **Qui reçoit rarement des e-mails? Vous inquiétez-vous quand vous ne recevez pas d'e-mails?** You may want to let students invent answers.

5 Suggestion Tell students to use each expression in the columns at least once.

5 Partner Chat You can also assign Activity 5 on vhlcentral.com. Students work in pairs to record the activity online. The pair's recorded conversation will appear in your gradebook.

6 Expansion Have students retell their partner's answers using third person subjects. Example: **Nathalie a récemment reçu une lettre de son copain du Canada.**

6 Virtual Chat You can also assign Activity 6 on vhlcentral.com. Students record individual responses that appear in your gradebook.

Activity Pack For additional activities, go to the **Activity Pack** in the **Resources** section of vhlcentral.com.

Slower Pace Learners Follow these steps to prepare students for **Activité 5**: 1. Guide students to find associations between the verbs in column B and the nouns in column C. 2. Suggest they brainstorm in pairs possible statements that could be made with each word pair. 3. Have students consider to whom each of their statements applies. 4. Have students complete the activity with a partner.

Writing Practice Have students write a pargraph about their last birthday. Tell them to write about who they saw, what they did, the gifts they received, and the things they realized. Tell them to use **voir, revoir, recevoir, apercevoir, s'apercevoir,** and **croire** at least once in their paragraph. Then have them present their paragraphs to the class.

4A.2 Negative/affirmative expressions **vhl**central

Point de départ You already know how to negate verbs with **ne... pas,** which is used to make a general negation. In French, as in English, you can also use a variety of expressions that add a more specific meaning to the negation.

- The other negative expressions are also made up of two parts: **ne** and a second negative word.

Negative expressions			
ne... aucun(e)	none (not any)	ne... plus	no more (not anymore)
ne... jamais	never (not ever)	ne... que	only
ne... ni... ni	neither... nor	ne... rien	nothing (not anything)
ne... personne	nobody, no one		

Je **n'**ai **aucune** envie de manger.
I don't have any desire to eat.

Le bureau de poste **n'**est **jamais** ouvert.
The post office is never open.

Elle **n'**aime **personne**.
She doesn't like anyone.

Il **n'**a **plus** de monnaie.
He has no more change.

Ils **n'**ont **que** des timbres pour l'Europe.
They only have stamps for Europe.

Le facteur **n'**avait **rien** pour nous.
The mailman had nothing for us.

- To negate the expression **il y a**, place **n'** before **y** and the second negative word after the form of **avoir**.

Il **n'**y a **aucune** banque près d'ici?
Aren't there any banks nearby?

Il **n'**y avait **rien** sur mon compte.
There wasn't anything in my account.

- To say *neither... nor,* use three negative words: **ne... ni... ni**. Note that partitive and indefinite articles are usually omitted.

Le facteur **n'**est **ni** sympa **ni** sociable.
The mailman is neither nice nor sociable.

Je **n'**ai **ni** frères **ni** sœurs.
I have neither brothers nor sisters.

- In the **passé composé**, the words **jamais, plus,** and **rien** are placed between the auxiliary verb and the past participle. **Aucun(e), personne,** and **que** follow the past participle.

Elle **n'**est **jamais** revenue.
She's never returned.

Vous **n'**avez signé **aucun** papier.
You didn't sign a single paper.

Nous **n'**avons **plus** emprunté d'argent.
We didn't borrow money anymore.

Il **n'**a parlé à **personne**.
He didn't speak to anyone.

Je **n'**ai **rien** dit aujourd'hui.
I didn't say anything today.

Ils **n'**en ont posté **que** deux.
They only mailed two.

Vérifiez

Negative expressions: other uses

- The negative words **personne** and **rien** can be the subject of a verb, in which case they are placed before **ne (n')** and the verb.

  Personne n'était là.
  No one was there.

  Rien n'est arrivé dans le courrier.
  Nothing arrived in the mail.

- Note that **aucun(e)** can be either an adjective or a pronoun. Therefore, it must agree in gender with its corresponding noun. However, it is always used in the singular.

  ADJECTIVE
  Tu **ne** trouves **aucune banque**?
  Can't you find any banks?

  PRONOUN
  Je **n'**en trouve **aucune** par ici.
  I can't find any around here.

  ADJECTIVE
  Il **n'**a choisi **aucun** pull?
  He didn't pick any sweaters?

  PRONOUN
  Non, **aucun ne** lui allait bien.
  No, none of them fit him well.

- **Jamais, personne, plus,** and **rien** can be doubled up with **ne**.

  Elle **ne** parle **jamais** à **personne**.
  She never talks to anyone.

  Il **n'**y a **plus personne** ici.
  There isn't anyone here anymore.

  Elle **ne** dit **jamais rien**.
  She never says anything.

  Il **n'**y a **plus rien** ici.
  There isn't anything here anymore.

Affirmative expressions

- When an affirmative expression, such as **quelque chose** (*something*), **tout** (*everything*), **quelqu'un** (*someone*), **quelquefois** (*sometimes*), **toujours** (*always*), and **déjà** (*already*), is used in a question, it determines which negative expression is appropriate in the response.

  Vous cherchez **quelque chose**?
  Are you looking for something?

  Non, je **ne** cherche **rien**.
  No, I'm not looking for anything.

  Vous avez **tout** compris?
  Did you understand everything?

  Non, nous **n'**avons **rien** compris.
  No, we didn't understand anything.

  Il y a **quelqu'un**?
  Is someone there?

  Non, il **n'**y a **personne**.
  No, there's no one there.

  Est-elle **quelquefois** en retard?
  Is she sometimes late?

  Non, elle **n'**est **jamais** en retard.
  No, she's never late.

  Il est **toujours** aussi reservé?
  Is he always so reserved?

  Non, il **n'**est **jamais** si réservé.
  No, he is never that reserved.

  Tu es **déjà** allé à la banque?
  Have you already gone to the bank?

  Non, je **n'**y suis **pas encore** allé.
  No, I haven't gone there yet.

Essayez! Choisissez l'expression correcte.

1. (Jamais / Personne) ne trouve cet homme agréable.
2. Je ne veux (rien / jamais) faire aujourd'hui.
3. Y a-t-il (quelqu'un / personne) à la banque?
4. Je n'ai reçu (pas de / aucun) colis.
5. Il n'y avait (ne / ni) lettres ni colis dans la boîte aux lettres.
6. Il n'y a (plus / aucun) d'argent à la banque?
7. Jérôme ne va (toujours / jamais) à la poste.
8. Le facteur n'arrive (toujours / qu') à trois heures.

Boîte à outils

Notice that in French, the adjective **aucun(e)** modifies a singular noun whereas the noun is plural in English.

Il n'y a aucun distributeur automatique.

There are no ATMs.

Vérifiez

Boîte à outils

The word **jamais** (without the **ne**) can also be used in affirmative expressions. In this case it means *ever*.

Es-tu jamais allé dans cette brasserie?

Have you ever been to that brasserie?

Non je n'y suis jamais allé.

No, I've never been there.

Vérifiez

Suggestions: Scaffolding
- Point out to students that **personne** and **rien** can be direct objects, as they have already seen, or subjects. Tell them that when they are subjects, the verbs that accompany them are singular.
- Write the example sentences using **aucun(e)** on the board. Guide students to analyze what part of speech it plays in each example (adjective, [indefinite] pronoun, subject pronoun). Ask students what they notice regarding **aucun**'s agreement with the noun it accompanies. Then, go over the **Boîte à outils**.
- Explain that unlike English, French can use double negatives. Go over the examples. Explain that the preposition **à** appears before **personne** because in this instance, **personne** acts as an indirect object.
- You might give students some more sentences with double negatives so that they get a feel for those kinds of emphatic constructions. Examples: **Je n'ai jamais rien dit à personne! Il n'y a plus rien sur mon compte!**
- Have students complete the second **Vérifiez** activity.
- Go over the affirmative expressions in the last bullet. Ask students which negative expression would be the opposite of each one. Ask the questions provided in the example sentences and have students try to respond without looking at their books. Assign the third **Vérifiez** activity.

Essayez! Go over the answers to the activity with the class and have students with the correct responses explain them to the class.

EXPANSION

Writing Practice Have the class collaborate on a description of a ghost town or a haunted house using expressions from pages 216–217. Write the sentences on the board or on a transparency as they are said and make sure that all seven negative expressions (including **ne... ni... ni...**) are used.

EXPANSION

Oral Practice Give pairs of students a set of negative sentences and have them give you an affirmative version of each sentence. Example: **Il n'y a personne à vla porte. (Il y a quelqu'un à la porte.)** Go over the sentences with the class, asking students to give all the different positive sentences possible.

1 Suggestion After students have completed item 6, you may wish to teach them the expression **personne d'autre** (*no one else*): **Non, personne d'autre ne peut retirer d'argent de votre compte bancaire.**

2 Expansion Ask students to give additional negative sentences for the activity. Example: **3. Anaïs ne voit jamais ses amies d'enfance.**

3 Suggestion Have pairs of students complete this activity and act it out in front of the class. One student plays Tristan and one plays his friend.

Mise en pratique

1 À la banque Mathilde veut ouvrir un nouveau compte et elle pose des questions au banquier. Écrivez les réponses du banquier à la forme négative.

> **MODÈLE** La banque ferme-t-elle à midi? (jamais)
>
> *Non, la banque ne ferme jamais à midi.*

1. La banque est-elle ouverte le lundi?
   (jamais) Non, la banque n'est jamais ouverte le lundi.

2. Peut-on ouvrir un compte sans papier d'identité?
   (personne) Non, personne ne peut ouvrir de compte sans papier d'identité.

3. Avez-vous des distributeurs automatiques dans les supermarchés?
   (aucun) Non, nous n'avons aucun distributeur automatique dans les supermarchés./Non, nous n'avons de distributeur automatique dans aucun supermarché.

4. Pour retirer de l'argent, ai-je encore besoin de remplir ce document?
   (plus) Non, vous n'avez plus besoin de remplir ce document.

5. Avez-vous des billets et des pièces dans vos distributeurs automatiques?
   (que) Non, nous n'avons que des billets dans nos distributeurs automatiques.

6. Est-ce que tout le monde peut retirer de l'argent de mon compte bancaire?
   (personne) Non, personne ne peut retirer d'argent de votre compte bancaire.

2 Les jumelles Olivia et Anaïs sont des jumelles (*twin sisters*) bien différentes. Expliquez pourquoi.

> **MODÈLE** Olivia est toujours heureuse.
>
> *Anaïs n'est jamais heureuse.*

1. Olivia rit tout le temps. Anaïs ne rit jamais.

2. Olivia remarque (*notes*) tout. Anaïs ne remarque rien.

3. Olivia voit encore ses amies d'enfance. Anaïs ne voit plus/aucune de ses amies d'enfance.

4. Olivia aime le chocolat et la glace. Anaïs n'aime ni le chocolat ni la glace.

5. Olivia connaît beaucoup de monde. Anaïs ne connaît personne.

6. Olivia reçoit beaucoup de colis. Anaïs ne reçoit aucun colis.

7. Olivia est toujours élève au collège. Anaïs n'est plus élève au collège.

3 Pas exactement Tristan exagère souvent. Il a écrit cet e-mail et vous lui répondez pour dire que les choses ne sont pas arrivées exactement comme ça. Mettez toutes ses phrases à la forme négative dans votre réponse.

> **MODÈLE**
>
> *Tu n'es pas arrivé tard à la banque...*

> Je suis arrivé tard à la banque. Quelqu'un m'a ouvert la porte. J'ai regardé les affiches et les catalogues. J'ai demandé quelque chose. Il y avait encore de l'argent sur mon compte. Je vais souvent revenir dans cette banque.

Tu n'es pas arrivé tard à la banque. Personne ne t'a ouvert la porte. Tu n'as regardé ni les affiches ni les catalogues. Tu n'as rien demandé. Il n'y avait plus d'argent sur ton compte. Tu ne vas jamais revenir dans cette banque.

Cultural Comparison Provide students with the following information about banking in France: Bank customers are usually each assigned an advisor to help them with their transactions, whether they do their banking in person or online. Many banks in France are closed on Monday to make up for the half-day they are open on Saturdays. They also generally close for lunch. In many branches, the only way to withdraw cash is through an ATM, and some branches no longer even have tellers; all banking is done via machine. Have students find out what the general practices are in place at their parents' bank. You might also have students research banking practices in other Francophone countries. Then discuss as a class how the practices compare to those in France and what might be the reasons for any similarities and differences.

Communication

4 **De mauvaise humeur** Aujourd'hui, Anne-Marie est très négative. Elle répond négativement à toutes les questions. Avec un(e) partenaire, jouez les rôles d'Anne-Marie et de son amie. Rajoutez (*Add*) deux lignes de dialogue supplémentaires à la fin. Answers will vary.

MODÈLE

tu / sortir avec quelqu'un en ce moment
Élève 1: *Est-ce que tu sors avec quelqu'un en ce moment?*
Élève 2: *Non, je ne sors avec personne.*

1. tu / faire quelque chose ce soir
2. tes parents / venir chez toi ce week-end
3. ton frère / avoir encore sa vieille voiture
4. tes amis et toi / déjà aller en vacances au Canada
5. quelqu'un / habiter dans ta maison cet été
6. tu / avoir encore faim
7. ?
8. ?

5 **Activités dangereuses** Avec un(e) partenaire, faites une liste de dix activités dangereuses. Ensuite, travaillez avec un autre groupe et demandez à vos camarades s'ils pratiquent ces activités. Répondent-ils toujours par des phrases négatives? Answers will vary.

MODÈLE

Élève 1: *Fais-tu du jogging quelque fois la nuit?*
Élève 2: *Non! Je ne fais jamais de jogging la nuit.*

6 **À la banque** En vacances, vous vous apercevez que votre valise a disparu (*disappeared*) avec votre argent en espèces, vos papiers et vos cartes bancaires. Vous avez besoin de retirer de l'argent à la banque. Par groupes de trois, préparez un dialogue entre vous et deux employés de banque. Utilisez les expressions de la liste. Answers will vary.

jamais	ne... que	quelqu'un
ne... aucun(e)	ne... rien	rien
ne... ni... ni	quelque chose	toujours
ne... plus		

---

4 Expansion Once students have written two additional lines of dialogue, alternately call on pairs of students to share the questions they composed and call on other pairs to answer those questions in the negative.

4 Virtual Chat You can also assign Activity 4 on vhlcentral.com. Students record individual responses that appear in your gradebook.

5 Suggestion To get students warmed up for this activity, ask them if they do some unsafe things. Examples: **Vous allez vite quand vous faites du vélo? Vous ne fermez pas la porte quand vous quittez la maison?**

PRE-AP®

6 Interpersonal Speaking Tell students that each member should write the lines for one of the characters (the traveler and the two bank employees). Help them as they collaborate on the dialogue, and encourage them to be as creative as possible.

Activity Pack For additional activities, go to the **Activity Pack** in the **Resources** section of vhlcentral.com.

Extra Practice Have students work in pairs to poll classmates about their shopping habits. Tell them to create at least one question for each affirmative expression on p. 217. Have students administer their poll and note their classmates' responses. Then have pairs create a graphic, such as a pie or bar chart, to report what they learned.
Challenge Have students role-play a conversation between

a police officer and the person with the missing items in **Activité 6**. Tell students to discuss the circumstances of a possible theft (**le vol**), the items taken, and the next steps to take. Remind them to use both affirmative and negative expressions in their conversation. You may also wish to provide them with this vocabulary: **une déclaration de perte** (*loss report*), **faire opposition à une carte bancaire** (*cancel one's credit card*), **les démarches** (*steps*).

Révision

Key Standards
1.1

1 Suggestion Have two volunteers read the **modèle** aloud. Then distribute the **Feuilles d'activités** from the Activity Pack.

2 Expansion Once students have completed this activity, ask them the following questions about other students. **Qu'est-ce que ____ reçoit dans son courrier? Est-ce que ____ envoie des lettres par la poste de temps en temps? Des colis?**

3 Suggestion To get the class started, have students read the instructions and then make up different kinds of questions. Examples: **Y a-t-il un(e) ____ près d'ici? Où se trouve le/la ____?**

4 Suggestion Have students formulate **vrai** or **faux** statements about any subject using the negative expressions listed for the activity.

5 Expansion Remind students of the difference in meaning between **apercevoir** and **s'apercevoir**. Then ask them to make up a couple of sentences with the phrases **s'est aperçu(e) de/que** and **sans m'en apercevoir**.

6 Suggestion Divide the class into pairs and distribute the Info Gap Handouts from the Activity Pack. Give students ten minutes to complete the activity.

---

1 Je ne vais jamais… Votre professeur va vous donner une feuille d'activités. Circulez dans la classe pour trouver un(e) camarade différent(e) qui fait ses courses à ces endroits. Où ne vont-ils jamais? Où ne vont-ils plus? Justifiez toutes vos réponses. Answers will vary.

MODÈLE

Élève 1: Vas-tu souvent au café?
Élève 2: Non, je n'y vais jamais parce que je n'aime pas le café.

Endroits	Noms
1. banque	Sabrina
2. bijouterie	
3. boutique de vêtements	
4. café	
5. laverie	

2 Le courrier Avec un(e) partenaire, préparez six questions pour interviewer vos camarades à propos (about) de leur courrier. Utilisez les expressions négatives et les verbes **recevoir** et **envoyer**. Ensuite, posez vos questions à deux autres personnes et écrivez les réponses. Answers will vary.

MODÈLE

Élève 1: Est-ce que tu ne reçois que des lettres dans ton courrier?
Élève 2: Non, je reçois des cadeaux parfois, mais je n'en envoie jamais.

3 Au village Avec un partenaire, préparez une conversation entre un touriste et un habitant d'un petit village où tout est fermé. Le touriste pose des questions et l'habitant répond toujours par la négative. Utilisez les mots de la liste et des expressions négatives dans votre conversation. Answers will vary.

MODÈLE

Élève 1: À quelle heure le bureau de poste ouvre-t-il aujourd'hui?
Élève 2: Malheureusement, le bureau de poste n'existe plus, Monsieur!

banque	laverie
bureau de poste	mairie
commissariat de police	salon de beauté

4 Vrai ou faux? Préparez huit phrases à propos de ce que (about what) votre partenaire a fait ou n'a pas fait cette semaine. Ensuite, lisez vos phrases à votre partenaire qui va vous expliquer pourquoi elles sont vraies ou fausses. Answers will vary.

MODÈLE

Élève 1: Tu n'es jamais allé(e) dans le bureau du prof.
Élève 2: C'est faux. J'ai dû y aller hier pour lui poser une question.

- ne... aucun(e)
- ne... jamais
- ne... personne
- ne... plus
- ne... que
- ne... rien

5 Au secours! Avec un(e) partenaire, préparez un dialogue pour représenter la scène de cette illustration. Utilisez les verbes **s'apercevoir**, **voir** et **croire** et des expressions négatives et affirmatives. Answers will vary.

6 Dix ans plus tard Votre professeur va vous donner, à vous et à votre partenaire, deux plans d'une ville. Attention! Ne regardez pas la feuille de votre partenaire. Answers will vary.

MODÈLE

Élève 1: Il y a dix ans, la laverie avait beaucoup de clients.
Élève 2: Aujourd'hui, il n'y a personne dans la laverie.

EXPANSION

Oral Practice State that someone is wearing a certain article of clothing and then ask students who it is. Example: **Est-ce que vous voyez quelqu'un dans la classe qui porte un tee-shirt rouge? Qui?** In some cases, name an article not present in the classroom so that students will answer negatively: **Personne ne porte de jupe.**

EXPANSION

Logical or Illogical? Read a series of logical and illogical statements that use the verbs **voir**, **recevoir**, **croire**, **apercevoir**, and **s'apercevoir**. Tell students to raise their right hand and say **logique** for logical ones, and to raise their left hand and say **illogique** for illogical ones. Example: **Je reçois toujours de mauvaises notes quand je fais tous mes devoirs. (illogique)**

vhlcentral

Section Goals

In this section, students will:
- read about the city of Rennes
- watch a promotional video for the city
- complete activities about Rennes and other francophone cities

Key Standards

1.1, 1.2, 1.3, 2.2, 4.2, 5.2

Préparation For the first question, have students describe a familiar city.

Rennes: capitale bretonne To check comprehension, ask:
1. Quel événement a lieu en 1532? (La Bretagne est annexée à la France et Rennes devient capitale de la région.)
2. Qu'est-ce qui attire les premiers habitants de Rennes? (son emplacement stratégique au confluent de l'Ille et la Vilaine)
3. Que peut-on admirer au centre-ville de Rennes? (de l'architecture de différentes périodes historiques)

PRE-AP®

Audiovisual Interpretive Communication
Previewing Strategy
Have students look at the video still, read the caption, and make predictions about what they will see in the video. (**On va découvrir le centre-ville de Rennes.**)

Compréhension Have students work in pairs or groups for this activity. Tell them to write their answers. Then show the video again so that they can check their answers and add any missing information.

Application Before assigning the activity, discuss the ways in which cities reflect the culture, history, and geography of their location. Use Rennes as a starting point for the discussion.

Préparation Répondez aux questions. Answers will vary.

1. Décrivez le centre-ville de votre ville ou d'une ville voisine. Qu'est-ce qu'on y trouve? Quels moyens de transport utilisent les gens? Qu'est-ce qu'on peut acheter au centre-ville?
2. Où va votre famille pour faire des courses? Quel(s) moyen(s) de transport utilisez-vous pour faire des courses?

Rennes: capitale bretonne

L'histoire de la ville de Rennes commence il y a plus de 2.000 ans à l'époque des Gaulois°. Elle est située au confluent de deux fleuves°, l'Ille et la Vilaine, un emplacement stratégique qui attire° ses premiers habitants. Rennes devient capitale de la Bretagne en 1532, année où cette région est annexée par la France. Dans le centre-ville, on peut admirer son architecture datant de différentes périodes historiques, comme les maisons médiévales à colombages° et le Parlement de Bretagne du XVIIe siècle.

Gaulois *Gauls (ancient Celtic people)* **fleuves** *rivers* **attire** *attracts* **à colombages** *half-timbered*

Vidéo promotionnelle

—Au centre-ville, on trouve des cafés, la mairie, des boutiques, des distributeurs automatiques...

Vocabulaire utile

abriter	to house, shelter
apprécier	to appreciate
profiter de	to take advantage of

Compréhension Répondez aux questions. Some answers will vary.

1. Quelles courses peut-on faire dans le centre-ville en France?
   On peut aller à la poste ou à la banque.
2. Quels lieux d'intérêt culturel peut-on visiter à Rennes?
   On peut visiter le musée des Beaux-Arts ou la bibliothèque municipale.
3. Comment peut-on s'y détendre?
   On peut faire une promenade en bateau ou visiter le parc du Thabor.
4. Quel moyen de transport en commun peut-on utiliser pour se rendre au centre-ville? On peut utiliser le métro.

Conversation Avec un(e) partenaire, discutez de ces questions. Answers will vary.

1. Le centre-ville de votre ville ressemble-t-il à un centre-ville français? Y a-t-il des villes dans votre pays avec des centres-villes de style français? Lesquelles (*Which ones*)?
2. Que pensez-vous des centres-villes français? Aimeriez-vous habiter à Rennes? Pourquoi?

Application Avec un partenaire, faites des recherches sur une ville dans un pays ou une région francophone. Préparez une présentation dans laquelle vous faites une comparaison entre la ville que vous avez choisie, Rennes, et une ville que vous connaissez. Comparez les rues, les bâtiments, les magasins et les moyens de transport. Comment est-ce que chaque ville reflète son histoire et sa géographie? Answers will vary.

221

Section Goals

In this section, students will learn and practice vocabulary related to:
- asking for and giving directions
- landmarks

Key Standards

1.1, 1.2, 4.1

Suggestions
- Tell students to look over the new vocabulary and identify the cognates.
- Use the digital image for this page. Point out objects and describe what the people are doing. Examples: **Il est perdu. C'est une statue. Il y a deux feux de signalisation au carrefour.**
- Define and contrast the words for types of roads: **une rue, une autoroute, un boulevard, une avenue,** and **un chemin.** Also give examples using local roads students know.
- Point out that **coin** and **angle** both mean *corner*.
- Point out the difference between **tout droit** (*straight ahead*) and **à droite** (*to the right*).
- You might want to teach students the expression **point de repère** (*landmark; point of reference*).

You will learn how to...
- ask for directions
- tell what you will do

🔊 **vhl**central

Où se trouve. . .?

un pont

Elle monte les escaliers. (monter)

Il descend les escaliers. (descendre)

une statue

une fontaine

OUEST NORD SUD EST

Il est perdu. (perdue f.)

Elle s'oriente. (s'orienter)

Vocabulaire

continuer	to continue
se déplacer	to move (change location)
suivre	to follow
tourner	to turn
traverser	to cross
un angle	corner
une avenue	avenue
un bâtiment	building
un boulevard	boulevard
un chemin	way; path
un coin	corner
des indications (f.)	directions
un office du tourisme	tourist office
au bout (de)	at the end (of)
au coin (de)	at the corner (of)
autour (de)	around
jusqu'à	until
(tout) près (de)	(very) close (to)
tout droit	straight ahead

EXPANSION

Word Association Ask students which vocabulary words they associate with these verbs. **1.** descendre (rue/escalier) **2.** suivre (rue/boulevard/chemin) **3.** tourner (gauche/droite) **4.** demander (indications) **5.** monter (escaliers) **6.** traverser (un pont/une rue) **7.** regarder (une statue) **8.** boire (une fontaine) **9.** poser des questions (office du tourisme) **10.** s'arrêter (un feu de signalisation)

DIFFERENTIATION

For Kinesthetic Learners Label four points in your classroom with the cardinal directions. Play a game of **Jacques a dit** (*Simon says*) in which students respond to commands using the four directions. Example: **Regardez vers le nord.** Tell students to respond only if they hear the words **Jacques a dit.** If a student responds to a command not preceded by **Jacques a dit,** he or she is eliminated. The last person standing wins.

Mise en pratique

Attention!

The verb **suivre** (*to follow*) is an important verb for giving and getting directions. Its first person singular form (**je**) is the same as the **je** form of the present tense of **être**. Context will determine the meaning.

je suis	nous suivons
tu suis	vous suivez
il/elle suit	ils/elles suivent

un feu de signalisation (feux *pl.*)

un carrefour

une rue

un banc

1 Écoutez Écoutez cette conversation entre un touriste et une dame (*lady*) à qui il demande son chemin. Ensuite, dites si les affirmations suivantes sont vraies ou fausses.

	Vrai	Faux
1. Le touriste est perdu.	☑	☐
2. Il cherche la rue Saint-Antoine.	☐	☑
3. Il cherche l'hôtel Étoile.	☑	☐
4. L'hôtel est loin d'où il se trouve.	☐	☑
5. Le touriste doit traverser le pont de Sully.	☑	☐
6. Il doit tourner une fois à gauche.	☑	☐
7. La rue de Rivoli se trouve au bout de la rue Saint-Antoine.	☑	☐
8. Le touriste a peur de ne pas se souvenir des indications.	☑	☐
9. Le touriste a oublié le numéro de téléphone de l'hôtel.	☑	☐
10. La dame suggère au touriste de prendre un taxi.	☐	☑

2 Les antonymes Quel est le contraire de ces expressions et de ces mots?

1. continuer tout droit ___tourner___
2. descendre ___monter___
3. sud ___nord___
4. est ___ouest___
5. à droite ___à gauche___
6. devant ___derrière___
7. très loin de ___tout près de___
8. s'orienter ___être perdu(e)___
9. rester ___se déplacer___
10. au début de ___au bout de___

3 Complétez Complétez les phrases avec le bon mot de vocabulaire pour faire des phrases cohérentes. Notez que tous les mots ne sont pas utilisés.

angles	carrefour	continuer	pont
avenue	chemin	se déplacer	statue
banc	coin	feu de signalisation	traverser

1. On peut s'asseoir sur un ___banc___ au parc.
2. L' ___avenue___ des Champs-Élysées est très populaire à Paris.
3. La ___statue___ de la Liberté se trouve à New York.
4. Le ___pont___ du Golden Gate se trouve à San Francisco.
5. Il y a quatre ___angles___ à un carrefour.
6. Un ___carrefour___ est l'endroit où deux rues se rencontrent.
7. Il faut toujours s'arrêter quand le ___feu de signalisation___ est au rouge.
8. Il faut toujours regarder à gauche et à droite avant de ___traverser___ la rue.
9. En ville, on peut ___se déplacer___ rapidement en métro.
10. Quand on est perdu, on demande son ___chemin___.

1 Script TOURISTE: Pardon, Madame, je suis perdu. Où se trouve l'hôtel Étoile, s'il vous plaît?
FEMME: L'hôtel Étoile? Désolée, Monsieur, je ne sais pas. Avez-vous l'adresse?
T: Oui, c'est 37 rue de Rivoli.
F: Ah, ce n'est pas loin d'ici. Suivez cette avenue tout droit jusqu'au pont de Sully. Traversez le pont et continuez sur le boulevard Henri IV. Tournez à gauche sur la rue Saint-Antoine et tout au bout, c'est la rue de Rivoli.
T: Merci, Madame. J'espère pouvoir me souvenir de vos indications.
F: Pourquoi n'appelez-vous pas l'hôtel? Peut-être que quelqu'un peut venir vous chercher?
T: Je ne peux pas. Je n'ai pas leur numéro de téléphone. Je l'ai oublié à l'hôtel, mais, merci.
Teacher Resources DVD

1 Suggestion Have students correct the false statements.

2 Expansions
- Have volunteers create sentences with the words in the activity.
- For additional practice, have students give synonyms for these words. **1. angle (coin) 2. chemin (rue) 3. un grand boulevard (une avenue) 4. un immeuble (un bâtiment)**

3 Suggestion Have volunteers read the completed sentences aloud.

4 Suggestions

4 Suggestions
- Model the pronunciation of the roads on the map and have students repeat after you.
- Have two volunteers read the **modèle** aloud. Make sure students understand that they are supposed to give directions to the first place from the second place.

4 Virtual Chat You can also assign Activity 4 on vhlcentral.com. Students record individual responses that appear in your gradebook.

5 Expansion Have volunteers report what they learned about their partner to the class.

5 Virtual Chat You can also assign Activity 5 on vhlcentral.com. Students record individual responses that appear in your gradebook.

 PRE-AP®

6 Interpersonal Speaking Suggestion Distribute real maps of French towns for students to use in their conversations. Such maps are available through tourist offices and online.

Activity Pack For additional activities, go to the **Activity Pack** in the **Resources** section of vhlcentral.com.

Communication

4 Le plan de la ville À tour de rôle avec un(e) partenaire, demandez des indications pour pouvoir vous rendre (*to get*) aux endroits de la liste. Indiquez votre point de départ. Answers will vary.

 Café de la Gare

 Boulangerie Le Pain Chaud

 H Hôpital St-Jean

 i Office du tourisme

 Épicerie Bresson

 Bureau de poste

 Pharmacie Molière

 € Banque

 U Université Joseph Fourier

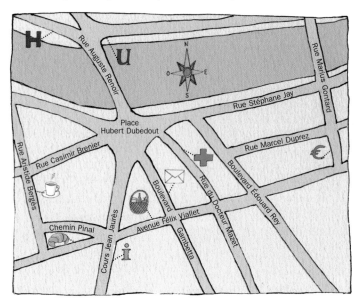

MODÈLE

la boulangerie Le Pain Chaud, le bureau de poste
Élève 1: *Excusez-moi, où se trouve la boulangerie Le Pain Chaud, s'il vous plaît?*
Élève 2: *Du bureau de poste, suivez le boulevard jusqu'à l'avenue Félix Viallet, ensuite prenez à droite, continuez tout droit, la boulangerie est à droite, juste après le cours Jean Jaurès.*

1. l'hôpital, la pharmacie
2. le café, l'office du tourisme
3. la banque, le bureau de poste
4. l'université, l'épicerie
5. la cabine téléphonique, la boulangerie
6. l'épicerie, la pharmacie
7. la banque, l'université
8. la boulangerie, la pharmacie

5 Conversez Interviewez un(e) camarade de classe. Answers will vary.

1. Quelles statues célèbres connais-tu? Connais-tu aussi des ponts, des bâtiments célèbres?
2. Quand t'es-tu perdu(e) pour la dernière fois? Où? Qui t'a aidé(e)?
3. Respectes-tu toujours les feux de signalisation quand tu conduis ou quand tu es piéton (*pedestrian*)? Que peut-il arriver si tu ne les respectes pas?
4. Es-tu déjà allé(e) dans un office du tourisme? Pour quoi faire?
5. Qu'est-ce qui se trouve au coin de la rue où tu habites? Et au bout de la rue?
6. Qui, de ta famille ou de tes ami(e)s, habite près de chez toi?

6 En vacances Avec un(e) partenaire, préparez cette conversation. Soyez prêt(e)s à jouer la scène devant la classe. Answers will vary.

- Vous êtes un(e) touriste perdu(e) en ville.
- Vous demandez où se trouvent deux endroits différents.
- Quelqu'un vous indique le chemin.

TEACHING OPTIONS

Using Games Arrange furniture to form meandering pathways around the classroom. Blindfold a student and point out to the class a destination somewhere in the room. Have the class give the blindfolded student directions to arrive at the destination. Example: **Tourne à gauche/à droite.** To make this a competitive game, divide the class into two teams. Blindfold two students and have them race to different destinations.

EXPANSION

Around Town Have students ask for and give directions to and from specific places. Example: **Comment va-t-on du lycée à la bibliothèque?** Other landmarks can include: **la librairie, la place de _____, la fontaine, le cinéma, le stade,** and **la piscine.**

Les sons et les lettres 🔊 vhlcentral

Les majuscules et les minuscules

Some of the rules governing capitalization are the same in French as they are in English. However, many words that are capitalized in English are not capitalized in French. For example, the French pronoun **je** is never capitalized except when it is the first word in a sentence.

Aujourd'hui, je vais au marché. *Today, I am going to the market.*

Days of the week, months, and geographical terms are not capitalized in French.

Qu'est-ce que tu fais lundi après-midi? **Mon anniversaire, c'est le 14 octobre.**
Cette ville est au bord de la mer Méditerranée.

Languages are not capitalized in French, nor are adjectives of nationality. However, if the word is a noun that refers to a person or people of a particular nationality, it is capitalized.

Tu apprends le français. **C'est une voiture allemande.**
You are learning French. *It's a German car.*

Elle s'est mariée avec un Italien. **Les Français adorent le foot.**
She married an Italian. *The French love soccer.*

As a general rule, you should write capital letters with their accents. Diacritical marks can change the meaning of words, so not including them can create ambiguities.

LES AVOCATS SERONT JUGÉS. **LES AVOCATS SERONT JUGES.**
Lawyers will be judged. *Lawyers will be the judges.*

Corrigez Corrigez la capitalisation des mots suivants.

1. MAI mai
2. QUÉBEC Québec
3. VENDREDI vendredi
4. ALLEMAND allemand
5. L'OCÉAN PACIFIQUE l'océan Pacifique
6. LE BOULEVARD ST-MICHEL le boulevard St-Michel

Écrivez Écrivez correctement les phrases en utilisant (by writing) les minuscules et les majuscules.

1. LE LUNDI ET LE MERCREDI, J'AI MON COURS D'ITALIEN.
   Le lundi et le mercredi, j'ai mon cours d'italien.
2. CHARLES BAUDELAIRE ÉTAIT UN POÈTE FRANÇAIS.
   Charles Baudelaire était un poète français.
3. LES AMÉRICAINS AIMENT BEAUCOUP LE LAC MICHIGAN.
   Les Américains aiment beaucoup le lac Michigan.
4. UN MONUMENT SE TROUVE SUR L'AVENUE DES CHAMPS-ÉLYSÉES.
   Un monument se trouve sur l'avenue des Champs-Élysées.

Dictons Répétez les dictons à voix haute.

Si le Français est «tout yeux», l'Anglais est «tout oreilles.»[2]

La France, c'est le français quand il est bien écrit.[1]

[1] France is French (when it is) well written.
[2] If the Frenchman is all eyes, the Englishman is all ears.

deux cent vingt-cinq **225**

Section Goals

In this section, students will learn about French capitalization.

Key Standards
4.1

Suggestions
- Model the pronunciation of the example sentences and have students repeat them after you.
- Have students translate the sentences in the second set of examples into English and compare capitalization rules in the two languages.
- You might want to tell students that diacritical marks are sometimes omitted on capital letters in French, especially on signs or headlines. In such cases, they should use the context to ascertain meaning.
- You might want to tell students that the names of religions are not capitalized in French. Example: **Paul est catholique.**
- Dictate three sentences that contain days of the week, months, countries, nationalities or languages, repeating each one at least two times. Then write them on the board or a transparency and have students check their spelling.

Dictons The saying **«La France, c'est le français quand il est bien écrit.»** is a quote from Napoléon Bonaparte. The saying **«Si le Français est «tout yeux», l'Anglais est «tout oreilles».»** is a quote from Jules Verne.

EXPANSION

Mini-dictée Use these sentences for additional practice with capitalization. **1.** En février, Lise va en Italie. **2.** Louis a une voiture japonaise. **3.** Ma cousine Laure s'est mariée avec un Espagnol. **4.** Mon frère veut nager dans l'océan Pacifique, mais je préfère la piscine. **5.** Les touristes belges ont visité le désert du Sahara, en Afrique.

EXPANSION

Tongue Twisters Teach students these French tongue twisters that model French capitalization conventions. **1.** Je suis ce que je suis et si je suis ce que je suis, qu'est-ce que je suis? **2.** Je dis que tu l'as dit à Didi ce que j'ai dit jeudi.

225

Chercher son chemin vhlcentral

PERSONNAGES

Amina

David

M. Hulot

Rachid

Sandrine

Stéphane

Touriste

Au kiosque de M. Hulot...

M. HULOT Bonjour, Monsieur.
TOURISTE Bonjour.
M. HULOT Trois euros, s'il vous plaît.
TOURISTE Je n'ai pas de monnaie.
M. HULOT Voici cinq, six, sept euros qui font dix. Merci.
TOURISTE Excusez-moi, où est le bureau de poste, s'il vous plaît?

M. HULOT Euh... c'est par là... Ah... non... euh... voyons... vous prenez cette rue, là et... euh, non non... je ne sais pas vraiment comment vous expliquer... Attendez, vous voyez le café qui est juste là? Il y aura certainement quelqu'un qui saura vous dire comment y aller.
TOURISTE Ah, merci, Monsieur. Au revoir!

Au P'tit Bistrot...

SANDRINE Qu'est-ce que vous allez faire le week-end prochain?
RACHID Je pense que nous irons faire une randonnée à la Sainte-Victoire.
AMINA Oui, j'espère qu'il fera beau!
DAVID S'il ne pleut pas, nous irons au concert en plein air de Pauline Ester. C'est la chanteuse préférée de Sandrine, n'est-ce pas, chérie?

DAVID Non! À droite!
RACHID Non, à gauche! Puis, vous continuez tout droit, vous traversez le cours Mirabeau et c'est juste là, en face de la fontaine de La Rotonde, à côté de la gare.
DAVID Non, c'est à côté de l'office du tourisme.

TOURISTE Euh merci, je... je vais le trouver tout seul. Au revoir.
TOUS Bonne journée, Monsieur.

À la terrasse...

STÉPHANE Bonjour, je peux vous aider?
TOURISTE J'espère que oui.
STÉPHANE Vous êtes perdu?
TOURISTE Exactement. Je cherche le bureau de poste.

A C T I V I T É S

1 Questions Répondez par des phrases complètes.

1. Qu'est-ce que Rachid et Amina vont faire ce week-end?
   Ils vont faire une randonnée à la Sainte-Victoire.
2. Qu'est-ce que Sandrine et David vont faire ce week-end?
   Ils vont aller à un concert en plein air.
3. Quels points de repères (*landmarks*) Stéphane donne-t-il au touriste? Il mentionne le cours Mirabeau, La Rotonde et la fontaine.
4. Est-ce que vous pensez que la musique de Pauline Ester est très appréciée aujourd'hui? Pourquoi? Answers will vary.

5. Est-ce que vous pensez que les choses vont bien entre Amina et Rachid? Pourquoi? Answers will vary.
6. Est-ce que vous pensez que les choses vont bien entre Sandrine et David? Pourquoi? Answers will vary.
7. Comment pensez-vous que le touriste se sent quand il sort du P'tit Bistrot? Answers will vary.
8. Qui avait raison, à votre avis (*in your opinion*), David ou Rachid? Answers will vary.

Un touriste se perd à Aix... heureusement, il y a Stéphane!

SANDRINE Absolument! «Oui, je l'adore, c'est mon amour, mon trésor...»
AMINA Pauline Ester! Tu aimes la musique des années quatre-vingt-dix?
SANDRINE Pas tous les styles de musique, mais Pauline Ester, oui.
AMINA Comme on dit, les goûts et les couleurs, ça ne se discute pas!
RACHID Tu n'aimes pas Pauline Ester, mon cœur?

TOURISTE Excusez-moi, est-ce que vous savez où se trouve le bureau de poste, s'il vous plaît?
RACHID Oui, ce n'est pas loin d'ici. Vous descendez la rue, juste là, ensuite vous continuez jusqu'au feu rouge et vous tournez à gauche.

STÉPHANE Le bureau de poste? C'est très simple.
TOURISTE Ah bon! C'est loin d'ici?
STÉPHANE Non, pas du tout. C'est tout près. Vous prenez cette rue, là, à gauche. Vous continuez jusqu'au cours Mirabeau. Vous le connaissez?
TOURISTE Non, je ne suis pas d'ici.
STÉPHANE Bon... Le cours Mirabeau, c'est le boulevard principal de la ville.

STÉPHANE Alors, une fois que vous serez sur le cours Mirabeau, vous tournerez à gauche et suivrez le cours jusqu'à La Rotonde. Vous la verrez... Il y a une grande fontaine. Derrière la fontaine, vous trouverez le bureau de poste, et voilà!
TOURISTE Merci beaucoup.
STÉPHANE De rien. Au revoir!

Expressions utiles

Giving directions

- **Attendez, vous voyez le café qui est juste là?**
  Wait, do you see the café right over there?

- **Il y aura certainement quelqu'un qui saura vous dire comment y aller.**
  There will surely be someone there who will know how to tell you how to get there.

- **Vous tournerez à gauche et suivrez le cours jusqu'à La Rotonde.**
  You will turn left and follow the street until the Rotunda.

- **Vous la verrez.**
  You will see it.

- **Derrière la fontaine, vous trouverez le bureau de poste.**
  Behind the fountain, you will find the post office.

Talking about the weekend

- **Je pense que nous irons faire une randonnée.**
  I think we will go for a hike.

- **J'espère qu'il fera beau!**
  I hope it will be nice/the weather will be good!

- **Nous irons au concert en plein air.**
  We will go to the outdoor concert.

Additional vocabulary

- **voyons**
  let's see

- **le boulevard principal**
  the main drag/principal thoroughfare

---

2 **Comment y aller?** Remettez les indications pour aller du P'tit Bistrot au bureau de poste dans l'ordre. Écrivez un **X** à côté de l'indication qu'on ne doit pas suivre.

<u>3</u> a. Suivez le cours Mirabeau jusqu'à la fontaine.

<u>4</u> b. Le bureau de poste se trouve derrière la fontaine.

<u>2</u> c. Tournez à gauche.

<u>X</u> d. Tournez à droite au feu rouge.

<u>1</u> e. Prenez cette rue à gauche jusqu'au boulevard principal.

3 **Écrivez** Le touriste est soulagé (*relieved*) d'enfin arriver au bureau de poste. Il était très découragé; presque personne ne savait lui expliquer comment y aller. Il écrit une carte postale à sa petite amie pour lui raconter son aventure. Composez son message.

A C T I V I T É S

deux cent vingt-sept **227**

Expressions utiles
- Model the pronunciation of the **Expressions utiles** and have students repeat them after you.
- As you work through the list, point out forms of **le futur simple**. Tell students that this tense will be formally presented in **Structures**.
- Respond briefly to questions about **le futur**. Reinforce correct forms, but do not expect students to produce them consistently at this time.
- Point out in caption 4 where Amina says: **Les goûts et les couleurs, ça ne se discute pas**. Ask students to interpret it. Then point out that English expresses the same idea with the saying "*To each his own.*"

1 **Suggestions**
- Go over the answers with the class.
- For item 4, point out that Pauline Ester recorded the song *Oui, je l'adore* in 1989, and it remained popular in the 1990s. In this episode, Amina is surprised that Sandrine likes such an old song.

1 **Expansion** For additional practice, give students these questions. **9. Où va le touriste pour demander son chemin? (Il va chez le marchand de journaux et au café.) 10. Que cherche le touriste? (Il cherche le bureau de poste.) 11. Est-ce que le bureau de poste est loin du P'tit Bistrot? (Non, il est tout près.)**

2 **Suggestion** Have students form groups of five. Make a set of individual sentences on strips of paper for each group and distribute them. Tell students to arrange the sentences in the proper order and then read them aloud. The person who receives the sentence that does not fit should read that sentence last.

3 **Suggestions**
- Remind students to use appropriate salutations and closings.
- If time is limited, this activity may be assigned as homework.

EXPANSION

La Rotonde The large fountain located at one end of **le cours Mirabeau** is called **La Rotonde**. Built in 1860, it features bronze lions and stone cherubs riding swans. The source of the water is the city's underground springs. Every evening, this beautiful fountain is illuminated. If possible, bring in photos of **La Rotonde** to show the class.

EXPANSION

Extra Practice Have students find the verbs used to give directions in this episode and list them on the board. Examples: **prendre, tourner, descendre, traverser,** and **continuer**. Then have students write directions from high school to various places in town using as many of these verbs as possible. You may wish to assign students different locations.

CULTURE À LA LOUPE

Villes et villages français

Quand on regarde le plan d'un village, d'une petite ville ou celui d'un quartier d'une grande ville, on remarque qu'il y a souvent une place au centre, autour de laquelle° la ville ou le quartier s'organise. Elle est un peu comme «le cœur» de la ville ou du quartier.

Sur la place principale des villes et villages français, on trouve souvent une église. Il peut s'y trouver aussi l'hôtel de ville (la mairie), ainsi que° d'autres bâtiments administratifs comme la poste, le commissariat de police ou l'office du tourisme, s'il y en a un. La grande place est aussi le quartier commercial d'une petite ville et beaucoup de gens y vont pour faire leurs courses dans les magasins ou pour se détendre dans un café, un restaurant ou au cinéma. On y trouve aussi parfois un musée ou un théâtre. La place peut être piétonne° ou ouverte à la circulation, mais dans les deux cas, elle est souvent très animée°.

En général, la grande place est bien entretenue° et décorée d'une fontaine, d'un parterre de fleurs° ou d'une statue. La majorité des rues principales de la ville ou du quartier partent ensuite de la place. Le nom de la place reflète souvent ce qu'on y trouve, par exemple la place de l'Église, la place de la Mairie ou la place de la Comédie. Beaucoup de rues portent le nom d'un écrivain ou d'un personnage célèbre de l'histoire de France, comme rue Victor Hugo ou avenue du général de Gaulle. Au centre-ville, les rues sont souvent très étroites et beaucoup sont à sens unique°.

Coup de main

Paris, Lyon, and Marseille, the three major French cities, are divided into **arrondissements**, or districts. You can determine in which **arrondissement** something is located by the final numbers of its zip code. For example, 75011 indicates the 11th **arrondissement** in Paris and 13001 is the 1st **arrondissement** in Marseille.

laquelle *which*   ainsi que *as well as*   piétonne *pedestrian*   animée *busy* entretenue *cared for*   parterre de fleurs *flower bed*   sens unique *one-way*

A C T I V I T É S

1 Complétez Complétez les phrases, d'après le texte.
Answers will vary. Possible answers provided.
1. ... au centre de la majorité des petites villes françaises.
Il y a une place
2. ... autour de sa grande place.
Une petite ville française s'organise
3. ... se situe souvent sur la place principale d'une ville française.
Une église
4. ... pour faire leurs courses ou pour se détendre.
Beaucoup de gens vont sur la grande place de leur ville
5. ... décorent souvent les places.
Une fontaine, une statue ou un parterre de fleurs

6. ... sont réservées exclusivement aux piétons.
Les places piétonnes
7. ... détermine souvent le nom d'une place.
Un bâtiment
8. ... donnent souvent leur nom aux rues françaises.
Des écrivains ou d'autres personnages célèbres
9. ... sont souvent à sens unique.
Les rues du centre-ville
10. ... sont divisées en arrondissements.
Paris, Lyon et Marseille

Section Goals

In this section, students will:
- learn about main squares in French cities and towns
- learn terms for the metro
- learn about two important main squares in Brussels and Marrakesh
- read about the Baron Georges Eugène Haussmann

Key Standards

2.1, 2.2, 3.1, 3.2, 4.2

 21st Century Skills

Global Awareness
Students will gain perspectives on the Francophone world to develop respect and openness toward others and to interact appropriately and effectively with citizens of Francophone cultures.

Culture à la loupe

Avant la lecture Have students read the first sentence of the text. Then ask: **Cette/Votre ville a-t-elle une place principale ou un centre-ville? Quels bâtiments trouvez-vous souvent dans ces endroits?**

Lecture
- Point out the **Coup de main**. Explain that people in Paris customarily refer to a locale as **le 1er** or **le 13e**, without using the word **arrondissement**. Paris has 20 **arrondissements**.
- Explain that the term **la mairie** is related to the title of the person who works there, **le maire**.

Après la lecture Have students describe what they see in the photo. Then ask: **Pensez-vous que c'est une photo d'un village, d'une petite ville ou d'une grande ville? Pourquoi?**

1 Suggestion Have students work in pairs on this activity.

EXPANSION

Cultural Comparison Have students work in groups of three. Tell them to compare the center of French towns and cities with the center of the town or city in which their high school is located. Have them list the similarities and differences in a two-column chart under the headings **Similitudes** and **Différences**. Alternatively, you can let students choose another location to compare.

EXPANSION

Villes et villages français Having a GPS or book of maps (**un plan détaillé**) is essential when visiting a French city because roads are often short, narrow, and organized on uneven grids or no grids at all. Even many lifelong residents of Paris and Lyon use maps to find their way.

LE FRANÇAIS QUOTIDIEN

Le vocabulaire du métro

bouche (*f.*) de métro	subway station entrance
correspondance (*f.*)	connection
ligne (*f.*) de métro	subway line
rame (*f.*) de métro	subway train
strapontin (*m.*)	foldaway seat
changer	to change (subway line)
monter/descendre	to get on/to get off
prendre la direction	to go in the direction

AP® Theme: Beauty and Aesthetics   Context: Architecture

LE MONDE FRANCOPHONE

Le centre des villes

Les places centrales reflètent le cœur des centres-villes.

En Belgique

La Grand-Place à Bruxelles est bordée de superbes bâtiments ornés aux riches architectures néo-gothiques et baroques du 17ᵉ siècle. Énorme, elle est considérée comme une des plus belles places du monde.

Au Maroc

La place Jemaa el-Fna à Marrakech est immense et débordante° d'activités. Et quelles activités! On y trouve des acrobates, des charmeurs de serpents, des danseurs, des groupes de musique, des conteurs° et beaucoup de restaurants ambulants°.

Ces deux places sont inscrites° au patrimoine mondial° de l'UNESCO.

débordante *overflowing* **conteurs** *storytellers* **restaurants ambulants** *food stalls* **inscrites** *registered* **patrimoine mondial** *world heritage*

AP® Theme: Beauty and Aesthetics
Context: Architecture

Le baron Haussmann

En 1853, Napoléon III demande au baron Georges Eugène Haussmann (1809-1891) de moderniser Paris. Le baron imagine alors un programme de transformation de la ville entière°. Il en est le premier vrai urbaniste. Il multiplie sa surface par deux. Pour améliorer° la circulation, il ouvre de larges avenues et des boulevards, comme le boulevard Haussmann, qu'il borde° d'immeubles bourgeois. Il crée de grands carrefours, comme l'Étoile ou **la place de la Concorde**, et de nombreux parcs et jardins. Plus de 600 km d'égouts° sont construits. Parce qu'il a aussi détruit beaucoup de bâtiments historiques, les Français ont longtemps détesté le baron Haussmann. Pourtant°, son influence a été remarquable.

entière *entire* **améliorer** *improve* **borde** *lines with* **égouts** *sewers* **Pourtant** *However*

Sur Internet

Quelle est la particularité de la ville de Rocamadour, en France?

Go to **vhlcentral.com** to find more information related to this **Culture** section.

---

2   **Complétez** Donnez une suite logique à chaque phrase.

1. En 1853, Napoléon III demande à Haussmann de... *moderniser Paris.*
2. Pour améliorer la circulation dans Paris, le baron Haussmann a créé... *de larges avenues et des boulevards.*
3. Les Français ont longtemps détesté le baron Haussmann parce qu'... *il a détruit beaucoup de bâtiments historiques.*
4. La Grand-Place est bordée de bâtiments ornés aux riches architectures... *néo-gothiques et baroques du 17ᵉ siècle.*
5. Sur la place Djem'a el-Fna on peut trouver des restaurants... *ambulants.*

3   **Une école de langues** Vous et un(e) partenaire dirigez une école de langues située en plein centre-ville. Préparez une petite présentation de votre école où vous expliquez où elle se situe, les choses à faire au centre-ville, etc. Vos camarades ont-ils envie de s'y inscrire (*enroll*)?

ACTIVITÉS

Teacher margin notes

Le français quotidien
- Point out you say **prendre une correspondance**. Remind students that a subway ticket is **un ticket**. In some cities it is possible to purchase **un carnet** or **une carte** for unlimited monthly access. The card in Paris is called **la carte Navigo**.

Portrait
- Haussmann was born in Paris and began his City Commissioner career in 1831, working in several regions of France before being asked to modernize Paris. The transformation of Paris took place between 1858 and 1870. The city's sewer system was rebuilt after a cholera epidemic.
- Have students describe the photos of **le boulevard Haussmann** and **la place de la Concorde**.

Le monde francophone
- After reading the text, ask students which place they associate with the following: **1. l'architecture baroque (la Grand-Place), 2. des acrobates (la place Jemaa el-Fna), 3. la musique et la danse (la place Jemaa el-Fna)**
- Then ask questions about each place. Examples: **1. Où pouvez-vous manger? (sur la place Jemaa el-Fna) 2. Où pouvez-vous voir des bâtiments historiques? (sur la Grand-Place)**

2 Expansion For additional practice, give students these items. **6. Haussmann est le premier vrai... (urbaniste de Paris.) 7. Pour rendre Paris plus belle, Haussmann a créé... (de nombreux parcs et jardins.)**

3 Suggestion Have students create a map to accompany their presentation. Encourage them to indicate where places are located on the map as they talk about activities associated with each one.

21ˢᵗ Century Skills

Information and Media Literacy: Sur Internet Students access and critically evaluate information from the Internet.

Interpersonal Speaking Have students work in pairs. Tell them to write a conversation between two tourists who are taking the **métro** in Paris from the Bastille stop, to the Franklin D. Roosevelt stop (line 1), to the Trocadéro stop (line 9) using the vocabulary in **Le français quotidien**. Then have pairs role-play their conversations for the class.

EXPANSION

Debate Have students work in groups of three or four. Tell them to discuss these topics: **Les Français ont-ils eu raison de détester Haussmann? Faut-il détruire des bâtiments historiques au nom du progrès?** Then ask volunteers to report the results of their discussion to the class.

4B.1   *Le futur simple*   vhlcentral

Point de départ You already know how to use **aller** + [*infinitive*] to express actions that are going to happen in the immediate future (**le futur proche**). You will now learn the future tense to say what *will happen*.

• The future uses the same verb stems as the conditional.

Future tense of regular verbs			
	parler	**réussir**	**attendre**
je/j'	parlerai	réussirai	attendrai
tu	parleras	réussiras	attendras
il/elle/on	parlera	réussira	attendra
nous	parlerons	réussirons	attendrons
vous	parlerez	réussirez	attendrez
ils/elles	parleront	réussiront	attendront

Nous **voyagerons** cet été.   Tu ne **sortiras** pas.   Ils **attendront** Sophie.
We will travel this summer.   *You won't go out.*   *They will wait for Sophie.*

• The same patterns that you learned for forming the conditional of spelling-change **-er** verbs also apply to the future.

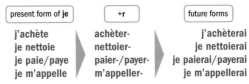

present form of je	+r	future forms
j'achète	achèter-	j'achèterai
je nettoie	nettoier-	je nettoierai
je paie/paye	paier-/payer-	je paierai/payerai
je m'appelle	m'appeller-	je m'appellerai

Ils t'**appelleront** demain.   Je te **payerai** dans deux jours.
They will call you tomorrow.   *I will pay you in two days.*

• For **-er** verbs with an **é** before the infinitive ending, form the future tense as you would with regular **-er** verbs.

Elle **répétera** les indications.   Elles **considéreront** le pour et le contre.
She will repeat the directions.   *They'll consider the pros and cons.*

• The words **le futur** and **l'avenir** (*m.*) both mean *future*. Use the first word when referring to the grammatical future; use the second word when referring to events that haven't occurred yet.

On étudie **le futur** en cours.   Je parlerai de **mon avenir** au prof.
We're studying the future (tense) in class.   *I'll speak to the teacher about my future.*

Essayez!   Complétez les phrases avec la forme correcte du futur des verbes.

1. je *mangerai* (manger)
2. il ___prendra___ (prendre)
3. on ___boira___ (boire)
4. elles ___partiront___ (partir)
5. ils ___achèteront___ (acheter)
6. vous ___choisirez___ (choisir)
7. tu ___connaîtras___ (connaître)
8. nous ___suivrons___ (suivre)

EXPANSION

Oral Practice Write the following on the board: **L'année prochaine, je/j'…**. Then ask students to complete the sentence using a verb in the **futur simple**. If they wish to use a verb with an irregular stem (such as **aller**), give them the form and tell them that they'll learn it in **Structures 4B.2**.

EXPANSION

Probable ou improbable? Read predictions about the future while students react by saying **Oui, c'est probable** or **Non, c'est peu probable**. Write the two phrases on the board before you get started and be sure to use only verbs with regular stems in the future. Example: **En l'an 3000, personne ne parlera ni français ni anglais.**

Le français vivant Ask students to find New Brunswick on a map. Point out that it is an officially bilingual province whose languages are French and English, and that it borders Quebec and Maine.

Le français vivant

Le Nouveau-Brunswick vous enchantera!

Le Nouveau-Brunswick vous habitera pour toujours. Vous aimerez ses villes cosmopolites et historiques, au style jeune et moderne. Venez faire un tour.

Identifiez Quelles formes de verbes au futur trouvez-vous dans cette publicité (*ad*)?

enchantera, habitera, aimerez

Questions À tour de rôle, avec un(e) partenaire, posez-vous ces questions et répondez.

Some answers will vary.

1. Que veut dire «Le Nouveau-Brunswick vous habitera pour toujours»?
   a. Vous habiterez toujours au Nouveau-Brunswick.
   b. Vous penserez toujours au Nouveau-Brunswick.
   c. Le Nouveau-Brunswick existera toujours.
2. Pourquoi le touriste aimera-t-il le Nouveau-Brunswick?
3. Dans quel pays se trouve le Nouveau-Brunswick? au Canada
4. Dans quelle région du monde veux-tu voyager? Cette région t'enchantera-t-elle?
5. Voyageras-tu un jour au Nouveau-Brunswick? Pourquoi?

EXPANSION

Working on Comprehension Read a set of statements about what will happen in the future with some good events and some bad ones. Students should react to the statements by giving a thumbs-up (for good events) or a thumbs-down (for bad events). Example: **On gagnera des millions à la loterie.** (thumbs-up)

PRE-AP®

Presentational Writing Have students write a half-page description of a place in the future. It can be a utopia or a dystopia. You might suggest that they use ideas from science fiction. You may need to give them forms for some verbs with irregular stems in the future.

1 Suggestion Have students do this activity in pairs. One student should read items 1–3, and the other one should restate the sentence with **futur simple**. Then they should switch roles.

2 Suggestion Students could complete this activity in phases, first writing out the sentences in the present tense and then changing the verbs from the present to the future tense.

3 Expansion ⟵👤⟶ When students have finished, have them write an ad for their ideal job and write sentences about it based on the activity's questions. Allow them to create humorous job descriptions, such as for TV watchers.

Mise en pratique

1 Projets Cécile et ses amis parlent de leurs projets (*plans*) d'avenir. Employez le futur pour refaire ses phrases.

MODÈLE Je vais chercher une belle maison.
Je chercherai une belle maison.

1. Je vais finir mes études. Je finirai mes études.
2. Philippe va me dire où trouver un travail. Philippe me dira où trouver un travail.
3. Tu vas gagner beaucoup d'argent. Tu gagneras beaucoup d'argent.
4. Mes amis vont habiter près de chez moi. Mes amis habiteront près de chez moi.
5. Mon frère et moi, nous allons acheter un chien. Mon frère et moi, nous achèterons un chien.
6. Vous allez nous rendre visite de temps en temps. Vous nous rendrez visite de temps en temps.

2 Dans l'avenir Qu'est-ce qu'Habib et sa famille vont faire cet été?

MODÈLE mon cousin / lire / dix livres
Mon cousin lira dix livres.

1. mon neveu / apprendre / nager Mon neveu apprendra à nager.
2. mes grands-parents / voyager / en voiture Mes grands-parents voyageront en voiture.
3. en août / je / conduire / ma nouvelle voiture En août, je conduirai ma nouvelle voiture.
4. mon père / écrire / cartes postales Mon père écrira des cartes postales.
5. tante Yamina / maigrir Tante Yamina maigrira.
6. nous / vendre / notre vieille voiture Nous vendrons notre vieille voiture.

3 Je cherche du travail Regardez ces deux annonces (*ads*). Ensuite, avec un(e) partenaire, posez-vous ces questions et parlez du travail que vous préférez. Answers will vary.

NOUVEAU RESTAURANT CHERCHE SERVEUR/ SERVEUSE
Cinq ans d'expérience minimum.
Cuisine française.
Du mardi au samedi
de 16h30 à 23h30;
le dimanche de 11h30 à 22h30
Salaire 1.600 euros par mois,
avec une augmentation après six mois
Métro: Goncourt
Téléphonez au: 01.40.96.31.15

TRAVAILLEZ COMME COIFFEUR/ COIFFEUSE
Excellent salaire:
2.250 euros par mois
Deux ans d'expérience
Pour commencer
immédiatement
Horaires: mardi, mercredi,
jeudi, de 9h00 à 15h00
Téléphonez pour rendez-vous
au: 01.38.18.42.90

1. Quel emploi préfères-tu? Pourquoi?
2. À quelle heure arriveras-tu au travail? À quelle heure sortiras-tu?
3. T'amuseras-tu au travail? Pourquoi?
4. Combien gagneras-tu?
5. Prendras-tu le métro? Pourquoi?
6. Chercheras-tu un autre emploi l'année prochaine? Pourquoi?

Communication

4 **Chez la voyante** Vous voulez savoir ce qui (*what*) vous attend dans l'avenir. Vous allez chez une voyante (*fortune-teller*) et vous lui posez ces questions. Jouez les deux rôles avec un(e) partenaire, puis échangez les rôles. Answers will vary.

1. Où est-ce que je travaillerai cet été?
2. Où est-ce que j'habiterai dans 20 ans?
3. Avec qui est-ce que je partagerai ma vie?
4. Quelle voiture est-ce que je conduirai?
5. Est-ce que je m'occuperai de ma santé?
6. Qu'est-ce que j'aimerai faire pour m'amuser?
7. Où est-ce que je passerai mes vacances?
8. Où est-ce que je dépenserai mon argent?

5 **L'horoscope** Avec un(e) partenaire, préparez par écrit l'horoscope d'une célébrité. Ensuite, par groupes de quatre, lisez cet horoscope à vos camarades qui essaieront de découvrir l'identité de la personne. Answers will vary.

MODÈLE

Vous travaillerez comme actrice de cinéma. Vous jouerez dans beaucoup de films français et américains. Vous jouerez des rôles divers dans des films comiques comme Midnight in Paris *et dans des films animés comme* Le Petit Prince. *(réponse: Marion Cotillard)*

6 **Partir très loin** Vous et votre partenaire avez décidé de prendre des vacances très loin de chez vous. Regardez les photos et choisissez deux endroits où vous voulez aller, puis comparez-les. Utilisez ces questions pour vous guider. Ensuite, présentez vos réponses à la classe. Answers will vary.

- Qu'apporterez-vous?
- Quand partirez-vous?
- Qui vous accompagnera?
- Que visiterez-vous?
- Comment vous détendrez-vous?
- Quand rentrerez-vous?

4 Expansion Have fortune-tellers record predictions. Then ask volunteers to read the most interesting predictions to the class.

4 Virtual Chat You can also assign Activity 4 on vhlcentral.com. Students record individual responses that appear in your gradebook.

5 Suggestion Discreetly assign a picture of a celebrity from magazines or the Internet to each pair.

6 Suggestion You might suggest that students use **on** rather than **nous** in their sentences so that they are typical of informal, everyday speech.

7 Expansion Have students take notes on their partner's responses and write a written summary of what they heard. Partners then check the summary for accuracy.

Activity Pack For additional activities, go to the **Activity Pack** in the **Resources** section of vhlcentral.com.

EXPANSION

Extra Practice Write the following sentence starter on the board: **Dans dix ans, je ...** Tell students to think about the goals they would like to achieve by that time. Then give them two minutes to write as many endings to the sentence using the future tense as they can. Have them share their goals in small groups. Are there any that the majority of group members have in common?

PRE-AP®

Presentational Writing Have students write a short persuasive essay in which they explain why one of the vacation spots featured in **Activité 6** is ideal for a particular group of people (families, couples, singles, travelers on a budget, etc.) Tell them their essay should have three paragraphs: an introduction with their opinion, a body that supports that opinion, and a conclusion.

233

4B.2 Irregular stems in the *futur simple*   vhlcentral

Point de départ In the previous grammar point, you learned how to form the future tense. Although the future endings are the same for all verbs, some verbs use irregular stems. They are the same irregular stems you learned for the conditional.

Irregular verbs in the future

infinitive	stem	future forms
aller	ir-	j'irai
apercevoir	apercevr-	j'apercevrai
avoir	aur-	j'aurai
devoir	devr-	je devrai
envoyer	enverr-	j'enverrai
être	ser-	je serai
faire	fer-	je ferai
pouvoir	pourr-	je pourrai
recevoir	recevr-	je recevrai
savoir	saur-	je saurai
venir	viendr-	je viendrai
vouloir	voudr-	je voudrai

Vous **aurez** des vacances?
Will you have vacation?

Nous **irons** en Tunisie.
We will go to Tunisia.

Il **enverra** des cartes postales.
He will send postcards.

Tu les **recevras** dans une semaine.
You will receive them in a week.

- The verbs **devenir**, **maintenir**, **retenir**, **revenir**, and **tenir** are formed like **venir** in the future tense, just as they are in the present tense.

Nous **reviendrons** bientôt.
We will come back soon.

Tu **deviendras** architecte un jour?
Will you become an architect one day?

- The future forms of **il y a**, **il faut**, and **il pleut** are, respectively, **il y aura**, **il faudra**, and **il pleuvra**.

Il **faudra** apporter le parapluie.
We'll need to bring the umbrella.

Tu penses qu'il **pleuvra** ce week-end?
Do you think it will rain this weekend?

Essayez!   Conjuguez ces verbes au futur.

1. je/j' (aller, vouloir, savoir) ___*irai, voudrai, saurai*___
2. tu (faire, pouvoir, envoyer) ___feras, pourras, enverras___
3. Marc (venir, être, apercevoir) ___viendra, sera, apercevra___
4. nous (avoir, devoir, faire) ___aurons, devrons, ferons___
5. vous (recevoir, tenir, aller) ___recevrez, tiendrez, irez___
6. elles (vouloir, faire, être) ___voudront, feront, seront___
7. je/j' (devenir, pouvoir, envoyer) ___deviendrai, pourrai, enverrai___
8. elle (aller, avoir, vouloir) ___ira, aura, voudra___

Le français vivant

Un emplacement unique,
près du parc Vendôme

Le Voltaire à Nice

À 500 mètres du magnifique parc Vendôme, il y aura
bientôt le Voltaire: une belle architecture, de grands
appartements, avec terrasses et balcons. Vous viendrez
visiter et vous ne voudrez plus repartir. Vous serez charmé.

AGENCE IMMO

Identifiez Quelles formes de verbes au futur trouvez-vous dans cette publicité (*ad*)?

aura, viendrez, voudrez, serez

Questions À tour de rôle, avec un(e) partenaire, posez-vous ces questions et répondez.

Some answers will vary.

1. Où se trouvera bientôt le Voltaire? Il se trouvera à 500 mètres du magnifique parc Vendôme.

2. Quelle sera l'architecture des appartements?
L'architecture sera belle avec de grands appartements, avec terrasses et balcons.

3. D'après (*According to*) la pub, quel effet une visite au Voltaire peut-elle avoir?
Vous ne voudrez plus repartir. Vous serez charmé.

4. As-tu été dans un appartement que tu n'as pas voulu quitter? Habiteras-tu un jour dans
un appartement comme ça? Answers will vary.

5. Quelles boutiques et quels bureaux y aura-t-il autour du Voltaire? Answers will vary.

Le français vivant After
students have read the ad aloud,
point out the phrase **vous ne
voudrez plus repartir.** Ask the
class what they think it means.
Then ask individual students
what they think of the building:
**Comment trouvez-vous
le Voltaire?**

EXPANSION

Writing Practice Write a series of situations on the board and
have students respond to each one with a sentence using the
future tense. Examples: **Le ciel** (*sky*) **est gris. (Il pleuvra.) Anne
a besoin d'acheter des timbres. (Elle ira à la poste.)**

EXPANSION

Pairs Teach the expression **Quand les poules auront des dents**
and then add ellipses (**...**) after it and tell the class to complete
the thought by describing an improbable scenario with a
partner. Example: **...moi, j'irai à la bibliothèque le samedi soir.**
When students have completed their work in pairs, have them
share it with the class.

235

Expansion Have students create a series of illustrations accompanied by text telling what they'll be doing next week.

Suggestion To make sure that students understand the passage they just completed, read each sentence back to them and ask the class if their dream life would be similar. Example: **Et vous? Est-ce que vous rêvez d'avoir une grande maison?**

Suggestion Write this paradigm on the board to help students with the activity: **si** + *present tense verb* → *future tense verb*. Make certain that the class understands the concept of **si** clauses before they complete the activity.

Mise en pratique

1 **Que ferai-je?** Que feront ces personnes la semaine prochaine?

▶ **MODÈLE**
J'étudierai.

je / étudier

1. nous / faire
Nous ferons du shopping.

2. tu / être
Tu seras à la plage.

3. vous / aller
Vous irez au cinéma.

4. Yves / devoir
Yves devra travailler.

5. Anne et Sara / acheter
Anne et Sara achèteront des fleurs.

6. Rachid / envoyer
Rachid enverra une lettre.

2 **Le rêve de Stéphanie** Complétez les phrases pour décrire le rêve (*dream*) de Stéphanie. Employez le futur des verbes. Answers will vary.

Quand j' (1) ___aurai___ (avoir) 26 ans, j' (2) ___irai___ (aller) habiter au bord de la mer. Mon beau mari (3) ___sera___ (être) avec moi et nous (4) ___aurons___ (avoir) une grande maison. Je ne (5) ___ferai___ (faire) rien à la maison. Nos amis (6) ___viendront___ (venir) nous rendre visite tous les week-ends. Nous (7) ___pourrons___ (pouvoir) nager et nous (8) ___serons___ (être) heureux.

3 **Si...** Avec un(e) partenaire, finissez ces phrases à tour de rôle. Employez le futur des verbes de la liste dans toutes vos réponses.

MODÈLE Si (*If*) mon ami(e) ne me téléphone pas ce soir, ...
Si mon amie ne me téléphone pas ce soir, je ne ferai pas de gym demain.

aller	devoir	faire	venir
avoir	être	pouvoir	vouloir

1. Si on m'invite à une fête samedi soir, ...
2. Si mes parents me donnent $1.000, ...
3. Si mon père me prête sa voiture, ...
4. Si le temps est mauvais, ...
5. Si je suis fatigué(e) vendredi, ...
6. Si ma meilleure amie me rend visite, ...
7. Si j'ai de bonnes notes ce semestre, ...
8. Si je ne dors pas bien cette nuit, ...
9. Si on a des difficultés en cours, ...

Communication

4 **Faites des projets** Travaillez avec un(e) camarade de classe pour faire des projets (*plans*) pour ces événements qui auront lieu dans l'avenir. <small>Answers will vary.</small>

MODÈLE

Élève 1: *Après le lycée, j'irai à l'université. Plus tard, j'enseignerai dans un lycée où je pourrai travailler avec les adolescents.*
Élève 2: *Moi, après le lycée, j'irai en Europe. Je travaillerai comme serveuse dans un café.*

1. Samedi soir: Décidez où vous irez et comment vous y arriverez.
2. Les prochaines vacances: Parlez de ce que (*what*) vous ferez. Que visiterez-vous?
3. Votre prochain anniversaire: Quel âge aurez-vous? Que ferez-vous? Avec qui ferez-vous la fête?
4. Votre vie professionnelle: Que ferez-vous après le lycée? Où irez-vous?
5. À 30 ans: Où serez-vous? Que ferez-vous? Avec qui partagerez-vous votre vie?

5 **Prédictions** Par groupes de trois, parlez de comment sera le monde en 2025, 2050 et 2100. Utilisez votre imagination. <small>Answers will vary.</small>

6 **Demain** Avec un(e) partenaire, parlez de ce que (*what*) vous, votre famille et vos amis ferez demain. <small>Answers will vary.</small>

MODÈLE

Élève 1: *Que feras-tu demain à midi?*
Élève 2: *Demain à midi, j'irai poster une lettre. Mon frère fera ses devoirs.*

vendredi	samedi
8h00 _____	8h00 _____
_____	10h00 _____
10h00 _____	12h00 _____
_____	14h00 _____
12h00 _____	16h00 _____
_____	18h00 _____
14h00 _____	20h00 _____
_____	22h00 _____
16h00 _____	**dimanche**
_____	8h00 _____
18h00 _____	10h00 _____
_____	12h00 _____
20h00 _____	14h00 _____
_____	16h00 _____
22h00 _____	18h00 _____
_____	20h00 _____
	22h00 _____

7 **Bonnes résolutions!** C'est bientôt le nouvel an et vous faites des résolutions. Avec un(e) partenaire, parlez à tour de rôle de cinq choses que vous changerez dans votre vie l'année prochaine.

MODÈLE

Élève 1: *L'année prochaine, je mangerai moins de pizzas et je ferai plus de sport.*
Élève 2: *Moi, je ferai plus attention en classe et j'aurai de meilleures notes.*

---

4 Suggestion If students aren't comfortable sharing personal information, tell them that they can answer the questions in the activity for a well-known person or a fictional character.

5 Expansion Teach a few reactions for students to use in response to their group members' predictions. Examples: **Ah, oui, c'est sûr! Mais non! C'est une blague ou quoi?**

6 Suggestion To simplify the presentations, have students present only their partner's plans for tomorrow.

7 Expansion Have students provide encouragement to their partner by pre-teaching them **Si** + *present tense verb, future tense verb.* Example: **Si tu mange moins de pizzas, tu maigriras!**

Activity Pack For additional activities, go to the **Activity Pack** in the **Resources** section of vhlcentral.com.

DIFFERENTIATION

Slower Pace Students Have students fill out the chat in **Activité 6** with their family's activities before the complete the activity with a partner. You might also wish to limit the conversation to just one day.

EXPANSION

Debate Tell the class that they will debate what **la vie en ville** will be like in the future. Divide the class into two teams. One team will take a positive view of the future, while the other takes a negative view. Give teams time to prepare their predictions and then guide them in a debate. Remind them to support their ideas with examples and logical reasoning.

Révision

1 **La ville** À tour de rôle, donnez des indications à un(e) partenaire pour aller du lycée jusqu'à d'autres endroits en ville. Employez le futur. Answers will vary.

MODÈLE

Élève 1: Tu sortiras du bâtiment et tu tourneras à gauche. Ensuite, tu traverseras la rue. Où seras-tu?
Élève 2: Je serai à la bibliothèque.

2 **La visite de Québec** Avec un(e) partenaire, vous visitez la ville de Québec. Préparez un itinéraire de votre visite où vous vous arrêterez souvent pour visiter ou acheter quelque chose, manger, boire, etc. Soyez prêt(e)s à présenter votre itinéraire à la classe. Answers will vary.

MODÈLE

Élève 1: Le matin, nous prendrons le petit-déjeuner dans l'hôtel.
Élève 2: Ensuite, nous irons visiter le musée de la Civilisation.

Québec vous attend!

Visitez:
- le château Frontenac
- la terrasse Dufferin
- le musée de la Civilisation
- la basilique Notre Dame-de-Québec
- le musée de l'Amérique française
et beaucoup plus!

3 **Ma future maison** Avec un(e) partenaire, parlez de votre future maison et de ses pièces, de son jardin, du quartier et de vos voisins. Utilisez le futur et ces prépositions pour les décrire. Ensuite, présentez les projets (plans) de votre partenaire à la classe. Answers will vary.

MODÈLE

Élève 1: Il y aura un énorme jardin devant ma future maison.
Élève 2: Je n'aurai aucun voisin en face de ma future maison.

à droite (de)	autour (de)	en face (de)
à gauche (de)	derrière	loin (de)
au bout (de)	devant	(tout) près (de)
au milieu de		

4 **Une visite** Vous invitez votre partenaire à venir vous rendre visite chez vous. Expliquez-lui le chemin du lycée jusqu'à votre maison. Ensuite, votre partenaire donnera ces indications à un(e) autre camarade, qui vous les répétera. Les indications sont-elles toujours correctes? Utilisez le futur et alternez les rôles. Answers will vary.

MODÈLE

Élève 1: Tu sortiras du lycée, tu iras jusqu'au centre-ville et tu passeras la mairie où tu tourneras à droite.
Élève 2: D'accord, à droite à la mairie. Et après, j'irai où?

5 **Des prévisions météo** Avec un(e) partenaire, parlez des prévisions météo pour le week-end prochain. Chacun(e) (Each one) doit faire cinq prévisions et dire ce qu'on (what one) peut faire par ce temps. Soyez prêt(e)s à parler de vos prévisions et des possibilités pour le week-end devant la classe. Answers will vary.

MODÈLE

Élève 1: Samedi, il fera beau dans le nord. On pourra faire une promenade.
Élève 2: Dimanche, il pleuvra dans l'ouest. On devra passer la journée dans l'appartement.

    samedi   **dimanche**

6 **La vie de Gaëlle et de Marc** Votre professeur va vous donner, à vous et à votre partenaire, deux feuilles d'activités différentes sur l'avenir de Gaëlle et de Marc. Attention! Ne regardez pas la feuille de votre partenaire. Answers will vary.

MODÈLE

Élève 1: Marc et Gaëlle finiront leurs études au lycée.
Élève 2: Ensuite, ...

À l'écoute vhlcentral

STRATÉGIE

Using background information

Once you discern the topic of a conversation, take a minute to think about what you already know about the subject. Using this background information will help you guess the meaning of unknown words and linguistic structures.

🔊 To help you practice this strategy, you will listen to a short paragraph. Jot down the subject of the paragraph, and then use your knowledge of the subject to listen for and write down the paragraph's main points.

Préparation

Regardez la photo. Combien de personnes y a-t-il? Où sont-elles? Que font-elles? D'après vous, de quoi parlent-elles?

🔊 À vous d'écouter

Écoutez la conversation entre Amélie et Christophe. Puis, écoutez une deuxième fois et notez les quatre choses qu'ils vont faire ce matin. Comparez vos notes avec celles d'un(e) camarade.

ouvrir un compte en banque

acheter des livres à la librairie

aller à la mairie

aller à la laverie

Compréhension

Vrai ou faux? Indiquez si les phrases sont **vraies** ou **fausses**. Corrigez les phrases fausses.

1. Amélie habite cette ville depuis toujours.
   Faux. Elle habite cette ville depuis un mois.
2. Amélie ne connaît pas bien la ville.
   Vrai.
3. Christophe recommande la Banque de l'Ouest parce qu'il aime beaucoup son architecture. Faux. Il la recommande parce qu'elle est tout près et parce qu'il y a un distributeur automatique juste au coin de la rue.
4. La Banque de l'Ouest est en face d'une bijouterie.
   Faux. Elle est en face d'une pharmacie.
5. Amélie a besoin d'emprunter de l'argent à la banque.
   Faux. Elle veut ouvrir un compte en banque.
6. Amélie veut aller à la bibliothèque pour chercher des livres.
   Faux. Elle veut aller à une librairie pour acheter des livres.
7. La librairie Molière est près d'un jardin public.
   Vrai.
8. Christophe demande à Amélie si elle peut aller chercher un colis à la poste.
   Faux. Il lui demande de déposer un formulaire à la mairie.
9. Pour aller à la mairie, on doit traverser un pont.
   Vrai.
10. Ce matin, Christophe doit aller à la papeterie.
    Faux. Il doit aller à la laverie.

Dans votre ville Amélie passe une année dans votre lycée. Elle vous pose les mêmes questions qu'elle a posées à Christophe. Écrivez-lui un petit mot pour lui expliquer comment aller, d'abord, du lycée à une banque qui se trouve dans le quartier. Puis, expliquez-lui comment aller de cette banque à un supermarché où les habitants du quartier font souvent leurs courses. Demandez aussi à Amélie si elle peut faire une petite course pour vous et expliquez-lui où se trouve l'endroit où elle devra aller.

deux cent trente-neuf **239**

Section Goals

In this section, students will:
- learn to use background information
- listen for the subject and main points in a paragraph
- listen to a conversation and complete several activities

Key Standards
1.2, 2.1

Stratégie
Script La nuit dernière, il y a eu un cambriolage à la Banque Monet. Le directeur, Monsieur Dumais, a appelé le commissariat de police aussitôt qu'il est arrivé à la banque, vers huit heures trente ce matin. Pour l'instant, on ne sait pas encore combien d'argent a été volé.
Teacher Resources DVD

À vous d'écouter
Script AMÉLIE: Dis, Christophe, j'habite ici depuis un mois et je n'ai pas encore ouvert de compte en banque. Quelle banque est-ce que tu me recommandes?
CHRISTOPHE: La Banque de l'Ouest. Elle est tout près d'ici et il y a un distributeur automatique juste au coin de la rue. Tu sais où elle se trouve?
A: Non. Elle est où?
C: Dans la rue Flaubert. Pour y aller, tu prends le boulevard Jean Jaurès et au carrefour, tu tournes à droite. La banque est à l'angle de la rue Victor Hugo, en face de la pharmacie.
A: D'accord. Et je dois aussi acheter des livres. Tu connais une bonne librairie?
C: Oui, la meilleure, c'est la librairie Molière, dans l'avenue de la République. Alors, pour y aller de la banque, tu prends la rue du Ménil et au bout de la rue, tu traverses la place d'Armes. Ensuite, tu descends l'avenue Girard et tu tournes à droite dans l'avenue de la République. Là-bas, tu trouveras la librairie, près du jardin public. Dis, est-ce que tu voudrais bien faire une petite course pour moi?
A: Oui, bien sûr.
C: C'est dans le quartier. J'ai besoin de déposer ce formulaire à la mairie.
A: OK. Elle est où, la mairie?
C: Alors, la mairie est sur la place Bellevue. De la librairie, tu continues tout droit dans

l'avenue de la République. Ensuite, tu prends à gauche sur le boulevard Henri IV. Tu prends le pont Alexandre Dumas et la mairie sera juste là, de l'autre côté du pont, sur la place Bellevue.
A: Bon, d'accord, pas de problème. Et toi, qu'est-ce que tu vas faire ce matin?

C: Je vais aller à la laverie. J'ai plein de lessive à faire.
A: Eh bien bon courage, alors! À tout à l'heure.
C: Salut!
Teacher Resources DVD

Savoir-faire

vhlcentral

Panorama

un pèlerinage° à la cathédrale de Chartres

Les Pays de la Loire

La région en chiffres

▶ **Superficie:** *32.082 km²*

▶ **Population:** *3.689.465*
SOURCE: INSEE

▶ **Industries principales:** *aéronautique, agriculture, informatique, tourisme*

▶ **Villes principales:** *Angers, Laval, Le Mans, Nantes, Saint Nazaire*

Personnes célèbres

▶ Claire Bretécher, *dessinatrice de bandes dessinées (1940–)*

▶ Léon Bollée, *inventeur d'automobiles (1870–1913)*

▶ Jules Verne, *écrivain° (1828–1905)*

Le Centre-Val de Loire

La région en chiffres

▶ **Superficie:** *39.152 km²*

▶ **Population:** *2.556.835*

▶ **Industrie principale:** *tourisme*

▶ **Villes principales:** *Bourges, Chartres, Orléans, Tours, Vierzon*

Personnes célèbres

▶ Honoré de Balzac, *écrivain (1799–1850)*

▶ George Sand, *écrivaine (1804–1876)*

▶ Gérard Depardieu, *acteur (1948–)*

écrivain *writer* Construit *Constructed* siècle *century* chaque *each*
logis *living area* hélice *helix* même *same* ne se croisent jamais *never cross*
pèlerinage *pilgrimage* course *race*

240 *deux cent quarante*

LA FRANCE

la Mayenne
la Sarthe

Laval
Le Mans
Chartres

PAYS DE LA LOIRE
St.-Nazaire
Angers
le Loir
Orléans
la Loire
Chambord
Tours
Chenonceaux
Nantes
Saumur
Cholet
l'Indre
le Cher
Vierzon
Bourges

L'île de Noirmoutier
CENTRE-VAL DE LOIRE
Châteauroux

L'île d'Yeu
La Roche-sur-Yon

Les Sables-d'Olonne
la Vienne

L'OCÉAN ATLANTIQUE

le Vendée Globe, course° nautique

la Loire

0   50 miles
0   50 kilomètres

Incroyable mais vrai!

Construit° au XVIe (seizième) siècle°, l'architecture du château de Chambord est influencée par Léonard de Vinci. Le château a 440 pièces, 84 escaliers et 365 cheminées (une pour chaque° jour de l'année). Le logis° central a deux escaliers en forme de double hélice°. Les escaliers vont dans la même° direction, mais ne se croisent jamais°.

Les monuments

AP® Theme: Beauty and Aesthetics
Context: Architecture

La vallée des rois°

La vallée de la Loire, avec ses châteaux, est appelée la vallée des rois. C'est au XVIe (seizième) siècle° que les Valois° quittent Paris pour habiter dans la région, où ils construisent° de nombreux° châteaux de style Renaissance. François Ier inaugure le siècle des «rois voyageurs»: ceux° qui vont d'un château à l'autre avec leur cour° et toutes leurs possessions. Chenonceau, Chambord et Amboise sont aujourd'hui les châteaux les plus° visités.

Les festivals

AP® Theme: Beauty and Aesthetics
Context: Music

Le Printemps de Bourges

Le Printemps de Bourges est un festival de musique qui a lieu° chaque année, en avril. Pendant une semaine, tous les styles de musique sont représentés: variété française, musiques du monde, rock, musique électronique, reggae, hip-hop, etc... Il y a des dizaines° de spectacles, de nombreux artistes, des milliers° de spectateurs et des noms légendaires comme Serge Gainsbourg, Yves Montand, Ray Charles et Johnny Clegg.

Les sports

AP® Theme: Contemporary Life
Context: Leisure and Sport

Les 24 heures du Mans

Les 24 heures du Mans, c'est la course° d'endurance automobile la plus célèbre° du monde. Depuis° 1923, de prestigieuses marques° y° participent. C'est sur ce circuit de 13,6 km que Ferrari gagne neuf victoires et que Porsche détient° le record de 16 victoires avec une vitesse moyenne° de 222 km/h sur 5.335 km. Il existe aussi les 24 heures du Mans moto°.

Les destinations

AP® Theme: Contemporary Life
Context: Travel

Les Machines de l'Île

Les Machines de l'Île est un projet artistique installé sur le site des anciens chantiers navals° de l'Île de Nantes. C'est un monde fantastique habité par de grands animaux mécaniques tels qu'°un énorme héron, une fourmi° géante et un calamar à rétropropulsion. Mais la créature la plus extraordinaire de toutes est le Grand Éléphant qui transporte jusqu'à° 50 passagers entre les installations du parc. Être sur son dos°, c'est comme être au 4e étage d'une maison. Avec environ° 600.000 visiteurs chaque année, le projet des Machines de l'Île a donné une vocation nouvelle aux chantiers tout en respectant° le passé.

Qu'est-ce que vous avez appris? Répondez aux questions.

1. Quel événement peut-on voir aux Sables d'Olonne?
   Le Vendée Globe, une course nautique.
2. Au seizième siècle, qui influence le style de construction de Chambord? Léonard de Vinci.
3. Combien de cheminées y a-t-il à Chambord?
   365
4. De quel style sont les châteaux de la Loire?
   Renaissance.
5. Pourquoi les Valois sont-ils «les rois voyageurs»?
   Ils sont «les rois voyageurs» parce qu'ils vont d'un château à l'autre avec toutes leurs possessions.

6. Qu'est-ce que le Printemps de Bourges?
   Un festival de musique.
7. Qu'est-ce que les 24 heures du Mans?
   Une course d'endurance automobile.
8. Quel autre type de course existe-t-il au Mans?
   Une course de moto.
9. À quel site les Machines de l'Île ont-elles donné une vocation nouvelle? Aux anciens chantiers navals.
10. Que sont les Machines de l'Île?
    De grands animaux mécaniques.

Sur Internet

1. Trouvez des informations sur le Vendée Globe. Quel est l'itinéraire de la course? Combien de bateaux (*boats*) y participent chaque année?

2. Qui étaient (*were*) les artistes invités au dernier Printemps de Bourges? En connaissez-vous quelques-uns? (*Do you know some of them?*)

rois *kings* **siècle** *century* **les Valois** *name of a royal dynasty* **construisent** *build* **de nombreux** *numerous* **ceux** *those* **cour** *court* **les plus** *the most* **a lieu** *takes place* **dizaines** *dozens* **milliers** *thousands* **course** *race* **célèbre** *famous* **Depuis** *Since* **marques** *brands* **y** *there* **détient** *holds* **vitesse moyenne** *average speed* **moto** *motorcycle* **chantiers navals** *shipyards* **tels qu'** *such as* **fourmi** *ant* **jusqu'à** *up to* **dos** *back* **environ** *around* **tout en respectant** *all the while respecting*

EXPANSION

Cultural Activity Considering the historical, architectural, and cultural richness of the regions **Pays de la Loire** and **Centre**, it's no wonder they are part of the World Heritage List of UNESCO (United Nations Education, Scientific, and Cultural Organization). Have students explore UNESCO's website to find out more. Ask students to search the World Heritage List for other places from these regions.

PRE-AP®

Presentational Speaking During the reign of François Ier, the Renaissance period was at its height. There was increasing interest in arts and humanism, which was evident in the court life at the châteaux. Have small groups research aspects of court life such as the food they ate, activities they participated in, and the preferred kinds of music, literature, and art. Have each group make a presentation on their findings.

La vallée des rois

François Ier (1515–1547) and his court resided and traveled between his châteaux in Amboise, Blois, and Chambord. The castles were first built as defense structures but later evolved into decorative palaces. With less of a need for defense, elements like moats and towers remained as symbols of rank and ancestry. Other magnificent châteaux of the area are Azay-le-Rideau, Chenonceau, Villandry, Saumur, Ussé, Chaumont, and Cour-Cheverny.

Le Printemps de Bourges

This music festival has been taking place every spring since its creation in 1977. Festival goers can listen to the music of up-and-coming talent as well as world-renowned artists. Musicians play in a variety of locations on outdoor and indoor stages. Some shows are free to the public.

Les 24 heures du Mans

The biggest names in sports car racing come to test their speed, endurance, and reliability on the 13.6 km (8.5 mile) track. The driver of the car to travel the greatest distance within the 24-hour period is the champion. Over 250,000 fans and hundreds of journalists come to Le Mans in June for one of the best-known automobile races in the world.

Les Machines de l'Île

Les Machines de l'Île is an artistic and cultural project designed in part to bring new life to Nantes' former shipyards, a symbol of the industry for which the city was once famous. The former shipyards, located on the banks of the Loire, now house **La Galérie des Machines** which showcases a variety of giant mechanical animals and contains a laboratory where machinists explain their functioning and **Le Carroussel des Mondes Marins** where visitors can view an aquarium of mechanical sea creatures.

21st Century Skills

Information and Media Literacy: Sur Internet
Students access and critically evaluate information from the Internet.

Section Goals

In this section, students will:
• learn to visualize to understand the text
• read a poem in French

Key Standards
1.2, 1.3, 2.2, 3.2, 5.2

 PRE-AP®

Interpretive Reading:
Stratégie Tell students that visualizing, or creating mental images as they read, will help them improve their comprehension. Point out that each person visualizes differently because everyone has different experiences. Tell students to create mental images as they read: **Étienne montait l'escalier quand il a vu l'accident**. Then, ask students to share their visualizations. Say: **Décrivez Étienne. Où se trouve l'escalier? Décrivez l'accident.**

Examinez le texte To practice visualizing, read aloud the first two lines of the poem while students follow along in their text. Discuss as a class the images evoked, and then compare them with the illustration on the page.

À propos de l'auteur Jacques Charpentreau produced many works in multiple genres throughout his life. Many anthologies include his writing, and his poems form part of the elementary school curriculum in France. His poetry is known for its lyricism and rhythm as well as its accessibility to a wide range of audiences. Many of them have been turned into songs. **«Suppositions»** was originally published in his 1981 work, **Mots et Merveilles**.

Lecture   vhlcentral

Avant la lecture

AP® **Theme:** Beauty and Aesthetics
Context: Literature

STRATÉGIE

Visualizing

Visualizing is creating mental pictures as you read a text. You can use the writer's words but also your own imagination to form pictures in your mind. This helps you understand the text because you are looking beyond the words and creating images. Through the images, you can recall what you've read. Visualizing also makes reading a more personal experience.

Examinez le texte

Pour chaque vers que vous lisez du poème, faites-vous une image mentale. Quand vous aurez fini le poème, comparez vos images mentales au dessin sur ces pages.

À propos de l'auteur
Jacques Charpentreau (1928–2016)

Jacques Charpentreau a été à la fois un enseignant° et un poète. Il a travaillé toute sa vie comme instituteur° et professeur de français à Paris, tout en restant° très actif dans le domaine de la poésie. Il a ainsi dirigé plusieurs collections de poésie pour diverses maisons d'édition° et a produit lui-même une variété d'œuvres°: surtout des recueils° de poésie, des contes et des nouvelles°, mais  aussi des dictionnaires, des traductions poétiques, des pamphlets ou des essais. Charpentreau a reçu différents prix littéraires au cours de sa carrière et ses poèmes ont souvent été mis en musique. Sa poésie est agréable à lire, rythmée et harmonieuse, et plusieurs de ses poèmes sont devenus des classiques que l'on étudie dans les écoles françaises et à l'étranger.

enseignant *teacher* **instituteur** *elementary school teacher* **tout en restant** *while remaining* **maisons d'édition** *publishers* **œuvres** *works* **recueils** *collections* **nouvelles** *short stories*

Suppositions
◀)) Jacques Charpentreau

1   Si la Tour Eiffel montait
    Moins haut° que le bout de son nez,
    Si l'Arc de Triomphe était
    Un peu moins lourd° à porter,
5   Si l'Opéra se pliait°,
    Si la Seine se roulait°,
    Si les ponts se dégonflaient°,
    Si tous les gens se tassaient°
    Un peu plus dans le métro,
10 Si l'on retirait des rues
    Les guéridons° des bistrots,
    Les obèses, les ventrus°,
    Les porteurs de grands chapeaux,
    Si l'on ôtait° les autos,
15 Si l'on rasait les barbus°,
    Si l'on comptait les kilos
    À deux cents grammes pas plus,
    Si Montmartre se tassait,
    Si les trop gros maigrissaient,
20 Si les tours° rapetissaient°,
    Si le Louvre s'envolait°,
    Si l'on rentrait les oreilles,
    Avec des Si l'on mettrait
    Paris dans une bouteille.

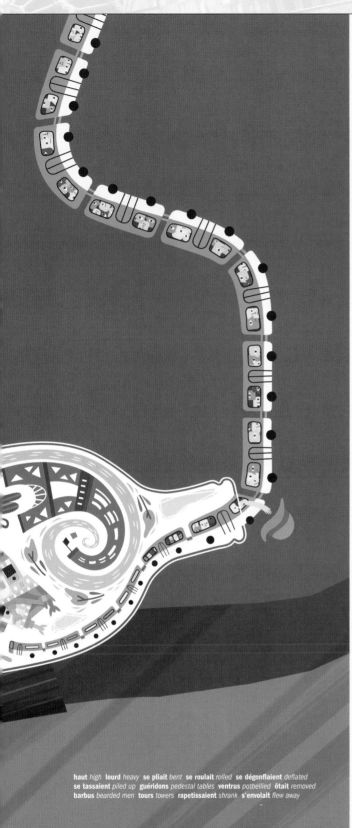

Après la lecture

Vrai ou faux? Indiquez si les phrases sont **vraies** ou **fausses**. Citez le texte pour justifier vos réponses.

L'auteur dit...

		Vrai	Faux
1.	que la Tour Eiffel devrait être moins lourde. «Si la Tour Eiffel montait moins haut que le bout de son nez»	☐	☑
2.	que l'Arc de Triomphe devrait être plus léger (*light*). «Si l'Arc de Triomphe était un peu moins lourd à porter»	☑	☐
3.	qu'il devrait y avoir plus de ponts sur la Seine. «Si la Seine se roulait, si les ponts se dégonflaient»	☐	☑
4.	que les gens devraient arrêter de prendre le métro. «Si tous les gens se tassaient un peu plus dans le métro»	☐	☑
5.	qu'on devrait enlever (*remove*) les guéridons des rues. «Si l'on retirait des rues les guéridons des bistrots»	☑	☐
6.	qu'on devrait enlever les voitures. «Si l'on ôtait les autos»	☑	☐
7.	qu'un kilo devrait faire la moitié (*half*). «Si l'on comptait les kilos a deux cents grammes pas plus»	☐	☑
8.	que les gens trop gros devraient maigrir. «Si les trop gros maigrissaient»	☑	☐
9.	que les tours devraient être plus grandes. «Si les tours rapetissaient»	☐	☑
10.	que le Louvre a des oreilles. «Si le Louvre s'envolait»	☐	☑

Question de taille Le poème évoque l'idée que la réalité pourrait être modifiée à travers trois images principales: aller plus haut, disparaître et rapetisser. Faites une liste de tous les changements en rapport avec ces idées qui sont mentionnés dans le texte et classez-les selon ces trois grandes catégories. Est-ce qu'il y a des changements qu'on ne peut classer dans aucune (*none*) de ces catégories? Si oui, lesquels?

À votre tour Écrivez un poème de cinq ou six phrases, dans le même style que le poème *Suppositions*, sur un thème de votre choix. Utilisez une ou deux image(s) de votre invention et essayez d'évoquer à la fois de petits détails de la vie quotidienne et des thèmes plus larges.

haut *high* **lourd** *heavy* **se pliait** *bent* **se roulait** *rolled* **se dégonflaient** *deflated*
se tassaient *piled up* **guéridons** *pedestal tables* **ventrus** *potbellied* **ôtait** *removed*
barbus *bearded men* **tours** *towers* **rapetissaient** *shrank* **s'envolait** *flew away*

Vrai ou faux? Go over the answers with the class. Then, ask for volunteers to write the supporting quotes on the board.

Question de taille Have students work in groups of three to complete this activity. Then, have each group write their responses to the last two questions, **Est-ce qu'il y a des changements qu'on ne peut classer dans aucune de ces catégories? Si oui, lesquels?** on the board. Compare and discuss with the class.

À votre tour As an alternative, ask students to write a similar poem in the same style about a city with which they are familiar. Then, ask students to read all but the last line of the poem to the class while other students guess the city.

21st Century Skills

Creativity and Innovation Ask students to prepare a presentation on one of the Parisian sites or places mentioned in the poem.

Écriture

STRATÉGIE

Using linking words

You can make your writing more sophisticated by using linking words to connect simple sentences or ideas in order to create more complex sentences. Consider these passages that illustrate this effect:

Without linking words

Aujourd'hui, j'ai fait beaucoup de courses. Je suis allé à la poste. J'ai acheté des timbres. J'ai aussi posté un colis. Je suis allé à la banque dans la rue Girardeau. J'ai perdu ma carte bancaire hier. Je devais aussi retirer de l'argent. Je suis allé à la brasserie pour déjeuner avec un ami. Je suis rentré à la maison. Ma mère rentrait du travail.

With linking words

Aujourd'hui, j'ai fait beaucoup de courses. D'abord, je suis allé à la poste. J'ai acheté des timbres et j'ai aussi posté un colis. Après, je suis allé à la banque dans la rue Girardeau, parce que j'ai perdu ma carte bancaire hier et parce que je devais aussi retirer de l'argent. Ensuite, je suis allé à la brasserie pour déjeuner avec un ami. Finalement, je suis rentré à la maison alors que ma mère rentrait du travail.

Linking words			
alors	*then*	finalement	*finally*
alors que	*as*	mais	*but*
après	*then, after that*	ou	*or*
d'abord	*first*	parce que	*because*
donc	*so*	pendant (que)	*while*
enfin	*finally*	(et) puis	*(and) then*
ensuite	*then, after that*	puisque	*since*
et	*and*	quand	*when*

Thème

Faire la description d'un nouveau commerce

Avant l'écriture

1. Avec des amis, vous allez ouvrir un commerce (*business*) dans votre quartier. Vous voulez créer quelque chose d'original qui n'existe pas encore et qui sera très utile aux habitants: un endroit où ils pourront faire plusieurs choses en même temps (par exemple, une laverie/salon de coiffure).

2. Répondez à ces questions comme point de départ de votre description.

   ■ Quel sera le nom du commerce?

   ■ Quel type de commerce voulez-vous ouvrir?

   ■ Quels seront les produits (*products*) ou services que vous vendrez? Quels seront les prix? Donnez quelques détails sur l'activité commerciale.

   ■ Où se trouvera le commerce?

   ■ Comment sera l'intérieur du commerce (style, décoration, etc.)?

   ■ Quels seront ses jours et heures d'ouverture (*business hours*)?

   ■ En quoi consistera l'originalité de votre commerce? Expliquez pourquoi votre commerce sera unique et donnez les raisons pour lesquelles (*which*) les habitants du quartier fréquenteront votre commerce.

Section Goals

In this section, students will:
• learn to use linking words
• write a description of a new business idea

Key Standards

1.3, 3.1, 5.1

Stratégie Review the list of linking words with the class and have volunteers create sentences with the words.

Thème Tell students to answer the questions first. Remind them to use linking words so that their descriptions won't sound like the first paragraph in the **Stratégie**.

Proofreading Activity Have the class correct these sentences. **1. Je vens de m'apercevoir que je n'ai pas d'espèces. 2. Il y est toujours le distributeur automatic. 3. Vous tournerez à gauche et suivez le cours jusque à la rotonde. 4. Derriere la fontaine, vous trouverez la bureau poste.**

PRE-AP®

Presentational Writing Ask students to try to convince their readers that their business will be the best of its kind in town.

---

3. Pour organiser les points principaux et les détails de votre description, utilisez vos réponses aux questions précédentes pour compléter un tableau comme celui-ci (*this one here*).

Le commerce	1. le nom:
	2. le type:
Les produits/ les services	1. le type:
	2. le prix:
	3. détails:
L'endroit	1. l'adresse:
	2. près de (monument, grand magasin, ...):
L'intérieur	1. le style:
	2. la décoration:
	3. autre information:
Les jours et heures d'ouverture	1. les horaires:
	2. les jours d'ouverture:
L'originalité	1. le style:
	2. détails:
...?	

4. Après avoir complété le tableau, regardez les phrases que vous avez écrites. Est-il possible de les combiner avec des mots de liaison (*linking words*) de la liste de **Stratégie**? Regardez cet exemple:

   Le commerce est une laverie, mais aussi un salon de coiffure, parce que nous savons que les habitants du quartier aiment pouvoir faire plusieurs choses en même temps.

5. Réécrivez les phrases que vous pouvez combiner.

Écriture

1. Utilisez les phrases du tableau et celles (*the ones*) que vous venez de combiner pour écrire la description de votre commerce.

2. Pendant que vous écrivez, trouvez d'autres phrases à combiner avec des mots de liaison.

3. Utilisez le vocabulaire de l'unité.

4. Utilisez les verbes **voir, recevoir, apercevoir** et **croire,** des expressions négatives et le futur simple.

Après l'écriture

1. Échangez votre description avec celle (*the one*) d'un(e) partenaire. Répondez à ces questions pour commenter son travail.

   - Votre partenaire a-t-il/elle inclu toutes les informations du tableau?

   - A-t-il/elle utilisé des mots de liaison pour combiner les phrases?

   - A-t-il/elle utilisé le vocabulaire de l'unité?

   - A-t-il/elle utilisé les verbes **voir, recevoir, apercevoir** et **croire,** des expressions négatives et le futur simple?

   - Quel(s) détail(s) ajouteriez-vous? Quel(s) détail(s) enlèveriez-vous (*would you delete*)? Quel(s) autre(s) commentaire(s) avez-vous pour votre partenaire?

2. Corrigez votre description d'après (*according to*) les commentaires de votre partenaire. Relisez votre travail pour éliminer ces problèmes:

   - des fautes (*errors*) d'orthographe

   - des fautes de ponctuation

   - des fautes de conjugaison

   - des fautes d'accord (*agreement*) des adjectifs

   - un mauvais emploi de la grammaire

deux cent quarante-cinq **245**

EVALUATION

Criteria
Content Contains answers to each question called out in the bulleted points of the task.
Scale: 1 2 3 4 5

Organization Organized into logical paragraphs that begin with a topic sentence and contain appropriate supporting details.
Scale: 1 2 3 4 5

Accuracy Uses the simple future tense and linking words correctly. Spells words, conjugates verbs, and uses adjectives correctly throughout.
Scale: 1 2 3 4 5

Creativity Includes additional information that is not included in the task and/or uses adjectives, descriptive verbs, and additional details to make the composition more interesting.
Scale: 1 2 3 4 5

Scoring
Excellent	18–20 points
Good	14–17 points
Satisfactory	10–13 points
Unsatisfactory	< 10 points

 21ˢᵗ Century Skills

Productivity and Accountability
Provide the rubric to students before they hand their work in for grading. Ask students to make sure they have met the highest standard possible on the rubric before submitting their work.

21ˢᵗ Century Skills

Leadership and Responsibility
Ask students to share their descriptions with students from their partner class.

Key Standards

4.1

Suggestion Tell students that an easy way to study from **Vocabulaire** is to cover up the French half of each section, leaving only the English equivalents exposed. They can then quiz themselves on the French items. To focus on the English equivalents of the French entries, they simply reverse this process.

21ˢᵗ Century Skills

Creativity and Innovation
Ask students to prepare a list of three products or perspectives they learned about in this unit to share with the class. Consider asking them to focus on the **Culture** and **Panorama** sections.

21ˢᵗ Century Skills

Leadership and Responsibility: Extension Project
As a class, have students decide on three questions they want to ask the partner class related to this unit's topic. Based on the responses they receive, work as a class to explain to the partner class one aspect of their responses that surprised the class and why.

TELL Connection

Planning 3 *Why:* Students need opportunities to gain and demonstrate competence in the three modes of communication. *What:* Use the Integrated Performance Assessment for this Unit, which can be found in the Resources section of vhlcentral.com, to pull the contexts and skills of the Unit together. Provide the rubric ahead of time so that students may prepare well and later use the self- and peer-performance evaluations effectively.

Leçon 4A

À la poste

poster une lettre	to mail a letter
une adresse	address
une boîte aux lettres	mailbox
une carte postale	postcard
un colis	package
le courrier	mail
une enveloppe	envelope
un facteur	mailman
un timbre	stamp

À la banque

avoir un compte bancaire	to have a bank account
déposer de l'argent	to deposit money
emprunter	to borrow
payer par carte (bancaire/ de crédit)	to pay with a debit/credit card
payer en espèces	to pay in cash
payer par chèque	to pay by check
retirer de l'argent	to withdraw money
les billets (*m.*)	bills, notes
un compte de chèques	checking account
un compte d'épargne	savings account
une dépense	expenditure, expense
un distributeur automatique/ de billets	ATM
les pièces de monnaie (f.)/de la monnaie	coins/change

En ville

accompagner	to accompany
faire la queue	to wait in line
remplir un formulaire	to fill out a form
signer	to sign
une banque	bank
une bijouterie	jewelry store
une boutique	boutique, store
une brasserie	restaurant
un bureau de poste	post office
une laverie	laundromat
un marchand de journaux	newsstand
une papeterie	stationery store
un salon de beauté	beauty salon
un commissariat de police	police station
une mairie	town/city hall; mayor's office
fermé(e)	closed
ouvert(e)	open

Expressions utiles

See p. 209.

Verbes

apercevoir	to catch sight of, to see
s'apercevoir	to notice; to realize
croire	to believe
recevoir	to receive
voir	to see

La négation

jamais	never; ever
ne... aucun(e)	none (not any)
ne... jamais	never (not ever)
ne... ni... ni...	neither... nor
ne... personne	nobody, no one
ne... plus	no more (not anymore)
ne... que	only
ne... rien	nothing (not anything)
pas (de)	no, none
personne	no one
quelque chose	something
quelqu'un	someone
rien	nothing
toujours	always; still

Leçon 4B

Retrouver son chemin

continuer	to continue
se déplacer	to move (change location)
descendre	to go/come down
être perdu(e)	to be lost
monter	to go up/come up
s'orienter	to get one's bearings
suivre	to follow
tourner	to turn
traverser	to cross
un angle	corner
une avenue	avenue
un banc	bench
un bâtiment	building
un boulevard	boulevard
un carrefour	intersection
un chemin	way; path
un coin	corner
des indications (f.)	directions
un feu de signalisation (feux pl.)	traffic light(s)
une fontaine	fountain
un office du tourisme	tourist office
un pont	bridge
une rue	street
une statue	statue
est	east
nord	north
ouest	west
sud	south

Pour donner des indications

au bout (de)	at the end (of)
au coin (de)	at the corner (of)
autour (de)	around
jusqu'à	until
(tout) près (de)	(very) close (to)
tout droit	straight ahead

Expressions utiles

See p. 227.

Le futur simple

See pp. 230, 234.

L'avenir et les métiers

Pour commencer

- Qui sont les deux personnes sur la photo?
- Que font-ils?
- Et vous, est-ce que vous avez un travail?
- Qu'est-ce que vous aimeriez faire plus tard comme métier?

Unit Goals

Leçon 5A

In this lesson, students will learn:
- terms for the workplace
- terms for job interviews
- terms for making and receiving phone calls
- rules of punctuation in French
- about telephones, text messages, and **les artisans**
- the future tense with **quand** and **dès que**
- interrogative pronouns **lequel**, **laquelle**, **lesquels**, and **lesquelles**
- about the baker Eric Kayser

Leçon 5B

In this lesson, students will learn:
- terms for professions
- more terms for discussing one's work
- about neologisms and **franglais**
- about labor unions, strikes, and civil servants
- more about professions and work through specially shot video footage
- **si** clauses
- the relative pronouns **qui**, **que**, **dont**, and **où**
- to use background knowledge and listen for specific information

Savoir-faire

In this section, students will learn:
- cultural and historical information about **la Bourgogne-Franche-Comté** and **l'Auvergne-Rhône-Alpes**
- to summarize a text in their own words
- to use note cards to organize their writing

21st Century Skills

Initiative and Self-Direction
Students can monitor their progress online using the activities and assessments on vhlcentral.com.

Pour commencer
- **Des employés./Un employé et son responsable.**
- **Ils travaillent.**
- Answers will vary.
- Answers will vary.

SUPPORT FOR BACKWARD DESIGN

Unité 5 Essential Questions
1. How do people talk about making telephone calls and applying for a job?
2. How do people talk about professions and careers?
3. What is it like to have a job in France?

Unité 5 Integrated Performance Assessment
Before teaching the chapter, review the Integrated Performance Assessment (IPA) and its accompanying scoring rubric provided in the Testing Program. Use the IPA to assess students' progress toward proficiency targets at the end of the chapter.
IPA Context: You and a partner are considering different careers. First, watch a video about professions. Then, with your partner, discuss the pros and cons of different professions. Finally, prepare a short presentation in which you describe one specific career to the class.

FORUMS

Forums on vhlcentral.com allow you and your students to record and share audio messages.
Use Forums for presentations, oral assessments, discussions, directions, etc.

Section Goals

In this section, students will learn and practice vocabulary related to:
• the workplace
• job interviews
• phone calls

Key Standards

1.1, 1.2, 4.1

Suggestions

• Tell students to look over the new vocabulary and identify the cognates.

• Use the digital image for this page. Point out objects and describe what the people are doing. Examples: **Il patiente. C'est une employée. Il passe un entretien.**

• Point out that **un salaire modeste** is a figurative rather than literal equivalent of *low salary*.

• Point out the difference between **un poste** (*a job*) and **la poste** (*the post office*).

• Explain that **une lettre de motivation** is a letter a job candidate writes in response to a want ad or when introducing him or herself to a prospective employer.

• Point out the **Attention!** Explain that **chercher** is a general term, while **rechercher** refers to more thorough, methodical research.

21st Century Skills

Financial, Economic, Business, and Entrepreneurial Literacy These questions will activate your students' prior knowledge about the topic and prepare them to make comparisons with what they learn in this lesson: Do you work outside of school? What is the role of work in your life? How could that role be improved? Would you rather start your own business than working for a company? Why or why not?

You will learn how to...
▪ make and receive phone calls
▪ talk about your goals

AP® Theme: Contemporary Life
Context: Professions

◁)) **vhl**central

Au bureau

Vocabulaire

chercher un/du travail	to look for work/a job
embaucher	to hire
faire des projets	to make plans
obtenir	to get, to obtain
postuler	to apply
prendre (un) rendez-vous	to make an appointment
trouver un/du travail	to find work/a job
un(e) candidat(e)	candidate, applicant
un conseil	advice
un domaine	field
une entreprise	firm, business
une expérience professionnelle	professional experience
une formation	education; training
une lettre de recommandation	letter of reference/ recommendation
une lettre de motivation	letter of application
une mention	distinction
un métier	profession
un poste	position
une référence	reference
un(e) responsable	manager, supervisor
un salaire (élevé, modeste)	(high, low) salary
un(e) spécialiste	specialist
un stage	internship; professional training
appeler	to call
laisser un message	to leave a message
l'appareil (m.)	telephone
Qui est à l'appareil?	Who's calling please?
C'est de la part de qui?	On behalf of whom?
C'est M./Mme/Mlle... (à l'appareil.)	It's Mr./Mrs./Miss... (on the phone.)
Ne quittez pas.	Please hold.

ALLÔ!

Elle va raccrocher.

Il va décrocher.

un numéro de téléphone

oui, 04.48.87.29.16

Il patiente. (patienter)

un patron (patronne f.)

une employée (employé m.)

EXPANSION

Asking Questions For additional practice, ask students these questions. **1. Quel est votre numéro de téléphone? 2. Quels projets avez-vous faits pour votre carrière? 3. Préférez-vous travailler dans une grande entreprise ou dans une petite compagnie? Pourquoi? 4. Est-il plus important d'avoir un salaire élevé ou un métier qu'on aime bien? 5. Avez-vous déjà écrit une lettre de motivation?**

TEACHING OPTIONS

Spelling Bee Divide the class into two teams. Have a spelling bee using vocabulary words from **Contextes**. Pronounce each word, use it in a sentence, and then say the word again. Tell students that they must spell the words in French and include all diacritical marks.

Mise en pratique

Attention!

Note the difference in the usage and meaning of **chercher** and **rechercher**.

Il cherche du travail.
He is looking for work.

Cette compagnie recherche un chef du personnel.
This company is looking for a human resources director.

1 **Complétez** Complétez ces phrases avec le vocabulaire de la liste qui convient le mieux. N'oubliez pas de faire les accords nécessaires.

appeler	lire les annonces	postuler
décrocher	métier	prendre (un) rendez-vous
conseil	obtenir	raccrocher
embaucher	passer un entretien	salaire
laisser des messages	patienter	trouver un/du travail

1. Quand on cherche du travail, il faut _lire les annonces_ tous les jours.
2. Il est toujours plus facile de trouver un _métier_ intéressant quand on a une bonne formation.
3. Le téléphone sonne. Est-ce que tu peux _décrocher_, s'il te plaît?
4. Il y a peu d'entreprises qui _embauchent_ en ce moment. L'économie ne va pas très bien.
5. —Bonjour, Madame. Je vous _appelle_ pour _prendre (un) rendez-vous_.
   —Vous pouvez venir lundi 15, à 16h00?
6. J'ai envoyé mon CV. J'espère qu'ils vont m'appeler pour _passer un entretien_.
7. _Patientez_ quelques minutes, s'il vous plaît. Madame Benoît va bientôt arriver.
8. Il _a raccroché_ parce que la ligne n'était pas bonne.
9. Sophie vient juste de _trouver un travail_. Elle va organiser une petite fête vendredi pour célébrer son nouveau poste.
10. Une messagerie permet de _laisser des messages_.

2 **Corrigez** Lisez ces phrases et dites si elles sont **vraies** ou **fausses**. Corrigez les phrases qui ne sont pas logiques.

1. Il faut décrocher le combiné avant de composer un numéro de téléphone.
   Vrai.
2. Quand on postule pour un poste, on envoie une lettre de recommandation.
   Faux. Quand on postule pour un poste, on envoie une lettre de motivation.
3. Quand on est embauché, on perd son travail.
   Faux. Quand on est embauché, on trouve un travail.
4. Quand on travaille, on reçoit un salaire à la fin de chaque mois.
   Vrai.
5. À la fin d'un CV américain, il ne faut pas oublier de mentionner ses références.
   Vrai.
6. Pour savoir qui vous appelle au téléphone, vous demandez: «Ne quittez pas.»
   Faux. Vous demandez: «Qui est à l'appareil?»
7. Un(e) patron(ne) dirige (*manages*) une entreprise et des employés.
   Vrai.
8. Avant d'obtenir un poste, il faut souvent passer une entreprise.
   Faux. Il faut souvent passer un entretien.
9. Quand on travaille dans une entreprise, on est un(e) employé(e).
   Vrai.

3 **Écoutez** Armand et Michel cherchent du travail. Écoutez leur conversation et répondez ensuite aux questions.

1. Quel genre de travail Armand recherche-t-il?
   Armand recherche un travail d'assistant.
2. Où est-ce qu'Armand a lu l'annonce?
   Armand a lu l'annonce dans le journal ce matin.
3. Quel(s) document(s) faut-il envoyer pour le stage?
   Il faut envoyer un CV accompagné d'une lettre de motivation.
4. Qui est M. Dupont?
   M. Dupont est le chef du personnel.
5. Que doit faire Armand pour obtenir un entretien?
   Armand doit appeler M. Dupont pour prendre (un) rendez-vous.
6. Quel est le domaine professionnel de Michel?
   Son domaine professionnel est l'informatique.
7. Pourquoi Michel a-t-il des difficultés à trouver du travail?
   Michel a des difficultés à trouver du travail parce qu'il ne sait pas où postuler ni comment obtenir un entretien.
8. Comment est-ce qu'Armand aide Michel?
   Armand trouve deux entreprises qui recherchent des spécialistes dans le domaine de Michel.

deux cent quarante-neuf **249**

Image labels (left illustration):
- un curriculum vitæ, un CV
- un chef du personnel
- Il passe un entretien. (passer)
- Personnel
- CV
- Elle lit les annonces. (lire)
- le combiné
- la messagerie
- Jacques et Frères Cie
- une compagnie

TEACHING OPTIONS

Writing Definitions Write these expressions for circumlocution on the board: **C'est quand on…, C'est ce qu'on fait quand…, C'est un objet/une machine qu'on utilise pour…, C'est quelqu'un qui…** Then have pairs of students write definitions for the following vocabulary words. **1. chercher du travail 2. postuler 3. un appareil 4. un responsable 5. raccrocher 6. un entretien 7. un stage 8. un spécialiste**

Have pairs get together with another pair of students and take turns reading their definitions and guessing the words. Ask each group to choose its best definition and write it on the board for the whole class to guess.

---

1 **Expansion** Have students write sentences with the unused words from the list: **conseil, obtenir, postuler,** and **salaire**.

2 **Suggestion** Have students check their answers with a classmate.

3 **Script** MICHEL: Alors Armand, est-ce que tu as trouvé un travail pour l'été?
ARMAND: Chut, je suis au téléphone!
M: Oh, je suis désolé.
A: Allô. Oui, bonjour, Madame. C'est Armand Lemaire à l'appareil. Je vous appelle au sujet de l'annonce que j'ai lue dans le journal ce matin.
LA SECRÉTAIRE: Oui, très bien. Pour le stage, il faut envoyer votre CV accompagné d'une lettre de motivation.
A: En fait, je n'appelle pas pour le stage, mais pour le poste d'assistant.
S: Oh, excusez-moi. Dans ce cas, il vous faut appeler Monsieur Dupont, notre chef du personnel, pour prendre un rendez-vous et obtenir un entretien. Ne quittez pas. Je vous le passe. (*Musique*) Je suis désolée, mais ça ne répond pas. Je vous passe sa messagerie. Vous pouvez laisser un message avec votre numéro de téléphone.
A: Je vous remercie, Madame. *Plus tard…*
M: Voilà, tu n'as plus besoin de chercher du travail! Je suis sûr qu'ils vont t'embaucher!
A: Je préfère attendre. Et toi, comment ça va, ta recherche de travail?
M: Je ne sais pas vraiment où postuler et je ne sais pas comment obtenir un entretien.
A: Avec ta formation et ton expérience professionnelle, je pense que tu trouveras facilement un travail dans l'informatique. Tiens, regarde le journal, cette compagnie et cette autre entreprise-là recherchent des spécialistes dans ton domaine. En plus, je suis certain qu'elles offrent un bon salaire. Tiens, prends le combiné et appelle-les.
Teacher Resources DVD

3 **Suggestion** Go over the answers with the class. If students have difficulty, play the conversation again.

249

Communication

4 Répondez Avec un(e) partenaire, posez-vous ces questions à tour de rôle. *Answers will vary.*

1. Est-ce que tu as fait des projets d'avenir? Quels sont-ils?
2. Après tes études, dans quel domaine est-ce que tu vas chercher du travail?
3. Dans quelle entreprise voudrais-tu faire un stage? Pourquoi?
4. As-tu déjà travaillé? Dans quel(s) domaine(s)?
5. As-tu déjà répondu à des annonces pour trouver du travail? Est-ce qu'on t'a embauché(e)?
6. À ton avis, qu'est-ce qui est le plus important pour réussir un entretien d'embauche?
7. Pour qui imagines-tu pouvoir écrire une bonne lettre de recommandation un jour?
8. Selon toi, qu'est-ce qu'il faut inclure dans un curriculum vitae?

5 Les conversations Avec un(e) partenaire, complétez et remettez dans l'ordre ces conversations. Ensuite, jouez les scènes devant la classe.

Conversation 1

_3_ —C'est Mlle Grandjean à l'appareil. Est-ce que vous pouvez me passer le chef du personnel, s'il vous plaît?

_1_ —_Allô_. Bonjour, Monsieur.

_2_ —Bonjour. _Qui est à l'appareil_?

_4_ —_Ne quittez pas_. Je vous le passe.

Conversation 2

_3_ —Tu n'as donc pas vu _le poste_ que la compagnie Petit et Fils offre.

_1_ —Est-ce que tu _as lu les annonces_ ce matin?

_4_ —Non, mais je connais cette entreprise et elle n'est pas dans _mon domaine_.

_2_ —Non, je n'ai pas encore acheté le journal.

Conversation 3

_2_ —Non, appelle plutôt son portable.

_4_ —C'est le 06-22-28-80-83.

_5_ —Oh, encore sa _messagerie_! Elle ne décroche jamais.

_3_ —Tu as raison. Quel est son _numéro de téléphone_?

_1_ —Stéphanie ne _décroche_ pas. Je vais lui _laisser un message_.

6 Les petites annonces Lisez ces annonces et choisissez-en une. Avec un(e) partenaire, imaginez votre conversation avec le directeur de l'entreprise que vous avez sélectionnée. Vous devez parler de votre expérience professionnelle, de votre formation et de vos projets. Ensuite, choisissez une autre annonce et changez de rôle. *Answers will vary.*

Nous recherchons des professionnels de la gestion. Première expérience ou expert(e) dans votre domaine, notre groupe vous offre d'intéressantes opportunités d'évolution. Retrouvez nos postes sur www.comptaparis.fr/métiers.

France Conseil recherche un analyste financier bilingue anglais. Vous travaillez avec nos bureaux à l'étranger pour développer les projets du département. De formation supérieure, vous avez une expérience de chef de projet de 2 à 4 ans. Nous contacter à: France Conseil, 80, rue du Faubourg Saint-Antoine, 75012 Paris

SARLA recherche un(e) assistant(e) commercial(e) trilingue anglais et espagnol avec expérience en informatique (logiciels et Internet). **Envoyer CV et lettre de motivation à SARLA, 155, avenue de Gerland, BP 72, 69007 Lyon**

7 Le poste idéal Alain souhaite travailler à l'étranger pendant les vacances d'été, mais il ne sait pas par où commencer. Il va donc dans un Centre d'Information Jeunesse pour rencontrer un conseiller/une conseillère (*advisor*) qui va déterminer le pays et le domaine professionnel les mieux adaptés. Travaillez à deux et échangez les rôles avec votre partenaire. *Answers will vary.*

PRE-AP®

Presentational Writing Brainstorm a list of professions learned in earlier lessons. Have each student pick a profession or randomly assign one to each student. Tell students to write an advertisement in search of someone in that profession, using the ads in **Activité 6** as models.

PRE-AP®

Interpersonal Speaking Have students role-play a phone call. Tell pairs to sit back-to-back to simulate the phone conversation. Then give them the following situation: The person they want to speak to is not there, so the caller should leave a message. Tell students to use as much phone-related vocabulary as possible in their conversations.

Les sons et les lettres 🔊 vhlcentral

La ponctuation française

Although French uses most of the same punctuation marks as English, their usage often varies. Unlike English, no period (**point**) is used in abbreviations of measurements in French.

200 m (*meters*)   **30 min** (*minutes*)   **25 cl** (*centiliters*)   **500 g** (*grams*)

In other abbreviations, a period is used only if the last letter of the abbreviation is different from the last letter of the word it represents.

Mme Bonaire = Madame Bonaire   **M. Bonaire = Monsieur Bonaire**

French dates are written with the day before the month, so if the month is spelled out, no punctuation is needed. When using digits only, use slashes to separate them.

le 25 février 1954   **25/2/1954**   **le 15 août 2006**   **15/8/2006**

Notice that a comma (**une virgule**) is not used before the last item in a series or list.

Lucie parle français, anglais et allemand. *Lucie speaks French, English, and German.*

Generally, in French, a direct quotation is enclosed in **guillemets**. Notice that a colon (**deux points**), not a comma, is used before the quotation.

Charlotte a dit: «Appelle-moi!»   **Marc a demandé:** «Qui est à l'appareil?»

Réécrivez Ajoutez la ponctuation et remplacez les mots en italique par leurs abréviations.

1. Depuis le *21 mars 1964 Madame Pagny* habite à 500 *mètres* de chez moi.
   Depuis le 21/03/1964, Mme Pagny habite à 500 m de chez moi.
2. Ce matin j'ai acheté 2 *kilos* de poires *Monsieur* Florent m'a dit Lucien tu as très bien fait
   Ce matin, j'ai acheté 2 kg de poires. M. Florent m'a dit: «Lucien, tu as très bien fait!»

Corrigez Lisez le paragraphe et ajoutez la bonne ponctuation et les majuscules.

hier michel le frère de ma meilleure amie sylvie m'a téléphoné il a dit carole on va fêter l'anniversaire de sylvie le samedi 13 novembre est-ce que tu peux venir téléphone-moi
Answers may vary. Possible answer: Hier, Michel, le frère de ma meilleure amie, Sylvie, m'a téléphoné. Il a dit: «Carole, on va fêter l'anniversaire de Sylvie, le samedi 13 novembre. Est-ce que tu peux venir? Téléphone-moi!»

Dictons Lisez les dictons à voix haute.

Ne parle jamais des princes: si tu en dis du bien, tu mens; si tu en dis du mal, tu t'exposes.[2]

Le temps, c'est de l'argent.[1]

[1] Time is money.
[2] Never talk about princes. If you talk nicely about them, you lie. If you say bad things about them, you reveal yourself.

Section Goals

In this section, students will learn about French punctuation.

Key Standards
4.1

Suggestions
- Tell students that the semi-colon (**le point-virgule**) is used much more often in French than in English. They will also see a space before a colon (**deux-points**), a question mark (**un point d'interrogation**), an exclamation mark (**un point d'exclamation**), a semi-colon (**un point-virgule**), or between a word and quotation marks (**guillemets**).
- Remind students that phone numbers are written in sets of two digits separated by periods or spaces in French. Examples: **01.23.45.67.99** or **01 23 45 67 99**.
- Review the use of a comma (**une virgule**) for decimals and of the use of a period or a space instead of a comma to separate groups of three digits. Examples: **10,5** = 10.5, **1.000.000** or **1 000 000** = 1,000,000.
- Explain that the lines of different speakers in a dialogue may be preceded by an em dash (**un tiret**):
  —**Tu viens avec moi?**
  —**Non, je reste chez moi.**
  —**Avez-vous déjà parlé à la patronne?**
  —**Oui, j'ai un rendez-vous avec elle demain.**

Dictons The saying «**Le temps, c'est de l'argent.**» is based on an English proverb (*Time is money*).

EXPANSION

Using Punctuation Use these sentences for additional practice with French punctuation and have students replace the italicized words with abbreviations. 1. Mon anniversaire c'est le *17 avril 1988* 2. Est-ce que vous avez bu 75 *centilitres* de lait 3. Caroline a visité le musée du Louvre l'Arc de Triomphe et la tour Eiffel 4. L'homme a crié (*shouted*) Au secours

EXPANSION

Tongue Twister Teach students this French tongue-twister that models some French punctuation conventions.
—**Ta tante t'attend.**
—**J'ai tant de tantes. Quelle tante m'attend?**
—**Ta tante Antoinette t'attend.**

Section Goals

In this section, students will learn functional phrases for talking about tests, future plans, and successes.

Key Standards

1.2, 2.1, 2.2, 4.1, 4.2

Video Recap: Leçon 4B

Before doing this **Roman-photo**, review the previous one with this activity.

1. Que cherche le touriste? (le bureau de poste)
2. À qui demande-t-il des indications? (d'abord à M. Hulot, puis à David et à Rachid et finalement à Stéphane)
3. Qui lui donne de bonnes indications? (Stéphane)
4. Où est le bureau de poste? (derrière la fontaine, la Rotonde)

Video Synopsis

Stéphane and Astrid just took their **bac**. Stéphane tells Astrid he wants to study architecture at the **Université de Marseille**. She plans to study medicine at the **Université de Bordeaux**. Stéphane calls his mother to tell her the exam is over. At **Le P'tit Bistrot**, a young woman inquires about a job. Unbeknownst to Valérie, Michèle has an interview for a receptionist's job at Dupont.

Suggestions

- Have students predict what the episode will be about based on the video stills.
- Have students scan the captions to find sentences related to jobs and future plans.
- After reading the **Roman-photo**, have students summarize the episode.
- Point out that a **télécarte** is a phone card that people used in phone booths instead of a credit card. French telephone companies stopped making them in 2014 and those that remained in circulation expired in 2016.

Le bac   vhlcentral

PERSONNAGES

Astrid

Jeune femme

Michèle

Stéphane

Valérie

Après le bac...

STÉPHANE Alors, Astrid, tu penses avoir réussi le bac?

ASTRID Franchement, je crois que oui. Et toi?

STÉPHANE Je ne sais pas, c'était plutôt difficile. Mais au moins, c'est fini, et ça, c'est le plus important pour moi!

ASTRID Qu'est-ce que tu vas faire une fois que tu auras le bac?

STÉPHANE Aucune idée, Astrid. J'ai fait une demande à l'université pour étudier l'architecture.

ASTRID Vraiment? Laquelle?

STÉPHANE L'université de Marseille, mais je n'ai pas encore de réponse. Alors, Mademoiselle Je-pense-à-tout, tu sais déjà ce que tu feras?

ASTRID Bien sûr! J'irai à l'université de Bordeaux et dès que je réussirai l'examen de première année, je continuerai en médecine.

STÉPHANE Ah oui? Pour moi, les études, c'est fini pour l'instant. On vient juste de passer le bac, il faut fêter ça! C'est loin, la rentrée.

VALÉRIE Mais bien sûr que je m'inquiète! C'est normal.

STÉPHANE Tu sais, finalement, ce n'était pas si difficile.

VALÉRIE Ah bon? Tu sais quand tu auras les résultats?

STÉPHANE Ils seront affichés dans deux semaines.

VALÉRIE En attendant, il faut prendre des décisions pour préparer l'avenir.

STÉPHANE L'avenir! L'avenir! Vous n'avez que ce mot à la bouche, Astrid et toi. Oh maman, je suis tellement content aujourd'hui. Pour le moment, je voudrais juste faire des projets pour le week-end.

VALÉRIE D'accord, Stéphane. Je comprends. Tu rentres maintenant?

STÉPHANE Oui, maman. J'arrive dans quinze minutes.

Au P'tit Bistrot...

JEUNE FEMME Bonjour, Madame. Je cherche un travail pour cet été. Est-ce que vous embauchez en ce moment?

VALÉRIE Eh bien, c'est possible. L'été en général nous avons beaucoup de clients étrangers. Est-ce que vous parlez anglais?

JEUNE FEMME Oui, c'est ce que j'étudie à l'université.

A C T I V I T É S

1 Complétez Complétez les phrases suivantes.

1. Stéphane et Astrid viennent de passer ___le bac___.
2. Stéphane doit téléphoner à ___sa mère/Valérie___.
3. Astrid prête une ___télécarte___ à Stéphane.
4. Aujourd'hui, Stéphane est très ___content/heureux___.
5. Il aura les résultats du bac dans ___deux semaines___.
6. Stéphane ne veut pas parler de l' ___avenir___.
7. La jeune femme étudie ___l'anglais___ à l'université.
8. Valérie dit que de nombreux clients du P'tit Bistrot sont ___étrangers___.
9. ___Michèle___ est en train (*in the process*) de chercher un nouveau travail.
10. Elle ne veut pas demander ___une lettre de recommandation___ à Valérie.

TEACHING OPTIONS

Le bac Before viewing the video, have students work in pairs and brainstorm a list of things a student might say after taking a difficult exam and what a parent might say to a son or daughter after the exam.

TEACHING OPTIONS

Regarder la vidéo Download and print the videoscript from vhlcentral.com. Then white out words related to tests, jobs, and other key vocabulary in order to create a master for a cloze activity. Distribute the photocopies and tell students to fill in the missing information as they watch the video.

Stéphane et Astrid ont passé l'examen.

STÉPHANE Écoute, je dois téléphoner à ma mère. Je peux emprunter ta télécarte, s'il te plaît?
ASTRID Oui, bien sûr. Tiens.
STÉPHANE Merci.
ASTRID Bon... Je dois rentrer chez moi. Ma famille m'attend. Au revoir.
STÉPHANE Salut.

Stéphane appelle sa mère...
VALÉRIE Le P'tit Bistrot. Bonjour.
STÉPHANE Allô.
VALÉRIE Allô. Qui est à l'appareil?
STÉPHANE Maman, c'est moi!
VALÉRIE Stéphane! Alors, comment ça a été? Tu penses avoir réussi?
STÉPHANE Oui, bien sûr, maman. Ne t'inquiète pas!

VALÉRIE Et vous avez déjà travaillé dans un café?
JEUNE FEMME Eh bien, l'été dernier j'ai travaillé à la brasserie les Deux Escargots. Vous pouvez les appeler pour obtenir une référence si vous le désirez. Voici leur numéro de téléphone.
VALÉRIE Au revoir, et peut-être à bientôt!

Près de la terrasse...
MICHÈLE J'ai un rendez-vous pour passer un entretien avec l'entreprise Dupont... C'est la compagnie qui offre ce poste de réceptionniste... Tu es fou, je ne peux pas demander une lettre de recommandation à Madame Forestier... Bien sûr, nous irons dîner pour fêter ça dès que j'aurai un nouveau travail.

Expressions utiles

Talking about tests

- **Tu penses avoir réussi le bac?**
  *Do you think you passed the **bac**?*
- **Je crois que oui.**
  I think so.
- **Qu'est-ce que tu vas faire une fois que tu auras le bac?**
  *What are you going to do once you have the **bac**?*
- **Tu sais quand tu auras les résultats?**
  Do you know when you will have the results?
- **Ils seront affichés dans deux semaines.**
  They will be posted in two weeks.

Enjoying successes

- **L'avenir! Vous n'avez que ce mot à la bouche.**
  The future! That's all you talk about.
- **Je suis tellement content(e) aujourd'hui.**
  I am so happy today.
- **Pour le moment, je voudrais juste faire des projets pour le week-end.**
  For the time being, I would only like to make plans for the weekend.
- **Nous irons dîner pour fêter ça dès que j'aurai un nouveau travail.**
  We will go to dinner to celebrate as soon as I have a new job.

Additional vocabulary

- **laquelle**
  which one (f.)

2 Répondez Répondez aux questions suivantes par des phrases complètes.

1. Quels sont les projets d'avenir d'Astrid?
   Elle ira à l'université de Bordeaux et étudiera la médecine.
2. Qu'est-ce que Stéphane veut faire l'année prochaine?
   Il veut étudier l'architecture à l'université de Marseille.
3. Est-ce que les projets d'Astrid et de Stéphane sont certains?
   (Supposez que les deux auront le bac.) Les projets d'Astrid sont certains, mais Stéphane n'a pas encore de réponse de l'université de Marseille.
4. Quel est le projet de Michèle pour l'avenir?
   Michèle veut travailler comme réceptionniste pour une compagnie.
5. Son projet est-il certain? Non, son projet n'est pas certain: elle doit passer l'entretien d'embauche d'abord. Elle ne sait pas encore s'ils vont lui donner le poste.

3 À vous! La jeune femme qui veut travailler au P'tit Bistrot rencontre Michèle. Elle veut savoir comment est le travail et quel genre de patronne est Valérie. Michèle, qui n'est pas vraiment heureuse au P'tit Bistrot en ce moment, lui raconte tout. Avec un(e) camarade de classe, composez le dialogue et jouez la scène devant la classe.

A C T I V I T É S

Expressions utiles
- Model the pronunciation of the **Expressions utiles** and have students repeat them.
- As you work through the list, point out **le futur** with **dès que** and **quand**. Also point out the use of the interrogative pronoun **laquelle** in caption 2. Tell students that these grammar points will be formally presented in **Structures**.
- Respond briefly to students' questions about these points.
- Remind students that **le futur** is a grammatical term referring to the future tense. To talk about the future as in time, they should use **l'avenir**.

1 Suggestion Have volunteers read the completed sentences aloud.

1 Expansion Have students write additional sentences to fill in the gaps in the storyline.

2 Suggestion Have volunteers write the answers to the questions on the board. Then go over them with the class.

2 Expansion Ask students personalized questions. Allow students to invent answers if they prefer. Examples: 1. **Quels sont vos projets d'avenir? 2. Que voulez-vous faire l'année prochaine? 3. Est-ce que vos projets sont sûrs?**

3 Suggestion If time is limited, this activity may be assigned as homework. Assign each student a role (Michèle or the young woman). Have partners prepare their parts at home, then allow them a few minutes to rehearse before presenting their conversation to the class.

EXPANSION

Questions Ask students yes/no questions based on the **Roman-photo**. Tell them to answer **Je crois que oui** or **Je crois que non**. Examples: **1. Stéphane a-t-il réussi au bac? 2. Stéphane va-t-il étudier l'architecture à l'université? 3. Astrid va-t-elle étudier la médecine? 4. La jeune femme va-t-elle être embauchée au P'tit Bistrot? 5. Michèle va-t-elle trouver un autre travail?**

EXPANSION

Writing a Résumé Have students work in groups of three. Tell them to write a résumé for a famous person. Write this format on the board for students to follow: **Objectif(s) professionnel(s), Formation, Expérience professionnelle,** and **Références**. Then have volunteers read the résumé to the class without saying the person's name. The class should try to guess whose résumé it is.

Section Goals

In this section, students will:
- learn about phone usage in France
- learn some common terms used in text messages
- read about well-paying jobs in the Francophone world
- read about **les artisans** in France

Key Standards

2.1, 2.2, 3.1, 3.2, 4.2

21st Century Skills

Global Awareness

Students will gain perspectives on the Francophone world to develop respect and openness toward others and to interact appropriately and effectively with citizens of Francophone cultures.

Culture à la loupe

Avant la lecture
- Have students look at the photos and describe what they see.
- Take a quick class survey to find out how many students use cell phones, text messaging, emoticons, text shorthand, and certain cell phone applications. Tally the results on the board.

Lecture
- Point out the statistics chart. Ask students what information it shows. (the most commonly used cell phone applications)

Après la lecture Have students compare the French usage of cell phones with their own usage based on the results in the survey in **Avant la lecture**.

1 Suggestion Have students read the completed sentences aloud.

AP® Theme: Science and Technology
Context: Social Impact of Technology

vhlcentral   CULTURE À LA LOUPE

Le téléphone en France

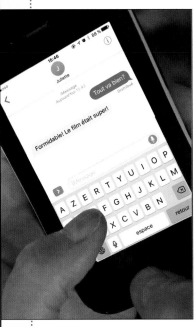

Les Français sont très accros° à leur téléphone portable. Aujourd'hui, il y a environ 73 millions d'abonnements°. Certains abonnés° choisissent le forfait° et payent un tarif mensuel°. Ce type d'abonnement exige° d'avoir un compte bancaire en France. Sinon, on a la possibilité de choisir des cartes prépayées ou de louer un portable pour une courte période.

Les gens utilisent aussi beaucoup leurs mobiles et smartphones pour communiquer par SMS°. En moyenne, chaque abonné envoie environ 250 SMS par mois. Ces messages sont écrits parfois dans un langage particulier, qui permet de taper° plus vite. Le langage SMS est très phonétique et joue avec le son des lettres et des chiffres°. Les jeunes l'utilisent beaucoup. Les jeunes aiment aussi télécharger les logos et sonneries° du moment. En France, le marché de la téléphonie mobile se porte très bien! Depuis quelques années, le coût mensuel des abonnements est en baisse° tandis que° les forfaits sans engagement° sont en hausse°. À 16 euros par mois, le prix moyen d'un abonnement, et sans besoin de s'engager pour un an ou deux, le téléphone portable devient plus accessible à tous.

accros *addicted* **abonnements** *subscriptions* **abonnés** *subscribers* **forfait** *package* **tarif mensuel** *monthly fee* **exige** *requires* **SMS** *text message* **taper** *type* **chiffres** *numbers* **sonneries** *ringtones* **en baisse** *falling* **tandis que** *while* **sans engagement** *without a contract* **en hausse** *rising*

Coup de main

A mobile phone has many names in French: **téléphone, portable, GSM, mobile, smartphone**.

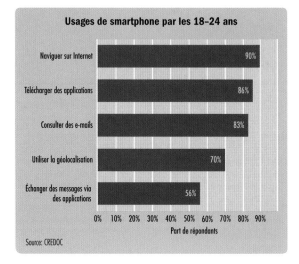

Usages de smartphone par les 18–24 ans

Naviguer sur Internet	90%
Télécharger des applications	86%
Consulter des e-mails	83%
Utiliser la géolocalisation	70%
Échanger des messages via des applications	56%

0% 10% 20% 30% 40% 50% 60% 70% 80% 90%
Part de répondants

Source: CREDOC

A C T I V I T É S

1 Complétez Complétez chaque phrase, d'après le texte et le tableau. Answers may vary. Possible answers provided.

1. ... des Français ont un abonnement mobile.
   Environ 73 millions
2. Pour avoir un forfait, un abonné doit avoir...
   un compte bancaire en France.
3. En moyenne, chaque abonné envoie...
   environ 250 SMS par mois.
4. ... joue avec le son des lettres et des chiffres.
   Le langage SMS
5. Les jeunes aiment aussi...
   télécharger des logos et des sonneries.

6. Le marché de la téléphonie mobile...
   se porte bien.
7. ... sont d'autres noms pour désigner le portable.
   Téléphone, GSM, smartphone et mobile
8. Le prix moyen d'un forfait mensuel est de...
   16 euros.
9. Pour avoir un forfait mobile, on n'a plus besoin de...
   s'engager pour un an ou deux.
10. ... est la fonctionnalité des smartphones la plus utilisée.
    L'utilisation des e-mails

EXPANSION

Les forfaits mobiles The cost of a cell phone plan in France has steadily decreased since 2012. Today it is possible to find a plan that offers unlimited texts, incoming and outgoing calls within France and outgoing calls to many international locations, and unlimited internet for around 20€. They even offer full coverage while subscribers are on vacation in some other countries for up to 30 days. Have students compare this plan to those available in their region.

EXPANSION

Quizzes Have students work in pairs. Tell them to take turns quizzing each other about the information on cell phone use in the chart. Write a sample question on the board for students to use as a model. Example: **Quel pourcentage des répondants utilisent leur smartphone pour rechercher des informations? (65%)**

Le SMS, C pratik!

A+	*À plus (tard).*
Bap	*Bon après-midi.*
C pa 5pa	*C'est pas sympa!*
Dak	*D'accord.*
GT o 6né	*J'étais au ciné.*
Je t'M	*Je t'aime.*
Jenémar	*J'en ai marre!*
Kestufé	*Qu'est-ce que tu fais?*
Komencava	*Comment ça va?*
MDR	*Mort de rire!*

AP® Theme: Contemporary Life **Context:** Professions

Comment gagner sa vie

Voici des métiers et des secteurs où on peut gagner
sa vie dans le monde francophone.

Quelques exemples de métiers bien payés

En France avocat(e)
En Haïti prêtre°
Au Sénégal ingénieur en efficacité énergétique°
En Suisse banquier d'affaires

Quelques exemples de secteurs lucratifs

En Belgique l'industrie chimique, l'industrie du pétrole
Au Québec l'industrie du papier
En Suisse les banques et les assurances
En Tunisie l'agriculture, l'énergie

prêtre *priest* **efficacité énergétique** *energy efficiency*

PORTRAIT

AP® Theme: Contemporary Life
Context: Professions

Les artisans

L'artisanat en France
emploie 3 millions de
personnes. On le décrit
souvent comme «la
plus grande entreprise
de France». Bouchers,
plombiers, fleuristes,
bijoutiers... les artisans
travaillent dans plus
de 300 secteurs
d'activité différents.
Leurs entreprises sont
de petite taille, avec moins de dix employés. Les artisans sont plus
nombreux dans les villes, mais ils jouent un grand rôle en milieu
rural. En plus d°'y apporter les services nécessaires, ils aident à créer
le «lien social°». Artisans et artisans d'art sont considérés comme
les gardiens° de la tradition française et de son savoir-faire°, qu'ils
se transmettent depuis des générations, grâce au° système
de l'apprentissage°.

En plus de *In addition to* **lien social** *social cohesion* **gardiens** *guardians*
savoir-faire *expertise* **grâce au** *thanks to* **apprentissage** *apprenticeship*

Sur Internet

**Combien de personnes
a-t-il fallu pour installer
les ampoules (*lights*)
sur la tour Eiffel?**

Go to **vhlcentral.com**
to find more
information related to
this **Culture** section.

---

2 **Complétez** Complétez les phrases.

1. L'artisanat en France emploie <u>3 millions de personnes</u>.
2. <u>Answer will vary. Possible</u> sont des exemples d'artisans.
   answer: Bouchers, plombiers, fleuristes, bijoutiers
3. Artisans et artisans d'art sont les gardiens <u>de la tradition française et de son savoir-faire</u>
4. Le savoir-faire des artisans est transmis <u>grâce au système de l'apprentissage</u>
5. Au Sénégal, <u>ingénieur en efficacité énergétique</u> est un métier bien payé.
6. En Tunisie, <u>l'agriculture et l'énergie</u> sont des secteurs lucratifs.

3 **Échange de textos** Vous et un(e) partenaire allez faire
connaissance par SMS. Préparez un dialogue en français facile,
puis transformez-le en messages SMS. Comparez ensuite votre
conversation SMS à la conversation d'un autre groupe. Présentez-la
devant la classe.

A C T I V I T É S

EXPANSION

Les artisans The French government supports small family
businesses. Also, the general public is accustomed to walking
from shop to shop to do errands for services and products that
may cost more than in chain stores, but are consistently
of higher quality.

EXPANSION

Vrai ou faux Have students write five true/false statements
based on the information on this page. Then have them
get together with a classmate, and take turns reading their
statements aloud and responding.

Le français quotidien
- Model the pronunciation of both columns so students can hear the sound-symbol correspondence between the abbreviations and the actual expressions.
- Point out that **après-midi** is one of the few words in French that can be either masculine or feminine. This book refers to it as masculine.

Portrait
- It is a point of pride in France to work as an **artisan** and to sell something one can label **artisanal**.
- Ask students: **Considérez-vous qu'un plombier est un artisan? Pourquoi? Et un fleuriste? Un boucher? Un bijoutier?**

Le monde francophone Ask students: **Quels métiers ou secteurs de la liste sont bien/mal payés aux États-Unis? Pourquoi?**

2 **Expansion** For additional practice, give students these items. 7. Au Québec _____ est un secteur lucratif. (l'industrie du papier) 8. Si on veut bien gagner sa vie en tant que prêtre, on peut vivre _____. (en Haïti)

3 **Expansion** Collect the text messages, choose a few, and write them on the board or a transparency. Tell the class to write the messages in standard French.

     21st Century Skills

Information and Media Literacy: Sur Internet
Students access and critically evaluate information from the Internet.

TELL Connection

Learning Tools 3 *Why:* Authentic materials help students understand the perspectives behind products of the target culture. *What:* Focus student attention here and in **Le Zapping** to discuss the role of traditional crafts and artisans in Francophone cultures as well as their own.

5A.1   *Le futur simple* with *quand* and *dès que*   **vhl**central

Point de départ In **Leçon 4B**, you learned how to form **le futur simple**, which is generally equivalent to the English future with *will*. You will now learn how to use **le futur simple** in situations where English uses the present tense.

FUTURE   FUTURE
Je me **mettrai** à chercher du travail, quand je n'**aurai** plus d'argent.

FUTURE   PRESENT
*I **will start** looking for work when I **don't have** any more money.*

Dès que je réussirai l'examen de première année, je continuerai en médecine.

Nous irons dîner pour célébrer dès que j'aurai un nouveau travail.

- In English, you use the present tense after the expressions *when* and *as soon as* even when the clause refers to a future event. In French, however, you use the **futur simple** after these expressions, which translate as **quand** and **dès que**.

Il enverra son CV **quand il aura** le temps.
He will send his résumé when he has time.

Je posterai mon CV **dès que je pourrai**.
I will mail my résumé as soon as I can.

Quand nous **arriverons**, nous irons voir le responsable.
When we arrive, we will go and see the manager.

Dès qu'elle **pourra**, elle vous appellera.
As soon as she can, she will call you.

- If a clause with **quand** or **dès que** does not describe a future action, another tense may be used for the verb.

Quand avez-vous fait le stage?
When did you do the internship?

La patronne nous parle toujours **dès qu'elle arrive**.
The boss always talks to us as soon as she arrives.

Essayez!   Écrivez la forme correcte des verbes indiqués.

1. On l'embauchera dès qu'on _____ *aura* _____ (avoir) de l'argent.
2. Nous commencerons le stage quand nous _____ *connaîtrons* _____ (connaître) les résultats.
3. Il a téléphoné dès qu'il _____ *a reçu* _____ (recevoir) la lettre.
4. On a envie de sortir quand il _____ *fait* _____ (faire) beau.
5. Dès que vous _____ *prendrez* _____ (prendre) rendez-vous, on vous indiquera le salaire.
6. Ils enverront leurs CV dès qu'ils _____ *achèteront* _____ (acheter) l'ordinateur.
7. Nous passerons un entretien quand il _____ *reviendra* _____ (revenir) de vacances.
8. Je décroche quand le téléphone _____ *sonne* _____ (sonner).

Le français vivant Call on a volunteer to read the ad aloud. Ask students: **Quelles sont les questions qu'on doit poser à un forum pour l'emploi?** Encourage students to use the future tense with **quand** and **dès que**.

Le français vivant

SALON DES JEUNES
PROFESSIONELS

Prenez en main votre avenir!

Vous prendrez en main votre avenir quand vous irez à ce salon. Dès que vous entrerez, vous rencontrerez des gens qui vous aideront à rencontrer d'autres gens, à trouver un emploi.

JP JEUNES PROFESSIONELS

Identifiez Quelles formes de verbes au futur trouvez-vous après **quand** et **dès que** dans cette publicité (*ad*)? Quels autres verbes au futur trouvez-vous? irez, entrerez, rencontrerez, aideront, prendrez

 Questions À tour de rôle, avec un(e) partenaire, posez-vous ces questions. Answers will vary.

1. Qui assistera au Salon rencontre? Pourquoi?
2. Que trouvera-t-on au Forum rencontre? Que fera-t-on?
3. Que feras-tu dès que tu finiras le lycée?
4. Que penses-tu faire pour trouver un emploi quand tu seras prêt(e) à travailler?

PRE-AP®

Presentational Communication Have students search the keywords "**forum d'emploi**" or "**salon d'emploi**" online to find out about an employment fair in a Francophone region. Tell them to find out: who the fair targets or helps, the professions recruited, and the benefits of attending such a fair. Then have them present their findings in a slide presentation, on a poster, or via some other medium. Remind them to use the future tense in their presentations.

EXPANSION

Multilingual Jobs As homework, have students do a search online for jobs where knowledge of French is necessary. The next day, have students list in French the jobs they found, the skills and experience required, and background knowledge needed. Discuss with students which jobs might interest them and what they will need to do to acquire the skills and experience necessary to apply for such jobs.

1 Expansion Have pairs model the activity and write three more sentences expressing generalities. Then have students switch their sentences with other pairs.

2 Suggestion Have volunteers write each sentence with the future tense on the board. Ask other volunteers to change the sentences into the present or the past tense and discuss how the meanings change.

3 Suggestion Before beginning the activity, have students talk about the last job they had. Encourage them to use **quand** and **dès que** with the past tense.

Mise en pratique

1 Projets Votre mère et une jeune voisine discutent des problèmes de travail. Votre mère explique ce qu'elle fait quand elle est sans travail. La voisine dit qu'elle fera les mêmes choses. Écrivez ce qu'elle dit.

> **MODÈLE** Je lis les annonces quand je cherche un travail.
>
> *Moi aussi, je lirai les annonces quand je chercherai un travail.*

1. J'envoie mon CV quand je cherche du travail. Moi aussi, j'enverrai mon CV quand je chercherai du travail.
2. Mon mari lit mon CV dès qu'il a le temps. Mon mari aussi lira mon CV dès qu'il aura le temps.
3. Je suis contente quand je passe un entretien. Moi aussi, je serai contente quand je passerai un entretien.
4. Je prends rendez-vous dès que je reçois une lettre d'une compagnie. Moi aussi, je prendrai rendez-vous dès que je recevrai une lettre d'une compagnie.
5. Ma famille et moi, nous sommes heureuses quand des chefs du personnel me téléphonent. Ma famille et moi aussi, nous serons heureuses quand des chefs du personnel me téléphoneront.
6. Je fais des projets quand j'ai un travail. Moi aussi, je ferai des projets quand j'aurai un travail.

2 Plus tard Aurélien parle de ses projets et des projets de sa famille et de ses amis. Mettez les verbes au futur. Faites d'autres changements si nécessaire.

> **MODÈLE** dès que / je / avoir / le bac / je / aller / à l'université
>
> *Dès que j'aurai le bac, j'irai à l'université.*

1. quand / je / être / à l'université / ma sœur et moi / habiter ensemble Quand je serai à l'université, ma sœur et moi habiterons ensemble.
2. quand / ma sœur / étudier plus / elle / réussir Quand ma sœur étudiera plus, elle réussira.
3. quand / mes parents / être / à la retraite / ils / partir en voyage Quand mes parents seront à la retraite, ils partiront en voyage.
4. dès que / vous / finir vos études / vous / envoyer vos CV / tout / entreprises de la ville Dès que vous finirez vos études, vous enverrez vos CV à toutes les entreprises de la ville.
5. quand / tu / travailler / tu / acheter une voiture Quand tu travailleras, tu achèteras une voiture.
6. quand / nous / trouver / nouveau travail / nous / ne plus lire / les annonces Quand nous trouverons un nouveau travail, nous ne lirons plus les annonces.

3 Conseils Quels conseils pouvez-vous donner à un(e) ami(e) qui cherche du travail? Assemblez les éléments des colonnes pour formuler vos conseils. Utilisez **quand** ou **dès que**. Answers will vary.

> **MODÈLE**
>
> *Quand tu auras ton diplôme, tu chercheras un travail.*

A	B
avoir son diplôme	s'amuser
avoir un métier	chercher un travail
passer un entretien	être riche
réussir ses examens	gagner beaucoup d'argent
trouver un emploi	lire les annonces
	se marier
	parler de son expérience professionnelle

EXPANSION

Finishing Sentences Write these statements on the board, then ask students to finish them using the appropriate verb tense. **1. Quand on a envie de passer un entretien… 2. Dès qu'il a trouvé un travail… 3. Quand je voyagerai à Paris… 4. Quand je recevrai un salaire élevé… 5. Dès que je parlerai avec mon professeur…**

TEACHING OPTIONS

Extra Practice Distribute the handouts for **On voyage!** from the online Resources (**Unité 5**/Activity Pack/Vocabulary and Grammar Activities). Have students read the instructions and give them 10 minutes to complete the activity. Ask volunteers to share their answers once everyone has finished.

Communication

4 **L'avenir** Qu'est-ce que l'avenir nous réserve? Avec un(e) partenaire, complétez ces phrases. Ensuite, présentez vos réponses à la classe. Answers will vary.

1. Dès que je réussirai mes examens, je...
2. Ton ami(e) et toi, vous lirez les annonces quand...
3. Mon/Ma meilleur(e) ami(e) travaillera dès que...
4. Tu enverras ton CV quand...
5. Mes amis se mettront en couple dès que...
6. Quand nous aurons beaucoup d'argent, nous...

5 **Content(e)** Votre professeur va vous donner une feuille d'activités. Circulez dans la classe pour trouver une personne qui réponde oui et une qui réponde non à chaque question. Tout le monde doit justifier ses réponses. Answers will vary.

MODÈLE

Élève 1: Est-ce que tu seras plus content(e) quand tu auras du temps libre?
Élève 2: Oui, je serai plus content(e) dès que j'aurai du temps libre parce que je ferai plus souvent de la gym.

6 **Les métiers** Vous allez bientôt exercer ces métiers (*have these jobs*). À tour de rôle, dites à un(e) partenaire ce qui (*what*) sera possible et ce qui ne sera pas possible quand vous commencerez votre nouveau poste. Answers will vary.

MODÈLE

Élève 1: Dès que je commencerai ce travail, je chercherai un nouvel appartement.
Élève 2: Je n'aurai plus le temps de sortir quand j'aurai ce poste.

1.   2.   3.   4.

5.   6.   7.

7 **Un autre monde** Vous espérez devenir président(e) à l'avenir. Que ferez-vous pour changer le monde? À tour de rôle, précisez au moins (*at least*) cinq choses qui seront différentes.

MODÈLE

Quand je deviendrai président(e) il n'y aura plus de pauvreté.

---

4 Expansion Have students write three original sentences modeled after the activity. Then ask volunteers to share their sentences with the class.

5 Suggestion Have two volunteers act out the **modèle**. Then hand out the **Feuilles d'activités** from the Activity Pack.

6 Suggestion Review professions before students begin the activity. You may wish to pre-teach **cuisinier/cuisinière** and **chercheur/chercheuse** from **Leçon 5B** or teach students **un(e) scientifique** and **un(e) chef de cuisine**.

6 Expansion Ask volunteers to tell you the job of their dreams. Modeling the activity, have them talk about what will and will not be possible once they have begun their job.

7 Suggestion Have students share what they will change with the rest of the class and then have the class vote on which changes they like the most.

Activity Pack For additional activities, go to the **Activity Pack** in the **Resources** section of vhlcentral.com.

5A.2 The interrogative pronoun *lequel* vhlcentral

Point de départ In **D'accord!** Level 1, you learned how to use the interrogative adjective **quel**, as in **Quelle heure est-il?** You will now learn how to use the interrogative pronoun **lequel**.

- The interrogative pronoun **lequel** replaces **quel** and the noun it modifies. It translates as *which one(s)*.

Quel métier choisirez-vous?
Which profession will you choose?

▶ **Lequel** choisirez-vous?
Which one will you choose?

- **Lequel** agrees in number and gender with the noun to which it refers. Here are the four forms.

	singular	plural
masculine	lequel	lesquels
feminine	laquelle	lesquelles

Quelle entreprise l'a embauché?
Which company hired him?

▶ **Laquelle** l'a embauché?
Which one hired him?

Boîte à outils

Remember that past participles agree with preceding direct objects.

Laquelle avez-vous choisie?
Which one did you choose?

Lesquels as-tu faits?
Which ones did you do?

- When a form of **lequel** is the subject, the verb directly follows. When it is a direct object, **est-ce que** + a subject and a verb or an inverted subject and verb follow.

Laquelle est la responsable?
Which one is the manager?

Lequel est-ce qu'elle embauche?
Which one is she hiring?

Lesquelles sont les meilleures?
Which ones are the best?

Lesquels as-tu recommandés?
Which ones did you recommend?

- The forms of **lequel** can also be the subject of a preposition. In this case, **est-ce que** + a subject and a verb or an inverted subject and verb follow.

Pour lequel postulera-t-il?
For which one will he apply?

Dans lequel travaille-t-il?
Which one does he work in?

- Three of the forms of **lequel** contract with the prepositions **à** and **de**.

à + form of *lequel*	singular	plural
masculine	auquel	auxquels
feminine	à laquelle	auxquelles

de + form of *lequel*	singular	plural
masculine	duquel	desquels
feminine	de laquelle	desquelles

Auxquels vous intéressez-vous?
Which ones interest you?

Duquel est-ce que vous parlez?
Which one are you talking about?

Essayez! Réécrivez les questions avec des formes de **lequel**.

1. Pour quelle compagnie travaillez-vous? *Pour laquelle travaillez-vous?*
2. Quel métier préférez-vous? Lequel préférez-vous?
3. À quel métier t'intéresses-tu? Auquel t'intéresses-tu?
4. De quels stages est-ce que vous parlez? Desquels est-ce que vous parlez?
5. Quelle employée est la meilleure? Laquelle est la meilleure?

Le français vivant

**Recherchons candidats avec talents particuliers.
Lequel ou laquelle choisir?**

La question traditionnelle:
Lesquels ont un diplôme? Quel diplôme?

La question d'aujourd'hui:
Lequel ou laquelle a une personnalité inhabituelle?

BCDF BANQUE COMMUNAUTAIRE DE FRANCE (BCDF)
Enfin une banque à votre écoute

Identifiez Quelles formes du pronom interrogatif **lequel** trouvez-vous dans cette publicité (*ad*)?

Lequel, laquelle, Lesquels

 Questions À tour de rôle, avec un(e) partenaire, posez-vous ces questions. Answers will vary.

1. Quel est le but (*goal*) de cette pub?
2. Quelle question posait-on traditionnellement?
3. Quelle question pose-t-on aujourd'hui?
4. Les formations traditionnelles fonctionnent-elles toujours pour trouver un travail? Pourquoi?
5. Pourquoi faut-il aujourd'hui avoir une personnalité inhabituelle?

Mise en pratique

1 **Au bureau** Hubert parle à ses collègues. Complétez ses phrases avec une forme du pronom interrogatif **lequel**.

1. J'ai deux stylos. _____Lequel_____ veux-tu emprunter?
2. Voici la liste des entreprises. À _____laquelle_____ devons-nous téléphoner?
3. Avez-vous contacté les employés avec _____lesquels_____ il faut travailler?
4. Sais-tu le nom des stages _____auxquels_____ tu as assisté?
5. _____Lesquelles_____ de ces lettres avez-vous lues?
6. Je suis allé dans plusieurs bureaux. _____Desquels/Duquel_____ parlez-vous?

2 **Répétez** Nathalie rencontre M. Dupont pendant un dîner où il y a beaucoup de bruit (*noise*). Il lui pose des questions, mais il n'entend pas ses réponses. Avec un(e) partenaire, alternez les rôles. *Some answers will vary.*

> **MODÈLE** examen / avoir réussi
>
> **Élève 1:** *Quel examen avez-vous réussi?*
> **Élève 2:** *L'examen de chimie.*
> **Élève 1:** *Lequel avez-vous réussi?*

1. métier / s'intéresser à
   À quel métier vous intéressez-vous? Auquel vous intéressez-vous?
2. CV / avoir envoyé
   Quel CV avez-vous envoyé? Lequel avez-vous envoyé?
3. entreprise / avoir embauché
   Quelle entreprise vous a embauchée? Laquelle vous a embauchée?
4. candidats / ne pas avoir obtenu de poste
   Quels candidats n'ont pas obtenu de poste? Lesquels n'ont pas obtenu de poste?
5. formations / devoir suivre
   Quelles formations devez-vous suivre? Lesquelles devez-vous suivre?
6. domaine / se spécialiser dans
   Dans quel domaine vous spécialisez-vous? Dans lequel vous spécialisez-vous?

3 **La culture francophone** Vous voulez savoir si votre partenaire connaît la culture francophone. À tour de rôle, posez-vous ces questions et répondez-y. Ensuite, posez-vous une question avec une forme de **lequel**. *Some answers will vary.*

> **MODÈLE** Qui chante en français?
>
> a. Beyoncé   (b.) Céline Dion   c. Mariah Carey
>
> *Laquelle/Lesquelles de ces chanteuses aimes-tu?*

1. Qui est un acteur français?
   (a.) Jean Dujardin   b. Tom Hanks   c. Johnny Depp
   Lequel/Lesquels de ces acteurs préfères-tu?
2. Où parle-t-on français?
   a. Philadelphie   (b.) Montréal   c. Athènes
   Laquelle/Lesquelles de ces villes voudras-tu visiter un jour?
3. Quelle voiture est française?
   a. Lotus   b. Ferrari   (c.) Peugeot
   Laquelle/Lesquelles de ces voitures as-tu déjà conduite(s)?
4. Quelle marque (*brand*) est française?
   a. Desigual   b. Versace   (c.) L'Oréal
   Laquelle/Lesquelles de ces marques vas-tu essayer?
5. Qui est un metteur en scène (*director*) français?
   a. Visconti   (b.) Besson   c. Spielberg
   Lequel/Lesquels de ces metteurs en scène connais-tu?
6. Quel écrivain est francophone?
   (a.) Hugo   b. Borges   c. Faulkner
   Lequel/Lesquels de ces écrivains connais-tu?

Communication

4 Des choix Cet été, vous irez en vacances avec votre famille et vous visiterez plusieurs endroits. Avec un(e) partenaire, parlez de vos projets et posez des questions pour demander des détails.

Answers will vary.

> **MODÈLE** visiter des châteaux (*castles*)
>
> **Élève 1:** *Quand je serai en Suisse, je visiterai des châteaux.*
> **Élève 2:** *Lesquels visiteras-tu?*

aller dans des musées	faire du sport
bronzer sur la plage	marcher dans les rues
dîner au restaurant	se promener au parc
faire du shopping	visiter des sites touristiques
?	?

5 Enquête Votre professeur va vous donner une feuille d'activités. Circulez dans la classe et parlez à différent(e)s camarades pour trouver, pour chaque question, une personne qui réponde oui. Demandez des détails. *Answers will vary.*

> **MODÈLE**
>
> **Élève 1:** *Écoutes-tu de la musique?*
> **Élève 2:** *Oui.*
> **Élève 1:** *Laquelle aimes-tu?*
> **Élève 2:** *J'écoute toujours du rap.*

Activités	Noms	Réponses
1. écouter de la musique	Sam	musique classique
2. avoir des passe-temps		
3. bien s'entendre avec des membres de sa famille		
4. s'intéresser aux livres		
5. travailler avec d'autres élèves		
6. aimer le cinéma		

6 Ce semestre Avec un(e) partenaire, parlez des bons et des mauvais aspects de votre vie au lycée cette année. Employez des formes du pronom interrogatif **lequel**. Ensuite, présentez vos réponses à la classe. *Answers will vary.*

> **MODÈLE**
>
> **Élève 1:** *J'ai des cours très difficiles cette année.*
> **Élève 2:** *Lesquels?*
> **Élève 1:** *Le cours de biologie et le cours de chimie.*

- les cours
- les activités extra-scolaires
- les livres
- les camarades
- les profs
- ?

---

4 Expansion
- Have students bring in photos from a past vacation. Working in pairs, students should ask questions similar to those in the activity, but using the past tense.
- Ask volunteers to present their photos to the class. Have classmates ask questions using the appropriate form of **lequel**.

5 Suggestion Have two volunteers act out the **modèle**. Then hand out the **Feuilles d'activités** from the Activity Pack.

6 Suggestion Brainstorm vocabulary about high school life before assigning the activity. Examples: **la bibliothèque, la cantine, les examens**, etc.

6 Partner Chat You can also assign Activity 6 on vhlcentral.com. Students work in pairs to record the activity online. The pair's recorded conversation will appear in your gradebook.

Activity Pack For additional activities, go to the **Activity Pack** in the **Resources** section of vhlcentral.com.

Interpersonal Speaking Have your students interview each other in pairs about where they want to be and what they want to be doing in five years, in ten years, in thirty years, and so forth. Encourage students to use the future tense and ask clarifying questions using the appropriate forms of **lequel**. Have each student take notes on his or her partner's plans. Then ask for a few volunteers to report on their partner's plans for the future.

Role Play Divide the class into pairs and distribute the handout for the activity **Des conseils** from the online Resources (**Unité 5**/Activity Pack/Vocabulary and Grammar Activities). Make sure students understand the instructions and have two volunteers read the **modèle** aloud. Then, give them 20 minutes to do the activity and have volunteers present their role play to the class.

Révision

Key Standards
1.1

1 Expansion Have pairs repeat the activity referring to their budgets. Example: **Quelles choses achèterez-vous dès que vous aurez le budget nécessaire?** Give students magazine pictures to represent what items they will buy.

2 Suggestion Review the use of the relative pronoun **qui** when giving details about a person.

3 Expansion Have students write a letter to a friend giving career advice. Ask students to include the strategies they developed in the activity as part of their letter.

4 Suggestion Before assigning this activity, do the **modèle** with a volunteer. Ask students to describe any companies for which they have worked. Write two of the company names and characteristics on the board.

5 Suggestion Brainstorm typical interview questions with the class before assigning groups for this activity.

6 Suggestion Divide the class into pairs and distribute the Info Gap Handouts from the Activity Pack. Give students ten minutes to complete the activity.

---

1 Mon premier emploi Avec un(e) partenaire, dites ce que (*what*) vous ferez et utilisez **quand** ou **dès que**. Answers will vary.

MODÈLE

mon premier emploi
Dès que je serai embauché(e), je téléphonerai à ma mère.

1. mon premier entretien
2. mon premier jour dans l'entreprise
3. rencontrer les autres employés
4. mon premier salaire
5. travailler sur mon premier projet
6. changer de poste
7. me disputer avec le responsable
8. quitter l'entreprise

2 Lequel? Avec un(e) partenaire, imaginez une conversation entre le/la responsable et son assistant(e). L'assistant(e) demande des précisions. Alternez les rôles. Answers will vary.

MODÈLE

Élève 1: *Vous appellerez notre client, s'il vous plaît?*
Élève 2: *Oui, mais lequel?*
Élève 1: *Le client qui est venu hier après-midi.*

accompagner un visiteur	envoyer un colis
appeler un client	laisser un message à un(e) employé(e)
chercher un numéro de téléphone	prendre un rendez-vous
faire une lettre de recommandation	préparer une réunion (*meeting*)

3 Mes stratégies Avec un(e) partenaire, faites une liste de dix stratégies pour bien mener (*to lead*) votre carrière. Pour chaque stratégie, utilisez **quand** ou **dès que**. Answers will vary.

MODÈLE

Élève 1: *Dès que je m'ennuierai, je chercherai un nouveau poste.*
Élève 2: *Quand je serai trop fatigué(e), je prendrai des vacances.*

4 Laquelle choisir? Deux entreprises différentes ont offert un travail à votre père/mère. Votre partenaire vous posera des questions avec la forme correcte du pronom interrogatif **lequel** pour comparer les deux. Donnez-lui des réponses avec **quand** et **dès que**. Changez de rôles. Answers will vary.

MODÈLE

Élève 1: *Laquelle lui propose un meilleur salaire?*
Élève 2: *Verrin lui propose un meilleur salaire, mais dès qu'il commencera, il devra travailler jusqu'à neuf heures du soir.*

5 Un entretien Par groupes de trois, jouez cette scène: un chef du personnel visite une université. Joëlle et Benoît passent un entretien informel. Utilisez le pronom interrogatif **lequel** et le futur avec **quand** et **dès que**. Answer will vary.

Le chef du personnel...
- décrit le poste.
- pose des questions.
- répond aux questions des candidats.
- dit aux candidats quand il/elle va les contacter.

Les candidats...
- L'un doit donner toutes les bonnes réponses.
- L'autre ne donne que de mauvaises réponses.
- Les deux posent des questions pour en savoir plus sur l'entreprise et sur les postes.

6 Quand nous chercherons du travail... Votre professeur va vous donner, à vous et à votre partenaire, deux feuilles d'activités différentes. Attention! Ne regardez pas la feuille de votre partenaire. Answers will vary.

PRE-AP®

Interpersonal Writing Tell students to imagine they were fired from a job. Now they must write a letter convincing their **patron(ne)** that they deserve a second chance. Give students fifteen minutes to complete this activity. Encourage the use of the lesson vocabulary and the future tense with **quand** and **dès que**. Then have students switch letters with a classmate for peer editing.

EXPANSION

Predicting the Future Divide the class into groups of three. Have students take turns telling the group three things they hope will be true when they are fifteen years older. Example: **Quand j'aurai 30 ans, je gagnerai beaucoup d'argent.**

Le Zapping

vhlcentral

AP® **Theme:** Contemporary Life
Context: Professions

Préparation Répondez aux questions. *Answers will vary.*

1. Quel métier rêvez-vous de faire? Pourquoi?
2. Comment un métier peut-il être une vocation ou être utile à la société? Vous préparez-vous à exercer un tel (*such*) métier?

Éric Kayser, artisan boulanger

Maître° boulanger de père en fils depuis six générations, Éric Kayser commence son apprentissage à 14 ans. À l'âge de 19 ans, il devient Compagnon° du Tour de France, institution de formation aux arts et métiers manuels et techniques. Cinq ans plus tard, en 1988, il rejoint l'Institut National de la Boulangerie Pâtisserie (INBP) comme professeur et passe 10 années à donner des cours partout° en France et dans le monde. En 1996 il ouvre sa première boulangerie. Aujourd'hui, ses nombreuses boulangeries se trouvent en Asie, en Amérique et bien sûr, en France. Ses pains au levain° naturel, faits selon des recettes anciennes, mais en utilisant des techniques modernes, sont des créations originales, aux saveurs° complexes et variées. Pour Éric Kayser, être boulanger, c'est être un artiste mais aussi le conservateur d'une tradition française.

Maître *Master* **Compagnon** *Apprentice* **partout** *everywhere* **levain** *yeast* **saveurs** *flavors*

Reportage d'Artisanat de France

Je vais avoir envie de transmettre des valeurs, transmettre des choses à des jeunes.

Vocabulaire utile

aller à fond	*to go all-out*
la farine	*flour*
libérer l'esprit	*to free the mind*
la matière	*material, substance*
prendre la relève	*to take over, take the baton*

Compréhension Répondez aux questions.

1. D'après Éric Kayser, qu'est-ce que son métier lui permet d'être? *un artisan, un ouvrier et un chef d'entreprise*
2. D'après lui, quels sont les cinq ingrédients du pain?
   la farine, l'eau, le sel, le levain et la passion
3. Qu'est-ce que les jeunes peuvent faire à travers (*through*) l'artisanat d'après lui? *voyager, construire, créer, faire de la recherche et se développer*

Conversation Discutez en petits groupes de ces questions.
Answers will vary.

1. Quels métiers permettent de créer quelque chose de beau?
2. La passion est-elle nécessaire pour réussir dans son travail? Expliquez.

Application Faites des recherches sur un métier de votre choix. Ensuite, préparez une présentation dans laquelle vous expliquez brièvement l'histoire de ce métier et les manières dont il répond aux besoins de la société.
Answers will vary.

Section Goals

In this section, students will:
• read about artist-baker Éric Kayser
• watch an interview with Éric Kayser
• complete activities about careers and vocations

Key Standards

1.1, 1.2, 1.3, 2.2, 3.2, 4.2, 5.1

Éric Kayser, artisan boulanger
After students finish the reading, ask them these comprehension questions: **Qui est Éric Kayser? (un artisan boulanger) Où se trouvent ses boulangeries? (en Asie, en Amérique, en France) Pour quel produit est-il célèbre? (ses pains au levain naturel)**

PRE-AP®

Audiovisual Interpretive Communication Strategy
Have students describe the image, read the caption, and predict what will happen in the video. Example: **L'homme est dans un studio. Il va parler de son métier de boulanger. Il fait du pain.**

Compréhension Discuss with students how Éric Kayser's mission is to prepare the next generation for its own success, not simply to promote his business.

Conversation Before assigning the activity, ask students: **Pourquoi Éric Kayser pense que l'artisanat est un beau métier? Comment montre-t-il sa passion pour son métier?**

Application You may wish to assign students a specific profession from a Francophone country or region.

EXPANSION

Cultural Comparison Éric Kayser's work is part of a long-standing and cherished cultural tradition. He has expanded on this tradition by merging old and new technologies to better meet the needs of today and tomorrow. Have students work in groups to research a professional from their own culture and a professional from a Francophone region or country whose work is associated with a traditional product, service, or practice. Then have students prepare a presentation in which they present both professionals; the cultural product, service, or practice with which they work; and, the innovations they have introduced that both preserve a tradition and make it more relevant in the world of today and tomorrow. After students make their presentations, discuss similarities and differences among these innovators and their work.

265

Section Goals

In this section, students will learn and practice vocabulary related to:
• professions and occupations
• the workplace

Key Standards

1.1, 1.2, 4.1

Suggestions

• Tell students to look over the new vocabulary and identify the cognates.

• Use the digital image for this page. Identify the professions of people in the illustration. Examples: **C'est un agriculteur. C'est un banquier.**

• Explain that whenever there is no feminine form (**un agriculteur/une agricultrice**) nor article change (**un/une psychologue**) nor a term in apposition (**un homme/une femme politique**), the French say **elle est** followed by the masculine form of the profession. Examples: **Elle est plombier. Elle est chef d'entreprise.**

• Ask students questions using the new vocabulary. Examples: **1. Avez-vous un emploi à mi-temps? 2. Connaissez-vous quelqu'un au chômage? 3. Avez-vous une assurance maladie? 4. Pourquoi est-il important d'avoir une assurance maladie? 5. Quelles professions sont exigeantes, à votre avis? 6. Connaissez-vous une femme politique célèbre?**

Contextes — Leçon 5B

You will learn how to...
- discuss your work
- say what you would do

◁)) **vhl**central

AP® Theme: Contemporary Life
Context: Professions

Les professions

Vocabulaire

démissionner	to resign
diriger	to manage
être au chômage	to be unemployed
être bien/mal payé(e)	to be well/badly paid
gagner	to earn; to win
prendre un congé	to take time off
renvoyer	to dismiss, to let go
une carrière	career
un chômeur/une chômeuse	unemployed person
un emploi à mi-temps/ à temps partiel	part-time job
un emploi à plein temps	full-time job
un niveau	level
une profession (exigeante)	(demanding) profession
un(e) retraité(e)	retired person
une réunion	meeting
une réussite	success
un syndicat	union
une assurance-maladie	health insurance
une assurance-vie	life insurance
une augmentation (de salaire)	raise (in salary)
une promotion	promotion
un cadre/une femme cadre	executive
un chef d'entreprise	head of a company
un conseiller/une conseillère	consultant; advisor
une femme au foyer	housewife
un(e) gérant(e)	manager
un homme/une femme politique	politician
un ouvrier/une ouvrière	worker, laborer
un plombier	plumber

une chercheuse (chercheur *m.*)

une vétérinaire (vétérinaire *m.*)

un chauffeur de camion

une comptable (comptable *m.*)

un pompier (femme pompier *f.*)

un chauffeur de taxi

un cuisinier (cuisinière *f.*)/ un(e) chef

For Kinesthetic Learners Write the names of professions on slips of paper and have students draw one. Each student then mimes the work of the professional he or she drew. The rest of the class should guess what profession the person is miming. The student who guesses correctly gets to mime the next profession.

Guessing Game Give French words that are related to a profession. Then ask students to guess the profession. Example: **la nourriture, un restaurant, cuisiner, une fourchette, un menu, le dîner (un cuisinier/une cuisinière)**

Mise en pratique

un banquier
(banquière f.)

un agent immobilier

un agriculteur
(agricultrice f.)

une électricienne
(électricien m.)

un psychologue

1 Les professions Pour chaque profession de la colonne de gauche, trouvez la définition qui correspond dans la colonne de droite.

_g_	1. un chef d'entreprise	a. travaille avec des budgets
_j_	2. une femme au foyer	b. est employé dans une usine (*factory*)
_k_	3. un chauffeur	c. répare les fuites (*leaks*) d'eau
_i_	4. une banquière	d. loue et vend des appartements
_h_	5. un cuisinier	e. travaille dans un laboratoire
_a_	6. une comptable	f. s'occupe de la santé des animaux
_b_	7. un ouvrier	g. dirige des employés
_f_	8. une vétérinaire	h. prépare des plats dans un restaurant
_d_	9. un agent immobilier	i. travaille avec de l'argent
_c_	10. un plombier	j. s'occupe de la maison et des enfants
		k. conduit un taxi ou un camion
		l. donne des conseils

2 Le monde du travail Complétez le paragraphe en utilisant les mots de vocabulaire de la liste.

à mi-temps	un conseil
à plein temps	mal payés
une assurance maladie	un niveau
une augmentation	d'une promotion
leur carrière	un salaire élevé

Quand les lycéens ont un travail, en général c'est un emploi (1) __à mi-temps__ parce qu'ils doivent aussi étudier pour préparer (2) __leur carrière__. Souvent, ils sont (3) __mal payés__. Mais avec leur diplôme, ils auront la possibilité de trouver un poste (4) __à plein temps__, avec (5) __un salaire élevé__ et bien souvent (6) __une assurance maladie__. Plus tard, ils pourront demander (7) __une augmentation__ de salaire ou bien attendre l'opportunité (8) __d'une promotion__ pour gagner plus d'argent.

3 Écoutez Écoutez la conversation entre Henri et Margot, deux jeunes élèves, et indiquez si les phrases suivantes sont **vraies** ou **fausses**.

Henri

Margot

1. Henri veut être comptable. Faux.
2. Il aidera ses employés. Vrai.
3. Ses employés seront bien payés. Vrai.
4. Il offrira à tous une assurance vie. Faux.
5. Margot veut être chef d'entreprise. Faux.
6. Elle aidera les femmes au foyer. Faux.
7. Margot ne parlera pas aux syndicats. Faux.
8. Une de ses priorités sera le chômage. Vrai.

deux cent soixante-sept **267**

267

---

1 Expansions
- Ask students what professions item e. (**travaille dans un laboratoire**) and item l. (**donne des conseils**) describe. (item e.: **chercheur/chercheuse** and item l.: **conseiller/conseillère**)
- Have students write definitions for other professions not listed. Examples: **un agriculteur, un électricien,** and **un psychologue.**

2 Expansion Have students write three comprehension questions based on the paragraph. Then tell them to get together in groups of three and take turns asking and answering each other's questions.

3 Script HENRI: Quand je serai grand, je serai chef d'entreprise. J'aiderai mes employés. Ils auront un salaire élevé et bien sûr l'assurance maladie et les congés payés.
MARGOT: Moi aussi, quand je serai grande, j'aiderai les gens, spécialement les ouvriers. Je serai femme politique. J'assisterai aux réunions des différents syndicats, j'écouterai les besoins des chômeurs et je travaillerai pour développer les emplois.
Teacher Resources DVD

3 Suggestions
- Before playing the recording, have students describe the people in the photos.
- After playing the recording, tell students to correct the false statements.

TELL Connection

Professionalism 2 *Why:* Maintain and improve your language skills to enhance instruction. *What:* Invite a native French speaker to your class (in person or via webcam) to speak about his/her career. Use the preparation, visit, and follow up as opportunities to sharpen your skills and knowledge.

TEACHING OPTIONS

Using Games Brainstorm a list of professions from previous lessons and write them on the board. Distribute or have students make a Bingo card (a 5 X 5 grid of 25 squares) and write the name of a profession from this lesson or a previous one in each square. Write the name of each profession on a separate card and put the cards in a box. Draw cards one by one from the box and read the profession aloud. If students have that profession on their cards, they put a check mark in the corner of the box. To win, a student must have five professions in a row. The first person to have five in a row should say Bingo! To verify a win, have the student read the names of the professions in the winning row.

Communication

4 Conversez Interviewez un(e) camarade de classe. Les réponses peuvent être réelles ou imaginaires. Answers will vary.

1. Où travailles-tu en ce moment/pendant l'été? Es-tu bien payé(e)?
2. Préfères-tu travailler à mi-temps ou à plein temps? Pourquoi?
3. Est-ce le métier que tu feras plus tard? Pourquoi?
4. Est-ce que tu as des congés payés? Une assurance maladie? Qu'en penses-tu?
5. As-tu déjà demandé une augmentation de salaire? As-tu réussi à en obtenir une? Comment?
6. As-tu déjà obtenu une promotion? Quand? Pourquoi?
7. Est-il nécessaire d'assister à beaucoup de réunions? Que faites-vous pendant les réunions?
8. Quel genre de carrière veux-tu faire? Ta profession sera-t-elle exigeante? Pourquoi?

5 Votre carrière Voilà cinq ans que vous n'avez pas vu votre ami(e) du lycée. Depuis, vous avez obtenu tous/toutes les deux votre diplôme et trouvé un travail. Travaillez avec un(e) camarade de classe pour présenter un dialogue avec ces éléments: Answers will vary.

- Vous vous retrouvez et vous parlez de votre métier.
- Vous décrivez votre poste.
- Vous parlez de votre responsable et/ou de vos employés.
- Vous parlez des avantages et des inconvénients (*drawbacks*) de votre travail.

6 Décrivez Votre professeur va vous donner, à vous et à votre partenaire, deux feuilles d'activités différentes. À tour de rôle, dites ce que font les personnages de chaque profession pour compléter les feuilles. Answers will vary.

MODÈLE

Élève 1: *Sur mon dessin, j'ai un plombier qui répare une fuite (leak) d'eau sous un évier.*
Élève 2: *Moi, j'ai un homme…*

7 L'offre d'emploi Vous développez votre entreprise, une agence immobilière, et vous avez besoin de rapidement embaucher un(e) nouvel(le) employé(e). Avec deux partenaires, écrivez une annonce que vous enverrez à votre journal local. Utilisez les mots de la liste. Answers will vary.

agent immobilier	poste exigeant
carrière	promotion
congés payés	réussite
diriger	salaire élevé
entretien	temps partiel

Les sons et les lettres 🔊 vhlcentral

Les néologismes et le franglais

> The use of words or neologisms of English origin in the French language is called **franglais**. These words often look identical to the English words, but they are pronounced like French words. Most of these words are masculine, and many end in -**ing**. Some of these words have long been accepted and used in French.
>
> **le sweat-shirt**   **le week-end**   **le shopping**   **le parking**
>
> ....
>
> Some words for foods and sports are very common, as are expressions in popular culture, business, and advertising.
>
> **un milk-shake**   **le base-ball**   **le top-modèle**   **le marketing**
>
> ....
>
> Many **franglais** words are recently coined terms (**néologismes**). These are common in contemporary fields, such as entertainment and technology. Some of these words do have French equivalents, but the **franglais** terms are used more often.
>
> **un e-mail = un courriel**   **le chat = la causette**   **une star = une vedette**
>
> ....
>
> Some **franglais** words do not exist in English at all, or they are used differently.
>
> **un brushing** = *a blow-dry*   **un relooking** = *a makeover*   **le zapping** = *channel surfing*

Prononcez Répétez les mots suivants à voix haute.

1. flirter
2. un fax
3. cliquer
4. le look
5. un clown
6. le planning
7. un scanneur
8. un CD-ROM
9. le volley-ball
10. le shampooing
11. un self-service
12. le chewing-gum

Articulez Répétez les phrases suivantes à voix haute.

1. Le cowboy porte un jean et un tee-shirt.
2. Julien joue au base-ball et il fait du footing.
3. J'ai envie d'un nouveau look, je vais faire du shopping.
4. Au snack-bar, je commande un hamburger, des chips et un milk-shake.
5. Tout ce qu'il veut faire, c'est rester devant la télé dans le living et zapper!

Dictons Répétez les dictons à voix haute.

Ce n'est pas la star qui fait l'audience, mais l'audience qui fait la star.[1]

Un gentleman est un monsieur qui se sert d'une pince à sucre, même lorsqu'il est seul.[2]

[2] A gentleman is a man who uses sugar tongs, even when he is alone.

[1] It's not the star that makes the fans, it's the fans that make the star.

269

Je démissionne! vhlcentral

PERSONNAGES

Amina

Astrid

Michèle

Sandrine

Stéphane

Valérie

En ville...
AMINA Alors, Sandrine, ton concert, ce sera la première fois que tu chantes en public?
SANDRINE Oui, et je suis un peu anxieuse!
AMINA Ah! Tu as le trac!
SANDRINE Un peu, oui. Toi, tu es toujours tellement chic, tu as confiance en toi, tu n'as peur de rien...

AMINA Mais Sandrine, la confiance en soi, c'est ici dans le cœur et ici dans la tête. J'ai une idée! Ce qui te donnerait du courage, c'est de porter une superbe robe.
SANDRINE Tu crois? Mais, je n'en ai pas...
AMINA Je m'en occupe. Quel style de robe est-ce que tu aimerais? Suis-moi!

Au marché...
AMINA Que penses-tu de ce tissu noir?
SANDRINE Oh! C'est ravissant!
AMINA Oui et ce serait parfait pour une robe du soir.
SANDRINE Bon, si tu le dis. Moi, si je faisais cette robe moi-même, elle finirait sans doute avec une manche courte et avec une manche longue!

STÉPHANE Attends. Forestier, Stéphane... Oh! Ce n'est pas possible!
ASTRID Quoi, qu'est-ce qu'il y a?
STÉPHANE Je dois repasser une partie de l'examen la semaine prochaine.
ASTRID Oh, ce n'est pas vrai! Il y a peut-être une erreur. Stéphane, attends!

Au P'tit Bistrot...
MICHÈLE Excusez-moi, Madame. Auriez-vous une petite minute?
VALÉRIE Oui, bien sûr!
MICHÈLE Voilà, ça fait deux ans que je travaille ici au P'tit Bistrot... Est-ce qu'il serait possible d'avoir une augmentation?

VALÉRIE Michèle, être serveuse, c'est un métier exigeant, mais les salaires sont modestes!
MICHÈLE Oui, je sais, Madame. Je ne vous demande pas un salaire très élevé, mais... c'est pour ma famille.
VALÉRIE Désolée, Michèle, j'aimerais bien le faire, mais, en ce moment, ce n'est pas possible. Peut-être dans quelques mois...

A C T I V I T É S

1   **Vrai ou faux?** Indiquez si ces affirmations sont **vraies** ou **fausses. Corrigez les phrases fausses.**   Answers may vary.

1. Sandrine a un peu peur avant son concert.
   Vrai.
2. Amina ne sait pas comment aider Sandrine.
   Faux. Amina va faire une robe pour Sandrine.
3. Amina va faire une robe de velours noir.
   Faux. Amina va faire une robe en soie noire.
4. Sandrine ne sait pas faire une robe.
   Vrai.
5. Pour la remercier (*To thank her*), Sandrine va préparer un dîner pour Amina.
   Faux. Sandrine va préparer un gâteau pour Amina.

6. Stéphane doit repasser tout le bac.
   Faux. Stéphane doit repasser une partie du bac.
7. Astrid a reçu une très bonne note.
   Vrai.
8. Michèle travaille au P'tit Bistrot depuis deux ans.
   Vrai.
9. Valérie offre à Michèle une toute petite augmentation de salaire.
   Faux. Valérie n'offre pas d'augmentation de salaire à Michèle.
10. Michèle va retourner au P'tit Bistrot après ses vacances.
    Faux. Michèle ne va pas retourner au P'tit Bistrot.

TEACHING OPTIONS

Je démissionne! Tell students to look at the video stills and to read the title and the scene setter. Then have them predict what might happen in this episode. Write their predictions on the board. After viewing the episode, have them confirm or correct their predictions.

TEACHING OPTIONS

Regarder la vidéo Show the video in four parts, pausing it before each location change. Have students describe what happens in each place. Write their observations on the board. Then show the entire episode again without pausing and have the class fill in any missing details to summarize the plot.

Valérie et Stéphane rencontrent de nouveaux problèmes.

AMINA Je pourrais en faire une comme ça, si tu veux.
SANDRINE Je préférerais une de tes créations. Si tu as besoin de quoi que ce soit un jour, dis-le-moi.
AMINA Oh, Sandrine, je vais te faire une robe qui te fera plaisir.
SANDRINE Je pourrais te préparer un gâteau au chocolat?
AMINA Mmmm... Je ne dirais pas non.

Au lycée...
ASTRID Oh, Stéphane, c'est le grand jour! On va enfin connaître les résultats du bac! Je suis tellement nerveuse. Pas toi?
STÉPHANE Non, pas vraiment. Seulement si j'échoue, ma mère va m'étrangler. Eh! Félicitations, Astrid! Tu as réussi! Avec mention bien en plus!
ASTRID Et toi?

MICHÈLE Non, Madame! Dans quelques mois, je serai déjà partie. Je démissionne! Je prends le reste de mes vacances à partir d'aujourd'hui.
VALÉRIE Michèle, attendez! Mais Michèle! Ah, Stéphane, te voilà. Hé! Où vas-tu? Tu as eu les résultats du bac, non? Qu'est-ce qu'il y a?

STÉPHANE Maman, je suis désolé, mais je vais devoir repasser une partie de l'examen.
VALÉRIE Oh là là! Stéphane!
STÉPHANE Bon, écoute maman, voici ce que je vais faire: je vais étudier nuit et jour jusqu'à la semaine prochaine: pas de sports, pas de jeux vidéo, pas de télévision. J'irai à l'université, maman. Je te le promets.

Expressions utiles

Talking about hypothetical situations

- **Ce qui te donnerait du courage, c'est de porter une superbe robe.**
  Wearing a great dress would give you courage.
- **Ce serait parfait pour une robe du soir.**
  This would be perfect for an evening gown.
- **Si je faisais cette robe, elle finirait avec une manche courte et avec une manche longue!**
  If I made this dress, it would end up with one short sleeve and one long sleeve!
- **Je préférerais une de tes créations.**
  I would prefer one of your creations.
- **Je ne dirais pas non.**
  I wouldn't say no.
- **Si tu as besoin de quoi que ce soit un jour, dis-le-moi.**
  If you ever need anything someday, tell me.
- **Si j'échoue, ma mère va m'étrangler.**
  If I fail, my mother is going to strangle me.

Making polite requests and suggestions

- **Quel style de robe est-ce que tu aimerais? J'aimerais...**
  What kind of dress would you like? I would like...
- **Je pourrais en faire une comme ça, si tu veux.**
  I could make you one like this, if you would like.
- **Auriez-vous une petite minute?**
  Would you have a minute?
- **Est-ce qu'il serait possible d'avoir une augmentation?**
  Would it be possible to get a raise?

Additional vocabulary

- **le trac**
  stage fright
- **ravissant(e)**
  beautiful; delightful
- **faire plaisir à quelqu'un**
  to make someone happy

---

2 **Les mauvaises nouvelles** Stéphane, Valérie et Michèle ont été très déçus (*disappointed*) aujourd'hui pour des raisons différentes. Avec deux partenaires, décidez qui a passé la pire journée et pourquoi. Ensuite, discutez-en avec le reste de la classe.

3 **Écrivez** Pensez à un examen très important de votre vie et écrivez un paragraphe, en répondant à (*by answering*) ces questions. Quel était l'examen? Qu'est-ce que vous avez fait pour le préparer? Comment était-ce? Comme l'histoire de Stéphane ou d'Astrid? Comment cet examen a-t-il affecté vos projets d'avenir?

ACTIVITÉS

Expressions utiles
- Model the pronunciation of the **Expressions utiles** and have students repeat them after you.
- As you work through the list, point out forms of **le conditionnel** and **si** clauses. Tell students that these grammar points will be formally presented in **Structures**.
- Respond briefly to questions about **le conditionnel** and **si** clauses. Reinforce correct forms, but do not expect students to produce them consistently at this time.

1 **Suggestion** Have volunteers write their answers on the board. Then go over them as a class.

1 **Expansion** For additional practice, give students these items. **11.** Amina refuse le gâteau au chocolat parce qu'elle est au régime. (Faux) **12.** Astrid dit que la note de Stéphane est peut-être une erreur. (Vrai) **13.** Michèle veut une augmentation pour acheter une nouvelle voiture. (Faux) **14.** Stéphane promet d'étudier nuit et jour pour réussir son bac. (Vrai)

2 **Suggestion** If time is limited, this activity may be assigned as homework. Group students according to the person they believe had the worst day—Stéphane, Michèle, or Valérie. Have them prepare their arguments at home, then allow the groups a few minutes to rehearse before presenting their case to the class.

3 **Expansion** Have students exchange compositions for peer editing.

PRE-AP®

Interpersonal Communication Working in pairs, have students role-play a conversation between a boss and an employee, based on the conversation between Michèle and Valérie. In the conversation, the employee should negotiate something with the boss, such as extra vacation time, permission to come in late one day, or a day off. At first, the boss refuses, but eventually the two compromise and come to an agreement.

EXPANSION

Questions and Answers Write **j'aimerais** and **vous aimeriez** on the board. Ask students variations of the question: **Quel style de robe est-ce que vous aimeriez porter?** Tell them to respond with **J'aimerais....** Examples: **1. Quelle profession est-ce que vous aimeriez avoir? 2. Quel salaire est-ce que vous aimeriez recevoir? 3. Quel film est-ce que vous aimeriez voir ce week-end?**

vhlcentral   *Flash culture*

CULTURE À LA LOUPE

AP® **Theme:** Contemporary Life
Context: Professions

Syndicats et grèves en France

une manifestation de la CGT, un syndicat

Les gens se plaignent° souvent des grèves° en France, mais faire la grève est un droit. Ce sont les grandes grèves historiques qui ont apporté aux Français la majorité des avantages sociaux°: retraite, sécurité sociale, congés payés, instruction publique, etc. Les grèves en France sont accompagnées de manifestations ou de pétitions, et beaucoup d'entre elles ont lieu° en automne, après les vacances d'été. Des grèves peuvent avoir lieu dans tous les secteurs de l'économie, en particulier le secteur des transports et celui° de l'enseignement°. Une grève de la SNCF°, par exemple, peut immobiliser tout le pays et causer des ennuis à des millions de voyageurs.

Les syndicats organisent les trois quarts° de ces mouvements sociaux. La France est pourtant° un des pays industrialisés les moins syndiqués° du monde. Aujourd'hui, environ° 11% des salariés français sont syndiqués contre environ 25% en Grande Bretagne ou 67% en Suède.

De plus en plus, des non-salariés, comme les médecins et les commerçants, font aussi la grève. Dans ce cas, ils cherchent surtout à faire changer les lois°.

En général, le public soutient° les grévistes, mais il demande aussi la création d'un service minimum obligatoire dans les transports publics et l'enseignement pour éviter la paralysie totale du pays. Ce service minimum obligerait° un petit nombre d'employés à travailler pendant chaque grève. La fréquence des grèves a diminué pendant les années 1970, 1980 et 1990, mais a vu° une certaine augmentation depuis l'année 2000.

Les Français favorables à un service minimum

Dans le ramassage des ordures°	84%
Dans l'enseignement public	79%
Dans les transports aériens	77%
Dans les transports publics	74%

SOURCE: Francoscopie

se plaignent *complain* **grèves** *strikes* **avantages sociaux** *benefits* **ont lieu** *take place* **celui de** *that of* **enseignement** *education* **SNCF** *French national railway company* **trois quarts** *three quarters* **pourtant** *however* **syndiqués** *unionized* **environ** *around* **faire changer les lois** *have the laws changed* **soutient** *supports* **obligerait** *would force* **a vu** *has seen* **ramassage des ordures** *trash collection*

A C T I V I T É S

1 **Répondez** Répondez aux questions d'après les textes.

1. Quel est un des droits des Français?
   Faire la grève est un des droits des Français.
2. Qu'est-ce que la grève a apporté aux Français? Elle leur a apporté des avantages sociaux.
3. Quand ont souvent lieu les grèves?
   Elles ont souvent lieu en automne.
4. Par qui la majorité des grèves sont-elles organisées?
   Elles sont organisées par les syndicats.
5. Les travailleurs français sont-ils très syndiqués?
   Non, la France est le pays industrialisé le moins syndiqué du monde.

6. Combien de travailleurs français sont syndiqués aujourd'hui?
   Environ 11% des travailleurs sont syndiqués.
7. Pourquoi les médecins et les commerçants font-ils la grève?
   Ils font la grève pour changer les lois.
8. Y a-t-il toujours eu un grand nombre de grèves en France?
   Non, la fréquence des grèves a diminué pendant les années 1970, 1980 et 1990.
9. Combien de Français sont favorables au service minimum dans l'enseignement public?
   79% y sont favorables.
10. À quoi sont favorables 77% des Français?
    77% des Français sont favorables à un service minimum dans les transports aériens.

LE FRANÇAIS QUOTIDIEN

L'argent

Voici d'autres noms familiers souvent utilisés pour parler de l'argent.

avoine (f.)	oseille (f.)
biffeton (m.)	pépètes (f., pl.)
blé (m.)	pèze (m.)
cash (m.)	pognon (m.)
flouze (m.)	radis (m.)
fric (m.)	rond (m.)
grisbi (m.)	thune (f.)

AP® Theme: Contemporary Life   Context: Professions

LE MONDE FRANCOPHONE

La durée des vacances et les jours fériés

Voici la durée des congés payés dans quelques pays francophones.

En Belgique 20 jours après une année de travail, plus 10 jours fériés par an

En France 25 jours et 10 jours fériés par an

Au Luxembourg 25 jours et 10 jours fériés par an

Au Maroc 18 jours et entre 9-14 jours fériés par an

Au Québec 10 jours et 9 jours fériés par an

Au Sénégal un minimum de 24 jours par an, plus pour les travailleurs avec ancienneté° et pour les mères de famille et 5 jours fériés civils plus des fêtes réligieuses

En Suisse 20 jours pour les plus de 20 ans, 25 jours pour les moins de 20 ans; les jours fériés varient selon le canton°

En Tunisie 12 jours par an pour les plus de 20 ans, 18 jours pour les 18-20 ans et 24 jours pour les moins de 18 ans

ancienneté *seniority* selon le canton *according to the administrative district*

PORTRAIT

AP® Theme: Contemporary Life
Context: Professions

Les fonctionnaires°

Avec environ 5,6 millions de fonctionnaires dans le pays, ou 20% de la population active°, la France bat des records°. Ces fonctionnaires travaillent pour l'État (dans le gouvernement, les universités, les lycées, les compagnies nationales), pour la fonction publique territoriale (le département, la région) ou pour la fonction publique hospitalière. Ils ont de nombreux avantages: des salaires compétitifs, une bonne retraite et une grande protection de l'emploi. Pour devenir fonctionnaire, il faut passer un concours°. Chaque année, près de 40.000 emplois sont ainsi° ouverts au public.

fonctionnaires *civil servants* **population active** *working population* **bat des records** *breaks records* **concours** *competitive examination* **ainsi** *thus*

AP® Theme: Contemporary Life
Context: Professions

 Sur Internet

Quelle est la durée des congés de maternité et de paternité en France?

Go to **vhlcentral.com** to find more information related to this **Culture** section and to watch the corresponding **Flash culture** video.

2 Complétez Donnez une suite logique à chaque phrase.

1. La France bat des records avec... environ 5,6 millions de fonctionnaires dans le pays.
2. Les fonctionnaires sont employés par... l'État.
3. Ils bénéficient de nombreux... avantages.
4. On peut devenir fonctionnaire après avoir passé... un concours.
5. Au Sénégal, on a des journées de vacances supplémentaires si on est... travailleur avec ancienneté ou mère de famille.
6. La durée des vacances dépend de l'âge en... Tunisie et en Suisse.

3 La grève Vous êtes journaliste et votre partenaire est un(e) fonctionnaire en grève. Vous allez l'interviewer pour le journal télévisé de 20 heures. Préparez un dialogue où vous cherchez à comprendre pourquoi il ou elle est en grève et depuis combien de temps. Soyez prêt(e)s à jouer le dialogue devant la classe.

ACTIVITÉS

Teacher's notes (right margin)

Le français quotidien
- Model the pronunciation of each term and have students repeat it.
- Point out that **l'avoine** literally means *oats* and **le blé** means *wheat*.

Portrait
- Point out that the **concours** mentioned here is similar to a civil service exam in the United States.
- Ask students: **Quels sont les avantages des fonctionnaires en France? (des salaires compétitifs, une bonne retraite et une grande protection de l'emploi)**

Le monde francophone
- Explain that the number of days off refers to weekdays.
- Ask students: **Dans quel pays la durée des congés payés est-elle la plus longue? (au Luxembourg et en France)**

2 Expansion Have students create three more items for this activity. Then tell them to exchange papers with a classmate and complete the sentences. Remind them to verify their answers.

3 Suggestion If time is limited, assign this activity as homework, so students can prepare their interview questions or responses. Then allow partners a few minutes to rehearse during the next class before presenting their interviews.

Flash culture Tell students that they will learn more about professions by watching a video narrated by Csilla. Show the video segment without sound and tell students to call out what they see. Then show the video segment again with sound. You can also use the activities in the video manual in class to reinforce this **Flash culture** or assign them as homework.

21st Century Skills

Information and Media Literacy: Sur Internet
Students access and critically evaluate information from the Internet.

EXPANSION

Asking Questions Tell students that federal civil service employees in the United States get ten paid holidays per year. Then ask these questions. **1. Quels pays ont le plus de jours fériés? (la Belgique, la France et le Luxembourg) 2. Quelle région a le moins de jours fériés? (le Québec)**

EXPANSION

Cultural Comparisons Have students work in pairs to make a list of the sectors in which civil servants in France work. Also tell them to list some of the occupations these sectors include. Then, as a class, discuss how these the civil service sectors and occupations in France compare with those in the United States.

273

5B.1

Si clauses vhlcentral

Point de départ Si (*If*) clauses describe a condition or event upon which another condition or event depends. Sentences with **si** clauses consist of a **si** clause and a main (or result) clause.

Si je faisais cette robe, elle serait laide.

Si j'échoue, ma mère va m'étrangler.

- You can use **si** clauses to express hypothetical or contrary-to-fact situations—what *would* happen if an event or condition *were to occur*. In such instances, the verb in the **si** clause is in the **imparfait** while the verb in the main clause is in the conditional.

  Si j'**étais** au chômage, je lui **enverrais** mon CV.
  If I were unemployed, I'd send her my résumé.

  Vous **partiriez** souvent en vacances **si** vous **aviez** de l'argent.
  You would go on vacation often if you had money.

- You can also use **si** clauses to express conditions or events that are possible or likely to occur. In such instances, the **si** clause is in the present while the main clause is in the **futur** or **futur proche**.

  Si le patron me **renvoie**, je **trouverai** un emploi à mi-temps.
  If the boss fires me, I'll find a part-time job.

  Si vous ne **signez** pas le contrat, vous **allez perdre** votre poste.
  If you don't sign the contract, you're going to lose your job.

- Use a **si** clause alone with the **imparfait** to make a suggestion or to express a wish.

  Si nous **faisions** des projets pour le week-end?
  What about making plans for the weekend?

  Ah! S'il **obtenait** un meilleur emploi!
  Oh! If only he got a better job!

Essayez! Complétez les phrases avec la forme correcte des verbes.

1. Si on __visitait__ (visiter) la Tunisie, on irait admirer les ruines.
2. Vous __serez__ (être) plus heureux si vous faites vos devoirs.
3. Si tu __as__ (avoir) la grippe, tu devras aller chez le médecin.
4. S'ils __avaient__ (avoir) un million d'euros, que feraient-ils?
5. Mes parents me __rendront__ (rendre) visite ce week-end s'ils ont le temps.
6. J'__écrirais__ (écrire) au conseiller si j'avais son adresse.
7. Si nous lisons, nous __saurons__ (savoir) la réponse.
8. Il __aurait__ (avoir) le temps s'il ne regardait pas la télé.

Le français vivant Call on a volunteer to read the ad aloud. Have students point out all the instances of the conditional.

Le français vivant

Viendriez-vous nous consulter si vous cherchiez une hôtesse?

Que trouveriez-vous si vous parliez à une autre entreprise?

Une hôtesse d'accueil ou une hôtesse de l'air? Vous voudriez une hôtesse compétente, non?

Si vous parlez à quelqu'un d'autre, vous risquerez beaucoup.

INTERIM 21

Identifiez Combien de phrases avec **si** trouvez-vous dans cette publicité (*ad*)? Lesquelles? Three: 1. Viendriez-vous nous consulter si vous cherchiez une hôtesse? 2. Que trouveriez-vous si vous parliez à une autre entreprise? 3. Si vous parlez à quelqu'un d'autre, vous risquerez beaucoup.

Questions À tour de rôle, avec un(e) partenaire, posez-vous ces questions. Answers will vary.

1. Pourquoi irait-on chez Intérim 21?

2. Quelle erreur pourrait-on éviter?

3. Comment font les conseillers de Intérim 21 pour trouver l'emploi et l'employé(e) idéal(e) pour tous leurs clients?

4. Irais-tu consulter Intérim 21 si tu étais au chômage? Pourquoi?

deux cent soixante-quinze **275**

1 Expansion Have students come up with three more questions for their **chef du personnel**. Then have students swap their questions with their classmates and answer their questions using **si** clauses.

2 Expansion Write more situations like those in the activity. Example: **Situation 3: Que feriez-vous si… 1. vous / gagner à la loterie? 2. le club de français / proposer un voyage en France? 3. le professeur de français / être malade?**

3 Suggestion Organize the class into two groups: **si + le présent** and **si + l'imparfait**. Have each group complete the activity using the tenses according to their groups. Then discuss the different meanings of the sentences produced by each group.

Mise en pratique

1 Questions Vous cherchez un emploi. Indiquez vos réponses aux questions du chef du personnel.

> **MODÈLE** Quand est-ce que vous pourriez commencer? (si / vous / avoir besoin de moi / je / pouvoir commencer demain)
>
> *Si vous aviez besoin de moi, je pourrais commencer demain.*

1. Est-ce que vous aimeriez travailler à plein temps? Si vous m'offriez un travail à plein temps, je l'accepterais.
   (si / vous / m'offrir un travail à plein temps / je / l'accepter)

2. Auriez-vous besoin d'une assurance-vie? Si j'en avais besoin d'une, je vous le dirais.
   (si / je / en avoir besoin / je / vous le dire)

3. Quand prendriez-vous un congé? Si mon/ma petit(e) ami(e) prenait un congé, nous partirions en mai.
   (si / mon/ma petite ami(e) / prendre un congé / nous / partir en mai)

4. Voudriez-vous devenir cadre un jour? Si vous le permettiez, je deviendrais cadre dans deux ans.
   (si / vous / le permettre / je / devenir cadre dans deux ans)

5. Quand rentreriez-vous le soir? Si nous devions travailler très tard, je rentrerais vers minuit.
   (si / nous / devoir travailler très tard / je / rentrer vers minuit)

2 Et si… D'abord, complétez les questions. Ensuite, employez le conditionnel pour y répondre. Comparez vos réponses aux réponses d'un(e) partenaire. Answers will vary.

> **MODÈLE** Que ferais-tu si… tu / être malade?
> *Que ferais-tu si tu étais malade?*
> *Si j'étais malade, je dormirais toute la journée.*

Situation 1: Que ferais-tu si…

1. tu / être fatigué(e)? … si tu étais fatigué(e)?
2. il / pleuvoir? … s'il pleuvait?
3. il / faire beau? … s'il faisait beau?

Situation 2: Que feraient tes parents si…

1. tu / quitter le lycée? … si tu quittais le lycée?
2. tu / choisir de devenir avocat(e)? … si tu choisissais de devenir avocat(e)?
3. tu / partir habiter en France? … si tu partais habiter en France?

3 Des réactions Dîtes ce que (*what*) vous ferez dans ces circonstances. Answers will vary.

> **MODÈLE** Vous trouvez votre petit(e) ami(e) avec un(e) autre garçon/fille.
> *Si je trouve mon petit ami…, je ne lui parlerai plus.*

1. Vous n'avez pas de devoirs ce week-end.
2. Votre ami(e) organise une fête sans rien vous dire.
3. Votre meilleur(e) ami(e) ne vous téléphone pas pendant un mois.
4. Le prof de français vous donne une mauvaise note.
5. Vous tombez malade.

EXPANSION

Extra Practice Distribute the handout for the activity **Une vieille voiture** from the online Resources (**Unité 5**/Activity Pack/ Vocabulary and Grammar Activities). Have students read the instructions and give them 5 minutes to complete the activity. Ask volunteers to share their answers once everyone has finished the activity.

EXPANSION

Sentence Completions Have students complete these sentences with a **si** clause: **1. … je n'aurai plus d'énergie. 2. … ma mère serait plus contente. 3. … les examens seraient moins difficiles. 4. … nous partirons en vacances. 5. … je vais manger de la glace**. Call on students to share their sentences with the class.

Communication

4 **L'imagination** Par groupes de trois, choisissez un de ces sujets et préparez un paragraphe par écrit. Ensuite, lisez votre paragraphe à la classe. Vos camarades décideront quel groupe est le gagnant (*winner*). Answers will vary.

- Si je pouvais devenir invisible, ...
- Si j'étais un extraterrestre à New York, ...
- Si j'inventais une machine, ...
- Si j'étais une célébrité, ...
- Si nous pouvions prendre des vacances sur Mars, ...

5 **Le portefeuille** Imaginez que vous et chacun (*each*) de vos camarades receviez une enveloppe mystérieuse avec un million de dollars. Que feriez-vous? Parlez de vos projets en petits groupes.

Answers will vary.

MODÈLE

Élève 1: *Si je recevais une enveloppe d'argent, je déposerais la moitié de l'argent sur mon compte bancaire.*
Élève 2: *D'abord, j'achèterais une nouvelle voiture pour la famille.*

6 **Interview** Avec un(e) partenaire, préparez cinq questions pour un(e) candidat(e) à la présidence des États-Unis. Ensuite, jouez les rôles de l'interviewer et du/de la candidat(e). Alternez les rôles.

Answers will vary.

MODÈLE

Élève 1: *Que feriez-vous au sujet du chômage?*
Élève 2: *Alors, si j'étais président(e), je...*

4 Suggestion Before assigning this activity, write **Si nous pouvions prédire** (*predict*) **l'avenir...** on the board. Brainstorm possible main clauses with the whole class.

5 Expansion Have groups of four brainstorm moral dilemmas using **Que feraient vos camarades de classe si...** Example: **...s'ils trouvaient les réponses de l'examen de français.** Then have them discuss possible responses.

6 Suggestions
- You may wish to have students pick a different prominent politician, such as a **sénateur**, **représentant(e)**, **gouverneur**, etc.
- Videotape the interviews and show parts during the next class or check out the tape to students for viewing out of class.

Activity Pack For additional activities, go to the **Activity Pack** in the **Resources** section of vhlcentral.com.

EXPANSION

Writing Sentences Ask students to reflect on their French study habits. Then assign them partners to write a list of eight complex sentences to express what they could do better. Example: **Si je lisais un journal français tous les jours, je pourrais mieux comprendre la langue.**

EXPANSION

Writing Practice Ask students to bring in the most outlandish news report they can find. In groups of four, have students write a list of statements that use **si** clauses about each report. Example: **Si les extraterrestres venaient à Washington, D.C. pour avoir un rendez-vous avec le président des États-Unis...**

5B.2

Relative pronouns vhlcentral
qui, que, dont, où

Point de départ Relative pronouns link two clauses together into a longer, more complex sentence. The clause introduced by a relative pronoun provides additional information about the main clause. In English, relative pronouns can sometimes be omitted, but the relative pronoun in French cannot be.

Je suis allé voir **le docteur**.
I went to see the doctor.

Tu m'as parlé de **ce docteur**.
You talked to me about this doctor.

Je suis allé voir le docteur **dont** tu m'as parlé.
I went to see the doctor that you talked to me about.

Relative pronouns			
qui	who, that, which	dont	of which, of whom
que	that, which	où	where

- Use **qui** if the noun in the main clause is also the subject of the second clause. Since **qui** is the subject, it is followed by a verb.

COMMON NOUN

Il a renvoyé **la comptable**.
He dismissed the accountant.

SUBJECT

La comptable travaillait à mi-temps.
The accountant worked part-time.

Il a renvoyé la comptable **qui** travaillait à mi-temps.
He dismissed the accountant who was working part-time

COMMON NOUN

Les élèves vont **au restaurant**.
The students go to the restaurant.

SUBJECT

Le restaurant se trouve près du lycée.
The restaurant is near the high school.

Les élèves vont au restaurant **qui** se trouve près du lycée.
The students go to the restaurant that is near the university.

Ta cousine habite à Boston.
Your cousin lives in Boston.

Ta cousine travaille beaucoup.
Your cousin works a lot.

Ta cousine **qui** habite à Boston travaille beaucoup.
Your cousin who lives in Boston works a lot.

- Use **que** if the noun of the main clause is the direct object of the second. A subject and verb always follow **que**. If the subject and verb are in the **passé composé**, the past participle agrees in number and gender with the direct object.

COMMON NOUN — DIRECT OBJECT

Le banquier a deux **voitures** bleues.   Il a acheté **les voitures** hier.
The banker has two blue cars.   *He bought the cars yesterday.*

Le banquier a deux voitures bleues **qu'**il a acheté**es** hier.
The banker has two blue cars that he bought yesterday.

COMMON NOUN — DIRECT OBJECT

Samir est à côté de **la porte**.   Nicole lui a ouvert **la porte**.
Samir is by the door.   *Nicole opened the door for him.*

Samir est à côté de la porte **que** Nicole lui a ouvert**e**.
Samir is by the door (that) Nicole opened for him.

Vérifiez

- Use **dont**, meaning *that* or *of which*, to replace a noun in the main clause that is the object of the preposition **de** in the second clause. A subject and verb always follow **dont**.

COMMON NOUN — OBJECT OF PREPOSITION DE

Stéphane est **pompier**.   Tu m'as parlé de **ce pompier**.
Stéphane is a firefighter.   *You talked to me about this firefighter.*

Stéphane est le pompier **dont** tu m'as parlé?
Is Stéphane the firefighter (that) you talked to me about?

Vérifiez

- Use **où**, meaning *where, when,* or *in which,* if the noun in the main clause is a place or a period of time. A subject and verb follow **où**.

COMMON NOUN PHRASE — PERIOD OF TIME

Venez me parler à **ce moment-là**.   Vous arrivez à **ce moment-là**.
Come speak with me at that moment.   *You arrive at that moment.*

Venez me parler au moment **où** vous arrivez.
Come speak with me at the moment (that) you arrive.

Vérifiez

Essayez!   Complétez les phrases avec **qui, que, dont, où**.

1. La France est le pays __que__ j'aime le plus.
2. Tu te souviens du jour __où__ tu as fait ma connaissance?
3. M. Valois est le gérant __dont__ mon employé m'a parlé.
4. C'est la voiture __que__ vous avez louée?
5. Voici l'enveloppe __dont__ tu as besoin.
6. Vous connaissez le plombier __qui__ a réparé le lavabo chez Lucas?
7. On passe devant le lycée __où__ j'ai fait mes études.
8. Je reconnais le chauffeur de taxi __qui__ a conduit Lucie à l'hôtel.

1 Suggestion Ask a volunteer to read the **modèle** aloud. Ask another volunteer to explain the use of the relative pronoun in that example. (The answer is **qui** because it is a subject followed by the verb **est**.)

2 Expansion Have pairs write two or more sentences that contain relative pronouns and refer to other people in the village where Isabelle has moved.

3 Expansion Expand the activity by asking students to talk about what they prefer. Have them model their sentences on Marianne's.

Mise en pratique

1 Notre entreprise Sophie et Thierry discutent de leur bureau et de leurs collègues. Complétez leurs phrases en utilisant (*by using*) les pronoms relatifs **qui, que, dont, où.**

> **MODÈLE** Ils ont une cafétéria __qui__ n'est pas trop chère.

1. C'est une entreprise __où__ les employés peuvent suivre des formations supplémentaires.
2. Nous avons une profession __qui__ est exigeante.
3. Notre chef d'entreprise a commandé les nouveaux ordinateurs __dont__ nous avions besoin.
4. La personne __qui__ a un entretien aujourd'hui est l'ami du gérant.
5. La réunion __que__ tu as ratée (*missed*) hier était vraiment intéressante.
6. La femme __dont__ tu as peur est notre chef du personnel, n'est-ce pas?
7. L'homme __qu'__ on a embauché est le mari de Sandra.
8. Tu te souviens du jour __où__ on a fait la connaissance du patron?

2 Les villageois Isabelle vient de déménager dans un petit village et son agent immobilier lui parle des gens qui y habitent. Assemblez les deux phrases avec **qui, que, dont, où** pour en faire une seule.

1. Voici le bureau de M. Dantès. Vous pouvez vous adresser à ce bureau pour obtenir une assurance-vie. Voici le bureau de M. Dantès où vous pouvez vous adresser pour obtenir une assurance-vie.
2. Je vous ai parlé d'une banquière. La banquière s'appelle Murielle Marteau. La banquière dont je vous ai parlé s'appelle Murielle Marteau.
3. Vous avez vu la grande boutique. M. Descartes est le patron de cette boutique. M. Descartes est le patron de la grande boutique que vous avez vue.
4. Je ne connais pas le pompier. Le pompier habite en face de chez vous. Je ne connais pas le pompier qui habite en face de chez vous.
5. Madame Thibaut sert beaucoup de plats régionaux. Vous allez adorer ces plats. Madame Thibaut sert beaucoup de plats régionaux que vous allez adorer.
6. Les cuisinières travaillent à temps partiel. Vous avez rencontré les cuisinières chez moi. Les cuisinières que vous avez rencontrées chez moi travaillent à temps partiel.

3 Les choses que je préfère Marianne parle des choses qu'elle préfère. Utilisez les pronoms relatifs pour écrire ses phrases. Présentez vos phrases à la classe. Answers will vary.

1. Marc est l'ami... (qui, dont)
2. «Chez Henri», c'est le restaurant... (où, que)
3. Ce tee-shirt est le cadeau... (que, qui)
4. Ma sœur est la personne... (dont, que)
5. Paris est la ville... (où, dont)
6. L'acteur/L'actrice... (qui, que)
7. Les livres... (dont, que)
8. J'aimerais avoir un(e) ami(e)... (qui, que)

EXPANSION

Extra Practice Distribute the handout for the activity **Dans la rue** from the online Resources (**Unité 5**/Activity Pack/Vocabulary and Grammar Activities). Have students read the instructions and give them 10 minutes to complete the activity. Ask volunteers to share their answers once everyone has finished the activity.

DIFFERENTIATION

Visual Learners Write the sentences for **Activité 2** on the board. Have volunteers come up and circle the common noun in each sentence. With the class, label the noun's role in the second sentence: **sujet, complément d'objet direct, objet d'une préposition**. Then draw a line through those nouns and write above them the relative pronouns that will replace them. Finally, call on volunteers to write the new sentences.

Communication

 4 **Des opinions** Avec un(e) partenaire, donnez votre opinion sur ces thèmes. Utilisez les pronoms relatifs **qui, que, dont** et **où**. Answers will vary.

> **MODÈLE**
>
> le printemps / saison
> **Élève 1:** *Le printemps est la saison que je préfère parce que j'aime les fleurs.*
> **Élève 2:** *L'hiver est la saison que je préfère, parce que j'aime la neige.*

1. le petit-déjeuner / repas
2. surfer sur Internet / passe-temps
3. mon frère / ma sœur / personne
4. le samedi / jour
5. la chimie / cours
6. la France / pays
7. Tom Cruise / acteur
8. le prof de français / prof

5 **Des endroits intéressants** Par groupes de trois, organisez un voyage. Parlez des endroits qui vous intéressent et expliquez pourquoi vous voulez y aller. Utilisez des pronoms relatifs dans vos réponses et décidez où vous allez. Answers will vary.

> **MODÈLE**
>
> *Allons à Bruxelles où nous pouvons acheter des chocolats délicieux.*

 6 **Chère Madame** Avec un(e) partenaire, écrivez un e-mail à votre gérante dans lequel vous expliquez pourquoi vous n'avez pas fini le document qu'elle voulait pour la réunion. Utilisez des pronoms relatifs dans votre e-mail. Answers will vary.

> De: clement@entreprise.fr
> À: madame.giraud@entreprise.fr
> Objet: Document
>
> Chère Madame Giraud,
>
> Je suis désolé, mais je n'ai pas fini le document que vous vouliez aujourd'hui. Ce matin, je suis allé à l'entreprise François et Fils où…

7 **Mes préférences** Avec un(e) partenaire, parlez de vos préférences dans chaque catégorie ci-dessous (*below*). Donnez des raisons pour vos choix (*choices*). Utilisez les pronoms relatifs **qui, que, dont** et **où** dans vos descriptions. Answers will vary.

> **MODÈLE**
>
> mon film préféré
> *Le film que j'aime le plus, c'est* Pirates des Caraïbes. *Johnny Depp, qui joue dans ce film, est super!*

1. mon film préféré
2. mon roman (*novel*) préféré
3. mon chanteur/ma chanteuse préféré(e)
4. la meilleure ville pour aller en vacances

deux cent quatre-vingt-un **281**

4 **Expansion** In addition to **surfer sur Internet** from #2, brainstorm a list of pastimes with the class. Conduct a conversation with the whole class about which pastimes they prefer and why.

4 **Partner Chat** You can also assign Activity 4 on vhlcentral.com. Students work in pairs to record the activity online. The pair's recorded conversation will appear in your gradebook.

5 **Suggestion** Tell each student to choose a place and present reasons as to why the group should visit it. Then have the groups comment on each one until they agree on a single destination. Have groups report their destination to the class.

6 **Suggestion** Do this activity orally, having pairs role-play the manager and the employee talking on the phone.

7 **Suggestion** Have students create their own categories to talk about and ask volunteers to share their preferences with the class.

Activity Pack For additional activities, go to the **Activity Pack** in the **Resources** section of vhlcentral.com.

EXPANSION

Written Interpersonal Communication Have partners exchange their e-mail with another pair. Then have them write a response to each other's e-mails. Collect the e-mails and choose a few pairs to project for the class to discuss. Have students evaluate the appropriateness and accuracy of the language as well as the logic of the arguments.

EXPANSION

Travel Advertisement Using magazine or real pictures, have students create a brief travel ad for the destination they chose in **Activité 5**. The ad should contain at least three uses of relative pronouns. Have students present their ads to the class.

Révision

Key Standards

1.1

1 **Suggestion** Have volunteers share their list with the class.

2 **Expansion** Ask groups to choose a **métier** not listed in the activity. Then have them write a short paragraph describing what they would and would not do in that position. Have one volunteer from each group read the group's paragraph aloud.

3 **Suggestion** Point out that this activity elicits sentences that are contrary to fact. Remind students that their sentences should include the conditional tense in the main clause and the imperfect tense in the **si** clause.

4 **Suggestion** Before assigning the activity, identify the genre of each film. *L'Artiste*: musical comedy / *Les Choristes*: drama / *Kirikou et la Sorcière*: animated fantasy adventure / *Une Vie de Chat*: animated crime adventure / *Invités surprises*: comedy / *Le Fabuleux Destin d'Amélie Poulin*: romantic comedy

5 **Suggestion** Before assigning the activity, ask the class polite questions using **pouvoir** in the conditional tense. Examples: **Pourriez-vous me prêter votre livre? Pourrais-je vous poser une question? Pourriez-vous m'expliquer…?**

6 **Expansion** Before assigning the activity, encourage students to brainstorm ideas for different people and places in the office that they are going to ask questions about.

6 **Partner Chat** You can also assign Activity 6 on vhlcentral.com. Students work in pairs to record the activity online. The pair's recorded conversation will appear in your gradebook.

---

1 **Du changement** Avec un(e) partenaire, observez ces bureaux. Faites une liste d'au minimum huit changements que les employés feraient dans le premier pour devenir comme le deuxième s'ils en avaient les moyens (*means*). Answers will vary.

MODÈLE

Élève 1: Si ces gens pouvaient changer quelque chose, ils achèteraient de nouveaux ordinateurs.
Élève 2: Si les affaires allaient mieux, ils déménageraient.

2 **Si j'étais…** Imaginez les activités que vous préféreriez faire si vous exerciez ces métiers et parlez-en en petits groupes. Utilisez **Si j'étais** et **ne… que.** Answers will vary.

MODÈLE

Élève 1: Si j'étais cuisinier/cuisinière, je ne préparerais que des desserts.
Élève 2: Si je travaillais comme chauffeur, je ne conduirais que sur autoroute.

artiste	conseiller/ conseillère	médecin
chauffeur		patron(ne)
chef d'entreprise	cuisinier/cuisinière	professeur
chercheur/chercheuse	femme au foyer	

3 **Je démissionnerais…** Pour quelles raisons seriez-vous prêt(e)s à démissionner de votre travail? Par groupes de trois, donnez chacun(e) (*each one*) au minimum deux raisons positives et deux raisons négatives. Answers will vary.

MODÈLE

Élève 1: Je démissionnerais si je devais suivre ma famille et déménager loin.
Élève 2: Moi, je démissionnerais tout de suite si je m'ennuyais dans mon travail.

4 **C'est l'histoire de…** Avec un(e) partenaire, commentez ces titres de films francophones et imaginez les histoires. Utilisez des pronoms relatifs. Ensuite, comparez vos histoires avec un résumé du film que vous trouverez sur Internet. Qui a l'histoire la plus proche (*closest*) du vrai film? Answers will vary.

MODÈLE

Élève 1: C'est l'histoire d'un homme qui…
Élève 2: … et que la police recherche…

- *L'Artiste*
- *Les Choristes*
- *Kirikou et la Sorcière*
- *Une Vie de Chat*
- *Invités surprises*
- *Le Fabuleux Destin d'Amélie Poulin*

5 **Un(e) patron(ne) poli(e)** Avec un(e) partenaire, inventez un dialogue entre un(e) gérant(e) et son/sa secrétaire. Le/La gérant(e) demande plusieurs services au/à la secrétaire, qui refuse. Le/La patron(ne) recommence alors ses demandes, mais plus poliment, et le/la secrétaire accepte. Answers will vary.

MODÈLE

Élève 1: Apportez-moi le téléphone!
Élève 2: Si vous me parlez comme ça, je ne vous apporterai rien.
Élève 1: Pourriez-vous m'apporter le téléphone, s'il vous plaît?
Élève 2: Avec plaisir!

6 **Il y a longtemps!** Vous déjeunez avec un(e) ancien(ne) collègue et vous parlez des personnes qui travaillaient avec vous autrefois (*in the past*). Votre collègue travaille toujours dans la même entreprise et vous donne des nouvelles (*news*). Jouez cette scène avec un(e) partenaire. Utilisez des pronoms relatifs dans votre conversation. Answers will vary.

MODÈLE

Élève 1: Est-ce que la fille qui faisait un stage travaille toujours avec Paul?
Élève 2: Ah non! La fille dont tu parles a quitté l'entreprise.

EXPANSION

Completing Sentences Ask students to finish the following sentences logically: **1. S'il ne pleut pas demain… 2. Si j'avais assez d'argent… 3. Si mon ami(e) gagnait à la loterie… 4. Si j'étais psychologue… 5. S'il faisait beau…** Encourage them to be creative.

EXPANSION

Writing Practice Have pairs write ten sentences about what they would do to improve their high school. First, ask them to list the problems they would change and how they would do so. Then have them form their sentences as contrary-to-fact statements. Example: **S'il y avait plus de choix à la cantine, les élèves mangeraient mieux.**

À l'écoute vhlcentral

STRATÉGIE

Using background knowledge/ Listening for specific information

If you know the subject of something you are going to listen to, your background knowledge will help you anticipate words and phrases you are going to hear. It will also help you determine important information that you should listen for.

To practice these strategies, you will listen to a radio advertisement for a culinary school. Before you listen, make a list of the things you expect the advertisement to contain. Make another list of information you would listen for if you were considering this school. After listening, look at your lists. Did they help you anticipate the content of the advertisement and focus on key information?

Préparation

Dans la conversation que vous allez entendre, un homme passe un entretien pour obtenir un nouvel emploi. De quoi cet homme et le chef du personnel discuteront-ils pendant l'entretien? Faites une liste des choses dont ils parleront probablement.

À vous d'écouter

Écoutez la conversation. Après une deuxième écoute, complétez les notes du chef du personnel.

Nom: Patrick Martin

Emploi demandé: _____ chercheur en biologie _____

Diplôme en: _____ biologie _____

Expérience professionnelle:
- _____ stage (chercheur) _____ au Laboratoire Roche
- Chercheur dans une _____ entreprise de médicaments _____
- Emploi à _____ mi-temps _____ à l'Hôpital Saint-Jean
- Cherche un emploi à: _____ plein temps _____

Compréhension

Répondez Répondez aux questions d'après la conversation par des phrases complètes. *Answers may vary slightly.*

1. Le chef du personnel est-il un homme ou une femme?
   C'est une femme.

2. Patrick a-t-il envoyé son CV avant d'aller à l'entretien?
   Oui, il l'a envoyé.

3. Pourquoi ne travaille-t-il plus pour l'entreprise de médicaments?
   Il a perdu son emploi.

4. Où devra-t-il voyager s'il est choisi pour l'emploi de chercheur?
   Il devra voyager à l'étranger.

5. Est-il d'accord pour voyager? Pourquoi?
   Oui. Il est d'accord parce qu'il aime beaucoup voyager.

6. D'après le chef du personnel, l'emploi de chercheur est-il facile?
   Non, c'est un travail exigeant.

7. Quels sont deux des avantages (*benefits*) qu'on proposera à Patrick s'il est choisi pour l'emploi?
   Possible answer: On lui proposera un bon salaire et la possibilité de souvent avoir des promotions.

8. Quand Patrick commencera-t-il à travailler si on l'embauche pour cet emploi?
   Il commencera à travailler le mois prochain.

Une lettre de candidature Vous voulez faire un stage d'été dans une entreprise en France ou dans un autre pays francophone. Préparez une lettre dans laquelle vous expliquez au chef du personnel quel genre de stage vous intéresse et pourquoi vous voulez faire un stage dans cette entreprise. Parlez aussi de vos études, vos intérêts et votre expérience professionnelle et expliquez comment ce stage sera utile à votre future carrière.

deux cent quatre-vingt-trois **283**

Section Goals
In this section, students will:
- learn to use background knowledge and listen for specific information
- listen to a radio advertisement for a culinary school
- listen to a job interview and complete several activities

Key Standards
1.2, 2.1

Stratégie
Script Envie d'une nouvelle carrière? Notre école propose une formation exceptionnelle de cuisinier. Pendant deux ans, nos étudiants suivent des cours trois jours par semaine et les deux autres jours, ils font des stages dans de nombreux restaurants parisiens. Avec leur diplôme, tous nos étudiants trouvent un emploi bien payé, très facilement. N'hésitez pas, appelez l'École de Cuisine Rochefort au 01.42.34.67.90 pour plus d'informations.
Teacher Resources DVD

À vous d'écouter
Script CHEF DU PERSONNEL: Bonjour, Monsieur Martin. Entrez.
M. MARTIN: Bonjour, Madame.
C: Alors, voyons... C'est l'emploi de chercheur en biologie qui vous intéresse, c'est bien cela?
M: Oui, Madame, c'est exact.
C: Et vous avez une maîtrise en biologie. Avez-vous déjà de l'expérience professionnelle dans ce domaine?
M: Oui, après mon diplôme, j'ai fait un stage de six mois au Laboratoire Roche pendant lequel j'ai travaillé comme chercheur. Ensuite, j'ai encore travaillé comme chercheur pour une entreprise de médicaments, mais malheureusement, j'ai perdu mon emploi.
C: Et depuis, vous travaillez à l'Hôpital Saint-Jean?
M: Oui, j'ai été embauché en mars, mais ce travail est un emploi à mi-temps et je désire travailler à plein temps. C'est pour cette raison que je vous ai envoyé mon CV.
C: Ah, d'accord... Si vous êtes choisi, vous devrez voyager à l'étranger deux fois par mois, parce que nous avons des bureaux dans plusieurs pays d'Europe. Est-ce que cela vous posera des problèmes?
M: Non, pas du tout. Je suis prêt à aller à l'étranger quand cela sera nécessaire et j'aime beaucoup voyager.

C: Très bien. Vous savez, ce poste est très exigeant, mais si vous êtes travailleur, vous aurez la possibilité d'obtenir des promotions et vous serez très bien payé. Bien sûr, vous aurez cinq semaines de congés payés et la mutuelle de l'entreprise. Notre compagnie offre en plus la possibilité d'avoir une augmentation de salaire tous les six mois. Avez-vous des questions?

M: Oui. Si je suis choisi, quand est-ce que je commencerai?
C: Le mois prochain. Je vous contacterai dans la semaine si vous êtes choisi.
M: Bon. Merci, Madame. Au revoir.
C: Au revoir.
Teacher Resources DVD

283

Savoir-faire

vhlcentral

Panorama

la ville d'Ornans

La Bourgogne-Franche-Comté

La région en chiffres

▶ **Superficie:** *47.800 km²*

▶ **Population:** *2.820.623*
SOURCE: INSEE

▶ **Industries principales:** *industries automobile et pharmaceutique, tourisme, viticulture°*

▶ **Villes principales:** *Auxerre, Belfort, Besançon, Chalon-sur-Saône, Dijon, Dole, Mâcon, Nevers*

Personnages célèbres

▶ **Gustave Eiffel**, *ingénieur (la tour Eiffel) (1832–1923)*

▶ **Colette**, *écrivaine (1873–1954)*

▶ **Louis (1864–1948) et Auguste (1862–1954) Lumière**, *inventeurs du cinématographe°*

L'Auvergne-Rhône-Alpes

La région en chiffres

▶ **Superficie:** *69.711 km²*

▶ **Population:** *7.757.595*
SOURCE: INSEE

▶ **Industries principales:** *industries automobile, pharmaceutique, métallurgique°*

▶ **Villes principales:** *Chambéry, Clermont-Ferrand, Lyon, Grenoble, Valence*

Personnages célèbres

▶ **Antoine de Saint-Exupéry**, *écrivain, auteur du* Petit Prince *(1900–1944)*

▶ **André-Marie Ampère**, *(1775–1836) mathématicien, physicien et chimiste*

▶ **Blaise Pascal**, *(1623–1662) inventeur et mathématicien*

viticulture *grape growing* **cinématographe** *motion picture camera*
métallurgie *metal industry* **persil** *parsley* **lutter contre** *fight against*

un marché à Dijon

le ski dans les Alpes

Incroyable mais vrai!

Au Moyen Âge, les escargots servaient à la fabrication de sirops contre la toux. La recette bourguignonne (beurre, ail, persil°) est popularisée au 19ᵉ siècle. En France, on consomme jusqu'à 16.000 tonnes d'escargots par an. L'escargot aide à lutter contre° le mauvais cholestérol et les maladies cardio-vasculaires.

Map labels: la Seine, Sens, Auxerre, Montbard, Avallon, la Loire, l'Yonne, Dijon, la Saône, Besançon, le Doubs, BOURGOGNE-FRANCHE-COMTÉ, Nevers, Beaune, le Doubs, Pontarlier, LA SUISSE, Chalon-sur-Saône, Lons-le-Saunier, Mâcon, la Saône, l'Ain, le Rhône, Annecy, Clermont-Ferrand, la Loire, Lyon, AUVERGNE-RHÔNE-ALPES, le Rhône, Grenoble, L'ITALIE, Valence, LA FRANCE

La gastronomie

La raclette et la fondue

La Savoie, dans la région Auvergne-Rhône-Alpes, est très riche en fromages et deux de ses spécialités sont à base de fromage. Pour la raclette, on met du fromage à raclette sur un appareil° pour le faire fondre°. Chaque personne racle° ensuite du fromage dans son assiette et le mange avec des pommes de terre et de la charcuterie°. La fondue est un mélange° de fromages fondus°. Avec un bâton°, on trempe° un morceau de pain dans le mélange. Ne le laissez pas tomber!

AP® Theme: Science and Technology
Context: Current Research Topics

Les destinations

Grenoble

La ville de Grenoble, dans la région Auvergne-Rhône-Alpes, est surnommée «Capitale des Alpes» et «Ville Technologique». Située à la porte des Alpes, elle donne accès aux grandes stations de ski alpin et est le premier centre de recherche en France, après Paris. Le synchrotron de Grenoble, un des plus grands accélérateurs de particules du monde, permet d'étudier la matière°. Grenoble est également° une ville universitaire, avec quatre universités et 65.000 étudiants.

L'architecture

AP® Theme: Beauty and Aesthetics
Context: Architecture

Les toits de Bourgogne

Les toits° en tuiles vernissées° multicolores sont typiques de la Bourgogne. Inspirés de l'architecture flamande° et d'Europe centrale, ils forment des dessins géométriques. Le plus célèbre bâtiment est l'Hôtel-Dieu de Beaune, construit en 1443 pour accueillir° les pauvres et les victimes de la guerre° de 100 ans (1337-1443). Aujourd'hui, l'Hôtel-Dieu organise la plus célèbre vente aux enchères° de vins du monde.

AP® Theme: Science and Technology
Context: Discoveries and Inventions

Les gens

Louis Pasteur (1822–1895)

Louis Pasteur est né à Dole, en Franche-Comté. Il découvre que les fermentations sont dues à des micro-organismes spécifiques. Dans ses recherches sur les maladies contagieuses, il montre la relation entre le microbe et l'apparition d'une maladie. Cette découverte° a des applications dans le monde hospitalier et industriel avec les méthodes de désinfection, de stérilisation et de pasteurisation. Le vaccin contre la rage° est aussi une de ses inventions. L'Institut Pasteur est créé à Paris en 1888. Aujourd'hui, il a des filiales° sur cinq continents.

Qu'est-ce que vous avez appris? Répondez aux questions par des phrases complètes.

1. Comment s'appellent les inventeurs du cinématographe?
   Ils s'appellent Louis et Auguste Lumière.
2. À quoi servaient les escargots au Moyen Âge?
   Ils servaient à fabriquer des sirops contre la toux.
3. Avec quoi sont préparés les escargots de Bourgogne?
   Ils sont préparés avec du beurre, de l'ail et du persil.
4. Qu'est-ce que les chercheurs viennent étudier à Grenoble?
   Ils viennent étudier la matière.
5. Quel sport peut-on faire à côté de Grenoble?
   On peut faire du ski alpin.
6. Avec quoi est-ce qu'on mange la raclette?
   On la mange avec des pommes de terre et de la charcuterie.

7. Quel style d'architecture a influencé les toits de Bourgogne?
   L'architecture flamande et d'Europe centrale les a influencés.
8. Quel est le bâtiment avec le toit le plus célèbre en Bourgogne?
   C'est l'Hôtel-Dieu de Beaune, un ancien hôpital.
9. Comment les recherches de Pasteur ont-elles été utilisées par les hôpitaux et l'industrie?
   Elles ont été utilisées dans les méthodes de désinfection, de stérilisation et de pasteurisation.
10. Où trouve-t-on des Instituts Pasteur aujourd'hui?
    On trouve des Instituts Pasteur à Paris et sur cinq continents.

Sur Internet

1. Cherchez trois recettes à base (*using*) d'escargots.

2. Trouvez des informations sur les vacances d'hiver à Grenoble: logement, prix, activités, etc.

3. Cherchez des informations sur Louis Pasteur. Quel effet ont eu ses découvertes sur des produits alimentaires d'usage courant (*everyday use*)?

appareil *machine* **fondre** *to melt* **racle** *scrapes*	

appareil *machine* **fondre** *to melt* **racle** *scrapes*
charcuterie *cured meats* **mélange** *mix* **fondus** *melted*
bâton *stick* **trempe** *dips* **matière** *matter* **également** *also*
toits *roofs* **tuiles vernissées** *glazed tiles* **flamande** *Flemish*
Hôtel-Dieu *Hospital* **accueillir** *take care of* **guerre** *war*
vente aux enchères *auction* **découverte** *discovery*
rage *rabies* **filiales** *branches*

La raclette et la fondue
Invented by the Swiss, fondue has become an international dish, and each region has adapted it to its tastes. In Savoie, people use **comté** and **beaufort** cheese as well as **emmental** cheese. Both raclette and fondue are traditional winter dishes.

Grenoble There are numerous educational institutions in Grenoble. The city is considered a center for chemical, electronic, and nuclear research. Have students search Grenoble's city website for information about how many universities are located in Grenoble and in what areas of study they specialize.

Les toits de Bourgogne
• The multicolored tiles appear mostly on buildings dating from the late Middle Ages or the Renaissance, but they were sometimes used on houses built or restored in the 19th and 20th centuries. Ask students to describe the tiles.
• Explain that the **guerre de Cent ans** was a series of conflicts between England and France. The war along with epidemics and civil unrest took a heavy toll on the French population.

Louis Pasteur Louis Pasteur also discovered ways of preventing silkworm diseases, anthrax, and chicken colera. Have students research Pasteur's contributions to science. Then discuss as a class the long-term consequences of his work.

21ˢᵗ Century Skills

Information and Media Literacy: Sur Internet
Go to vhlcentral.com to complete the **Sur Internet** activity associated with **Panorama** for additional practice accessing and using culturally authentic sources.

285

Section Goals

In this section, students will:
- learn to summarize a text in their own words
- read a fable in French

Key Standards

1.3, 3.1, 5.1

 PRE-AP®

Interpretive Reading: Stratégie Tell students that summarizing a text in their own words will help them understand it. Explain that a summary is a restatement of the main idea and major points of a text without the details. As they read a text, they should list the important points and then use linking words to join the ideas.

Examinez le texte Students should mention that the text is a poem, and the main characters are an ant and a cicada. In the first illustration, the ant is working hard, and the cicada is having fun. In the second illustration, it's winter. The cicada is cold and hungry, while the ant has food and shelter.

À propos de l'auteur
- The house in which La Fontaine was born in Château-Thierry is now the **Musée Jean de La Fontaine**.
- Ask students these comprehension questions. **1. Où est né Jean de La Fontaine? (à Château-Thierry) 2. Avant de devenir écrivain, que faisait-il? (Il était avocat.) 3. A-t-il écrit seulement des fables? (Non, il a écrit des poèmes, des nouvelles en vers et des contes.) 4. Quelles fables ont influencé La Fontaine? (les fables d'Ésope) 5. Pourquoi La Fontaine a-t-il écrit des fables? Comment les a-t-il employées? (Les fables de La Fontaine ont critiqué la société contemporaine et la nature humaine.)**

Lecture vhlcentral

Avant la lecture

AP® Theme: Beauty and Aesthetics
Context: Literature

STRATÉGIE

Summarizing a text in your own words

Summarizing a text in your own words can help you comprehend it better. Before summarizing a text, you may find it helpful to skim it and jot down a few notes about its general meaning. You can then read the text again, writing down the important details. Your notes will help you summarize what you have read. If the text is particularly long, you may want to subdivide it into smaller segments so that you can summarize it more easily.

Examinez le texte

D'abord, regardez la forme du texte. Quel genre de texte est-ce? Puis, regardez les illustrations. Qu'y a-t-il sur ces illustrations? Qui sont les personnages de l'histoire (*story*)? Que font les insectes dans la première illustration? Et dans la deuxième?

À propos de l'auteur
Jean de La Fontaine (1621–1695)

Jean de La Fontaine est un auteur et un poète français très connu du dix-septième siècle. Né à Château-Thierry, à l'est de Paris, il a passé toute son enfance à la campagne avant de devenir avocat et de s'installer à Paris. C'est à la capitale qu'il a rencontré des écrivains célèbres et qu'il a décidé d'écrire. Il est l'auteur de poèmes, de nouvelles en vers° et de contes°, mais il est connu surtout pour ses fables, considérées comme des chefs-d'œuvre° de la littérature française. Au total, La Fontaine a publié 12 livres de fables dans lesquels il a créé des histoires autour de concepts fondamentaux de la morale qu'il a empruntés principalement aux fables d'Ésope. Les fables de La Fontaine, avec leurs animaux et leurs histoires assez simples, étaient, pour lui, une manière° subtile de critiquer la société contemporaine et la nature humaine. Deux de ses fables les plus connues sont *La Cigale et la Fourmi* et *Le Corbeau et le Renard*.

nouvelles en vers *short stories in verse* **contes** *tales* **chefs-d'œuvre** *masterpieces* **manière** *way*

La Cigale et

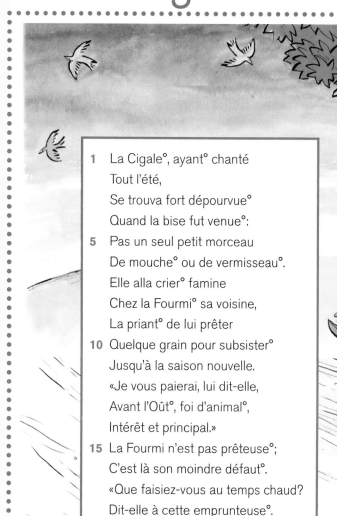

1 La Cigale°, ayant° chanté
Tout l'été,
Se trouva fort dépourvue°
Quand la bise fut venue°:
5 Pas un seul petit morceau
De mouche° ou de vermisseau°.
Elle alla crier° famine
Chez la Fourmi° sa voisine,
La priant° de lui prêter
10 Quelque grain pour subsister°
Jusqu'à la saison nouvelle.
«Je vous paierai, lui dit-elle,
Avant l'Oût°, foi d'animal°,
Intérêt et principal.»
15 La Fourmi n'est pas prêteuse°;
C'est là son moindre défaut°.
«Que faisiez-vous au temps chaud?
Dit-elle à cette emprunteuse°.
—Nuit et jour à tout venant°
20 Je chantais, ne vous déplaise°.
—Vous chantiez? j'en suis fort aise°.
Eh bien! dansez maintenant.»

la Fourmi

de Jean
de La Fontaine

Cigale *Cicada* ayant *having* Se trouva fort dépourvue *Found itself left without a thing* la bise fut venue *the cold winds of winter arrived* mouche *fly* vermisseau *small worm* alla crier *went crying* Fourmi *Ant* La priant *Begging her* subsister *survive* Oût *August* foi d'animal *on my word as an animal* n'est pas prêteuse *doesn't like lending things* moindre défaut *the least of her shortcomings* emprunteuse *borrower* à tout venant *all the time* ne vous déplaise *whether you like it or not* fort aise *overjoyed*

Après la lecture

Répondez Répondez aux questions par des phrases complètes. *Answers may vary slightly.*

1. Qu'est-ce que la Cigale a fait tout l'été?
   La Cigale a chanté tout l'été.

2. Quel personnage de la fable a beaucoup travaillé pendant l'été?
   C'est la Fourmi.

3. Pourquoi la Cigale n'a-t-elle rien à manger quand l'hiver arrive?
   Elle n'a rien à manger parce qu'elle n'a pas travaillé.

4. Que fait la Cigale quand elle a faim?
   Elle va chez la Fourmi pour lui demander quelque chose à manger.

5. Que fera la Cigale si la Fourmi lui donne à manger?
   Elle lui dit qu'elle la payera.

6. Qu'est-ce que la Fourmi demande à la Cigale?
   Elle lui demande ce qu'elle a fait pendant tout l'été.

7. Quel est le moindre défaut de la Fourmi?
   Elle n'est pas prêteuse.

8. La Fourmi va-t-elle donner quelque chose à manger à la Cigale? Expliquez.
   Non, elle dit à la Cigale d'aller danser.

Un résumé Écrivez un résumé (*summary*) de la fable de La Fontaine. Regardez le texte et prenez des notes sur ce qui se passe aux différents moments de l'histoire. Faites aussi une liste des mots importants que vous ne connaissez pas et trouvez-leur des synonymes que vous pourrez utiliser dans votre résumé. Par exemple, vous connaissez déjà le mot «vent», synonyme de «bise».

La morale de la fable Comme les fables en général, *La Cigale et la Fourmi* a une morale, mais La Fontaine ne la donne pas explicitement. À votre avis, quelle est la morale de cette fable? Êtes-vous d'accord avec cette morale? Discutez ces questions en petits groupes.

Les fables Connaissiez-vous déjà l'histoire de cette fable? Connaissez-vous d'autres fables? Que pensez-vous des fables en général? Aimez-vous les lire? À quoi servent-elles? Quels thèmes trouve-t-on souvent dans les fables? Quels animaux sont souvent utilisés? Discutez ces questions en petits groupes.

Répondez Go over the answers with the class.

Un résumé After completing the activity, have students compare their summaries with a classmate or ask a few volunteers to read their summaries aloud.

La morale de la fable Ask groups to state the moral of the fable. Then ask students why animals are used as characters in fables.

Les fables Before beginning the activity, take a quick class survey to find out how many students have read fables and the names of those they have read.

21st Century Skills

Creativity and Innovation Ask students to prepare a presentation on another fable by a Francophone author, inspired by the information on these two pages. Remind them to present a brief summary of the plot, and to clearly state what the morale of the fable is.

EXPANSION

Debate Have students work in pairs. Tell them to think of some real-life situations that would mirror the moral taught in this fable. Then have volunteers give examples and ask the class if they think the situation is appropriate or not.

PRE-AP®

Presentational Writing: A Fable Have students work in groups of three or four. Tell them to write a fable of their own. They should decide what the purpose or moral of their fable is, what situation would illustrate it, and which animals should be the main characters. Encourage them to include an illustration. Have volunteer groups act out their fable for the class.

Section Goals

In this section, students will:
- learn to use note cards
- write a composition about their professional goals

Key Standards

1.3, 3.1, 5.1

PRE-AP®

Presentational Writing: Stratégie Explain that using note cards in preparation for writing a composition will help organize and sequence information or ideas.

Thème Tell students to answer the questions first, using note cards for each category (**Professions, Recherche d'un emploi,** and **Évolution de carrière**). Remind them to number the cards by category.

Proofreading Activity Have students correct these sentences. **1. Tu penses avoir reussir au bac? 2. Qu'est ce que tu allez faire une fois que tu as le bac? 3. Nous allons diner pour célébrer des que j'ai un nouveau travail. 4. Si je ferais cette robe, elle finirais avec une manche courte et avec une manche longue! 5. Si tu avoir besoin de quoi que c'est un jour, dites-le-moi.**

21ˢᵗ Century Skills

Leadership and Responsibility Ask students to share their compositions with students from their partner class.

TELL Connection

Collaboration 5 *Why:* Create opportunities for students to work with target language communities to provide real-world experience. *What:* Invite a native French speaker to your class (in person or via webcam) to speak about professions that make use of the French language, and how to gather information about such careers and prepare for them.

Écriture

STRATÉGIE

Using note cards

Note cards serve as valuable study aids in many different contexts. When you write, note cards can help you organize and sequence the information you wish to present.

If you were going to write a personal narrative about a summer job you had, you would jot down notes about each aspect of the experience on a different note card. Then you could easily arrange them in chronological order or use a different organization, such as the best parts and the worst parts, before, during, and after, advantages and disadvantages, etc.

Here are some helpful techniques:

- Label the top of each card with a general subject, such as **recherche** and **responsabilités**.
- Number the cards in each subject category in the upper right corner to help you organize them.
- Use only the front side of each note card so that you can easily flip through them to find information.

Study this example of a note card used to prepare a composition.

Recherche

- *trouver trois annonces sur internet*
- *envoyer mon CV et une lettre de motivation*
- *passer des entretiens*
- *le troisième entretien s'est bien passé*
- *accepter le deuxième poste offert; les gens étaient sympas et le poste intéressant*

Thème

Écrire une rédaction

Avant l'écriture

1. Vous allez écrire une rédaction (*composition*) dans laquelle vous expliquez vos projets d'avenir en ce qui concerne (*concerning*) votre carrière professionnelle.

2. D'abord, préparez des petites fiches (*cards*) avec des notes pour les trois catégories suivantes:

   - profession
   - recherche d'un emploi
   - évolution de carrière

3. Pour chaque catégorie, écrivez vos idées sur des fiches. Utilisez une fiche pour chaque idée. Basez-vous sur ces questions pour trouver des idées.

TYPES DE PROFESSIONS

- Quel domaine professionnel ou quelle profession vous intéresse? Pourquoi?
- Connaissez-vous déjà des compagnies, des organisations gouvernementales (*government*) ou non-gouvernementales ou des institutions pour lesquelles vous avez envie de travailler? Lesquelles? Pourquoi?

RECHERCHE D'UN EMPLOI

- Resterez-vous dans la région où vous habitez maintenant? Voulez-vous travailler dans une autre région ou à l'étranger?

- Comment chercherez-vous du travail? Chercherez-vous sur Internet? Assisterez-vous aux salons de l'emploi?

- Chercherez-vous un emploi à temps partiel ou à plein temps? Quel salaire voudriez-vous?

ÉVOLUTION DE CARRIÈRE

- Travaillerez-vous pour la même entreprise toute votre carrière ou changerez-vous d'emploi?

- Votre emploi évoluera-t-il beaucoup (promotions, salaire et autres avantages...), à votre avis?

- Finirez-vous par créer votre propre entreprise?

- À quel âge prendrez-vous votre retraite?

4. Regardez cet exemple pour la catégorie numéro 1.

> *Types de professions*
>
> *Je travaillerai dans le domaine de la science. Je deviendrai astronome et j'étudierai l'univers. J'ai toujours voulu savoir s'il y avait de la vie sur d'autres planètes.*

5. Avant de noter vos idées sur les fiches, organisez-les selon (*according to*) les trois catégories. Vous aurez ainsi toutes vos idées prêtes pour l'écriture de votre rédaction.

Écriture

1. Servez-vous des fiches pour écrire votre rédaction. Écrivez trois paragraphes en utilisant (*by using*) les catégories comme thèmes de chaque paragraphe.

2. Employez les points de grammaire de cette unité dans votre rédaction.

Après l'écriture

1. Échangez votre rédaction avec celle (*the one*) d'un(e) partenaire. Répondez à ces questions pour commenter son travail.

- Votre partenaire a-t-il/elle écrit trois paragraphes qui correspondent aux trois catégories d'information?

- A-t-il/elle répondu à toutes les questions de la liste qui apparaît dans **Avant l'écriture**?

- A-t-il/elle bien utilisé les points de grammaire de l'unité?

- Quels détails ajouteriez-vous? Quels détails supprimeriez-vous? Quels autres commentaires avez-vous pour votre partenaire?

2. Corrigez votre rédaction d'après (*according to*) les commentaires de votre partenaire. Relisez votre travail pour éliminer ces problèmes:

- des fautes (*errors*) d'orthographe

- des fautes de ponctuation

- des fautes de conjugaison

- un mauvais emploi des temps

- un mauvais emploi de la grammaire de l'unité

- des fautes d'accord (*agreement*) des adjectifs

EVALUATION

Criteria
Content Contains answers to each set of questions called out in the bulleted points of the task.
Scale: 1 2 3 4 5

Organization Organized into a set of note cards with preliminary answers to the questions, followed by a composition that is organized into logical paragraphs, each of which begins with a topic sentence and contains appropriate supporting detail.
Scale: 1 2 3 4 5

Accuracy Uses the simple future tense, forms of **lequel**, and relative pronouns correctly. Spells words, conjugates verbs, and modifies adjectives correctly throughout.
Scale: 1 2 3 4 5

Creativity Includes additional information that is not specified in the task and/or uses adjectives, descriptive verbs, and additional details to make the composition more interesting.
Scale: 1 2 3 4 5

Scoring
Excellent	18–20 points
Good	14–17 points
Satisfactory	10–13 points
Unsatisfactory	< 10 points

21ˢᵗ Century Skills

Productivity and Accountability
Provide the rubric to students before they hand their work in for grading. Ask students to make sure they have met the highest standard possible on the rubric before submitting their work.

PRE-AP®

Presentational Writing
Ask your students to write their composition as if it were intended for a board of directors of a college or university. Their objective will be to try to convince their readers that they are good candidates for a scholarship.

289

Key Standards
4.1

Suggestion Tell students that an easy way to study from **Vocabulaire** is to cover up the French half of each section, leaving only the English equivalents exposed. They can then quiz themselves on the French items. To focus on the English equivalents of the French entries, they simply reverse this process.

21st Century Skills

Creativity and Innovation
Ask students to prepare a list of three products or perspectives they learned about in this unit to share with the class. Consider asking them to focus on the **Culture** and **Panorama** sections.

21st Century Skills

Leadership and Responsibility: Extension Project
As a class, have students decide on three questions they want to ask the partner class related to this unit's topic. Based on the responses they receive, work as a class to explain to the partner class one aspect of their responses that surprised the class and why.

Leçon 5A

La recherche de l'emploi

chercher un/ du travail	to look for work/ a job
embaucher	to hire
faire des projets	to make plans
lire les annonces (f.)	to read the want ads
obtenir	to get, to obtain
passer un entretien	to have an interview
postuler	to apply
prendre (un) rendez-vous	to make an appointment
trouver un/du travail	to find work/a job
un(e) candidat(e)	candidate, applicant
un chef du personnel	human resources director
une compagnie	company
un conseil	advice
un curriculum vitæ (un CV)	résumé
un(e) employé(e)	employee
une entreprise	firm, business
une lettre de motivation	letter of application
un métier	profession
un(e) patron(ne)	manager; boss
un poste	position
un(e) responsable	manager, supervisor
un salaire (élevé, modeste)	(high, low) salary

Qualifications

un domaine	field
une expérience professionnelle	professional experience
une formation	education; training
une lettre de recommandation	letter of reference/ recommendation
une mention	distinction
une référence	reference
un(e) spécialiste	specialist
un stage	internship; professional training

Au téléphone

appeler	to call
décrocher	to pick up
laisser un message	to leave a message
patienter un congé	to wait (on the phone), to be on hold
raccrocher	to hang up
l'appareil (m.)	telephone
le combiné	receiver
la messagerie	voicemail
un numéro de téléphone	phone number
Allô!	Hello! (on the phone)
Qui est à l'appareil?	Who's calling please?
C'est de la part de qui?	On behalf of whom?
C'est M./Mme/ Mlle... (à l'appareil.)	It's Mr./Mrs./Miss... (on the phone.)
Ne quittez pas.	Please hold.

Expressions utiles

See p. 253.

Conjonctions

dès que	as soon as
quand	when

Pronoms intérrogatifs

lequel	which one (m. sing.)
lesquels	which ones (m. pl.)
laquelle	which one (f. sing.)
lesquelles	which ones (f. pl.)

Leçon 5B

Le travail

démissionner	to resign
diriger	to manage
être au chômage	to be unemployed
être bien/mal payé(e)	to be well/badly paid
gagner	to earn; to win
prendre un congé	to take time off
renvoyer	to dismiss, to let go
une carrière	career
un chômeur/une chômeuse	unemployed person
un emploi à mi-temps/à temps partiel	part-time job
un emploi à plein temps	full-time job
un niveau	level
une profession (exigeante)	(demanding) profession
un(e) retraité(e)	retired person
une réunion	meeting
une réussite	success
un syndicat	union
une assurance (maladie, vie)	(health, life) insurance
une augmentation (de salaire)	raise (in salary)
une promotion	promotion

Les métiers

un agent immobilier	real estate agent
un agriculteur/ une agricultrice	farmer
un banquier/ une banquière	banker
un cadre/ une femme cadre	executive
un chauffeur de taxi/de camion	taxi/truck driver
un(e) chef	chef
un chef d'entreprise	head of a company
un chercheur/ une chercheuse	researcher
un(e) comptable	accountant
un conseiller/ une conseillère	consultant; advisor
un cuisinier/ une cuisinière	cook, chef
un(e) électricien(ne)	electrician
une femme au foyer	housewife
un(e) gérant(e)	manager
un homme/une femme politique	politician
un ouvrier/ une ouvrière	worker, laborer
un plombier	plumber
un pompier/une femme pompier	firefighter
un(e) psychologue	psychologist
un(e) vétérinaire	veterinarian

Expressions utiles

See p. 271.

Pronoms relatifs

dont	of which, of whom
où	where
que	that, which
qui	who, that, which

L'espace vert

Pour commencer
● Où sont ces personnes?
a. à la mer   b. à la campagne   c. en ville
● Qu'est-ce qu'ils font?
a. un pique-nique   b. une randonnée
c. du vélo
● Qu'est-ce qu'on voit devant eux?
a. la plage   b. une rivière   c. une montagne

Unit Goals
Leçon 6A
In this lesson, students will learn:
● terms related to ecology and the environment
● common differences in French and English spelling
● about the ecological movement and nuclear energy in France
● the demonstrative pronouns **celui, celle, ceux,** and **celles**
● to form **le subjonctif**
● common impersonal expressions that take the subjunctive
● about the **Banque Marocaine du Commerce Extérieur**

Leçon 6B
In this lesson, students will learn:
● terms to discuss nature and conservation
● about homophones
● about France's national park system and Madagascar
● more about the diverse geography of the Francophone world
● about the subjunctive with verbs and expressions of will and emotion
● verbs with irregular subjunctive forms
● the comparative and superlative of nouns
● to listen for the gist and cognates

Savoir-faire
In this section, students will learn:
● about the French regions **Le Grand Est** and **les Hauts-de-France**
● to recognize chronological order in a text
● to consider audience and purpose when writing

Initiative and Self-Direction
Students can monitor their progress online using the activities and assessments on vhlcentral.com.

Pour commencer
● b. à la campagne
● b. une randonnée
● c. une montagne

SUPPORT FOR BACKWARD DESIGN

Unité 6 **Essential Questions**
1. How do people talk about the environment?
2. How do people talk about nature and conservation?
3. How does the environmentalism and conservation movement in France manifest itself?

Unité 6 **Integrated Performance Assessment**
Before teaching the chapter, review the Integrated Performance Assessment (IPA) and its accompanying scoring rubric provided in the Testing Program. Use the IPA to assess students' progress toward proficiency targets at the end of the chapter.
IPA Context: First, you will listen to a speech at a demonstration advocating for initiatives that will help protect the environment; then you will discuss the content of that speech with a partner. Finally, you will prepare your own ideas on the topic and present them to the class.

FORUMS

Forums on vhlcentral.com allow you and your students to record audio messages. Use Forums for presentations, oral assessments, discussions, directions, etc.

You will learn how to...

▪ talk about pollution
▪ talk about what needs to be done

AP® Theme: Global Challenges
Context: Environmental Issues

🔊 **vhl**central

Sauvons la planète!

Vocabulaire	
abolir	*to abolish*
améliorer	*to improve*
développer	*to develop*
gaspiller	*to waste*
préserver	*to preserve*
prévenir l'incendie	*to prevent a fire*
proposer une solution	*to propose a solution*
sauver la planète	*to save the planet*
une catastrophe	*catastrophe*
un danger	*danger, threat*
des déchets toxiques (m.)	*toxic waste*
l'effet de serre (m.)	*greenhouse effect*
le gaspillage	*waste*
un glissement de terrain	*landslide*
une population croissante	*growing population*
le réchauffement climatique	*global warming*
la surpopulation	*overpopulation*
le trou dans la couche d'ozone	*hole in the ozone layer*
une usine	*factory*
l'écologie (f.)	*ecology*
un emballage en plastique	*plastic wrapping/packaging*
l'environnement (m.)	*environment*
un espace	*space, area*
un produit	*product*
la protection	*protection*
écologique	*ecological*
en plein air	*outdoor, open-air*
pur(e)	*pure*
un gouvernement	*government*
une loi	*law*

Labels on illustration: un nuage de pollution; la pluie acide; l'énergie nucléaire (f.); l'énergie solaire (f.); une centrale nucléaire; USINE AUTOMOBILE; la pollution; le covoiturage

Mise en pratique

le ramassage des ordures (f.)

Elle recycle. (recycler)

le recyclage

interdire

Ils ont pollué. (polluer)

1 Écoutez Écoutez l'annonce radio suivante. Ensuite, complétez les phrases avec la réponse qui convient le mieux.

1. C'est l'annonce radio _____
   a. d'un groupe de lycéens.
   b. d'une entreprise commerciale.
   c. d'une agence écologiste.
2. La protection de l'environnement, c'est l'affaire _____
   a. de tous.
   b. du gouvernement.
   c. des centres de recyclage.
3. L'annonce dit qu'on peut recycler _____
   a. les emballages en plastique et en papier.
   b. les boîtes de conserve.
   c. les bouteilles en plastique.
4. Pour les déchets toxiques, il y a _____
   a. le ramassage des ordures.
   b. le centre de recyclage.
   c. l'agence nationale pour la protection de l'environnement.
5. Pour ne pas gaspiller l'eau, _____
   a. il faut faire moins de lessives.
   b. on ne doit jamais laver sa voiture.
   c. on peut prendre des douches plus courtes.

2 Complétez Complétez ces phrases avec le mot ou l'expression qui convient le mieux pour parler de l'environnement. N'oubliez pas les accords.

1. Nous avons trois poubelles différentes pour pouvoir _____recycler_____.
2. ___L'effet de serre___ contribue au réchauffement de la Terre.
3. ___Les centrales nucléaires___ produisent la majorité de l'énergie en France.
4. Les pluies ont provoqué ___un glissement de terrain___. À présent, la route est fermée.
5. Chez moi, ___le ramassage___ des ordures se fait tous les lundis.
6. L'accident à l'usine chimique a provoqué un ___nuage de pollution___.

3 Composez Utilisez les éléments de chaque colonne pour former six phrases logiques au sujet de l'environnement. Vous pouvez composer des phrases affirmatives ou négatives. Answers will vary.

Les gens	Les actions	Les éléments
vous	développer	l'eau
on	gaspiller	le covoiturage
les gens	polluer	l'énergie solaire
les politiciens	préserver	l'environnement
les entreprises	proposer	la planète
les centrales nucléaires	sauver	la Terre

deux cent quatre-vingt-treize **293**

1 Script L'écologie, c'est l'affaire de tous! Aidez-nous à préserver et à améliorer l'environnement. Tout commence avec le ramassage des ordures: recyclez vos emballages en plastique et en papier! Ne polluez pas: votre centre de recyclage local est là pour s'occuper de vos déchets toxiques. Ne gaspillez pas l'eau, surtout en cette période de réchauffement de la Terre: comment? Prenez des douches plus courtes! Nous vous rappelons également qu'une loi interdit de laver sa voiture dans certaines régions de France quand il fait extrêmement chaud l'été. Ne gaspillez pas non plus l'énergie: faites attention à la consommation inutile d'énergie de vos appareils électriques. Enfin, évitez d'acheter des produits qui peuvent mettre l'environnement en danger: choisissez des produits écologiques. Ensemble, nous sommes plus forts! Nous développons et proposons des solutions simples. Alors, la prochaine fois que vous entendrez parler de pluies acides, de trou dans la couche d'ozone, de l'effet de serre, de pollution et de catastrophe écologique, vous pourrez être fier de dire que vous faites partie de la solution.

Ceci était un message de l'agence nationale pour la protection de l'environnement. *Teacher Resources DVD*

1 Suggestion Go over the answers with the class. Ask volunteers to read the complete sentences.

2 Expansion For additional practice, give students these items. **7. Une nouvelle étude des Nations Unies confirme qu'il y a un risque de ____. (surpopulation) En 2050, il y aura neuf milliards (*billions*) de personnes sur Terre. 8. Le parti écologiste veut améliorer ____ de l'environnement. (la protection) 9. Le gouvernement vient de passer ____ sur le transport des déchets toxiques. (une loi) 10. Nous évitons de laisser ____ derrière nous quand nous mangeons dans le parc. (des ordures)**

3 Suggestion This activity can be done orally or in writing in pairs or groups.

293

Suggestion Tell students that their descriptions should include the weather, the time of day, and a possible location.

Expansion Bring in additional photos from magazines or the Internet that illustrate ecological problems and have students describe what they see.

Partner Chat You can also assign Activity 4 on vhlcentral.com. Students work in pairs to record the activity online. The pair's recorded conversation will appear in your gradebook.

PRE-AP®

Interpersonal Speaking Suggestion You may wish to assign groups specific situations so that all of them are covered.

21ˢᵗ Century Skills

Technology Literacy As a follow-up activity, ask students to prepare a digital presentation on the topic they discussed in small groups.

Suggestion Ask a volunteer to read the **modèle** aloud. Then have students brainstorm a list of words and expressions that are used to inform, persuade, or register a complaint.

21ˢᵗ Century Skills

Leadership and Responsibility Ask students to partner with one student from the partner class to share their articles.

TELL Connection

Performance and Feedback 1 *Why:* Students demonstrate growth when given performance objectives. *What:* Activity 6 provides students a formative opportunity to engage in environmental journalism. Review **Écriture**, pp. 332–333, and have students reflect on how this activity provides feedback so they may improve their performance on the subsequent writing project.

Communication

4 Décrivez Avec un(e) partenaire, décrivez ces photos et donnez autant de détails et d'informations que possible. Soyez prêt(e)s à présenter vos descriptions à la classe. Answers will vary.

1.

3.

2.

4.

5 À vous de jouer Par petits groupes, préparez une conversation au sujet d'une de ces situations. Ensuite jouez la scène devant la classe. Answers will vary.

- Un(e) employé(e) du centre de recyclage local vient dans votre lycée pour expliquer aux élèves un nouveau système de recyclage. De nombreux élèves posent des questions.
- Un groupe d'écologistes rencontre le patron d'une entreprise accusée de polluer la rivière (*river*) locale.
- Le ministre de l'environnement donne une conférence de presse au sujet d'une nouvelle loi sur la protection de l'environnement.
- Vos parents oublient systématiquement de recycler les emballages. Vous avez une conversation animée avec eux.

6 L'article Vous êtes journaliste et vous devez écrire un article pour le journal local au sujet de la pollution. Vous en expliquez les causes et les conséquences sur l'environnement. Vous suggérez aussi des solutions pour améliorer la situation. Answers will vary.

MODÈLE

Les dangers de la pollution chimique

Les usines chimiques de notre région polluent! C'est une catastrophe pour notre environnement. Il faut leur interdire de fonctionner jusqu'à ce qu'elles améliorent leurs systèmes de recyclage…

Unit 6 • Lesson 6A

EXPANSION

Writing Definitions Write these expressions for circumlocution on the board: **C'est un endroit où…, Ça sert à…, C'est le contraire de…, C'est un synonyme de…, C'est quand on….** Then have pairs of students write definitions for these vocabulary words. **1. améliorer 2. un incendie 3. le recyclage 4. le covoiturage 5. la pollution 6. une catastrophe 7. une loi 8. une usine 9. le réchauffement de la Terre**

Have pairs get together with another pair of students and take turns reading their definitions and guessing the word. Ask each group to choose their best definition and write it on the board for the whole class to guess.

Les sons et les lettres 🔊 vhlcentral

French and English spelling

You have seen that many French words only differ slightly from their English counterparts. Many differ in predictable ways. English words that end in *-y* often end in **-ie** in French.

biolog**ie**	psycholog**ie**	énerg**ie**	écolog**ie**

English words that end in *-ity* often end in **-ité** in French.

qual**ité**	univers**ité**	c**ité**	national**ité**

French equivalents of English words that end in *-ist* often end in **-iste**.

art**iste**	optim**iste**	pessim**iste**	dent**iste**

French equivalents of English words that end in *-or* and *-er* often end in **-eur**. This tendency is especially common for words that refer to people.

doct**eur**	act**eur**	employ**eur**	agricult**eur**

Other English words that end in *-er* end in **-re** in French.

cent**re**	memb**re**	lit**re**	théât**re**

Other French words vary in ways that are less predictable, but they are still easy to recognize.

problème	orchestre	carotte	calculatrice

Prononcez Répétez les mots suivants à voix haute.

1. tigre
2. bleu
3. lettre
4. salade
5. poème
6. banane
7. tourisme
8. moniteur
9. pharmacie
10. écologiste
11. conducteur
12. anthropologie

Articulez Répétez les phrases suivantes à voix haute.

1. Ma cousine est vétérinaire.
2. Le moteur ne fonctionne pas.
3. À la banque, Carole paie par chèque.
4. Mon oncle écrit l'adresse sur l'enveloppe.
5. À la station-service, le mécanicien a réparé le moteur.

Dictons Répétez les dictons à voix haute.

On ne fait pas d'omelette sans casser des œufs.[2]

On reconnaît l'arbre à son fruit.[1]

[1] You can recognize a tree by its fruit.
[2] You can't make an omelet without breaking some eggs.

deux cent quatre-vingt-quinze **295**

Section Goals

In this section, students will learn about:
- differences between French and English spelling
- various strategies for recognizing cognates

Key Standards
4.1

Suggestions
- Point out that all the words in the explanation section are cognates.
- Model the pronunciation of the example words and have students repeat them after you.
- Ask students to provide more examples of French words that are spelled only slightly differently from their English counterparts. Examples: **allergie, journaliste, spécialiste, géographie, économie, appartement, couleur, développer**, and **espace**.
- Point out that English adjectives ending in *-ous* often end in **-eux** in the masculine form and **-euse** in the feminine form in French. Examples: **nerveux/nerveuse, curieux/curieuse**, and **sérieux/sérieuse**.
- Explain that words that end in *-al* in English often end in **-el** in French. Examples: **naturel, personnel, culturel**, and **fraternel**.
- Explain that English words that end in *-ory* may end in **-oire** in French. Examples: **histoire, laboratoire**, and **victoire**.
- Ask students to think of additional French words that follow these patterns.

EXPANSION

Mini-dictée Use these words for additional practice or dictation. **1.** anxieux **2.** essentiel **3.** délicieuse **4.** environnement **5.** intellectuel **6.** serveuse **7.** journaliste **8.** développer **9.** exercice **10.** distributeur

EXPANSION

Tongue Twisters Teach students these French tongue-twisters that contain French words that are similar to English words. **1.** Papier, panier, piano **2.** Un généreux déjeuner régénérerait des généraux dégénérés.

Section Goals

In this section, students will learn functional phrases for talking about necessities, asking for opinions, and expressing denial.

Key Standards

1.2, 2.1, 2.2, 4.1, 4.2

Video Recap: Leçon 5B
Before doing this **Roman-photo**, review the previous one with this activity.
1. Pourquoi Sandrine est-elle anxieuse? (à cause de son concert)
2. Que propose Amina? (de lui faire une jolie robe)
3. Pourquoi Stéphane n'est-il pas content? (Il doit repasser une partie du bac.)
4. Qu'a demandé Michèle à Valérie? (une augmentation de salaire)
5. Qu'est-ce que Michèle a décidé de faire finalement? (Elle a démissionné.)

Video Synopsis

Valérie asks Stéphane to recycle some bottles and plastic packaging. Amina wants to know where Michèle is. Valérie explains that she quit. David announces that he has to return home to the States in three weeks. To cheer everyone up, Rachid suggests a weekend trip to **la montagne Sainte-Victoire**. They all agree that it's a great idea.

Suggestions

• Have students scan the captions to find sentences related to ecology and the environment.
• After reading the **Roman-photo**, have students summarize the episode.

Une idée de génie vhlcentral

PERSONNAGES

Amina

David

Rachid

Sandrine

Stéphane

Valérie

Au P'tit Bistrot...
VALÉRIE Stéphane, mon chéri, tu peux porter ces bouteilles en verre à recycler, s'il te plaît?
STÉPHANE Oui, bien sûr, maman.
VALÉRIE Oh, et puis, ces emballages en plastique aussi.
STÉPHANE Oui, je m'en occupe tout de suite.

RACHID ET AMINA Bonjour, Madame Forestier!
VALÉRIE Bonjour à vous deux.
AMINA Où est Michèle?
VALÉRIE Je n'en sais rien.
RACHID Mais elle ne travaille pas aujourd'hui?
VALÉRIE Non, elle ne vient ni aujourd'hui, ni demain, ni la semaine prochaine.

AMINA Elle est en vacances?
VALÉRIE Elle a démissionné.
RACHID Mais pourquoi?
AMINA Ça ne nous regarde pas!
VALÉRIE Oh, ça va, je peux vous le dire. Michèle voulait un autre travail.
RACHID Quelle sorte de travail?
VALÉRIE Plus celui-ci... Elle voulait une augmentation, ce n'était pas possible.

DAVID Madame Forestier, vous avez entendu la nouvelle? Je rentre aux États-Unis.
VALÉRIE Tu repars aux États-Unis?
DAVID Dans trois semaines.
VALÉRIE Il te reste très peu de temps à Aix, alors!
SANDRINE Oui. On sait.
DAVID Il faut que nous passions le reste de mon séjour de bonne humeur, hein?

RACHID Ah, mais vraiment, tout le monde a l'air triste aujourd'hui!
AMINA Oui. Pensons à quelque chose pour améliorer la situation. Tu as une idée?
RACHID Oui, peut-être.
AMINA Dis-moi! *(Il lui parle à l'oreille.)* Excellente idée!
RACHID Tu crois? Tu es sûre? Bon... Écoutez, j'ai une idée.

DAVID C'est quoi, ton idée?
RACHID Tout le monde a l'air triste aujourd'hui. Si on allait au mont Sainte-Victoire ce week-end. Ça vous dit?
DAVID Oui! J'aimerais bien y aller. J'adore dessiner en plein air.

1 **Les événements** Remettez ces événements dans l'ordre chronologique.

___6___ **a.** David dit qu'il part dans trois semaines.

___3___ **b.** Valérie explique que Michèle ne travaille plus au P'tit Bistrot.

___9___ **c.** Amina dit qu'elle veut aller à la montagne Sainte-Victoire ce week-end.

___1___ **d.** Stéphane va porter les bouteilles et les emballages à recycler.

___2___ **e.** Amina veut savoir où est Michèle.

___4___ **f.** David dit au groupe ce qu'il a lu dans le journal.

___5___ **g.** Sandrine semble *(seems)* avoir le trac.

___10___ **h.** Ils décident de passer le week-end tous ensemble.

___8___ **i.** Rachid essaie de remonter le moral à ses amis.

___7___ **j.** David console Sandrine.

Rachid propose une excursion en montagne.

DAVID Bonjour, tout le monde. Vous avez lu le journal ce matin? Il faut que je vous parle de cet article sur la pollution. J'ai appris beaucoup de choses au sujet des pluies acides, du trou dans la couche d'ozone, de l'effet de serre...
AMINA Oh, David, la barbe.
RACHID Allez, assieds-toi et déjeune avec nous.

Un peu plus tard...
RACHID Ton concert est dans une semaine, n'est-ce pas Sandrine?
SANDRINE Oui.
RACHID Qu'est-ce que tu vas chanter?
SANDRINE Écoute, Rachid, je n'ai pas vraiment envie de parler de ça.

SANDRINE Oui, peut-être...
AMINA Allez! Ça nous fera du bien! Adieu pollution de la ville. À nous, l'air pur de la campagne! Qu'en penses-tu, Sandrine?
SANDRINE Bon, d'accord.

AMINA Super! Et vous, Madame Forestier? Vous et Stéphane avez besoin de vous reposer aussi, vous devez absolument venir avec nous!
VALÉRIE En effet, je crois que c'est une excellente idée!

Expressions utiles

Talking about necessities

- **Il faut que je vous parle de cet article sur la pollution.**
  I have to tell you about this article on pollution.

- **Il faut que nous passions le reste de mon séjour de bonne humeur.**
  We have to spend the rest of my stay in a good mood.

Getting someone's opinion

- **Qu'en penses-tu?**
  What do you think (about that)?

- **Je pense que...**
  I think that...

Expressing denial

- **Je n'en sais rien.**
  I have no idea.

- **Ça ne nous regarde pas.**
  That is none of our business.

- **Quelle sorte de travail? Plus celui-ci.**
  What kind of job? Not this one anymore.

Additional vocabulary

- **au sujet de**
  about

- **Adieu!**
  Farewell!

- **Il te reste très peu de temps.**
  You don't have much time left.

- **en effet**
  indeed/in fact

- **je crois**
  I think/believe

- **Ça te/vous dit?**
  Does that appeal to you?

---

2 Répondez Répondez à ces questions par des phrases complètes.

1. Que se passe-t-il avec Sandrine? Elle est nerveuse avant son concert et elle est triste parce que David part dans trois semaines.
2. Qu'est-ce qu'Amina croit (*believe*) qu'il se passe avec Michèle? Elle croit que Michèle est peut-être en vacances.
3. Pourquoi Rachid veut-il aller à la montagne Sainte-Victoire? Il trouve que ses amis ont l'air triste et il veut les aider à changer d'humeur.
4. À votre avis, qu'est-ce que David a appris après avoir lu le journal? Answers will vary.

3 Écrivez Imaginez comment se passera le week-end du groupe d'amis à la montagne Sainte-Victoire. Composez un paragraphe qui explique comment ils vont y aller, ce qu'ils y feront, s'ils s'amuseront...

A C T I V I T É S

Expressions utiles
- Model the pronunciation of the **Expressions utiles** and have students repeat them after you.
- As you work through the list, point out forms of the present subjunctive with impersonal expressions and demonstrative pronouns. Tell students that these grammar points will be formally presented in **Structures**.
- Respond briefly to questions about the present subjunctive and demonstrative pronouns. Reinforce correct forms, but do not expect students to produce them consistently at this time.
- Point out the different meanings of the word **reste**. Write these sentences and phrases on the board and have students translate them. 1. **Il reste des pommes.** (*There are some apples left.*) 2. **Il reste là.** (*He stays there.*) 3. **Il me reste cinq euros.** (*I have five euros left.*) 4. **le reste de la famille** (*the rest of the family*)

1 Suggestion Have students work in groups of five. Make a set of individual sentences on strips of paper for each group and distribute them (two sentences per student). Tell students to arrange the sentences in the proper order and read them aloud.

2 Suggestion Have volunteers write the answers on the board. Go over them with the class.

2 Expansion For additional practice, ask students: **Qu'est-ce que le groupe d'amis veut faire à la montagne Sainte-Victoire?** (David veut dessiner en plein air, Amina veut respirer l'air pur et Valérie veut se reposer.)

3 Suggestion Before beginning the activity, have students brainstorm a list of activities the group might do at **la montagne Sainte-Victoire**. Write them on the board.

PRE-AP®

Interpersonal Speaking Ask volunteers to ad-lib the **Roman-photo** episode for the class. Tell them it is not necessary to memorize the episode. They should just try to get the general meaning across with the vocabulary they know. Give them time to prepare or have them do their skit as a review activity during the next class period.

EXPANSION

Using Games Have students write two sentences that a character in this **Roman-photo** episode would say. Tell them they can look at the text for ideas, but they shouldn't copy sentences word for word. Then have volunteers read their sentences aloud. The class has to guess who would say them.

AP® Theme: Global Challenges
Context: Environmental Issues

vhlcentral

CULTURE À LA LOUPE

L'écologie

une manifestation° des Verts

Le mouvement écologique a commencé en France dans les années 1970, mais ne s'est réellement développé que dans les années 1980. Ce sont surtout les crises majeures comme le nuage de Tchernobyl en 1986, la destruction de la couche d'ozone, l'effet de serre et les marées noires° qui ont réveillé la conscience écologique des Français. Le désir de préserver la qualité de la vie et les espaces naturels s'est développé en même temps.

Aujourd'hui, l'environnement n'est pas le seul sujet d'inquiétude° des Français. La sécurité, l'emploi, la baisse des revenus°, l'avenir des retraites et les menaces alimentaires les préoccupent° plus. Pourtant, le score aux élections du parti écologique des Verts est en hausse° depuis 1999 et c'est un parti de gauche important.

De manière générale, les problèmes liés à° l'environnement qui retiennent° le plus l'attention des Français sont la pollution atmosphérique des villes, la pollution de l'eau, le réchauffement climatique et la disparition d'espèces animales. Pour l'opinion publique, le plus urgent à régler° est l'émission des gaz à effet de serre. La plupart des° Français souhaite que la France tienne aux° engagements pris dans le cadre° de la COP21, une conférence internationale sur le climat qui a eu lieu à Paris en 2015 et qui a pour but° cet objectif. Ils souhaitent aussi une transition vers des énergies plus propres et ont une opinion favorable à la loi sur la transition énergétique votée en 2015. Cette loi, entre autres, favorise le développement des énergies renouvelables et la réduction de la part du nucléaire dans la production d'énergie.

Les inquiétudes principales des Français sur l'environnement

1ère	Le réchauffement de la planète (et l'effet de serre)
2e	La pollution de l'air
3e	Les catastrophes naturelles (inondations, tempêtes, séismes, feux de forêts…)
4e	La pollution de l'eau, des rivières et des lacs
5e	L'augmentation des déchets des ménages
6e	La disparition de certaines espèces végétales ou animales

Source: INSEE

marées noires *oil spills* **inquiétude** *concern* **baisse des revenus** *lowering of incomes* **préoccupent** *worry* **en hausse** *on the rise* **liés à** *linked to* **retiennent** *hold* **régler** *solve* **tienne aux** *keep* **cadre** *framework* **but** *end*

A C T I V I T É S

1 Complétez Complétez les phrases.

1. Le mouvement écologique s'est développé _dans les années 1980_.
2. Les crises majeures comme _le nuage de Tchernobyl, la destruction de la couche d'ozone, l'effet de serre et les marées noires_ ont réveillé la conscience écologique des Français.
3. _L'environnement_ n'est pas la seule préoccupation des Français.
4. _Les problèmes de sécurité, d'emploi, la baisse des revenus, l'avenir des retraites et les menaces alimentaires_ préoccupent aussi les Français.
5. Le score du parti écologique des Verts est _en hausse depuis 1999_.

6. Le problème écologique le plus urgent à régler est _l'émission des gaz à effet de serre_.
7. La plupart des Français pensent qu'il est important de tenir aux engagements pris à la _COP21_.
8. La France a voté une loi en 2015 sur _la transition énergétique_.
9. La pollution de _l'air et de l'eau, des rivières et des lacs_ inquiètent beaucoup de Français.
10. _L'augmentation_ des déchets des ménages est aussi une inquiétude.

Le français quotidien
- Model the pronunciation of each term and have students repeat it. Point out that **bio** is short for **biologique**.
- Have volunteers create sentences using this vocabulary.

LE FRANÇAIS QUOTIDIEN

L'écologie

agriculture (*f.*) bio	organic farming
bac (*m.*) de recyclage	recycling bin
écologiste (*m., f.*)	ecologist
énergie (*f.*) éolienne	wind power
énergie (*f.*) renouvelable	renewable energy
panneau (*m.*) solaire	solar panel
produit (*m.*) bio	organic product
seuil (*m.*) de tolérance	threshold

AP® Theme: Global Challenges **Context:** Environmental Issues

LE MONDE FRANCOPHONE

Des réponses

Voici deux exemples de réponses aux inquiétudes sur l'environnement.

En Suisse

Le tunnel ferroviaire° du Gothard, au cœur des Alpes suisses, est le plus long tunnel du monde (57 kilomètres). Il est opérationnel depuis 2016 et permet l'augmentation du trafic ferroviaire pour décongestionner° le trafic routier°. L'objectif est de réduire la pollution.

Dans l'Océan Indien

Les espèces° exotiques envahissantes° causent des dégâts° écologiques importants qui ont un impact sur la biodiversité et sur la santé humaine. Des experts se sont réunis à Mayotte pour réfléchir à ce problème. Ils venaient de toutes les îles francophones environnantes° de l'Océan Indien.

ferroviaire *railroad* **décongestionner** *relieve* **routier** *highway* **espèces** *species* **envahissantes** *invasive* **dégâts** *damages* **environnantes** *surrounding*

PORTRAIT
AP® Theme: Global Challenges
Context: Environmental Issues

L'énergie nucléaire

En France, le nucléaire produit 75 à 80% de l'électricité. C'est EDF (Électricité de France) qui a construit les premières centrales° du pays. Aujourd'hui, le pays possède 58 réacteurs et une usine de traitement°, Areva NC. Les déchets radioactifs de France, d'Europe et d'Asie y sont traités°. La France est un exemple de réussite de l'énergie nucléaire, mais sa population est inquiète. L'explosion de Tchernobyl en 1986 et l'accident de Fukushima de 2011 ont démontré les risques d'accidents des centrales. Dix pour cent des déchets, dits «à vie longue», ne sont pas traitables° et deviennent un problème de santé publique. Le rôle des énergies renouvelables ne peut donc qu'augmenter° à l'avenir.

centrales *power plants* **usine de traitement** *reprocessing plant* **traités** *reprocessed* **ne sont pas traitables* *cannot be reprocessed* **augmenter** *become larger*

AP® Theme: Global Challenges
Context: Environmental Issues

Sur Internet

Quand la dernière marée noire a-t-elle eu lieu en France?

Go to **vhlcentral.com** to find more information related to this **Culture** section.

Portrait Ask students: **Y a-t-il une centrale nucléaire près de chez vous? Voudriez-vous habiter près d'une centrale nucléaire? Y a-t-il un problème avec les déchets nucléaires aux États-Unis?**

Le monde francophone Ask students if they know of any problems related to invasive species in your area. Have them research the topic in small groups outside of class, and then report on their findings orally.

2 Expansion For additional practice, give students these items. **6. Quand a eu lieu la catastrophe nucléaire de Tchernobyl? (en 1986) 7. Quel pourcentage des déchets nucléaires ne sont pas traitables en France? (10 pour cent) 8. Où se trouve le tunnel ferroviaire du Gothard? (dans les Alpes, en Suisse) 9. Où a eu lieu la réunion pour réfléchir au problème des espèces envahissantes? (à Mayotte)**

3 Suggestion Give students time to review the material on both pages and jot down some ideas before they begin their discussion.

3 Suggestion Allow students time to research the pros and cons of nuclear energy before they complete the activity. You might assign this task as homework the night before.

21st Century Skills

Information and Media Literacy: Sur Internet Students access and critically evaluate information from the Internet.

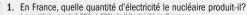

2 Répondez Répondez aux questions d'après les textes.

1. En France, quelle quantité d'électricité le nucléaire produit-il?
   Le nucléaire produit 75% à 80% de l'électricité en France.
2. Qui a construit les premières centrales françaises?
   EDF (Électricité de France) a construit les premières centrales françaises.
3. Quel type de déchets l'entreprise Areva NC traite-t-elle?
   Areva NC traite les déchets radioactifs de France, d'Europe et d'Asie.
4. Les Français sont-ils contents du nucléaire?
   Non, en majorité, ils sont inquiets.
5. Qu'est-ce qui crée des dégâts écologiques dans les îles de l'Océan Indien?
   Les espèces exotiques envahissantes y créent des dégâts écologiques.

3 Nucléaire et environnement Vous travaillez pour Areva NC et votre partenaire est un(e) militant(e) écologiste. Imaginez ensemble un dialogue où vous parlez de vos opinions pour et contre l'usage (*use*) de l'énergie nucléaire en France. Soyez prêt(e)s à jouer votre dialogue devant la classe.

A C T I V I T É S

EXPANSION

Areva NC Based in La Hague (Normandy), **Areva NC** reprocesses spent power reactor fuel in order to recycle uranium and plutonium and to condition the waste. **Areva NC** has been criticized for its disposal of radioactive waste in the English Channel and in the air. The site in La Hague houses the world's largest stockpile of separated plutonium.

EXPANSION

Les énergies renouvelables The windmill (**le moulin à vent**) has existed in Europe since the twelfth century. Today it has evolved into the powerful wind turbine (**l'éolienne moderne**), which owes its technology to the aviation industry. Other renewable energy sources include solar energy (**l'énergie solaire**), hydroelectric power (**l'énergie hydroélectrique**), and geothermal energy (**l'énergie géothermique**).

Section Goals

In this section, students will learn:
- the demonstrative pronouns **celui**, **celle**, **ceux**, and **celles**
- to use **-ci** and **-là** with forms of **celui**

Key Standards

4.1, 5.1

Suggestions: Scaffolding
- Use photos to present demonstrative pronouns. For example, hold up images of a wind turbine and solar panels and ask: **Quelle forme d'énergie est moins chère? Celle-ci ou celle-là?**
- Tell the class that adjectives modifying forms of **celui** agree in gender and number. Use the **Point de départ** example. Past participles also agree in gender and number with any preceding direct object form of **celui**. Example: **La centrale nucléaire de Belleville est celle qu'on a vue à la télé cet après-midi.**
- Make sure students understand that forms of **celui** in relative clauses can be used with the relative pronoun **dont**. Example: **La voiture hybride est celle dont on parle le plus.**
- Explain how possession can be expressed with the construction **celui de** + *a person's name*: **Quel sac cherches-tu? Celui d'Isabelle.**
- Say phrases with the construction **celui de** + [*a person's name*]. Have students guess the antecedent for your statement. Examples: **Celui de Shayne est bleu. (le tee-shirt) Celles de Roger sont noires. (les lunettes)**

Essayez! Have students come up with two more statements on their own.

6A.1

Demonstrative pronouns vhlcentral

Point de départ In **D'accord!** Level 1, you learned how to use demonstrative adjectives. Demonstrative *pronouns* refer to a person or thing that has already been mentioned. Examples of English demonstrative pronouns include *this one* and *those*.

L'énergie qui coûte moins cher est plus dangereuse.
The energy that costs less is more dangerous.

Celle qui coûte moins cher est plus dangereuse.
The one that costs less is more dangerous.

Les produits que tu développes sont très importants.
The products that you're developing are very important.

Ceux que tu développes sont très importants.
The ones that you're developing are very important.

- Demonstrative pronouns agree in number and gender with the noun they replace.

Demonstrative pronouns				
	singular		**plural**	
masculine	celui	*this one; that one; the one*	ceux	*these; those; the ones*
feminine	celle	*this one; that one; the one*	celles	*these; those; the ones*

- Demonstrative pronouns must be followed by one of three constructions: **-ci** or **-là**, a relative clause, or a prepositional phrase.

-ci; -là	**Quels emballages? Ceux-ci?** *Which packages? These here?*	**Quelle bouteille? Celle-là en verre?** *Which bottle? The glass one there?*
relative clause	**Quelle femme? Celle qui parle?** *Which woman? The one who is talking?*	**C'est celui qu'on a entendu à la radio.** *He is the one we heard on the radio.*
prepositional phrase	**Quel problème? Celui de l'effet de serre?** *What problem? The one about the greenhouse effect?*	**Ces sacs coûtent plus cher que ceux en papier.** *Those bags cost more than the paper ones.*

À noter

You learned about relative clauses in **Structures 5B.2**.

Essayez! **Choisissez le pronom démonstratif correct.**

1. Le recyclage du plastique coûte plus cher que (celle /(celui)) du verre.
2. La protection des arbres est aussi importante que ((celle)/ celui) des animaux.
3. Les espaces verts sont ((ceux)/ celles) dont on a le plus besoin en ville.
4. Les ordures les plus sales sont (ceux /(celles)) des industries.
5. De tous les problèmes écologiques, l'effet de serre est ((celui) / ceux) dont on parle le plus.
6. Quels sacs préfères-tu: ((ceux)/ celui)-ci?
7. Les bouteilles en verre sont-elles plus écologiques que (ceux /(celles)) en plastique?
8. Le gaspillage de l'eau n'est pas plus excusable que ((celui)/ celle) de l'électricité.

EXPANSION

Writing Sentences Have the class identify all the nouns in **Contextes**, pages 292–293. Then tell students to work in pairs to write a couple of sentences in which nouns from the list are replaced with forms of **celui**. Example: **des déchets toxiques (Ceux des usines de Sugar Land sont-ils dangereux?)**

EXPANSION

Using Games Make up a set of enigmatic sentences using forms of **celui**. The sentences should contain enough clues to suggest an antecedent. Tell students to guess at possible antecedents for each sentence and encourage them to be creative. Example: **Ceux de Taylor Swift sont blonds. (les cheveux)**

Le français vivant

L'île de Corse

Celle qui a les plus belles plages de la Méditerranée. Tous ceux qui habitent ce paradis sont fiers de le partager avec tous ceux qui leur rendent visite. Celui qui vient en Corse une fois y reviendra toujours.

beautécorse

Identifiez Quels pronoms démonstratifs trouvez-vous dans la publicité (*ad*)? Celle, ceux, Celui

 Questions À tour de rôle, avec un(e) partenaire, posez-vous ces questions. Employez des pronoms démonstratifs dans vos réponses, si possible. Answers will vary.

1. D'après (*According to*) la pub, quelles sont les plus belles plages de la Méditerranée? celles de la Corse
2. Qui est fier de partager la Corse? tous ceux qui y habitent
3. Que veut celui qui vient une fois en Corse? Celui qui vient en Corse veut y revenir.
4. Y a-t-il un endroit dans le monde qui a eu cet effet sur toi? Lequel?
5. Voudrais-tu visiter la Corse un jour? Pourquoi?

Presentational Communication Have students prepare a short oral presentation in which they compare **la Corse** with another French-speaking destination they have studied in **D'accord!** or a tourist destination in the United States with which they are familiar. Suggest they review the **Panorama** section about Corsica in Unit 3 as part of their preparation. Tell them their presentation should be at least one minute long and they should use demonstrative pronouns. They could film their presentation or present it live to the class. Encourage them to use visuals and be creative.

Mise en pratique

1 **Le marché aux puces** Vous êtes au marché aux puces (*flea market*) pour trouver des cadeaux. Complétez les phrases avec des pronoms démonstratifs.

1. Ce magnifique vase bleu, je pense que c'est ___celui___ que maman voulait.
2. Ces deux jolis sacs: ___celui-ci___ est pour Sylvie et ___celui-là___ est pour Soraya.
3. Cette casquette rouge est pour moi. Elle ressemble à ___celle___ de Françoise.
4. Il y avait des boîtes pleines de livres anciens. ___Ceux___ que j'ai achetés étaient les plus beaux.
5. J'adore ces deux affiches. ___Celle-ci___ est pour Julien et ___celle-là___ est pour André.
6. Nous allons acheter un nouveau vélo. ___Celui___ de Julien est trop vieux.
7. Tu aimes ces bottes-ci ou préfères-tu ___celles-là___?
8. Ces pulls coûtent trop cher! ___Ceux___ que Théo a choisis sont mieux.

2 **Entretien** Camille doit passer un entretien et elle parle à sa copine Alice. Ajoutez des pronoms démonstratifs avec **-ci** et **-là**. Suggested answers

CAMILLE Qu'est-ce que je peux mettre pour cet entretien? J'ai plusieurs tailleurs sympas.

ALICE Ces deux tailleurs gris font sérieux. Tu devrais plutôt mettre (1) ___celui-là___. Il est élégant et classique.

CAMILLE Et comme chemisier, qu'est-ce que je mets?

ALICE (2) ___Celui-ci___ est joli, mais (3) ___celui-là___ ira mieux avec le style de ton tailleur.

CAMILLE Tu penses que je devrais mettre ces chaussures-ci ou (4) ___celles-là___?

ALICE (5) ___Celles-ci___ sont très à la mode mais (6) ___celles-là___ sont plus classiques.

3 **Cadeau d'anniversaire** C'est bientôt l'anniversaire d'Houda et vous discutez avec un(e) partenaire des cadeaux que vous pourriez lui offrir. Refaites leur conversation. Answers will vary.

> **MODÈLE** des tee-shirts / plus joli
>
> **Élève 1:** *Tu aimes ce tee-shirt?*
> **Élève 2:** *Non, pas trop.*
> **Élève 1:** *Alors, lequel préfères-tu?*
> **Élève 2:** *Je préfère celui-ci. Il est plus joli.*

- des robes / élégant
- des lunettes de soleil / trop cher
- des jeux / plus amusant
- des livres / très intéressant
- des montres / plus classique
- des fleurs / très jolie
- des t-shirt / moins cher
- des bonbons / trop sucré

---

1 **Suggestion** You might want to have students complete items 1, 3, 4, 6, and 8 first. Then remind them of the suffixes **-ci** and **-là** before proceeding to items 2, 5, and 6.

2 **Suggestion** Remind students that French speakers usually refer to a near object with **-ci** before referring to a far object with **-là** in the same sentence.

3 **Suggestion** Have two volunteers read the **modèle** aloud to the class. Then review forms of the relative pronoun **lequel**. Make sure students understand the different ways **lequel** and **celui** are used.

EXPANSION

Extra Practice Distribute the handout for the activity **Le programme** from the online Resources (**Unité 6**/Activity Pack/ Vocabulary and Grammar Activities). Have students read the instructions and give them 10 minutes to complete the activity. Ask volunteers to share their answers once everyone has finished the activity.

EXPANSION

Using Cards Make a set of index cards, organized in pairs with two similar objects, one on each card. Then prompt students to evaluate the objects with questions using forms of **lequel** and **celui**. Example: (*two pictures of automobiles*) **Laquelle pollue moins, à votre avis? Celle-ci ou celle-là? (La voiture rouge!)** Review the forms of **lequel** if necessary before beginning.

Communication

4 **La pollution** Que pensent vos camarades de la pollution? Posez ces questions à un(e) partenaire. Ensuite, présentez les réponses à la classe. Utilisez **celui**, **celle**, **ceux** ou **celles**. Answers will vary.

1. Quelles voitures polluent le moins: les voitures hybrides ou les voitures de sport? Lesquelles préfères-tu?

2. Si tu devais choisir entre ces deux voitures, laquelle prendrais-tu: celle qui est la plus rapide ou celle qui pollue le moins? Pourquoi?

3. Connais-tu quelqu'un qui fait régulièrement du covoiturage? Qui? Pourquoi le fait-il/elle?

4. Les emballages en plastique polluent-ils plus que ceux en papier? Pourquoi?

5. Est-ce que ceux qui recyclent leurs déchets aident à préserver la nature? Pourquoi?

6. Parmi (*Among*) les pays industrialisés, lesquels polluent le plus? Lesquels polluent le moins?

7. À votre avis, le gouvernement doit-il passer des lois pour arrêter le gaspillage? Quelles sortes de lois?

8. Quelles solutions proposez-vous pour sauver la planète?

5 **Définitions** Votre petit frère vous demande de lui expliquer ces expressions. Avec un(e) partenaire, alternez les rôles pour donner leurs définitions. Utilisez **celui qui**, **celle qui**, **ceux qui** ou **celles qui**. Answers will vary.

MODÈLE

un pollueur
Élève 1: *Qu'est-ce que c'est, un pollueur?*
Élève 2: *C'est celui qui laisse des papiers sales dans la rue.*

- les déchets toxiques
- un(e) écologiste
- un écoproduit
- l'énergie solaire
- une loi
- la pluie acide
- une usine
- les voitures hybrides

6 **D'accord, pas d'accord** Par groupes de quatre, faites ce sondage (*survey*). Qui est d'accord ou qui n'est pas d'accord avec ces phrases? Justifiez vos réponses. Ensuite, comparez-les avec celles d'un autre groupe. Answers will vary.

	D'accord	Pas d'accord
1. Les déchets toxiques d'une centrale nucléaire sont plus dangereux que ceux d'une centrale électrique.	___	___
2. Les sacs en plastique sont aussi facilement recyclables que ceux en papier.	___	___
3. En ce qui concerne la voiture du futur, la voiture hybride est celle dont on parle le plus.	___	___
4. Les déchets qui polluent le plus sont ceux des centrales nucléaires.	___	___

4 Virtual Chat You can also assign Activity 4 on vhlcentral.com. Students record individual responses that appear in your gradebook.

4 Expansion Introduce students to a concept of personal responsibility from existentialism: **la mauvaise foi**. A person that acts in **mauvaise foi** behaves in a way that is inconsistent with his or her true beliefs. Ask the class to categorize certain behaviors as a **politique de bonne foi** or a **politique de mauvaise foi** for an environmentalist. Examples: **le covoiturage (bonne foi)** and **promouvoir le covoiturage, mais aller seul(e) au travail avec une grosse voiture (mauvaise foi)**

5 Suggestion Have students draw pictures like those in children's books to accompany their definitions.

5 Virtual Chat You can also assign Activity 5 on vhlcentral.com. Students record individual responses that appear in your gradebook.

6 Expansion Have groups select a topic from the list and prepare a small debate. Regardless of their personal beliefs, one student should advocate **d'accord** and the other **pas d'accord**.

Activity Pack For additional activities, go to the **Activity Pack** in the **Resources** section of vhlcentral.com.

Comparing Styles Second-hand and vintage clothing is popular this season. Have small groups of students prepare a fashion outlook for the season. They should make collages with pictures from magazines or the Internet of popular vintage styles and tell the class what they think of them, using forms of the demonstrative pronoun **celui** whenever possible. Example: **Ce jean-ci est laid! J'aime mieux celui-là.**

Oral Practice Distribute the handout for the activity **Sondage** from the online Resources (**Unité 6**/Activity Pack/ Vocabulary and Grammar Activities). Have students read the instructions and give them 10 minutes to complete the activity. Ask volunteers to share their answers once everyone has finished the activity.

Section Goals

In this section, students
will learn:
• the present subjunctive of
regular stem-changing, and
spelling-change verbs
• to use the subjunctive and the
infinitive after some impersonal
expressions

Key Standards

4.1, 5.1

Suggestions: Scaffolding

• Go over **Point de départ**.
Review conjugations of regular
verbs in the present tense and
in the imperfect. Then explain
how to form the subjective.
• Remind students that verbs
ending in **-ier** have a double **i**
in the **nous** and **vous** forms
of the present subjunctive:
étudiiez, skiions, etc.
• Do a quick oral drill of verb
forms in the subjunctive.
Then, follow the Using Games
suggestions on p. 304.

6A.2

The subjunctive (Part 1) vhlcentral

Introduction and forming the subjunctive

Point de départ With the exception of commands and the conditional, the verb forms you have learned have been in the indicative mood. The indicative is used to state facts and to express actions or states that the speaker considers real and definite. Now you will learn the subjunctive mood, which expresses the speaker's subjective attitudes toward events and actions or states the speaker's views as uncertain or hypothetical.

🏃 **Boîte à outils**

English also uses the subjunctive. It used to be very common, but now survives mostly in expressions such as *if I were you* and *be that as it may.*

Present subjunctive of regular verbs			
	parler	**finir**	**attendre**
que je/j'	parle	finisse	attende
que tu	parles	finisses	attendes
qu'il/elle/on	parle	finisse	attende
que nous	parlions	finissions	attendions
que vous	parliez	finissiez	attendiez
qu'ils/elles	parlent	finissent	attendent

• To form the subjunctive for the **je, tu, il/elle/on,** and **ils/elles** forms of regular verbs, use the stem of the **ils/elles** form of the present indicative and add the subjunctive endings.

INFINITIVE		PRESENT INDICATIVE OF ILS/ELLES		PRESENT SUBJUNCTIVE
parler	▶	parlent	▶	que je parle
finir		finissent		que je finisse
attendre		attendent		que j'attende

Il est nécessaire qu'on **évite** le gaspillage.
It is necessary that we avoid waste.

Il est important que tu **réfléchisses** aux dangers.
It is important that you think about the dangers.

• The **nous** and **vous** forms of the present subjunctive are the same as those of the **imparfait.**

Il faut que nous **commencions.**
It is necessary that we start.

Il est bon que vous **réfléchissiez.**
It is good that you're thinking.

• The same rule applies for stem-changing verbs and verbs with spelling changes: use the present-tense stem of the **ils/elles** form and add the subjunctive endings for all forms except **nous** and **vous,** which use the same forms as the **imparfait.**

Present subjunctive of stem- and spelling-change verbs				
	acheter	**venir**	**prendre**	**boire**
que je/j'	achète	vienne	prenne	boive
que tu	achètes	viennes	prennes	boives
qu'il/elle/on	achète	vienne	prenne	boive
que nous	achetions	venions	prenions	buvions
que vous	achetiez	veniez	preniez	buviez
qu'ils/elles	achètent	viennent	prennent	boivent

TEACHING OPTIONS

Using Games Divide the class into teams of six students to practice writing forms of the subjunctive. Call out a verb. The first member of each team writes the **je** form of the verb in the subjunctive on the board, then passes the marker to the next student who writes the **tu** form. Students continue to pass the marker until each team member has written a verb form. The first team to write all forms correctly earns a point. For round two,

TEACHING OPTIONS

the second team member goes first. Continue play until students have practiced forming all families of verbs in the subjunctive.
Using Games Toss a ball or other small object to a student while saying a subject pronoun and the infinitive of a regular verb. He or she repeats the subject, gives the present subjunctive form, and tosses the object to another student while you call another pronoun and infinitive.

The subjunctive with impersonal expressions

- The subjunctive is generally used in sentences that consist of a main clause and a subordinate clause. The main clause contains a verb or expression that triggers the subjunctive. The word **que** connects the two clauses.

> Il faut **que** nous préservions l'environnement.
> *It is necessary that we preserve the environment.*

- These impersonal expressions of opinion are followed by clauses in the subjunctive when the verb in those subordinate clauses has a specific subject.

Impersonal expressions of opinion

Il est bon que...	*It is good that...*	**Il est indispensable que...**	*It is essential that...*
Il est dommage que...	*It is a shame that...*	**Il est nécessaire que...**	*It is necessary that...*
Il est essentiel que...	*It is essential that...*	**Il est possible que...**	*It is possible that...*
Il est important que...	*It is important that...*	**Il faut que...**	*One must... / It is necessary that...*
		Il vaut mieux que...	*It is better that...*

> **Il est important qu**'on réduise le gaspillage.
> *It is important that we reduce waste.*

> **Il est essentiel que** nous travaillions ensemble.
> *It is essential that we work together.*

> **Il est bon que** tu recycles.
> *It is good that you recycle.*

> **Il faut que** vous trouviez une solution.
> *It is necessary that you find a solution.*

- When making a statement for people in general, and there is no specific subject in the second clause, an infinitive follows the impersonal expression. If the expression contains the verb **être**, add **de** before the infinitive.

> **Il faut** trouver une solution.
> *It is necessary to find a solution.*

> **Il est important de** réduire le gaspillage.
> *It is important to reduce waste.*

Now, compare the two types of sentences. In the first example, note the two clauses separated by **que** and the specific subject in the second clause. In the second example, there is no specific subject.

> **Il vaut mieux que tu** achètes des produits locaux.
> *It is better that you buy local products.*

> **Il vaut mieux acheter** des produits locaux.
> *Il vaut mieux acheter des produits locaux.*

🖱 **Vérifiez**

🖱 **Vérifiez**

Essayez!   Indiquez la forme correcte du présent du subjonctif de ces verbes.

1. (améliorer, choisir, vendre) que je/j' _améliore, choisisse, vende_
2. (mettre, renvoyer, maigrir) que tu _____ mettes, renvoies, maigrisses
3. (dire, partir, devenir) qu'elle _____ dise, parte, devienne
4. (appeler, enlever, revenir) que nous _____ appelions, enlevions, revenions
5. (démissionner, obtenir, apprendre) que vous démissionniez, obteniez, appreniez
6. (payer, répéter, lire) qu'ils _____ paient, répètent, lisent

Suggestions: Scaffolding
- Read through the impersonal expressions, having students repeat them after you. Have them point out the cognates.
- Make several logical and illogical statements about the environment that use impersonal expressions and the subjunctive. Have students respond by saying **logique** or **illogique**. Example: **Pour éviter de gaspiller l'essence, il vaut mieux qu'on recycle le verre. (illogique)**
- Tell the class that to negate impersonal expressions they should place the **ne** and the **pas** around the conjugated verb in the main clause. Example: **Il ne faut pas qu'elle mette ces ordures dans le bac à recyclage.**
- Have students complete the first **Vérifiez** activity.
- Point out to students that the expressions **il faut** and **il vaut mieux** can be followed by an infinitive when they are making a statement about things or people in general. Example: **Il vaut mieux partager sa voiture de temps en temps.** You could also point out that the other expressions in the list can be followed by **de/d'** + *infinitive*. Example: **Il est nécessaire de partager sa voiture de temps en temps.**
- Go over the last bullet point and example. Then have students complete the second **Vérifiez** activity.

Essayez! Have partners correct each other's work, then call on volunteers to write the answers on the board. As a class, create statements using impersonal expressions and the verbs in the activity.

TEACHING OPTIONS

Using Video Distribute copies of the script for the last scene of the **Roman-photo** episode for **Leçon 6A** and have students underline all the verbs. Ask them to identify the mood (indicative, imperative, or subjunctive) of each verb. When they realize that the subjunctive is used rarely, point out that native speakers often avoid the subjunctive because it can be tricky for them, too.

EXPANSION

Using Impersonal Expressions Have students complete the following sentences to practice the subjunctive with impersonal expressions. **1. Il ne faut pas qu'on _____ l'eau. (gaspille) 2. Pour polluer moins, il vaut mieux que nous ne _____ pas la voiture tous les jours. (conduisent/prennent) 3. L'écologiste nous a dit qu'il fallait qu'on _____ la planète. (sauve)**

305

1 Expansion To ensure students' comprehension, ask them to categorize each statement as **une responsabilité gouvernementale, une responsabilité personnelle,** or **les deux.**

2 Expansion Have students reformulate each answer so that the subject is **je/j'.** Then ask them **C'est vrai?** to see if the statement is true for them personally. Example: **Le matin, il faut que je me lève à sept heures. (Ce n'est pas vrai! D'habitude, je me lève à six heures.)**

3 Suggestion Remind students to use each of the expressions in the columns at least once.

Mise en pratique

1 **Prévenir et améliorer** Complétez ces phrases avec la forme correcte des verbes au présent du subjonctif.

1. Il est essentiel que je ___recycle___ (recycler).
2. Il est important que nous ___réduisions___ (réduire) la pollution.
3. Il faut que le gouvernement ___interdise___ (interdire) les voitures polluantes (*polluting*).
4. Il vaut mieux que vous ___amélioriez___ (améliorer) les transports en commun (*public transportation*).
5. Il est possible que les pays ___prennent___ (prendre) des mesures pour réduire les déchets toxiques.
6. Il est indispensable que tu ___boives___ (boire) de l'eau pure.
7. Il est bon que vous ___proposiez___ (proposer) des solutions pour préserver la nature.
8. Il est dommage qu'on ___gaspille___ (gaspiller) de l'eau.

2 **Au lycée** Quelles règles les lycéens doivent-ils suivre pour réussir? Transformez ces phrases avec **il faut** et le présent du subjonctif.

> **MODÈLE** Vous devez vous coucher avant minuit.
> *Il faut que vous vous couchiez avant minuit.*

1. Le matin, vous devez vous lever à sept heures. Le matin, il faut que vous vous leviez à sept heures.
2. Ils doivent prendre un bon petit-déjeuner le matin. Il faut qu'ils prennent un bon petit-déjeuner le matin.
3. Tu dois prendre le bus au coin de la rue. Il faut que tu prennes le bus au coin de la rue.
4. Je dois déjeuner à la cantine à midi. Il faut que je déjeune à la cantine à midi.
5. Nous devons rentrer tôt pendant la semaine. Il faut que nous rentrions tôt pendant la semaine.
6. Elle doit étudier tous les soirs. Il faut qu'elle étudie tous les soirs.
7. Nous devons étudier plus souvent à la bibliothèque. Il faut que nous étudiions plus souvent à la bibliothèque.
8. On doit s'aider avec les devoirs. Il faut qu'on s'aide avec les devoirs.

3 **Éviter une catastrophe** Que devons-nous faire pour préserver notre planète? Avec un(e) partenaire, faites des phrases avec des expressions impersonnelles. Answers will vary.

> **MODÈLE**
>
> *Il est essentiel que tu évites le gaspillage.*

A	B	C
je/j'	améliorer	les écoproduits
tu	développer	les emballages
on	éviter	le gaspillage
nous	préserver	les glissements de terrain
vous	prévenir	les industries propres
le président	recycler	la nature
les pays	sauver	la pollution
?	trouver	le ramassage des ordures

EXPANSION

Extra Practice Distribute the handout for the activity **C'est important** from the online Resources (**Unité 6**/Activity Pack/Vocabulary and Grammar Activities). Have students read the instructions and give them 10 minutes to complete the activity. Ask volunteers to share their answers once everyone has finished the activity.

EXPANSION

Comprehension Make a set of statements about the environment that use impersonal expressions and the subjunctive. Ask students to pretend that they are ecologists and to give a thumbs-up if they like what they hear or a thumbs-down if they don't. Example for thumbs-up: **Il faut qu'on réduise les déchets toxiques des usines.**

Communication

4 **Oui ou non?** Vous discutez avec un(e) partenaire des problèmes d'environnement. À tour de rôle, parfois, vous confirmez ce qu'il/elle dit, mais parfois, vous n'êtes pas d'accord. Answers will vary.

MODÈLE

Élève 1: *Il faut que les pays industrialisés réduisent les émissions à effet de serre.*
Élève 2: *C'est vrai, il faut qu'ils réduisent les émissions à effet de serre.*

1. Il est nécessaire que tu recycles les bouteilles.
2. Il est dommage que les élèves prennent le bus pour aller au lycée.
3. Il est bon qu'on développe des énergies propres.
4. Il est essentiel qu'on signe le protocole de COP21.
5. Il est indispensable que nous évitions le gaspillage.
6. Il faut que les pays développent de nouvelles technologies pour réduire les émissions toxiques.

5 **Les opinions** Vous discutez avec un(e) partenaire des problèmes de pollution. À tour de rôle, répondez à ces questions. Justifiez vos réponses. Answers will vary.

MODÈLE

Élève 1: *Faut-il que nous préservions l'environnement?*
Élève 2: *Oui, il faut que nous préservions l'environnement pour éviter le réchauffement de la Terre.*

1. Est-il important qu'on s'intéresse à l'écologie?
2. Faut-il qu'on évite de gaspiller?
3. Est-il essentiel que nous construisions des centrales nucléaires?
4. Vaut-il mieux que j'utilise des bacs (*bins*) à recyclage pour le ramassage des ordures?
5. Est-il indispensable qu'on prévienne les incendies?
6. Est-il possible qu'on développe l'énergie solaire?

6 **L'écologie** Par groupes de quatre, regardez les deux photos et parlez des problèmes écologiques qu'elles évoquent. Ensuite, préparez par écrit une liste des solutions. Comparez votre liste avec celles de la classe. Answers will vary.

MODÈLE

Élève 1: *Aujourd'hui, il y a trop d'ordures.*
Élève 2: *Il faut qu'on développe le recyclage.*

---

4 Virtual Chat You can also assign Activity 4 on vhlcentral.com. Students record individual responses that appear in your gradebook.

4 Expansion When students have completed this activity, suggest that they prepare a conversation between a passionate environmentalist and an environmentalism skeptic. Encourage them to use humor and to perform their conversation for the class.

5 Suggestion Have students develop two responses for each question, one that begins with **oui** and one that begins with **non**. They should summarize their arguments in writing when they've completed the activity and place a check next to the argument for each topic that they find most persuasive.

5 Virtual Chat You can also assign Activity 5 on vhlcentral.com. Students record individual responses that appear in your gradebook.

6 Expansion After completing the activity, write this statement on the board: **L'avenir de l'écologie, c'est la technologie**. Then ask students to find arguments that support or contradict it. You might suggest that they do Internet or library research to support their arguments.

Activity Pack For additional activities, go to the **Activity Pack** in the **Resources** section of vhlcentral.com.

EXPANSION

De bonnes résolutions Have the class make up a list of ten environmental resolutions using some of the impersonal expressions listed on page 305. Example: **Il est essentiel qu'on préserve la nature**. Help them when they need additional vocabulary such as *a recycling bin* (**un bac à recyclage**).

EXPANSION

Role-play Distribute the handout for the activity **Pour une vie plus écolo** from the online Resources (**Unité 6**/Activity Pack/Vocabulary and Grammar Activities). Have students read the instructions and give them 10 minutes to complete the activity. Ask volunteers to share their answers once everyone has finished the activity.

307

Révision

Key Standards
1.1

1 Suggestion Tell students to complete this activity in phases. First, they describe the problem. Then, they formulate a solution, using a sentence with the present subjunctive. Finally, they rewrite their solution using a form of **celui**.

2 Suggestion Explain to students that French speakers tend to write formal, respectful letters in these sorts of situations. Then supply them with a few of the formulas commonly used by native speakers in formal letters of complaint. Example: **Je vous prie d'agréer, Monsieur/Madame, l'expression de mes salutations respectueuses.**

3 Expansion For an extra challenge, suggest that students also give advice telling what *not* to do. Example for **votre sœur/frère**: **Il ne faut pas que tu t'énerves quand tu lui expliques le problème.**

4 Suggestion This activity could also be completed by groups of three, so that each student comes up with a suggestion.

5 Suggestion To make sure that students understand others' suggestions, ask the class to rate each suggestion on a scale of 1 (**C'est facile à faire!**) to 5 (**C'est très difficile à faire!**).

5 Partner Chat You can also assign Activity 5 on vhlcentral.com. Students work in pairs to record the activity online. The pair's recorded conversation will appear in your gradebook.

6 Suggestion Divide the class into pairs and distribute the Info Gap Handouts from the Activity Pack. Give students ten minutes to complete the activity.

---

1 Des solutions Avec un(e) partenaire, décrivez ces problèmes et donnez des solutions. Utilisez le présent du subjonctif et un pronom démonstratif pour chaque photo. Présentez vos solutions à la classe. Answers will vary.

> **MODÈLE**
> **Élève 1:** Cette eau est sale.
> **Élève 2:** Il faut que celui qui a pollué cette eau paie une grosse amende.

1.

3.

2.

4.

2 Une lettre Vous habitez dans un village où les autorités veulent construire un grand aéroport. Avec un(e) partenaire, écrivez une lettre aux responsables dans laquelle vous expliquez vos inquiétudes (*worries*). Utilisez des expressions impersonnelles, puis lisez la lettre à la classe. Answers will vary.

3 Des conseils En petits groupes, à tour de rôle, décrivez un problème que vous avez avec une des personnes suivantes. Vos camarades vont vous donnez des conseils. Answers will vary.

> **MODÈLE**
> **Élève 1:** Un employé à la banque a refusé de me donner de la monnaie.
> **Élève 2:** Il faut que tu parles avec son responsable.
> **Élève 3:** Il est important que tu écrives une lettre au gérant.

- vos parents
- votre professeur
- votre sœur/frère
- un(e) serveur/serveuse
- un(e) patron(ne)
- un médecin

4 Si... Avec un(e) partenaire, observez ces scènes et lisez les phrases. Pour chaque scène, faites trois phrases au présent du subjonctif, puis présentez-les à la classe. Answers will vary.

> **MODÈLE**
> **Élève 1:** Si l'eau est sale, il ne faut pas que les gens mangent les poissons.
> **Élève 2:** Oui, il faut qu'ils les achètent à la poissonnerie.

1. Si l'eau est sale, ...

3. S'il tombe une pluie acide, ...

2. S'il y a un nuage de pollution, ...

4. S'il y a un glissement de terrain, ...

5 Des propositions Que peut-on faire pour préserver l'environnement? Avec un(e) partenaire, utilisez le présent du subjonctif et, si possible, des pronoms démonstratifs pour faire des propositions. Answers will vary.

> **MODÈLE**
> **Élève 1:** Celui qui change l'huile de sa voiture? Il est essentiel qu'il recycle l'huile et qu'il l'apporte à un garagiste.
> **Élève 2:** Il ne faut pas qu'il change l'huile trop souvent ou qu'il utilise de l'huile de mauvaise qualité.

6 Non, Solange! Votre professeur va vous donner, à vous et à votre partenaire, deux feuilles d'activités différentes sur les mauvaises habitudes de Solange. Faites des commentaires. Attention! Ne regardez pas la feuille de votre partenaire. Answers will vary.

> **MODÈLE**
> **Élève 1:** Il est dommage que Solange conduise une voiture qui pollue.
> **Élève 2:** Il faut qu'elle conduise une voiture plus écologique.

DIFFERENTIATION

For Kinesthetic Learners Read a list of admonishments that make use of the impersonal expressions on page 305 and the present subjunctive. Ask students to pantomime what you are asking them to do. Example: **Il faut que tu passes l'aspirateur dans ta chambre cet après-midi, Mike!**

TEACHING OPTIONS

Card Game Make two sets of cards, one labeled with **que/qu'** + [*subject pronouns*], the other labeled with the infinitives of regular verbs. Students in small groups can "play" their hands by providing subjunctive verb forms suggested by pairs of cards. They should put down cards they've used and then draw more to collect as many as possible.

vhlcentral

AP® Theme: Global Challenges
Context: Environmental Issues

Préparation Répondez aux questions. Answers will vary.

1. Qu'est-ce que vous et vos amis faites pour protéger la planète?
2. Quelles sont les responsabilités des entreprises pour protéger l'environnement?
3. Comment est-ce que l'éducation peut être une solution à la situation écologique dans le monde?

La BMCE

La Banque Marocaine du Commerce Extérieur est la deuxième plus grande banque du Maroc. Elle a non seulement des agences en Europe et en Asie, mais elle vise° aussi constamment à étendre° les liens° entre le Maroc et le reste du monde. À travers la Fondation BMCE Éducation et Environnement, la banque se soucie° également° de la protection de l'environnement et du développement de la société marocaine. En 2000, elle a lancé le projet Medersat.com, dont un des objectifs les plus importants est la scolarisation des enfants dans les villages marocains, et elle poursuit° ses efforts jusqu'à aujourd'hui.

vise aims **étendre** to extend **liens** ties **se soucie** cares **également** also **poursuit** pursues

Publicité de la BMCE

—Comme tu es belle, petite fleur! Seras-tu encore belle demain?

Vocabulaire utile

prendre soin de	to take care of
l'étoile (*f.*)	star
la colombe	dove
l'arbre (*m.*)	tree
les racines (*f.*)	roots
la sagesse	wisdom

 ### Compréhension Répondez aux questions. Answers will vary.

1. Sur quoi le garçon est-il debout (*standing*) dans la première scène? Il est debout sur la Terre/la planète.
2. D'après (*According to*) la colombe, par quoi passe le chemin de la Liberté? Il passe par la communication entre les hommes.
3. Où vont le garçon et sa sœur à la fin? Ils vont à l'école.

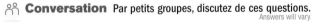 ### Conversation Par petits groupes, discutez de ces questions.
Answers will vary.

 1. Pourquoi le garçon pose-t-il des questions? Pourquoi à une fleur, aux étoiles (*stars*), à une colombe et à un arbre (*tree*)? Quels sont leurs attributs?
2. Quels messages concernant les missions de la BMCE la publicité (*commercial*) nous transmet-elle?

 ### Application En petits groupes, faites des recherches sur un projet de préservation et/ou de protection de l'environnement d'un pays ou d'une région francophone. Préparez une présentation dans laquelle vous identifiez:
Answers will vary.

- le nom de l'organisation ou agence
- leur(s) objectif(s)
- les gens qui bénéficient de leurs actions

Commentez aussi la possibilité d'étendre ce projet au-delà des frontières du pays d'origine.

En pleine nature

You will learn how to...
- discuss nature and the environment
- make comparisons

◁)) **vhl**central

Vocabulaire

chasser	to hunt
jeter	to throw away
un animal	animal
un bois	woods
un champ	field
une côte	coast
un désert	desert
un fleuve	river
une forêt (tropicale)	(tropical) forest
la jungle	jungle
la nature	nature
une région	region
une rivière	river
un sentier	path
un volcan	volcano
la chasse	hunt
le déboisement	deforestation
l'écotourisme (m.)	ecotourism
une espèce (menacée)	(endangered) species
l'extinction (f.)	extinction
la préservation	protection
une ressource naturelle	natural resource
le sauvetage des habitats naturels	natural habitat preservation

le ciel

un arbre

une plante

Ils font un pique-nique. (*pl.* des pique-niques)

un écureuil

une vache

l'herbe (f.)

la Lune

une étoile ·········· ☆

une vallée

une île

un lac

une falaise

un serpent

une pierre

un lapin

Mise en pratique

1 **Par catégorie** Faites correspondre les éléments de la colonne de gauche avec l'élément des colonnes de droite qui correspond.

<u>d</u> 1. la Seine
<u>j</u> 2. la Martinique
<u>h</u> 3. une vache
<u>a</u> 4. l'Etna
<u>i</u> 5. le pétrole
<u>g</u> 6. le Sahara
<u>e</u> 7. un arbre
<u>c</u> 8. Érié

a. un volcan
b. une jungle
c. un lac
d. un fleuve
e. une plante

f. une forêt
g. un désert
h. un animal
i. une ressource naturelle
j. une île

2 **La nature** Choisissez le mot ou l'expression qui correspond à chaque définition.

le déboisement	une falaise	la préservation
l'écotourisme	une jungle	le sauvetage des habitats naturels
l'environnement	une pierre	un sentier
l'extinction	un pique-nique	une vache

1. Là où l'homme vit: <u>l'environnement</u>
2. Sauver et protéger: <u>la préservation</u>
3. Lieu très chaud, très humide: <u>une jungle</u>
4. Chemin très étroit (*narrow*): <u>un sentier</u>
5. Quand une espèce n'existe plus: <u>l'extinction</u>
6. Conséquence de la destruction des arbres: <u>le déboisement</u>
7. Action de sauver le lieu où vivent des animaux: <u>le sauvetage des habitats naturels</u>
8. Vacances qui favorisent la protection de l'environnement: <u>l'écotourisme</u>
9. Un animal de taille importante qui mange de l'herbe: <u>une vache</u>
10. Quand on mange dans la nature: <u>un pique-nique</u>
11. Élément minéral solide, parfois gris: <u>une pierre</u>
12. Sur le dessin de gauche, c'est la formation rocheuse (*rocky*) à droite: <u>une falaise</u>

3 **Écoutez** Écoutez Armand parler de quelques-unes de ses expériences avec la nature. Après une deuxième écoute, écrivez les mots qu'il a utilisés qui se réfèrent au ciel, à la terre et aux plantes. Some answers may vary.

Terre	Ciel	Plantes
nature	étoiles	forêt(s) tropicale(s)
forêt(s) tropicale(s)	Lune	arbres
sentiers		fleurs
campagne		nature

---

4 **Expansion** Have pairs get together with another pair of students and share what they learned about their partners.

4 **Virtual Chat** You can also assign Activity 4 on vhlcentral.com. Students record individual responses that appear in your gradebook.

5 **Suggestion** If time is limited, this activity may be assigned as homework. Then allow partners time to work together for peer editing in class.

6 **Suggestion** Encourage students to illustrate their brochures with drawings, magazine photos, or clip art.

◦◦) **PRE-AP®**

6 **Flexibility and Adaptability** Remind students to include input from all team members, adapting their presentation so it represents the whole group.

7 **Suggestion** Have a volunteer read the **modèle**. You might suggest that students incorporate information from **Le monde francophone** or **Panorama** from previous units in their radio ads.

Activity Pack For additional activities, go to the **Activity Pack** in the **Resources** section of vhlcentral.com.

Communication

4 **Conversez** Interviewez un(e) camarade de classe. Answers will vary.

1. As-tu déjà fait de l'écotourisme? Où? Sinon, où as-tu envie d'en faire?
2. Aimes-tu les pique-niques? Quand en as-tu fait un pour la dernière fois? Avec qui?
3. Quelles activités aimes-tu pratiquer dans la nature?
4. As-tu déjà visité une forêt? Laquelle?
5. Connais-tu un lac? Quand y es-tu allé(e)? Quelles activités y as-tu pratiquées?
6. Es-tu déjà allé(e) dans un désert? Lequel?
7. Es-tu déjà allé(e) sur une île? Laquelle? Comment as-tu passé le temps?
8. Quelles sont les régions du monde que tu veux visiter? Pour quelle(s) raison(s)?
9. Si tu étais un animal, lequel serais-tu? Pourquoi?
10. Quand tu regardes le ciel, que trouves-tu de beau? Pourquoi?

5 **La nature et moi** Écrivez un paragraphe dans lequel vous racontez votre expérience avec la nature. Ensuite, à tour de rôle, lisez votre description à votre partenaire et comparez vos paragraphes. Answers will vary.

- Choisissez au minimum deux lieux naturels différents.
- Utilisez un minimum de huit mots de vocabulaire de **CONTEXTES**.
- Faites votre description avec le plus de détails possible.
- Expliquez ce que vous aimez ou ce que vous n'aimez pas à propos de chaque lieu.

6 **Les écologistes** Vous faites partie d'un club d'écologistes au lycée. Avec deux camarades de classe et les informations suivantes, préparez une brochure pour informer les élèves d'un grave problème écologique. Présentez ensuite votre brochure au reste de la classe. Quel groupe a présenté le problème le plus sérieux? Quel groupe a proposé les solutions les plus originales? Answers will vary.

- le nom de votre club
- la situation géographique du problème écologique
- la description du problème
- les causes du problème
- les conséquences du problème
- les solutions possibles au problème

7 **À la radio** Vous travaillez pour le ministère du Tourisme d'un pays francophone et vous devez préparer un texte qui sera lu à la radio. L'objectif de ce message est de faire la promotion de ce pays pour son écotourisme. Décrivez la nature et les activités offertes. Utilisez les mots que vous avez appris dans **CONTEXTES**. Answers will vary.

> **MODÈLE**
>
> *Venez découvrir la beauté de l'île de Madagascar. Chaque région vous offre des sentiers qui permettent d'admirer des plantes rares et des arbres magnifiques et de rencontrer des animaux extraordinaires… À Madagascar, la nature est unique, préservée. Le charme et l'exotisme sont ici!*

EXPANSION

Jeu des dix questions Play a game of **Dix questions**. Ask a volunteer to think of a word from the new vocabulary. Other students get one chance to ask one yes/no question, then they can guess what the word is. Limit attempts to ten questions per word. You may want to write some phrases on the board to cue students' questions.

EXPANSION

Concentration Game Write vocabulary words related to animals and nature on index cards. On another set of cards, draw or paste pictures to match each term. Tape them face down on the board in random order. Divide the class into two teams. Play a game of Concentration in which students match words with pictures. When a player makes a match, that player's team collects those cards. The team with the most cards at the end of the game wins.

Les sons et les lettres 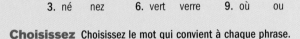 vhlcentral

Homophones

Many French words sound alike, but are spelled differently. As you have already learned, sometimes the only difference between two words is a diacritical mark. Other words that sound alike have more obvious differences in spelling.

a / à   **ou / où**   **sont / son**   **en / an**

Several forms of a single verb may sound alike. To tell which form is being used, listen for the subject or words that indicate tense.

je parle   **tu** parles   **ils** parlent

vous parlez   **j'ai** parlé   **je vais** parler

Many words that sound alike are different parts of speech. Use context to tell them apart.

VERB	POSSESSIVE ADJECTIVE	PREPOSITION	NOUN
Ils sont belges.	**C'est** son mari.	**Tu vas** en France?	**Il a un** an.

You may encounter multiple spellings of words that sound alike. Again, context is the key to understanding which word is being used.

je peux *I can*   **elle** peut *she can*   peu *a little, few*

le foie *liver*   **la** foi *faith*   **une** fois *one time*

haut *high*   **l'eau** *water*   **au** *at, to, in the*

Prononcez Répétez les paires de mots suivants à voix haute.

1. ce   se
2. leur   leurs
3. né   nez
4. foi   fois
5. ces   ses
6. vert   verre
7. au   eau
8. peut   peu
9. où   ou
10. lis   lit
11. quelle   qu'elle
12. c'est   s'est

Choisissez Choisissez le mot qui convient à chaque phrase.

1. Je (lis / lit) le journal tous les jours.
2. Son chien est sous le (lis / lit).
3. Corinne est (née / nez) à Paris.
4. Elle a mal au (née / nez).

Jeux de mots Répétez les jeux de mots à voix haute.

Le ver vert va vers le verre.[1]

Mon père est maire, mon frère est masseur.[2]

[1] The green worm is going toward the glass.

[2] My father is a mayor, my brother is a masseur.

Section Goals
In this section, students will learn about homophones.

Key Standards
4.1

Suggestions
- Model the pronunciation of the example words and have students repeat them after you.
- Point out these additional homophones: **là** (*there*) / **la** (*the*); **ont** (*have*) / **on** (*one*); **je vois** (*I see*) / **il voit** (*he sees*) / **une voie** (*a way*) / **une voix** (*a voice*).
- Read each sentence in the **Choisissez** activity aloud. Then have students select the correct word to complete each one.
- Have students look in the end vocabulary or verb charts in **Appendice B** and identify other homophones.
- Dictate five sentences that contain familiar homophones, repeating each one at least two times. Then write them on the board or a transparency and have students check their spelling.

Jeux de mots Make sure students understand the humor in the saying «**Mon père est maire, mon frère est masseur.**» Point out that it sounds like «**Mon père est mère, mon frère est ma sœur.**»

EXPANSION

Writing Sentences Tell students to write six pairs of sentences using words in the **Prononcez** activity. Then have volunteers write their sentences on the board and go over them with the class.

EXPANSION

Tongue Twister Teach students this French tongue-twister that contains homophones. **Si six scies scient six cyprès, six cent six scies scient six cent six cyprès.**

313

La randonnée vhlcentral

PERSONNAGES

Amina

David

Guide

Rachid

Sandrine

Stéphane

Valérie

À la montagne...

DAVID Que c'est beau!

VALÉRIE C'est la première fois que tu viens à la montagne Sainte-Victoire?

DAVID Non, en fait, je viens assez souvent pour dessiner, mais malheureusement c'est peut-être la dernière fois. C'est dommage que j'aie si peu de temps.

SANDRINE Je préférerais qu'on parle d'autre chose.

AMINA Elle a raison, nous sommes venus ici pour passer un bon moment.

STÉPHANE Tiens, et si on essayait de trouver des serpents?

AMINA Des serpents ici?

RACHID Ne t'inquiète pas, ma chérie. Par précaution, je suggère que tu restes près de moi.

RACHID Mais il ne faut pas que tu sois aussi anxieuse.

SANDRINE C'est romantique ici, n'est-ce pas?

DAVID Comment? Euh, oui, enfin...

VALÉRIE Avant de commencer notre randonnée, je propose qu'on visite la Maison Sainte-Victoire.

AMINA Bonne idée. Allons-y!

Après le pique-nique...

DAVID Mais tu avais faim, Sandrine!

SANDRINE Oui. Pourquoi?

DAVID Parce que tu as mangé autant que Stéphane!

SANDRINE C'est normal, on a beaucoup marché, ça ouvre l'appétit. En plus, ce fromage est délicieux!

DAVID Mais, tu peux manger autant de fromage que tu veux, ma chérie.

Stéphane laisse tomber une serviette...

VALÉRIE Stéphane! Mais qu'est-ce que tu jettes par terre? Il est essentiel qu'on laisse cet endroit propre!

STÉPHANE Oh, ne t'inquiète pas, maman. J'allais mettre ça à la poubelle plus tard.

SANDRINE David, j'aimerais que tu fasses un portrait de moi, ici, à la montagne. Ça te dit?

DAVID Peut-être un peu plus tard... Cette montagne est tellement belle!

VALÉRIE David, tu es comme Cézanne. Il venait ici tous les jours pour dessiner. La montagne Sainte-Victoire était un de ses sujets favoris.

A C T I V I T É S

1 **Vrai ou faux?** Indiquez si ces affirmations sont **vraies** ou **fausses**. Corrigez les phrases fausses. Answers may vary.

1. David est un peu triste de devoir bientôt retourner aux États-Unis. Vrai.

2. C'est la première fois que Stéphane visite la Maison Sainte-Victoire. Vrai.

3. Le guide confirme qu'il y a des serpents sur la montagne Sainte-Victoire. Faux. Le guide ne parle pas des serpents.

4. Sandrine mange beaucoup au pique-nique. Vrai.

5. Valérie traite la nature avec respect. Vrai.

6. David fait un portrait de Sandrine sur-le-champ (*on the spot*). Faux. David ne veut pas faire un portrait de Sandrine tout de suite.

7. David et Sandrine passent un après-midi très romantique. Faux. L'après-midi de David et Sandrine n'est pas romantique.

8. Valérie pense que David ressemble à Cézanne. Vrai.

9. Rachid est très romantique. Answers will vary.

10. Stéphane laisse Rachid et Amina tranquilles. Faux. Stéphane ne les laisse pas tranquilles.

Les amis se promènent à la montagne Sainte-Victoire.

À la Maison Sainte-Victoire

GUIDE Mesdames, Messieurs, bonjour et bienvenue. C'est votre première visite de la Maison Sainte-Victoire?
STÉPHANE Pour moi, oui.
GUIDE La Maison Sainte-Victoire a été construite après l'incendie de 1989.
DAVID Un incendie?
GUIDE Oui, celui qui a détruit une très grande partie de la forêt.

GUIDE Maintenant, la montagne est un espace protégé.
DAVID Protégé? Comment?
GUIDE Eh bien, nous nous occupons de la gestion de la montagne et de la forêt. Notre mission est la préservation de la nature, le sauvetage des habitats naturels et la prévention des incendies. Je vous fais visiter le musée?
VALÉRIE Oui, volontiers!

RACHID Tiens, chérie.
AMINA Merci, elle est très belle cette fleur.
RACHID Oui, mais toi, tu es encore plus belle. Tu es plus belle que toutes les fleurs de la nature réunies!
AMINA Rachid...

RACHID Chut! Ne dis rien... Stéphane! Laisse-nous tranquilles.

Expressions utiles

Expressing regrets and preferences

- **C'est dommage que j'aie si peu de temps.**
  It's a shame that I have so little time.
- **Je préférerais qu'on parle d'autre chose.**
  I would prefer to talk about something else.
- **J'aimerais que tu fasses un portrait de moi.**
  I would like you to do a portrait of me.

Making suggestions

- **Par précaution, je suggère que tu restes près de moi.**
  As a precaution, I suggest that you stay close to me.
- **Il ne faut pas que tu sois si anxieuse.**
  There's no need to be so anxious.
- **Je propose qu'on visite...**
  I propose we visit...

Making comparisons

- **Tu as mangé autant que Stéphane!**
  You ate as much as Stéphane!
- **Tu peux manger autant de fromage que tu veux.**
  You can eat as much cheese as you want.

 2 **À vous!** Imaginez que vous êtes allé(e) à la montagne Sainte-Victoire avec des amis. À l'entrée du parc, il y a une liste de règles (*rules*) à suivre pour protéger la nature. Avec un(e) camarade de classe, imaginez quelles sont ces règles et écrivez une liste. Qu'est-ce qu'il faut faire si vous faites un pique-nique? Une randonnée? Quelles sont les activités interdites? Présentez votre liste à la classe.

3 **Écrivez** Il y a deux couples dans notre histoire, Sandrine et David, Amina et Rachid. Composez un paragraphe dans lequel vous expliquez quel couple va rester ensemble et quel couple va se séparer. Pourquoi? Attention! Le départ de David n'entre pas en jeu (*doesn't come into play*).

A C T I V I T É S

trois cent quinze **315**

Expressions utiles

- Model the pronunciation of the **Expressions utiles** and have students repeat them after you.
- As you work through the list, point out the use of the subjunctive with verbs of will and emotion as well as comparatives and superlatives of nouns. Tell students that these constructions will be formally presented in the **Structures** section.
- Respond briefly to questions about the use of the subjunctive with verbs of will and emotion, comparatives, and superlatives. Reinforce correct forms, but do not expect students to produce them consistently at this time.
- Have students scan the **Roman-photo** and find other expressions used to make comparisons. Examples: **David, tu es comme Cézanne. Tu es plus belle que toutes les fleurs...**

1 **Suggestion** Have volunteers write their corrections on the board.

1 **Expansion** For additional practice, give students these items. **11. David va assez souvent à la montagne Sainte-Victoire. (Vrai) 12. Sandrine ne veut pas parler du départ de David. (Vrai) 13. Stéphane prend une photo de David et de Sandrine. (Faux)**

2 **Suggestions**
- If time is limited, this activity may be assigned as homework. As an alternative, you can have students create posters instead of lists.
- Encourage students to create symbols for the forbidden activities similar to the "No littering" sign on page 293.

3 **Suggestion** As students write, circulate around the room to help with unfamiliar vocabulary and expressions.

EXPANSION

Paul Cézanne Born in Aix-en-Provence, Paul Cézanne (1839–1906) lived much of his life as a recluse in Provence. A master of Postimpressionism, he is considered one of the greatest modern French painters. Bring in some photos of Cézanne's sketches and paintings of **la montagne Sainte-Victoire** and have students describe them.

EXPANSION

Le mistral The south of France is at high risk for wildfires. Because of the extremely strong wind, **le mistral**, fires can get out of control and spread rapidly. **Le mistral** is caused by air that cools over the mountains and then flows into the valleys, creating a funnel effect and generating extremely strong wind currents. **Le mistral** occurs most often in the spring or winter.

AP® Theme: Global Challenges
Context: Environmental Issues

Section Goals

In this section, students will:
- learn about France's national parks
- learn some conservation-related terms
- learn about some famous natural sites in the Francophone world
- read about Madagascar
- view authentic video footage

Key Standards
2.1, 2.2, 3.1, 3.2, 4.2

21ˢᵗ Century Skills

Global Awareness
Students will gain perspectives on the Francophone world to develop respect and openness toward other cultures.

Culture à la loupe
Avant la lecture
- Have students look at the photo and describe what they see.
- Ask students: **Quels parcs nationaux avez-vous déjà visités?**

Lecture
- Point out the list of French natural sites that hold records.
- Explain that Guadeloupe has been an overseas department of France since 1946. Tourism is one of the main industries.

Après la lecture Ask students: **Quel(s) parc(s) français voudriez-vous visiter? Pourquoi?**

1 **Expansion** For additional practice, give students these items. **11. Que trouve-t-on dans tous les parcs nationaux? (On trouve des sentiers de randonnée et des activités d'écotourisme guidées.) 12. Combien de parcs nationaux sont montagneux? (sept sur dix) 13. Quand est-ce que le premier parc national a été créé en France? (en 1963) 14. Où peut-on trouver des bouquetins? (dans la Vanoise)**

---

vhlcentral | *Flash culture*   CULTURE À LA LOUPE

Les parcs nationaux

le parc de la Vanoise

Le gouvernement français protège et gère° dix parcs nationaux. Tous offrent des sentiers de randonnée et la possibilité de découvrir la nature pendant des activités d'écotourisme guidées. Ce sont aussi des endroits où les visiteurs peuvent pratiquer différentes activités sportives. Par exemple, ils peuvent pratiquer des sports d'hiver dans cinq des sept parcs montagneux, qui ont de nombreux sommets° et glaciers.

Les Cévennes, en Languedoc-Roussillon, est le plus grand parc forestier, avec 3.200 km² de forêts, mais on y trouve aussi des montagnes et des plateaux. La Vanoise, un parc de haute montagne dans les Alpes, a été le premier parc créé° en France, en 1963. Avec ses 107 lacs et sa vingtaine° de glaciers, c'est une réserve naturelle où le bouquetin° est protégé. Deux autres parcs, les Écrins et le Mercantour, sont aussi situés dans la région des Alpes. Toujours dans les parcs montagneux, le parc national des Pyrénées est composé de six vallées principales, riches en forêts, cascades° et autres formations naturelles. C'est aussi un refuge pour de nombreuses espèces menacées, comme l'ours° et l'aigle royal°. Quand il fait beau l'été, le parc marin de Port-Cros, composé d'îles méditerranéennes, est idéal pour des activités aquatiques. Aux Antilles°, il fait chaud et humide toute l'année dans le parc national de la Guadeloupe. Les paysages° de ce parc sont très variés: forêt tropicale, volcan et paysages côtiers° ou maritimes. Ouvert depuis 2012 seulement, le parc national le plus récent est le Parc national des Calanques, dans le sud de la France.

> ### Les records naturels de la France en Europe de l'Ouest
>
> - Le Mont-Blanc, dans les Alpes, est la plus haute montagne d'Europe de l'Ouest. Il mesure 4.811 mètres.
> - La forêt de pins des Landes, en Nouvelle-Aquitaine, est le plus grand massif forestier d'Europe. Il fait plus d'un million d'hectares.
> - La dune du Pilat, en Aquitaine, est la plus haute dune de sable° d'Europe. Elle mesure 117 mètres.
> - Le cirque° de Gavarnie, dans les Pyrénées, a la plus grande cascade d'Europe. Elle mesure 422 mètres.

gère *manages* **sommets** *summits* **créé** *created* **vingtaine** *about twenty* **bouquetin** *ibex, a type of wild goat* **cascades** *waterfalls* **ours** *bear* **aigle royal** *golden eagle* **Antilles** *the French West Indies* **paysages** *landscapes* **côtiers** *coastal* **sable** *sand* **cirque** *steep-walled, mountainous basin*

A C T I V I T É S

1 **Répondez** Répondez aux questions par des phrases complètes.

1. Combien de parcs nationaux français y a-t-il?
   Il y a dix parcs nationaux français.
2. Quel type de parc est le parc des Cévennes?
   Le parc des Cévennes est un parc forestier.
3. Quel parc est situé sur des îles méditerranéennes?
   Le parc marin de Port-Cros est situé sur des îles méditerranéennes.
4. Quels sont deux animaux qu'on peut trouver dans les Pyrénées?
   On peut trouver des ours et des aigles royaux dans les Pyrénées.
5. Qu'est-ce qu'on peut trouver comme paysage dans le parc national de la Guadeloupe? Answers will vary. Possible answer: On peut trouver des forêts tropicales, des volcans et des paysages côtiers.

6. Comment s'appellent deux des parcs nationaux français et où se trouvent-ils (à la montagne, etc.)? Answers will vary. Possible answer: La Vanoise se trouve dans les montagnes et Port-Cros se trouve sur des îles.
7. Quelle est la plus haute montagne d'Europe?
   C'est le Mont-Blanc.
8. Où se trouve le plus grand massif forestier d'Europe?
   Il se trouve dans les Landes, en France.
9. Combien mesure la dune du Pilat?
   Elle mesure 117 mètres.
10. Combien mesure la cascade du cirque de Gavarnie?
    Elle mesure 422 mètres.

EXPANSION

Cultural Comparison Have the class brainstorm a list of famous national parks in the Unites States and write them on the board. Examples: Yellowstone, Yosemite, Death Valley, the Everglades, the Grand Canyon, Hawaii Volcanoes, Hot Springs, and Rocky Mountain. Then tell students to work in groups of three and compare these national parks to those in France. They should consider geographical features and recreational activities. Have them list the similarities and differences in a two-column chart under the headings **Similitudes** and **Différences**. After completing their charts, have volunteers read their lists and ask the class if they agree or disagree with the observations.

AP® Theme: Global Challenges Context: Environmental Issues

LE FRANÇAIS QUOTIDIEN

La protection de la nature

essence (f.) sans plomb	*unleaded gas*
protection du littoral	*shoreline restoration*
mesures (f.) antipollution	*pollution control*
reboisement (m.)	*reforestation*
valorisation (f.) des terres	*land improvement*

LE MONDE FRANCOPHONE

AP® Theme: Global Challenges Context: Environmental Issues

Grands sites naturels

Voici deux exemples d'espaces naturels remarquables du monde francophone.

Au Sénégal Le parc national du Niokolo Koba est l'une des réserves naturelles les plus vastes d'Afrique de l'Ouest. Situé le long° des rives° de la Gambie, forêts et savanes abritent° une faune d'une grande richesse: des lions, des chimpanzés, des éléphants et de très nombreux° oiseaux et reptiles. Cet écosystème est classé au Patrimoine° mondial de l'UNESCO.

Aux Seychelles L'atoll Aldabra abrite la plus grande population de tortues° géantes du monde (152.000). Elles sont encore plus grosses que les tortues des Galapagos: elles peuvent atteindre° 1,2 mètre et 300 kilogrammes. L'atoll, qui comprend° quatre grandes îles de corail, est un autre site du Patrimoine mondial depuis 1982.

le long *along* **rives** *riverbanks* **abritent** *shelter* **nombreux** *numerous* **Patrimoine** *Heritage* **tortues** *tortoises* **atteindre** *reach* **comprend** *encompasses*

AP® Theme: Global Challenges
Context: Environmental Issues

PORTRAIT

Madagascar

Madagascar, ancienne colonie française, est la quatrième plus grande île du monde, et, avec plus de 20 parcs nationaux et réserves naturelles, elle est un paradis pour l'écotourisme. Madagascar (plus de 24 millions d'habitants) est située à 400 km à l'est du Mozambique, dans l'océan Indien. Sa faune et sa flore sont exceptionnelles avec 250.000 espèces différentes, dont 1.000 orchidées. 90% de ces espèces sont uniques au monde. Ses mangroves, rivières, lacs et récifs coralliens° offrent des milieux écologiques variés et ses forêts abritent° 90% des lémuriens° du monde. Caméléons, tortues terrestres°, tortues de mer° et baleines à bosse° sont aussi typiques de l'île.

récifs coralliens *coral reefs* **abritent** *provide a habitat for* **lémuriens** *lemurs* **tortues terrestres** *tortoises* **tortues de mer** *sea turtles* **baleines à bosse** *humpback whales*

Sur Internet

Quel est le sujet de l'émission *Thalassa*?

AP® Theme: Global Challenges
Context: Environmental Issues

Go to **vhlcentral.com** to find more information related to this **Culture** section and to watch the corresponding **Flash culture** video.

---

2 **Complétez** Complétez les phrases.

1. Madagascar est une grande _____île_____ près du Mozambique.

2. Madagascar est une bonne destination pour __l'écotourisme__.

3. À Madagascar, la majorité des espèces sont __uniques au monde__.

4. __Caméléons, tortues__ sont des espèces typiques de l'île. terrestres, tortues de mer et baleines à bosse

5. L'une des réserves naturelles les plus vastes d'Afrique de l'Ouest se trouve __au Sénégal__.

3 **À la découverte** Vous et deux partenaires voulez visiter ensemble plusieurs pays francophones et découvrir la nature. Quelles destinations choisissez-vous? Comparez les activités qui vous intéressent et les endroits que vous voulez visiter. Soyez prêt(e)s à présenter votre itinéraire à la classe.

ACTIVITÉS

EXPANSION

Madagascar Madagascar was settled by Indonesian migrants around A.D. 700. It became **un protectorat français** in 1885, **une colonie** in 1896, and an independent state in 1960. The official languages are Malagasy (**malgache**), French, and English. More than 90 percent of the people earn their living from the forest, where most of the biodiversity can be found, but 85 percent of

EXPANSION

the country has already suffered deforestation. The island's population is also growing.

Vrai ou faux? Have students write five true/false statements using the information on these pages. Then have them get together in pairs and take turns reading their statements and responding.

Le français quotidien
- Model the pronunciation of each term.
- Ask students questions using these terms. Examples:
  1. La voiture de votre famille consomme-t-elle de l'essence sans plomb?
  2. Pourquoi a-t-on besoin de mesures antipollution?
  3. Quand faut-il reboiser?

Portrait
- Have students locate the island of Madagascar on the map in the frontmatter.
- Tell students to look at the photo and ask: **Quelle espèce d'animal est-ce? (un lémurien) Avez-vous déjà vu un lémurien? Si oui, où?**

Le monde francophone
- Have students locate Senegal and the Seychelles islands on the map of the Francophone world in the frontmatter.
- Point out that an atoll is a ribbon of coral reef around a lagoon. Along the top there are often flat islands or strips of flat land.

2 **Expansion** For additional practice, give students these items. **6. Madagascar a plus de ____ parcs nationaux et réserves naturelles. (vingt) 7. Madagascar se trouve à l'est du ____. (Mozambique) 8. Dix pour cent des ____ du monde n'habitent pas à Madagascar. (lémuriens)**

3 **Suggestion** Before beginning the activity, have the class brainstorm a list of possible destinations for ecotourism and write them on the board.

Flash culture Tell students that they will learn more about the diverse geography of France and the French-speaking world by watching a video narrated by Benjamin. You can also use the activities in the video manual in class to reinforce this **Flash culture** or assign them as homework.

21st Century Skills

Information and Media Literacy: Sur Internet Students access and critically evaluate information from the Internet.

6B.1

The subjunctive (Part 2) vhlcentral

Will and emotion

- Use the subjunctive after clauses with verbs and expressions of will and emotion. Verbs and expressions of will are often used when someone wants to influence the actions of other people. Verbs and expressions of emotion express someone's feelings or attitude.

> Je suggère que tu restes près de moi.

> J'ai peur que nous soyons perdus!

- When the main clause contains an expression of will or emotion and the subordinate clause has a different subject, the subjunctive is required.

MAIN CLAUSE	CONNECTOR	SUBORDINATE CLAUSE
VERB OF WILL	CONNECTOR	SUBJUNCTIVE
Mes parents exigent	**que**	**je dorme** huit heures.
My parents demand	*that*	*I sleep eight hours.*

MAIN CLAUSE	CONNECTOR	SUBORDINATE CLAUSE
EXPRESSION OF EMOTION	CONNECTOR	SUBJUNCTIVE
Tu es triste	**que**	**Sophie ne vienne pas** avec nous.
You are sad	*that*	*Sophie isn't coming with us.*

MAIN CLAUSE	CONNECTOR	SUBORDINATE CLAUSE
VERB OF WILL	CONNECTOR	SUBJUNCTIVE
Je préfère	**que**	**tu travailles** ce soir.
I prefer	*that*	*you work tonight.*

MAIN CLAUSE	CONNECTOR	SUBORDINATE CLAUSE
EXPRESSION OF EMOTION	CONNECTOR	SUBJUNCTIVE
Elle est heureuse	**que**	**tu finisses** tes études.
She is happy	*that*	*you're finishing your studies.*

- Here are some verbs and expressions of will commonly followed by the subjunctive.

Verbs of will			
demander que...	to ask that...	recommander que...	to recommend that...
désirer que...	to want/ desire that...	souhaiter que...	to wish that...
exiger que...	to demand that...	suggérer que...	to suggest that...
préférer que...	to prefer that...	vouloir que...	to want that...
proposer que...	to propose that...		

Mon père **recommande que** nous **dînions** au restaurant français.
My father recommends that we have dinner at the French restaurant.

Le gouvernement **exige qu'**on **recycle** les produits en plastique.
The government demands that we recycle plastic products.

- These are some verbs and expressions of emotion followed by the subjunctive.

Verbs and expressions of emotion

aimer que...	to like that...	être heureux / heureuse que...	to be happy that...
avoir peur que...	to be afraid that...	être surpris(e) que...	to be surprised that...
être content(e) que...	to be glad that...	être triste que...	to be sad that...
être désolé(e) que...	to be sorry that...	regretter que...	to regret that...
être furieux / furieuse que...	to be furious that...		

Marc **est surpris que** Loïc **vienne**.
Marc is surprised that Loïc is coming.

Je **suis furieux qu'**on **gaspille** de l'énergie.
I am furious that people waste energy.

- In English, the word *that* introducing the subordinate clause may be omitted. In French, never omit **que** between the two clauses.

Ils sont heureux **que** j'arrive.
They're happy (that) I'm arriving.

Elle préfère **que** tu partes.
She prefers (that) you leave.

- If the subject doesn't change, use the infinitive with expressions of will and emotion. In the case of **avoir peur**, **regretter**, and expressions with **être**, add **de** before the infinitive.

Tu souhaites faire un pique-nique?
Do you wish to have a picnic?

Nous sommes tristes d'entendre la mauvaise nouvelle.
We're sad to hear the bad news.

Irregular verbs in the subjunctive

- Here are three verbs that have irregular forms in the subjunctive.

Present subjunctive of *avoir, être, faire*

	avoir	être	faire
que je/j'	aie	sois	fasse
que tu	aies	sois	fasses
qu'il/elle/on	ait	soit	fasse
que nous	ayons	soyons	fassions
que vous	ayez	soyez	fassiez
qu'ils/elles	aient	soient	fassent

Elle veut que je **fasse** le lit.
She wants me to make the bed.

Tu es désolé qu'elle **soit** loin.
You are sorry that she is far away.

Essayez! Indiquez les formes correctes du présent du subjonctif des verbes.

1. que je _finisse_ (finir)
2. qu'il _fasse_ (faire)
3. que vous _soyez_ (être)
4. que leur enfant _ait_ (avoir)
5. que nous _prenions_ (prendre)
6. que nous _fassions_ (faire)
7. qu'ils _aient_ (avoir)
8. que tu _attendes_ (attendre)

Boîte à outils

There is no future form of the subjunctive, so use the present subjunctive even when expressing an action that is going to take place in the future. The context will clarify the meaning.

Elle est contente que tu prennes des cours de musique l'année prochaine.

She's glad that you're taking music classes next year.

Vérifiez

Vérifiez

Suggestions: Scaffolding
- Present expressions of emotion by using them in statements accompanied by TPR. Examples: **Je suis triste que vous partiez. Elle est heureuse que nous lui rendions visite**.
- Have students complete the first **Vérifiez** activity.
- Read these sentences to the class: **Je veux manger à la cantine aujourd'hui. Je veux que tu manges avec moi à la cantine aujourd'hui.** Ask why an infinitive is used in the first sentence and a conjugated verb in the subjunctive mood in the second. (In the first one, the subject is the same for both verbs. In the second one, there are two different subjects.)
- Have students complete the second **Vérifiez** activity.
- Go over the subjunctive forms of **avoir, être, faire** and have students repeat after you.
- Ask students if the present subjunctive forms of the verbs **avoir** and **être** seem familiar to them. (They resemble the imperative forms for those verbs.)

Essayez! Assign an infinitive to each row of students. They should take turns giving present subjunctive forms for their appointed verb. The first student should give the **que je/j'...** form, the second student the **que tu...** form, and so on. Example for one row of students: (*first student*) **que je fasse,** (*second student*) **que tu fasses,** etc.

EXPANSION

Completing Sentences Read aloud some sentence starters that refer to current events or celebrities. Each one should use an expression of emotion. Students should complete the sentences appropriately. Example: **Chef Jamie Oliver est furieux que... (qu'il n'y ait plus d'ail au supermarché.)**

TEACHING OPTIONS

Using Video As students watch the last scene of the video for **Leçon 6B** again, pause periodically and ask them these questions. **Qu'est-ce que Valérie veut que Stéphane fasse? Qu'est-ce que Sandrine veut que David fasse? Qu'est-ce que Rachid veut qu'Amina fasse? Qu'est-ce que Rachid veut que Stéphane fasse?**

319

1 Suggestion Encourage students to come up with creative suggestions for the people pictured and to share the most interesting suggestions with the class.

2 Suggestion Have one pair of students share their sentences with the class. Ask their classmates to say **d'accord** if they agree or **pas d'accord** if they don't agree with the statements.

Mise en pratique

1 **Des opinions** Que devraient faire les personnages sur les illustrations? Employez ces expressions pour donner vos opinions. Suggested answers

vous (proposer que)

▶ **MODÈLE**

Je propose que vous mangiez quelque chose.

acheter une décapotable (*convertible*)	garder le secret
	manger quelque chose
boire de l'eau	me donner de l'argent
faire la fête	trouver des amis

1. tu (suggérer que)
Je suggère que tu boives de l'eau.

2. mes voisins (vouloir que)
Je veux que mes voisins me donnent de l'argent.

3. vous (exiger que)
J'exige que vous gardiez le secret.

4. Yves (souhaiter que)
Je souhaite qu'Yves trouve des amis.

5. elle (recommander que)
Je recommande qu'elle achète une décapotable.

6. tu (désirer que)
Je désire que tu fasses la fête.

2 **Des opinions** Complétez ces phrases avec le présent du subjonctif. Ensuite, comparez vos réponses avec celles d'un(e) partenaire. Answers will vary.

1. Nous sommes furieux que les examens...
2. Notre prof exige que...
3. Nous aimons que le prof...
4. Je propose que... le vendredi.
5. Les élèves veulent que les cours...
6. Je recommande que... tous les jours.
7. C'est triste que ce lycée...
8. Nous préférons que la cantine...
9. Mes ami(e)s suggèrent que...
10. Je souhaite que...

Communication

3 **Enquête** Comparez vos idées sur la nature et l'environnement avec celles d'un(e) partenaire. Posez-vous ces questions. Answers will vary.

1. Que suggères-tu qu'on fasse pour protéger les forêts tropicales?
2. Vaut-il mieux qu'on ne chasse plus? Pourquoi?
3. Que recommandes-tu qu'on fasse pour arrêter la pollution?
4. Comment souhaites-tu que nous préservions nos ressources naturelles?
5. Quels produits recommandes-tu qu'on développe?
6. Quel problème écologique veux-tu qu'on traite tout de suite?
7. Que proposes-tu qu'on fasse pour sauver les espèces menacées?
8. Est-il important qu'on arrête le déboisement? Pourquoi?

4 **Mme Quefège...** Mme Quefège donne des conseils à la radio. Pensez à une difficulté que vous avez et préparez par écrit un paragraphe que vous lui lirez. Elle va vous faire des recommandations. Avec un(e) partenaire, alternez les rôles pour jouer les scènes. Answers will vary.

> **MODÈLE**
>
> **Élève 1:** *Ma petite amie fait constamment ses devoirs et elle ne veut plus sortir.*
> **Élève 2:** *Je suis désolée qu'elle n'arrête pas de travailler. Si elle ne veut toujours pas sortir ce week-end, je suggère que vous en parliez à ses parents.*

5 **Il faut que...** À tour de rôle, donnez des conseils à votre partenaire pour chacune (*each one*) de ces situations. Utilisez des expressions de volonté et d'opinion avec le subjonctif.

- Il/Elle voyage en Europe pour la première fois.
- Il/Elle a un gros rhume.
- Il/Elle veut rester en forme.
- Il/Elle ne respecte pas la nature.

6 **Les habitats naturels** Par groupes de trois, préparez le texte pour cette affiche où vous expliquez ce qu'on doit faire pour sauver les habitats naturels. Utilisez des verbes au présent du subjonctif. Answers will vary.

3 Expansion Students could also answer these questions. **Avez-vous peur que des espèces soient menacées dans votre région? Que proposez-vous que l'on fasse pour éviter la destruction des habitats naturels autour des villes?**

3 Virtual Chat You can also assign Activity 3 on vhlcentral.com. Students record individual responses that appear in your gradebook.

4 Suggestion Ask students why they think the radio personality is named **Quefège**. (It sounds like the phrase **Que fais-je?**)

5 Expansion Have students perform one of their situations for the class. Ask the class comprehension questions about each performance.

6 Expansion Have students display their posters around the classroom. Then, have the class read the different posters and evaluate their effectiveness. Tell students to provide one piece of positive feedback and suggestion for improvement.

Activity Pack For additional activities, go to the **Activity Pack** in the **Resources** section of vhlcentral.com.

EXPANSION

Role-Play Distribute the handout for the activity **Tout a changé** from the online Resources (**Unité 6**/Activity Pack/ Vocabulary and Grammar Activities). Have students read the instructions and give them 10 minutes to complete the activity. Ask volunteers to share their answers once everyone has finished the activity.

PRE-AP®

Presentational Communication Working in groups, have students create a storyboard for a television ad campaign for protecting the environment. Storyboards should include the script and images that depict the different camera shots. Remind students that successful TV ads often use striking images and catchy slogans. When finished, have students present their storyboards to the class.

6B.2 Comparatives and superlatives of nouns

vhlcentral

Point de départ In **D'accord!** Level 1, you learned how to compare nouns and verbs by using comparative and superlative forms of adjectives and adverbs. You will now learn how to compare nouns when talking about quantities.

Tu peux manger autant de fromage que tu veux.

Nous nous occupons de la forêt pour avoir moins d'incendies.

• To compare the amount of something, use these expressions:

plus de	+	[noun]	+	**que**	*more... than*
moins de	+	[noun]	+	**que**	*less; fewer... than*
autant de	+	[noun]	+	**que**	*as much; as many... as*

Elle fait **plus d'heures que** sa sœur.
She works more hours than her sister (does).

Vous recevez **autant de** courrier **que** vos amis.
You receive as much mail as your friends (do).

Il y a **moins d'arbres dans le jardin que** dans la forêt.
There are fewer trees in the garden than in the forest.

Il n'y a pas **autant d'animaux dans la ville que** dans la jungle.
There aren't as many animals in the city as (there are) in the jungle.

• To express the superlative quantity of a noun (*the most, the least/fewest*), use: **le plus de** or **le moins de**.

Ce sont les forêts tropicales qui ont **le plus de plantes**.
Tropical rainforests have the most plants.

Qui a vu **le plus de** lapins?
Who saw the most rabbits?

Ce sont les pays pauvres qui ont **le moins d'argent**.
Poor countries have the least money.

Quel véhicule doit-on utiliser pour produire **le moins de** pollution?
Which vehicle should we use to produce the least pollution?

Essayez! Complétez les phrases avec les comparatifs ou les superlatifs corrects.

1. Mon ami n'a pas ___autant de___ (*as much*) travail que moi.
2. Qui a ___le moins de___ (*the fewest*) cousins?
3. La Corse a-t-elle ___autant de___ (*as many*) falaises que la Sicile?
4. Il y a ___moins de___ (*fewer*) déserts en Amérique du Nord qu'en Afrique.
5. Quel pays a ___le plus de___ (*the most*) rivières polluées?
6. Malheureusement, on a ___plus de___ (*more*) problèmes que de solutions.

Le français vivant

Le Québec

Là où il y a le plus de calme, le plus de sérénité. Moins de stress que chez vous, mais autant de confort et autant de bonheur.

Venez découvrir le Québec... pour plus d'émotions.

Identifiez Quels comparatifs et superlatifs trouvez-vous dans cette publicité (*ad*)?
le plus de calme; le plus de sérénité; Moins de stress; autant de confort; autant de bonheur; plus d'émotions

 Questions Posez ces questions à un(e) partenaire et répondez à tour de rôle. Employez des comparatifs et des superlatifs dans vos réponses, si possible. Answers will vary.

1. D'après (*According to*) cette pub, que cherche le touriste qui voudrait passer des vacances au Québec?
2. Quelle comparaison la pub fait-elle entre le Québec et l'endroit où habite le lecteur/la lectrice (*reader*)?
3. As-tu déjà passé des vacances au Québec? Voudrais-tu y aller un jour?
4. Si tu vas ou retournes au Québec un jour, voudras-tu y faire un séjour comme celui que la pub décrit? Pourquoi?

1 **Expansion** Tell students to write down six statements in which they compare themselves to a good friend or to a sibling.

2 **Expansion** Ask students to make similar observations about the high school by looking out the window or walking around outside.

3 **Expansion** Have students share their opinions with a partner. Do they agree each time? If students disagree, tell them to justify their opinions.

4 **Suggestion** You can focus students' attention by grouping items from the list. Example: **gâteau / carotte (Il y a plus de calories dans un gâteau que dans une carotte.)**

Mise en pratique

1 **Avec qui sortir?** Amaia compare deux garçons. Écrivez des phrases avec les éléments donnés et faites les changements nécessaires.

> **MODÈLE** Kadir / avoir / plus / énergie / Jacques
> *Kadir a plus d'énergie que Jacques.*

1. Kadir / avoir / moins / problèmes / Jacques   Kadir a moins de problèmes que Jacques.
2. Jacques / avoir / plus / humour / Kadir   Jacques a plus d'humour que Kadir.
3. Kadir / donner / plus / cadeaux / Jacques   Kadir donne plus de cadeaux que Jacques.
4. Jacques / avoir / autant / amis / Kadir   Jacques a autant d'amis que Kadir.
5. Kadir / avoir / moins / patience / Jacques   Kadir a moins de patience que Jacques.
6. Jacques / avoir / plus / ambition / Kadir   Jacques a plus d'ambition que Kadir.

2 **À la campagne** Lise parle de son séjour à la campagne et compare le nombre de choses qu'elle a observées dans la nature. Que dit-elle?

> ▶ **MODÈLE**
> *J'ai observé autant de nuages blancs que de nuages gris.*

1. J'ai observé moins d'arbres que de fleurs./J'ai observé plus de fleurs que d'arbres.
2. J'ai observé moins d'écureuils que de lapins./J'ai observé plus de lapins que d'écureuils.
3. J'ai observé moins de chiens que de chats./J'ai observé plus de chats que de chiens.
4. J'ai observé moins de vaches que de serpents./J'ai observé plus de serpents que de vaches.

3 **Des opinions!** Qui en (*of it*) a le plus ou le moins? Écrivez des phrases avec les éléments donnés pour exprimer votre opinion.   Answers will vary.

> **MODÈLE** du charme: les villages ou les villes?
> *Les villages ont le plus de charme.*
> *Les villes ont moins de charme.*

1. argent: Oprah Winfrey ou Mark Zuckerberg?   … a le plus d'argent. / … a le moins d'argent.
2. musées: Paris ou New York?   … a le plus de musées. / … a le moins de musées.
3. usines: la campagne ou la ville?   … a le plus d'usines. / … a le moins d'usines.
4. déchets: les villes ou les villages?   … a le plus de déchets. / … a le moins de déchets.

4 **Combien de calories?** Vous et votre partenaire êtes au régime. Faites au moins quatre comparaisons entre ces aliments. Dites à la classe quel aliment contient le plus de calories et lequel en contient le moins.   Answers will vary.

> **MODÈLE**
> *Il y a autant de calories dans un café que dans un thé.*

banane	carotte	glace	poulet
biscuits	frites	pain	saucisses
bonbons	gâteau	porc	thon

EXPANSION

Extra Practice Distribute the handout for the activity **Plus ou moins?** from the online Resources (**Unité 6**/Activity Pack/ Vocabulary and Grammar Activities). Have students read the instructions and give them 10 minutes to complete the activity. Ask volunteers to share their answers once everyone has finished the activity.

DIFFERENTIATION

Challenge Challenge students to formulate sentences that use comparatives and superlatives of nouns with the pronoun **en**. Ask them how they would substitute **en** for the nouns in the examples on this page. Example: **Elle fait plus d'heures que sa sœur. (Elle en fait plus que sa sœur.)**

Communication

5 **Eh bien, moi...** Posez ces questions à un(e) partenaire, puis faites une comparaison. Answers will vary.

MODÈLE

Élève 1: *Combien de films regardes-tu par mois?*
Élève 2: *Je regarde quatre ou cinq films par mois.*
Élève 1: *Je regarde plus de films que toi. Je regarde huit films par mois.*

1. Combien de frères (sœurs, cousins) as-tu?
2. Combien d'heures par jour étudies-tu?
3. Combien de SMS reçois-tu par jour?
4. Combien d'heures dors-tu chaque nuit?
5. Combien de cours as-tu ce semestre?
6. Combien de cafés prends-tu par jour?
7. Combien de personnes connais-tu qui parlent une langue étrangère?
8. Combien d'examens as-tu cette semaine-ci?

6 **Où habiter?** Avec un(e) partenaire, comparez la vie dans une maison à la vie dans un appartement. Décidez où vous préféreriez habiter si vous aviez le choix. Utilisez le vocabulaire de la liste. Answers will vary.

MODÈLE

Élève 1: *Dans une maison, nous pouvons mettre plus d'affiches sur les murs.*
Élève 2: *Oui, et dans un appartement, il y a moins d'espace.*

affiches	armoire	meuble	supervision
amis	espace	protection	télé
argent	fêtes	repas	?

7 **Un dialogue** Vous voulez voyager dans un pays francophone et vous discutez de vos recherches sur Internet. Par groupes de trois, préparez un dialogue où vous utilisez **autant de**, **moins de** et **plus de** et alternez les rôles. Answers will vary.

MODÈLE

Élève 1: *Où y a-t-il moins de pollution, au Québec ou en France?*
Élève 2: *Il y a de la pollution aux deux endroits. Mais il y a plus d'espaces verts au Québec.*
Élève 3: *Où y a-t-il plus de sentiers? On voudrait faire des randonnées.*

8 **Les comparaisons** Vous habitez dans une grande ville et votre cousin(e) habite à la campagne. Avec un(e) partenaire, préparez une conversation où vous discutez des différences entre les deux environnements. Utilisez des comparatifs et des superlatifs dans votre conversation.

MODÈLE

Élève 1: *Il y a beaucoup de bâtiments en ville.*
Élève 2: *À la campagne, il y a moins de bâtiments, mais il y a plus d'arbres.*

---

5 Expansion When students have completed the activity, find out which student has the most of each item in the questions. Example: **1. Qui a le plus de frères de toute la classe?**

5 Suggestion Tally on the board how many students prefer apartments or houses. Then ask: **Y a-t-il plus d'élèves qui préfèrent les appartements ou plus d'élèves qui préfèrent les maisons?**

6 Partner Chat You can also assign Activity 6 on vhlcentral.com. Students work in pairs to record the activity online. The pair's recorded conversation will appear in your gradebook.

7 Suggestion Tell students to review the **Panorama** section from earlier units and **D'accord! 1** and choose two locations to compare for the activity. You might also allow them to use their electronic devices to research the locations they choose as they do the activity.

8 Expansion Based on their comparisons, have students decide where they would prefer to live and why, and report to the class.

Activity Pack For additional activities, go to the **Activity Pack** in the **Resources** section of vhlcentral.com.

Révision

Key Standards

1.1

1 Expansion Write items like these on the board and ask students to say whether they would like more or fewer of them in town: **voitures, arrêts de bus, musées, restaurants français, prisons, parcs, criminels, poubelles.** Example: **J'aimerais qu'il y ait moins de voitures dans notre ville.**

2 Suggestion Give students categories to help them think of tourist attractions to mention. Examples: restaurants, shopping, sports, museums, festivals, etc.

3 Suggestion Ask students to summarize what they said. Example: **C'est dommage qu'il n'y ait pas assez de poubelles au lycée. Je souhaite qu'il y en ait plus à l'avenir.**

4 Suggestion Have the class identify the expressions that trigger the subjunctive that would be useful in this activity. Examples: **Il faut que…, Je propose que…**

5 Expansion When students have finished, tell them to write a new conversation that includes a third speaker—an environmentalist hunter. (Environmental hunters tend to advocate strict controls that assure only overpopulated animal species are hunted, but not overhunted.)

5 Partner Chat You can also assign Activity 5 on vhlcentral.com. Students work in pairs to record the activity online. The pair's recorded conversation will appear in your gradebook.

6 Suggestion Divide the class into pairs and distribute the Info Gap Handouts from the Activity Pack. Give students ten minutes to complete the activity.

1 Des changements Avec un(e) partenaire, observez ces endroits et dites, à tour de rôle, si vous aimeriez qu'il y ait **plus de** ou **moins de** certaines choses. Answers will vary.

MODÈLE

Élève 1: Je préférerais qu'il y ait plus d'eau dans cette rivière.
Élève 2: J'aimerais mieux qu'il y ait plus d'herbe.

1.

3.

2.

4.

2 Visite de votre région Interviewez vos camarades. Que recommandent-ils à des visiteurs qui ne connaissent pas votre région? Écrivez leurs réponses. Utilisez les expressions de la liste suivante. Answers will vary.

MODÈLE

Élève 1: Que devraient faire les visiteurs de cette région?
Élève 2: Je recommande qu'ils visitent les musées du centre-ville. Il serait bon qu'ils assistent aussi à un match de baseball.

il est bon que	proposer que
il est indispensable que	recommander que
il faut que	suggérer que
?	?

3 Plus d'arbres Avec un(e) partenaire, pensez à votre environnement et dites si vous voulez qu'il y ait **plus de**, **moins de** ou **autant de** choses ou d'animaux. Quand vous n'êtes pas d'accord, justifiez vos réponses. Answers will vary.

MODÈLE

Élève 1: Je souhaite qu'il y ait plus d'arbres.
Élève 2: Oui, il faut plus d'arbres autour du lycée et en ville.

4 Voyage en Afrique centrale Avec un(e) partenaire, vous voulez visiter ces endroits en Afrique centrale. Préparez un dialogue avec des verbes au présent du subjonctif et des comparatifs ou des superlatifs. Ensuite, alternez les rôles. Answers will vary.

MODÈLE

Élève 1: J'aimerais qu'on visite Kribi, au Cameroun. Il y a plus de plages.
Élève 2: Il vaut mieux que nous visitions le marché, au Gabon.

la forêt de Dzanga-Sangha (République centrafricaine)
le lac Kivu (Rwanda)
les marchés (Gabon)
le parc national de Lobéké (Cameroun)
le parc national de l'Ivindo (Congo)
les plages de Kribi (Cameroun)

5 Échange d'opinions Avec un(e) partenaire, imaginez une conversation entre un chasseur (hunter) et un défenseur de la nature. Préparez un dialogue où les deux se font des suggestions. Ensuite, jouez votre dialogue pour la classe. Answers will vary.

MODÈLE

Élève 1: Il est dommage que vous disiez que les chasseurs n'aiment pas la nature.
Élève 2: Je souhaite que vous respectiez plus les animaux.

6 La maman de Carine Votre professeur va vous donner, à vous et à votre partenaire, deux feuilles d'activités différentes sur Carine et sa mère. Attention! Ne regardez pas la feuille de votre partenaire. Answers will vary.

MODÈLE

Élève 1: Si Carine prend l'avion,…
Élève 2: …sa mère veut qu'elle l'appelle de l'aéroport.

EXPANSION

Vrai ou faux Ask small groups to write down three statements using comparative or superlative noun constructions. Two of the statements should be true; the third one should be false. Read the statements aloud. Groups identify the false statement in each set. The group with the most correct answers wins.

EXPANSION

Using Games Put slips of paper, each with the names of two celebrities on it, in a bin. Have students draw slips, and then ask a question using a comparative or superlative that prompts them to identify one of the celebrities. Example: (1. Beyoncé 2. Bill Gates) **C'est celui des deux qui a le plus d'argent.** (Bill Gates)

À l'écoute vhlcentral

STRATÉGIE

Listening for the gist/ Listening for cognates

Combining these two strategies is an easy way to get a good sense of what you hear. When you listen for the gist, you get the general idea of what you're hearing, which allows you to interpret cognates and other words in a meaningful context. Similarly, the cognates give you information about the details of the story that you might not have understood when listening for the gist.

  To practice these strategies, you will listen to a short paragraph. Write down the gist of what you hear and jot down a few cognates. What conclusions can you draw about what you heard?

Préparation

Regardez la photo. Que se passe-t-il à votre avis? Combien de personnes y a-t-il? Pour quelle cause ces personnes manifestent-elles (*demonstrate*)? De quoi vont-elles parler?

À vous d'écouter

Écoutez la personne qui a organisé la manifestation (*demonstration*) et indiquez les sujets mentionnés.

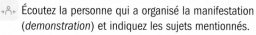

la chasse	les lois sur la protection de l'environnement
les déchets toxiques	
l'effet de serre	la pluie acide
l'énergie nucléaire	la pollution
l'extinction de certaines espèces	la pollution des rivières
le gaspillage	le ramassage des ordures
	la surpopulation

Compréhension

Complétez Choisissez la bonne réponse pour terminer chaque phrase, d'après ce que vous venez d'entendre.

1. Il faut trouver des solutions pour ___a___.
   a. moins polluer   b. sauver des espèces en danger
   c. prévenir des incendies

2. Il est essentiel de prendre l'habitude de/d' ___c___.
   a. ramasser les ordures
   b. utiliser moins d'eau   c. trier (*sort*) les déchets.

3. Il faut ___b___ le gaspillage.
   a. recycler   b. éviter   c. améliorer

4. Le gouvernement doit ___a___.
   a. passer des lois plus strictes
   b. éviter l'effet de serre   c. créer un ministère de l'environnement

5. Il faut prendre ___a___ au sérieux.
   a. la polution de l'eau   b. les ressources naturelles
   c. les déchets toxiques

6. Trop ___b___ sont en train de disparaître.
   a. de forêts   b. d'espèces   c. de ressources naturelles

Les lois Un(e) représentant(e) du Congrès vient visiter votre lycée pour discuter de l'environnement. Par petits groupes, choisissez un problème écologique qui est très important pour vous. Préparez des arguments à lui présenter. Vous voulez lui faire comprendre que le gouvernement doit faire plus dans le domaine que vous avez choisi. Soyez prêt(e)s à bien expliquer la situation actuelle (*current*) et les changements nécessaires pour l'améliorer. Pensez aussi à quelques nouvelles lois sur la protection de l'environnement que vous pourriez suggérer à votre représentant(e) du Congrès.

trois cent vingt-sept **327**

lois beaucoup plus strictes en ce qui concerne les déchets toxiques. Nous ne voulons plus de déchets toxiques dans nos rivières ni dans nos océans! La pollution de l'eau, comme celle du reste de la Terre, est un véritable danger qu'il faut prendre très au sérieux. Trop d'espèces aussi sont en train de disparaître et je souhaite

qu'aujourd'hui, nous promettions tous d'essayer de faire plus d'efforts pour favoriser l'écologie. Je propose en plus que nous écrivions tous au ministre de l'environnement pour demander des changements dès aujourd'hui!
Teacher Resources DVD

Panorama

vhlcentral

le Vieux Lille

Le Grand Est

La région en chiffres **GrandEst**
ALSACE CHAMPAGNE ARDENNE LORRAINE

▶ **Superficie:** *57.433 km²*

▶ **Population:** *5.554.645*

▶ **Industries principales:** *chimie-matériaux, bois-forêt, machines-équipements, métallurgie, technologies de santé, énergie, industrie agroalimentaire°, automobile*

▶ **Villes principales:** *Strasbourg, Reims, Metz, Nancy*

Personnes célèbres

▶ **Patricia Kaas,** *chanteuse (1966–)*

▶ **Albert Uderzo,** *dessinateur et scénariste de BD°, co-créateur de la série Astérix (1927–)*

▶ **Albert Schweitzer,** *médecin, prix Nobel de la paix en 1952 (1875–1965)*

Les Hauts-de-France

La région en chiffres
Région Hauts-de-France

▶ **Superficie:** *31.813 km²*

▶ **Population:** *6.006.156*

▶ **Industries principales:** *agroalimentaire, chimie, énergie, imprimerie°, mécanique, sidérurgie-métallurgie°, papier carton°*

▶ **Villes principales:** *Lille, Arras, Amiens*

Personnes célèbres

▶ **Jules Verne,** *écrivain (1828–1905)*

▶ **Camille Claudel,** *sculptrice (1864–1943)*

▶ **Dany Boon,** *acteur (1966–)*

agroalimentaire *food-processing* **dessinateur et scénariste de BD** *cartoonist* **imprimerie** *printing* **sidérurgie-métallurgie** *steel and metal industry* **papier carton** *cardboard* **paysage champenois** *Champagne landscape* **chef d'œuvre** *masterpiece* **rois** *kings* **sacrés** *crowned*

LES PAYS-BAS

L'ALLEMAGNE

LA BELGIQUE

LE LUXEMBOURG

Dunkerque
Calais
Boulogne-sur-Mer
Lille
Valenciennes
HAUTS-DE-FRANCE
Amiens
Saint-Quentin
Sedan
Compiègne
Beauvais
Soissons
Reims
Verdun
Metz
Châlons-en-Champagne
Bar-le-Duc
Nancy
Strasbourg
GRAND EST
LA FRANCE
Troyes
Épinal
Chaumont
Colmar
Langres
Mulhouse

la Meuse · *la Somme* · *l'Oise* · *la Seine* · *la Meuse* · *la Moselle* · *le Rhin* · *le Rhin*

LA MER DU NORD

0 ___ 80 miles
0 ___ 80 kilomètres

le paysage champenois° près de Reims

dans les Vosges

AP® Theme: Beauty and Aesthetics Context: Architecture

Incroyable mais vrai!

La région Hauts-de-France est la terre des cathédrales. La cathédrale d'Amiens, considérée un chef d'œuvre° du style gothique, est la plus vaste de France. Elle est assez grande pour contenir deux fois Notre Dame de Paris! Dans le Grand Est, la cathédrale la plus célèbre est celle de Reims, où 25 rois° de France ont été sacrés° entre 1223–1825.

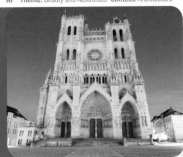

AP® Theme: Contemporary Life **Context:** Holidays and Celebrations

Les traditions

Les géants° du Nord

D'origine médiévale, les géants sont des mannequins° gigantesques portés° par une ou plusieurs personnes pendant les fêtes et les célébrations locales du Nord de la France. Fortement liés° à l'identité d'une ville, d'un quartier ou d'une association, ils représentent des héros historiques ou légendaires, des personnages locaux, des métiers ou des animaux. Chaque° géant a sa vie: il naît, il se marie, il a des enfants. Et cette vie de citoyen° modèle sert d'exemple à sa communauté.

AP® Theme: Global Challenges **Context:** Peace and War

L'histoire

Jeanne d'Arc

Jeanne d'Arc est née en 1412, en Lorraine dans le Grand Est, dans une famille de paysans°. En 1429, quand la France est en guerre contre l'Angleterre, Jeanne d'Arc décide de partir au combat pour libérer son pays. Elle prend la tête° d'une armée et libère la ville d'Orléans des Anglais. Cette victoire permet de sacrer° Charles VII roi de France. Plus tard, Jeanne d'Arc perd ses alliés° pour des raisons politiques. Vendue aux Anglais, elle est condamnée pour hérésie. Elle est exécutée à Rouen, en 1431. En 1920, l'Église catholique la canonise.

AP® Theme: Global Challenges **Context:** Human Rights
AP® Theme: Families and Communities **Context:** Citizenship

Les destinations

Strasbourg

Strasbourg, chef-lieu° du Grand Est, est le siège° du Conseil de l'Europe depuis 1949 et du Parlement européen depuis 1979. Le Conseil de l'Europe est responsable de la promotion des valeurs démocratiques et des droits de l'homme°, de l'identité culturelle européenne et de la recherche de solutions° aux problèmes de société. Les membres du Parlement sont élus° dans chaque pays de l'Union européenne. Le Parlement contribue à l'élaboration de la législation européenne et à la gestion de l'Europe.

AP® Theme: Personal and Public Identities **Context:** Multiculturalism

La société

Un mélange de cultures

L'Alsace dans Le Grand Est, a été enrichie° par de multiples courants° historiques et culturels grâce à sa position entre la France et l'Allemagne et le fait qu'elle a fait partie de chaque pays à différentes périodes de l'histoire. La langue alsacienne vient d'un dialecte germanique et l'allemand est maintenant enseigné dans les écoles primaires. Les Alsaciens bénéficient aussi des lois° sociales allemandes. Le mélange° des cultures est visible à Noël avec des traditions allemandes et françaises (le sapin de Noël, la Saint Nicolas, les marchés).

Qu'est-ce que vous avez appris? Répondez aux questions par des phrases complètes.

1. Quelle est la cathédrale la plus vaste de France?
   La cathédrale la plus vaste de France est celle d'Amiens.
2. Dans quelle cathédrale les rois de France ont-ils été sacrés?
   Ils ont été sacrés dans la cathédrale de Reims.
3. Qu'est-ce que les géants représentent? Ils représentent des héros
   historiques, légendaires, des personnages locaux, des métiers ou des animaux.
4. De quoi servent les géants dans la communauté?
   Ils servent de citoyens modèles.
5. Pourquoi Strasbourg est-elle importante?
   C'est le siège du Conseil de l'Europe et du Parlement européen.
6. Quel est un des rôles du Conseil de l'Europe? Answers will
   vary. Suggested answer: Il est responsable de la promotion des valeurs démocratiques.
7. Contre qui Jeanne d'Arc a-t-elle défendu la France?
   Elle a défendu la France contre les Anglais.
8. Comment est-elle morte?
   Elle a été exécutée.
9. Quelle langue étrangère enseigne-t-on aux petits Alsaciens?
   On leur enseigne l'allemand.
10. À quel moment de l'année le mélange des cultures est-il particulièrement visible en Alsace?
    Il est particulièrement visible à Noël.

Sur Internet

1. Quelle est la différence entre le Conseil européen et le Conseil de l'Europe?
2. Trouvez d'autres informations sur Jeanne d'Arc.
3. Quelles charactéristiques architecturales les cathédrales des Hauts-de-France ont-elles en commun?

géants *giants* **mannequins** *models* **portés** *carried*
liés *linked* **Chaque** *Each* **citoyen** *citizen* **paysans** *peasants*
prend la tête *takes the lead* **sacrer** *crown* **alliés** *allies*
chef-lieu *regional seat of government* **siège** *headquarters*
droits de l'homme *human rights* **recherche de solutions**
finding solutions **élus** *elected* **enrichie** *enriched*
courants *trends, movements* **lois** *laws* **mélange** *mix*

Les géants du Nord

- Belgium and Spain also have this tradition. Have students research the giants tradition in one of these places and compare it with that of the North of France.
- There are over 500 giants in the North of France. The number varies depending on how many "die" and are "born".

Jeanne d'Arc

- Joan of Arc was accused of witchcraft, wantonness in cutting her hair and wearing men's clothes, and blasphemous pride. She was burned at the stake at the age of 19. In 1456, she was officially declared innocent, and later canonized for her bravery and martyrdom. Her life has been the subject of many famous literary works.
- Ask students if they think it was common for a woman to lead an army into battle in the fifteenth century.

Strasbourg Le Conseil de l'Europe is Europe's oldest political organization. It has 47 member countries. Have students research the **Conseil de l'Europe** website to find out what countries were the original members and what countries are more recent members.

Un mélange de cultures The traditional costumes worn by the Protestant Alsatian women have either a red or black bonnet tied with a bow. The traditional costumes of the Catholic Alsatian women have a white bonnet made of tulle bordered with flowers.

21ˢᵗ Century Skills

Information and Media Literacy
Go to vhlcentral.com to complete the **Sur Internet** activity associated with **Panorama** for additional practice accessing and using culturally authentic sources.

EXPANSION

Cultural Activity Have students work in pairs. Tell them to make a list of examples of Germanic influences in these regions, including those shown in the photos and map. After completing their lists, ask various volunteers to give examples until all are mentioned. **Les Ch'tis** The words **Ch'ti** and **Ch'timi** refer to the people of **Les Hauts-de-France**. The term was coined during the First World War by French soldiers to refer to their comrades from **Nord-Pas-de-**

EXPANSION

Calais because of the way they talked. **Chti** means **ceux/celui** in Picard, their regional language, and **mi** means **moi**. The reference came to be somewhat pejorative, meaning someone who was very naive and overly nice. However, today the label is a source of pride, perhaps in part due to one of France's most popular movies of all time *Bienvenue chez les Ch'tis* (2008). The **Ch'tis** do, in fact, have a reputation for kindness and friendliness of which they are proud.

329

Section Goals

In this section, students will:
- learn to recognize chronological order
- read an excerpt from a French novel

Key Standards

1.3, 3.1, 5.1

 PRE-AP®

Interpretive Reading:
Stratégie Tell students that understanding the order of events allows a reader to follow what is happening in the narrative.

Successful Language Learning Tell students to look for connecting words and transitions, because they are helpful in following a chain of events.

Examinez le texte
- Point out that geographers study the Earth's surface, its features, the distribution of life on the planet's surface, and the effect of climate and geography on human activity.
- Have volunteers describe the characters in the illustrations.

À propos de l'auteur
- Point out that *Le Petit Prince* is considered to be Saint-Exupéry's masterpiece.
- The wreckage from Saint-Exupéry's downed airplane was found in the Mediterranean seabed between Marseille and Cassis in 2000, and was officially attributed as his in 2004.
- The international airport in Lyon (**Aéroport Lyon-Saint-Exupéry**) is named after the famous writer and pilot.
- Ask these comprehension questions. **1. Où est-ce qu'Antoine de Saint-Exupéry est né? (à Lyon) 2. Était-il seulement écrivain? (Non, il était aussi aviateur/pilote.) 3. Quel genre de littérature a-t-il écrit? (des romans) 4. Où est-ce que le Petit Prince a voyagé? (vers d'autres planètes)**

Savoir-faire

AP® Theme: Beauty and Aesthetics
Context: Literature

Lecture vhlcentral

Avant la lecture

STRATÉGIE

Recognizing chronological order

Recognizing the chronological order of events in a narrative is key to understanding the cause and effect relationship between them. When you are able to establish the chronological chain of events, you will easily be able to follow the plot. In order to be more aware of the order of events in a narrative, you may find it helpful to prepare a numbered list of the events as you read.

Examinez le texte

Dans l'extrait (*excerpt*) du *Petit Prince* que vous allez lire, le petit prince rencontre un géographe. Que fait un géographe? En quoi consiste son travail exactement? Est-ce un travail facile ou difficile, à votre avis? Regardez les illustrations et décrivez le géographe et le petit prince.

À propos de l'auteur
Antoine de Saint-Exupéry

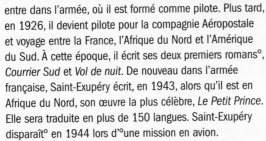

Antoine de Saint-Exupéry est né à Lyon, en France, en 1900. C'est un écrivain français très apprécié dans le monde entier qui a aussi eu une carrière d'aviateur. En 1921, il entre dans l'armée, où il est formé comme pilote. Plus tard, en 1926, il devient pilote pour la compagnie Aéropostale et voyage entre la France, l'Afrique du Nord et l'Amérique du Sud. À cette époque, il écrit ses deux premiers romans°, *Courrier Sud* et *Vol de nuit*. De nouveau dans l'armée française, Saint-Exupéry écrit, en 1943, alors qu'il est en Afrique du Nord, son œuvre la plus célèbre, *Le Petit Prince*. Elle sera traduite en plus de 150 langues. Saint-Exupéry disparaît° en 1944 lors d'°une mission en avion.

Le Petit Prince raconte l'histoire d'un jeune garçon qui a quitté sa planète pour visiter d'autres planètes. Pendant son voyage, il rencontre des personnages et des animaux différents. Dans cet extrait, le petit prince arrive sur la sixième planète, où habite un vieux monsieur qui est géographe.

romans *novels* **disparaît** *disappears* **lors d'** *during*

330 *trois cent trente*

Le Petit Prince

[...]

La sixième planète était une planète dix fois plus vaste. Elle était habitée par un vieux Monsieur qui écrivait d'énormes livres.

—Tiens! voilà un explorateur! s'écria-t-il°, quand il aperçut° le petit prince.

Le petit prince s'assit° sur la table et souffla° un peu. Il avait déjà tant° voyagé!

—D'où viens-tu? lui dit le vieux Monsieur.

—Quel est ce gros livre? dit le petit prince. Que faites-vous ici?

—Je suis géographe, dit le vieux Monsieur.

—Qu'est-ce qu'un géographe?

—C'est un savant° qui connaît où se trouvent les mers, les fleuves, les villes, les montagnes et les déserts.

—Ça, c'est intéressant, dit le petit prince. Ça, c'est enfin un véritable métier! Et il jeta un coup d'œil autour° de lui sur la planète du géographe. Il n'avait jamais vu encore une planète aussi majestueuse.

—Elle est bien belle, votre planète. Est-ce qu'il y a des océans?

—Je ne puis° pas le savoir, dit le géographe.

—Ah! (Le petit prince était déçu°.) Et des montagnes?

—Je ne puis pas le savoir, dit le géographe.

—Et des villes et des fleuves et des déserts?

—Je ne puis pas le savoir non plus, dit le géographe.

—Mais vous êtes géographe!

—C'est exact, dit le géographe, mais je ne suis pas explorateur. Je manque° absolument d'explorateurs. Ce n'est pas le géographe qui va faire le compte° des villes, des fleuves, des montagnes, des mers et des océans. Le géographe est trop important pour flâner°. Il ne quitte pas son bureau. Mais il reçoit les explorateurs. Il les interroge, et il prend note de leurs souvenirs°. Et si les souvenirs de l'un d'entre eux lui paraissent° intéressants, le géographe fait une enquête° sur la moralité de l'explorateur.

—Pourquoi ça?

—Parce qu'un explorateur qui mentirait° entraînerait° des catastrophes dans les livres de géographie. Et aussi un explorateur qui boirait° trop.

—Pourquoi ça? fit° le petit prince.

—Parce que les ivrognes° voient double. Alors le géographe noterait deux montagnes, là où il n'y en a qu'une seule.

—Je connais quelqu'un, dit le petit prince, qui serait mauvais explorateur.

EXPANSION

Research Have students research and write a summary about Saint-Exupéry's plane crash. They should find out what sort of a mission he was on, who found the plane's wreckage, and any other important or interesting details. Remind them to jot down notes of the events or details in chronological order.

EXPANSION

Language Note Tell students that some verbs in this text are in the **passé simple**, which is the literary way of expressing the past tense in French. Have students give the **passé composé** form that corresponds to the **passé simple** form. Examples: **il fit (il a fait), il dit (il a dit), il s'assit (il s'est assis),** and **il aperçut (il a aperçu).**

—C'est possible. Donc, quand la moralité de l'explorateur paraît° bonne, on fait une enquête sur sa découverte°.

—On va voir?

—Non. C'est trop compliqué. Mais on exige qu'il en rapporte° de grosses pierres.

Le géographe soudain s'émut°.

—Mais toi, tu viens de loin! Tu es explorateur! Tu vas me décrire ta planète!

Et le géographe, ayant ouvert son registre°, tailla° son crayon. On note d'abord au crayon les récits des explorateurs. On attend, pour noter à l'encre°, que l'explorateur ait fourni des preuves°.

—Alors? interrogea le géographe.

—Oh! chez moi, dit le petit prince, ce n'est pas très intéressant, c'est tout petit. J'ai trois volcans. Deux volcans en activité, et un volcan éteint. […]

s'écria-t-il *he exclaimed* **aperçut** *noticed* **s'assit** *sat down* **souffla** *breathed* **tant** *so much* **savant** *scholar* **jeta un coup d'œil autour** *glanced around* **puis** *can* **déçu** *disappointed* **manque** *lack* **faire le compte** *count* **flâner** *stroll* **souvenirs** *memories* **paraissent** *seem* **enquête** *investigation* **mentirait** *would lie* **entraînerait** *would cause* **boirait** *would drink* **fit** *said* **ivrognes** *drunks* **paraît** *seems* **découverte** *discovery* **rapporte** *brings back* **s'émut** *became emotional* **ayant ouvert son registre** *having opened his book* **tailla** *sharpened* **encre** *ink* **ait fourni des preuves** *has provided proof*

Après la lecture

Le travail d'un géographe Cherchez, dans le texte, les différentes étapes du travail du géographe et mettez-les dans l'ordre chronologique.

   _8_ 1. Le géographe écrit la version du récit des explorateurs à l'encre.

   _2_ 2. Le géographe demande aux explorateurs de raconter leurs récits.

   _3_ 3. Le géographe note les découvertes des explorateurs au crayon.

   _1_ 4. Le géographe reçoit des explorateurs.

   _7_ 5. Les explorateurs donnent des preuves au géographe.

   _5_ 6. Le géographe fait une enquête sur les découvertes des explorateurs.

   _4_ 7. Le géographe fait une enquête sur la moralité des explorateurs.

   _6_ 8. Le géographe demande aux explorateurs de lui rapporter (*bring back*) des pierres.

Répondez Répondez aux questions par des phrases complètes.

   1. Où habite le géographe? Il habite sur la sixième planète.

   2. Que faisait le géographe quand le petit prince est arrivé sur sa planète? Il écrivait d'énormes livres.

   3. Pourquoi est-ce que le petit prince est fatigué quand il arrive chez le géographe? Il est fatigué parce qu'il a beaucoup voyagé.

   4. D'après le géographe, quel est le métier du petit prince? Il pense que le petit prince est explorateur.

   5. Pourquoi est-ce qu'un géographe n'explore jamais les endroits qu'il veut connaître? Il est trop important pour flâner.

   6. Si un explorateur ment, quelles peuvent être les conséquences, d'après le géographe? Il peut y avoir des catastrophes dans les livres de géographie.

   7. Qu'est-ce que le géographe demande au petit prince à la fin de l'extrait? Il lui demande de lui parler de sa planète.

   8. Comment est la planète du petit prince? Elle est toute petite, avec deux volcans en activité et un volcan éteint.

Dans le futur Nous sommes en 2650 et on peut voyager dans l'espace. Avez-vous envie de visiter les autres planètes, comme le petit prince? Expliquez. Comment sont les autres planètes, à votre avis? Sont-elles comme la Terre ou pas?

Une lettre au géographe Vous êtes un(e) des explorateurs/exploratrices qui travaillent pour le géographe. Aidez-le à mieux connaître la Terre. Écrivez-lui une lettre dans laquelle vous lui expliquez comment est votre région, votre pays ou un autre endroit dans le monde, si vous préférez.

Le travail d'un géographe
If students have difficulty putting the events in order, have them refer to the text and mark the item number next to the corresponding line(s).

Répondez Go over the answers with the class.

Dans le futur This activity can be done in pairs or groups.

Une lettre au géographe
Have students exchange their letters for peer editing. Then tell them to ask questions about the letter's content as if they were **le géographe** in the story.

 21st Century Skills

Creativity and Innovation
Ask students to prepare a presentation on another author from the Francophone world, inspired by the information on these two pages.

EXPANSION

Discussion Have the class discuss these topics. **1. *Le Petit Prince* est-il écrit pour les adultes ou pour les enfants?** Students should justify their opinions with examples from the reading. **2. Comment caractériseriez-vous (*would you characterize*) le géographe et le petit prince?** **3. À votre avis, qu'est-ce que le géographe et le petit prince symbolisent (*symbolize*)?**

EXPANSION

Research Have students research and compile a list of titles of Saint-Exupéry's literary works. Tell them to read a brief description of each title, choose a book that they would like to read, and explain why.

331

Écriture

STRATÉGIE

Considering audience and purpose

Writing always has a purpose. During the planning stages, you must determine to whom you are addressing the piece, and what you want your reader to "take away." Once you have defined both your audience and your purpose, you will be able to decide which genre, vocabulary, and grammatical structures will best serve your composition.

Let's say you want to share your thoughts on local traffic problems. Your audience can be either the local government or the community. You could choose to write a newspaper article, a letter to the editor, or a letter to the city's governing board. You should first ask yourself these questions:

1. Are you going to comment on traffic problems in general, or are you going to point out several specific problems?

2. Are you intending to register a complaint?

3. Are you simply intending to inform others and increase public awareness of the problems?

4. Are you hoping to persuade others to adopt your point of view?

5. Are you hoping to inspire others to take concrete actions?

The answers to these questions will help you establish the purpose of your writing and determine your audience. Of course, your writing can have more than one purpose. For example, you may intend for your writing to both inform others of a problem and inspire them to take action.

Thème

Écrire une lettre ou un article
Avant l'écriture

1. Vous allez écrire au sujet d'un (*about a*) problème lié (*linked*) à l'environnement qui vous tient à cœur. Choisissez d'abord le problème dont vous voulez parler. Vous pouvez choisir un problème local ou bien un problème mondial. Voici quelques possibilités:

   - les catastrophes naturelles
   - le déboisement
   - les déchets ménagers, nucléaires ou toxiques
   - les espèces en danger
   - le gaspillage (de l'eau, de l'énergie, de la nourriture, du papier, des ressources naturelles, etc.)
   - la pollution
   - le réchauffement climatique
   - le ramassage des ordures

2. Répondez à ces questions pour déterminer le problème et ses solutions: Comment décririez-vous le problème? Quels en sont les causes? Quelles en sont les conséquences? Comment réagissent les gens et le gouvernement, face à ce problème? Quelles sont les solutions? Que faut-il faire?

3. Décidez qui sera votre public: Voulez-vous écrire une lettre à un membre du gouvernement, à une association d'élèves, etc.? Préférez-vous écrire un article pour un journal, un magazine? Complétez ce tableau (*chart*).

Audience: Cochez (Select) les options qui décrivent votre audience.

_____ *un(e) ami(e) (lequel/laquelle?)*

_____ *une association d'élèves (laquelle?)*

_____ *un membre du/d'un gouvernement (lequel?)*

_____ *les lecteurs (readers) d'un journal/magazine (lequel?)*

_____ *les lecteurs d'un magazine (lequel?)*

Décrivez votre audience ici.

Mots et expressions pour atteindre (reach) ces lecteurs:

4. Identifiez le but de votre lettre ou article: Voulez-vous simplement informer le public ou allez-vous aussi donner votre opinion personnelle? Complétez ce tableau.

But: Cochez toutes les options qui décrivent votre but.

_____ *informer les lecteurs* _____ *se plaindre (to complain)*

_____ *exprimer vos sentiments (feelings)* _____ *examiner différents problèmes et situations*

_____ *persuader les lecteurs* _____ *examiner un seul problème ou une seule situation*

_____ *inspirer les lecteurs*

Décrivez votre but ici.

Détails qui soutiennent (support) votre but:

5. Après avoir complété les deux tableaux, décidez quel type de rédaction vous allez écrire.

Écriture

1. Préparez une courte introduction, puis présentez le problème que vous avez choisi.

2. N'oubliez pas de répondre à toutes les questions posées pour définir le problème et ses solutions.

3. Utilisez le subjonctif pour exprimer la volonté et l'émotion, des comparatifs et des superlatifs, et des pronoms démonstratifs dans votre rédaction.

4. Si vous avez choisi d'exprimer votre opinion personnelle, justifiez-la pour essayer de persuader votre/vos lecteur(s).

5. Préparez la conclusion de votre lettre ou article.

Après l'écriture

1. Échangez votre lettre/article avec celle/celui d'un(e) partenaire. Répondez à ces questions pour commenter son travail.

- Votre partenaire a-t-il/elle identifié un but et une audience spécifiques?

- Sa lettre/Son article montre-t-elle/il clairement le but?

- Sa lettre/Son article est-elle/il réellement destiné(e) (*aimed*) à un type de lecteur spécifique?

- Votre partenaire a-t-il/elle répondu à toutes les questions posées pour définir le problème et ses solutions?

- A-t-il/elle utilisé les points de grammaire de l'unité?

- Quel(s) détail(s) ajouteriez-vous? Quel(s) détail(s) enlèveriez-vous (*would you delete*)? Quel(s) autre(s) commentaire(s) avez-vous pour votre partenaire?

2. Corrigez votre lettre/article d'après (*according to*) les commentaires de votre partenaire. Relisez votre travail pour éliminer ces problèmes:

- des fautes (*errors*) d'orthographe, de ponctuation et de conjugaison

- un mauvais emploi des temps et de la grammaire de l'unité

- des fautes d'accord (*agreement*) des adjectifs

EVALUATION

Criteria

Content Includes evidence of and information related to each of the numbered items in the writing task.
Scale: 1 2 3 4 5

Organization Organized into a letter or an article that contains logical paragraphs that begin with a topic sentence and contain appropriate supporting detail.
Scale: 1 2 3 4 5

Accuracy Uses the subjunctive verb forms correctly. Spells words, conjugates verbs, and modifies adjectives correctly throughout.
Scale: 1 2 3 4 5

Creativity Includes additional information that is not requested in the task and/or uses adjectives, descriptive verbs, and additional details to make the composition more interesting.
Scale: 1 2 3 4 5

Scoring

Excellent	18–20 points
Good	14–17 points
Satisfactory	10–13 points
Unsatisfactory	< 10 points

21st Century Skills

Productivity and Accountability
Provide the rubric to students before they hand their work in for grading. Ask students to make sure they have met the highest standard possible on the rubric before submitting their work.

TELL Connection

Learning Tools 4 *Why:* Using tools and rubrics will refine performance throughout the learning process. *What:* Use student writing from Activity 6, p. 294, and the rubric in this section to guide student reflection on their performance strengths and needs as they prepare for this longer writing assignment.

EXPANSION

Avant l'écriture Talk about persuasive language and the kinds of words that inspire people to take action. As a class, brainstorm a list of words and expressions that could be used in a typical letter to the editor. Possible items for inclusion: **À mon avis, Je pense que/Je crois que…, Il est urgent/nécessaire/important que…, Nous ne pouvons pas/Nous ne devrions pas…, Je vous exhorte de (*urge*)/Je vous demande de/Je vous prie de (*beg*)…**

Tell students that many of these persuasive expressions and verbs will trigger the use of the subjunctive, such as impersonal expressions with **être** (**Il est bon que…**, etc.), verbs and expressions of will (**Je demande que…**, etc.), and verbs and expressions of emotion (**J'aimerais que…**, etc.). These can be found on pages 305, 318, and 319 of this unit.

333

Leçon 6A

La nature

un espace	space, area
en plein air	outdoor, open-air
pur(e)	pure

L'écologie

améliorer	to improve
développer	to develop
gaspiller	to waste
polluer	to pollute
préserver	to preserve
prévenir l'incendie	to prevent fires
proposer une solution	to propose a solution
recycler	to recycle
sauver la planète	to save the planet
une catastrophe	catastrophe
une centrale nucléaire	nuclear power plant
le covoiturage	carpooling
un danger	danger, threat
des déchets toxiques (m.)	toxic waste
l'écologie (f.)	ecology
l'effet de serre (m.)	greenhouse effect
un emballage en plastique	plastic wrapping/ packaging
l'énergie nucléaire (f.)	nuclear energy
l'énergie solaire (f.)	solar energy
l'environnement (m.)	environment
le gaspillage	waste
un glissement de terrain	landslide
un nuage de pollution	pollution cloud
la pluie acide	acid rain
la pollution	pollution
une population croissante	growing population
un produit	product
la protection	protection
le ramassage des ordures	garbage collection
le réchauffement de la Terre	global warming
le recyclage	recycling
la surpopulation	overpopulation
le trou dans la couche d'ozone	hole in the ozone layer
une usine	factory
écologique	ecological

Les lois et les règlements

abolir	to abolish
interdire	to forbid, to prohibit
un gouvernement	government
une loi	law

Expressions utiles

See p. 297.

Pronoms démonstratifs

celui	this one; that one; the one (m. sing.)
ceux	these; those; the ones (m. pl.)
celle	this one; that one; the one (f. sing.)
celles	these; those; the ones (f. pl.)

Expressions impersonnelles

Il est bon que...	It is good that...
Il est dommage que...	It is a shame that...
Il est essentiel que...	It is essential that...
Il est important que...	It is important that...
Il est indispensable que...	It is essential that...
Il est nécessaire que...	It is necessary that...
Il est possible que...	It is possible that...
Il faut que...	One must... / It is necessary that...
Il vaut mieux que...	It is better that...

Leçon 6B

La nature

une espèce (menacée)	(endangered) species
la nature	nature
un pique-nique	picnic
une région	region
une ressource naturelle	natural resource
un arbre	tree
un bois	woods
un champ	field
le ciel	sky
une côte	coast
une étoile	star
une falaise	cliff
un fleuve	river
une forêt (tropicale)	(tropical) forest
l'herbe (f.)	grass
une île	island
la jungle	jungle
un lac	lake
la Lune	moon
une pierre	stone
une plante	plant
une rivière	river
un sentier	path
une vallée	valley
un volcan	volcano

L'écologie

chasser	to hunt
jeter	to throw away
la chasse	hunt
le déboisement	deforestation
l'écotourisme (m.)	ecotourism
l'extinction (f.)	extinction
la préservation	protection
le sauvetage des habitats	habitat preservation

Les animaux

un animal	animal
un écureuil	squirrel
un lapin	rabbit
un serpent	snake
une vache	cow

Expressions utiles

See p. 315.

Verbes de volonté

demander que...	to ask that...
désirer que...	to want/desire that...
exiger que...	to demand that...
préférer que...	to prefer that...
proposer que...	to propose that...
recommander que...	to recommend that...
souhaiter que...	to wish that...
suggérer que...	to suggest that...
vouloir que...	to want that...

Verbes et expressions d'émotion

aimer que...	to like that...
avoir peur que...	to be afraid that...
être content(e) que...	to be glad that...
être désolé(e) que...	to be sorry that...
être furieux / furieuse que...	to be furious that...
être heureux / heureuse que...	to be happy that...
être surpris(e) que...	to be surprised that...
être triste que...	to be sad that...
regretter que...	to regret that...

Les arts

Pour commencer
- Où est cet homme? Sur une falaise? Dans un cours d'art? Dans un champ?
- Que fait-il?
- Quelles couleurs utilise-t-il?
- Est-il nécessaire qu'il ait un modèle pour dessiner?

Unit Goals
Leçon 7A

In this lesson, students will learn:
- terms related to the theater and performance arts
- rules for making liaisons and some exceptions
- about the theater in France and Molière
- more about movie theaters and kiosks through specially shot video footage
- about the subjunctive with expressions of doubt, disbelief, and uncertainty
- some irregular forms of the subjunctive
- the possessive pronouns
- about the short film *La Tartine*

Leçon 7B

In this lesson, students will learn:
- terms for television and film
- terms for literature and fine arts
- about abbreviations and acronyms
- about Haitian painting and **le Cirque du Soleil**
- the subjunctive with conjunctions
- to listen for key words and use context

Savoir-faire

In this section, students will learn:
- cultural, economic, and historical information about France's overseas departments
- to recognize point of view and its impact on a text
- to write strong introductions and conclusions

 **21ˢᵗ Century Skills**

Initiative and Self-Direction
Students can monitor their progress online using the activities and assessments on vhlcentral.com.

Pour commencer
- **Il est dans un cours d'art.**
- **Il fait de la peinture. / Il dessine.**
- **Il utilise du jaune, du bleu, du rouge et du vert.**
- Answers will vary.

SUPPORT FOR BACKWARD DESIGN

Unité 7 **Essential Questions**
1. How do people talk about theater and the performing arts?
2. How do people talk about television, cinema, and literature?
3. What are some important accomplishments in the arts in the French-speaking world?

Unité 7 **Integrated Performance Assessment**
Before teaching the chapter, review the Integrated Performance Assessment (IPA) and its accompanying scoring rubric provided in the Testing Program. Use the IPA to assess students' progress toward proficiency targets at the end of the chapter.
IPA Context: You are hosting a student from Quebec who is interested in theater. When you hear about a French-language production of a Molière play, you decide to find out more about it. You discuss it with your friend, then you tell your French teacher about your plans.

FORUMS

Forums on vhlcentral.com allow you and your students to record and share audio messages. Use Forums for presentations, oral assessments, discussions, directions, etc.

Section Goals

In this section, students will learn and practice vocabulary related to:
• theater
• performance arts

Key Standards
1.1, 1.2, 4.1

Suggestions
• Tell students to look over the new vocabulary and identify the cognates.
• Use the digital image for this page. Point out people and things as you describe the illustration. Examples: **Il joue du piano. C'est un opéra. La spectatrice applaudit.**
• Point out the differences in spelling between the French words **danse** and **membre** and the English words *dance* and *member*.
• Model the pronunciation of the word **début**, contrasting it with its English pronunciation.
• Point out the difference between **un personnage** and **une personne**.
• Tell students that **profiter de** does not necessarily have the negative connotation that *to take advantage of* does in English.
• Remind students to use **jouer à** with sports, but **jouer de** with musical instruments. Examples: **Il joue *au* tennis. Il joue *de* la guitare.**
• Ask students questions using the new vocabulary. Examples: **Quels réalisateurs célèbres connaissez-vous? Quelle est votre chanson préférée? Jouez-vous d'un instrument de musique? Si oui, duquel? Aimez-vous aller au théâtre? À l'opéra?**

You will learn how to...
▪ talk about performance arts
▪ express your feelings and opinions

AP® Theme: Beauty and Aesthetics
Context: Performing Arts

◁)) **vhl**central

Que le spectacle commence!

une danseuse

une spectatrice

un danseur

Elle applaudit. (applaudir)

un piano

La danse

une guitare

un orchestre

la batterie

Ils font de la musique.

YVETTE LEBLANC & CO.

Vocabulaire

jouer un rôle	to play a role
présenter	to present
profiter de quelque chose	to take advantage of/ to enjoy something
un applaudissement	applause
une chanson	song
un chœur	choir, chorus
une comédie (musicale)	comedy (musical)
un compositeur	composer
un concert	concert
une danse	dance
un dramaturge	playwright
un entracte	intermission
un membre	member
un metteur en scène	director (of a play, a show)
un personnage (principal)	(main) character
une pièce de théâtre	play
un réalisateur/ une réalisatrice	director (of a movie)
une séance	show; screening
une troupe	company, troop
le début	beginning; debut
la fin	end
un genre	genre
une sorte	sort, kind
célèbre	famous

EXPANSION

Sentence Completion Have students identify familiar artists, songs, films, plays, etc., by completing your statements with vocabulary from **Contextes**. Examples: **1. *Carmen* est ____ de Bizet. (un opéra) 2. *La Vie en rose* est ____. (une chanson/un film) 3. *Giselle* est ____. (un ballet) 4. Steven Spielberg est ____. (un réalisateur)**

TEACHING OPTIONS

Guessing Game Write or have students write the names of well-known artists on sticky notes and put them on the backs of other students. Then tell them to walk around the room asking their classmates yes/no questions to determine their identity. Examples: **Est-ce que je suis dramaturge? Est-ce que j'écris des tragédies? Est-ce que je suis William Shakespeare?**

Mise en pratique

1 **Choisissez** Choisissez la réponse qui complète le mieux chaque (*each*) phrase. Notez que toutes les réponses ne sont pas utilisées.

___a___ 1. Pour entrer dans une salle de spectacle,...
___g___ 2. Georges Bizet a écrit *Carmen* en 1875;...
___e___ 3. Au milieu d'une pièce de théâtre...
___d___ 4. Un metteur en scène est chargé de...
___h___ 5. La tragédie *Hamlet* est une...
___b___ 6. Une comédie musicale est...

a. il faut un billet.
b. un spectacle de musique et de danse.
c. un membre de la troupe.
d. guider les comédiens dans leur travail.

e. il y a souvent un entracte.
f. il faut danser à l'entracte.
g. c'est un des opéras français les plus célèbres.
h. des pièces de théâtre les plus connues de Shakespeare.

2 **Associez** Complétez les analogies suivantes par le mot ou l'expression de **CONTEXTES** qui convient le mieux.

1. chanter ⟷ chanson / applaudir ⟷ _____applaudissement_____
2. heureux ⟷ comédie / triste ⟷ _____tragédie_____
3. théâtre ⟷ pièce / cinéma ⟷ _____séance_____
4. concert ⟷ orchestre / chanson ⟷ _____chœur_____
5. film ⟷ acteur / ballet ⟷ _____danseur_____
6. opéra ⟷ chanter / concert ⟷ _____faire de la musique_____
7. livre ⟷ écrivain / musique ⟷ _____compositeur_____
8. classe ⟷ élève / troupe ⟷ _____membre_____
9. film ⟷ réalisateur / pièce de théâtre ⟷ _____metteur en scène_____
10. danse ⟷ danseur / chanson ⟷ _____chanteur_____

3 **Écoutez** Écoutez la conversation entre Hakim et Nadja pendant le spectacle de *Notre-Dame de Paris*, ensuite indiquez la bonne réponse.

1. Hakim et Nadja donnent leurs...
   a. places.
   b. billets.
   c. détails.

2. Leurs places sont situées...
   a. très loin de l'orchestre.
   b. au balcon.
   c. près de l'orchestre.

3. Le spectacle est...
   a. une comédie musicale.
   b. un concert.
   c. une tragédie.

4. Gilles Maheu est...
   a. un dramaturge.
   b. un metteur en scène.
   c. un personnage.

5. Hakim...
   a. n'a pas applaudi.
   b. a très peu applaudi.
   c. a beaucoup applaudi.

6. Nadja pense qu'Hakim...
   a. va devenir célèbre.
   b. n'est pas un bon danseur.
   c. est un bon compositeur.

337

4 Expansion Have pairs create two more illustrated sentences using the words from **Contextes**. Then tell them to exchange papers with another pair and complete the sentences.

5 Suggestions
• Tell students to jot down notes during their interviews.
• Have students add two of their own questions to the interview.

5 Virtual Chat You can also assign Activity 5 on vhlcentral.com. Students record individual responses that appear in your gradebook.

6 Suggestion Divide the class into pairs and distribute the Info Gap Handouts from the Activity Pack. Give students ten minutes to complete the activity.

7 Suggestions
• If time is limited, have students write their critiques as homework.
• Give students a set amount of time to write their comments before passing the papers on to the next student.

 **TELL Connection**

Learning Experience 5 *Why:* Effective learning experiences occur when students actively participate in class throughout a lesson and unit. *What:* Invite students to share their artistic talents, using the vocabulary and structures they have learned, to complement their presentations and activities throughout the unit.

Activity Pack For additional activities, go to the **Activity Pack** in the **Resources** section of vhlcentral.com.

Communication

4 Le mot juste Avec un(e) partenaire, remplissez les espaces par le mot qui est illustré. Faites les accords nécessaires.

1. Ma petite sœur apprend à ___jouer de la batterie___ . Ça fait beaucoup de bruit (*noise*) dans la maison. Elle prépare son premier ___concert___ qui sera en décembre.

2. Je dois me dépêcher de trouver une ___place___   parce que la ___séance___ va bientôt commencer.

3. Marie-Claude Pietragalla a été ___danseuse___  étoile de l'Opéra de Paris. Je l'ai beaucoup aimée dans le ___rôle___ de Giselle.

4. Je sais ___jouer du piano___ et je voudrais apprendre à ___jouer du violon___ , mais je n'ai pas beaucoup de temps.

5 Répondez Avec un(e) partenaire, posez-vous les questions suivantes et répondez-y à tour de rôle. Answers will vary.

1. Quelle sorte de chanson préfères-tu? Pour quelle(s) raison(s)?
2. Quel est le dernier concert auquel tu as assisté? Comment était-ce?
3. Quel est ton genre de spectacle favori? Pourquoi?
4. Quel réalisateur admires-tu le plus? Décris un de ses films.
5. Est-ce que tu fais de la musique? De quel genre?
6. Es-tu un(e) bon(ne) danseur/danseuse? Pour quelle(s) raison(s)?
7. Si tu pouvais jouer un rôle, lequel choisirais-tu? Pourquoi?
8. Est-ce que les arts sont importants pour toi? Lesquels? Pourquoi?

6 Les sorties Votre professeur va vous donner, à vous et à votre partenaire, une feuille d'activités. Suivez les indications. Attention! Ne regardez pas la feuille de votre partenaire. Answers will vary.

MODÈLE

Élève 1: *Bonjour.*
Élève 2: *Bonjour. J'aimerais voir quelques spectacles ce week-end. Pourriez-vous me dire quels sont les spectacles proposés?*
Élève 1: *Bien sûr! Eh bien, vendredi soir…*

7 Le blog virtuel Formez un petit groupe. Chaque membre du groupe choisit un film ou un spectacle différent. Answers will vary.

• Écrivez une critique de ce film/spectacle.
• Passez-la à votre partenaire de gauche.
• Il/Elle écrit ensuite ses réactions.
• Continuez le processus pour faire un tour complet.
• Ensuite, discutez de tous vos commentaires.

EXPANSION

Using Games Have students stand. Toss a beanbag to a student at random and say the name of a famous artist or work. The player has four seconds to classify the work or artist. He or she then tosses the beanbag to another student and says a person or work. Example: *Macbeth* (**C'est une tragédie.**) Students who cannot classify the item in time or repeat one that has already been named are eliminated. The last person standing wins.

EXPANSION

Poster Have pairs of students create posters advertising performances or other types of artistic events on campus or in the community. To ensure variety, you might want to assign specific events. Tell students to use at least six vocabulary words in their posters. Then have students present them to the rest of the class.

Les sons et les lettres 🔊 vhlcentral

Les liaisons obligatoires et les liaisons interdites

Rules for making liaisons are complex and have many exceptions. Generally, a liaison is made between pronouns, and between a pronoun and a verb that begins with a vowel or vowel sound.

vous en avez   **nous habitons**   **ils aiment**   **elles arrivent**

Make liaisons between articles, numbers, or the verb **est** and a noun or adjective that begins with a vowel or a vowel sound.

un éléphant   **les amis**   **dix^z hommes**   **Roger est enchanté.**

There is a liaison after many single-syllable adverbs, conjunctions, and prepositions.

très intéressant   **chez eux**   **quand^t elle**   **quand^t on décidera**

Many expressions have obligatory liaisons that may or may not follow these rules.

C'est-à-dire...   **Comment allez-vous?**   **plus ou moins**   **avant-hier**

Never make a liaison before or after the conjunction **et** or between a noun and a verb that follows it. Likewise, do not make a liaison between a singular noun and an adjective that follows it.

un garçon et une fille   **Gilbert adore le football.**   **un cours intéressant**

There is no liaison before **h aspiré** or before the word **oui** and before numbers.

un hamburger   **les héros**   **un oui et un non**   **mes onze animaux**

Prononcez Répétez les mots suivants à voix haute.

1. les héros   2. mon petit ami   3. un pays africain   4. les onze étages

Articulez Répétez les phrases suivantes à voix haute.

1. Ils en veulent onze.
2. Vous vous êtes bien amusés hier soir?
3. Christelle et Albert habitent en Angleterre.
4. Quand est-ce que Charles a acheté ces objets?

Dictons Répétez les dictons à voix haute.

Les murs ont des oreilles.[2]

Deux avis valent mieux qu'un.[1]

[1] Two heads are better than one. (lit. *Two opinions are better than one.*)
[2] The walls have ears.

Section Goals

In this section, students will learn about:
• obligatory liaisons
• exceptions to liaison rules

Key Standards

4.1

Suggestions
• Model the pronunciation of the example phrases and have students repeat them after you.
• Tell students to avoid making liaisons with proper names.
• Point out that liaisons are optional in certain circumstances, such as after plural nouns or within compound verb phrases. Examples: **des enfants espagnols, tu es allé**.
• Ask students to provide additional examples of each type of liaison.
• Write the phrases in the **Prononcez** activity on the board or a transparency. Have students listen to the recording and tell you where they hear liaisons. Alternately, have students rewrite the phrases on their own paper and draw lines linking letters that form liaisons and crossing out silent final consonants.

EXPANSION

Mini-dictée Write the following sentences on the board and have students copy them. Then read the sentences aloud. Tell students to mark the liaisons they hear and cross out silent letters. **1. Nous en prenons une. 2. Ils aiment bien aller aux concerts. 3. Magali et Simon ont un animal de compagnie. 4. Elles iront chercher six oranges et un gâteau pour ce soir.**

EXPANSION

Tongue Twister Teach students this French tongue-twister that contains liaisons. **Un ange qui songeait à changer de visage se trouva soudain si changé que jamais plus ange ne songea à se changer.**

Section Goals

In this section, students will learn functional phrases for talking about a performance and for expressing certainty, doubt, necessities and desires.

Key Standards

1.2, 2.1, 2.2, 4.1, 4.2

Video Recap: Leçon 6B
Before doing this **Roman-photo**, review the previous one with this activity.

1. Le groupe a fait un pique-nique à ____.
(la montagne Sainte-Victoire)
2. D'abord, ils ont visité ____.
(la Maison Sainte-Victoire)
3. Sandrine voulait que David fasse ____, mais il préférait dessiner ____. (un portrait d'elle/la montagne)
4. Stéphane a essayé de prendre une photo de ____. (Rachid et Amina)

Video Synopsis

Rachid, Amina, and David discuss the musical comedy they just saw and Sandrine's performance in it. At **Le P'tit Bistrot**, Valérie wants to know about the show and Sandrine's performance. David says she's not a bad actress, but she can't sing very well. Sandrine overhears his comments and confronts him. They argue and Sandrine breaks up with him.

Suggestions

- Tell students to scan the captions for vocabulary related to shows and performances.
- After reading the **Roman-photo**, have students summarize the episode.

Après le concert   vhlcentral

PERSONNAGES

Amina

David

Rachid

Sandrine

Valérie

Après le concert...
RACHID Bon... que pensez-vous du spectacle?
AMINA Euh... c'est ma comédie musicale préférée... Les danseurs étaient excellents.
DAVID Oui, et l'orchestre aussi!

RACHID Et les costumes, comment tu les as trouvés, Amina?
AMINA Très beaux!
RACHID Moi, je trouve que la robe que tu as faite pour Sandrine était le plus beau des costumes.
AMINA Vraiment?
DAVID Eh, voilà Sandrine.

SANDRINE Vous avez entendu ces applaudissements? Je n'arrive pas à croire que c'était pour moi... et toute la troupe, bien sûr!
DAVID Oui c'est vraiment incroyable!
SANDRINE Alors, vous avez aimé notre spectacle?
RACHID Oui! Amina vient de nous dire que c'était sa comédie musicale préférée.

VALÉRIE Et Sandrine?
DAVID Euh, comme ci, comme ça... À vrai dire, ce n'était pas terrible... C'est le moins que l'on puisse dire.
VALÉRIE Ah bon?
DAVID Comme actrice elle n'est pas mal. Elle a bien joué son rôle, mais il est évident qu'elle ne sait pas chanter.
VALÉRIE Tu ne lui as pas dit ça, j'espère!

DAVID Ben, non, mais... Je doute qu'elle devienne une chanteuse célèbre! C'est ça, son rêve. Croyez-vous que ce soit mieux qu'elle le sache?
SANDRINE Tu en as suffisamment dit...
DAVID Sandrine! Je ne savais pas que tu étais là.
SANDRINE De toute évidence! Il vaut mieux que je m'en aille.

À la terrasse...
DAVID Sandrine! Attends!
SANDRINE Pour quoi faire?
DAVID Je voudrais m'expliquer... Il est clair que...
SANDRINE Écoute, ce qui est clair, c'est que tu n'y connais rien en musique et que tu ne sais rien de moi!

A C T I V I T É S

1   Vrai ou faux? Indiquez si ces affirmations sont **vraies** ou **fausses**. Corrigez les phrases fausses. Answers may vary.

1. Le spectacle est la comédie musicale préférée de Rachid.
   Faux. Le spectacle est la comédie musicale préférée d'Amina.
2. Amina a beaucoup aimé les costumes. Vrai.
3. David a apporté des fleurs à Sandrine. Vrai.
4. David n'aime pas vraiment la robe de Sandrine.
   Faux. David aime bien la robe de Sandrine.
5. Les danseurs et l'orchestre n'étaient pas terribles.
   Faux. Les danseurs et l'orchestre étaient formidables.

6. Valérie est surprise d'apprendre que Sandrine n'est pas une très bonne chanteuse. Vrai.
7. Sandrine est furieuse quand elle découvre la véritable opinion de David. Vrai.
8. David voulait être méchant avec Sandrine.
   Faux. Il ne voulait pas être méchant avec elle.
9. Sandrine rompt (*breaks up*) avec David. Vrai.
10. David veut rompre avec Sandrine.
    Faux. Sandrine veut rompre avec David.

TEACHING OPTIONS

Après le concert Before viewing the video, have students work in pairs and brainstorm a list of things people might say after a concert or musical. What aspects of the show might they mention? What expressions might they use to praise or criticize a performance?

TEACHING OPTIONS

Regarder la vidéo Photocopy the videoscript from the Teacher's Resources. Then white out words related to performance arts and other important vocabulary in order to create a master for a cloze activity. Distribute photocopies and tell students to fill in the missing information as they watch the video episode.

Les amis échangent leurs opinions.

SANDRINE C'est vrai? C'est la mienne aussi. (*Elle chante.*) J'adore cette chanson!
DAVID Euh... Sandrine, que tu es ravissante dans cette robe!
SANDRINE Merci, David. Elle me va super bien, non? Et toi, Amina, merci mille fois!

Au P'tit Bistrot...
VALÉRIE Alors c'était comment, la pièce de théâtre?
DAVID C'était une comédie musicale.
VALÉRIE Oh! Alors, c'était comment?
DAVID Pas mal. Les danseurs et l'orchestre étaient formidables.
VALÉRIE Et les chanteurs?
DAVID Mmmm... pas mal.

DAVID Sandrine, je suis désolé de t'avoir blessée, mais il faut bien que quelqu'un soit honnête avec toi.
SANDRINE À quel sujet?
DAVID Eh bien..., la chanson... je doute que ce soit ta vocation.
SANDRINE Tu doutes? Eh bien, moi, je suis certaine... certaine de ne plus jamais vouloir te revoir. C'est fini, David.

DAVID Mais, Sandrine, écoute-moi! C'est pour ton bien que je dis...
SANDRINE Oh ça suffit. Toi, tu m'écoutes... Je suis vraiment heureuse que tu repartes bientôt aux États-Unis. Dommage que ce ne soit pas demain!

Expressions utiles

Talking about a performance

- Je n'arrive pas à croire que ces applaudissements étaient pour moi!
  I can't believe all that applause was for me!
- À vrai dire, ce n'était pas terrible... C'est le moins que l'on puisse dire.
  To tell the truth, it wasn't great... That's the least that you can say.

Expressing doubts

- Je doute qu'elle devienne une chanteuse célèbre!
  I doubt that she will become a famous singer!
- Croyez-vous que ce soit mieux qu'elle le sache?
  Do you think it would be better if she knew it?
- Je doute que ce soit ta vocation.
  I doubt that it's your vocation/ professional calling.

Expressing certainties

- Il est évident qu'elle ne sait pas chanter.
  It's obvious that she does not know how to sing.
- Ce qui est clair, c'est que tu n'y connais rien en musique.
  What's clear is that you don't know anything about music.
- Il est clair que tu ne sais rien de moi.
  It's clear that you know nothing about me.
- Je suis certaine de ne plus jamais vouloir te revoir.
  I'm certain that I never want to see you again.

Talking about necessities and desires

- Il vaut mieux que je m'en aille.
  It's better that I go.
- Il faut bien que quelqu'un soit honnête avec toi.
  It's really necessary that someone be honest with you.

---

2 **À vous!** David rentre chez lui et explique à Rachid qu'il s'est disputé avec Sandrine. Avec un(e) camarade de classe, préparez une conversation dans laquelle David dit ce qu'il a fait et explique la réaction de Sandrine. Rachid doit lui donner des conseils.

3 **Écrivez** Pauvre Sandrine! C'est vrai qu'elle ne chante pas bien, mais que son petit ami le dise, c'est blessant (*hurtful*). À votre avis, David a-t-il bien fait d'en parler? Pourquoi? Pour Sandrine, est-ce mieux de savoir ce que pense réellement David? Composez un paragraphe dans lequel vous expliquez votre point de vue.

A C T I V I T É S

Expressions utiles
- Model the pronunciation of the **Expressions utiles** and have students repeat them after you.
- As you work through the list, point out the use of the subjunctive with verbs of doubt, irregular forms of the subjunctive, and forms of **croire** and **revoir**. Tell students that these grammar points will be formally presented in the **Structures** section.
- Respond briefly to questions about the subjunctive, **croire**, and **revoir**. Reinforce correct forms, but do not expect students to produce them consistently at this time.
- Remind students that **terrible** often means *great* or *terrific*, not *terrible*. The phrase **pas terrible** (*not so great*) is an example of French understatement (**la litote**).
- Explain that «**Il vaut mieux que je m'en aille**» is a subjunctive version of «**Je m'en vais.**»

1 **Suggestion** Have students create additional true/false statements.

1 **Expansion** For additional practice, give students these items. **11. David pense que Sandrine est une bonne actrice. (Vrai) 12. Amina n'aime pas les comédies musicales. (Faux) 13. Selon Rachid, la robe de Sandrine est le plus beau des costumes. (Vrai) 14. David repart aux États-Unis demain. (Faux)**

2 **Suggestion** Remind students to use discourse connectors, such as **d'abord, puis**, and **après** in their conversations. Rachid should use a variety of structures when giving advice. Examples: **Dis-lui que...** and **À ta place je** [+ *conditional*]...

3 **Expansion** Have the class divide into two groups and debate whether or not David did the right thing by telling Sandrine what he thought of her singing.

EXPANSION

Predictions Have students work in pairs. Tell them to write predictions about what will happen in the final episode of the **Roman-photo**. Then have volunteers read their predictions aloud and ask the class if they agree or disagree.

EXPANSION

Writing Practice Write a few expressions of doubt, certainty, and necessity from the **Roman-photo** on the board. Examples: **Je doute que..., Il est évident que...**, and **Il faut bien que...** Then have students create statements about the characters or their actions using these expressions. You might ask other students to react to their statements.

341

AP® Theme: Beauty and Aesthetics
Context: Performing Arts

vhlcentral | *Flash culture*

CULTURE À LA LOUPE

Le théâtre, un art vivant et populaire

Les Français sont très nombreux à fréquenter les théâtres: un Français sur trois voit° au moins une pièce par an. Ce public fréquente les théâtres privés, les théâtres municipaux et les cinq théâtres nationaux, dont le plus ancien est la Comédie-Française. Les spectacles d'amateurs sont aussi très appréciés. Les comédiens° de théâtre ont beaucoup de prestige et reçoivent des récompenses° professionnelles spéciales, les Molière. Le théâtre joue aussi un rôle social important, en particulier pour les jeunes.

Le théâtre français est né au XVIIᵉ siècle. Le roi Louis XIV était un grand amateur° de spectacles et la cour° de Versailles offrait les divertissements° les plus extravagants°. Les œuvres° d'auteurs célèbres, comme Molière ou les tragédiens Pierre Corneille et Jean Racine, datent de cette époque. En 1680, Louis XIV crée l'institution théâtrale la plus prestigieuse de France, la Comédie-Française.

Aujourd'hui, elle s'appelle aussi «Maison de Molière» ou «Théâtre-Français» et elle est toujours le symbole de la tradition théâtrale française. Elle compte parfois jusqu'à 70 comédiens et elle est subventionnée° par l'État. Elle a plus de 3.000 pièces à son répertoire et ses comédiens jouent dans près de 900 représentations° par an. Ils partent aussi en tournée° en province et à l'étranger et participent à des enregistrements° pour la radio et pour la télévision.

Pour assister à un de ces spectacles, il faut faire une réservation et retirer des billets avant le début de la représentation. Au théâtre Richelieu, on peut admirer le fauteuil dans lequel Molière a joué° il y a plus de 300 ans!

Coup de main

Les trois coups du lever de rideau°

A French tradition is to signal the beginning of a theater performance with three knocks. At the **Comédie-Française**, a six-knock signal is used instead.

Les chiffres clés du théâtre français sur trois saisons

- 2.638 textes différents ont été joués
- 7.044 mises en scène° ont été programmées
- 31.884 représentations ont été données
- il y a eu entre 1 et 323 représentations par pièce

---

voit sees **comédiens** actors **récompenses** awards **amateur** lover **cour** royal court **divertissements** entertainment **les plus extravagants** wildest **œuvres** works **subventionnée** subsidized **représentations** performances **en tournée** on tour **enregistrements** recordings **a joué** acted **lever de rideau** rise of the curtain **mises en scène** productions

---

A C T I V I T É S

1 Complétez Complétez les phrases.

1. _Un Français sur trois_ voit au moins une pièce par an.
2. Les comédiens de théâtre reçoivent _des récompenses professionnelles spéciales, les Molière_
3. _Le théâtre français_ est né au XVIIᵉ siècle.
4. Trois auteurs qui datent de cette époque sont _Molière, Pierre Corneille et Jean Racine_
5. _La Comédie-Française_ a été créée par Louis XIV en 1680.

6. _Maison de Molière et Théâtre-Français_ sont deux autres noms pour la Comédie-Française.
7. La Comédie-Française a un répertoire de plus de _3.000 pièces_.
8. Ses comédiens partent aussi _en tournée en province et à l'étranger_
9. Au théâtre Richelieu se trouve _le fauteuil dans lequel Molière a joué il y a plus de 300 ans_
10. _2.638 textes_ ont été joués en France sur trois saisons.

EXPANSION

Les dramaturges français Pierre Corneille (1606–1684) helped shape the French classic theater and was a master at creating tragic protagonists of heroic dimension. *Le Cid* (1637) is one of his masterpieces.

Jean Racine (1639–1699) also exemplifies French classicism and replaced Corneille as France's leading tragic dramatist. His most memorable characters are the fierce and tender women of his tragedies. Early in his career Racine became friends with Molière, who produced his first two tragedies. *Andromaque* (1667), *Bajazet* (1672), *Mithradate* (1673), *Iphigénie en Aulide* (1674), and *Phèdre* (1677) are considered his greatest plays.

LE FRANÇAIS QUOTIDIEN

Les spectacles

billetterie (*f.*)	*box office*
jour (*m.*) **de relâche**	*day with no performances*
orchestre (*m.*)	*orchestra seats*
poulailler (*m.*)	*gallery*
rentrée (*f.*) **théâtrale**	*start of theatrical season*
reprise (*f.*)	*revival; rerun*
à l'affiche	*now playing*
incontournable	*must-see*

LE MONDE FRANCOPHONE

AP® Theme: Beauty and Aesthetics Context: Music

Des musiciens

Voici quelques musiciens francophones célèbres.

En Algérie Cheb Bilal, chanteur de raï, un mélange° de chanson arabe et d'influences occidentales

Aux Antilles Patrick Andrey, compositeur, arrangeur, interpète de la musique zouk

Au Cameroun Manu Dibango, célèbre joueur de saxophone

Au Mali Amadou et Mariam, couple de chanteurs aveugles°

À La Réunion Danyèl Waro, la voix° du maloya, musique typique de l'île

À Saint-Pierre-et-Miquelon Henri Lafitte, auteur, compositeur et interprète° de plus de 500 chansons

Au Sénégal Viviane Chidid, chanteuse de musique mbalax, un mélange de musique traditionnelle d'Afrique de l'Ouest et de musique occidentale

mélange *mix* **aveugles** *blind* **voix** *voice* **interprète** *performer*

PORTRAIT

AP® Theme: Beauty and Aesthetics
Context: Performing Arts, Literature

Molière (1622–1673)

LE THÉÂTRE A TRAVERS LES AGES
Molière et sa troupe.

Molière, dont le vrai nom est Jean-Baptiste Poquelin, est le génie de la Comédie-Française. D'origine bourgeoise, il choisit la vie difficile du théâtre. En 1665, il obtient le soutien° de Louis XIV et devient le premier acteur comique, auteur et metteur en scène de France. Molière est un innovateur: il écrit des satires et des farces quand la mode est aux tragédies néoclassiques. Avec le compositeur Lully, il invente la comédie-ballet. Après une vie riche en aventures, il meurt après une représentation° du *Malade imaginaire*, dans laquelle il tenait° le rôle principal.

Aujourd'hui, ses pièces sont toujours d'actualité° et Molière reste l'auteur le plus joué en France.

soutien *support* **représentation** *performance* **tenait** *played* **d'actualité** *current*

AP® Theme: Beauty and Aesthetics
Context: Performing Arts

Sur Internet

Qu'est-ce que le festival d'Avignon?

Go to **vhlcentral.com** to find more information related to this **Culture** section and to watch the corresponding **Flash culture** video.

---

2 **Répondez** Répondez aux questions par des phrases complètes.

1. Molière était-il d'origine noble?
   Non, il était d'origine bourgeoise.
2. Que s'est-il passé dans la vie de Molière en 1665? Il obtient le soutien de Louis XIV et devient le premier acteur comique, auteur et metteur en scène de France.
3. Pourquoi Molière est-il un innovateur?
   Il écrit des satires et des farces quand la mode est aux tragédies néoclassiques.
4. Quand Molière est-il mort?
   Il est mort après une représentation du *Malade imaginaire*.
5. Qu'est-ce que le raï?
   C'est un mélange de chanson traditionnelle arabe et d'influences occidentales.
6. De quel instrument joue Manu Dibango?
   Il joue du saxophone.

3 **Un festival** Vous et un(e) partenaire allez organiser un festival de culture francophone. Faites des recherches sur des artistes francophones et choisissez qui vous allez inviter. Où vont-ils jouer? Indiquez les genres d'œuvres. Comparez ensuite votre programme avec celui d'un autre groupe.

A
C
T
I
V
I
T
É
S

Le français quotidien
- Model the pronunciation of each term and have students repeat it.
- Point out that **reprise** is a **faux ami** for the English word *reprise*.

Portrait Have students describe the theater poster. Then ask students: **Avez-vous déjà lu ou vu une comédie de Molière? Laquelle?**

Le monde francophone Have students write four true/false statements based on the information in this section. Then have them get together with a classmate and take turns reading their statements and responding.

2 **Expansion** For additional practice, give students these items. **7. Quel est le vrai nom de Molière? (Jean-Baptiste Poquelin) 8. Qu'a-t-il inventé avec le compositeur Lully? (la comédie-ballet) 9. Où a-t-on inventé la musique zouk? (aux Antilles)**

3 **Suggestion** Many festivals post their programs on the Internet. Provide students with a model of an actual program for a cultural festival to follow. Encourage them to be creative and use information they already know.

Flash culture Tell students that they will learn more about movie theaters and types of publications available at kiosks by watching a video narrated by Csilla. Show the video segment without sound and tell students to call out what they see. Then show the video segment again with sound. You can also use the activities in the video manual to reinforce this **Flash culture**.

21st Century Skills

Information and Media Literacy: Sur Internet Students access and critically evaluate information from the Internet.

EXPANSION

Molière Sometimes referred to as the father of modern French comedy, Molière's plays often ridicule human vices and excesses, which are embodied in his characters. These characters encompass a broad spectrum and offer a wide view of seventeenth-century French society. *L'École des femmes* (1662), *Le Tartuffe* (1664), *Don Juan* (1665), *Le Misanthrope*

EXPANSION

(1666), *Le Bourgeois gentilhomme* (1670), and *Les Femmes savantes* (1672) are among his masterpieces.

Skits Distribute a French theater schedule, including titles of plays, times of performances, and prices of seats. Then have students work in pairs, with one person playing the role of the theatergoer who wants to buy a ticket and the other person acting as the ticket seller.

343

Section Goals

In this section, students will learn:

- the subjunctive with expressions of doubt, disbelief, or uncertainty
- the subjunctive of irregular verbs **aller**, **pouvoir**, **savoir**, and **vouloir**

Key Standards

4.1, 5.1

Suggestions: Scaffolding

- Review the subjunctive verb forms from **Structures 6A**, pages 304–305 and **6B**, pages 318–319.
- Present **Point de départ**. Create two columns on the board. In the left column, write the expressions of doubt, disbelief, and uncertainty. In the right column, write the opposing expression of certainty. Call out different expressions and have students give a thumbs up if it expresses certainty or a thumbs down if it expresses doubt, disbelief, or uncertainty.
- Point out that in everyday speech **ce** instead of **il** is often used in expressions beginning with **il est/il n'est pas**. Example: **C'est vrai qu'elle chante bien. Ce n'est pas sûr qu'il vienne.**
- Remind students that there must be a change of subject for the subjunctive to be used after an expression of doubt, disbelief, or uncertainty. Like with other expressions that trigger the subjunctive, if the subject does not change, the infinitive is used. Example: **Lucas n'est pas sûr de pouvoir aller à Paris cet été.**
- Begin a sentence using an expression of certainty or doubt and have the class complete it individually. Then call on volunteers to share their completed sentences. Example: **Il est douteux que/qu'…(qu'il y ait un examen la semaine prochaine/qu'on aille à Paris).**
- Assign the **Vérifiez** activity.

7A.1

The subjunctive (Part 3)   vhlcentral

Verbs of doubt, disbelief, and uncertainty

Point de départ The subjunctive is used in a subordinate clause when there is a change of subject and the main clause implies doubt, disbelief, or uncertainty.

MAIN CLAUSE	CONNECTOR	SUBORDINATE CLAUSE
Je doute	**que**	le concert **soit** bon.
I doubt	*that*	*the concert is good.*

Je doute qu'elle devienne une chanteuse célèbre!

Je suis certaine que je ne veux plus jamais te revoir!

🏃 Boîte à outils

The verb **croire** is conjugated in the present tense like the verb **voir**.

je crois	**nous croyons**
tu crois	**vous croyez**
il/elle/ on croit	**ils/elles croient**

The past participle of **croire** is **cru**. It takes **avoir** in the **passé composé**.

Nous avons cru son histoire.
We believed his story.

Expressions of doubt, disbelief, and uncertainty

douter que...	*to doubt that…*	Il est impossible que...	*It is impossible that…*
ne pas croire que...	*not to believe that…*	Il n'est pas certain que...	*It is uncertain that…*
ne pas penser que...	*not to think that…*	Il n'est pas sûr que...	*It is not sure that…*
Il est douteux que...	*It is doubtful that…*	Il n'est pas vrai que...	*It is untrue that…*

Il n'est pas sûr qu'il y **ait** un entracte.
It's not sure that there is an intermission.

Il n'est pas vrai que Julie **danse** si mal.
It's not true that Julie dances so badly.

Je ne crois pas qu'on **vende** les billets ici.
I don't believe that they sell the tickets here.

Vous ne pensez pas qu'il y **ait** une séance du film ce soir?
Don't you think there's a screening of the film tonight?

- The indicative is used in a subordinate clause when the main clause expresses certainty.

Expressions of certainty

croire que...	*to believe that…*	Il est clair que...	*It is clear that…*
penser que...	*to think that…*	Il est évident que...	*It is obvious that…*
savoir que...	*to know that…*		
Il est certain que...	*It is certain that…*	Il est sûr que...	*It is sure that…*
		Il est vrai que...	*It is true that…*

🔗 Vérifiez

On **sait que** l'histoire **finit** mal.
We know the story ends badly.

Je **pense qu'**il **est** chanteur.
I think he is a singer.

Il est certain qu'elle **comprend**.
It is certain that she understands.

Il est évident qu'ils **aiment** la pièce.
It is obvious that they like the play.

DIFFERENTIATION

For Kinesthetic Learners Call out a series of sentences, using either an expression of certainty or an expression of doubt, disbelief, or uncertainty. Have students stand if they hear an expression of certainty or remain seated if they hear an expression of doubt. Example: **Il est impossible que j'apprenne une autre langue.** (Students remain seated.)

EXPANSION

Using Video Replay the video episode, having students focus on expressions of certainty, uncertainty, doubt, and disbelief. Stop the video where appropriate and ask students to repeat any construction that includes [*main clause*] + **que** + [*subordinate clause*] and explain why the indicative or subjunctive was used in each instance.

Suggestions: Scaffolding
• Go over first bullet on this page. Work with students to create more example questions. Discuss the nuance in meaning when using the indicative versus the subjunctive. (Using the subjunctive implies uncertainty.)
• Present the forms for the irregular verbs **aller**, **pouvoir**, **savoir**, and **vouloir** by using them in sentences. Examples: **Il faut que j'aille au théâtre pour acheter des billets. Je doute qu'elle puisse venir avec nous au théâtre**. Then have students deduce the conjugations of each verb. Write them on the board. Have students repeat the forms after you.
• Complete the second **Vérifiez** activity.

Essayez! Have students underline the main clauses in these sentences. Then have them create original sentences, using the indicative or subjunctive where appropriate.

• Sometimes a speaker may opt to use the subjunctive in a question to indicate that he or she feels doubtful or uncertain of an affirmative response.

Crois-tu que cet acteur **fasse** un bon Charles de Gaulle?
Do you believe that actor makes a good Charles de Gaulle?

Est-il vrai que vous **partiez** déjà en vacances?
Is it true that you're already leaving on vacation?

Croyez-vous que ce soit mieux qu'elle le sache?

Il vaut mieux que je m'en aille.

More irregular verbs in the subjunctive

Present subjunctive of *aller, pouvoir, savoir, vouloir*				
	aller	**pouvoir**	**savoir**	**vouloir**
que je/j'	aille	puisse	sache	veuille
que tu	ailles	puisses	saches	veuilles
qu'il/elle/on	aille	puisse	sache	veuille
que nous	allions	puissions	sachions	voulions
que vous	alliez	puissiez	sachiez	vouliez
qu'ils/elles	aillent	puissent	sachent	veuillent

Il faut qu'on **aille** au théâtre ce soir.
We have to go to the theater tonight.

Je doute que la pièce **puisse** causer un effet comme celui-là.
I doubt that the play could cause an effect like that.

Il vaut mieux que tu **saches** la nouvelle.
It's better that you know the news.

Est-il possible qu'il **veuille** apprendre à jouer du violon?
Is it possible that he wants to learn to play the violin?

 Vérifiez

Essayez!   **Choisissez la forme correcte du verbe.**

1. Il est douteux que le metteur en scène (sait / sache) où est l'acteur.
2. Je sais que Mila Kunis et Ashton Kutcher (sont / soient) mariés.
3. Il est impossible qu'il (est / soit) amoureux d'elle.
4. Ne crois-tu pas que l'histoire du Titanic (finit / finisse) bien?
5. Est-il vrai que les Français (font / fassent) uniquement des films intellectuels?
6. Je ne crois pas qu'il (peut / puisse) jouer le rôle du jeune prisonnier.
7. Tout le monde sait que le ballet (est / soit) d'origine française.
8. Il n'est pas certain qu'ils (peuvent / puissent) terminer le spectacle.

trois cent quarante-cinq   **345**

TEACHING OPTIONS

Writing Practice Have students write five absurd or strange sentences. Then have them switch sentences with a classmate. Students should write their reactions using a different expression of doubt, disbelief, or uncertainty. Example: **Toutes les femmes aiment bien faire le ménage. (Je ne crois pas que toutes les femmes aiment bien faire le ménage!)**

TEACHING OPTIONS

Group Work Have students review in groups how to form the subjunctive of regular, stem-change, and spelling-change verbs. Then have them practice the subjunctive forms of the verbs **avoir**, **être**, **faire**, **aller**, **pouvoir**, **savoir**, and **vouloir**. Suggest they drill each other using one of the techniques they have learned in class or invent one of their own.

1 Expansion Have pairs discuss why each subordinate clause is in the indicative or subjunctive. If the sentence is in the indicative, have pairs make the necessary changes in the main clause to elicit the subjunctive. Example: **1. Je ne crois pas que Fort-de-France soit plus loin de Paris que de New York.**

2 Expansion Have students take turns reading their statements to a partner who will counter with a statement of certainty. Example: **Mais si! Je suis certain(e) que le spectacle au Théâtre de la Ville est populaire.**

3 Suggestion Before starting, have the class brainstorm what would be necessary for someone to do or be in order to become a member of a dance troupe. Examples: **Je sais qu'il faut être en pleine forme. Il est clair qu'on doit faire de l'exercice tous les jours avant d'y participer.**

Mise en pratique

1 Fort-de-France Vous discutez de vos projets avec votre ami(e) martiniquais(e). Complétez les phrases avec les formes correctes du présent de l'indicatif ou du subjonctif.

1. Je crois que Fort-de-France _____est_____ (être) plus loin de Paris que de New York.
2. Il n'est pas certain que je _____vienne_____ (venir) à Fort-de-France cet été.
3. Il n'est pas sûr que nous _____partions_____ (partir) en croisière (*cruise*) ensemble.
4. Il est clair que nous _____ne partons pas_____ (ne pas partir) sans toi.
5. Nous savons que ce voyage _____va_____ (aller) te plaire.
6. Il est douteux que le ski alpin _____soit_____ (être) un sport populaire ici.

2 Un camarade pénible Valentine fait des commentaires, mais Laurent ne la croit pas. Utilisez les expressions entre parenthèses pour écrire les commentaires de Laurent.

> **MODÈLE**
>
> **Valentine:** *Le nouveau film de Tim Burton est populaire. (douter que)*
> **Laurent:** *Je doute qu'il soit populaire.*

1. Il y a un concert de Jean-Jacques Goldman à la télé ce soir. (ne pas croire)
   Je ne crois pas qu'il y ait un concert de Jean-Jacques Goldman à la télé ce soir.
2. Les Enfoirés vont à la Maison de la Radio pour faire une émission. (il n'est pas vrai)
   Il n'est pas vrai qu'ils aillent à la Maison de la Radio pour faire une émission.
3. Zazie sort un nouvel album. (il n'est pas certain)
   Il n'est pas certain qu'elle sorte un nouvel album.
4. Tout le monde veut acheter cet album. (ne pas penser)
   Je ne pense pas que tout le monde veuille acheter cet album.
5. Moi aussi, je fais de la musique. (ne pas croire)
   Je ne crois pas que tu fasses de la musique.
6. Je sais jouer du piano et de la guitare. (il est impossible)
   Il est impossible que tu saches jouer du piano et de la guitare.
7. Toi et moi, nous pouvons jouer ensemble un jour. (ne pas penser)
   Je ne pense pas que nous puissions jouer ensemble un jour.
8. On deviendra célèbre! (il est douteux)
   Il est douteux qu'on devienne célèbre.

3 Devenir danseur Maxime veut devenir danseur avec la troupe nationale de danse contemporaine. Employez des expressions de doute et de certitude pour lui dire ce que vous pensez de ses habitudes.

Answers will vary.

> ▶ **MODÈLE**
>
> *Je ne crois pas que tu puisses dormir jusqu'à midi!*

1.

2.

3.

EXPANSION

Culture Note Provide students with the following information about the performers mentioned in Activity 2: **Jean-Jacques Goldman** est un auteur, compositeur, chanteur et producteur français de variétés et de pop rock. C'est un des chanteurs les plus populaires de sa génération. Il a participé pendant plusieurs années aux concerts des **Enfoirées**, un groupe d'artistes et de personnalités célèbres qui chantent aux bénéfices des Restos du Cœur, une association cariative (*charity*) qui fournit des repas gratuits. **Zazie**, qui fait de la musique engagée (musique qui parle de thèmes sociaux), est membre des **Enfoirées** depuis des années. Have students listen to music by these artists online and report their opinions to the class.

Communication

4 **Assemblez** Vous avez l'occasion de faire un séjour à Avignon. À tour de rôle avec un(e) partenaire, assemblez les éléments de chaque colonne pour parler de ces vacances. Answers will vary.

MODÈLE

Il n'est pas certain que nous fassions de la musique.

A	B	C
Il est certain que	je/j'	être content(e)(s)
Il n'est pas certain que	tu	assister aux spectacles
Il est évident que	mon copain	faire beau temps
Il est impossible que	ma sœur	profiter de la ville
Il est vrai que	mon frère	aller voir un opéra
Il n'est pas sûr que	nous	pouvoir rencontrer des personnes célèbres
Je doute que	les touristes	faire de la musique
Je pense que	mes parents	?
Je sais que	?	
?		

5 **Comédie musicale** Votre classe prépare une comédie musicale et vous organisez le spectacle. Votre partenaire voudrait y participer et il/elle postule pour un rôle. Alternez les rôles, puis présentez vos dialogues à la classe. Answers will vary.

MODÈLE

Élève 1: *Est-il possible que je chante dans la chorale?*
Élève 2: *Je doute qu'il soit possible que tu y chantes. Il n'y a plus de place, mais je crois que...*

- acteur/actrice
- compositeur
- metteur en scène
- animateur/animatrice (*emcee*)
- chorale
- danseurs
- musiciens
- ouvreur/ouvreuse (*usher*)

6 **L'avenir** Vous et votre partenaire parlez de vos doutes et de vos certitudes à propos de l'avenir. À tour de rôle, complétez ces phrases pour décrire comment vous envisagez (*envision*) l'avenir. Answers will vary.

1. Je doute que...
2. Il est sûr que...
3. Il n'est pas certain que...
4. Il est impossible que...
5. Je ne crois pas que...
6. Je sais que...

7 **Je doute** Votre partenaire veut mieux vous connaître. Écrivez cinq phrases qui vous décrivent: quatre fausses et une vraie. Votre partenaire doit deviner laquelle est vraie et justifier sa réponse. Ensuite, alternez les rôles. Answers will vary.

MODÈLE

Élève 1: *Je finis toujours mes devoirs avant de me coucher.*
Élève 2: *Je doute que tu finisses tes devoirs avant de te coucher, parce que tu as toujours beaucoup de devoirs.*

4 **Suggestions**
- Tell students that every summer there is a festival in Avignon that features theater, concerts, and dance performances.
- Have volunteers give sentences using elements from each of the three columns. Have other volunteers act as secretaries, writing examples on the board. Ask the class to help you correct the grammar and spelling.

4 **Partner Chat** You can also assign Activity 4 on vhlcentral.com. Students work in pairs to record the activity online. The pair's recorded conversation will appear in your gradebook.

5 **Suggestion** Ask two volunteers to read the **modèle** aloud. Correct any pronunciation errors.

6 **Suggestion** You may wish to give students a time frame for the future, such as **dans les cinq prochaines années** or **dans les dix ans à venir.**

7 **Expansion** Call on a student to read two statements about his or her partner, without revealing which one is true and which one is false. Have the class guess which statement is which, using expressions of doubt and certainty.

Activity Pack For additional activities, go to the **Activity Pack** in the **Resources** section of vhlcentral.com.

EXPANSION

Extra Practice Distribute the handout for the activity **Mon opinion** from the online Resources (**Unité 7**/Activity Pack/ Vocabulary and Grammar Activities). Have students read the instructions and give them 10 minutes to complete the activity. Ask volunteers to share their answers once everyone has finished the activity.

EXPANSION

Writing Sentences Have students write sentences about three things of which they are certain in life and three things they doubt or cannot believe. Students should use a different expression for each of their sentences. Have students share some of their sentences with the class.

7A.2 Possessive pronouns and être à (*quelqu'un*)

vhlcentral

Point de départ In **D'accord!** Level 1, you learned how possessive adjectives function in French. You will now learn about possessive pronouns and how they are different in French and English.

• Possessive pronouns are the words which replace nouns modified by possessive adjectives. In French, the possessive pronouns have different forms depending on whether the noun is masculine or feminine, singular or plural. These are the forms of the French possessive pronouns.

Singular possessive pronouns		
masculine	**feminine**	
le mien	la mienne	*mine*
le tien	la tienne	*yours (fam./sing.)*
le sien	la sienne	*his/hers/its*
le nôtre	la nôtre	*ours*
le vôtre	la vôtre	*yours (form./pl.)*
le leur	la leur	*theirs*

Plural possessive pronouns		
masculine	**feminine**	
les miens	les miennes	*mine*
les tiens	les tiennes	*yours (fam./sing.)*
les siens	les siennes	*his/hers/its*
les nôtres		*ours*
les vôtres		*yours (form./pl.)*
les leurs		*theirs*

• Possessive pronouns, like possessive adjectives, reflect the object or person possessed, *not* the possessor.

sa voiture → *his car*   **la sienne** *(referring to the car)* → *his*
sa voiture → *her car*   **la sienne** *(referring to the car)* → *hers*

• French and English possessive pronouns are very similar in usage. They can refer to an object or a person. However, the French possessive pronouns consist of two parts: the definite article and the possessive word. Both parts must agree in number and gender with the noun to which they refer.

Ils aiment mes pièces, mais ils préfèrent **les tiennes**. (**tes pièces**)
They like my plays, but they prefer yours.

Je connais ton frère, mais je ne connais pas **le sien**. (**son frère**)
I know your brother, but I don't know his/hers.

Je vois **ma voiture**, mais je ne vois pas **la vôtre**. (**votre voiture**)
I see my car, but I don't see yours.

🔗 Vérifiez

- With the indefinite pronoun **on**, always use the masculine possessive pronoun **le sien/les siens**.

> **On** aime **les siens**.
> *One likes one's own (people).*

- The articles **le** and **les** of the possessive pronouns contract with **à**.

à + le mien	**au mien**
à + la mienne	**à la mienne**
à + les miens	**aux miens**
à + les miennes	**aux miennes**

Tu vas téléphoner **à mes amis** ou **aux tiens**?
Are you going to call my friends or yours?

Avez-vous récemment parlé **à leurs parents** ou **aux vôtres**?
Did you speak recently to their parents or yours?

- The articles **le** and **les** of the possessive pronouns contract also with **de**.

de + le mien	**du mien**
de + la mienne	**de la mienne**
de + les miens	**des miens**
de + les miennes	**des miennes**

Pourquoi t'occupes-tu **de ses problèmes** au lieu **des tiens**?
Why are you concerned with his/her problems instead of yours?

Les critiques parlent **de votre tragédie**, pas **de la nôtre**.
The critics are talking about your tragedy, not ours.

⟲ **Vérifiez**

- You can use the possessive pronouns after the expressions **C'est** and **Ce sont** to indicate ownership.

C'est **la nôtre**.
It's ours.

Ce sont **les miennes**.
These are mine.

Ces robes **sont à Charlotte et Anne**.
Those dresses belong to Charlotte and Anne.

Ces robes **sont à elles**.
Those dresses are theirs.

- However, to say that a specific object belongs to someone, use the expression **être à** + [*noun/disjunctive pronoun*].

Ce pull **est à** Nathan.
This sweater belongs to Nathan.

Ce pull **est à** lui.
This sweater is his.

⟲ **Vérifiez**

Essayez!   **Écrivez le pronom possessif qui correspond.**

1. Où est ma feuille d'examen? *Où est la mienne?*
2. Ce sont tes sœurs qui reviennent de Grèce? *Ce sont les tiennes qui reviennent de Grèce?*
3. J'ai revu mon amie d'enfance hier soir! *J'ai revu la mienne hier soir!*
4. C'est votre lampe qui ne marche plus! *C'est la vôtre qui ne marche plus!*
5. Ils viennent d'acheter leur piano. *Ils viennent d'acheter le leur.*
6. Ce sont nos chansons qui passent à la radio! *Ce sont les nôtres qui passent à la radio!*
7. Ses fauteuils sont toujours en bon état (*condition*). *Les siens sont toujours en bon état.*
8. Quand ton concert a-t-il lieu (*takes place*)? *Quand le tien a-t-il lieu?*

Suggestions: Scaffolding
- Ask students what they remember regarding contractions with the prepositions **à** and **de**. Write their responses on the board. Tell them the same rules apply to possessive pronouns. Then read the example sentences and have students work in pairs to come up with two more, one for each preposition. Have students write sentences on the board for the class to correct.
- Assign the second **Vérifiez** activity.
- Tell students that they have just practiced three ways to express possession. Work with them to write sample sentences of the three ways. Example: **C'est le piano de Didier.** (*This is Didier's piano.*) **C'est son piano.** (*This is his piano.*) **C'est le sien.** (*This is his.*) Then tell them there is another way to say something belongs to someone: **être + à + noun/disjunctive pronoun**. Go over the examples and review disjunctive pronouns.
- Have students identify what belongs to whom in the classroom using **être à** + *noun* by holding up items and asking questions, such as: **Cette montre est à qui? (Elle est à Viviane.)**
- Have students complete the third **Vérifiez** activity.

Essayez! Here are some additional items that you could give the students. **9. Sa tragédie est longue. (La sienne est longue.) 10. Avez-vous écouté leur chœur? (Avez-vous écouté le leur?) 11. Notre opéra est moderne. (Le nôtre est moderne.)**

EXPANSION

Using Games Split the class into four teams. Using the **Essayez!** activity as a model, have each team come up with a list of additional words from the vocabulary they have learned so far and use them with different possessive adjectives. Then, have each team take turns calling out one of their words. The next team should give the corresponding possessive pronoun. The team that answers then gets a chance to call out its word. If a team gives a wrong answer, the following team gets a chance to answer and score a point. The game should proceed at a fairly fast pace. Set a time limit for the game. You could make the game more challenging by having each responding team not only give the corresponding possessive pronoun, but also use it in a logical sentence.

349

1 Suggestion Have students do this as a written activity. Then, have them exchange their papers and correct each other's work.

2 Expansion Change the subjects of the dehydrated sentences in the activity and have students say or write the new sentences.

3 Expansion Have students redo this activity, this time saying that they have already done what their partner did. Example: **Moi, j'ai déjà écrit une carte postale aux miens.**

Mise en pratique

1 Pas de répétitions! Remplacez les mots indiqués par les bons pronoms possessifs.

MODÈLE

Je vois mon frère, mais je ne vois pas ton frère.
Je vois le mien, mais je ne vois pas le tien.

1. Tu préfères mes chansons ou leurs chansons? Tu préfères les miennes ou les leurs?
2. Mes danseurs sont arrivés, mais vos danseurs pas encore. Les miens sont arrivés, mais les vôtres pas encore.
3. Ta comédie est amusante, mais sa comédie est ennuyeuse. La tienne est amusante, mais la sienne est ennuyeuse.
4. Mon petit ami et ton petit ami sont allés au match ensemble. Le mien et le tien sont allés au match ensemble.
5. Ma grand-mère habite à Bruxelles. Et leur grand-mère? La mienne habite à Bruxelles. Et la leur?
6. Nos chansons sont meilleures que vos chansons. Les nôtres sont meilleures que les vôtres.
7. Sa maison est près de la banque. Où est votre maison? La sienne est près de la banque. Où est la vôtre?
8. Leurs séances sont moins longues que tes séances. Les leurs sont moins longues que les tiennes.

2 Quel chaos! Madame Mercier emmène ses enfants et leurs copains à la plage, mais tout le monde a oublié d'apporter quelque chose. Faites des phrases complètes pour dire qui a oublié quoi.

MODÈLE

je / serviette / David
J'ai ma serviette, mais David a oublié la sienne.

1. tu / lunettes de soleil / Marie et Claire Tu as tes lunettes de soleil, mais Marie et Claire ont oublié les leurs.
2. nous / chaussures / Christophe Nous avons nos chaussures, mais Christophe a oublié les siennes.
3. Tristan et Benjamin / casquettes / Élisa et toi Tristan et Benjamin ont leurs casquettes, mais Élisa et toi avez oublié les vôtres.
4. vous / maillot de bain / nous Vous avez votre maillot de bain, mais nous avons oublié les nôtres.
5. Thomas / crème solaire (*sunscreen*) / vous Thomas a sa crème solaire, mais vous avez oublié la vôtre.
6. je / ma tablette / tu J'ai ma tablette, mais tu as oublié la tienne.
7. Magalie / magazine / nous Magalie a son magazine, mais nous avons oublié le nôtre.
8. tu / bouteille d'eau / il Tu as ta bouteille d'eau, mais il a oublié la sienne.

3 Les mêmes choses Votre cousin va faire exactement les mêmes choses que vous, aujourd'hui. Écrivez ses réponses avec des pronoms possessifs.

MODÈLE

Tu vas écrire une carte postale à tes grands-parents?
Alors, je vais aussi écrire une carte postale aux miens.

1. Tu vas jouer avec ton petit frère? Alors, je vais aussi jouer avec le mien.
2. Tu vas téléphoner à tes amies? Alors, je vais aussi téléphoner aux miennes.
3. Tu vas donner à manger à tes chats? Alors, je vais aussi donner à manger aux miens.
4. Tu vas dire bonjour à ton prof? Alors, je vais aussi dire bonjour au mien.
5. Tu vas prendre une photo de ta maison? Alors, je vais aussi prendre une photo de la mienne.
6. Tu vas t'occuper de tes affaires? Alors, je vais aussi m'occuper des miennes.
7. Tu vas acheter un cadeau à ta mère? Alors, je vais aussi acheter un cadeau à la mienne.
8. Tu vas aller au cinéma avec tes amis? Alors, je vais aussi aller au cinéma avec les miens.

DIFFERENTIATION

Slower Pace Students Use the model in Activity 1 to walk students through the process of choosing the correct possessive pronoun. Ask: 1. Which possessive pronouns correspond to **mes**? (List on the board.) 2. Are **mes chansons** feminine or masculine? Singular or plural? 3. Which possessive pronoun is correct? Repeat the process for **leurs chansons**. Leave your notes on the board as a reference while students do the activity.

EXPANSION

Extra Practice Distribute the handout for the activity **Possessive Pronouns** from the online Resources (**Unité 7**/ Activity Pack/Vocabulary and Grammar Activities). Have students read the instructions and give them 10 minutes to complete the activity. Ask volunteers to share their answers once everyone has finished the activity.

Communication

4 **C'est à qui?** Vous êtes responsable du bureau des objets trouvés dans votre lycée. Avec un(e) partenaire, créez un dialogue et jouez la scène devant la classe. *Answers will vary.*

> ▶ **MODÈLE**
>
> **Élève 1:** *Ces cahiers sont à toi?*
> **Élève 2:** *Non, ce ne sont pas les miens.*
> **Élève 1:** *Tu es sûr(e)?*
> **Élève 2:** *Oui, les miens sont plus grands.*

1.

2.

3.

4.

5.

6.

5 **Au spectacle** Catherine est au théâtre avec son ami Rémi. Elle est metteur en scène et compare la pièce qu'elle voit avec la sienne. Avec un(e) partenaire, jouez la conversation. Utilisez autant de pronoms possessifs possibles. *Answers will vary.*

> **MODÈLE**
>
> **Élève 1:** *Le début de ma pièce est plus intéressant que le sien.*
> **Élève 2:** *Je ne suis pas d'accord. Le sien est aussi intéressant que le tien.*

6 **Questions personnelles** Vous voulez mieux connaître votre partenaire. Posez-vous ces questions à tour de rôle. Utilisez des pronoms possessifs. *Answers will vary.*

1. Est-ce que tes idées (*ideas*) sont vraiment différentes de celles de tes parents?
2. Est-ce que ton style de vêtements est le même que celui de ton frère ou de ta sœur?
3. D'habitude, est-ce que tu t'occupes de tes affaires ou de celles de tes amis?
4. Tu t'entends mieux avec tes parents ou avec ceux de ton/ta meilleur(e) ami(e)?
5. Tu aimes ton quartier ou celui de tes amis?
6. Tu préfères la voiture de tes parents ou celle des parents d'un de tes amis?
7. Est-ce que tes goûts (*tastes*) en musique sont différents de ceux de tes grands-parents?

7 **La réunion** Vous allez à une fête et vous retrouvez un(e) ami(e) d'enfance. Parlez de vos vies et utilisez des pronoms possessifs dans votre conversation. *Answers will vary.*

> **MODÈLE**
>
> **Élève 1:** *Mes parents vont très bien. Et les tiens?*
> **Élève 2:** *Les miens vont bien aussi.*

adresse e-mail	numéro de téléphone	voisins
frère/sœur	passe-temps	travail
lycée	petit(e) ami(e)	voiture

---

4 **Suggestion** Before they start this activity, have students brainstorm a variety of adjectives they could use to describe their belongings.

4 **Expansions**
- They could extend the activity by using their personal belongings and asking their partner if the item belongs to him/her.
- Have students use the third person to share their partner's response with the class. Example: **Ces cahiers ne sont pas à lui/elle. Les siens sont plus grands.**

5 **Expansion** Have pairs volunteer to perform this as a skit in front of the class.

6 **Expansion** You might have students circulate around the class and ask at least five other students these questions. Then, have them write five sentences to summarize the information obtained through the interviews.

6 **Virtual Chat** You can also assign Activity 6 on vhlcentral.com. Students record individual responses that appear in your gradebook.

7 **Expansion** Have students write their conversation as a series of text messages.

Activity Pack For additional activities, go to the **Activity Pack** in the **Resources** section of vhlcentral.com.

EXPANSION

Recycling Distribute the handout for the activity **Au bureau** from the online Resources (**Unité 7**/Activity Pack/Vocabulary and Grammar Activities). Have students read the instructions and give them 10 minutes to complete the activity. Ask volunteers to share their answers once everyone has finished the activity.

PRE-AP®

Presentational Writing Have students choose one of the questions in Activity 6 to write a short essay to compare and contrast the topics. Tell students that they should answer the question and provide reasons for their preferences. Remind them to use concrete examples to support their reasoning.

Révision

1 Expansion Brainstorm other hobbies and occupations with the whole class. Then have pairs continue this activity using magazine pictures.

2 Expansion Give these additional items to the class.
• **Il n'y a pas de place pour les femmes dans les films d'action.**
• **La plupart des films américains sont violents.**
• **Les gens plus âgés n'aiment pas la musique rock.**

3 Suggestion Divide the class into pairs and distribute the Info Gap Handouts from the Activity Pack. Give students ten minutes to complete the activity.

4 Expansion Have pairs create a new **annonce** for a **rôle principal**. Encourage students to be creative. Then have students exchange their **annonce** with another pair and repeat the activity.

5 Suggestion Ask a volunteer from each group to take notes on their conversations. After the groups have compared lists, have each volunteer write their group's selections on the board. Each group should take turns summarizing their selections and relating the expressions of doubt and certainty used in the activity.

6 Suggestion Before students begin this activity, have pairs make a list of school supplies they are going to ask to borrow and possible excuses. After they finish the activity, have them share their most creative excuses with the rest of the class.

6 Partner Chat You can also assign Activity 6 on vhlcentral.com. Students work in pairs to record the activity online. The pair's recorded conversation will appear in your gradebook.

---

1 **Il est clair que...** Imaginez les activités artistiques préférées de ces personnes. Avec un(e) partenaire, utilisez des expressions de doute et de certitude pour répondre aux questions. Answers will vary.

chanteur de chorale ou de comédie musicale?

danseur ou acteur?

chef d'orchestre ou metteur en scène?

compositeur d'opéra ou dramaturge?

2 **Je ne pense pas** Par petits groupes, discutez de ces affirmations. Qui est d'accord et qui n'est pas d'accord? Utilisez des expressions de doute et de certitude. Ensuite, présentez vos arguments à la classe. Answers will vary.

> **MODÈLE** La télévision fait du mal au cinéma.
>
> **Élève 1:** *Penses-tu que la télévision fasse du mal au cinéma?*
> **Élève 2:** *Non, je ne crois pas que ce soit vrai. Chaque média a sa place et ses spectateurs.*

• Jimi Hendrix est le meilleur joueur de guitare.
• Mozart est le meilleur compositeur de musique classique.
• Personne n'aime les comédies musicales aujourd'hui.
• Un danseur est autant un sportif qu'un artiste.
• L'opéra est un genre trop ésotérique et ennuyeux.

3 **Les arts** Votre professeur va vous donner, à vous et à votre partenaire, deux feuilles d'activités différentes sur les arts. Attention! Ne regardez pas la feuille de votre partenaire. Answers will vary.

4 **C'est tout moi!** Avec un(e) partenaire, vous voyez ces annonces dans le journal. Vous pensez qu'un de ces rôles est pour vous. Un(e) ami(e) n'est pas du tout d'accord, mais vous insistez. Utilisez des expressions de doute et de certitude dans votre dialogue. Answers will vary.

Cherchons jeune homme de 27-30 ans, sportif et musclé, avec permis moto et avion, pour rôle principal. Doit être un acteur expérimenté qui sache jouer du piano comme un professionnel et qui puisse monter à cheval. Doit avoir les yeux noirs, beaucoup de charme, de la présence et un look aventurier.

Cherchons jeune femme de 18-20 ans avec beaucoup de personnalité et qui ait une formation de chanteuse classique, pour rôle dans une comédie musicale en espagnol. Doit pouvoir danser le tango, la salsa et la rumba.

Venez rencontrer le compositeur et le metteur en scène, jeudi à 20 heures, au Théâtre du Boulevard.

5 **Le meilleur** Avec un(e) partenaire, trouvez un exemple pour chaque catégorie de la liste. Ensuite, comparez votre liste avec celle d'un autre groupe et parlez de vos opinions. Utilisez des expressions de doute et de certitude. Answers will vary.

le/la meilleur(e)... en ce moment
• film
• chanson à la radio
• danseur/danseuse
• chanteur/chanteuse
• acteur/actrice

6 **Mal organisé** Vous étiez très pressé(e) ce matin et vous avez oublié de mettre beaucoup de choses dans votre sac à dos. Demandez à votre partenaire si vous pouvez lui emprunter cinq choses dont vous avez besoin pour le lycée. Votre partenaire va vous donner des excuses pour ne pas vous les prêter. Utilisez des pronoms possessifs. Jouez votre dialogue devant la classe. Answers will vary.

> **MODÈLE**
>
> **Élève 1:** *Je peux emprunter ta calculatrice?*
> **Élève 2:** *Désolé(e). J'ai besoin de la mienne pour faire ce devoir.*

Interpersonal Writing Have students imagine they are writing to a friend who is just about to start his or her freshman year of high school. In their letter, students should give advice about life in high school. Encourage students to use expressions of doubt and certainty. You may want to collect students' papers and grade them.

Using Games Divide the class into two teams. One team writes sentences with expressions of certainty, while the other writes sentences with expressions of doubt, disbelief, or uncertainty. Put all the sentences in a hat. Students take turns drawing sentences for their team and stating the opposite of what the sentence says. The team with the most correct sentences wins.

Le Zapping

Court métrage°

Nous allons vous départager°.

La tartine

Dans ce film d'animation musical de Guillaume Colomb et Olivier Derivière, les objets et les aliments qu'on associe à un petit-déjeuner français typique prennent vie° pour transformer ce moment simple de la journée en une compétition pleine d'humour entre un pot de miel et un pot de confiture qui convoitent° tous les deux une belle tartine. Lequel d'entre eux sera le vainqueur°? Découvrez-le!

Court métrage *Short film* **départager** *to decide between* **prennent vie** *come to life* **convoitent** *covet* **vainqueur** *winner*

Vocabulaire du court métrage

bâiller	to yawn
se bouger (*fam.*)	to get moving
un conte de fée	fairy tale
coquin(e)s	rascals
corsé	strong
croustillant	crusty
fatidique	fateful
(mettre) en sourdine	(to play) quietly, softly
les marioles (*m.*)	jokers
un pétale	flake
râler	to complain
tartiner	to spread

Expressions utiles

Arrête de faire l'andouille! (*fam.*)	Stop goofing around!
Bon sang! (*fam.*)	Darn it!
Grouille-toi! (*fam.*)	Hurry up!
J'en ai soupé. (*fam.*)	I've had enough.
Si vous n'y mettez pas du vôtre...	If you don't make an effort...
avoir du bol (*fam.*)	to have good luck

Préparation

Décrivez Répondez aux questions.

1. En quoi consiste un petit-déjeuner typique aux États-Unis?
   Answers will vary, but may include: des œufs, du pain, des céréales, du jus d'orange, du café/du thé, etc.
2. En quoi consiste un petit-déjeuner typique en France?
   Answers will vary, but may include: des croissants, des tartines, du pain, de la baguette, du café au lait, etc.

À compléter Complétez ce dialogue à l'aide du vocabulaire et des expressions.

—Je n'arrête pas de (1) ____bâiller____. J'ai mal dormi.

—Qu'est-ce que tu veux ce matin pour le petit-déjeuner?

—Du pain bien (2) ____croustillant____ avec du beurre et de la confiture.

—Tu veux du café?

—Oui, mais fais-le bien (3) ____corsé____, pas comme hier matin, alors, parce qu'il n'était vraiment pas bon!

—Oh, écoute, arrête de (4) ____râler____! Tu n'es jamais content! Tiens, voilà le jus d'orange...

—(5) ____Bon sang____, fais attention! Tu en as renversé (*spilled*) partout!

—Dis donc, il est déjà huit heures. (6) ____Grouille-toi____! Les cours commencent dans une demi-heure!

Scènes

L'OUVRE-BOÎTE° Le réveil a sonné. Le petit-déjeuner va bientôt commencer. Tous nos amis sont-ils prêts? Où sont ces petits coquins? Ah tiens! En voilà un!

LE BOL Si vous voulez du bol, me voilà, les petits marioles!

LE CAFÉ Et moi, je suis corsé, tout aromatisé°. Et nous formons une équipe idyllique.

LA CONFITURE Et moi, la confiture, je suis prête pour l'aventure.

LE MIEL Et moi?! Il n'y a pas que toi!

L'OUVRE-BOÎTE Ah, décidément, ce miel… toujours en train de râler!

L'OUVRE-BOÎTE Elle en a de la chance, cette petite tranche! Car c'est aujourd'hui le jour de sa vie.

LA TARTINE Alors, c'est aujourd'hui? C'est vraiment le jour de ma vie?

LA TARTINE Quelle belle journée pour déjeuner! J'en ai rêvé.

LA CONFITURE Tu es si belle!

LE MIEL Elle sera mienne.

LA CONFITURE Viens avec moi!

LA TARTINE Un conte de fée est arrivé.

LE MIEL Ne l'écoute pas!

LE MIEL Moi, j'en ai marre! J'en ai soupé! Toujours pareil! Il y en a que pour lui, ce pot de confiture!

L'HOMME Nous allons vous départager°. Devant vous, deux bols, un chacun. Derrière, des sucres. Vous allez lancer° un maximum de sucres dans votre bol. Quand la tartine sera prête, celui qui aura le plus de sucres dans son bol aura le droit° de se faire tartiner.

L'HOMME Un, deux, trois, quatre, cinq… Un, deux, trois, quatre, cinq, six, sept, huit. Ce sera donc une tartine de…

L'OUVRE-BOÎTE Elle en a eu de la chance, cette petite tranche. Ce fut° aujourd'hui le jour de sa vie.

ouvre-boîte *can opener* **aromatisé** *flavored* **départager** *to decide between* **lancer** *to throw* **le droit** *the right* **fut** *was*

Analyse

Compréhension Ask these additional comprehension questions: **1. Que fait l'ouvre-boîte au début? 2. Comment est la tartine? Décrivez sa personnalité. 3. Pourquoi est-ce qu'aujourd'hui est un jour spécial pour elle? 4. Qu'est-ce que l'ouvre-boîte dit à l'homme? 5. Avec quoi l'homme veut-il d'abord tartiner la tartine? 6. Quand la compétition prend-elle fin?**

Compréhension Faites correspondre les images aux phrases.

_e_ 1. La tartine est prête à être tartinée.

_c_ 2. L'homme décide de départager le miel et la confiture.

_a_ 3. L'ouvre-boîte réveille tout le monde pour le petit-déjeuner.

_b_ 4. Le miel tombe de la table.

_d_ 5. C'est la compétition entre la confiture et le miel.

_f_ 6. L'homme mange finalement.

a.

b.

c.

d.

e.

f.

Expansion
- Have pairs or small groups write the draft of a short summary of the film's plot.
- Ask students to imagine how tomorrow's breakfast might be different, now that the honey is "dead."
- Have students compare the story in the film to famous love stories, such as the ones in *Romeo and Juliet* or *Gone with the Wind*.

Conversation Avec un(e) partenaire, discutez de ces questions.

1. De quelle manière la vie quotidienne peut-elle ressembler à un tableau, une danse, une pièce de théâtre, un concert ou une autre forme d'art?

2. Quelle partie de votre vie ressemble à un spectacle? Pourquoi?

3. Dans le spectacle de votre vie, qui est le metteur en scène et qui sont les membres de la troupe?

Application Comme vous le savez, les opéras sont connus pour leurs fins tragiques, comme nous le voyons avec **La tartine**. Tous les genres artistiques ont des composantes qui forment leur identité. Pour la peinture, ce sont la perspective, la couleur et les lignes; pour la danse, le mouvement; dans une pièce de théâtre, l'introduction, le conflit et le dénouement, etc. Par petits groupes, choisissez un moment de la journée et transformez-le en œuvre d'art. Ensuite, présentez-la à la classe.

Conversation Guide students to "think outside the box" as they reimagine parts of their own day as a work of art. Ask if they have ever watched other people's routines and felt like a member of an audience. Then ask: **Si votre vie quotidienne était un spectacle ou autre création artistique, feriez-vous plus ou moins d'attention à cette vie? De quelle manière?**

Application Encourage students to create using both visuals and narrative. For those who choose plays, operas, and songs, make sure they use dialogue with rich language. For those who chose the visual arts, make sure creations are accompanied by a narrative, preferable one that also makes use of dialogue.

EXPANSION

Skits Have groups of students use the synopses they prepared in **Writing Practice** in the Expansion box on page 354 to write a short skit of their typical American breakfast. Have students take on the various characters' roles, have a volunteer act as director, and have the groups act out their skits for the class.

EXPANSION

Questions and Answers In the film, **la tartine** compares its experience to a fairy tale. Have students answer these questions: **Quels sont les éléments typiques d'un conte de fée? Ces éléments sont-ils aussi présents dans le film? En quoi le film peut-il être comparé à un conte de fée?** Ask them to give examples to explain their answers.

Section Goals

In this section, students will learn and practice vocabulary related to:
- fine arts
- films and television
- books

Key Standards

1.1, 1.2, 4.1

Suggestions

- Tell students to look over the new vocabulary and identify the cognates.
- Use the digital image for this page. Point out people and things as you describe the illustration. Examples: **Elle fait de la peinture. C'est un film d'horreur.**
- Point out that the **f** in **chef-d'œuvre** and the **p** in **sculpture** are silent.
- Point out the difference in spelling between the French word **aventure** and the English word *adventure*.
- Explain that in France some professions, such as **auteur** and **peintre**, do not have an officially recognized feminine form. **Une femme auteur/ peintre** is used instead. However, the terms **écrivaine** and **auteure** are used in **Québec** and are becoming more generally accepted in France. Mention that the term **auteur** is more general than **écrivain**. **Auteur** can also mean *creator*.
- Explain that **les beaux-arts** (*fine arts*) is a term that refers collectively to a variety of artistic fields, particularly those concerned with the creation of beautiful things, such as painting and sculpture.

You will learn how to...
- discuss films and television
- discuss books

◁)) **vhl**central

AP® **Theme:** Beauty and Aesthetics
Context: Performing Arts

Au festival d'art

Vocabulaire

faire les musées	*to go to museums*
publier	*to publish*
les beaux-arts (*m.*)	*fine arts*
un chef-d'œuvre	*masterpiece*
un conte	*tale*
une critique	*review; criticism*
un dessin animé	*cartoon*
un documentaire	*documentary*
un drame psychologique	*psychological drama*
une émission (de télévision)	*(television) program*
un festival (festivals *pl.*)	*festival*
un feuilleton	*soap opera*
un film (d'aventures, policier)	*(adventure, crime) film*
une histoire	*story*
les informations (infos) (*f.*)	*news*
un jeu télévisé	*game show*
la météo	*weather*
les nouvelles (*f.*)	*news*
une œuvre	*artwork, piece of art*
un programme	*program*
une publicité (pub)	*advertisement*
les variétés (*f.*)	*popular music*
ancien(ne)	*ancient; old; former*
doué(e)	*talented, gifted*
gratuit(e)	*free*
littéraire	*literary*
récent(e)	*recent*
à la radio	*on the radio*
à la télé(vision)	*on television*

un film de science-fiction

un sculpteur (une sculptrice *f.*)

une femme auteur/ une écrivaine

une sculpture

un auteur/ écrivain

un roman

M. Pierre LeGrand, auteur de *La plume enchantée*

EXPANSION

Using Games Write types of television shows or movies on index cards and place them in a box. Divide the class into two teams. Have students draw a card and describe the genre without saying the word, but they may use French titles as clues. Award points as follows: after one clue = 3 points, after two clues = 2 points, and after three clues = 1 point. If a team

EXPANSION

does not guess the answer after three tries, the other team has one chance to "steal" the point by guessing correctly.

Oral Practice Tell students that they have just returned from an arts festival. Ask them to describe what they did, saw, and heard. Example: **J'ai vu beaucoup de beaux tableaux et j'ai parlé à deux peintres.**

- un film d'horreur
- une poétesse (poète m.)
- un poème
- un magazine
- un tableau
- une peinture
- une femme peintre (peintre m.)
- Elle fait de la peinture.
- une exposition

Mise en pratique

1 **Vous les connaissez?** Faites correspondre les œuvres, personnages et programmes télévisés avec le mot ou l'expression qui convient.

e	1. *La Belle et la Bête*	a. une sculpture
d	2. *La Joconde (Mona Lisa)*	b. un auteur
a	3. *Le David*	c. un film de science-fiction
h	4. *Jeopardy*	d. une peinture
l	5. Claude Monet	e. un conte
g	6. *Les Trois Mousquetaires*	f. un feuilleton
b	7. Victor Hugo	g. un roman
f	8. *All My Children*	h. un jeu télévisé
i	9. *Vogue*	i. un magazine
c	10. *La Guerre des étoiles*	j. une exposition
		k. un film d'horreur
		l. un peintre

2 **Complétez** Complétez ces phrases avec le mot de vocabulaire qui convient.

1. La peinture et la sculpture font partie des ___beaux-arts___.
2. Une ___poétesse___ est une femme qui écrit des poèmes.
3. Un ___auteur___ est quelqu'un qui est à l'origine d'une œuvre.
4. Art de juger (to judge) les créations littéraires ou artistiques: ___la critique___.
5. Un ___documentaire___ est un film basé sur la réalité.
6. Une ___publicité___ est une activité commerciale pour vendre un produit.
7. *Bugs Bunny* et *Mickey Mouse* sont des exemples de ___dessin animé___.
8. *Indiana Jones* est un exemple de film ___d'aventures___.
9. Si on n'a pas besoin de payer pour entrer dans un musée, c'est ___gratuit___.
10. On peut écouter les informations ___à la radio___.

C'est quoi cette Famille?!

3 **Écoutez** Écoutez la conversation entre Nora et Jeanne et indiquez si Nora (N), Armand (A), Jeanne (J) ou Charles (C) ont fait les choses suivantes.

N	1. s'est bien amusée au Festival des beaux-arts.
N et A	2. ont vu une exposition d'art contemporain.
J et C	3. ont vu un film d'aventures.
N et A	4. ont assisté à une critique littéraire sur Maïssa Bey.
J et C	5. sont restés chez eux.
N et A	6. sont allés à la librairie pour acheter un roman.
C	7. a promis de faire les musées le week-end prochain.
J	8. a fait de la peinture.

4 Suggestions
- Tell students to jot down notes during their interviews.
- Have pairs get together with another pair of students and share what they learned about their partners.

4 Virtual Chat You can also assign Activity 4 on vhlcentral.com. Students record individual responses that appear in your gradebook.

 TELL Connection

Performance and Feedback 2
Why: Timely feedback after demonstrated performance enhances attainment of performance objectives.
What: Use the Virtual Chat on vhlcentral.com for Activity 4. Then provide written and/or spoken feedback to students on both their fluency and the content of their responses.

5 Suggestions
- Distribute the **Feuilles d'activités** from the Activity Pack.
- Give students three to four minutes to complete the first column before having them work in pairs. Then have two volunteers read the **modèle**.

6 Suggestion If time is limited, have students write their paragraphs as homework, then discuss their thoughts with a partner in class.

7 Expansion Have groups write a script for their program and perform it for the class.

Activity Pack For additional activities, go to the **Activity Pack** in the **Resources** section of vhlcentral.com.

Communication

4 **Conversez** Interviewez un(e) camarade de classe au sujet de l'art et des médias. Answers will vary.

1. Quels genres de film préfères-tu? Pourquoi?
2. Quel film récent as-tu vu? Quelle en est l'histoire?
3. As-tu un auteur favori? Lequel?
4. Quels genres d'œuvres littéraires aimes-tu?
5. Qu'est-ce que tu écoutes à la radio? Quand?
6. As-tu été au musée récemment? Quelle(s) exposition(s) as-tu vue(s)?
7. Quel(s) chef(s)-d'œuvre admires-tu?
8. Qui considères-tu être un peintre doué? Pour quelle(s) raison(s)?
9. Es-tu un(e) artiste? Dans quel domaine?
10. Lis-tu des magazines? Lesquels?

5 **À la télévision et à la radio** Votre professeur va vous donner, à vous et à votre partenaire, une feuille d'activités. Remplissez d'abord la première colonne avec vos préférences pour chaque catégorie. Ensuite, comparez vos réponses avec celles d'un(e) camarade de classe. Answers will vary.

MODÈLE

un dessin animé
Élève 1: *Quel est ton dessin animé préféré?*
Élève 2: *J'adore regarder les Simpsons.*

Programmes	Moi	Noms
1. un dessin animé		
2. une émission		
3. un feuilleton		

6 **L'art et vous** Écrivez un paragraphe d'après (*according to*) ces instructions. Ensuite, à tour de rôle, discutez-en avec un(e) camarade de classe. Answers will vary.

- Décrivez l'importance que vous donnez à l'art dans votre vie.
- Parlez de l'influence positive et/ou négative de l'art sur le monde.
- Parlez de comment vous aimeriez contribuer à cette influence.

7 **Regardons la télé** Par groupes de quatre, créez une présentation qui propose une émission pour une chaîne de télévision. Suivez les indications suivantes. Answers will vary.

- Choisissez une catégorie de programme télévisé. Chaque groupe doit choisir un genre différent, par exemple un jeu, un feuilleton, les informations, la météo, un documentaire, etc.
- Donnez un nom à votre programme et aux personnages de l'émission.
- Annoncez le contenu de votre programme.

358 *trois cent cinquante-huit*

Interpersonal Speaking Have students work in groups of three. Tell them to role-play a situation in which siblings share a single television and no one can agree on which shows to watch. Students should discuss what shows are on that night, which are better and why, and so forth. Tell students to resolve the argument in their conversation.

Oral Practice Have students work in pairs. Give them a list of movie titles and/or TV shows to discuss. Brainstorm expressions for giving favorable and unfavorable opinions and write them in two columns on the board. Examples: **C'est très amusant. C'est trop violent. On ne s'ennuie jamais. Il n'y a pas d'histoire. Le metteur en scène est doué.**

Les sons et les lettres  🔊 **vhl**central

Les abréviations

French speakers use many acronyms. This is especially true in newspapers, televised news programs, and in political discussions. Many stand for official organizations or large companies.

EDF = Électricité de France   **ONU** = Organisation des Nations Unies

People often use acronyms when referring to geographical place names and transportation.

É-U = États-Unis   **RF** = République Française
RN = Route Nationale   **TGV** = Train à Grande Vitesse

Many are simply shortened versions of common expressions or compound words.

SVP = S'il Vous Plaît   **RV** = Rendez-Vous   **RDC** = Rez-De-Chaussée

When speaking, some acronyms are spelled out, while others are pronounced like any other word.

Cedex = Courrier d'Entreprise à Distribution Exceptionnelle *(an overnight delivery service)*

Prononcez Répétez les abréviations suivantes à voix haute.

1. W-C = *Water-Closet*
2. HS = Hors Service *(out of order)*
3. VF = Version Française
4. CV = Curriculum Vitæ
5. TVA = Taxe à la Valeur Ajoutée *(added)*
6. DELF = Diplôme d'Études en Langue Française
7. RATP = Régie Autonome *(independent administration)* des Transports Parisiens
8. SMIC = Salaire Minimum Interprofessionnel de Croissance *(growth)*

Assortissez-les Répétez les abréviations à voix haute. Que représentent-elles?

_d_	1. ECP	a. objet volant non identifié
_e_	2. GDF	b. toutes taxes comprises
_f_	3. BD	c. président-directeur général
_b_	4. TTC	d. École centrale de Paris
_c_	5. PDG	e. Gaz de France
_a_	6. OVNI	f. bande dessinée

Expressions Répétez les expressions à voix haute.

RSVP (Répondez, S'il Vous Plaît).[1]

Elle est BCBG (Bon Chic, Bon Genre).[2]

[1] Please reply.
[2] She is preppy. (in a conservatively classic fashion)

Au revoir, David! vhlcentral

PERSONNAGES

Amina

Astrid

David

Rachid

Sandrine

Stéphane

Valérie

Chez Sandrine...

AMINA Qu'est-ce qui sent si bon?
SANDRINE C'est un gâteau pour David. Il repart demain aux États-Unis tu sais.
AMINA David et toi, vous avez décidé de ne plus vous disputer?
SANDRINE C'est de l'histoire ancienne.
AMINA C'est comme dans un feuilleton. Vous vous disputez, vous vous détestez. Vous vous réconciliez.

SANDRINE J'étais tellement en colère contre lui ce jour-là, mais depuis, j'ai beaucoup réfléchi à ce qu'il m'a dit.
AMINA Et alors...?
SANDRINE En fait, David m'a aidée.
AMINA Comment ça?
SANDRINE Ma vraie passion, ce n'est pas la musique.
AMINA Non? Mais alors, c'est quoi, ta vraie passion?

SANDRINE J'ai décidé de devenir chef de cuisine!
AMINA Ça, c'est une excellente idée.
SANDRINE N'est-ce pas? Et j'ai aussi décidé de préparer ce gâteau pour la fête de ce soir.
AMINA Et moi qui pensais que tu ne voudrais pas y aller...
SANDRINE Mais... David ne peut pas partir sans que je lui dise au revoir!

À la fête de David...

ASTRID Elle est jolie, ta jupe. C'est une de tes créations, n'est-ce pas?
SANDRINE Cet été, Amina participe à un défilé de mode à Paris.
AMINA N'exagérons rien... C'est une petite présentation des collections de plusieurs jeunes stylistes.
SANDRINE Tu vas montrer ce chef-d'œuvre?

AMINA Oui, cette jupe-ci, la robe que j'ai faite pour toi et d'autres modèles.
RACHID Elle n'est pas géniale, ma chérie? Belle, intelligente, douée...
AMINA Toi aussi, tu as de bonnes nouvelles, n'est-ce pas?
SANDRINE Ah bon?
RACHID Oh, ce n'est pas grand-chose.

AMINA Au contraire, c'est très important!
SANDRINE Vas-y, dis-nous tout, avant que je ne perde patience!
RACHID Eh bien, ça y est, j'ai mon diplôme!
AMINA Ah, mais ce n'est pas tout! Il a eu mention très bien!
SANDRINE Bravo, Rachid!
ASTRID Oui, félicitations!

A C T I V I T É S

1 **Les événements** Remettez les événements suivants dans l'ordre chronologique.

<u>6</u> **a.** Rachid annonce une bonne nouvelle.

<u>4</u> **b.** Stéphane veut absolument réussir son bac.

<u>9</u> **c.** David promet qu'il va revenir à Aix.

<u>2</u> **d.** Sandrine dit qu'elle n'est plus fâchée avec David.

<u>5</u> **e.** Amina explique qu'elle va à Paris cet été.

<u>1</u> **f.** Amina arrive chez Sandrine.

<u>10</u> **g.** Valérie prend une photo du groupe.

<u>7</u> **h.** Valérie attire (*gets*) l'attention du groupe.

<u>8</u> **i.** David fait un petit discours (*speech*).

<u>3</u> **j.** Sandrine annonce qu'elle souhaite devenir chef de cuisine.

TEACHING OPTIONS

Au revoir, David! Before viewing the video, have students work in pairs and brainstorm a list of things people might say at a farewell party. What questions might they ask? What might they talk about?

TEACHING OPTIONS

Regarder la vidéo Download and print the videoscript found on vhlcentral.com. Then white out key vocabulary in order to create a master for a cloze activity. Distribute photocopies and tell students to fill in the missing information as they watch the video episode.

Les amis organisent une fête pour David.

Au P'tit Bistrot...

SANDRINE Stéphane, tu ne veux pas nous aider à préparer la fête?

STÉPHANE Une minute s'il te plaît.

SANDRINE Mais, qu'est-ce que tu lis de si intéressant? Oh là là, *L'Histoire des Républiques françaises*. Ah, oui je vois... j'ai entendu dire que tu devais repasser une partie du bac.

STÉPHANE Oui, je dois absolument réussir cette fois-ci, mais une fois l'examen passé, je retourne à mes passions—le foot, les jeux vidéo...

SANDRINE Chut... ta mère va t'entendre.

STÉPHANE (*parlant plus fort et de manière sérieuse*) Oui, je t'assure, les documentaires et les infos sont mes nouvelles passions.

VALÉRIE S'il vous plaît. Nous sommes ici ce soir pour dire au revoir et bon voyage à David, qui repart demain aux États-Unis. Alors, David, comment s'est passée ton année à Aix?

DAVID Oh ça a été fantastique! Je ne connaissais personne à mon arrivée, mais j'ai rapidement trouvé un coloc super! J'ai fait la connaissance de quelques femmes formidables.

DAVID Mais surtout, je me suis fait des amis pour la vie...

ASTRID Quand est-ce que tu vas revenir nous voir, David?

DAVID Eh bien, j'ai l'intention de revenir l'année prochaine pour organiser une exposition de tous mes tableaux au P'tit Bistrot, à condition, bien sûr, que Madame Forestier accepte!

VALÉRIE Allez, une photo. Souriez!

Expressions utiles

Relating conditions and possible actions

- **David ne peut pas partir sans que je lui dise au revoir!**
  David can't leave without my saying good-bye to him!
- **Dis-nous tout, avant que je (ne) perde patience!**
  Tell us everything, before I lose patience!
- **J'ai l'intention de revenir à condition que Madame Forestier accepte.**
  I intend to return on the condition that Madame Forestier accepts.

Additional vocabulary

- **repartir**
  to go back
- **repasser**
  to take again
- **chut**
  shh/hush
- **au contraire**
  on the contrary
- **félicitations**
  congratulations
- **se réconcilier**
  to make up

---

2 **À vous!** Sandrine est bien plus calme maintenant. Elle a même dit qu'elle voulait dire au revoir à David à la fête. Avec un(e) camarade de classe, préparez une conversation entre David et Sandrine à cette occasion. Comment finit leur histoire?

3 **Écrivez** Pendant la fête de David, certains ont parlé de leurs projets d'avenir. À votre avis, qu'est-ce qui va arriver l'année prochaine? Écrivez vos prédictions pour chacun d'entre eux, au niveau professionnel et au niveau personnel.

A C T I V I T É S

Expressions utiles
- Model the pronunciation of the **Expressions utiles** and have students repeat them after you.
- As you work through the list, point out the use of the subjunctive with conjunctions. Tell students that this construction will be formally presented in **Structures**.
- Have students scan the **Roman-photo** captions and find expressions used to express intentions. Example: **… une fois l'examen passé, je retourne à mes passions…**

1 **Suggestion** Have students form groups of five. Make a set of individual sentences on strips of paper for each group and distribute them (two per student). Tell students to arrange the sentences in the proper order and then read them aloud.

1 **Expansion** Have students write sentences to fill in parts of the story not mentioned in this activity.

2 **Suggestion** If time is limited, assign each student the role of either Sandrine or David and tell them to prepare their parts at home. Then allow partners a few minutes to rehearse before presenting their conversation to the class.

2 **Expansion** Have students write a conversation between Rachid and Amina in which they discuss recent events and future plans. How might their story end?

3 **Suggestion** Tell students to write a paragraph of at least three sentences for each character in the **Roman-photo**.

TEACHING OPTIONS

Using Games Have students fold small strips of paper in half. On the outside of the folded paper, they should write an original sentence that one of the characters might say. On the inside, they should write the name of the character. Divide the class into two teams. Put the sentences in a box and have students draw one, read it aloud, and then guess who might say it. Award a point for each correct guess.

TEACHING OPTIONS

Writing Practice Assign each student one of the characters from this **Roman-photo** and have them prepare a brief summary of the party from that character's point of view. Ask volunteers to read their summaries to the class. Then have the class guess which character would give each summary.

vhlcentral   CULTURE À LA LOUPE   **AP® Theme:** Beauty and Aesthetics
Context: Visual Arts

La peinture haïtienne

L'art haïtien est surtout connu grâce à° sa peinture. Cette tradition artistique est très ancienne sur l'île, mais ses débuts officiels datent de 1804, quand le roi

Christophe crée la première Académie de peinture. Les thèmes les plus fréquents à cette époque sont les thèmes historiques de l'émancipation° et les thèmes religieux du vaudou°.

La peinture haïtienne ne devient célèbre dans le monde qu'à partir de 1943. Cette année-là, Dewitt Peters, un professeur américain du lycée de Port-au-Prince, capitale d'Haïti, rencontre plusieurs jeunes peintres haïtiens. Il aime leurs toiles° et fonde avec eux un centre d'art et de peinture. Ce centre va donner à la majorité des peintres haïtiens les ressources nécessaires pour accéder au° succès. Aujourd'hui, on en est à la quatrième génération d'artistes. Ces peintres appartiennent à° diverses écoles d'art et leurs styles sont très variés, du plus naïf au plus sophistiqué. Ils peuvent être surréalistes, impressionnistes ou même primitifs modernes.

La peinture haïtienne est souvent très colorée et d'une grande vitalité. Quand elle n'est pas abstraite, elle illustre des scènes de la vie quotidienne°, des cérémonies religieuses et des paysages°. En Haïti, la peinture est partout. Elle décore les rues, les murs et les bus. On la trouve aussi bien sur les marchés que dans les galeries d'art. Grâce à des expositions dans le monde entier, les peintres haïtiens séduisent un public de plus en plus large.

grâce à *thanks to* émancipation *liberation* vaudou *voodoo* toiles *paintings* accéder au *achieve* appartiennent à *belong to* quotidienne *everyday* paysages *landscapes*

A C T I V I T É S

1 Répondez Répondez aux questions par des phrases complètes.

1. Quel est l'art le plus connu à Haïti?
   C'est la peinture.
2. Pourquoi ses débuts officiels datent-ils de 1804?
   Le roi Christophe crée la première Académie de peinture en 1804.
3. Quels sont les thèmes les plus fréquents à cette époque?
   Ce sont les thèmes historiques de l'émancipation et les thèmes religieux du vaudou.
4. À partir de quand la peinture haïtienne est-elle devenue célèbre dans le monde?
   Elle est devenue célèbre à partir de 1943.
5. Quel était le métier de Dewitt Peters?
   Il était professeur au lycée de Port-au-Prince.
6. Qu'a-t-il créé? Il a créé un centre d'art et de peinture avec des jeunes peintres haïtiens.
7. À quelles écoles d'art les peintres haïtiens appartiennent-ils et comment est leur style? Ils appartiennent à diverses écoles et leurs styles sont très variés.
8. Comment est la peinture haïtienne?
   Elle est souvent très colorée et d'une grande vitalité.
9. Quels sont les sujets les plus souvent peints? Les scènes de la vie quotidienne, les cérémonies religieuses et les paysages sont les sujets les plus souvent peints.
10. Où peut-on voir de la peinture à Haïti?
    On peut en voir dans les rues, sur les murs, sur les bus, sur les marchés et dans les galeries d'art.

LE FRANÇAIS QUOTIDIEN

Les livres

bouquin (*m.*)	book
dico (*m.*)	dictionary
lecture (*f.*)	reading
manuel (*m.*)	textbook
nouvelle (*f.*)	short story
recueil (*m.*)	collection
bouquiner	to read
feuilleter	to leaf through
parcourir	to skim

AP® Theme: Beauty and Aesthetics **Context:** Visual Arts

LE MONDE FRANCOPHONE

Des arts traditionnels

Voici quelques exemples d'art traditionnel du monde francophone.

Aux Antilles la fabrication de poupées° en costumes de madras° traditionnels

Au Burkina-Faso les poteries en terre cuite° décorées à la teinture° végétale et la fabrication de masques traditionnels

Au Cambodge le théâtre d'ombres°, avec ses marionnettes en cuir°

Au Maroc l'art de la tapisserie° et du métal

En Polynésie française la sculpture et l'art du tatouage corporel

En Tunisie les arts céramiques et l'art de la calligraphie

Au Viêt-nam la peinture à la laque° et la peinture sur soie°

poupées *dolls* **madras** *brightly-colored cotton or silk fabric* **terre cuite** *terra-cotta* **teinture** *dye* **ombres** *shadows* **marionnettes en cuir** *leather puppets* **tapisserie** *tapestry* **laque** *lacquer* **soie** *silk*

PORTRAIT

AP® Theme: Beauty and Aesthetics
Context: Performing Arts

Le Cirque du Soleil

En 1982, des saltimbanques° et des cracheurs de feu° sur échasses° se rencontrent et montent un spectacle à Baie-Saint-Paul, au Québec. En 1984, le gouvernement les embauche pour célébrer le 450e anniversaire de l'arrivée de l'explorateur Jacques Cartier. Ainsi° est né le Cirque du Soleil. Depuis, il a connu un succès international sous la direction de son fondateur principal, Guy Laliberté. Ses spectacles pleins de féerie° et de poésie ravissent° tous les publics et, à la différence de ceux du cirque traditionnel, ils n'ont aucun animal. Ils intègrent plutôt les numéros° acrobatiques de contorsionnistes, trapézistes, équilibristes° et jongleurs à ceux de danseurs et de clowns. Leur univers magique a apporté à la troupe une popularité incroyable et a transformé le monde du cirque.

saltimbanques *acrobats, performers* **cracheurs de feu** *fire-eaters* **échasses** *stilts* **Ainsi** *In this way* **féerie** *enchantment* **ravissent** *delight* **numéros** *acts* **équilibristes** *tightrope walkers*

Sur Internet

Qu'est-ce que Jean-Pierre Jeunet et Gaston Kaboré ont en commun?

Go to **vhlcentral.com** to find more information related to this **Culture** section.

---

2 **Complétez** Complétez les phrases.

1. Le Cirque du Soleil est né en _____1984_____.
2. Son fondateur principal ___Guy Laliberté___ est le directeur.
3. Ses spectacles sont pleins de ___féerie et poésie___.
4. Ils intègrent les numéros acrobatiques de ___contorsionnistes, de trapézistes, d'équilibristes, de jongleurs, de danseurs et de clowns.___
5. La fabrication de poupées en costumes de madras traditionnels est un art traditionnel ___aux Antilles___.
6. En Polynésie française, ___le tatouage corporel___ est un art.

3 **Au cirque** Interviewez votre partenaire. Est-il/elle déjà allé(e) au cirque? Au Cirque du Soleil? Combien de fois? Quels numéros a-t-il/elle préférés? En a-t-il/elle un souvenir particulier? A-t-il/elle envie d'y retourner? Soyez prêt(e)s à présenter vos résultats à la classe.

A C T I V I T É S

Section Goals

In this section, students will learn:
- conjunctions that require the subjunctive
- when to use the infinitive instead of the subjunctive

Key Standards

4.1, 5.1

Suggestions: Scaffolding
- To introduce conjunctions that require the subjunctive, make a few statements about yourself. Examples: **Je n'arrive pas en retard au cours, à moins que ma voiture ne démarre pas. Je range mes livres avant que la classe finisse. Je vais à pied au cours, à condition qu'il ne pleuve pas.** Write each conjunction on the board as you say it.
- Have a volunteer read the example sentences from the lesson. Point out that these conjunctions must be followed by a change in subject in order to elicit the subjunctive mood.
- Write sentences that use **avant de, sans,** and **pour,** and ask volunteers to rewrite them so that each ends with a subordinate clause with the subjunctive instead of a preposition and infinitive. Give them this example as a model: **Je vais parler avec Chantal avant d'aller en cours. (... avant qu'elle aille en cours/... avant qu'il lui parle)**
- Write the six conjunctions on the board. Ask students to call out some main clauses and subordinate clauses in order to make six logical sentences.

Essayez! Have students form sentences with these phrases. Example: **Avant que nous partions, il faut que j'aille chercher un pull.** Then have them rewrite sentences 1, 2, 5, 7, and 8 using an infinitive.

7B.1

The subjunctive (Part 4) **vhl**central

The subjunctive with conjunctions

Point de départ Conjunctions are words or phrases that connect other words and clauses in sentences. Some conjunctions introduce adverbial clauses that describe *how, why, when,* and *where* an action takes place.

- Conjunctions that express a condition upon which an action is dependent are followed by a clause with a verb in the subjunctive.

Conjunctions that require the subjunctive			
à condition que...	*on the condition that..., provided that...*	jusqu'à ce que...	*until...*
à moins que...	*unless...*	pour que...	*so that...*
avant que...	*before...*	sans que...	*without...*

main clause	conjunction	subordinate clause
Je vous laisse la clé *I'll leave you the key*	**à condition que** *provided that*	vous me la **rendiez**. *you return it to me.*
Nous n'irons pas au cinéma *We won't go to the cinema*	**à moins que** *unless*	tu **viennes** avec nous. *you come with us.*
Elle me montre les photos *She shows me the pictures*	**pour que** *so that*	je **connaisse** sa famille. *I get to know her family.*
Je resterai ici *I will stay*	**jusqu'à ce que** *until*	vous **rentriez**. *you return.*

- When the subject of the main clause is the same as the subject of the subordinate clause, use the infinitive after these conjunctions. Note the change in their forms.

avant que	**avant de**	sans que	**sans**	pour que	**pour**

Je lis **avant de m'endormir**.
I read before falling asleep.

Nous regardons beaucoup de films **sans sortir** de chez nous.
We watch a lot of movies without leaving home.

Elle travaille **pour gagner** de l'argent.
She works in order to earn some money.

Ils font toujours leurs devoirs **avant de regarder** la télé.
They always do their homework before watching TV.

Essayez! **Indiquez les formes correctes du présent du subjonctif des verbes.**

1. jusqu'à ce que nous _partions_ (partir)
2. pour que je ne _me mette_ (se mettre) pas en colère
3. à condition que nous _soyons_ (être) prudents
4. à moins que tu _dises_ (dire) oui
5. sans que les spectateurs les _applaudissent_ (applaudir)
6. à moins qu'il _fasse_ (faire) beau
7. avant que tu _saches_ (savoir) conduire
8. pour que vous _appreniez_ (apprendre) des choses

TEACHING OPTIONS

Flashcards Give each student two index cards, and have them write **I** for infinitive and one card and **S** for subjunctive on the other. Prepare several statements, some with subordinate clauses containing an infinitive and some with a verb in the subjunctive, and read them aloud to the class. Students hold up the card that represents what they heard.

TEACHING OPTIONS

Examples: **Le professeur parle lentement pour que les élèves le comprennent. (S) Je n'ai pas besoin de prendre le bus pour venir au lycée. (I)**
Video Show the video again to give students more input on the use of conjunctions with the subjunctive. Stop the video where appropriate to discuss how and why the subjunctive was used.

Le français vivant

MAURICE QUENTIN DE LA TOUR

Magnifique exposition sur ce grand peintre. Venez au château de Versailles du 2 au 29 septembre avant que ces peintures retournent dans leurs musées d'origine. Nous avons beaucoup travaillé pour que vous ayez l'occasion de voir ces superbes portraits. Venez contempler ces magnifiques tableaux qui vous feront voyager dans une autre époque... à moins que vous restiez indifférent à la beauté éternelle.

Identifiez Quelles conjonctions trouvez-vous avec le présent du subjonctif dans la publicité?

avant que, pour que, à moins que

Questions Posez ces questions à un(e) partenaire et répondez à tour de rôle.

1. Qui était Maurice Quentin de La Tour?
   un grand peintre
2. Pourquoi faut-il voir l'exposition avant le 29 septembre?
   Après cette date, les peintures retournent dans leurs musées d'origine.
3. Pourquoi a-t-on beaucoup travaillé au château de Versailles?
   pour que les visiteurs aient l'occasion de voir ces portraits
4. Quel effet ont les magnifiques tableaux sur les visiteurs?
   Ils leur font voyager dans une autre époque.
5. D'après (*According to*) la pub, quelle sorte de personne ne voudrait pas visiter l'exposition?
   Answers will vary.
6. Aimes-tu visiter les musées? Pourquoi? Quels musées as-tu visités?
   Answers will vary.

Mise en pratique

1 **Je veux bien y aller si...** Richard veut que Louise aille avec lui au cinéma ce week-end, mais elle y met plusieurs conditions. Complétez les phrases avec la forme correcte du verbe.

1. Je veux bien aller avec toi au cinéma à moins qu'il __fasse__ (faire) beau.
2. S'il fait beau, je préfère aller à la plage pour __bronzer__ (bronzer).
3. Regarde la météo pour que nous __sachions__ (savoir) le temps qu'il fera.
4. S'il ne fait pas beau, j'irai avec toi à condition que ce __ne soit pas__ (ne pas être) un film d'horreur.
5. J'aime bien les films policiers à moins qu'il y __ait__ (avoir) trop de violence.
6. Nous pouvons voir un documentaire à condition qu'il ne __soit__ (être) pas sur les animaux.
7. Souviens-toi que je ne vois pas de film sans __manger__ (manger) de pop-corn.
8. Si j'ai sommeil, je veux rentrer chez moi avant que le film __finisse__ (finir).

2 **Au musée des Beaux-Arts** Myriam et Delphine passent la journée au musée. Faites les changements nécessaires pour créer leur conversation. Suggested answers

MYRIAM (1) je / pouvoir / regarder / ce / chef-d'œuvre/ jusqu'à ce que / le musée / fermer Je pourrais regarder ce chef-d'œuvre jusqu'à ce que le musée ferme.

DELPHINE (2) le peintre / avoir fait / ce / tableau / avant / avoir / douze ans Le peintre a fait ce tableau avant d'avoir douze ans.

MYRIAM (3) certain / enfants / être / vraiment doué / sans que / les parents / le / savoir Certains enfants sont vraiment doués sans que les parents le sachent.

DELPHINE (4) je / vouloir bien / voir / sculptures de Rodin / avant que / nous / partir Je voudrais bien voir les sculptures de Rodin avant que nous partions.

MYRIAM (5) pouvoir / nous / voir / documentaire sur Rodin / avant / partir / ? Pouvons-nous voir le documentaire sur Rodin avant de partir?

DELPHINE (6) d'accord / je / aller / le voir / à condition que / il / ne pas être / ennuyeux D'accord, j'irai le voir à condition qu'il ne soit pas ennuyeux.

3 **Opinions** Complétez ces phrases de manière originale. Ensuite, comparez vos réponses avec celles d'un(e) partenaire. Answers will vary.

1. J'aime les films d'horreur à moins que...
2. Les gens regardent les feuilletons pour...
3. Je ferai les musées de Paris jusqu'à ce que...
4. On fait des publicités pour que les gens...
5. Je lis des romans à condition que...
6. Je regarde la météo avant de...

4 **Votre vie** Vous êtes acteur/actrice ou écrivain(e). Décrivez votre vie quotidienne (*daily life*). Utilisez les conjonctions suivantes dans votre description. Écrivez au moins six phrases.

MODÈLE

Nous jouons la scène jusqu'à ce que le metteur en scène soit heureux.

à condition que	jusqu'à ce que
à moins que	pour que/pour
avant que/avant de	sans que/sans

Communication

5 **Questions** Avec un(e) partenaire, répondez à ces questions. Ensuite, présentez vos réponses à la classe. Answers will vary.

1. Que fais-tu tous les soirs avant de te coucher?
2. Que font tes parents pour que tu puisses aller à l'université plus tard?
3. Que peux-tu faire pour améliorer ton français?
4. Que veux-tu faire demain à moins qu'il fasse mauvais?
5. Que fais-tu pendant les cours sans que les profs le sachent?
6. Que fais-tu seulement à condition qu'un(e) ami(e) t'accompagne?
7. Quelles stratégies utilises-tu pour avoir de bonnes notes?
8. Quelle activité pratiques-tu sans t'arrêter jusqu'à ce que tu la finisses?
9. Qu'est-ce que tes parents te permettent de faire à condition que tu aies de bonnes notes?
10. Que fais-tu pendant des heures sans t'ennuyer?

6 **Le week-end** Avec un(e) partenaire, parlez de vos projets pour ce week-end. Utilisez les conjonctions suivantes. Answers will vary.

MODÈLE

Samedi, je vais aller à la piscine à moins que mes amis veuillent aller à la plage.

à condition que	jusqu'à ce que
à moins que	pour (que)
avant de/que	sans (que)

7 **Tic-Tac-Toe** Formez deux équipes. Une personne commence une phrase et une autre de son équipe la finit avec les mots de la grille. La première équipe à créer trois phrases d'affilée (*in a row*) gagne. Answers will vary.

MODÈLE

Élève 1: *J'aime bien admirer un chef-d'œuvre...*
Élève 2: *...à moins que ce soit une sculpture.*

pour que	sans que	avant que
à condition que	jusqu'à ce que	pour
à moins que	sans	avant de

5 **Expansion** Have students react to individual responses. Example: _____ **fait de l'exercice tous les jours avant de se coucher. Qui fait plus d'exercice? Qui regarde la télévision? Qui lit avant de s'endormir?**

5 **Virtual Chat** You can also assign Activity 4 on vhlcentral.com. Students record individual responses that appear in your gradebook.

6 **Expansion** Have partners guess what their friends and family will do for the weekend. Have them do the same with celebrities, taking guesses about their weekend plans.

6 **Partner Chat** You can also assign Activity 5 on vhlcentral.com. Students work in pairs to record the activity online. The pair's recorded conversation will appear in your gradebook.

7 **Suggestions**
- Have groups prepare tic-tac-toe cards like the one shown in the activity.
- Have the students form new groups and do a second round of tic-tac-toe.

Activity Pack For additional activities, go to the **Activity Pack** in the **Resources** section of vhlcentral.com.

EXPANSION

Interviews Ask partners to interview each other about what they must do today in order to reach their future goals. Students should state what their goals are, the necessary conditions to achieve them, and talk about obstacles they may encounter. They should use as many conjunctions as possible in their interviews. Have pairs present their interviews to the class.

EXPANSION

Role-play Distribute the handout for the activity **Trop de conditions!** from the online Resources (**Unité 7**/Activity Pack/ Vocabulary and Grammar Activities). Have students read the instructions and give them 10 minutes to prepare their role-play. Ask volunteers to perform their scene for the class.

367

7B.2 **Review of the subjunctive** **vhl**central

Point de départ Since **Leçon 6A**, you have been learning about the subjunctive mood and its verb forms. Because there is no exact English equivalent of the subjunctive in French, you cannot rely on translation. Instead, you must learn to recognize the contexts and cues that trigger the subjunctive. The charts on this and the following page will help you review and synthesize what you have already learned about the subjunctive.

> *D'accord, je vous dis tout avant que vous perdiez patience.*

> *Je pense qu'il a raison. Ma vraie passion, ce n'est pas la musique.*

🏃 Boîte à outils

Remember that spelling-change verbs follow the same rules as regular verbs in the subjunctive.

Il faut que j'achète des crayons.

Il faut que nous achetions des crayons.

🔗 Vérifiez

Summary of subjunctive forms

regular verbs

	parler	finir	attendre	partir
que je/j'	parle	finisse	attende	parte
que tu	parles	finisses	attendes	partes
qu'il/elle/on	parle	finisse	attende	parte
que nous	parlions	finissions	attendions	partions
que vous	parliez	finissiez	attendiez	partiez
qu'ils/elles	parlent	finissent	attendent	partent

stem-change verbs / irregular verbs

	prendre	aller	avoir	être
que je/j'	prenne	aille	aie	sois
que tu	prennes	ailles	aies	sois
qu'il/elle/on	prenne	aille	ait	soit
que nous	prenions	allions	ayons	soyons
que vous	preniez	alliez	ayez	soyez
qu'ils/elles	prennent	aillent	aient	soient

irregular verbs

	faire	pouvoir	savoir	vouloir
que je	fasse	puisse	sache	veuille
que tu	fasses	puisses	saches	veuilles
qu'il/elle/on	fasse	puisse	sache	veuille
que nous	fassions	puissions	sachions	voulions
que vous	fassiez	puissiez	sachiez	vouliez
qu'ils/elles	fassent	puissent	sachent	veuillent

- Certain expressions trigger the subjunctive in the subordinate clause when the subject is different from the one in the main clause.

Summary of subjunctive uses

Subjunctive trigger in main clause	Subjunctive in subordinate clause
Verb or expression of opinion	**Il est bon que** Djamel **conduise.** *It is good (that) Djamel drives.*
Verb or expression of necessity or obligation	**Il est essentiel que** les élèves **fassent** leurs devoirs. *It's essential that students do their homework.*
Verb or expression of will or emotion	Nous **avons peur que** vous **ayez** trop de travail. *We're afraid (that) you have too much work.*
Verb or expression of doubt, disbelief, or uncertainty	Tu **ne crois pas que** nous **soyons** américaines. *You don't believe (that) we're American.*
Conjunction	Il chantera **à condition que** tu **saches** jouer du piano. *He'll sing provided that you know how to play the piano.*

- Use the indicative in the subordinate clause when there is an expression of belief, certainty, or truth in the main clause.

Je crois que nous **sommes**   *but*   **Je doute que** nous **soyons**
à l'heure.   en retard.
I believe (that) we're on time.   *I doubt (that) we're late.*

- Use the infinitive when the subject of the main clause is the same as that of the subordinate clause.

Préfères-tu jouer de la guitare?   Nous sommes ici **pour voir** l'auteur.
Do you prefer to play the guitar?   *We're here to see the author.*

Essayez!   **Choisissez les formes correctes des verbes.**

1. Veut-il qu'elle (vient / (vienne)) avec nous?
2. Montre-moi tes photos pour que je (vois / (voie)) les belles plages.
3. Il faut que tu (as / (aies)) de la patience.
4. Elle ne doute pas que cette pièce ((finit) / finisse) tard.
5. Il est vrai que Dahlia ((est) / soit) malade.
6. Nous sommes contents que vous (allez / (alliez)) au musée du Louvre.
7. Il est dommage que nous ne (voyons / (voyions)) pas de peintures.
8. J'espère rentrer avant que mes parents (font / (fassent)) la cuisine.

Suggestions: Scaffolding
- Before working through the summary on how to use the subjunctive, review the concepts of the indicative and subjunctive. Explain that in most speech verbs are in the indicative. Then ask volunteers to tell you when the subjunctive is used. Write their statements on the board and discuss them.
- Compare the uses of the subjunctive and indicative. When comparing the subjunctive and infinitive in expressions of emotion, doubt, and certainty, discuss cases where the infinitive is used instead of the subjunctive. Compare and contrast the use of subjunctive and indicative with conjunctions.
- Follow the suggestion for the **Mini-dictée**, p. 369. Call on volunteers to write the sentences on the board. Then have students explain why the subjunctive was used in each case.

Essayez! Have students change the main clause from affirmative to negative, and vice versa. Discuss the impact this change has on the subordinate clause, if any.

TEACHING OPTIONS

Using Video Have students divide a sheet of paper into four sections, labeling them *Impersonal expressions*, *Will and emotion*, *Doubt*, and *Conjunctions*. Replay the **Roman-photo** episode, and have them write each example of the subjunctive they hear in the appropriate section. Then have them write a short summary of the episode includes each use of the subjunctive.

EXPANSION

Mini-dictée Use the following sentences as a dictation. Read each twice, pausing after the second time for students to write. **1. Il est important que nous regardions cette émission de télévision ce soir. 2. Je vais au mariage à condition qu'il ne pleuve pas. 3. Le patron demande que les employés travaillent plus vite. 4. Nathalie est en France jusqu'à ce qu'elle finisse ses études.**

1 Expansion Ask volunteers to read the completed sentences and state their reason for choosing the infinitive, subjunctive, or indicative form.

2 Suggestion Model the activity by giving a personal example. Write, for example, **Je doute que mon frère…** on the board, then complete the sentence. (**Je doute que mon frère se souvienne de la date de mon anniversaire.**)

3 Suggestion Have students work with a partner and then role-play the conversation with the class. Encourage students to also add supporting information to their role-plays.

4 Expansion After students share their sentences with the class, ask: **Est-ce qu'il y a quelqu'un qui souhaite devenir écrivain(e)? Qu'est-ce que vous voulez écrire? Que ferez-vous pour atteindre cet objectif?**

Mise en pratique

1 Oui, maman… La mère de Tarik et d'Aïcha veut que ses enfants soient très instruits (*educated*) sur l'art et la musique. Mettez les verbes à l'infinitif, à l'indicatif ou au subjonctif pour compléter ses phrases.

1. Il est nécessaire de ___lire___ (lire) tous les jours.
2. Il ne faut pas que nous ___regardions___ (regarder) trop la télévision.
3. Je pense que Tarik ___ne va pas___ (ne pas aller) assez souvent au musée.
4. Je ne pense pas que vous ___fassiez___ (faire) assez de peinture.
5. Il faut que vous ___étudiiez___ (étudier) la peinture et la musique.
6. Il est impossible que vous ___puissiez___ (pouvoir) tout comprendre, bien sûr.
7. Je veux que votre père vous ___apprenne___ (apprendre) à reconnaître les chefs-d'œuvre de Van Gogh.
8. Il croit que Van Gogh ___est___ (être) le plus grand peintre du dix-neuvième siècle (*century*).

2 Parle-moi de ta famille… Marc, le petit ami de Marion, veut tout savoir sur sa famille. Que lui dit-elle? Complétez les phrases. Answers will vary.

1. Il est clair que mes parents…
2. Je ne pense pas que mon frère…
3. Je crois que ma grand-mère…
4. Il est possible que je…
5. Je sais que mon frère et moi, nous…
6. Il est évident que ma famille…
7. Je ne suis pas sûre que…
8. Nous avons peur que…

3 Et nous? Marc veut aller au bal de promotion (*prom*) avec sa copine Shaynez, mais elle n'est pas sûre. Comment répond-elle à ses questions? Answers will vary.

1. De quoi as-tu peur, Shaynez?
2. N'est-il pas clair que nous nous amusons bien ensemble?
3. Est-il possible que tu sois malheureuse avec moi?
4. Que faut-il que je fasse pour te persuader?
5. De quoi n'es-tu pas sûre?
6. De quoi doutes-tu?
7. Que pensent tes amis?
8. Et tes parents, que veulent-ils que tu fasses?

4 Des conseils Viviane, une élève très douée, souhaite devenir écrivaine, mais elle a des doutes. Son professeur de littérature veut l'encourager. Écrivez cinq conseils qu'il pourrait lui donner. Utilisez chaque expression de la liste.

Je ne crois pas que…	Il est évident que…
Je recommande que…	Il faut que…
Il est douteux que…	

EXPANSION

Using Games Write verbs and expressions of will or emotion on slips of paper and put them in a box or bag. On separate strips, write an equal number of pairs of infinitives and subject pronouns and place them in a separate box or bag. Divide the class into two teams. One member of each team draws a slip of paper from each box or bag and writes a sentence on the board using the elements on both slips. If the sentence makes sense and the

EXPANSION

grammar is correct, that team gets a point. Play until everyone has had a chance to go to the board. The team with the most points at the end of the game wins.

Oral Practice Have students tell a partner three things he or she doubts and three things of which he or she is certain, using vocabulary from the lesson.

Communication

5 **Mon émission préférée** Avec un(e) partenaire, parlez de vos émissions de télévision préférées. Utilisez ces phrases dans votre conversation. Answers will vary.

1. Je la regarde à condition que...
2. Je suis furieux/furieuse que...
3. Tu devrais la regarder pour que...
4. Je ne suis pas sûr(e) que...
5. Il est important que...
6. Je ne pense pas que...
7. Je crois que...
8. Je souhaite que...

6 **Une pub** Par groupes de trois, inventez un produit et faites sa publicité. Utilisez autant de ces expressions que possible. Ensuite, présentez vos produits et vos pubs à la classe, qui votera pour les meilleurs. Answers will vary.

MODÈLE

Voulez-vous que votre maison soit propre? Il faut que vous achetiez «Nettoitou»! Il est formidable! Utilisez-le pour que toute votre maison soit belle!

avant que	il est évident	ne pas penser que
croire que	il est impossible que	pour que
il est douteux que		sans que
il est essentiel que	il faut que	vouloir que
	jusqu'à ce que	

7 **Vos opinions** Avec un(e) partenaire, écrivez un paragraphe pour donner votre opinion sur un de ces thèmes. Ensuite, échangez vos feuilles avec un groupe qui a choisi un thème différent et discutez de toutes les opinions. Answers will vary.

MODÈLE

Il est important que les profs écoutent les problèmes de leurs élèves.

- Le coût (*cost*) élevé des études universitaires
- Les relations entre les États-Unis et les autres pays du monde
- Le rôle du gouvernement dans la vie privée
- La nécessité des armes et de la guerre
- La séparation de l'Église et de l'État (*State*)
- L'importance des beaux-arts dans la société
- Les conséquences du réchauffement climatique
- Les avantages et les inconvénients (*disadvantages*) des réseaux sociaux

5 Expansion Write on the board all of the **émissions de télévision préférées** that the pairs discussed. Have students who chose the same program sit together. Then ask questions to elicit class discussion about the different programs. Example: **Il y a trois élèves qui disent que** (*name of program*) **est leur émission de télévision préférée. Pourquoi? Il est important que vous la regardiez toutes les semaines?**

5 Partner Chat You can also assign Activity 5 on vhlcentral.com. Students work in pairs to record the activity online. The pair's recorded conversation will appear in your gradebook.

6 Expansion Give each group member a task when presenting the ad to the class. The first member should explain the target audience of the ad. The second member should read the text to the class. The third member should pretend to be a client, giving a testimonial about the product's benefits.

7 Suggestion Before dividing the class into groups, give individuals two minutes to choose a topic. Then have them write down three ideas about the topic. Divide the class according to the subject they chose.

Activity Pack For additional activities, go to the **Activity Pack** in the **Resources** section of vhlcentral.com.

PRE-AP®

Presentational Writing Have students choose one of the topics from Activity 7 to write a persuasive essay consisting of three paragraphs. First, tell them to express their opinions on the topic. In the second paragraph, they should provide reasons and concrete examples that support their opinions. Finally, they should tie everything together in a conclusion and perhaps ask a question that invites the reader to evaluate the question further.

EXPANSION

Role-play Distribute the handout for the activity **Dites-moi!** from the online Resources (**Unité 7**/Activity Pack/Vocabulary and Grammar Activities). Have students read the instructions and give them 10 minutes to prepare their role-play. Ask volunteers to perform their scene for the class.

Révision

1 Un film d'horreur Que doit-on faire pour qu'un film d'horreur soit une réussite? Avec un(e) partenaire, faites par écrit une liste de huit phrases pour expliquer les critères. Utilisez tout ce vocabulaire. Answers will vary.

MODÈLE

Le film peut être une réussite à condition que les acteurs soient des célébrités.

à condition que	jusqu'à ce que
à moins que	pour que
avant que	sans que

2 Quels artistes? Par groupes de trois, interviewez vos camarades pour leur demander quels artistes et quelles œuvres ils vous recommandent de découvrir la prochaine fois que vous visiterez un musée. Écrivez leurs réponses, puis présentez leurs recommandations à la classe. Utilisez ces expressions avec le présent du subjonctif. Answers will vary.

MODÈLE

Je suggère que tu ailles voir les tableaux de Monet. Tu aimeras les couleurs et la représentation des personnages.

il est important que	proposer que
il est indispensable que	recommander que
(ne pas) penser que	suggérer que
?	?

3 Mes enfants Avec un(e) partenaire, préparez un dialogue où ces parents se disent ce qu'ils veulent que leurs enfants fassent plus tard. Utilisez au moins huit verbes au présent du subjonctif. Ensuite, jouez votre scène devant la classe. Answers will vary.

4 Un bon écrivain Que faut-il pour devenir un bon écrivain? Trouvez huit qualités qu'il faut avoir et utilisez l'infinitif pour faire une liste de conseils. À tour de rôle, utilisez votre liste pour donner des conseils à votre partenaire au présent du subjonctif. Answers will vary.

MODÈLE

Élève 1: *Conseil numéro 1: Pour être un bon écrivain, il faut avoir beaucoup d'imagination.*
Élève 2: *Si tu veux être un bon écrivain, il est essentiel que tu développes ton imagination.*

5 Au Louvre Votre professeur va vous donner, à vous et à votre partenaire, deux feuilles d'activités différentes. Attention! Ne regardez pas la feuille de votre partenaire. Answers will vary.

Extra Practice Write a cloze paragraph, making remarks about the course. Give students a word bank or let them pick a logical word from the context. Example: **Il est difficile de croire que nous _____ (soyons/arrivions) déjà à la fin du semestre. Je _____ (vous) conseille de bien réviser vos cours pour le dernier examen qui _____ (sera/se passera) le vendredi 15 mai à 8 heures. J'espère que vous _____ (avez/aurez) beaucoup** appris, non seulement en français, mais aussi à propos du monde francophone. Je souhaite que vous _____ (continuiez) à apprendre cette belle langue, à moins, bien sûr, que vous ne _____ (décidiez) d'arrêter vos études, mais ce _____ (serait) dommage! N'hésitez pas à me _____ (rendre) visite au bureau à l'avenir. _____ (Tenez)-moi au courant de vos projets!

À l'écoute vhlcentral

STRATÉGIE

Listening for key words/ Using the context

The comprehension of key words is vital to understanding spoken French. You can use your background knowledge of the subject to help you anticipate some key words. When you hear unfamiliar words, remember that you can use context to figure out their meaning.

🔊 📝 To practice these strategies, you will listen to a short radio announcement for an upcoming concert. Jot down key words, as well as any other words whose meaning you figured out from context clues.

Préparation

Regardez et décrivez la photo. Où sont ces personnes? Que font-elles? Que vont-elles aller voir, à votre avis?

🔊 À vous d'écouter

Vous êtes en France et vous voulez inviter un(e) ami(e) à sortir ce week-end. Vous écoutez la radio et vous entendez une annonce pour un spectacle qui plaira peut-être à votre ami(e). Notez les informations principales pour pouvoir ensuite décrire ce spectacle à votre ami(e) et pour lui dire quand vous pourrez aller le voir. Answers will vary.

_____
_____
_____
_____
_____
_____
_____
_____
_____

Compréhension

Complétez Complétez les phrases.

1. Le spectacle est ___a___.
   a. une pièce de théâtre   b. un opéra   c. un concert

2. Le nom du spectacle est ___c___.
   a. Molière   b. Monfort   c. L'Avare

3. Le spectacle est ___b___.
   a. une tragédie   b. une comédie   c. un drame psychologique

4. Yves Lemoîne est ___c___ du spectacle.
   a. l'auteur   b. le personnage principal
   c. le metteur en scène

5. Le public et les critiques ___a___ la première représentation du spectacle.
   a. ont adoré   b. ont détesté   c. ont peu apprécié

6. Les billets sont en vente tous les jours ___b___.
   a. à partir de 14h   b. de 10h à 18h   c. de 19h à 21h

Invitez votre ami(e)! Vous avez maintenant toutes les informations importantes nécessaires pour inviter votre ami(e) (un[e] camarade) à aller voir le spectacle ce week-end.

• Invitez-le/la au spectacle et dites-lui quand vous pourrez y aller.

• Il/Elle va vous poser quelques questions pour obtenir plus de détails sur le spectacle (histoire, personnages, acteurs, etc.).

• Ensuite, comme il/elle n'a pas très envie d'aller voir le spectacle, il/elle va faire plusieurs suggestions d'autres activités artistiques (films, concerts, expositions, etc.).

• Discutez de ces possibilités et choisissez-en une ensemble.

trois cent soixante-treize **373**

Il y a deux représentations le vendredi et le samedi, à 19h00 et à 21h30 et une à 14h00 le dimanche.
Teacher Resources DVD

Successful Language Learning Ask students if they approach listening to French or English differently after using the strategies presented in **D'accord!**.

Savoir-faire

vhlcentral

Panorama

La France d'outre-mer

Les DROM° en chiffres

Guadeloupe: *(1.703 km²)*
- ▸ Population: *400.186*
- ▸ Industries principales: *agriculture, pêche*
- ▸ Villes principales: *Basse-Terre, Pointe-à-Pitre*

Guyane: *(83.534 km²)*
- ▸ Population: *252.338*
- ▸ Industries principales: *industrie spatiale, extraction aurifère°*
- ▸ Ville principale: *Cayenne*

Martinique: *(1.080 km²)*
- ▸ Population: *383.911*
- ▸ Industries principales: *raffinage pétrolier, agriculture/agroalimentaire°*
- ▸ Villes principales: *Fort-de-France, Les Trois-Îlets*

Mayotte: *(376 km²)*
- ▸ Population: *235.132*
- ▸ Industrie principale: *éco-tourisme*
- ▸ Villes principales: *Mamoudzou, Dzaoudzi*

La Réunion: *(2.512 km²)*
- ▸ Population: *842.767*
- ▸ Industries principales: *agriculture, tourisme*
- ▸ Ville principale: *Saint-Denis*

Personnes célèbres

- ▸ **Aimé Césaire**, *Martinique, poète (1913–2008)*
- ▸ **Patrick Saint-Éloi**, *Guadeloupe, chanteur (1958–2010)*

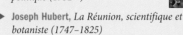

- ▸ **Christiane Taubira**, *Guyane, femme politique (1952–)*
- ▸ **Joseph Hubert**, *La Réunion, scientifique et botaniste (1747–1825)*

DROM (Départements et régions d'outre-mer) *Overseas departments and regions* **extraction aurifère** *gold mining* **agroalimentaire** *food processing* **survivants** *survivors* **enfermés** *detained*

Incroyable mais vrai!

Jusqu'au vingtième siècle, Saint-Pierre était le port le plus actif des Antilles et la capitale de la Martinique. Mais en 1902, un volcan, la montagne Pelée, entre en éruption. Il y a deux survivants°, dont un qui a été protégé par les murs de la prison où il était enfermé°. Certains historiens doutent de l'authenticité de l'histoire de cet homme.

Les arts

AP® Theme: Beauty and Aesthetics
Context: Music

Le maloya

Le maloya fait partie du patrimoine vivant° de l'île de la Réunion. Créé par des esclaves° afro-malgaches° dans les plantations sucrières d'autrefois, il est à la fois° une forme de musique, un chant et une danse. Initialement, il consistait en un dialogue entre un soliste et un chœur accompagné d'instruments à percussions, mais aujourd'hui il se marie à d'autres genres tels que° le reggae, le jazz ou le rock. Des artistes professionnels et des amateurs le chantent et le dansent pendant les manifestations culturelles, sociales et politiques de l'île.

AP® Theme: Global Challenges
Context: Environmental Issues

Les destinations

Le lagon de Mayotte

Avec sa double barrière de corail°, le lagon de Mayotte est d'une richesse exceptionnelle. On peut y observer des tortues géantes, des baleines° avec leurs petits, des dauphins° et bien sûr de magnifiques poissons bariolés°. Mais ces écosystèmes tant appréciés des plongeurs° et des touristes sont fragiles. Il faut les préserver tout en encourageant le développement durable°. C'est pour cette raison que le Parc naturel marin de Mayotte a été créé en 2010. Cette réserve couvre une superficie d'environ 68.000 km² et englobe toutes les eaux françaises alentours°. Une bonne initiative pour protéger la Planète!

Les sciences

AP® Theme: Science and Technology
Context: Current Research Topics

La recherche scientifique

Grâce à° sa situation géographique, la Guyane est devenue un pôle d'exploration et de recherches scientifiques. À Paracou, on étudie l'effet du changement climatique sur le fonctionnement de l'écosystème forestier amazonien. Près de Kourou se trouve le Centre Spatial Guyanais. C'est la base de lancement des fusées° Ariane ainsi que° du télescope spatial *Herschel*, qui nous a permis de découvrir de nouvelles galaxies! Non moins important est l'Institut Pasteur de Guyane, à Cayenne. Cette institution se spécialise tout particulièrement dans la recherche sur les maladies endémiques dans les régions tropicales.

Les gens

AP® Theme: Beauty and Aesthetics
Context: Literature

Maryse Condé

Née en Guadeloupe, puis étudiante à la Sorbonne, à Paris, Maryse Condé a vécu° huit ans en Afrique (Ghana, Sénégal, Guinée, etc.). En 1973, elle enseigne dans les universités françaises et commence sa carrière d'écrivain. Elle sera ensuite professeur en Californie et à l'Université de Columbia. Ses nombreux romans, y compris° *Moi, Tituba Sorcière*, ont reçu de multiples récompenses°. Ses romans mêlent° souvent fiction et événements historiques pour montrer la complexité de la culture antillaise, culture liée° à celle de l'Europe et à celle de l'Afrique.

Qu'est-ce que vous avez appris? Répondez aux questions.

1. Que se passe-t-il (*happens*) en Martinique au début du vingtième siècle?
   La montagne Pelée entre en éruption.
2. Combien d'habitants de Saint-Pierre survivent à l'éruption?
   Deux.
3. Qu'est-ce que le maloya?
   Une forme de musique, un chant et une danse.
4. Quand peut-on voir des artistes de maloya?
   Pendant les manifestations culturelles, sociales et politiques de l'île de la Réunion.
5. Pourquoi la Guyane est-elle un pôle d'exploration et de recherches scientifiques?
   Elle est un pôle d'exploration et de recherches scientifiques à cause de sa situation géographique.

6. Qu'est-ce qu'on étudie à Paracou?
   L'effet du changement climatique sur le fonctionnement de l'écosystème forestier amazonien.
7. Pourquoi a-t-on créé le Parc naturel marin de Mayotte?
   Pour protéger les écosystèmes marins tout en encourageant le développement durable.
8. Qu'est-ce qu'on peut observer dans le lagon de Mayotte?
   Des tortues géantes, des baleines avec leurs petits, des dauphins et de magnifiques poissons.
9. D'où vient Maryse Condé? Où a-t-elle étudié (*did she study*)?
   De Guadeloupe; à Paris.
10. Qu'est-ce que les romans de Maryse Condé mêlent?
    La fiction et l'histoire.

Sur Internet

1. Cherchez des informations sur des musiciens réunionnais. Lesquels utilisent le maloya?

2. Trouvez des informations sur la ville de Saint-Pierre. Comment est-elle aujourd'hui?

3. Cherchez des informations sur le centre de recherche à Paracou. Qu'est-ce qu'on a découvert sur le fonctionnement de l'écosystème forestier amazonien?

patrimoine vivant *living heritage* esclaves *slaves* afro-malgaches *Afro-Malagasy* à la fois *at the same time* tels que *such as* corail *coral* baleines *whales* dauphins *dolphins* bariolés *colorful* plongeurs *divers* durable *sustainable* alentours *surrounding* Grâce à *Because of* fusées *rockets* ainsi que *as well as* vécu *lived* y compris *including* récompenses *awards* mêlent *mix* liée *linked*

EXPANSION

Maryse Condé Have students find a work by **Maryse Condé**, read an excerpt, and write a short report. Tell them that their report should include the title of the work, a short summary of the plot, the text's primary themes, and their reaction to the reading.

Les DROM The **départements et régions d'outre-mer** have the same status and responsibilities as any other department of

EXPANSION

metropolitan France. **La Guadeloupe, la Guyane, la Martinique**, and **La Réunion** became French departments in 1946. **Mayotte** did not become a department until 2011. Divide the class into groups and assign a different **DROM** to each one. Have groups research how their **DROM** became integrated into the French Republic and report their findings to the class.

Suggestion Tell students that they may not understand every word in the readings. Guide them to focus on the main ideas and facts.

Le maloya
- Have students research the origins of **maloya** music and those of the blues and jazz in the United States. Then, disucuss the ways in which these genres are similar and what might account for these similarities.
- Have students listen to some excerpts of **maloya** online and describe their impressions. Do they like the music? Why or why not?

Le lagon de Mayotte Mayotte consists of two larger islands, **Grande Terre** and **Petite Terre**, and around ten smaller islands, all surrounded by the lagoon. A refuge for humpback whales, the lagoon also shelters two species of turtles and some 800 species of fish.

La recherche scientifique Tell students that Kourou's proximity to the Equator increases the speed of rockets launched from **le Centre Spatial Guyanais**, thus requiring less fuel to get them into orbit. This, as well as **Guyane's** location next to a deep body of water, make launches safer and are reasons why the European Space Agency chose **Guyane** for its launching operations.

Maryse Condé In her historical novels, Maryse Condé has chronicled the migration and experience of the African people from West Africa to the United States and the Caribbean. Her books explore the clash of races and cultures using personal experiences of historical characters.

 21ˢᵗ Century Skills

Information and Media Literacy
Go to vhlcentral.com to complete the **Sur Internet** activity associated with **Panorama** for additional practice accessing and using culturally authentic sources.

Savoir-faire

Lecture vhlcentral

Avant la lecture

AP® Theme: Beauty and Aesthetics
Context: Literature

STRATÉGIE

Point of View

Authors use a narrator with a unique perspective to tell their stories. This "point of view" filters what you see, hear, and feel in the narration. Identifying point of view helps you understand the emotions, opinions, and purpose the author wishes to convey. In some stories, the narrator is a character in the narrative and has a first person point of view. Everything you read is from this character's perspective. Other stories have a third person omniscient point of view. An omniscient narrator is an outsider who reports the thoughts and actions of all the characters.

Examinez le texte

Lisez les deux premières phrases du texte. À quelle personne le récit est-il écrit? À la première ou à la troisième personne? Le narrateur est-il un homme ou une femme? Comment le savez-vous? Les opinions et les émotions exprimées sont-elles celles du narrateur ou de quelqu'un d'autre? Quel ton ce point de vue donne-t-il au texte? Qu'est-ce que l'auteur veut communiquer?

À propos de l'auteur
Maïssa Bey

Maïssa Bey, nom de plume° de Samina Benameur, est née dans un petit village en Algérie en 1950. Après ses études, elle devient professeur de français, puis conseillère pédagogique. Avide lectrice° depuis un très jeune âge, elle passe petit à petit à l'écriture. Elle écrit des romans, des nouvelles, des pièces de théâtre, des poèmes et des essais. Le texte « Je suis lectrice » est un extrait de l'essai « L'une et l'autre », un texte autobiographique sorti en 2009. Aujourd'hui Bey continue à publier des œuvres et animer Paroles° et Écriture, une association dont l'objectif est d'ouvrir des espaces d'expression culturelle.

nom de plume *pen name* **lectrice** *reader* **Paroles** *Words*

376 *trois cent soixante-seize*

Je suis lectrice

extrait de L'une et l'autre (2009)

Je suis lectrice°. Passionnément. Déraisonnablement donc. Au point de ne pas supporter° d'être séparée des objets de mes désirs, de mes plaisirs: les livres. Je me suis
5 nourrie°, parfois gavée° de mots. J'ai d'abord été une dévoreuse d'histoires. J'ai voulu tout lire. Tout et sans doute n'importe quoi. J'ai subi tous les charmes°, me suis laissée prendre au piège° de tous les filets tendus°. Des romans d'amour
10 les plus mièvres° aux récits d'aventures les plus insensées°. J'ai été rebelle sans jamais savoir ni pouvoir dire non. J'ai parcouru le monde, sillonné° les mers, visité tous les continents et même au-delà, sans jamais dépasser les limites de mon
15 quartier, ou plus rarement celles de mon village. J'ai découvert les mots d'amour les plus fous sans jamais avoir le droit° d'en prononcer un seul à voix haute°. J'ai ri, j'ai souffert et pleuré, j'ai porté le deuil° de mes héros avant même d'être confrontée
20 à la mort, la vraie. J'ai ardemment souhaité des défaites° et des victoires alors même qu'autour de moi des bourreaux° affûtaient° déjà leurs armes. Très jeune, sans jamais avoir de véritables amies, j'ai eu pour compagnons des adultes, personnages
25 de papier plus proches° de moi que mes proches, des femmes et des hommes qui m'ont confié les plus intimes de leurs pensées, qui ont, dans une communauté fraternelle, partagé avec moi le pain et le sel, je veux dire les mots et la vérité de leur être.

376 Unit 7

Après la lecture

Complétez Répondez aux questions par des phrases complètes. Suggested answers:

1. De quelle façon est-ce que l'auteur lit?
   Elle lit passionnément et déraisonnablement.

2. De quoi les livres sont-ils l'objet?
   Ils sont l'objet des désirs et des plaisirs de l'auteur.

3. L'auteur parle de trois types de livres qu'elle a lus. Lesquels?
   Elle a lu des histoires, des romans d'amour et des récits d'aventures.

4. Qu'est-ce que l'auteur a pu faire sans quitter son quartier grâce aux (*thanks to*) livres?
   Elle a pu parcourir le monde et visiter tous les continents.

5. Qu'est-ce qu'elle a découvert qu'elle n'a jamais pu prononcer?
   Elle a découvert des mots d'amour.

6. Quelles réactions les histoires ont-elles provoquées chez l'auteur?
   Elle a ri, elle a souffert, elle a pleuré et elle a porté le deuil de ses héros.

7. Qui étaient les compagnons de l'auteur pendant sa jeunesse?
   Ses compagnons étaient les personnages des livres.

8. Qu'est-ce que les personnages des livres ont partagé avec l'auteur?
   Ils ont partagé les plus intimes de leurs pensées, le sel et le pain, et la vérité de leur être.

Point de vue Discutez de ces questions par petits groupes: Quel est le point de vue du texte? Qui est le narrateur? Soyez spécifique. Pourquoi croyez-vous que l'auteur a choisi ce point de vue? Si le texte était écrit d'un point de vue omniscient, serait-il différent? De quelle manière?
Answers will vary.

Ensemble À votre avis, pourquoi est-ce que l'auteur dit «J'ai ri, j'ai souffert et pleuré...» pour décrire son expérience de lectrice? Croyez-vous que c'est possible de ressentir les mêmes sentiments que les personnages? Avez-vous lu quelque chose qui vous a inspiré(e) de la même façon que les livres ont inspiré l'auteur? Écrivez un paragraphe pour présenter vos idées.

lectrice *reader* **ne pas supporter** *not to bear* **me suis nourrie** *nourished myself* **gavée** *gorged* **subi... charmes** *fell under all the spells* **me suis laissée... piège** *became trapped* **filets tendus** *nets cast* **mièvres** *sentimental* **insensées** *absurd* **sillonné** *plowed* **le droit** *right* **à voix haute** *aloud* **j'ai porté le deuil** *mourned* **défaites** *defeats* **bourreaux** *executioners* **affûtaient** *sharpened* **plus proches** *closer*

Répondez Have students complete the activity individually. Then have them check their work with a partner. Tell them to note the place in the text where they found each answer.

Point de vue Use the questions to lead a class discussion. Write students' responses to the questions on the board. For each response, conduct a class poll to see who agrees and disagrees. Then call on volunteers to elaborate on their ideas. Remind them to use concrete examples from the text or their personal experience to justify their opinions.

Ensemble Have students write a persuasive paragraph in which they discuss the power of books or some other art form or activity to inspire. Tell them to use a first person point of view and support their opinions with details from the reading and their own lives.

21ˢᵗ Century Skills

Creativity and Innovation
Ask students to prepare a presentation on another female writer from the francophone world, inspired by the information they learned about Maïssa Bey. Some writers they might consider are: Maryse Condé, Mariama Bâ, Gabrielle Roy, and Gisèle Pineau.

TELL Connection

Professionalism 3 *Why:* Using evidence of student growth allows you to reflect on your practices. *What:* Reflect on your students' experience with this literary text. Ask yourself: Can students read and listen with the fluency and comprehension you expect? Do they understand and use the strategy effectively? Can they apply the strategy to a different work? Then note areas which may require more research and reflection on your instructional and assessment practices.

EXPANSION

Writing Practice Point out to students that Maïssa Bey strongly claims her identity as a reader in the first line of the excerpt: **Je suis lectrice.** Write on the board **Je suis...** and have students complete the sentence with identities that describe them personally. Then have them choose the most important one and write a self-portrait in which they describe this identity, what shaped it over the years, and why it is an important part of them.

PRE-AP®

Presentational Speaking Ask students to reflect on what motivates the author in this reading. Then, have students consider what motivates them the most. Is it a hobby, a course at school, a person, a belief, or a situation? Have students prepare an oral presentation in which they describe in detail what motivates them and how this has affected their way of thinking, being, and behaving.

Écriture

Écriture

STRATÉGIE

Writing strong introductions and conclusions

Introductions and conclusions serve a similar purpose: both are intended to focus the reader's attention on the topic being covered. The introduction presents a brief preview of the topic. In addition, it informs your reader of the important points that will be covered in the body of your writing. The conclusion reaffirms those points and concisely sums up the information that has been provided. A compelling fact or statistic, a humorous anecdote, or a question directed to the reader are all interesting ways to begin or end your writing.

For example, if you were writing a biographical report on Antoine de Saint-Exupéry, whom you learned about in **Unité 6 Lecture**, you might start by noting that Saint-Exupéry's **Le Petit Prince** is considered to be one of the most widely read books ever. The rest of your introductory paragraph would outline the areas you would cover in the body of your paper, such as the author's life, his works, and the impact that **Le Petit Prince** has had on adult and children's literature. In your conclusion, you might sum up the most important information in the report and tie this information together in a way that would make your reader want to learn even more about the topic. You could write, for example, "Antoine de Saint-Exupéry, with his imagination and unique view on the world, has created one of the most well-known and enduring characters in world literature."

Thème

Écrire la critique d'une œuvre artistique

Avant l'écriture

1. Vous allez écrire la critique d'un film, d'une pièce de théâtre ou d'un spectacle de votre choix. Votre critique doit avoir trois parties: l'introduction, le développement et la conclusion. Dans l'introduction, vous allez rapidement présenter l'œuvre. Ensuite, dans le développement, vous allez la décrire en détail. Enfin, dans la conclusion, vous allez donner votre opinion et expliquer pourquoi vous recommandez ce spectacle ou non. Utilisez ce plan pour la recherche des idées et pour leur organisation.

Introduction

- Le titre de l'œuvre et le nom de son créateur
- Description du sujet et/ou du genre de l'œuvre
- Quand et où vous l'avez vue

Développement

- Un petit résumé de l'histoire
- Les noms des personnages ou des artistes
- Description des personnages, du/des décor(s) et des costumes

Conclusion

- Votre opinion sur l'œuvre

- Expliquez les raisons pour lesquelles vous la recommandez ou pas.

Écriture

1. Pour vous assurer (*ensure*) que vous allez écrire une introduction et une conclusion bien développées, remplissez (*fill in*) ce diagramme. Ces deux sections doivent contenir la même information sur les idées principales de votre critique, mais doivent aussi avoir au moins (*at least*) une idée différente. Référez-vous à la stratégie, si nécessaire.

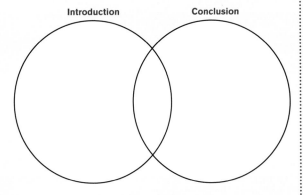

Introduction   Conclusion

2. Ensuite, utilisez vos idées de la section précédente et du diagramme pour écrire votre critique.

3. Utilisez aussi des formes du subjonctif et, si possible, des pronoms possessifs dans votre critique.

Critique d'une pièce de théâtre

Le malade imaginaire de Molière est une comédie théâtrale que j'ai eu la chance de voir hier soir au Théâtre des Capucins. L'histoire, qui se passe au XVIIe siècle, est celle d'un vieux bourgeois, Argan, qui se croit constamment malade, alors qu'il ne l'est pas. Béline, sa femme, … Cette pièce, qui est un des nombreux chefs-d'œuvre de Molière, m'a donné l'occasion de passer un très bon moment…

Après l'écriture

1. Échangez votre critique avec celle d'un(e) partenaire. Répondez à ces questions pour commenter son travail.

- Votre partenaire a-t-il/elle inclu une introduction développée?

- A-t-il/elle écrit une partie centrale détaillée?

- A-t-il/elle écrit une conclusion bien développée et en relation avec l'introduction, mais contenant (*containing*) aussi au moins une nouvelle idée?

- A-t-il/elle présenté toutes les informations de la section **Avant l'écriture**?

- A-t-il/elle utilisé des formes du subjonctif?

- Quel(s) détail(s) ajouteriez-vous? Quel(s) détail(s) enlèveriez-vous (*would you delete*)? Quel(s) autre(s) commentaire(s) avez-vous pour votre partenaire?

2. Corrigez votre critique d'après (*according to*) les commentaires de votre partenaire. Relisez votre travail pour éliminer ces problèmes:

- des fautes (*errors*) d'orthographe

- des fautes de ponctuation

- des fautes de conjugaison

- un mauvais emploi de la grammaire de l'unité

- des fautes d'accord (*agreement*) des adjectifs

EVALUATION

Criteria

Content Contains a complete evaluation of a film, drama, or show that addresses all the information called out in the bulleted list.
Scale: 1 2 3 4 5

Organization Organized into a clear introduction, body, and conclusion, each of which is made up of logical paragraphs that begin with topic sentences and contain appropriate supporting detail.
Scale: 1 2 3 4 5

Accuracy Uses present and past tense forms correctly. Spells words, conjugates verbs, and modifies adjectives correctly throughout.
Scale: 1 2 3 4 5

Creativity Includes additional information that is not requested in the task and/or uses adjectives, descriptive verbs, and additional details to make the composition more interesting.
Scale: 1 2 3 4 5

Scoring

Excellent	18–20 points
Good	14–17 points
Satisfactory	10–13 points
Unsatisfactory	< 10 points

21st Century Skills

Productivity and Accountability
Provide the rubric to students before they hand their work in for grading. Ask students to make sure they have met the highest standard possible on the rubric before submitting their work.

TELL Connection

Environment 1 *Why:* Using information about students' cultural experiences will help you better tailor their learning. *What:* This writing activity invites students to reflect on what they have experienced outside of class, and to consider their reactions to those experiences. Such individualization enriches the activity, while still allowing students who prefer to experience a work of art with a group to also fully participate.

TEACHING OPTIONS

Avant l'écriture Allow students who may have difficulty with the task to watch a French movie or dramatization of a one-act play together. Give them extra support by supplying some facts about the presentation and then discussing it afterwards with the group. More advanced students who don't need this level of help may either join this group or elect to do the assignment on a piece of their own choosing.

EXPANSION

Écriture Supply students with some useful expressions for critiquing a play or film: **À mon avis…, Beaucoup de personnes considèrent (que)/pensent que…, Comme tout le monde le sait…, D'un point de vue artistique/historique…, Selon les critiques…** etc. You may also want to supply a list of adjectives such as **brillant(e), éblouissant(e), réussi(e), avant-gardiste, innovant(e), innovateur/innovatrice, génial(e), surestimé(e), lamentable, médiocre,** and so on.

379

Leçon 7A

Aller au spectacle

applaudir	to applaud
présenter	to present
profiter de quelque chose	to take advantage of/to enjoy something
un applaudissement	applause
une chanson	song
un chœur	choir, chorus
une comédie (musicale)	comedy (musical)
un concert	concert
une danse	dance
le début	beginning; debut
un entracte	intermission
la fin	end
un genre	genre
un opéra	opera
une pièce de théâtre	play
une place	seat
une séance	show; screening
une sorte	sort, kind
un spectateur/une spectatrice	spectator
une tragédie	tragedy

Les artistes

faire de la musique	to play music
jouer un rôle	to play a role
jouer de la batterie/ de la guitare/du piano/du violon	to play the drums/ the guitar/the piano/the violin
un compositeur	composer
un danseur/une danseuse	dancer
un dramaturge	playwright
un membre	member
un metteur en scène	director (of a play, a show)
un orchestre	orchestra
un personnage (principal)	(main) character
un réalisateur/une réalisatrice	director (of a movie)
une troupe	company, troop
célèbre	famous

Expressions utiles

See p. 341.

Expressions de doute et de certitude

douter que...	to doubt that...
ne pas croire que...	not to believe that...
ne pas penser que...	not to think that...
Il est douteux que...	It is doubtful that...
Il est impossible que...	It is impossible that...
Il n'est pas certain que...	It is uncertain that...
Il n'est pas sûr que...	It is not sure that...
Il n'est pas vrai que...	It is untrue that...
croire que...	to believe that...
penser que...	to think that...
savoir que...	to know that...
Il est certain que...	It is certain that...
Il est clair que...	It is clear that...
Il est évident que...	It is obvious that...
Il est sûr que...	It is sure that...
Il est vrai que...	It is true that...

Pronoms possessifs

le mien (m. sing.)	mine
la mienne (f. sing.)	mine
les miens (m. pl.)	mine
les miennes (f. pl.)	mine
le tien (m. sing.)	yours
la tienne (f. sing.)	yours
les tiens (m. pl.)	yours
les tiennes (f. pl.)	yours
le sien (m. sing.)	his/hers/its
la mienne (f. sing.)	his/hers/its
les siens (m. pl.)	his/hers/its
les siennes (f. pl.)	his/hers/its
le/la nôtre (m./f. sing.)	ours
les nôtres (m./f. pl.)	ours
le/la vôtre (m./f. sing.)	yours (form./pl.)
les vôtres (m./f. pl.)	yours (form./pl.)
le/la leur (m./f. sing.)	theirs
les leurs (m./f. pl.)	theirs

Leçon 7B

Les artistes

un auteur/une femme auteur	author
un écrivain/une écrivaine	writer
un peintre/une femme peintre	painter
un poète/une poétesse	poet
un sculpteur/une sculptrice	sculptor
doué(e)	talented; gifted

Le cinéma et la télévision

un dessin animé	cartoon
un documentaire	documentary
un drame psychologique	psychological drama
une émission (de télévision)	(television) program
un feuilleton	soap opera
un film (d'aventures, d'horreur, policier, de science-fiction)	(adventure, horror, crime, science fiction) film
une histoire	story
les informations (infos) (f.)	news
un jeu télévisé	game show
la météo	weather
les nouvelles (f.)	news
un programme	program
une publicité (pub)	advertisement
les variétés (f.)	popular music
à la radio	on the radio
à la télé(vision)	on television

Les arts

faire les musées	to go to museums
publier	to publish
les beaux-arts (m.)	fine arts
un chef-d'œuvre (chefs-d'oeuvre pl.)	masterpiece
un conte	tale
une critique	review; criticism
une exposition	exhibit
un festival (festivals pl.)	festival
un magazine	magazine
une oeuvre	artwork, piece of art
une peinture	painting
un poème	poem
un roman	novel
une sculpture	sculpture
un tableau	painting
ancien(ne)	ancient; old; former
gratuit(e)	free
littéraire	literary
récent(e)	recent

Expressions utiles

See p. 361.

Conjonctions suivies du subjonctif

à condition que...	on the condition that..., provided that...
à moins que...	unless...
avant que...	before...
jusqu'à ce que...	until...
pour que...	so that...
sans que...	without...

Appendices

The *impératif*

Point de départ The **impératif** is the form of a verb that is used to give commands or to offer directions, hints, and suggestions. With command forms, you do not use subject pronouns.

- Form the **tu** command of **-er** verbs by dropping the **-s** from the present tense form. Note that **aller** also follows this pattern.

Réserve deux chambres.	**Ne travaille pas.**	**Va** au marché.
Reserve two rooms.	*Don't work.*	*Go to the market.*

- The **nous** and **vous** command forms of **-er** verbs are the same as the present tense forms.

Nettoyez votre chambre.	**Mangeons** au restaurant ce soir.
Clean your room.	*Let's eat at the restaurant tonight.*

- For **-ir** verbs, **-re** verbs, and most irregular verbs, the command forms are identical to the present tense forms.

Finis la salade.	**Attendez** dix minutes.	**Faisons** du yoga.
Finish the salad.	*Wait ten minutes.*	*Let's do some yoga.*

The *impératif* of *avoir* and *être*		
	avoir	**être**
(tu)	aie	sois
(nous)	ayons	soyons
(vous)	ayez	soyez

- The forms of **avoir** and **être** in the **impératif** are irregular.

Aie confiance.	Ne **soyons** pas en retard.
Have confidence.	*Let's not be late.*

- An object pronoun can be added to the end of an affirmative command. Use a hyphen to separate them. Use **moi** and **toi** for the first- and second-person object pronouns.

Permettez-moi de vous aider.	Achète le dictionnaire et **utilise-le**.
Allow me to help you.	*Buy the dictionary and use it.*

- In negative commands, place object pronouns between **ne** and the verb. Use **me** and **te** for the first- and second-person object pronouns.

Ne **me montre** pas les réponses, s'il te plaît.	Cette photo est fragile. Ne **la touchez** pas.
Please don't show me the answers.	*That picture is fragile. Don't touch it.*

Glossary of Grammatical Terms

ADJECTIVE A word that modifies, or describes, a noun or pronoun.

des livres **amusants**	une **jolie** fleur
*some **funny** books*	*a **pretty** flower*

Demonstrative adjective An adjective that specifies which noun a speaker is referring to.

cette chemise	**ce** placard
this shirt	*this closet*
cet hôtel	**ces** boîtes
this hotel	*these boxes.*

Possessive adjective An adjective that indicates ownership or possession.

ma belle montre	C'est **son** cousin.
my beautiful watch	*This is **his/her** cousin.*
tes crayons	Ce sont **leurs** tantes.
your pencils	*Those are **their** aunts.*

ADVERB A word that modifies, or describes, a verb, adjective, or other adverb.

Michael parle **couramment** français.
*Michael speaks French **fluently**.*

Elle lui parle **très** franchement.
*She speaks to him **very** honestly.*

ARTICLE A word that points out a noun in either a specific or a non-specific way.

Definite article An article that points out a noun in a specific way.

le marché	**la** valise
the market	*the suitcase*
les dictionnaires	**les** mots
the dictionaries	*the words*

Indefinite article An article that points out a noun in a general, non-specific way.

un vélo	**une** fille
a bike	*a girl*
des oiseaux	**des** affiches
some birds	*some posters*

CLAUSE A group of words that contains both a conjugated verb and a subject, either expressed or implied.

Main (or Independent) clause A clause that can stand alone as a complete sentence.

J'ai un manteau vert.
I have a green coat.

Glossary of Grammatical Terms

Subordinate (or Dependent) clause A clause that does not express a complete thought and therefore cannot stand alone as a sentence.

Je travaille dans un restaurant **parce que j'ai besoin d'argent**.
*I work in a restaurant **because I need money**.*

COMPARATIVE A construction used with an adjective or adverb to express a comparison between two people, places, or things.

Thomas est **plus petit** qu'Adrien.
*Thomas is **shorter than** Adrien.*

En Corse, il pleut **moins souvent qu'**en Alsace.
*In Corsica, it rains **less often than** in Alsace.*

Cette maison n'a pas **autant de fenêtres** que l'autre.
*This house does not have **as many windows as** the other one.*

CONJUGATION A set of the forms of a verb for a specific tense or mood, or the process by which these verb forms are presented.

Imparfait conjugation of **chanter**:

je chant**ais**	nous chant**ions**
tu chant**ais**	vous chant**iez**
il/elle chant**ait**	ils/elles chant**aient**

CONJUNCTION A word used to connect words, clauses, or phrases.

Suzanne **et** Pierre habitent en Suisse.
*Suzanne **and** Pierre live in Switzerland.*

Je ne dessine pas très bien, **mais** j'aime les cours de dessin.
*I don't draw very well, **but** I like art classes.*

CONTRACTION The joining of two words into one. In French, the contractions are **au**, **aux**, **du**, and **des**.

Ma sœur est allée **au** concert hier soir.
*My sister went **to a** concert last night.*

Il a parlé **aux** voisins cet après-midi.
*He talked **to the** neighbors this afternoon.*

Je retire de l'argent **du** distributeur automatique.
*I withdraw money **from the** ATM machine.*

Nous avons campé près **du** village.
*We camped **near the** village.*

DIRECT OBJECT A noun or pronoun that directly receives the action of the verb.

Thomas lit **un livre**.	Je **l'**ai vu hier.
*Thomas reads **a book**.*	*I saw **him** yesterday.*

GENDER The grammatical categorizing of certain kinds of words, such as nouns and pronouns, as masculine, feminine, or neuter.

Masculine
articles **le, un**
pronouns **il, lui, le, celui-ci, celui-là, lequel**
adjective **élégant**

Feminine
articles **la, une**
pronouns **elle, la, celle-ci, celle-là, laquelle**
adjective **élégante**

IMPERSONAL EXPRESSION A third-person expression with no expressed or specific subject.

Il pleut.	**C'est** très important.
It's raining.	*It's very important.*

INDIRECT OBJECT A noun or pronoun that receives the action of the verb indirectly; the object, often a living being, to or for whom an action is performed.

Éric donne un livre **à Linda**.
*Éric gave a book **to Linda**.*

Le professeur **m'**a donné une bonne note.
*The teacher gave **me** a good mark.*

INFINITIVE The basic form of a verb. Infinitives in French end in -**er**, -**ir**, -**oir**, or -**re**.

parler	**finir**	**savoir**	**prendre**
to speak	*to finish*	*to know*	*to take*

INTERROGATIVE An adjective or pronoun used to ask a question.

Qui parle?
Who is speaking?

Combien de biscuits as-tu achetés?
How many cookies did you buy?

Que penses-tu faire aujourd'hui?
What do you plan to do today?

INVERSION Changing the word order of a sentence, often to form a question.

Statement: Elle a vendu sa voiture.

Inversion: A-t-elle vendu sa voiture?

MOOD A grammatical distinction of verbs that indicates whether the verb is intended to make a statement or command or to express a doubt, emotion, or condition contrary to fact.

Glossary of Grammatical Terms

Conditional mood Verb forms used to express what would be done or what would happen under certain circumstances, or to make a polite request, soften a demand, express what someone could or should do, or to state a contrary-to-fact situation.

Il irait se promener s'il avait le temps.
*He **would go** for a walk if he had the time.*

Pourrais-tu éteindre la lumière, s'il te plaît?
***Would you** turn off the light, please?*

Je devrais lui parler gentiment.
***I should** talk to her nicely.*

Imperative mood Verb forms used to make commands or suggestions.

Parle lentement. **Venez** avec moi.
***Speak** slowly. **Come** with me.*

Indicative mood Verb forms used to state facts, actions, and states considered to be real.

Je sais qu'**il a** un chat.
***I know** that **he has** a cat.*

Subjunctive mood Verb forms used principally in subordinate (dependent) clauses to express wishes, desires, emotions, doubts, and certain conditions, such as contrary-to-fact situations.

Il est important que **tu finisses** tes devoirs.
*It's important that **you finish** your homework.*

Je doute que **Louis ait** assez d'argent.
*I doubt that **Louis has** enough money.*

NOUN A word that identifies people, animals, places, things, and ideas.

homme	chat	Belgique
man	*cat*	*Belgium*
maison	livre	amitié
house	*book*	*friendship*

NUMBER A grammatical term that refers to singular or plural. Nouns in French and English have number. Other parts of a sentence, such as adjectives, articles, and verbs, can also have number.

Singular	Plural
une chose	**des** choses
a thing	*some things*
le professeur	**les** professeurs
the professor	*the professors*

NUMBERS Words that represent amounts.

Cardinal numbers Words that show specific amounts.

cinq minutes l'année **deux mille six**
five minutes *the year **2006***

Ordinal numbers Words that indicate the order of a noun in a series.

le **quatrième** joueur la **dixième** fois
*the **fourth** player* *the **tenth** time*

PAST PARTICIPLE A past form of the verb used in compound tenses. The past participle may also be used as an adjective, but it must then agree in number and gender with the word it modifies.

Ils ont beaucoup **marché**.
*They have **walked** a lot.*

Je n'ai pas **préparé** mon examen.
*I haven't **prepared** for my exam.*

Il y a une fenêtre **ouverte** dans le salon.
*There is an **open** window in the living room.*

PERSON The form of the verb or pronoun that indicates the speaker, the one spoken to, or the one spoken about. In French, as in English, there are three persons: first, second, and third.

Person	Singular		Plural	
1st	**je**	*I*	**nous**	*we*
2nd	**tu**	*you*	**vous**	*you*
3rd	**il/elle**	*he/she/it*	**ils/elles**	*they*
	on	*one*		

PREPOSITION A word or words that describe(s) the relationship, most often in time or space, between two other words.

Annie habite **loin de** Paris.
*Annie lives **far from** Paris.*

Le blouson est **dans** la voiture.
*The jacket is **in** the car.*

Martine s'est coiffée **avant de** sortir.
*Martine combed her hair **before** going out.*

PRONOUN A word that takes the place of a noun or nouns.

Demonstrative pronoun A pronoun that takes the place of a specific noun.

Je veux **celui-ci**.
*I want **this one**.*

Marc préférait **ceux-là**.
*Marc preferred **those**.*

Object pronoun A pronoun that functions as a direct or indirect object of the verb.

Elle **lui** donne un cadeau.   Frédéric **me l'**a apporté.
*She gives **him** a present.*   *Frédéric brought **it** to me.*

Reflexive pronoun A pronoun that indicates that the action of a verb is performed by the subject on itself. These pronouns are often expressed in English with -*self*: *myself, yourself*, etc.

Je **me lave** avant de sortir.
*I **wash (myself)** before going out.*

Marie **s'est couchée** à onze heures et demie.
*Marie **went to bed** at eleven-thirty.*

Relative pronoun A pronoun that connects a subordinate clause to a main clause.

Le garçon **qui** nous a écrit vient nous voir demain.
*The boy **who** wrote us is coming to visit tomorrow.*

Je sais **que** nous avons beaucoup de choses à faire.
*I know **that** we have a lot of things to do.*

Subject pronoun A pronoun that replaces the name or title of a person or thing, and acts as the subject of a verb.

Tu vas partir.   **Il** arrive demain.
***You** are going to leave.*   ***He** arrives tomorrow.*

SUBJECT A noun or pronoun that performs the action of a verb and is often implied by the verb.

Marine va au supermarché.
***Marine** goes to the supermarket.*

Ils travaillent beaucoup.
***They** work a lot.*

Ces livres sont très chers.
***Those books** are very expensive.*

SUPERLATIVE A word or construction used with an adjective, adverb or a noun to express the highest or lowest degree of a specific quality among three or more people, places, or things.

Le cours de français est **le plus intéressant**.
*The French class is **the most interesting**.*

Romain court **le moins rapidement**.
*Romain runs **the least fast**.*

C'est son jardin qui a **le plus d'arbres**.
*It is her garden that has **the most trees**.*

TENSE A set of verb forms that indicates the time of an action or state: past, present, or future

Compound tense A two-word tense made up of an auxiliary verb and a present or past participle. In French, there are two auxiliary verbs: **être** and **avoir**.

Le colis n'**est** pas encore **arrivé**.
*The package **has** not **arrived** yet.*

Elle **a réussi** son examen.
*She **has passed** her exam.*

Simple tense A tense expressed by a single verb form.

Timothée **jouait** au volley-ball pendant les vacances.
*Timothée **played** volleyball during his vacation.*

Joëlle **parlera** à sa mère demain.
*Joëlle **will speak** with her mom tomorrow.*

VERB A word that expresses actions or states-of-being.

Auxiliary verb A verb used with a present or past participle to form a compound tense. **Avoir** is the most commonly used auxiliary verb in French.

Ils **ont** vu les éléphants.
*They **have** seen the elephants.*

J'espère que tu **as** mangé.
*I hope you **have** eaten.*

Reflexive verb A verb that describes an action performed by the subject on itself and is always used with a reflexive pronoun.

Je **me suis acheté** une voiture neuve.
*I **bought myself** a new car.*

Pierre et Adeline **se lèvent** très tôt.
*Pierre and Adeline **get (themselves) up** very early.*

Spelling-change verb A verb that undergoes a predictable change in spelling in the various conjugations.

acheter	e → è	nous achetons	j'ach**è**te
espérer	é → è	nous espérons	j'esp**è**re
appeler	l → ll	nous appelons	j'appe**ll**e
envoyer	y → i	nous envoyons	j'envo**i**e
essayer	y → i	nous essayons	j'essa**i**e/ j'essa**y**e

Verb Conjugation Tables

Each verb in this list is followed by a model verb conjugated according to the same pattern. The number in parentheses indicates where in the verb tables you can find the conjugated forms of the model verb. Reminder: All reflexive (pronominal) verbs use **être** as their auxiliary verb in the **passé composé**. The infinitives of reflexive verbs begin with **se** (**s'**).

* = This verb, unlike its model, takes **être** in the **passé composé**.

† = This verb, unlike its model, takes **avoir** in the **passé composé**.

In the tables you will find the infinitive, past participles, and all the forms of each model verb you have learned.

abolir like finir (2)
aborder like parler (1)
abriter like parler (1)
accepter like parler (1)
accompagner like parler (1)
accueillir like ouvrir (31)
acheter (7)
adorer like parler (1)
afficher like parler (1)
aider like parler (1)
aimer like parler (1)
aller (13) **p.c.** with **être**
allumer like parler (1)
améliorer like parler (1)
amener like acheter (7)
animer like parler (1)
apercevoir like recevoir (36)
appeler (8)
applaudir like finir (2)
apporter like parler (1)
apprendre like prendre (35)
arrêter like parler (1)
arriver* like parler (1)
assister like parler (1)
attacher like parler (1)
attendre like vendre (3)
attirer like parler (1)
avoir (4)
balayer like essayer (10)
bavarder like parler (1)
boire (15)
bricoler like parler (1)
bronzer like parler (1)
célébrer like préférer (12)
chanter like parler (1)
chasser like parler (1)

chercher like parler (1)
choisir like finir (2)
classer like parler (1)
commander like parler (1)
commencer (9)
composer like parler (1)
comprendre like prendre (35)
compter like parler (1)
conduire (16)
connaître (17)
consacrer like parler (1)
considérer like préférer (12)
construire like conduire (16)
continuer like parler (1)
courir (18)
coûter like parler (1)
couvrir like ouvrir (31)
croire (19)
cuisiner like parler (1)
danser like parler (1)
débarrasser like parler (1)
décider like parler (1)
découvrir like ouvrir (31)
décrire like écrire (22)
décrocher like parler (1)
déjeuner like parler (1)
demander like parler (1)
démarrer like parler (1)
déménager like manger (11)
démissionner like parler (1)
dépasser like parler (1)
dépendre like vendre (3)
dépenser like parler (1)
déposer like parler (1)
descendre* like vendre (3)
désirer like parler (1)

dessiner like parler (1)
détester like parler (1)
détruire like conduire (16)
développer like parler (1)
devenir like venir (41)
devoir (20)
dîner like parler (1)
dire (21)
diriger like parler (1)
discuter like parler (1)
divorcer like commencer (9)
donner like parler (1)
dormir† like partir (32)
douter like parler (1)
durer like parler (1)
échapper like parler (1)
échouer like parler (1)
écouter like parler (1)
écrire (22)
effacer like commencer (9)
embaucher like parler (1)
emménager like manger (11)
emmener like acheter (7)
employer like essayer (10)
emprunter like parler (1)
enfermer like parler (1)
enlever like acheter (7)
enregistrer like parler (1)
enseigner like parler (1)
entendre like vendre (3)
entourer like parler (1)
entrer* like parler (1)
entretenir like tenir (40)
envahir like finir (2)
envoyer like essayer (10)
épouser like parler (1)

espérer like préférer (12)
essayer (10)
essuyer like essayer (10)
éteindre (24)
éternuer like parler (1)
étrangler like parler (1)
être (5)
étudier like parler (1)
éviter like parler (1)
exiger like manger (11)
expliquer like parler (1)
explorer like parler (1)
faire (25)
falloir (26)
fermer like parler (1)
fêter like parler (1)
finir (2)
fonctionner like parler (1)
fonder like parler (1)
freiner like parler (1)
fréquenter like parler (1)
fumer like parler (1)
gagner like parler (1)
garder like parler (1)
garer like parler (1)
gaspiller like parler (1)
enfler like parler (1)
goûter like parler (1)
graver like parler (1)
grossir like finir (2)
guérir like finir (2)
habiter like parler (1)
imprimer like parler (1)
indiquer like parler (1)
interdire like dire (21)
inviter like parler (1)

jeter like appeler (8)
jouer like parler (1)
laisser like parler (1)
laver like parler (1)
lire (27)
loger like manger (11)
louer like parler (1)
lutter like parler (1)
maigrir like finir (2)
maintenir like tenir (40)
manger (11)
marcher like parler (1)
mêler like préférer (12)
mener like parler (1)
mettre (28)
monter* like parler (1)
montrer like parler (1)
mourir (29); **p.c.** with **être**
nager like manger (11)
naître (30); **p.c.** with **être**
nettoyer like essayer (10)
noter like parler (1)
obtenir like tenir (40)
offrir like ouvrir (31)
organiser like parler (1)
oublier like parler (1)
ouvrir (31)
parler (1)
partager like manger (11)
partir (32); **p.c.** with **être**
passer like parler (1)
patienter like parler (1)
patiner like parler (1)
payer like essayer (10)
penser like parler (1)
perdre like vendre (3)
permettre like mettre (28)
pleuvoir (33)
plonger like manger (11)
polluer like parler (1)
porter like parler (1)
poser like parler (1)
posséder like préférer (12)
poster like parler (1)
pouvoir (34)
pratiquer like parler (1)
préférer (12)

prélever like parler (1)
prendre (35)
préparer like parler (1)
présenter like parler (1)
préserver like parler (1)
prêter like parler (1)
prévenir like tenir (40)
produire like conduire (16)
profiter like parler (1)
promettre like mettre (28)
proposer like parler (1)
protéger like préférer (12)
provenir like venir (41)
publier like parler (1)
quitter like parler (1)
raccrocher like parler (1)
ranger like manger (11)
réaliser like parler (1)
recevoir (36)
recommander like parler (1)
reconnaître like connaître (17)
recycler like parler (1)
réduire like conduire (16)
réfléchir like finir (2)
regarder like parler (1)
régner like préférer (12)
remplacer like parler (1)
remplir like finir (2)
rencontrer like parler (1)
rendre like vendre (3)
rentrer* like parler (1)
renvoyer like essayer (10)
réparer like parler (1)
repasser like parler (1)
répéter like préférer (12)
repeupler like parler (1)
répondre like vendre (3)
réserver like parler (1)
rester* like parler (1)
retenir like tenir (40)
retirer like parler (1)
retourner* like parler (1)
retrouver like parler (1)
réussir like finir (2)
revenir like venir (41)

revoir like voir (42)
rire (37)
rouler like parler (1)
salir like finir (2)
s'amuser like se laver (6)
s'asseoir (14)
sauvegarder like parler (1)
sauver like parler (1)
savoir (38)
se brosser like se laver (6)
se coiffer like se laver (6)
se composer like se laver (6)
se connecter like se laver (6)
se coucher like se laver (6)
se croiser like se laver (6)
se dépêcher like se laver (6)
se déplacer* like commencer (9)
se déshabiller like se laver (6)
se détendre* like vendre (3)
se disputer like se laver (6)
s'embrasser like se laver (6)
s'endormir like partir (32)
s'énerver like se laver (6)
s'ennuyer* like essayer (10)
s'excuser like se laver (6)
se fouler like se laver (6)
s'installer like se laver (6)
se laver (6)
se lever* like acheter (7)
se maquiller like se laver (6)
se marier like se laver (6)
se promener* like acheter (7)
se rappeler* like appeler (8)
se raser like se laver (6)
se rebeller like se laver (6)
se réconcilier like se laver (6)
se relever* like acheter (7)
se reposer like se laver (6)
se réveiller like se laver (6)

servir† like partir (32)
se sécher* like préférer (12)
se souvenir like venir (41)
se tromper like se laver (6)
s'habiller like se laver (6)
sentir† like partir (32)
signer like parler (1)
s'inquiéter* like préférer (12)
s'intéresser like se laver (6)
skier like parler (1)
s'occuper like se laver (6)
sonner like parler (1)
s'orienter like se laver (6)
sortir like partir (32)
sourire like rire (37)
souffrir like ouvrir (31)
souhaiter like parler (1)
subvenir† like venir (41)
suffire like lire (27)
suggérer like préférer (12)
suivre (39)
surfer like parler (1)
surprendre like prendre (35)
télécharger like parler (1)
téléphoner like parler (1)
tenir (40)
tomber* like parler (1)
tourner like parler (1)
tousser like parler (1)
traduire like conduire (16)
travailler like parler (1)
traverser like parler (1)
trouver like parler (1)
tuer like parler (1)
utiliser like parler (1)
valoir like falloir (26)
vendre (3)
venir (41); **p.c.** with **être**
vérifier like parler (1)
visiter like parler (1)
vivre like suivre (39)
voir (42)
vouloir (43)
voyager like manger (11)

Verb Conjugation Tables

Regular verbs

Infinitive		INDICATIVE				CONDITIONAL	SUBJUNCTIVE	IMPERATIVE
Past participle	Subject Pronouns	Present	Passé composé	Imperfect	Future	Present	Present	
1 parler	je (j')	parle	ai parlé	parlais	parlerai	parlerais	parle	
(to speak)	tu	parles	as parlé	parlais	parleras	parlerais	parles	parle
	il/elle/on	parle	a parlé	parlait	parlera	parlerait	parle	
parlé	nous	parlons	avons parlé	parlions	parlerons	parlerions	parlions	parlons
	vous	parlez	avez parlé	parliez	parlerez	parleriez	parliez	parlez
	ils/elles	parlent	ont parlé	parlaient	parleront	parleraient	parlent	
2 finir	je (j')	finis	ai fini	finissais	finirai	finirais	finisse	
(to finish)	tu	finis	as fini	finissais	finiras	finirais	finisses	finis
	il/elle/on	finit	a fini	finissait	finira	finirait	finisse	
fini	nous	finissons	avons fini	finissions	finirons	finirions	finissions	finissons
	vous	finissez	avez fini	finissiez	finirez	finiriez	finissiez	finissez
	ils/elles	finissent	ont fini	finissaient	finiront	finiraient	finissent	
3 vendre	je (j')	vends	ai vendu	vendais	vendrai	vendrais	vende	
(to sell)	tu	vends	as vendu	vendais	vendras	vendrais	vendes	vends
	il/elle/on	vend	a vendu	vendait	vendra	vendrait	vende	
vendu	nous	vendons	avons vendu	vendions	vendrons	vendrions	vendions	vendons
	vous	vendez	avez vendu	vendiez	vendrez	vendriez	vendiez	vendez
	ils/elles	vendent	ont vendu	vendaient	vendront	vendraient	vendent	

Auxiliary verbs: *avoir* and *être*

| Infinitive | Subject Pronouns | INDICATIVE | | | | CONDITIONAL | SUBJUNCTIVE | IMPERATIVE |
Past participle		Present	Passé composé	Imperfect	Future	Present	Present	
4 avoir	j'	ai	ai eu	avais	aurai	aurais	aie	
(to have)	tu	as	as eu	avais	auras	aurais	aies	aie
	il/elle/on	a	a eu	avait	aura	aurait	ait	
eu	nous	avons	avons eu	avions	aurons	aurions	ayons	ayons
	vous	avez	avez eu	aviez	aurez	auriez	ayez	ayez
	ils/elles	ont	ont eu	avaient	auront	auraient	aient	
5 être	je (j')	suis	ai été	étais	serai	serais	sois	
(to be)	tu	es	as été	étais	seras	serais	sois	sois
	il/elle/on	est	a été	était	sera	serait	soit	
été	nous	sommes	avons été	étions	serons	serions	soyons	soyons
	vous	êtes	avez été	étiez	serez	seriez	soyez	soyez
	ils/elles	sont	ont été	étaient	seront	seraient	soient	

Reflexive (Pronominal)

| Infinitive | Subject Pronouns | INDICATIVE | | | | CONDITIONAL | SUBJUNCTIVE | IMPERATIVE |
Past participle		Present	Passé composé	Imperfect	Future	Present	Present	
6 se laver	je	me lave	me suis lavé(e)	me lavais	me laverai	me laverais	me lave	
(to wash oneself)	tu	te laves	t'es lavé(e)	te lavais	te laveras	te laverais	te laves	lave-toi
	il/elle/on	se lave	s'est lavé(e)	se lavait	se lavera	se laverait	se lave	
lavé	nous	nous lavons	nous sommes lavé(e)s	nous lavions	nous laverons	nous laverions	nous lavions	lavons-nous
	vous	vous lavez	vous êtes lavé(e)s	vous laviez	vous laverez	vous laveriez	vous laviez	lavez-vous
	ils/elles	se lavent	se sont lavé(e)s	se lavaient	se laveront	se laveraient	se lavent	

Verbs with spelling changes

Infinitive / Past participle	Subject Pronouns	INDICATIVE Present	INDICATIVE Passé composé	INDICATIVE Imperfect	INDICATIVE Future	CONDITIONAL Present	SUBJUNCTIVE Present	IMPERATIVE
7 acheter (to buy)	j'	achète	ai acheté	achetais	achèterai	achèterais	achète	
	tu	achètes	as acheté	achetais	achèteras	achèterais	achètes	achète
	il/elle/on	achète	a acheté	achetait	achètera	achèterait	achète	
acheté	nous	achetons	avons acheté	achetions	achèterons	achèterions	achetions	achetons
	vous	achetez	avez acheté	achetiez	achèterez	achèteriez	achetiez	achetez
	ils/elles	achètent	ont acheté	achetaient	achèteront	achèteraient	achètent	
8 appeler (to call)	j'	appelle	ai appelé	appelais	appellerai	appellerais	appelle	
	tu	appelles	as appelé	appelais	appelleras	appellerais	appelles	appelle
	il/elle/on	appelle	a appelé	appelait	appellera	appellerait	appelle	
appelé	nous	appelons	avons appelé	appelions	appellerons	appellerions	appelions	appelons
	vous	appelez	avez appelé	appeliez	appellerez	appelleriez	appeliez	appelez
	ils/elles	appellent	ont appelé	appelaient	appelleront	appelleraient	appellent	
9 commencer (to begin)	je (j')	commence	ai commencé	commençais	commencerai	commencerais	commence	
	tu	commences	as commencé	commençais	commenceras	commencerais	commences	commence
	il/elle/on	commence	a commencé	commençait	commencera	commencerait	commence	
commencé	nous	commençons	avons commencé	commencions	commencerons	commencerions	commencions	commençons
	vous	commencez	avez commencé	commenciez	commencerez	commenceriez	commenciez	commencez
	ils/elles	commencent	ont commencé	commençaient	commenceront	commenceraient	commencent	
10 essayer (to try)	j'	essaie	ai essayé	essayais	essaierai	essaierais	essaie	
	tu	essaies	as essayé	essayais	essaieras	essaierais	essaies	essaie
	il/elle/on	essaie	a essayé	essayait	essaiera	essaierait	essaie	
essayé	nous	essayons	avons essayé	essayions	essaierons	essaierions	essayions	essayons
	vous	essayez	avez essayé	essayiez	essaierez	essaieriez	essayiez	essayez
	ils/elles	essayent	ont essayé	essayaient	essaieront	essaieraient	essaient	
11 manger (to eat)	je (j')	mange	ai mangé	mangeais	mangerai	mangerais	mange	
	tu	manges	as mangé	mangeais	mangeras	mangerais	manges	mange
	il/elle/on	mange	a mangé	mangeait	mangera	mangerait	mange	
mangé	nous	mangeons	avons mangé	mangions	mangerons	mangerions	mangions	mangeons
	vous	mangez	avez mangé	mangiez	mangerez	mangeriez	mangiez	mangez
	ils/elles	mangent	ont mangé	mangeaient	mangeront	mangeraient	mangent	
12 préférer (to prefer)	je (j')	préfère	ai préféré	préférais	préférerai	préférerais	préfère	
	tu	préfères	as préféré	préférais	préféreras	préférerais	préfères	préfère
	il/elle/on	préfère	a préféré	préférait	préférera	préférerait	préfère	
préféré	nous	préférons	avons préféré	préférions	préférerons	préférerions	préférions	préférons
	vous	préférez	avez préféré	préfériez	préférerez	préféreriez	préfériez	préférez
	ils/elles	préfèrent	ont préféré	préféraient	préféreront	préféreraient	préfèrent	

Irregular verbs

Infinitive			INDICATIVE				CONDITIONAL	SUBJUNCTIVE	IMPERATIVE
Past participle	Subject Pronouns	Present	Passé composé	Imperfect	Future	Present	Present	
13 aller	je (j')	vais	suis allé(e)	allais	irai	irais	aille	
(to go)	tu	vas	es allé(e)	allais	iras	irais	ailles	va
	il/elle/on	va	est allé(e)	allait	ira	irait	aille	
allé	nous	allons	sommes allé(e)s	allions	irons	irions	allions	allons
	vous	allez	êtes allé(e)s	alliez	irez	iriez	alliez	allez
	ils/elles	vont	sont allé(e)s	allaient	iront	iraient	aillent	
14 s'asseoir	je	m'assieds	me suis assis(e)	m'asseyais	m'assiérai	m'assiérais	m'asseye	
(to sit down,	tu	t'assieds	t'es assis(e)	t'asseyais	t'assiéras	t'assiérais	t'asseyes	assieds-toi
to be seated)	il/elle/on	s'assied	s'est assis(e)	s'asseyait	s'assiéra	s'assiérait	s'asseye	
	nous	nous asseyons	nous sommes assis(e)s	nous asseyions	nous assiérons	nous assiérions	nous asseyions	asseyons-nous
assis	vous	vous asseyez	vous êtes assis(e)s	vous asseyiez	vous assiérez	vous assiériez	vous asseyiez	asseyez-vous
	ils/elles	s'asseyent	se sont assis(e)s	s'asseyaient	s'assiéront	s'assiéraient	s'asseyent	
15 boire	je (j')	bois	ai bu	buvais	boirai	boirais	boive	
(to drink)	tu	bois	as bu	buvais	boiras	boirais	boives	bois
	il/elle/on	boit	a bu	buvait	boira	boirait	boive	
bu	nous	buvons	avons bu	buvions	boirons	boirions	buvions	buvons
	vous	buvez	avez bu	buviez	boirez	boiriez	buviez	buvez
	ils/elles	boivent	ont bu	buvaient	boiront	boiraient	boivent	
16 conduire	je (j')	conduis	ai conduit	conduisais	conduirai	conduirais	conduise	
(to drive; to lead)	tu	conduis	as conduit	conduisais	conduiras	conduirais	conduises	conduis
	il/elle/on	conduit	a conduit	conduisait	conduira	conduirait	conduise	
conduit	nous	conduisons	avons conduit	conduisions	conduirons	conduirions	conduisions	conduisons
	vous	conduisez	avez conduit	conduisiez	conduirez	conduiriez	conduisiez	conduisez
	ils/elles	conduisent	ont conduit	conduisaient	conduiront	conduiraient	conduisent	
17 connaître	je (j')	connais	ai connu	connaissais	connaîtrai	connaîtrais	connaisse	
(to know, to be	tu	connais	as connu	connaissais	connaîtras	connaîtrais	connaisses	connais
acquainted with)	il/elle/on	connaît	a connu	connaissait	connaîtra	connaîtrait	connaisse	
	nous	connaissons	avons connu	connaissions	connaîtrons	connaîtrions	connaissions	connaissons
connu	vous	connaissez	avez connu	connaissiez	connaîtrez	connaîtriez	connaissiez	connaissez
	ils/elles	connaissent	ont connu	connaissaient	connaîtront	connaîtraient	connaissent	
18 courir	je (j')	cours	ai couru	courais	courrai	courrais	coure	
(to run)	tu	cours	as couru	courais	courras	courrais	coures	cours
	il/elle/on	court	a couru	courait	courra	courrait	coure	
couru	nous	courons	avons couru	courions	courrons	courrions	courions	courons
	vous	courez	avez couru	couriez	courrez	courriez	couriez	courez
	ils/elles	courent	ont couru	couraient	courront	courraient	courent	
19 croire	je (j')	crois	ai cru	croyais	croirai	croirais	croie	
(to believe)	tu	crois	as cru	croyais	croiras	croirais	croies	crois
	il/elle/on	croit	a cru	croyait	croira	croirait	croie	
cru	nous	croyons	avons cru	croyions	croirons	croirions	croyions	croyons
	vous	croyez	avez cru	croyiez	croirez	croiriez	croyiez	croyez
	ils/elles	croient	ont cru	croyaient	croiront	croiraient	croient	

Irregular verbs (continued)

Infinitive	INDICATIVE					CONDITIONAL	SUBJUNCTIVE	IMPERATIVE
Past participle	Subject Pronouns	Present	Passé composé	Imperfect	Future	Present	Present	
20 devoir	je (j')	dois	ai dû	devais	devrai	devrais	doive	
(to have to;	tu	dois	as dû	devais	devras	devrais	doives	dois
to owe)	il/elle/on	doit	a dû	devait	devra	devrait	doive	
	nous	devons	avons dû	devions	devrons	devrions	devions	devons
dû	vous	devez	avez dû	deviez	devrez	devriez	deviez	devez
	ils/elles	doivent	ont dû	devaient	devront	devraient	doivent	
21 dire	je (j')	dis	ai dit	disais	dirai	dirais	dise	
(to say, to tell)	tu	dis	as dit	disais	diras	dirais	dises	dis
	il/elle/on	dit	a dit	disait	dira	dirait	dise	
dit	nous	disons	avons dit	disions	dirons	dirions	disions	disons
	vous	dites	avez dit	disiez	direz	diriez	disiez	dites
	ils/elles	disent	ont dit	disaient	diront	diraient	disent	
22 écrire	j'	écris	ai écrit	écrivais	écrirai	écrirais	écrive	
(to write)	tu	écris	as écrit	écrivais	écriras	écrirais	écrives	écris
	il/elle/on	écrit	a écrit	écrivait	écrira	écrirait	écrive	
écrit	nous	écrivons	avons écrit	écrivions	écrirons	écririons	écrivions	écrivons
	vous	écrivez	avez écrit	écriviez	écrirez	écririez	écriviez	écrivez
	ils/elles	écrivent	ont écrit	écrivaient	écriront	écriraient	écrivent	
23 envoyer	j'	envoie	ai envoyé	envoyais	enverrai	enverrais	envoie	
(to send)	tu	envoies	as envoyé	envoyais	enverras	enverrais	envoies	envoie
	il/elle/on	envoie	a envoyé	envoyait	enverra	enverrait	envoie	
envoyé	nous	envoyons	avons envoyé	envoyions	enverrons	enverrions	envoyions	envoyons
	vous	envoyez	avez envoyé	envoyiez	enverrez	enverriez	envoyiez	envoyez
	ils/elles	envoient	ont envoyé	envoyaient	enverront	enverraient	envoient	
24 éteindre	j'	éteins	ai éteint	éteignais	éteindrai	éteindrais	éteigne	
(to turn off)	tu	éteins	as éteint	éteignais	éteindras	éteindrais	éteignes	éteins
	il/elle/on	éteint	a éteint	éteignait	éteindra	éteindrait	éteigne	
éteint	nous	éteignons	avons éteint	éteignions	éteindrons	éteindrions	éteignions	éteignons
	vous	éteignez	avez éteint	éteigniez	éteindrez	éteindriez	éteigniez	éteignez
	ils/elles	éteignent	ont éteint	éteignaient	éteindront	éteindraient	éteignent	
25 faire	je (j')	fais	ai fait	faisais	ferai	ferais	fasse	
(to do; to make)	tu	fais	as fait	faisais	feras	ferais	fasses	fais
	il/elle/on	fait	a fait	faisait	fera	ferait	fasse	
fait	nous	faisons	avons fait	faisions	ferons	ferions	fassions	faisons
	vous	faites	avez fait	faisiez	ferez	feriez	fassiez	faites
	ils/elles	font	ont fait	faisaient	feront	feraient	fassent	
26 falloir	il	faut	a fallu	fallait	faudra	faudrait	faille	
(to be necessary)								
fallu								

Infinitive			INDICATIVE			CONDITIONAL	SUBJUNCTIVE	IMPERATIVE
Past participle	Subject Pronouns	Present	Passé composé	Imperfect	Future	Present	Present	
27 lire	je (j')	lis	ai lu	lisais	lirai	lirais	lise	
(to read)	tu	lis	as lu	lisais	liras	lirais	lises	lis
	il/elle/on	lit	a lu	lisait	lira	lirait	lise	
lu	nous	lisons	avons lu	lisions	lirons	lirions	lisions	lisons
	vous	lisez	avez lu	lisiez	lirez	liriez	lisiez	lisez
	ils/elles	lisent	ont lu	lisaient	liront	liraient	lisent	
28 mettre	je (j')	mets	ai mis	mettais	mettrai	mettrais	mette	
(to put)	tu	mets	as mis	mettais	mettras	mettrais	mettes	mets
	il/elle/on	met	a mis	mettait	mettra	mettrait	mette	
mis	nous	mettons	avons mis	mettions	mettrons	mettrions	mettions	mettons
	vous	mettez	avez mis	mettiez	mettrez	mettriez	mettiez	mettez
	ils/elles	mettent	ont mis	mettaient	mettront	mettraient	mettent	
29 mourir	je	meurs	suis mort(e)	mourais	mourrai	mourrais	meure	
(to die)	tu	meurs	es mort(e)	mourais	mourras	mourrais	meures	meurs
	il/elle/on	meurt	est mort(e)	mourait	mourra	mourrait	meure	
mort	nous	mourons	sommes mort(e)s	mourions	mourrons	mourrions	mourions	mourons
	vous	mourez	êtes mort(e)s	mouriez	mourrez	mourriez	mouriez	mourez
	ils/elles	meurent	sont mort(e)s	mouraient	mourront	mourraient	meurent	
30 naître	je	nais	suis né(e)	naissais	naîtrai	naîtrais	naisse	
(to be born)	tu	nais	es né(e)	naissais	naîtras	naîtrais	naisses	nais
	il/elle/on	naît	est né(e)	naissait	naîtra	naîtrait	naisse	
né	nous	naissons	sommes né(e)s	naissions	naîtrons	naîtrions	naissions	naissons
	vous	naissez	êtes né(e)s	naissiez	naîtrez	naîtriez	naissiez	naissez
	ils/elles	naissent	sont né(e)s	naissaient	naîtront	naîtraient	naissent	
31 ouvrir	j'	ouvre	ai ouvert	ouvrais	ouvrirai	ouvrirais	ouvre	
(to open)	tu	ouvres	as ouvert	ouvrais	ouvriras	ouvrirais	ouvres	ouvre
	il/elle/on	ouvre	a ouvert	ouvrait	ouvrira	ouvrirait	ouvre	
ouvert	nous	ouvrons	avons ouvert	ouvrions	ouvrirons	ouvririons	ouvrions	ouvrons
	vous	ouvrez	avez ouvert	ouvriez	ouvrirez	ouvririez	ouvriez	ouvrez
	ils/elles	ouvrent	ont ouvert	ouvraient	ouvriront	ouvriraient	ouvrent	
32 partir	je	pars	suis parti(e)	partais	partirai	partirais	parte	
(to leave)	tu	pars	es parti(e)	partais	partiras	partirais	partes	pars
	il/elle/on	part	est parti(e)	partait	partira	partirait	parte	
parti	nous	partons	sommes parti(e)s	partions	partirons	partirions	partions	partons
	vous	partez	êtes parti(e)(s)	partiez	partirez	partiriez	partiez	partez
	ils/elles	partent	sont parti(e)s	partaient	partiront	partiraient	partent	
33 pleuvoir	il	pleut	a plu	pleuvait	pleuvra	pleuvrait	pleuve	
(to rain)								
plu								

Irregular verbs (continued)

Infinitive Past participle	INDICATIVE					CONDITIONAL	SUBJUNCTIVE	IMPERATIVE
	Subject Pronouns	Present	Passé composé	Imperfect	Future	Present	Present	
34 pouvoir	je (j')	peux	ai pu	pouvais	pourrai	pourrais	puisse	
(to be able)	tu	peux	as pu	pouvais	pourras	pourrais	puisses	
	il/elle/on	peut	a pu	pouvait	pourra	pourrait	puisse	
pu	nous	pouvons	avons pu	pouvions	pourrons	pourrions	puissions	
	vous	pouvez	avez pu	pouviez	pourrez	pourriez	puissiez	
	ils/elles	peuvent	ont pu	pouvaient	pourront	pourraient	puissent	
35 prendre	je (j')	prends	ai pris	prenais	prendrai	prendrais	prenne	
(to take)	tu	prends	as pris	prenais	prendras	prendrais	prennes	prends
	il/elle/on	prend	a pris	prenait	prendra	prendrait	prenne	
pris	nous	prenons	avons pris	prenions	prendrons	prendrions	prenions	prenons
	vous	prenez	avez pris	preniez	prendrez	prendriez	preniez	prenez
	ils/elles	prennent	ont pris	prenaient	prendront	prendraient	prennent	
36 recevoir	je (j')	reçois	ai reçu	recevais	recevrai	recevrais	reçoive	
(to receive)	tu	reçois	as reçu	recevais	recevras	recevrais	reçoives	reçois
	il/elle/on	reçoit	a reçu	recevait	recevra	recevrait	reçoive	
reçu	nous	recevons	avons reçu	recevions	recevrons	recevrions	recevions	recevons
	vous	recevez	avez reçu	receviez	recevrez	recevriez	receviez	recevez
	ils/elles	reçoivent	ont reçu	recevaient	recevront	recevraient	reçoivent	
37 rire	je (j')	ris	ai ri	riais	rirai	rirais	rie	
(to laugh)	tu	ris	as ri	riais	riras	rirais	ries	ris
	il/elle/on	rit	a ri	riait	rira	rirait	rie	
ri	nous	rions	avons ri	riions	rirons	ririons	riions	rions
	vous	riez	avez ri	riiez	rirez	ririez	riiez	riez
	ils/elles	rient	ont ri	riaient	riront	riraient	rient	
38 savoir	je (j')	sais	ai su	savais	saurai	saurais	sache	
(to know)	tu	sais	as su	savais	sauras	saurais	saches	sache
	il/elle/on	sait	a su	savait	saura	saurait	sache	
su	nous	savons	avons su	savions	saurons	saurions	sachions	sachons
	vous	savez	avez su	saviez	saurez	sauriez	sachiez	sachez
	ils/elles	savent	ont su	savaient	sauront	sauraient	sachent	
39 suivre	je (j')	suis	ai suivi	suivais	suivrai	suivrais	suive	
(to follow)	tu	suis	as suivi	suivais	suivras	suivrais	suives	suis
	il/elle/on	suit	a suivi	suivait	suivra	suivrait	suive	
suivi	nous	suivons	avons suivi	suivions	suivrons	suivrions	suivions	suivons
	vous	suivez	avez suivi	suiviez	suivrez	suivriez	suiviez	suivez
	ils/elles	suivent	ont suivi	suivaient	suivront	suivraient	suivent	
40 tenir	je (j')	tiens	ai tenu	tenais	tiendrai	tiendrais	tienne	
(to hold)	tu	tiens	as tenu	tenais	tiendras	tiendrais	tiennes	tiens
	il/elle/on	tient	a tenu	tenait	tiendra	tiendrait	tienne	
tenu	nous	tenons	avons tenu	tenions	tiendrons	tiendrions	tenions	tenons
	vous	tenez	avez tenu	teniez	tiendrez	tiendriez	teniez	tenez
	ils/elles	tiennent	ont tenu	tenaient	tiendront	tiendraient	tiennent	

Infinitive			INDICATIVE			CONDITIONAL	SUBJUNCTIVE	IMPERATIVE
Past participle	**Subject Pronouns**	**Present**	**Passé composé**	**Imperfect**	**Future**	**Present**	**Present**	
41 venir	je	viens	suis venu(e)	venais	viendrai	viendrais	vienne	
(to come)	tu	viens	es venu(e)	venais	viendras	viendrais	viennes	viens
	il/elle/on	vient	est venu(e)	venait	viendra	viendrait	vienne	
venu	nous	venons	sommes venu(e)s	venions	viendrons	viendrions	venions	venons
	vous	venez	êtes venu(e)(s)	veniez	viendrez	viendriez	veniez	venez
	ils/elles	viennent	sont venu(e)s	venaient	viendront	viendraient	viennent	
42 voir	je (j')	vois	ai vu	voyais	verrai	verrais	voie	
(to see)	tu	vois	as vu	voyais	verras	verrais	voies	vois
	il/elle/on	voit	a vu	voyait	verra	verrait	voie	
vu	nous	voyons	avons vu	voyions	verrons	verrions	voyions	voyons
	vous	voyez	avez vu	voyiez	verrez	verriez	voyiez	voyez
	ils/elles	voient	ont vu	voyaient	verront	verraient	voient	
43 vouloir	je (j')	veux	ai voulu	voulais	voudrai	voudrais	veuille	
(to want, to wish)	tu	veux	as voulu	voulais	voudras	voudrais	veuilles	veuille
	il/elle/on	veut	a voulu	voulait	voudra	voudrait	veuille	
voulu	nous	voulons	avons voulu	voulions	voudrons	voudrions	voulions	veuillons
	vous	voulez	avez voulu	vouliez	voudrez	voudriez	vouliez	veuillez
	ils/elles	veulent	ont voulu	voulaient	voudront	voudraient	veuillent	

Guide to Vocabulary

This glossary contains the words and expressions listed on the **Vocabulaire** page found at the end of each unit in **D'accord!** Levels 1 & 2. The numbers following an entry indicate the **D'accord!** level and unit where the term was introduced. For example, the first entry in the glossary, **à**, was introduced in **D'accord!** Level 1, Unit 4. Note that **II–P** refers to the **Unité Préliminaire** in **D'accord!** Level 2.

Abbreviations used in this glossary

adj.	adjective	*f.*	feminine	*i.o.*	indirect object	*prep.*	preposition
adv.	adverb	*fam.*	familiar	*m.*	masculine	*pron.*	pronoun
art.	article	*form.*	formal	*n.*	noun	*refl.*	reflexive
comp.	comparative	*imp.*	imperative	*obj.*	object	*rel.*	relative
conj.	conjunction	*indef.*	indefinite	*part.*	partitive	*sing.*	singular
def.	definite	*interj.*	interjection	*p.p.*	past participle	*sub.*	subject
dem.	demonstrative	*interr.*	interrogative	*pl.*	plural	*super.*	superlative
disj.	disjunctive	*inv.*	invariable	*poss.*	possessive	*v.*	verb
d.o.	direct object						

French-English

A

à *prep.* at; in; to I-4
  À bientôt. See you soon. I-1
  à condition que on the condition that, provided that II-7
  à côté de *prep.* next to I-3
  À demain. See you tomorrow. I-1
  à droite (de) *prep.* to the right (of) I-3
  à gauche (de) *prep.* to the left (of) I-3
  à ... heure(s) at ... (o'clock) I-4
  à la radio on the radio II-7
  à la télé(vision) on television II-7
  à l'étranger abroad, overseas I-7
  à mi-temps half-time (*job*) II-5
  à moins que unless II-7
  à plein temps full-time (*job*) II-5
  À plus tard. See you later. I-1
  À quelle heure? What time?; When? I-2
  À qui? To whom? I-4
  À table! Let's eat! Food is on! II-1
  à temps partiel part-time (*job*) II-5
  À tout à l'heure. See you later. I-1
  au bout (de) *prep.* at the end (of) II-4

  au contraire on the contrary II-7
  au fait by the way I-3
  au printemps in the spring I-5
  Au revoir. Good-bye. I-1
  au secours help II-3
  au sujet de on the subject of, about II-6
abolir *v.* to abolish II-6
absolument *adv.* absolutely I-7
accident *m.* accident II-3
  avoir un accident to have/to be in an accident II-3
accompagner *v.* to accompany II-4
acheter *v.* to buy I-5
acteur *m.* actor I-1
actif/active *adj.* active I-3
activement *adv.* actively I-8, II-P
actrice *f.* actress I-1
addition *f.* check, bill I-4
adieu farewell II-6
adolescence *f.* adolescence I-6
adorer *v.* to love I-2
  J'adore... I love... I-2
adresse *f.* address II-4
aérobic *m.* aerobics I-5
  faire de l'aérobic *v.* to do aerobics I-5
aéroport *m.* airport I-7
affaires *f., pl.* business I-3
affiche *f.* poster I-8, II-P
afficher *v.* to post II-5
âge *m.* age I-6
  âge adulte *m.* adulthood I-6
agence de voyages *f.* travel agency I-7
agent *m.* officer; agent II-3
  agent de police *m.* police officer II-3

  agent de voyages *m.* travel agent I-7
  agent immobilier *m.* real estate agent II-5
agréable *adj.* pleasant I-1
agriculteur/agricultrice *m., f.* farmer II-5
aider (à) *v.* to help (*to do something*) I-5
aie (avoir) *imp. v.* have I-7
ail *m.* garlic II-1
aimer *v.* to like I-2
  aimer mieux to prefer I-2
  aimer que... to like that... II-6
  J'aime bien... I really like... I-2
  Je n'aime pas tellement... I don't like ... very much. I-2
aîné(e) *adj.* elder I-3
algérien(ne) *adj.* Algerian I-1
aliment *m.* food item; a food II-1
Allemagne *f.* Germany I-7
allemand(e) *adj.* German I-1
aller *v.* to go I-4
  aller à la pêche to go fishing I-5
  aller aux urgences to go to the emergency room II-2
  aller avec to go with I-6
  aller-retour *adj.* round-trip I-7
  billet aller-retour *m.* round-trip ticket I-7
  Allons-y! Let's go! I-2
  Ça va? What's up?; How are things? I-1
  Comment allez-vous? *form.* How are you? I-1
  Comment vas-tu? *fam.* How are you? I-1

Je m'en vais. I'm leaving. I-8, II-P

Je vais bien/mal. I am doing well/badly. I-1

J'y vais. I'm going/coming. I-8, II-P

Nous y allons. We're going/coming. II-1

allergie *f.* allergy II-2

Allez. Come on. I-5

allô *(on the phone)* hello I-1

allumer *v.* to turn on II-3

alors *adv.* so, then; at that moment I-2

améliorer *v.* to improve II-5

amende *f.* fine II-3

amener *v.* to bring *(someone)* I-5

américain(e) *adj.* American I-1

football américain *m.* football I-5

ami(e) *m., f.* friend I-1

petit(e) ami(e) *m., f.* boyfriend/girlfriend I-1

amitié *f.* friendship I-6

amour *m.* love I-6

amoureux/amoureuse *adj.* in love I-6

tomber amoureux/amoureuse *v.* to fall in love I-6

amusant(e) *adj.* fun I-1

an *m.* year I-2

ancien(ne) *adj.* ancient, old; former II-7

ange *m.* angel I-1

anglais(e) *adj.* English I-1

angle *m.* corner II-4

Angleterre *f.* England I-7

animal *m.* animal II-6

année *f.* year I-2

cette année this year I-2

anniversaire *m.* birthday I-5

C'est quand l'anniversaire de … ? When is …'s birthday? I-5

C'est quand ton/votre anniversaire? When is your birthday? I-5

annuler (une réservation) *v.* to cancel (a reservation) I-7

anorak *m.* ski jacket, parka I-6

antipathique *adj.* unpleasant I-3

août *m.* August I-5

apercevoir *v.* to see, to catch sight of II-4

aperçu (apercevoir) *p.p.* seen, caught sight of II-4

appareil *m.* (on the phone) telephone II-5

appareil (électrique/ménager) *m.* (electrical/household) appliance I-8, II-P

appareil photo (numérique) *m.* (digital) camera II-3

C'est M./Mme/Mlle … à l'appareil. It's Mr./Mrs./Miss … on the phone. II-5

Qui est à l'appareil? Who's calling, please? II-5

appartement *m.* apartment II-7

appeler *v.* to call I-7

applaudir *v.* to applaud II-7

applaudissement *m.* applause II-7

apporter *v.* to bring, to carry *(something)* I-4

apprendre (à) *v.* to teach; to learn *(to do something)* I-4

appris (apprendre) *p.p., adj.* learned I-6

après (que) *adv.* after I-2

après-demain *adv.* day after tomorrow I-2

après-midi *m.* afternoon I-2

cet après-midi this afternoon I-2

de l'après-midi in the afternoon I-2

demain après-midi *adv.* tomorrow afternoon I-2

hier après-midi *adv.* yesterday afternoon I-7

arbre *m.* tree II-6

architecte *m., f.* architect I-3

argent *m.* money II-4

dépenser de l'argent *v.* to spend money I-4

déposer de l'argent *v.* to deposit money II-4

retirer de l'argent *v.* to withdraw money II-4

armoire *f.* armoire, wardrobe I-8, II-P

arrêt d'autobus (de bus) *m.* bus stop I-7

arrêter (de faire quelque chose) *v.* to stop (doing something) II-3

arrivée *f.* arrival I-7

arriver (à) *v.* to arrive; to manage *(to do something)* I-2

art *m.* art I-2

beaux-arts *m., pl.* fine arts II-7

artiste *m., f.* artist I-3

ascenseur *m.* elevator I-7

aspirateur *m.* vacuum cleaner I-8, II-P

passer l'aspirateur to vacuum I-8, II-P

aspirine *f.* aspirin II-2

Asseyez-vous! (s'asseoir) *imp. v.* Have a seat! II-2

assez *adv. (before adjective or adverb)* pretty; quite I-8, II-P

assez (de) *(before noun)* enough (of) I-4

pas assez (de) not enough (of) I-4

assiette *f.* plate II-1

assis (s'asseoir) *p.p., adj. (used as past participle)* sat down; *(used as adjective)* sitting, seated II-2

assister *v.* to attend I-2

assurance (maladie/vie) *f.* (health/life) insurance II-5

athlète *m., f.* athlete I-3

attacher *v.* to attach II-3

attacher sa ceinture de sécurité to buckle one's seatbelt II-3

attendre *v.* to wait I-6

attention *f.* attention I-5

faire attention (à) *v.* to pay attention (to) I-5

au (à + le) *prep.* to/at the I-4

auberge de jeunesse *f.* youth hostel I-7

aucun(e) *adj.* no; *pron.* none II-2

ne… aucun(e) none, not any II-4

augmentation (de salaire) *f.* raise (in salary) II-5

aujourd'hui *adv.* today I-2

auquel (à + lequel) *pron., m., sing.* which one II-5

aussi *adv.* too, as well; as I-1

Moi aussi. Me too. I-1

aussi … que *(used with an adjective)* as … as II-1

autant de … que *adv. (used with noun to express quantity)* as much/as many … as II-6

auteur/femme auteur *m., f.* author II-7

autobus *m.* bus I-7

arrêt d'autobus (de bus) *m.* bus stop I-7

prendre un autobus to take a bus I-7

automne *m.* fall I-5

à l'automne in the fall I-5

autoroute *f.* highway II-3

autour (de) *prep.* around II-4

autrefois *adv.* in the past I-8, II-P

aux (à + les) to/at the I-4

auxquelles (à + lesquelles) *pron., f., pl.* which ones II-5

auxquels (à + lesquels) *pron., m., pl.* which ones II-5

avance *f.* advance I-2

en avance *adv.* early I-2

avant (de/que) *adv.* before I-7

avant-hier *adv.* day before yesterday I-7

avec *prep.* with I-1
  Avec qui? With whom? I-4
aventure *f.* adventure II-7
  film d'aventures *m.*
  adventure film II-7
avenue *f.* avenue II-4
avion *m.* airplane I-7
  prendre un avion *v.* to take
  a plane I-7
avocat(e) *m., f.* lawyer I-3
avoir *v.* to have I-2
  aie *imp. v.* have I-2
  avoir besoin (de) to need
  (*something*) I-2
  avoir chaud to be hot I-2
  avoir de la chance to be
  lucky I-2
  avoir envie (de) to feel like
  (*doing something*) I-2
  avoir faim to be hungry I-4
  avoir froid to be cold I-2
  avoir honte (de) to be
  ashamed (of) I-2
  avoir mal to have an ache II-2
  avoir mal au cœur to feel
  nauseated II-2
  avoir peur (de/que) to be
  afraid (of/that) I-2
  avoir raison to be right I-2
  avoir soif to be thirsty I-4
  avoir sommeil to be sleepy I-2
  avoir tort to be wrong I-2
  avoir un accident to have/to
  be in an accident II-3
  avoir un compte bancaire to
  have a bank account II-4
  en avoir marre to be fed up I-3
avril *m.* April I-5
ayez (avoir) *imp. v.* have I-7
ayons (avoir) *imp. v.* let's have I-7

B

bac(calauréat) *m.* an important
  exam taken by high-school
  students in France I-2
baguette *f.* baguette I-4
baignoire *f.* bathtub I-8, II-P
bain *m.* bath I-6
  salle de bains *f.* bathroom
  I-8, II-P
balai *m.* broom I-8, II-P
balayer *v.* to sweep I-8, II-P
balcon *m.* balcony I-8, II-P
banane *f.* banana II-1
banc *m.* bench II-4
bancaire *adj.* banking II-4
  avoir un compte bancaire *v.*
  to have a bank account II-4
bande dessinée (B.D.) *f.*
  comic strip I-5
banlieue *f.* suburbs I-4

banque *f.* bank II-4
banquier/banquière *m., f.*
  banker II-5
barbant *adj.*, **barbe** *f.* drag I-3
baseball *m.* baseball I-5
basket(-ball) *m.* basketball I-5
baskets *f., pl.* tennis shoes I-6
bateau *m.* boat I-7
  prendre un bateau *v.* to take
  a boat I-7
bateau-mouche *m.* riverboat I-7
bâtiment *m.* building II-4
batterie *f.* drums II-7
bavarder *v.* to chat I-4
beau (belle) *adj.* handsome;
  beautiful I-3
  **faire quelque chose de
  beau** *v.* to be up to something
  interesting II-4
  Il fait beau. The weather is
  nice. I-5
beaucoup (de) *adv.* a lot (of) 4
  Merci (beaucoup). Thank
  you (very much). I-1
beau-frère *m.* brother-in-law I-3
beau-père *m.* father-in-law;
  stepfather I-3
beaux-arts *m., pl.* fine arts II-7
belge *adj.* Belgian I-7
Belgique *f.* Belgium I-7
belle *adj., f.* (*feminine form of
  beau*) beautiful I-3
belle-mère *f.* mother-in-law;
  stepmother I-3
belle-sœur *f.* sister-in-law I-3
besoin *m.* need I-2
  avoir besoin (de) to need
  (*something*) I-2
beurre *m.* butter 4
bibliothèque *f.* library I-1
bien *adv.* well I-7
  bien sûr *adv.* of course I-2
  Je vais bien. I am doing
  well. I-1
  Très bien. Very well. I-1
bientôt *adv.* soon I-1
  À bientôt. See you soon. I-1
bienvenu(e) *adj.* welcome I-1
bijouterie *f.* jewelry store II-4
billet *m.* (*travel*) ticket I-7;
  (*money*) bills, notes II-4
  billet aller-retour *m.* round-
  trip ticket I-7
biologie *f.* biology I-2
biscuit *m.* cookie I-6
blague *f.* joke I-2
blanc(he) *adj.* white I-6
blessure *f.* injury, wound II-2
bleu(e) *adj.* blue I-3
blond(e) *adj.* blonde I-3
blouson *m.* jacket I-6
bœuf *m.* beef II-1

boire *v.* to drink I-4
bois *m.* wood II-6
boisson (gazeuse) *f.* (carbonated)
  drink/beverage I-4
boîte *f.* box; can II-1
  boîte aux lettres *f.* mailbox II-4
  boîte de conserve *f.* can
  (of food) II-1
bol *m.* bowl II-1
bon(ne) *adj.* kind; good I-3
  bon marché *adj.* inexpensive I-6
  Il fait bon. The weather is
  good/warm. I-5
bonbon *m.* candy I-6
bonheur *m.* happiness I-6
Bonjour. Good morning.;
  Hello. I-1
Bonsoir. Good evening.;
  Hello. I-1
bouche *f.* mouth II-2
boucherie *f.* butcher's shop II-1
boulangerie *f.* bread shop,
  bakery II-1
boulevard *m.* boulevard II-4
  suivre un boulevard *v.* to
  follow a boulevard II-4
bourse *f.* scholarship, grant I-2
bout *m.* end II-4
  au bout (de) *prep.* at the end
  (of) II-4
bouteille (de) *f.* bottle (of) I-4
boutique *f.* boutique, store II-4
brancher *v.* to plug in, to
  connect II-3
bras *m.* arm II-2
brasserie *f.* restaurant II-4
Brésil *m.* Brazil II-2
brésilien(ne) *adj.* Brazilian I-7
bricoler *v.* to tinker; to do odd
  jobs I-5
brillant(e) *adj.* bright I-1
bronzer *v.* to tan I-6
brosse (à cheveux/à dents) *f.*
  (hair/tooth)brush II-2
brun(e) *adj.* (*hair*) dark I-3
bu (boire) *p.p.* drunk I-6
bureau *m.* desk; office I-1
  bureau de poste *m.* post
  office II-4
bus *m.* bus I-7
  arrêt d'autobus (de bus)
  m. bus stop I-7
  prendre un bus *v.* to take a
  bus I-7

C

ça *pron.* that; this; it I-1
  Ça dépend. It depends. I-4
  Ça ne nous regarde pas.
  That has nothing to do with
  us.; That is none of our
  business. II-6
  Ça suffit. That's enough. I-5
  Ça te dit? Does that appeal
  to you? II-6
  Ça va? What's up?; How are
  things? I-1
  ça veut dire that is to
  say II-2
  Comme ci, comme ça.
  So-so. I-1
cadeau *m.* gift I-6
  paquet cadeau wrapped
  gift I-6
cadet(te) *adj.* younger I-3
cadre/femme cadre *m., f.*
  executive II-5
café *m.* café; coffee I-1
  terrasse de café *f.* café
  terrace I-4
  cuillére à café *f.* teaspoon II-1
cafetière *f.* coffeemaker
  I-8, II-P
cahier *m.* notebook I-1
calculatrice *f.* calculator I-1
calme *adj.* calm I-1; *m.* calm I-1
camarade de classe *m., f.*
  classmate I-1
caméra vidéo *f.* camcorder II-3
caméscope *m.* camcorder II-3
campagne *f.* country(side) I-7
  pain de campagne *m.*
  country-style bread I-4
  pâté (de campagne) *m.*
  pâté, meat spread II-1
camping *m.* camping I-5
  faire du camping *v.* to go
  camping I-5
Canada *m.* Canada I-7
canadien(ne) *adj.* Canadian I-1
canapé *m.* couch I-8, II-P
candidat(e) *m., f.* candidate;
  applicant II-5
cantine *f.* (school) cafeteria I-2
capitale *f.* capital I-7
capot *m.* hood II-3
carafe (d'eau) *f.* pitcher (of
  water) II-1
carotte *f.* carrot II-1
carrefour *m.* intersection II-4
carrière *f.* career II-5
carte *f.* map I-1; menu II-1;
  card II-4
  **payer par carte (bancaire/
  de crédit)** to pay with a
  (debit/credit) card II-4

carte postale *f.* postcard II-4
cartes *f. pl.* (*playing*) cards I-5
casque *f.* **à écouteurs** *m., pl.*
  headphones II-3
casquette *f.* (baseball) cap I-6
cassette vidéo *f.* videotape II-3
catastrophe *f.* catastrophe II-6
cave *f.* basement, cellar I-8, II-P
ce *dem. adj., m., sing.* this; that I-6
  ce matin this morning I-2
  ce mois-ci this month I-2
  Ce n'est pas grave. It's no
  big deal. I-6
  ce soir this evening I-2
  ce sont... those are... I-1
  ce week-end this weekend I-2
ceinture *f.* belt I-6
  **attacher sa ceinture de
  sécurité** *v.* to buckle one's
  seatbelt II-3
célèbre *adj.* famous II-7
célébrer *v.* to celebrate I-5
célibataire *adj.* single I-3
celle *pron., f., sing.* this one; that
  one; the one II-6
celles *pron., f., pl.* these; those;
  the ones II-6
celui *pron., m., sing.* this one;
  that one; the one II-6
cent *m.* one hundred I-3
  cent mille *m.* one hundred
  thousand I-5
  cent un *m.* one hundred
  one I-5
  cinq cents *m.* five hundred I-5
centième *adj.* hundredth I-7
centrale nucléaire *f.* nuclear
  plant II-6
centre commercial *m.* shopping
  center, mall I-4
centre-ville *m.* city/town center,
  downtown I-4
certain(e) *adj.* certain II-1
  Il est certain que... It is
  certain that... II-7
  Il n'est pas certain que... It
  is uncertain that... II-7
ces *dem. adj., m., f., pl.* these;
  those I-6
c'est... it/that is... I-1
  C'est de la part de qui? On
  behalf of whom? II-5
  **C'est le 1ᵉʳ (premier)
  octobre.** It is October first. I-5
  **C'est M./Mme/Mlle ... (à
  l'appareil).** It's Mr./Mrs./Miss
  ... (on the phone). II-5
  **C'est quand l'anniversaire
  de... ?** When is ...'s
  birthday? I-5

  **C'est quand ton/votre
  anniversaire?** When is your
  birthday? I-5
  Qu'est-ce que c'est? What
  is it? I-1
cet *dem. adj., m., sing.* this;
  that I-6
  cet après-midi this
  afternoon I-2
cette *dem. adj., f., sing.* this;
  that I-6
  cette année this year I-2
  cette semaine this week I-2
ceux *pron., m., pl.* these; those;
  the ones II-6
chaîne (de télévision) *f.*
  (television) channel II-3
chaise *f.* chair I-1
chambre *f.* bedroom I-8, II-P
  chambre (individuelle) *f.*
  (single) room I-7
champ *m.* field II-6
champignon *m.*
  mushroom II-1
chance *f.* luck I-2
  avoir de la chance *v.* to be
  lucky I-2
chanson *f.* song II-7
chanter *v.* to sing I-5
chanteur/chanteuse *m., f.*
  singer I-1
chapeau *m.* hat I-6
chaque *adj.* each I-6
charcuterie *f.* delicatessen II-1
charmant(e) *adj.* charming I-1
chasse *f.* hunt II-6
chasser *v.* to hunt II-6
chat *m.* cat I-3
châtain *adj.* (*hair*) brown I-3
chaud *m.* heat I-2
  avoir chaud *v.* to be hot I-2
  Il fait chaud. (*weather*) It is
  hot. I-5
chauffeur de taxi/de camion
  m. taxi/truck driver II-5
chaussette *f.* sock I-6
chaussure *f.* shoe I-6
chef d'entreprise *m.* head of a
  company II-5
chef-d'œuvre *m.* masterpiece II-7
chemin *m.* path; way II-4
  suivre un chemin *v.* to follow
  a path II-4
**chemise (à manches courtes/
  longues)** *f.* (short-/long-
  sleeved) shirt I-6
chemisier *m.* blouse I-6
chèque *m.* check II-4
  compte-chèques *m.*
  checking account II-4
  payer par chèque *v.* to pay
  by check II-4

cher/chère *adj.* expensive I-6
chercher *v.* to look for I-2
  chercher un/du travail to look for a job/work II-4
chercheur/chercheuse *m., f.* researcher II-5
chéri(e) *adj.* dear, beloved, darling I-2
cheval *m.* horse I-5
  faire du cheval *v.* to go horseback riding I-5
cheveux *m., pl.* hair II-1
  brosse à cheveux *f.* hairbrush II-2
  cheveux blonds blond hair I-3
  cheveux châtains brown hair I-3
  se brosser les cheveux *v.* to brush one's hair II-1
cheville *f.* ankle II-2
  se fouler la cheville *v.* to twist/sprain one's ankle II-2
chez *prep.* at (*someone's*) house I-3, at (*a place*) I-3
  passer chez quelqu'un *v.* to stop by someone's house I-4
chic *adj.* chic I-4
chien *m.* dog I-3
chimie *f.* chemistry I-2
Chine *f.* China I-7
chinois(e) *adj.* Chinese 7
chocolat (chaud) *m.* (hot) chocolate I-4
chœur *m.* choir, chorus II-7
choisir *v.* to choose I-4
chômage *m.* unemployment II-5
  être au chômage *v.* to be unemployed II-5
chômeur/chômeuse *m., f.* unemployed person II-5
chose *f.* thing I-1
  quelque chose *m.* something; anything I-4
chrysanthèmes *m., pl.* chrysanthemums II-1
chut shh II-7
-ci (*used with demonstrative adjective* **ce** *and noun or with demonstrative pronoun* **celui**) here I-6
  ce mois-ci this month I-2
ciel *m.* sky II-6
cinéma (ciné) *m.* movie theater, movies I-4
cinq *m.* five I-1
cinquante *m.* fifty I-1
cinquième *adj.* fifth 7
circulation *f.* traffic II-3
clair(e) *adj.* clear II-7
  Il est clair que... It is clear that... II-7
classe *f.* (*group of students*) class I-1

camarade de classe *m., f.* classmate I-1
  salle de classe *f.* classroom I-1
clavier *m.* keyboard II-3
clé *f.* key I-7
  clé USB *f.* USB drive II-3
client(e) *m., f.* client; guest I-7
cœur *m.* heart II-2
  avoir mal au cœur to feel nauseated II-2
coffre *m.* trunk II-3
coiffeur/coiffeuse *m., f.* hairdresser I-3
coin *m.* corner II-4
colis *m.* package II-4
colocataire *m., f.* roommate (*in an apartment*) I-1
Combien (de)... ? *adv.* How much/many... ? I-1
  Combien coûte... ? How much is... ? I-4
combiné *m.* receiver II-5
comédie (musicale) *f.* comedy (musical) II-7
commander *v.* to order II-1
comme *adv.* how; like, as I-2
  Comme ci, comme ça. So-so. I-1
commencer (à) *v.* to begin (*to do something*) I-2
comment *adv.* how I-4
  Comment? *adv.* What? I-4
  Comment allez-vous?, *form.* How are you? I-1
  Comment t'appelles-tu? *fam.* What is your name? I-1
  Comment vas-tu? *fam.* How are you? I-1
  Comment vous appelez-vous? *form.* What is your name? I-1
commerçant(e) *m., f.* shopkeeper II-1
commissariat de police *m.* police station II-4
commode *f.* dresser, chest of drawers I-8, II-P
complet (complète) *adj.* full (no vacancies) I-7
composer (un numéro) *v.* to dial (a number) II-3
compositeur *m.* composer II-7
comprendre *v.* to understand I-4
compris (comprendre) *p.p., adj.* understood; included I-6
comptable *m., f.* accountant II-5
compte *m.* account (*at a bank*) II-4
  avoir un compte bancaire *v.* to have a bank account II-4
  compte de chèques *m.* checking account II-4

compte d'épargne *m.* savings account II-4
  se rendre compte *v.* to realize II-2
compter sur quelqu'un *v.* to count on someone I-8, II-P
concert *m.* concert II-7
condition *f.* condition II-7
  à condition que on the condition that..., provided that... II-7
conduire *v.* to drive I-6
conduit (conduire) *p.p., adj.* driven I-6
confiture *f.* jam II-1
congé *m.* time off, leave I-7
  jour de congé *m.* day off I-7
  prendre un congé *v.* to take time off II-5
congélateur *m.* freezer I-8, II-P
connaissance *f.* acquaintance I-5
  faire la connaissance de *v.* to meet (*someone*) I-5
connaître *v.* to know, to be familiar with I-8, II-P
connecté(e) *adj.* connected II-3
  être connecté(e) avec quelqu'un *v.* to be online with someone I-7, II-3
connu (connaître) *p.p., adj.* known; famous I-8, II-P
conseil *m.* advice II-5
conseiller/conseillère *m., f.* consultant; advisor II-5
considérer *v.* to consider I-5
constamment *adv.* constantly I-7
construire *v.* to build, to construct I-6
conte *m.* tale II-7
content(e) *adj.* happy II-5
  être content(e) que... *v.* to be happy that... II-6
continuer (à) *v.* to continue (*doing something*) II-4
contraire *adj.* contrary II-7
  au contraire on the contrary II-7
copain/copine *m., f.* friend I-1
corbeille (à papier) *f.* wastebasket I-1
corps *m.* body II-2
costume *m.* (*man's*) suit I-6
côte *f.* coast II-6
coton *m.* cotton II-4
cou *m.* neck II-2
couche d'ozone *f.* ozone layer II-6
  trou dans la couche d'ozone *m.* hole in the ozone layer II-6
couleur *f.* color 6
  De quelle couleur... ? What color... ? I-6

couloir *m.* hallway I-8, II-P
couple *m.* couple I-6
courage *m.* courage II-5
courageux/courageuse *adj.* courageous, brave I-3
couramment *adv.* fluently I-7
courir *v.* to run I-5
courrier *m.* mail II-4
cours *m.* class, course I-2
course *f.* errand II-1
   faire les courses *v.* to go (grocery) shopping II-1
court(e) *adj.* short I-3
   chemise à manches courtes *f.* short-sleeved shirt I-6
couru (courir) *p.p.* run I-6
cousin(e) *m., f.* cousin I-3
couteau *m.* knife II-1
coûter *v.* to cost I-4
   Combien coûte... ? How much is... ? I-4
couvert (couvrir) *p.p.* covered II-3
couverture *f.* blanket I-8, II-P
couvrir *v.* to cover II-3
covoiturage *m.* carpooling II-6
cravate *f.* tie I-6
crayon *m.* pencil I-1
crème *f.* cream II-1
   crème à raser *f.* shaving cream II-2
crêpe *f.* crêpe I-5
crevé(e) *adj.* deflated; blown up II-3
   pneu crevé *m.* flat tire II-3
critique *f.* review; criticism II-7
croire (que) *v.* to believe (that) II-7
   ne pas croire que... to not believe that... II-7
croissant *m.* croissant I-4
croissant(e) *adj.* growing II-6
   population croissante *f.* growing population II-6
cru (croire) *p.p.* believed II-7
cruel/cruelle *adj.* cruel I-3
cuillère (à soupe/à café) *f.* (soup/tea)spoon II-1
cuir *m.* leather II-4
cuisine *f.* cooking; kitchen 5
   faire la cuisine *v.* to cook 5
cuisiner *v.* to cook II-1
cuisinier/cuisinière *m., f.* cook II-5
cuisinière *f.* stove I-8, II-P
curieux/curieuse *adj.* curious I-3
curriculum vitæ (C.V.) *m.* résumé II-5

D

d'abord *adv.* first I-7
d'accord (*tag question*) all right? I-2; (*in statement*) okay I-2
   être d'accord to be in agreement I-2
d'autres *m., f.* others I-4
d'habitude *adv.* usually I-8, II-P
danger *m.* danger, threat II-6
dangereux/dangereuse *adj.* dangerous II-3
dans *prep.* in I-3
danse *f.* dance II-7
danser *v.* to dance I-4
danseur/danseuse *m., f.* dancer II-7
date *f.* date I-5
   Quelle est la date? What is the date? I-5
de/d' *prep.* of I-3; from I-1
   de l'après-midi in the afternoon I-2
   de laquelle *pron., f., sing.* which one II-5
   De quelle couleur... ? What color... ? I-6
   De rien. You're welcome. I-1
   de taille moyenne of medium height I-3
   de temps en temps *adv.* from time to time I-7
débarrasser la table *v.* to clear the table I-8, II-P
déboisement *m.* deforestation II-6
début *m.* beginning; debut II-7
décembre *m.* December I-5
déchets toxiques *m., pl.* toxic waste II-6
décider (de) *v.* to decide (*to do something*) II-3
découvert (découvrir) *p.p.* discovered II-3
découvrir *v.* to discover II-3
décrire *v.* to describe I-7
décrocher *v.* to pick up II-5
décrit (décrire) *p.p., adj.* described I-7
degrés *m., pl.* (*temperature*) degrees I-5
   Il fait ... degrés. (*to describe weather*) It is ... degrees. I-5
déjà *adv.* already I-5
déjeuner *m.* lunch II-1; *v.* to eat lunch I-4
de l' *part. art., m., f., sing.* some I-4
de la *part. art., f., sing.* some I-4
délicieux/délicieuse delicious I-8, II-P
demain *adv.* tomorrow I-2

À demain. See you tomorrow. I-1
   après-demain *adv.* day after tomorrow I-2
   demain matin/après-midi/soir *adv.* tomorrow morning/afternoon/evening I-2
demander (à) *v.* to ask (someone), to make a request (*of someone*) I-6
   demander que... *v.* to ask that... II-6
démarrer *v.* to start up II-3
déménager *v.* to move out I-8, II-P
demie half I-2
   et demie half past ... (o'clock) I-2
demi-frère *m.* half-brother, stepbrother I-3
demi-sœur *f.* half-sister, stepsister I-3
démissionner *v.* to resign II-5
dent *f.* tooth II-1
   brosse à dents *f.* toothbrush II-2
   se brosser les dents *v.* to brush one's teeth II-1
dentifrice *m.* toothpaste II-2
dentiste *m., f.* dentist I-3
départ *m.* departure I-7
dépasser *v.* to go over; to pass II-3
dépense *f.* expenditure, expense II-4
dépenser *v.* to spend I-4
   dépenser de l'argent *v.* to spend money I-4
déposer de l'argent *v.* to deposit money II-4
déprimé(e) *adj.* depressed II-2
depuis *adv.* since; for II-1
dernier/dernière *adj.* last I-2
dernièrement *adv.* lastly, finally I-7
derrière *prep.* behind I-3
des *part. art., m., f., pl.* some I-4
des (de + les) *m., f., pl.* of the I-3
dès que *adv.* as soon as II-5
désagréable *adj.* unpleasant I-1
descendre (de) *v.* to go downstairs; to get off; to take down I-6
désert *m.* desert II-6
désirer (que) *v.* to want (that) I-5
désolé(e) *adj.* sorry I-6
   être désolé(e) que... to be sorry that... II-6
desquelles (de + lesquelles) *pron., f., pl.* which ones II-5
desquels (de + lesquels) *pron., m., pl.* which ones II-5

dessert *m.* dessert I-6
dessin animé *m.* cartoon II-7
dessiner *v.* to draw I-2
détester *v.* to hate I-2
 Je déteste... I hate... I-2
détruire *v.* to destroy I-6
détruit (détruire) *p.p., adj.*
 destroyed I-6
deux *m.* two I-1
deuxième *adj.* second I-7
devant *prep.* in front of I-3
développer *v.* to develop II-6
devenir *v.* to become II-1
devoir *m.* homework I-2; *v.* to
 have to, must II-1
dictionnaire *m.* dictionary I-1
différemment *adv.* differently
 I-8, II-P
différence *f.* difference I-1
différent(e) *adj.* different I-1
difficile *adj.* difficult I-1
dimanche *m.* Sunday I-2
dîner *m.* dinner II-1; *v.* to have
 dinner I-2
diplôme *m.* diploma, degree I-2
dire *v.* to say I-7
 Ça te dit? Does that appeal
 to you? II-6
 ça veut dire that is to say II-2
 veut dire *v.* means, signifies
 II-1
diriger *v.* to manage II-5
discret/discrète *adj.* discreet;
 unassuming I-3
discuter *v.* discuss I-6
disque dur *m.* hard drive II-3
dissertation *f.* essay II-3
**distributeur automatique/de
 billets** *m.* ATM II-4
dit (dire) *p.p., adj.* said I-7
divorce *m.* divorce I-6
divorcé(e) *adj.* divorced I-3
divorcer *v.* to divorce I-3
dix *m.* ten I-1
dix-huit *m.* eighteen I-1
dixième *adj.* tenth I-7
dix-neuf *m.* nineteen I-1
dix-sept *m.* seventeen I-1
documentaire *m.*
 documentary II-7
doigt *m.* finger II-2
doigt de pied *m.* toe II-2
domaine *m.* field II-5
dommage *m.* harm II-6
 Il est dommage que... It's a
 shame that... II-6
donc *conj.* therefore I-7
donner (à) *v.* to give (*to
 someone*) I-2
dont *rel. pron.* of which; of
 whom; that II-3
dormir *v.* to sleep I-5

dos *m.* back II-2
 sac à dos *m.* backpack I-1
douane *f.* customs I-7
douche *f.* shower I-8, II-P
 prendre une douche *v.* to
 take a shower II-2
doué(e) *adj.* talented, gifted II-7
douleur *f.* pain II-2
douter (que) *v.* to doubt
 (that) II-7
douteux/douteuse *adj.*
 doubtful II-7
 Il est douteux que... It is
 doubtful that... II-7
doux/douce *adj.* sweet; soft I-3
douze *m.* twelve I-1
dramaturge *m.* playwright II-7
drame (psychologique) *m.*
 (psychological) drama II-7
draps *m., pl.* sheets I-8, II-P
droite *f.* the right (side) I-3
 à droite de *prep.* to the right
 of I-3
drôle *adj.* funny I-3
du *part. art., m., sing.* some I-4
du (de + le) *m., sing.* of the I-3
dû (devoir) *p.p., adj.* (*used with
 infinitive*) had to; (*used with
 noun*) due, owed II-1
duquel (de + lequel) *pron., m.,
 sing.* which one II-5

E

eau (minérale) *f.* (mineral)
 water I-4
 carafe d'eau *f.* pitcher of
 water II-1
écharpe *f.* scarf I-6
échecs *m., pl.* chess I-5
échouer *v.* to fail I-2
éclair *m.* éclair I-4
école *f.* school I-2
écologie *f.* ecology II-6
écologique *adj.* ecological II-6
économie *f.* economics I-2
écotourisme *m.* ecotourism II-6
écouter *v.* to listen (to) I-2
écran *m.* screen 11
écrire *v.* to write I-7
écrivain(e) *m., f.* writer II-7
écrit (écrire) *p.p., adj.* written I-7
écureuil *m.* squirrel II-6
éducation physique *f.* physical
 education I-2
effacer *v.* to erase II-3
effet de serre *m.* greenhouse
 effect II-6
égaler *v.* to equal I-3
église *f.* church I-4

égoïste *adj.* selfish I-1
Eh! *interj.* Hey! I-2
électrique *adj.* electric I-8, II-P
 appareil électrique/ménager
 m. electrical/household
 appliance I-8, II-P
électricien/électricienne *m., f.*
 electrician II-5
élégant(e) *adj.* elegant 1
élevé *adj.* high II-5
élève *m., f.* pupil, student I-1
elle *pron., f.* she; it I-1; her I-3
 elle est... she/it is... I-1
elles *pron., f.* they I-1; them I-3
 elles sont... they are... I-1
e-mail *m.* e-mail II-3
emballage (en plastique) *m.*
 (plastic) wrapping/
 packaging II-6
embaucher *v.* to hire II-5
embrayage *m.* (*automobile*)
 clutch II-3
émission (de télévision) *f.*
 (television) program II-7
emménager *v.* to move in
 I-8, II-P
emmener *v.* to take (*someone*) I-5
emploi *m.* job II-5
 **emploi à mi-temps/à temps
 partiel** *m.* part-time job II-5
 emploi à plein temps *m.*
 full-time job II-5
employé(e) *m., f.* employee II-5
employer *v.* to use, to employ I-5
emprunter *v.* to borrow II-4
en *prep.* in I-3
 en automne in the fall I-5
 en avance early I-2
 en avoir marre to be fed up I-6
 en effet indeed; in fact II-6
 en été in the summer I-5
 en face (de) *prep.* facing,
 across (from) I-3
 en fait in fact I-7
 en général *adv.* in general I-7
 en hiver in the winter I-5
 en plein air in fresh air II-6
 en retard late I-2
 en tout cas in any case 6
 en vacances on vacation 7
 être en ligne to be online II-3
en *pron.* some of it/them; about
 it/them; of it/them; from it/
 them II-2
 Je vous en prie. *form.*
 Please.; You're welcome. I-1
 Qu'en penses-tu? What do
 you think about that? II-6
enceinte *adj.* pregnant II-2
Enchanté(e). Delighted. I-1
encore *adv.* again; still I-3
endroit *m.* place I-4

énergie (nucléaire/solaire) *f.* (nuclear/solar) energy II-6
enfance *f.* childhood I-6
enfant *m., f.* child I-3
enfin *adv.* finally, at last I-7
enlever la poussière *v.* to dust I-8, II-P
ennuyeux/ennuyeuse *adj.* boring I-3
énorme *adj.* enormous, huge I-2
enregistrer *v.* to record II-3
enregistreur DVR *m.* DVR II-3
enseigner *v.* to teach I-2
ensemble *adv.* together I-6
ensuite *adv.* then, next I-7
entendre *v.* to hear I-6
entracte *m.* intermission II-7
entre *prep.* between I-3
entrée *f.* appetizer, starter II-1
entreprise *f.* firm, business II-5
entrer *v.* to enter I-7
entretien: passer un entretien *to have an interview* I-5
enveloppe *f.* envelope II-4
envie *f.* desire, envy I-2
avoir envie (de) to feel like (*doing something*) I-2
environnement *m.* environment II-6
envoyer (à) *v.* to send (*to someone*) I-5
épargne *f.* savings II-4
compte d'épargne *m.* savings account II-4
épicerie *f.* grocery store I-4
épouser *v.* to marry I-3
épouvantable *adj.* dreadful 5
Il fait un temps épouvantable. The weather is dreadful. I-5
époux/épouse *m., f.* husband/wife I-3
équipe *f.* team I-5
escalier *m.* staircase I-8, II-P
escargot *m.* escargot, snail II-1
espace *m.* space II-6
Espagne *f.* Spain 7
espagnol(e) *adj.* Spanish I-1
espèce (menacée) *f.* (endangered) species II-6
espèces *m.* cash II-4
espérer *v.* to hope I-5
essayer *v.* to try I-5
essence *f.* gas II-3
réservoir d'essence *m.* gas tank II-3
voyant d'essence *m.* gas warning light II-3
essentiel(le) *adj.* essential II-6
Il est essentiel que... It is essential that... II-6

essuie-glace *m.* (**essuie-glaces** *pl.*) windshield wiper(s) II-3
essuyer (la vaisselle/la table) *v.* to wipe (the dishes/the table) I-8, II-P
est *m.* east II-4
Est-ce que... ? (*used in forming questions*) I-2
et *conj.* and I-1
Et toi? *fam.* And you? I-1
Et vous? *form.* And you? I-1
étage *m.* floor I-7
étagère *f.* shelf I-8, II-P
étape *f.* stage I-6
États-Unis *m., pl.* United States I-7
été *m.* summer I-5
en été in the summer I-5
été (être) *p.p.* been I-6
éteindre *v.* to turn off II-3
éternuer *v.* to sneeze II-2
étoile *f.* star II-6
étranger/étrangère *adj.* foreign I-2
langues étrangères *f., pl.* foreign languages I-2
étranger *m.* (*places that are*) abroad, overseas I-7
à l'étranger abroad, overseas I-7
étrangler *v.* to strangle II-5
être *v.* to be I-1
être bien/mal payé(e) to be well/badly paid II-5
être connecté(e) avec quelqu'un to be online with someone I-7, II-3
être en ligne avec to be online with II-3
être en pleine forme to be in good shape II-2
études (supérieures) *f., pl.* studies; (higher) education I-2
étudiant(e) *m., f.* student I-1
étudier *v.* to study I-2
eu (avoir) *p.p.* had I-6
eux *disj. pron., m., pl.* they, them I-3
évidemment *adv.* obviously, evidently; of course I-7
évident(e) *adj.* evident, obvious II-7
Il est évident que... It is evident that... II-7
évier *m.* sink I-8, II-P

éviter (de) *v.* to avoid (*doing something*) II-2
exactement *adv.* exactly II-1
examen *m.* exam; test I-1
être reçu(e) à un examen *v.* to pass an exam I-2

passer un examen *v.* to take an exam I-2
Excuse-moi. *fam.* Excuse me. I-1
Excusez-moi. *form.* Excuse me. I-1
exercice *m.* exercise II-2
faire de l'exercice *v.* to exercise II-2
exigeant(e) *adj.* demanding II-5
profession (exigeante) *f.* a (demanding) profession II-5
exiger (que) *v.* to demand (that) II-6
expérience (professionnelle) *f.* (professional) experience II-5
expliquer *v.* to explain I-2
explorer *v.* to explore I-4
exposition *f.* exhibit II-7
extinction *f.* extinction II-6

F

facile *adj.* easy I-2
facilement *adv.* easily I-8, II-P
facteur *m.* mailman II-4
faible *adj.* weak I-3
faim *f.* hunger I-4
avoir faim *v.* to be hungry I-4
faire *v.* to do; to make I-5
faire attention (à) *v.* to pay attention (to) I-5
faire quelque chose de beau *v.* to be up to something interesting II-4
faire de l'aérobic *v.* to do aerobics I-5
faire de la gym *v.* to work out I-5
faire de la musique *v.* to play music II-5
faire de la peinture *v.* to paint II-7
faire de la planche à voile *v.* to go windsurfing I-5
faire de l'exercice *v.* to exercise II-2
faire des projets *v.* to make plans II-5
faire du camping *v.* to go camping I-5
faire du cheval *v.* to go horseback riding I-5
faire du jogging *v.* to go jogging I-5
faire du shopping *v.* to go shopping I-7
faire du ski *v.* to go skiing I-5
faire du sport *v.* to do sports I-5
faire du vélo *v.* to go bike riding I-5

faire la connaissance de *v.* to meet (*someone*) I-5
faire la cuisine *v.* to cook I-5
faire la fête *v.* to celebrate I-6
faire la lessive *v.* to do the laundry I-8, II-P
faire la poussière *v.* to dust I-8, II-P
faire la queue *v.* to wait in line II-4
faire la vaisselle *v.* to do the dishes I-8, II-P
faire le lit *v.* to make the bed I-8, II-P
faire le ménage *v.* to do the housework I-8, II-P
faire le plein *v.* to fill the tank II-3
faire les courses *v.* to run errands II-1
faire les musées *v.* to go to museums II-7
faire les valises *v.* to pack one's bags I-7
faire mal *v.* to hurt II-2
faire plaisir à quelqu'un *v.* to please someone II-5
faire sa toilette *v.* to wash up II-2
faire une piqûre *v.* to give a shot 10
faire une promenade *v.* to go for a walk I-5
faire une randonnée *v.* to go for a hike I-5
faire un séjour *v.* to spend time (*somewhere*) I-7
faire un tour (en voiture) *v.* to go for a walk (drive) I-5
faire visiter *v.* to give a tour I-8, II-P
fait (faire) *p.p., adj.* done; made I-6
falaise *f.* cliff II-6
faut (falloir) *v.* (*used with infinitive*) is necessary to... I-5
  Il a fallu... It was necessary to... I-6
  Il fallait... One had to... I-8, II-P
  Il faut que... One must.../It is necessary that... II-6
fallu (falloir) *p.p.* (*used with infinitive*) had to... I-6
  Il a fallu... It was necessary to... I-6
famille *f.* family I-3
fatigué(e) *adj.* tired I-3
fauteuil *m.* armchair I-8, II-P
favori/favorite *adj.* favorite I-3
fax *m.* fax (machine) II-3

félicitations congratulations II-7
femme *f.* woman; wife I-1
  femme d'affaires businesswoman I-3
  femme au foyer housewife II-5
  femme auteur author II-7
  femme cadre executive II-5
  femme peintre painter II-7
  femme politique politician II-5
  femme pompier firefighter II-5
fenêtre *f.* window I-1
fer à repasser *m.* iron I-8, II-P
férié(e) *adj.* holiday I-6
  jour férié *m.* holiday I-6
fermé(e) *adj.* closed II-4
fermer *v.* to close; to shut off II-3
festival (festivals *pl.)* *m.* festival II-7
fête *f.* party; celebration I-6
  faire la fête *v.* to celebrate I-6
fêter *v.* to celebrate I-6
feu de signalisation *m.* traffic light II-4
feuille de papier *f.* sheet of paper I-1
feuilleton *m.* soap opera II-7
février *m.* February I-5
fiancé(e) *adj.* engaged I-3
fiancé(e) *m., f.* fiancé I-6
fichier *m.* file II-3
fier/fière *adj.* proud I-3
fièvre *f.* fever II-2
  avoir de la fièvre *v.* to have a fever II-2
fille *f.* girl; daughter I-1
film (d'aventures, d'horreur, de science-fiction, policier) *m.* (adventure, horror, science-fiction, crime) film II-7
fils *m.* son I-3
fin *f.* end II-7
finalement *adv.* finally I-7
fini (finir) *p.p., adj.* finished, done, over I-4
finir (de) *v.* to finish (*doing something*) I-4
fleur *f.* flower I-8, II-P
fleuve *m.* river II-6
fois *f.* time I-8, II-P
  une fois *adv.* once I-8, II-P
  deux fois *adv.* twice I-8, II-P
fonctionner *v.* to work, to function II-3
fontaine *f.* fountain II-4
foot(ball) *m.* soccer I-5
  football américain *m.* football I-5
forêt (tropicale) *f.* (tropical) forest II-6

formation *f.* education; training II-5
forme *f.* shape; form II-2
  être en pleine forme *v.* to be in good shape II-2
formidable *adj.* great I-7
formulaire *m.* form II-4
  remplir un formulaire to fill out a form II-4
fort(e) *adj.* strong I-3
fou/folle *adj.* crazy I-3
four (à micro-ondes) *m.* (microwave) oven I-8, II-P
fourchette *f.* fork II-1
frais/fraîche *adj.* fresh; cool I-5
  Il fait frais. (*weather*) It is cool. I-5
fraise *f.* strawberry II-1
français(e) *adj.* French I-1
France *f.* France I-7
franchement *adv.* frankly, honestly I-7
freiner *v.* to brake II-3
freins *m., pl.* brakes II-3
fréquenter *v.* to frequent; to visit I-4
frère *m.* brother I-3
  beau-frère *m.* brother-in-law I-3
  demi-frère *m.* half-brother, stepbrother I-3
frigo *m.* refrigerator I-8, II-P
frisé(e) *adj.* curly I-3
frites *f., pl.* French fries I-4
froid *m.* cold I-2
  avoir froid to be cold I-2
  Il fait froid. (*weather*) It is cold. I-5
fromage *m.* cheese I-4
fruit *m.* fruit II-1
fruits de mer *m., pl.* seafood II-1
funérailles *f., pl.* funeral II-1
furieux/furieuse *adj.* furious II-6
  être furieux/furieuse que... *v.* to be furious that... II-6

G

---

gagner *v.* to win I-5; to earn II-5
gant *m.* glove I-6
garage *m.* garage I-8, II-P
garanti(e) *adj.* guaranteed 5
garçon *m.* boy I-1
garder la ligne *v.* to stay slim II-2
gare (routière) *f.* train station (bus station) I-7
gaspillage *m.* waste II-6
gaspiller *v.* to waste II-6
gâteau *m.* cake I-6
gauche *f.* the left (side) I-3
  à gauche (de) *prep.* to the left (of) I-3

gazeux/gazeuse *adj.* carbonated, fizzy 4
  boisson gazeuse *f.* carbonated drink/beverage I-4
généreux/généreuse *adj.* generous I-3
génial(e) *adj.* great I-3
genou *m.* knee II-2
genre *m.* genre II-7
gens *m., pl.* people I-7
gentil/gentille *adj.* nice I-3
gentiment *adv.* nicely I-8, II-P
géographie *f.* geography I-2
gérant(e) *m., f.* manager II-5
gestion *f.* business administration I-2
glace *f.* ice cream I-6
glaçon *m.* ice cube I-6
glissement de terrain *m.* landslide II-6
golf *m.* golf I-5
enfler *v.* to swell II-2
gorge *f.* throat II-2
goûter *m.* afternoon snack II-1; *v.* to taste II-1
gouvernement *m.* government II-6
grand(e) *adj.* big I-3
  grand magasin *m.* department store I-4
grand-mère *f.* grandmother I-3
grand-père *m.* grandfather I-3
grands-parents *m., pl.* grandparents I-3
gratin *m.* gratin II-1
gratuit(e) *adj.* free II-7
grave *adj.* serious II-2
  Ce n'est pas grave. It's okay.; No problem. I-6
grille-pain *m.* toaster I-8, II-P
grippe *f.* flu II-2
gris(e) *adj.* gray I-6
gros(se) *adj.* fat I-3
grossir *v.* to gain weight I-4
guérir *v.* to get better II-2
guitare *f.* guitar II-7
gym *f.* exercise I-5
  faire de la gym *v.* to work out I-5
gymnase *m.* gym I-4

H

habitat *m.* habitat II-6
  sauvetage des habitats *m.* habitat preservation II-6
habiter (à) *v.* to live (in/at) I-2
haricots verts *m., pl.* green beans II-1
Hein? *interj.* Huh?; Right? I-3
herbe *f.* grass II-6
hésiter (à) *v.* to hesitate (*to do something*) II-3

heure(s) *f.* hour, o'clock; time I-2
  à ... heure(s) at ... (o'clock) I-4
  À quelle heure? What time?; When? I-2
  À tout à l'heure. See you later. I-1
  Quelle heure avez-vous? *form.* What time do you have? I-2
  Quelle heure est-il? What time is it? I-2
heureusement *adv.* fortunately I-8, II-P
heureux/heureuse *adj.* happy I-3
  être heureux/heureuse que... to be happy that... II-6
hier (matin/après-midi/soir) *adv.* yesterday (morning/afternoon/evening) I-7
  avant-hier *adv.* day before yesterday I-7
histoire *f.* history; story I-2
hiver *m.* winter I-5
  en hiver in the winter I-5
homme *m.* man I-1
  homme d'affaires *m.* businessman I-3
  homme politique *m.* politician II-5
honnête *adj.* honest II-7
honte *f.* shame I-2
  avoir honte (de) *v.* to be ashamed (of) I-2
hôpital *m.* hospital I-4
horloge *f.* clock I-1
hors-d'œuvre *m.* hors d'œuvre, appetizer II-1
hôte/hôtesse *m., f.* host I-6
hôtel *m.* hotel I-7
hôtelier/hôtelière *m., f.* hotel keeper I-7
huile *f.* oil II-1
  huile *f.* (automobile) oil II-3
  huile d'olive *f.* olive oil II-1
  vérifier l'huile to check the oil II-3
  voyant d'huile *m.* oil warning light II-3
huit *m.* eight I-1
huitième *adj.* eighth I-7
humeur *f.* mood I-8, II-P
  être de bonne/mauvaise humeur *v.* to be in a good/bad mood I-8, II-P

I

ici *adv.* here I-1
idée *f.* idea I-3
il *sub. pron.* he; it I-1
  il est... he/it is... I-1

Il n'y a pas de quoi. It's nothing.; You're welcome. I-1
Il vaut mieux que... It is better that... II-6
Il faut (falloir) *v. (used with infinitive)* It is necessary to... I-6
  Il a fallu... It was necessary to... I-6
  Il fallait... One had to... I-8, II-P
  Il faut (que)... One must.../ It is necessary that... II-6
il y a there is/are I-1
  il y a eu there was/were 6
  il y avait there was/were I-8, II-P
  Qu'est-ce qu'il y a? What is it?; What's wrong? I-1
  Y a-t-il... ? Is/Are there... ? I-2
il y a... *(used with an expression of time)* ... ago II-1
île *f.* island II-6
ils *sub. pron., m., pl.* they I-1
  ils sont... they are... I-1
immeuble *m.* building I-8, II-P
impatient(e) *adj.* impatient I-1
imperméable *m.* rain jacket I-5
important(e) *adj.* important I-1
  Il est important que... It is important that... II-6
impossible *adj.* impossible II-7
  Il est impossible que... It is impossible that... II-7
imprimante *f.* printer II-3
imprimer *v.* to print II-3
incendie *m.* fire II-6
  prévenir l'incendie to prevent a fire II-6
incroyable *adj.* incredible II-3
indépendamment *adv.* independently I-8, II-P
indépendant(e) *adj.* independent I-1
indications *f.* directions II-4
indiquer *v.* to indicate I-5
indispensable *adj.* essential, indispensable II-6
  Il est indispensable que... It is essential that... II-6
individuel(le) *adj.* single, individual I-7
  chambre individuelle *f.* single (hotel) room I-7
infirmier/infirmière *m., f.* nurse II-2
informations (infos) *f., pl.* news II-7
informatique *f.* computer science I-2
ingénieur *m.* engineer I-3
inquiet/inquiète *adj.* worried I-3

instrument *m.* instrument I-1
intellectuel(le) *adj.* intellectual I-3
intelligent(e) *adj.* intelligent I-1
interdire *v.* to forbid, to prohibit II-6
intéressant(e) *adj.* interesting I-1
inutile *adj.* useless I-2
invité(e) *m., f.* guest I-6
inviter *v.* to invite I-4
irlandais(e) *adj.* Irish I-7
Irlande *f.* Ireland I-7
Italie *f.* Italy I-7
italien(ne) *adj.* Italian I-1

J

jaloux/jalouse *adj.* jealous I-3
jamais *adv.* never I-5
  ne... jamais never, not ever II-4
jambe *f.* leg II-2
jambon *m.* ham I-4
janvier *m.* January I-5
Japon *m.* Japan I-7
japonais(e) *adj.* Japanese I-1
jardin *m.* garden; yard I-8, II-P
jaune *adj.* yellow I-6
je/j' *sub. pron.* I I-1
  Je vous en prie. *form.* Please.; You're welcome. I-1
jean *m., sing.* jeans I-6
jeter *v.* to throw away II-6
jeu *m.* game I-5
  jeu télévisé *m.* game show II-7
  jeu vidéo (des jeux vidéo) *m.* video game(s) II-3
jeudi *m.* Thursday I-2
jeune *adj.* young I-3
  jeunes mariés *m., pl.* newlyweds I-6
jeunesse *f.* youth I-6
  auberge de jeunesse *f.* youth hostel I-7
jogging *m.* jogging I-5
  faire du jogging *v.* to go jogging I-5
joli(e) *adj.* handsome; beautiful I-3
joue *f.* cheek II-2
jouer (à/de) *v.* to play (a sport/a musical instrument) I-5
  jouer un rôle *v.* to play a role II-7
joueur/joueuse *m., f.* player I-5
jour *m.* day I-2
  jour de congé *m.* day off I-7
  jour férié *m.* holiday I-6
  Quel jour sommes-nous? *What day is it?* I-2
journal *m.* newspaper; journal I-7

journaliste *m., f.* journalist I-3
journée *f.* day I-2
juillet *m.* July I-5
juin *m.* June I-5
jungle *f.* jungle II-6
jupe *f.* skirt I-6
jus (d'orange/de pomme) *m.* (orange/apple) juice I-4
jusqu'à (ce que) *prep.* until II-4
juste *adv.* just; right I-3
  juste à côté right next door I-3

K

kilo(gramme) *m.* kilo(gram) II-1
kiosque *m.* kiosk I-4

L

l' *def. art., m., f. sing.* the I-1; *d.o. pron., m., f.* him; her; it I-7
la *def. art., f. sing.* the I-1; *d.o. pron., f.* her; it I-7
là(-bas) (over) there I-1
-là *(used with demonstrative adjective* ce *and noun or with demonstrative pronoun* celui*)* there I-6
lac *m.* lake II-6
laid(e) *adj.* ugly I-3
laine *f.* wool II-4
laisser *v.* to let, to allow II-3
  laisser tranquille *v.* to leave alone II-2
  laisser un message *v.* to leave a message II-5
  laisser un pourboire *v.* to leave a tip I-4
lait *m.* milk I-4
laitue *f.* lettuce II-1
lampe *f.* lamp I-8, II-P
langues (étrangères) *f., pl.* (foreign) languages I-2
lapin *m.* rabbit II-6
laquelle *pron., f., sing.* which one II-5
  à laquelle *pron., f., sing.* which one II-5
  de laquelle *pron., f., sing.* which one II-5
large *adj.* loose; big I-6
lavabo *m.* bathroom sink I-8, II-P
lave-linge *m.* washing machine I-8, II-P
laver *v.* to wash I-8, II-P
laverie *f.* laundromat II-4
lave-vaisselle *m.* dishwasher I-8, II-P
le *def. art., m. sing.* the I-1; *d.o. pron.* him; it I-7
légume *m.* vegetable II-1
lent(e) *adj.* slow I-3

lentement *adv.* slowly I-7
lequel *pron., m., sing.* which one II-5
  auquel (à + lequel) *pron., m., sing.* which one II-5
  duquel (de + lequel) *pron., m., sing.* which one II-5
les *def. art., m., f., pl.* the I-1; *d.o. pron., m., f., pl.* them I-7
lesquelles *pron., f., pl.* which ones II-5
  auxquelles (à + lesquelles) *pron., f., pl.* which ones II-5
  desquelles (de + lesquelles) *pron., f., pl.* which ones II-5
lesquels *pron., m., pl.* which ones II-5
  auxquels (à + lesquels) *pron., m., pl.* which ones II-5
  desquels (de + lesquels) *pron., m., pl.* which ones II-5
lessive *f.* laundry I-8, II-P
  faire la lessive *v.* to do the laundry I-8, II-P
lettre *f.* letter II-4
  boîte aux lettres *f.* mailbox II-4
  lettre de motivation *f.* letter of application II-5
  lettre de recommandation *f.* letter of recommendation, reference letter II-5
lettres *f., pl.* humanities I-2
leur *i.o. pron., m., f., pl.* them I-6
leur(s) *poss. adj., m., f.* their I-3
librairie *f.* bookstore I-1
libre *adj.* available I-7
lien *m.* link II-3
lieu *m.* place I-4
ligne *f.* figure, shape II-2
  garder la ligne *v.* to stay slim II-2
limitation de vitesse *f.* speed limit II-3
limonade *f.* lemon soda I-4
linge *m.* laundry I-8, II-P
  lave-linge *m.* washing machine I-8, II-P
  sèche-linge *m.* clothes dryer I-8, II-P
lire *v.* to read I-7
lit *m.* bed I-7
  faire le lit *v.* to make the bed I-8, II-P
littéraire *adj.* literary II-7
littérature *f.* literature I-1
livre *m.* book I-1
logement *m.* housing I-8, II-P
logiciel *m.* software, program II-3
loi *f.* law II-6
loin de *prep.* far from I-3
loisir *m.* leisure activity I-5
long(ue) *adj.* long I-3

chemise à manches longues *f.* long-sleeved shirt I-6
longtemps *adv.* a long time I-5
louer *v.* to rent I-8, II-P
loyer *m.* rent I-8, II-P
lu (lire) *p.p.* read I-7
lui *pron., sing.* he I-1; him I-3; *i.o. pron. (attached to imperative)* to him/her II-1
l'un(e) à l'autre to one another II-3
l'un(e) l'autre one another II-3
lundi *m.* Monday I-2
Lune *f.* moon II-6
lunettes (de soleil) *f., pl.* (sun)glasses I-6
lycée *m.* high school I-1
lycéen(ne) *m., f.* high school student I-2

M

ma *poss. adj., f., sing.* my I-3
Madame *f.* Ma'am; Mrs. I-1
Mademoiselle *f.* Miss I-1
magasin *m.* store I-4
  grand magasin *m.* department store I-4
magazine *m.* magazine II-7
magnétophone *m.* tape recorder II-3
magnétoscope *m.* videocassette recorder (VCR) II-3
mai *m.* May I-5
maigrir *v.* to lose weight I-4
maillot de bain *m.* swimsuit, bathing suit I-6
main *f.* hand I-5
  sac à main *m.* purse, handbag I-6
maintenant *adv.* now I-5
maintenir *v.* to maintain II-1
mairie *f.* town/city hall; mayor's office II-4
mais *conj.* but I-1
  mais non (but) of course not; no I-2
maison *f.* house I-4
  rentrer à la maison *v.* to return home I-2
mal *adv.* badly I-7
  Je vais mal. I am doing badly. I-1
  le plus mal *super. adv.* the worst II-1
  se porter mal *v.* to be doing badly II-2
mal *m.* illness; ache, pain II-2
  avoir mal *v.* to have an ache II-2
  avoir mal au cœur *v.* to feel nauseated II-2
  faire mal *v.* to hurt II-2
malade *adj.* sick, ill II-2

tomber malade *v.* to get sick II-2
maladie *f.* illness II-5
  assurance maladie *f.* health insurance II-5
malheureusement *adv.* unfortunately I-7
malheureux/malheureuse *adj.* unhappy I-3
manche *f.* sleeve I-6
  chemise à manches courtes/ longues *f.* short-/long-sleeved shirt I-6
manger *v.* to eat I-2
  salle à manger *f.* dining room I-8, II-P
manteau *m.* coat I-6
maquillage *m.* makeup II-2
marchand de journaux *m.* newsstand II-4
marché *m.* market I-4
  bon marché *adj.* inexpensive I-6
marcher *v.* to walk *(person)* I-5; to work *(thing)* II-3
mardi *m.* Tuesday I-2
mari *m.* husband I-3
mariage *m.* marriage; wedding *(ceremony)* I-6
marié(e) *adj.* married I-3
mariés *m., pl.* married couple I-6
  jeunes mariés *m., pl.* newlyweds I-6
marocain(e) *adj.* Moroccan I-1
marron *adj., inv.* (not for hair) brown I-3
mars *m.* March I-5
martiniquais(e) *adj.* from Martinique I-1
match *m.* game I-5
mathématiques (maths) *f., pl.* mathematics I-2
matin *m.* morning I-2
  ce matin *adv.* this morning I-2
  demain matin *adv.* tomorrow morning I-2
  hier matin *adv.* yesterday morning I-7
matinée *f.* morning I-2
mauvais(e) *adj.* bad I-3
  Il fait mauvais. The weather is bad. I-5
  le/la plus mauvais(e) *super. adj.* the worst II-1
mayonnaise *f.* mayonnaise II-1
me/m' *pron., sing.* me; myself I-6
mec *m.* guy II-2
mécanicien *m.* mechanic II-3
mécanicienne *f.* mechanic II-3
méchant(e) *adj.* mean I-3
médecin *m.* doctor I-3
médicament (contre/pour) *m.* medication (against/for) II-2
meilleur(e) *comp. adj.* better II-1

le/la meilleur(e) *super. adj.* the best II-1
membre *m.* member II-7
même *adj.* even I-5; same
-même(s) *pron.* -self/-selves I-6
menacé(e) *adj.* endangered II-6
  espèce menacée *f.* endangered species II-6
ménage *m.* housework I-8, II-P
  faire le ménage *v.* to do housework I-8, II-P
ménager/ménagère *adj.* household I-8, II-P
  appareil ménager *m.* household appliance I-8, II-P
  tâche ménagère *f.* household chore I-8, II-P
mention *f.* distinction II-5
menu *m.* menu II-1
mer *f.* sea I-7
Merci (beaucoup). Thank you (very much). I-1
mercredi *m.* Wednesday I-2
mère *f.* mother I-3
  belle-mère *f.* mother-in-law; stepmother I-3
mes *poss. adj., m., f., pl.* my I-3
message *m.* message II-5
  laisser un message *v.* to leave a message II-5
messagerie *f.* voicemail II-5
météo *f.* weather II-7
métier *m.* profession II-5
métro *m.* subway I-7
  station de métro *f.* subway station I-7
metteur en scène *m.* director *(of a play)* II-7
mettre *v.* to put, to place 6
  mettre la table to set the table I-8, II-P
meuble *m.* piece of furniture I-8, II-P
mexicain(e) *adj.* Mexican I-1
Mexique *m.* Mexico I-7
Miam! *interj.* Yum! I-5
micro-onde *m.* microwave oven I-8, II-P
  four à micro-ondes *m.* microwave oven I-8, II-P
midi *m.* noon I-2
  après-midi *m.* afternoon I-2
mieux *comp. adv.* better II-1
  aimer mieux *v.* to prefer I-2
  le mieux *super. adv.* the best II-1
  se porter mieux *v.* to be doing better II-2
mille *m.* one thousand I-5
  cent mille *m.* one hundred thousand I-5
million, un *m.* one million I-5
  deux millions *m.* two million I-5

minuit *m.* midnight I-2
miroir *m.* mirror I-8, II-P
mis (mettre) *p.p.* put, placed I-6
mode *f.* fashion I-2
modeste *adj.* modest II-5
moi *disj. pron., sing.* I, me I-3; *pron. (attached to an imperative)* to me, to myself II-1
  Moi aussi. Me too. I-1
  Moi non plus. Me neither. I-2
moins *adv.* before … (o'clock) I-2
moins (de) *adv.* less (of); fewer I-4
  le/la moins *super. adv. (used with verb or adverb)* the least II-1
  le moins de… *(used with noun to express quantity)* the least… II-6
  moins de… que… *(used with noun to express quantity)* less… than… II-6
mois *m.* month I-2
  ce mois-ci this month I-2
moment *m.* moment I-1
mon *poss. adj., m., sing.* my I-3
monde *m.* world I-7
monnaie *f.* change, coins; money II-4
Monsieur *m.* Sir; Mr. I-1
montagne *f.* mountain I-4
monter *v.* to go up, to come up; to get in/on I-7
montre *f.* watch I-1
montrer (à) *v.* to show (*to someone*) I-6
morceau (de) *m.* piece, bit (of) I-4
mort *f.* death I-6
mort (mourir) *p.p., adj. (as past participle)* died; (*as adjective*) dead I-7
mot de passe *m.* password II-3
moteur *m.* engine II-3
mourir *v.* to die I-7
moutarde *f.* mustard II-1
moyen(ne) *adj.* medium I-3
  de taille moyenne of medium height I-3
MP3 *m.* MP3 II-3
mur *m.* wall I-8, II-P
musée *m.* museum I-4
  faire les musées *v.* to go to museums II-7
musical(e) *adj.* musical II-7
  comédie musicale *f.* musical II-7
musicien(ne) *m., f.* musician I-3
musique: faire de la musique *v.* to play music II-7

N

nager *v.* to swim I-4
naïf/naïve *adj.* naïve I-3
naissance *f.* birth I-6
naître *v.* to be born I-7
nappe *f.* tablecloth II-1
nationalité *f.* nationality I-1
  Je suis de nationalité… I am of … nationality. I-1
  Quelle est ta nationalité? *fam.* What is your nationality? I-1
  Quelle est votre nationalité? *fam., pl., form.* What is your nationality? I-1
nature *f.* nature II-6
naturel(le) *adj.* natural II-6
  ressource naturelle *f.* natural resource II-6
né (naître) *p.p., adj.* born I-7
ne/n' no, not I-1
  ne… aucun(e) none, not any II-4
  ne… jamais never, not ever II-4
  ne… ni… ni… neither… nor… II-4
  ne… pas no, not I-2
  ne… personne nobody, no one II-4
  ne… plus no more, not anymore II-4
  ne… que only II-4
  ne… rien nothing, not anything II-4
  N'est-ce pas? *(tag question)* Isn't it? I-2
nécessaire *adj.* necessary II-6
  Il est nécessaire que… It is necessary that… II-6
neiger *v.* to snow I-5
  Il neige. It is snowing. I-5
nerveusement *adv.* nervously I-8, II-P
nerveux/nerveuse *adj.* nervous I-3
nettoyer *v.* to clean I-5
neuf *m.* nine I-1
neuvième *adj.* ninth I-7
neveu *m.* nephew I-3
nez *m.* nose II-2
ni nor II-4
  ne… ni… ni… neither… nor II-4
nièce *f.* niece I-3
niveau *m.* level II-5
noir(e) *adj.* black I-3
non no I-2
  mais non (but) of course not; no I-2
nord *m.* north II-4

nos *poss. adj., m., f., pl.* our I-3
note *f. (academics)* grade I-2
notre *poss. adj., m., f., sing.* our I-3
nourriture *f.* food, sustenance II-1
nous *pron.* we I-1; us I-3; ourselves II-2
nouveau/nouvelle *adj.* new I-3
nouvelles *f., pl.* news II-7
novembre *m.* November I-5
nuage de pollution *m.* pollution cloud II-6
nuageux/nuageuse *adj.* cloudy I-5
  Le temps est nuageux. It is cloudy. I-5
nucléaire *adj.* nuclear II-6
  centrale nucléaire *f.* nuclear plant II-6
  énergie nucléaire *f.* nuclear energy II-6
nuit *f.* night I-2
  boîte de nuit *f.* nightclub I-4
nul(le) *adj.* useless I-2
numéro *m.* (telephone) number II-3
  composer un numéro *v.* to dial a number II-3
  recomposer un numéro *v.* to redial a number II-3

O

objet *m.* object I-1
obtenir *v.* to get, to obtain II-5
occupé(e) *adj.* busy I-1
octobre *m.* October I-5
œil (les yeux) *m.* eye (eyes) II-2
œuf *m.* egg II-1
œuvre *f.* artwork, piece of art II-7
  chef-d'œuvre *m.* masterpiece II-7
  hors-d'œuvre *m.* hors d'œuvre, starter II-1
offert (offrir) *p.p.* offered II-3
office du tourisme *m.* tourist office II-4
offrir *v.* to offer II-3
oignon *m.* onion II-1
oiseau *m.* bird I-3
olive *f.* olive II-1
  huile d'olive *f.* olive oil II-1
omelette *f.* omelette I-5
on *sub. pron., sing.* one (we) I-1
  on y va let's go II-2
oncle *m.* uncle I-3
onze *m.* eleven I-1
onzième *adj.* eleventh I-7
opéra *m.* opera II-7
optimiste *adj.* optimistic I-1
orageux/orageuse *adj.* stormy I-5
  Le temps est orageux. It is stormy. I-5

Vocabulary

orange *adj. inv.* orange I-6; *f.* orange II-1

orchestre *m.* orchestra II-7

ordinateur *m.* computer I-1

ordonnance *f.* prescription II-2

ordures *f., pl.* trash II-6
  ramassage des ordures *m.* garbage collection II-6

oreille *f.* ear II-2

oreiller *m.* pillow I-8, II-P

organiser (une fête) *v.* to organize/to plan (a party) I-6

origine *f.* heritage I-1
  Je suis d'origine... I am of... heritage. I-1

orteil *m.* toe II-2

ou *or* I-3

où *adv., rel. pron.* where 4

ouais *adv.* yeah I-2

oublier (de) *v.* to forget (*to do something*) I-2

ouest *m.* west II-4

oui *adv.* yes I-2

ouvert (ouvrir) *p.p., adj. (as past participle)* opened; (*as adjective*) open II-3

ouvrier/ouvrière *m., f.* worker, laborer II-5

ouvrir *v.* to open II-3

ozone *m.* ozone II-6
  trou dans la couche d'ozone *m.* hole in the ozone layer II-6

P

page d'accueil *f.* home page II-3

pain (de campagne) *m.* (country-style) bread I-4

panne *f.* breakdown, malfunction II-3
  tomber en panne *v.* to break down II-3

pantalon *m., sing.* pants I-6

pantoufle *f.* slipper II-2

papeterie *f.* stationery store II-4

papier *m.* paper I-1
  corbeille à papier *f.* wastebasket I-1
  feuille de papier *f.* sheet of paper I-1

paquet cadeau *m.* wrapped gift I-6

par *prep.* by I-3
  par jour/semaine/mois/an per day/week/month/year I-5

parapluie *m.* umbrella I-5

parc *m.* park I-4

parce que *conj.* because I-2

Pardon. Pardon (me). I-1

Pardon? What? I-4

pare-brise *m.* windshield II-3

pare-chocs *m.* bumper II-3

parents *m., pl.* parents I-3

paresseux/paresseuse *adj.* lazy I-3

parfait(e) *adj.* perfect I-4

parfois *adv.* sometimes I-5

parking *m.* parking lot II-3

parler (à) *v.* to speak (to) I-6
  parler (au téléphone) *v.* to speak (on the phone) I-2

partager *v.* to share I-2

partir *v.* to leave I-5
  partir en vacances *v.* to go on vacation I-7

pas (de) *adv.* no, none II-4
  ne... pas no, not I-2
  pas de problème no problem II-4
  pas du tout not at all I-2
  pas encore not yet I-8, II-P
  Pas mal. Not badly. I-1

passager/passagère *m., f.* passenger I-7

passeport *m.* passport I-7

passer *v.* to pass by; to spend time I-7
  passer chez quelqu'un *v.* to stop by someone's house I-4
  passer l'aspirateur *v.* to vacuum I-8, II-P
  passer un examen *v.* to take an exam I-2

passe-temps *m.* pastime, hobby I-5

pâté (de campagne) *m.* pâté, meat spread II-1

pâtes *f., pl.* pasta II-1

patiemment *adv.* patiently I-8, II-P

patient(e) *m., f.* patient II-2; *adj.* patient I-1

patienter *v.* to wait (on the phone), to be on hold II-5

patiner *v.* to skate I-4

pâtisserie *f.* pastry shop, bakery, pastry II-1

patron(ne) *m., f.* boss II-5

pauvre *adj.* poor I-3

payé (payer) *p.p., adj.* paid II-5
  être bien/mal payé(e) *v.* to be well/badly paid II-5

payer *v.* to pay I-5
  payer par carte (bancaire/ de crédit) *v.* to pay with a (debit/credit) card II-4
  payer en espèces *v.* to pay in cash II-4
  payer par chèque *v.* to pay by check II-4

pays *m.* country I-7

peau *f.* skin II-2

pêche *f.* fishing I-5; peach II-1
  aller à la pêche *v.* to go fishing I-5

peigne *m.* comb II-2

peintre/femme peintre *m., f.* painter II-7

peinture *f.* painting II-7

pendant (que) *prep.* during, while I-7
  pendant (*with time expression*) *prep.* for II-1

pénible *adj.* tiresome I-3

penser (que) *v.* to think (that) I-2
  ne pas penser que... to not think that... II-7
  Qu'en penses-tu? What do you think about that? II-6

perdre *v.* to lose I-6
  perdre son temps *v.* to waste time I-6

perdu *p.p., adj.* lost II-4
  être perdu(e) to be lost II-4

père *m.* father I-3
  beau-père *m.* father-in-law; stepfather I-3

permettre (de) *v.* to allow (*to do something*) I-6

permis *m.* permit; license II-3
  permis de conduire *m.* driver's license II-3

permis (permettre) *p.p., adj.* permitted, allowed I-6

personnage (principal) *m.* (main) character II-7

personne *f.* person I-1; *pron.* no one II-4
  ne... personne nobody, no one II-4

pessimiste *adj.* pessimistic I-1

petit(e) *adj.* small I-3; short (*stature*) I-3
  petit(e) ami(e) *m., f.* boyfriend/girlfriend I-1

petit-déjeuner *m.* breakfast II-1

petite-fille *f.* granddaughter I-3

petit-fils *m.* grandson I-3

petits-enfants *m., pl.* grandchildren I-3

petits pois *m., pl.* peas II-1

peu (de) *adv.* little; not much (of) I-2

peur *f.* fear I-2
  avoir peur (de/que) *v.* to be afraid (of/that) I-2

peut-être *adv.* maybe, perhaps I-2

phares *m., pl.* headlights II-3

pharmacie *f.* pharmacy II-2

pharmacien(ne) *m., f.* pharmacist II-2

philosophie *f.* philosophy I-2

photo(graphie) *f.* photo (graph) I-3

physique *f.* physics I-2

piano *m.* piano II-7

pièce *f.* room I-8, II-P

pièce de théâtre *f.* play II-7

pièces de monnaie *f., pl.* change II-4
pied *m.* foot II-2
pierre *f.* stone II-6
pilule *f.* pill II-2
pique-nique *m.* picnic II-6
piqûre *f.* shot, injection II-2
  faire une piqûre *v.* to give a shot II-2
pire *comp. adj.* worse II-1
  le/la pire *super. adj.* the worst II-1
piscine *f.* pool I-4
placard *m.* closet; cupboard I-8, II-P
place *f.* square; place I-4; *f.* seat II-7
plage *f.* beach I-7
plaisir *m.* pleasure, enjoyment II-5
  faire plaisir à quelqu'un *v.* to please someone II-5
plan *m.* map I-7
  utiliser un plan *v.* to use a map I-7
planche à voile *f.* windsurfing I-5
  faire de la planche à voile *v.* to go windsurfing I-5
planète *f.* planet II-6
  sauver la planète *v.* to save the planet II-6
plante *f.* plant II-6
plastique *m.* plastic II-6
  emballage en plastique *m.* plastic wrapping/packaging II-6
plat (principal) *m.* (main) dish II-1
plein air *m.* outdoor, open-air II-6
pleine forme *f.* good shape, good state of health II-2
  être en pleine forme *v.* to be in good shape II-2
pleurer *v.* to cry
pleuvoir *v.* to rain I-5
  Il pleut. It is raining. I-5
plombier *m.* plumber II-5
plu (pleuvoir) *p.p.* rained I-6
pluie acide *f.* acid rain II-6
plus *adv. (used in comparatives, superlatives, and expressions of quantity)* more I-4
  le/la plus ... *super. adv. (used with adjective)* the most II-1
  le/la plus mauvais(e) *super. adj.* the worst II-1
  le plus *super. adv. (used with verb or adverb)* the most II-1
  le plus de... *(used with noun to express quantity)* the most... II-6
  le plus mal *super. adv.* the worst II-1
  plus... que *(used with adjective)* more... than II-1

plus de more of I-4
plus de... que *(used with noun to express quantity)* more... than II-6
  plus mal *comp. adv.* worse II-1
  plus mauvais(e) *comp. adj.* worse II-1
plus *adv.* no more, not any-more II-4
  ne... plus no more, not any-more II-4
plusieurs *adj.* several I-4
plutôt *adv.* rather I-2
pneu (crevé) *m.* (flat) tire II-3
  vérifier la pression des pneus *v.* to check the tire pressure II-3
poème *m.* poem II-7
poète/poétesse *m., f.* poet II-7
point *m. (punctuation mark)* period II-3
poire *f.* pear II-1
poisson *m.* fish I-3
poissonnerie *f.* fish shop II-1
poitrine *f.* chest II-2
poivre *m. (spice)* pepper II-1
poivron *m. (vegetable)* pepper II-1
poli(e) *adj.* polite I-1
police *f.* police II-3
  agent de police *m.* police officer II-3
  commissariat de police *m.* police station II-4
policier *m.* police officer II-3
  film policier *m.* detective film II-7
policière *f.* police officer II-3
poliment *adv.* politely I-8, II-P
politique *adj.* political I-2
  femme politique *f.* politician II-5
  homme politique *m.* politician II-5
  sciences politiques (sciences po) *f., pl.* political science I-2
polluer *v.* to pollute II-6
pollution *f.* pollution II-6
  nuage de pollution *m.* pollution cloud II-6
pomme *f.* apple II-1
pomme de terre *f.* potato II-1
pompier/femme pompier *m., f.* firefighter II-5
pont *m.* bridge II-4
population croissante *f.* growing population II-6
porc *m.* pork II-1
portable *m.* cell phone II-3
porte *f.* door I-1
porter *v.* to wear I-6
portière *f.* car door II-3
portrait *m.* portrait I-5
poser une question (à) *v.* to ask *(someone)* a question I-6

posséder *v.* to possess, to own I-5
possible *adj.* possible II-7
  Il est possible que... It is possible that... II-6
poste *f.* postal service; post office II-4
  bureau de poste *m.* post office II-4
poste *m.* position II-5
poster une lettre *v.* to mail a letter II-4
postuler *v.* to apply II-5
poulet *m.* chicken II-1
pour *prep.* for I-5
  pour qui? for whom? I-4
  pour rien for no reason I-4
  pour que so that II-7
pourboire *m.* tip I-4
  laisser un pourboire *v.* to leave a tip I-4
pourquoi? *adv.* why? I-2
poussière *f.* dust I-8, II-P
  enlever/faire la poussière *v.* to dust I-8, II-P
pouvoir *v.* to be able to; can II-1
pratiquer *v.* to play regularly, to practice I-5
préféré(e) *adj.* favorite, preferred I-2
préférer (que) *v.* to prefer (that) I-5
premier *m.* the first *(day of the month)* I-5
  C'est le 1ᵉʳ (premier) octobre. It is October first. I-5
premier/première *adj.* first I-2
prendre *v.* to take I-4; to have I-4
  prendre sa retraite *v.* to retire I-6
  prendre un train/avion/ taxi/autobus/bateau *v.* to take a train/plane/taxi/bus/ boat I-7
  prendre un congé *v.* to take time off II-5
  prendre une douche *v.* to take a shower II-2
  prendre (un) rendez-vous *v.* to make an appointment II-5
  prendre une photo(graphe) *v.* to take a photo(graph) II-3
préparer *v.* to prepare (for) I-2
près (de) *prep.* close (to), near I-3
  tout près (de) very close (to) II-4
présenter *v.* to present, to introduce II-7
  Je te présente... *fam.* I would like to introduce... to you. I-1
  Je vous présente... *fam., form.* I would like to introduce... to you. I-1

préservation *f.* protection II-6
préserver *v.* to preserve II-6
presque *adv.* almost I-2
pressé(e) *adj.* hurried II-1
pression *f.* pressure II-3
  vérifier la pression des pneus to check the tire pressure II-3
prêt(e) *adj.* ready I-3
prêter (à) *v.* to lend (*to someone*) I-6
prévenir l'incendie *v.* to prevent a fire II-6
principal(e) *adj.* main, principal II-1
  personnage principal *m.* main character II-7
  plat principal *m.* main dish II-1
printemps *m.* spring I-5
  au printemps in the spring I-5
pris (prendre) *p.p., adj.* taken I-6
prix *m.* price I-4
problème *m.* problem I-1
prochain(e) *adj.* next I-2
produire *v.* to produce I-6
produit *m.* product II-6
produit (produire) *p.p., adj.* produced I-6
professeur *m.* teacher, professor I-1
profession (exigeante) *f.* (demanding) profession II-5
professionnel(le) *adj.* professional II-5
  expérience professionnelle *f.* professional experience II-5
profiter (de) *v.* to take advantage (of); to enjoy II-7
programme *m.* program II-7
projet *m.* project II-5
  faire des projets *v.* to make plans II-5
promenade *f.* walk, stroll I-5
  faire une promenade *v.* to go for a walk I-5
promettre *v.* to promise I-6
promis (promettre) *p.p., adj.* promised I-6
promotion *f.* promotion II-5
proposer (que) *v.* to propose (that) II-6
  proposer une solution *v.* to propose a solution II-6
propre *adj.* clean I-8, II-P
propriétaire *m., f.* owner I-8, II-P
protection *f.* protection II-6
protéger *v.* to protect 5
psychologie *f.* psychology I-2
psychologique *adj.* psychological II-7
psychologue *m., f.* psychologist II-5
pu (pouvoir) *p.p.* (*used with infinitive*) was able to 9

publicité (pub) *f.* advertisement II-7
publier *v.* to publish II-7
puis *adv.* then I-7
pull *m.* sweater I-6
pur(e) *adj.* pure II-6

Q

quand *adv.* when I-4
  C'est quand l'anniversaire de … ? When is …'s birthday? I-5
  C'est quand ton/votre anniversaire? When is your birthday? I-5
quarante *m.* forty I-1
quart *m.* quarter I-2
  et quart a quarter after… (o'clock) I-2
quartier *m.* area, neighborhood I-8, II-P
quatorze *m.* fourteen I-1
quatre *m.* four I-1
quatre-vingts *m.* eighty I-3
quatre-vingt-dix *m.* ninety I-3
quatrième *adj.* fourth I-7
que/qu' *rel. pron.* that; which II-3; *conj.* than II-1, II-6
  plus/moins … que (*used with adjective*) more/less … than II-1
  plus/moins de … que (*used with noun to express quantity*) more/less … than II-6
que/qu'…? *interr. pron.* what? I-4
  Qu'en penses-tu? What do you think about that? II-6
  Qu'est-ce que c'est? What is it? I-1
  Qu'est-ce qu'il y a? What is it?; What's wrong? I-1
que *adv.* only II-4
  ne… que only II-4
québécois(e) *adj.* from Quebec I-1
quel(le)(s)? *interr. adj.* which? I-4; what? I-4
  À quelle heure? What time?; When? I-2
  Quel jour sommes-nous? What day is it? I-2
  Quelle est la date? What is the date? I-5
  Quelle est ta nationalité? *fam.* What is your nationality? I-1
  Quelle est votre nationalité? *form.* What is your nationality? I-1
  Quelle heure avez-vous? *form.* What time do you have? I-2
  Quelle heure est-il? What time is it? I-2
  Quelle température fait-il? (*weather*) What is the temperature? I-5

Quel temps fait-il? What is the weather like? I-5
quelqu'un *pron.* someone II-4
quelque chose *m.* something; anything I-4
  Quelque chose ne va pas. Something's not right. I-5
quelquefois *adv.* sometimes I-7
quelques *adj.* some I-4
question *f.* question I-6
  poser une question (à) to ask (*someone*) a question I-6
queue *f.* line II-4
  faire la queue *v.* to wait in line II-4
qui? *interr. pron.* who? I-4; whom? I-4; *rel. pron.* who, that II-3
  à qui? to whom? I-4
  avec qui? with whom? I-4
  C'est de la part de qui? On behalf of whom? II-5
  Qui est à l'appareil? Who's calling, please? II-5
  Qui est-ce? Who is it? I-1
quinze *m.* fifteen I-1
quitter (la maison) *v.* to leave (the house) I-4
  Ne quittez pas. Please hold. II-5
quoi? *interr. pron.* what? I-1
  Il n'y a pas de quoi. It's nothing.; You're welcome. I-1
  quoi que ce soit whatever it may be II-5

R

raccrocher *v.* to hang up II-5
radio *f.* radio II-7
  à la radio on the radio II-7
raide *adj.* straight I-3
raison *f.* reason; right I-2
  avoir raison *v.* to be right I-2
ramassage des ordures *m.* garbage collection II-6
randonnée *f.* hike I-5
  faire une randonnée *v.* to go for a hike I-5
ranger *v.* to tidy up, to put away I-8, II-P
rapide *adj.* fast I-3
rapidement *adv.* quickly I-7
rarement *adv.* rarely I-5
rasoir *m.* razor II-2
ravissant(e) *adj.* beautiful; delightful II-5
réalisateur/réalisatrice *m., f.* director (*of a movie*) II-7
récent(e) *adj.* recent II-7
réception *f.* reception desk I-7
recevoir *v.* to receive II-4

réchauffement de la Terre *m.* global warming II-6

recharger *v.* to charge (battery) II-3

rechercher *v.* to search for, to look for II-5

recommandation *f.* recommendation II-5

recommander (que) *v.* to recommend (that) II-6

recomposer (un numéro) *v.* to redial (a number) II-3

reconnaître *v.* to recognize I-8, II-P

reconnu (reconnaître) *p.p., adj.* recognized I-8, II-P

reçu *m.* receipt II-4

reçu (recevoir) *p.p., adj.* received I-7

    être reçu(e) à un examen to pass an exam I-2

recyclage *m.* recycling II-6

recycler *v.* to recycle II-6

redémarrer *v.* to restart, to start again II-3

réduire *v.* to reduce I-6

réduit (réduire) *p.p., adj.* reduced I-6

référence *f.* reference II-5

réfléchir (à) *v.* to think (about), to reflect (on) I-4

refuser (de) *v.* to refuse (*to do something*) II-3

regarder *v.* to watch I-2

    Ça ne nous regarde pas. That has nothing to do with us.; That is none of our business. II-6

régime *m.* diet II-2

    être au régime *v.* to be on a diet II-1

région *f.* region II-6

regretter (que) *v.* to regret (that) II-6

remplir (un formulaire) *v.* to fill out (a form) II-4

rencontrer *v.* to meet I-2

rendez-vous *m.* date; appointment I-6

    prendre (un) rendez-vous *v.* to make an appointment II-5

rendre (à) *v.* to give back, to return (to) I-6

    rendre visite (à) *v.* to visit I-6

rentrer (à la maison) *v.* to return (home) I-2

    rentrer (dans) *v.* to hit II-3

renvoyer *v.* to dismiss, to let go II-5

réparer *v.* to repair II-3

repartir *v.* to go back II-7

repas *m.* meal II-1

repasser *v.* to take again II-7

    repasser (le linge) *v.* to iron (the laundry) I-8, II-P

    fer à repasser *m.* iron I-8, II-P

répéter *v.* to repeat; to rehearse I-5

répondeur (téléphonique) *m.* answering machine II-3

répondre (à) *v.* to respond, to answer (to) I-6

réseau (social) *m.* (social) network II-3

réservation *f.* reservation I-7

    annuler une réservation *v.* to cancel a reservation I-7

réservé(e) *adj.* reserved I-1

réserver *v.* to reserve I-7

réservoir d'essence *m.* gas tank II-3

responsable *m., f.* manager, supervisor II-5

ressource naturelle *f.* natural resource II-6

restaurant *m.* restaurant I-4

rester *v.* to stay I-7

résultat *m.* result I-2

retenir *v.* to keep, to retain II-1

retirer (de l'argent) *v.* to withdraw (money) II-4

retourner *v.* to return I-7

retraite *f.* retirement I-6

    prendre sa retraite *v.* to retire I-6

retraité(e) *m., f.* retired person II-5

retrouver *v.* to find (again); to meet up with I-2

rétroviseur *m.* rear-view mirror II-3

réunion *f.* meeting II-5

réussir (à) *v.* to succeed (*in doing something*) I-4

réussite *f.* success II-5

réveil *m.* alarm clock II-2

revenir *v.* to come back II-1

rêver (de) *v.* to dream about II-3

revoir *v.* to see again II-7

    Au revoir. Good-bye. I-1

revu (revoir) *p.p.* seen again II-7

rez-de-chaussée *m.* ground floor I-7

rhume *m.* cold II-2

ri (rire) *p.p.* laughed I-6

rideau *m.* curtain I-8, II-P

rien *m.* nothing II-4

    De rien. You're welcome. I-1

    ne... rien nothing, not anything II-4

    ne servir à rien *v.* to be good for nothing II-1

rire *v.* to laugh I-6

rivière *f.* river II-6

riz *m.* rice II-1

robe *f.* dress I-6

rôle *m.* role II-6

    jouer un rôle *v.* to play a role II-7

roman *m.* novel II-7

rose *adj.* pink I-6

roue (de secours) *f.* (emergency) tire II-3

rouge *adj.* red I-6

rouler en voiture *v.* to ride in a car I-7

rue *f.* street II-3

    suivre une rue *v.* to follow a street II-4

S

s'adorer *v.* to adore one another II-3

s'aider *v.* to help one another II-3

s'aimer (bien) *v.* to love (like) one another II-3

s'allumer *v.* to light up II-3

s'amuser *v.* to play; to have fun II-2

    s'amuser à *v.* to pass time by II-3

s'apercevoir *v.* to notice; to realize II-4

s'appeler *v.* to be named, to be called II-2

    Comment t'appelles-tu? *fam.* What is your name? I-1

    Comment vous appelez-vous? *form.* What is your name? I-1

    Je m'appelle... My name is... I-1

s'arrêter *v.* to stop II-2

s'asseoir *v.* to sit down II-2

sa *poss. adj., f., sing.* his; her; its I-3

sac *m.* bag I-1

    sac à dos *m.* backpack I-1

    sac à main *m.* purse, handbag I-6

sain(e) *adj.* healthy II-2

saison *f.* season I-5

salade *f.* salad II-1

salaire (élevé/modeste) *m.* (high/low) salary II-5

    augmentation de salaire *f.* raise in salary II-5

sale *adj.* dirty I-8, II-P

salir *v.* to soil, to make dirty I-8, II-P

salle *f.* room I-8, II-P

    salle à manger *f.* dining room I-8, II-P

    salle de bains *f.* bathroom I-8, II-P

    salle de classe *f.* classroom I-1

salle de séjour *f.* living/family room I-8, II-P
salon *m.* formal living room, sitting room I-8, II-P
  salon de beauté *m.* beauty salon II-4
Salut! Hi!; Bye! I-1
samedi *m.* Saturday I-2
sandwich *m.* sandwich I-4
sans *prep.* without I-8, II-P
  sans que *conj.* without II-7
santé *f.* health II-2
  être en bonne/mauvaise santé *v.* to be in good/bad health II-2
saucisse *f.* sausage II-1
sauvegarder *v.* to save II-3
sauver (la planète) *v.* to save (the planet) II-6
sauvetage des habitats *m.* habitat preservation II-6
savoir *v.* to know *(facts),* to know how to do something I-8, II-P
  savoir (que) *v.* to know (that) II-7
  Je n'en sais rien. I don't know anything about it. II-6
savon *m.* soap II-2
sciences *f., pl.* science I-2
  sciences politiques (sciences po) *f., pl.* political science I-2
sculpture *f.* sculpture II-7
sculpteur/sculptrice *m., f.* sculptor II-7
se/s' *pron., sing., pl. (used with reflexive verb)* himself; herself; itself; 10 *(used with reciprocal verb)* each other II-3
séance *f.* show; screening II-7
se blesser *v.* to hurt oneself II-2
se brosser (les cheveux/les dents) *v.* to brush one's (hair/teeth) II-1
se casser *v.* to break II-2
sèche-linge *m.* clothes dryer I-8, II-P
se coiffer *v.* to do one's hair II-2
se connaître *v.* to know one another II-3
se coucher *v.* to go to bed II-2
secours *m.* help II-3
  Au secours! Help! II-3
s'écrire *v.* to write one another II-3
sécurité *f.* security; safety
  attacher sa ceinture de sécurité *v.* to buckle one's seatbelt II-3
se dépêcher *v.* to hurry II-2
se déplacer *v.* to move, to change location II-4
se déshabiller *v.* to undress II-2
se détendre *v.* to relax II-2

se dire *v.* to tell one another II-3
se disputer (avec) *v.* to argue (with) II-2
se donner *v.* to give one another II-3
se fouler (la cheville) *v.* to twist/to sprain one's (ankle) II-2
se garer *v.* to park II-3
seize *m.* sixteen I-1
séjour *m.* stay I-7
  faire un séjour *v.* to spend time *(somewhere)* I-7
  salle de séjour *f.* living room I-8, II-P
sel *m.* salt II-1
se laver (les mains) *v.* to wash oneself (one's hands) II-2
se lever *v.* to get up, to get out of bed II-2
semaine *f.* week I-2
  cette semaine this week I-2
s'embrasser *v.* to kiss one another II-3
se maquiller *v.* to put on makeup II-2
se mettre *v.* to put *(something)* on (yourself) II-2
  se mettre à *v.* to begin to II-2
  se mettre en colère *v.* to become angry II-2
s'endormir *v.* to fall asleep, to go to sleep II-2
s'énerver *v.* to get worked up, to become upset II-2
sénégalais(e) *adj.* Senegalese I-1
s'ennuyer *v.* to get bored II-2
s'entendre bien (avec) *v.* to get along well (with one another) II-2
sentier *m.* path II-6
sentir *v.* to feel; to smell; to sense I-5
séparé(e) *adj.* separated I-3
se parler *v.* to speak to one another II-3
se porter mal/mieux *v.* to be ill/better II-2
se préparer (à) *v.* to get ready; to prepare *(to do something)* II-2
se promener *v.* to take a walk II-2
sept *m.* seven I-1
septembre *m.* September I-5
septième *adj.* seventh I-7
se quitter *v.* to leave one another II-3
se raser *v.* to shave oneself II-2
se réconcilier *v.* to make up II-7
se regarder *v.* to look at oneself; to look at each other II-2
se relever *v.* to get up again II-2
se rencontrer *v.* to meet one another, to make each other's acquaintance II-3
se rendre compte *v.* to realize II-2

se reposer *v.* to rest II-2
se retrouver *v.* to meet one another *(as planned)* II-3
se réveiller *v.* to wake up II-2
se sécher *v.* to dry oneself II-2
se sentir *v.* to feel II-2
sérieux/sérieuse *adj.* serious I-3
serpent *m.* snake II-6
serre *f.* greenhouse II-6
  effet de serre *m.* greenhouse effect II-6
serré(e) *adj.* tight I-6
serveur/serveuse *m., f.* server I-4
serviette *f.* napkin II-1
  serviette (de bain) *f.* (bath) towel II-2
servir *v.* to serve I-5
ses *poss. adj., m., f., pl.* his; her; its I-3
se souvenir (de) *v.* to remember II-2
se téléphoner *v.* to phone one another II-3
se tourner *v.* to turn (oneself) around II-2
se tromper (de) *v.* to be mistaken (about) II-2
se trouver *v.* to be located II-2
seulement *adv.* only I-8, II-P
s'habiller *v.* to dress II-2
shampooing *m.* shampoo II-2
shopping *m.* shopping I-7
  faire du shopping *v.* to go shopping I-7
short *m., sing.* shorts I-6
si *conj.* if II-5
si *adv. (when contradicting a negative statement or question)* yes I-2
signer *v.* to sign II-4
S'il te plaît. *fam.* Please. I-1
S'il vous plaît. *form.* Please. I-1
sincère *adj.* sincere I-1
s'inquiéter *v.* to worry II-2
s'intéresser (à) *v.* to be interested (in) II-2
site Internet/web *m.* web site II-3
six *m.* six I-1
sixième *adj.* sixth I-7
ski *m.* skiing I-5
  faire du ski *v.* to go skiing I-5
  station de ski *f.* ski resort I-7
skier *v.* to ski I-5
smartphone *m.* smartphone II-3
SMS *m.* text message II-3
s'occuper (de) *v.* to take care (of *something*), to see to II-2
sociable *adj.* sociable I-1
sociologie *f.* sociology I-1
sœur *f.* sister I-3
  belle-sœur *f.* sister-in-law I-3

demi-sœur *f.* half-sister, stepsister I-3
soie *f.* silk II-4
soif *f.* thirst I-4
  avoir soif *v.* to be thirsty I-4
soir *m.* evening I-2
  ce soir *adv.* this evening I-2
  demain soir *adv.* tomorrow evening I-2
  du soir *adv.* in the evening I-2
  hier soir *adv.* yesterday evening I-7
soirée *f.* evening I-2
sois (être) *imp. v.* be I-2
soixante *m.* sixty I-1
soixante-dix *m.* seventy I-3
solaire *adj.* solar II-6
  énergie solaire *f.* solar energy II-6
soldes *f., pl.* sales I-6
soleil *m.* sun I-5
  Il fait (du) soleil. It is sunny. I-5
solution *f.* solution II-6
  proposer une solution *v.* to propose a solution II-6
sommeil *m.* sleep I-2
  avoir sommeil *v.* to be sleepy I-2
son *poss. adj., m., sing.* his; her; its I-3
sonner *v.* to ring II-3
s'orienter *v.* to get one's bearings II-4
sorte *f.* sort, kind II-7
sortie *f.* exit I-7
sortir *v.* to go out, to leave I-5; to take out I-8, II-P
  sortir la/les poubelle(s) *v.* to take out the trash I-8, II-P
soudain *adv.* suddenly I-8, II-P
souffrir *v.* to suffer II-3
souffert (souffrir) *p.p.* suffered II-3
souhaiter (que) *v.* to wish (that) II-6
soupe *f.* soup I-4
  cuillère à soupe *f.* soupspoon II-1
sourire *v.* to smile I-6; *m.* smile II-4
souris *f.* mouse II-3
sous *prep.* under I-3
sous-sol *m.* basement I-8, II-P
sous-vêtement *m.* underwear I-6
souvent *adv.* often I-5
soyez (être) *imp. v.* be I-7
soyons (être) *imp. v.* let's be I-7
spécialiste *m., f.* specialist II-5
spectacle *m.* show I-5
spectateur/spectatrice *m., f.* spectator II-7
sport *m.* sport(s) I-5

faire du sport *v.* to do sports I-5
sportif/sportive *adj.* athletic I-3
stade *m.* stadium I-5
stage *m.* internship; professional training II-5
station (de métro) *f.* (subway) station I-7
station de ski *f.* ski resort I-7
station-service *f.* service station II-3
statue *f.* statue II-4
steak *m.* steak II-1
studio *m.* studio (*apartment*) I-8, II-P
stylo *m.* pen I-1
su (savoir) *p.p.* known I-8, II-P
sucre *m.* sugar I-4
sud *m.* south II-4
suggérer (que) *v.* to suggest (that) II-6
sujet *m.* subject II-6
  au sujet de on the subject of; about II-6
suisse *adj.* Swiss I-1
Suisse *f.* Switzerland I-7
suivre (un chemin/une rue/ un boulevard) *v.* to follow (a path/a street/a boulevard) II-4
supermarché *m.* supermarket II-1
sur *prep.* on I-3
sûr(e) *adj.* sure, certain II-1
  bien sûr of course I-2
  Il est sûr que... It is sure that... II-7
  Il n'est pas sûr que... It is not sure that... II-7
surpopulation *f.* overpopulation II-6
surpris (surprendre) *p.p., adj.* surprised I-6
  être surpris(e) que... *v.* to be surprised that... II-6
  faire une surprise à quelqu'un *v.* to surprise someone I-6
surtout *adv.* especially; above all I-2
sympa(thique) *adj.* nice I-1
symptôme *m.* symptom II-2
syndicat *m.* (*trade*) union II-5

T

ta *poss. adj., f., sing.* your I-3
table *f.* table I-1
  À table! Let's eat! Food is ready! II-1
  débarrasser la table *v.* to clear the table I-8, II-P
  mettre la table *v.* to set the table I-8, II-P

tableau *m.* blackboard; picture I-1; *m.* painting II-7
tablette (tactile) *f.* tablet II-3
tâche ménagère *f.* household chore I-8, II-P
taille *f.* size; waist I-6
  de taille moyenne of medium height I-3
tailleur *m.* (*woman's*) suit; tailor I-6
tante *f.* aunt I-3
tapis *m.* rug I-8, II-P
tard *adv.* late I-2
  À plus tard. See you later. I-1
tarte *f.* pie; tart I-8, II-P
tasse (de) *f.* cup (of) I-4
taxi *m.* taxi I-7
  prendre un taxi *v.* to take a taxi I-7
te/t' *pron., sing., fam.* you I-7; yourself II-2
tee-shirt *m.* tee shirt I-6
télécharger *v.* to download II-3
télécommande *f.* remote control II-3
téléphone *m.* telephone I-2
  parler au téléphone *v.* to speak on the phone I-2
téléphoner (à) *v.* to telephone (*someone*) I-2
télévision *f.* television I-1
  à la télé(vision) on television II-7
  chaîne (de télévision) *f.* television channel II-3
tellement *adv.* so much I-2
  Je n'aime pas tellement... I don't like... very much. I-2
température *f.* temperature I-5
  Quelle température fait-il? What is the temperature? I-5
temps *m., sing.* weather I-5
  Il fait un temps épouvantable. The weather is dreadful. I-5
  Le temps est nuageux. It is cloudy. I-5
  Le temps est orageux. It is stormy. I-5
  Quel temps fait-il? What is the weather like? I-5
temps *m., sing.* time I-5
  de temps en temps *adv.* from time to time I-7
  emploi à mi-temps/à temps partiel *m.* part-time job II-5
  emploi à plein temps *m.* full-time job II-5
  temps libre *m.* free time I-5
Tenez! (tenir) *imp. v.* Here! II-1
tenir *v.* to hold II-1
tennis *m.* tennis I-5
terrasse (de café) *f.* (café) terrace I-4

Terre *f.* Earth II-6
  réchauffement de la Terre *m.* global warming II-6
tes *poss. adj., m., f., pl.* your I-3
tête *f.* head II-2
texto *m.* text message II-3
thé *m.* tea I-4
théâtre *m.* theater II-7
thon *m.* tuna II-1
ticket de bus/métro *m.* bus/subway ticket I-7
Tiens! (tenir) *imp. v.* Here! II-1
timbre *m.* stamp II-4
timide *adj.* shy I-1
tiret *m. (punctuation mark)* dash; hyphen II-3
tiroir *m.* drawer I-8, II-P
toi *disj. pron., sing., fam.* you I-3; *refl. pron., sing., fam. (attached to imperative)* yourself II-2
  toi non plus you neither I-2
toilette *f.* washing up, grooming II-2
  faire sa toilette to wash up II-2
toilettes *f., pl.* restroom(s) I-8, II-P
tomate *f.* tomato II-1
tomber *v.* to fall I-7
  tomber amoureux/ amoureuse *v.* to fall in love I-6
  tomber en panne *v.* to break down II-3
  tomber/être malade *v.* to get/be sick II-2
  tomber sur quelqu'un *v.* to run into someone I-7
ton *poss. adj., m., sing.* your I-3
tort *m.* wrong; harm I-2
  avoir tort *v.* to be wrong I-2
tôt *adv.* early I-2
toujours *adv.* always I-8, II-P
tour *m.* tour I-5
  faire un tour (en voiture) *v.* to go for a walk (drive) I-5
tourisme *m.* tourism II-4
  office du tourisme *m.* tourist office II-4
tourner *v.* to turn II-4
tousser *v.* to cough II-2
tout *m., sing.* all I-4
  tous les *(used before noun)* all the... I-4
  tous les jours *adv.* every day I-8, II-P
  toute la *f., sing. (used before noun)* all the... I-4
  toutes les *f., pl. (used before noun)* all the... I-4
  tout le *m., sing. (used before noun)* all the... I-4
  tout le monde everyone II-1

tout(e) *adv. (before adjective or adverb)* very, really I-3
  À tout à l'heure. See you later. I-1
  tout à coup suddenly I-7
  tout à fait absolutely; completely II-4
  tout de suite right away I-7
  tout droit straight ahead II-4
  tout d'un coup *adv.* all of a sudden I-8, II-P
  tout près (de) really close by, really close (to) I-3
toxique *adj.* toxic II-6
  déchets toxiques *m., pl.* toxic waste II-6
trac *m.* stage fright II-5
traduire *v.* to translate I-6
traduit (traduire) *p.p., adj.* translated I-6
tragédie *f.* tragedy II-7
train *m.* train I-7
tranche *f.* slice II-1
tranquille *adj.* calm, serene II-2
  laisser tranquille *v.* to leave alone II-2
travail *m.* work II-4
  chercher un/du travail *v.* to look for a job/work II-4
  trouver un/du travail *v.* to find a job/work II-5
travailler *v.* to work I-2
travailleur/travailleuse *adj.* hard-working I-3
traverser *v.* to cross II-4
treize *m.* thirteen I-1
trente *m.* thirty I-1
très *adv. (before adjective or adverb)* very, really I-8, II-P
  Très bien. Very well. I-1
triste *adj.* sad I-3
  être triste que... *v.* to be sad that... II-6
trois *m.* three I-1
troisième *adj.* third 7
trop (de) *adv.* too many/much (of) I-4
tropical(e) *adj.* tropical II-6
  forêt tropicale *f.* tropical forest II-6
trou (dans la couche d'ozone) *m.* hole (in the ozone layer) II-6
troupe *f.* company, troupe II-7
trouver *v.* to find; to think I-2
  trouver un/du travail *v.* to find a job/work II-5
truc *m.* thing I-7
tu *sub. pron., sing., fam.* you I-1

U

un *m. (number)* one I-1
un(e) *indef. art.* a; an I-1
urgences *f., pl.* emergency room II-2
  aller aux urgences *v.* to go to the emergency room II-2
usine *f.* factory II-6
utile *adj.* useful I-2
utiliser (un plan) *v.* to use (a map) I-7

V

vacances *f., pl.* vacation I-7
  partir en vacances *v.* to go on vacation I-7
vache *f.* cow II-6
vaisselle *f.* dishes I-8, II-P
  faire la vaisselle *v.* to do the dishes I-8, II-P
  lave-vaisselle *m.* dishwasher I-8, II-P
valise *f.* suitcase I-7
  faire les valises *v.* to pack one's bags I-7
vallée *f.* valley II-6
variétés *f., pl.* popular music II-7
vaut (valloir) *v.*
  Il vaut mieux que It is better that II-6
vélo *m.* bicycle I-5
  faire du vélo *v.* to go bike riding I-5
velours *m.* velvet II-4
vendeur/vendeuse *m., f.* seller I-6
vendre *v.* to sell I-6
vendredi *m.* Friday I-2
venir *v.* to come II-1
  venir de *v. (used with an infinitive)* to have just II-1
vent *m.* wind I-5
  Il fait du vent. It is windy. I-5
ventre *m.* stomach II-2

vérifier (l'huile/la pression des pneus) *v.* to check (the oil/the tire pressure) II-3
véritable *adj.* true, real II-4
verre (de) *m.* glass (of) I-4
vers *adv.* about I-2
vert(e) *adj.* green I-3
  haricots verts *m., pl.* green beans II-1
vêtements *m., pl.* clothing I-6
  sous-vêtement *m.* underwear I-6
vétérinaire *m., f.* veterinarian II-5
veuf/veuve *adj.* widowed I-3

veut dire (vouloir dire) *v.* means, signifies II-1
viande *f.* meat II-1
vie *f.* life I-6
   assurance vie *f.* life insurance II-5
vieille *adj., f. (feminine form of* **vieux***)* old I-3
vieillesse *f.* old age I-6
vietnamien(ne) *adj.* Vietnamese I-1
vieux/vieille *adj.* old I-3
ville *f.* city; town I-4
vingt *m.* twenty I-1
vingtième *adj.* twentieth I-7
violet(te) *adj.* purple; violet I-6
violon *m.* violin II-7
visage *m.* face II-2
visite *f.* visit I-6
   rendre visite (à) *v.* to visit (*a person or people*) I-6
visiter *v.* to visit (*a place*) I-2
   faire visiter *v.* to give a tour I-8, II-P
vite *adv.* fast I-7
vitesse *f.* speed II-3
vivre *v.* to live I-8, II-P
voici here is/are I-1
voilà there is/are I-1
voir *v.* to see II-7
voisin(e) *m., f.* neighbor I-3
voiture *f.* car II-3
   faire un tour en voiture *v.* to go for a drive I-5
   rouler en voiture *v.* to ride in a car I-7
vol *m.* flight I-7
volant *m.* steering wheel II-3
volcan *m.* volcano II-6
volley(-ball) *m.* volleyball I-5
volontiers *adv.* willingly II-2
vos *poss. adj., m., f., pl.* your I-3
votre *poss. adj., m., f., sing.* your I-3
vouloir *v.* to want; to mean (*with* **dire**) II-1
   ça veut dire that is to say II-2
   veut dire *v.* means, signifies II-1
   vouloir (que) *v.* to want (that) II-6
voulu (vouloir) *p.p., adj. (used with infinitive)* wanted to… ; (*used with noun*) planned to/for II-1
vous *pron., sing., pl., fam., form.* you I-1; *d.o. pron.* you I-7; yourself, yourselves II-2
voyage *m.* trip I-7
   agence de voyages *f.* travel agency I-7
   agent de voyages *m.* travel agent I-7
voyager *v.* to travel I-2

voyant (d'essence/d'huile) *m.* (gas/oil) warning light 11
vrai(e) *adj.* true; real I-3
   Il est vrai que… It is true that… II-7
   Il n'est pas vrai que… It is untrue that… II-7
vraiment *adv.* really I-7
vu (voir) *p.p.* seen II-7

W

W.-C. *m., pl.* restroom(s) I-8, II-P
week-end *m.* weekend I-2
   ce week-end this weekend I-2

Y

y *pron.* there; at (*a place*) II-2
   j'y vais I'm going/coming I-8, II-P
   nous y allons we're going/coming II-1
   on y va let's go II-2
   Y a-t-il… ? Is/Are there… ? I-2
yaourt *m.* yogurt II-1
yeux (œil) *m., pl.* eyes I-3

Z

zéro *m.* zero I-1
zut *interj.* darn I-6

English-French

A

a **un(e)** *indef. art.* I-1
able: to be able to **pouvoir** *v.* II-1
abolish **abolir** *v.* II-6
about **vers** *adv.* I-2
abroad **à l'étranger** I-7
absolutely **absolument**
    adv. I-7;
    tout à fait *adv.* I-6
accident **accident** *m.* II-2
    to have/to be in an accident
    avoir un accident *v.* II-3
accompany **accompagner** *v.* II-4
account *(at a bank)* **compte**
    m. II-4
    checking account **compte** *m.*
    de chèques II-4
    to have a bank account **avoir**
    un compte bancaire *v.* II-4
accountant **comptable** *m., f.* II-5
acid rain **pluie acide** *f.* II-6
across from **en face de** *prep.* I-3
acquaintance **connaissance** *f.* I-5
active **actif/active** *adj.* I-3
actively **activement** *adv.* I-8, II-P
actor **acteur/actrice** *m., f.* I-1
address **adresse** *f.* II-4
administration: business
    administration **gestion** *f.* I-2
adolescence **adolescence** *f.* I-6
adore **adorer** I-2
    I love… **J'adore…** I-2
    to adore one another
    s'adorer *v.* II-3
adulthood **âge adulte** *m.* I-6
adventure **aventure** *f.* II-7
    adventure film **film** *m.*
    d'aventures II-7
advertisement **publicité (pub)**
    f. II-7
advice **conseil** *m.* II-5
advisor **conseiller/conseillère**
    m., f. II-5
aerobics **aérobic** *m.* I-5
    to do aerobics **faire de**
    l'aérobic *v.* I-5
afraid: to be afraid of/that **avoir**
    peur de/que *v.* II-6
after **après (que)** *adv.* I-7
afternoon **après-midi** *m.* I-2
    … (o'clock) in the afternoon
    … heure(s) de l'après-midi I-2
afternoon snack **goûter** *m.* II-1
again **encore** *adv.* I-3
age **âge** *m.* I-6

agent: travel agent **agent de**
    voyages *m.* I-7
    real estate agent **agent**
    immobilier *m.* II-5
ago *(with an expression of time)*
    il y a… II-1
agree: to agree (with) **être**
    d'accord (avec) *v.* I-2
airport **aéroport** *m.* I-7
alarm clock **réveil** *m.* II-2
Algerian **algérien(ne)** *adj.* I-1
all **tout** *m., sing.* I-4
    all of a sudden **soudain** *adv.*
    I-8, II-P; **tout à coup** *adv.*; **tout**
    d'un coup *adv.* I-7
all right? *(tag question)*
    d'accord? I-2
allergy **allergie** *f.* II-2
allow *(to do something)* **laisser** *v.*
    II-3; **permettre (de)** *v.* I-6
allowed **permis (permettre)**
    p.p., adj. I-6
all the… *(agrees with noun that*
    follows) **tout le…** *m., sing;*
    toute la… *f., sing;* **tous les…**
    m., pl.; **toutes les…** *f., pl.* I-4
almost **presque** *adv.* I-5
a lot (of) **beaucoup (de)** *adv.* I-4
alone: to leave alone **laisser**
    tranquille *v.* II-2
already **déjà** *adv.* I-3
always **toujours** *adv.* I-8, II-P
American **américain(e)** *adj.* I-1
an **un(e)** *indef. art.* I-1
ancient *(placed after noun)*
    ancien(ne) *adj.* II-7
and **et** *conj.* I-1
    And you? **Et toi?,** *fam.;* **Et**
    vous? *form.* I-1
angel **ange** *m.* I-1
angry: to become angry
    s'énerver *v.* II-2; **se mettre**
    en colère *v.* II-2
animal **animal** *m.* II-6
ankle **cheville** *f.* II-2
answering machine **répondeur**
    téléphonique *m.* II-3
apartment **appartement** *m.* I-7
appetizer **entrée** *f.* II-1;
    hors-d'œuvre *m.* II-1
applaud **applaudir** *v.* II-7
applause **applaudissement**
    m. II-7
apple **pomme** *f.* II-1
appliance **appareil** *m.* I-8, II-P
    electrical/household appliance
    appareil *m.* **électrique/**
    ménager I-8, II-P
applicant **candidat(e)** *m., f.* II-5
apply **postuler** *v.* II-5

appointment **rendez-vous** *m.* II-5
    to make an appointment
    prendre (un) rendez-vous
    v. II-5
April **avril** *m.* I-5
architect **architecte** *m., f.* I-3
Are there… ? **Y a-t-il… ?** I-2
area **quartier** *m.* I-8, II-P
argue (with) **se disputer**
    (avec) *v.* II-2
arm **bras** *m.* II-2
armchair **fauteuil** *m.* I-8, II-P
armoire **armoire** *f.* I-8, II-P
around **autour (de)** *prep.* II-4
arrival **arrivée** *f.* I-7
arrive **arriver (à)** *v.* I-2
art **art** *m.* I-2
    artwork, piece of art **œuvre**
    f. II-7
    fine arts **beaux-arts** *m., pl.* II-7
artist **artiste** *m., f.* I-3
as *(like)* **comme** *adv.* I-6
    as … as *(used with adjective to*
    compare) **aussi … que** II-1
    as much … as *(used with*
    noun to express comparative
    quality) **autant de … que** II-6
    as soon as **dès que** *adv.* II-5
ashamed: to be ashamed of
    avoir honte de *v.* I-2
ask **demander** *v.* I-2
    to ask *(someone)* **demander**
    (à) *v.* I-6
    to ask *(someone)* a question
    poser une question (à) *v.* I-6
    to ask that… **demander**
    que… II-6
aspirin **aspirine** *f.* II-2
at **à** *prep.* I-4
    at … (o'clock) **à … heure(s)** I-4
    at the doctor's office **chez le**
    médecin *prep.* I-2
    at (someone's) house **chez…**
    prep. I-2
    at the end (of) **au bout (de)**
    prep. II-4
    at last **enfin** *adv.* II-3
athlete **athlète** *m., f.* I-3
ATM **distributeur** *m.* **automa-**
    tique/de billets *m.* II-4
attend **assister** *v.* I-2
August **août** *m.* I-5
aunt **tante** *f.* I-3
author **auteur/femme auteur**
    m., f. II-7
autumn **automne** *m.* I-5
    in autumn **en automne** I-5
available *(free)* **libre** *adj.* I-7
avenue **avenue** *f.* II-4
avoid **éviter de** *v.* II-2

B

back **dos** *m.* II-2
backpack **sac à dos** *m.* I-1
bad **mauvais(e)** *adj.* I-3
  to be in a bad mood **être de mauvaise humeur** I-8, II-P
  to be in bad health **être en mauvaise santé** II-2
badly **mal** *adv.* I-7
  I am doing badly. **Je vais mal.** I-1
  to be doing badly **se porter mal** *v.* II-2
baguette **baguette** *f.* I-4
bakery **boulangerie** *f.* II-1
balcony **balcon** *m.* I-8, II-P
banana **banane** *f.* II-1
bank **banque** *f.* II-4
  to have a bank account **avoir un compte bancaire** *v.* II-4
banker **banquier/banquière** *m., f.* II-5
banking **bancaire** *adj.* II-4
baseball **baseball** *m.* I-5
baseball cap **casquette** *f.* I-6
basement **sous-sol** *m.;* **cave** *f.* I-8, II-P
basketball **basket(-ball)** *m.* I-5
bath **bain** *m.* I-6
bathing suit **maillot de bain** *m.* I-6
bathroom **salle de bains** *f.* I-8, II-P
bathtub **baignoire** *f.* I-8, II-P
be **être** *v.* I-1
  sois (être) *imp. v.* I-7;
  soyez (être) *imp. v.* I-7
beach **plage** *f.* I-7
beans **haricots** *m., pl.* II-1
  green beans **haricots verts** *m., pl.* II-1
bearings: to get one's bearings **s'orienter** *v.* II-4
beautiful **beau (belle)** *adj.* I-3
beauty salon **salon** *m.* **de beauté** II-4
because **parce que** *conj.* I-2
become **devenir** *v.* II-1
bed **lit** *m.* I-7
  to go to bed **se coucher** *v.* II-2
bedroom **chambre** *f.* I-8, II-P
beef **bœuf** *m.* II-1
been **été (être)** *p.p.* I-6
before **avant (de/que)** *adv.* I-7
  before (o'clock) **moins** *adv.* I-2
begin (to do something) **commencer (à)** *v.* I-2;
  se mettre à *v.* II-2
beginning **début** *m.* II-7
behind **derrière** *prep.* I-3
Belgian **belge** *adj.* I-7

Belgium **Belgique** *f.* I-7
believe (that) **croire (que)** *v.* II-7
believed **cru (croire)** *p.p.* II-7
belt **ceinture** *f.* I-6
  to buckle one's seatbelt **attacher sa ceinture de sécurité** *v.* II-3
bench **banc** *m.* II-4
best: the best **le mieux** *super. adv.* II-1; **le/la meilleur(e)** *super. adj.* II-1
better **meilleur(e)** *comp. adj.;* **mieux** *comp. adv.* II-1
  It is better that… **Il vaut mieux que/qu'…** II-6
  to be doing better **se porter mieux** *v.* II-2
  to get better (from illness) **guérir** *v.* II-2
between **entre** *prep.* I-3
beverage (carbonated) **boisson** *f.* **(gazeuse)** I-4
bicycle **vélo** *m.* I-5
  to go bike riding **faire du vélo** *v.* I-5
big **grand(e)** *adj.* I-3; (clothing) **large** *adj.* I-6
bill (in a restaurant) **addition** *f.* I-4
bills (money) **billets** *m., pl.* II-4
biology **biologie** *f.* I-2
bird **oiseau** *m.* I-3
birth **naissance** *f.* I-6
birthday **anniversaire** *m.* I-5
bit (of) **morceau (de)** *m.* I-4
black **noir(e)** *adj.* I-3
blackboard **tableau** *m.* I-1
blanket **couverture** *f.* I-8, II-P
blonde **blond(e)** *adj.* I-3
blouse **chemisier** *m.* I-6
blue **bleu(e)** *adj.* I-3
boat **bateau** *m.* I-7
body **corps** *m.* II-2
book **livre** *m.* I-1
bookstore **librairie** *f.* I-1
bored: to get bored **s'ennuyer** *v.* II-2
boring **ennuyeux/ennuyeuse** *adj.* I-3
born: to be born **naître** *v.* I-7; **né (naître)** *p.p., adj.* I-7
borrow **emprunter** *v.* II-4
bottle (of) **bouteille (de)** *f.* I-4
boulevard **boulevard** *m.* II-4
boutique **boutique** *f.* II-4
bowl **bol** *m.* II-1
box **boîte** *f.* II-1
boy **garçon** *m.* I-1
boyfriend **petit ami** *m.* I-1
brake **freiner** *v.* II-3
brakes **freins** *m., pl.* II-3
brave **courageux/courageuse** *adj.* I-3

Brazil **Brésil** *m.* I-7
Brazilian **brésilien(ne)** *adj.* I-7
bread **pain** *m.* I-4
  country-style bread **pain** *m.* **de campagne** I-4
bread shop **boulangerie** *f.* II-1
break **se casser** *v.* II-2
breakdown **panne** *f.* II-3
break down **tomber en panne** *v.* II-3
break up (to leave one another) **se quitter** *v.* II-3
breakfast **petit-déjeuner** *m.* II-1
bridge **pont** *m.* II-4
bright **brillant(e)** *adj.* I-1
bring (a person) **amener** *v.* I-5; (a thing) **apporter** *v.* I-4
broom **balai** *m.* I-8, II-P
brother **frère** *m.* I-3
brother-in-law **beau-frère** *m.* I-3
brown **marron** *adj., inv.* I-3
  brown (hair) **châtain** *adj.* I-3
brush (hair/tooth) **brosse** *f.* **(à cheveux/à dents)** II-2
  to brush one's hair/teeth **se brosser les cheveux/les dents** *v.* II-1
buckle: to buckle one's seatbelt **attacher sa ceinture de sécurité** *v.* II-3
build **construire** *v.* I-6
building **bâtiment** *m.* II-4; **immeuble** *m.* I-8, II-P
bumper **pare-chocs** *m.* II-3
bus **autobus** *m.* I-7
bus stop **arrêt d'autobus (de bus)** *m.* I-7
bus terminal **gare** *f.* **routière** I-7
business (profession) **affaires** *f., pl.* I-3; (company) **entreprise** *f.* II-5
business administration **gestion** *f.* I-2
businessman **homme d'affaires** *m.* I-3
businesswoman **femme d'affaires** *f.* I-3
busy **occupé(e)** *adj.* I-1
but **mais** *conj.* I-1
butcher's shop **boucherie** *f.* II-1
butter **beurre** *m.* I-4
buy **acheter** *v.* I-5
by **par** *prep.* I-3
Bye! **Salut!** *fam.* I-1

C

cabinet **placard** *m.* I-8, II-P
café **café** *m.* I-1
  café terrace **terrasse** *f.* **de café** I-4
cafeteria (school) **cantine** *f.* I-2

cake **gâteau** *m.* I-6
calculator **calculatrice** *f.* I-1
call **appeler** *v.* II-5
calm **calme** *adj.* I-1; **calme** *m.* I-1
camcorder **caméra vidéo** *f.* II-3; **caméscope** *m.* II-3
camera **appareil photo** *m.* II-3
    digital camera **appareil photo** *m.* **numérique** II-3
camping **camping** *m.* I-5
    to go camping **faire du camping** *v.* I-5
can (of food) **boîte (de conserve)** *f.* II-1
Canada **Canada** *m.* I-7
Canadian **canadien(ne)** *adj.* I-1
cancel (a reservation) **annuler (une réservation)** *v.* I-7
candidate **candidat(e)** *m., f.* II-5
candy **bonbon** *m.* I-6
cap: baseball cap **casquette** *f.* I-6
capital **capitale** *f.* I-7
car **voiture** *f.* II-3
    to ride in a car **rouler en voiture** *v.* I-7
card *(letter)* **carte postale** *f.* II-4; credit card **carte** *f.* **de crédit** II-4
    to pay with a (debit/credit) card **payer par carte (bancaire/de crédit)** *v.* II-4
    cards *(playing)* **cartes** *f.* I-5
carbonated drink/beverage **boisson** *f.* **gazeuse** I-4
career **carrière** *f.* II-5
carpooling **covoiturage** *m.* II-6
carrot **carotte** *f.* II-1
carry **apporter** *v.* I-4
cartoon **dessin animé** *m.* II-7
case: in any case **en tout cas** I-6
cash **espèces** *m.* II-4
    to pay in cash **payer en espèces** *v.* II-4
cat **chat** *m.* I-3
catastrophe **catastrophe** *f.* II-6
catch sight of **apercevoir** *v.* II-4
celebrate **célébrer** *v.* I-5; **fêter** *v.* I-6; **faire la fête** *v.* I-6
celebration **fête** *f.* I-6
cellar **cave** *f.* I-8, II-P
cell(ular) phone **portable** *m.* II-3
center: city/town center **centre-ville** *m.* I-4
certain **certain(e)** *adj.* II-1; **sûr(e)** *adj.* II-7
    It is certain that… **Il est certain que…** II-7
    It is uncertain that… **Il n'est pas certain que…** II-7
chair **chaise** *f.* I-1
change *(coins)* **(pièces** *f. pl.* **de) monnaie** II-4

channel (television) **chaîne** *f.* **(de télévision)** II-3
character **personnage** *m.* II-7
    main character **personnage principal** *m.* II-7
charge (battery) **recharger** *v.* II-3
charming **charmant(e)** *adj.* I-1
chat **bavarder** *v.* I-4
check **chèque** *m.* II-4; *(bill)* **addition** *f.* I-4
    to pay by check **payer par chèque** *v.* II-4;
    to check (the oil/the air pressure) **vérifier (l'huile/la pression des pneus)** *v.* II-3
checking account **compte** *m.* **de chèques** II-4
cheek **joue** *f.* II-2
cheese **fromage** *m.* I-4
chemistry **chimie** *f.* I-2
chess **échecs** *m., pl.* I-5
chest **poitrine** *f.* II-2
    chest of drawers **commode** *f.* I-8, II-P
chic **chic** *adj.* I-4
chicken **poulet** *m.* II-1
child **enfant** *m., f.* I-3
childhood **enfance** *f.* I-6
China **Chine** *f.* I-7
Chinese **chinois(e)** *adj.* I-7
choir **chœur** *m.* II-7
choose **choisir** *v.* I-4
chorus **chœur** *m.* II-7
chrysanthemums **chrysanthèmes** *m., pl.* II-1
church **église** *f.* I-4
city **ville** *f.* I-4
city hall **mairie** *f.* II-4
city/town center **centre-ville** *m.* I-4
class *(group of students)* **classe** *f.* I-1; *(course)* **cours** *m.* I-2
classmate **camarade de classe** *m., f.* I-1
classroom **salle** *f.* **de classe** I-1
clean **nettoyer** *v.* I-5; **propre** *adj.* I-8, II-P
clear **clair(e)** *adj.* II-7
    It is clear that… **Il est clair que…** II-7
    to clear the table **débarrasser la table** I-8, II-P
client **client(e)** *m., f.* I-7
cliff **falaise** *f.* II-6
clock **horloge** *f.* I-1
    alarm clock **réveil** *m.* II-2
close (to) **près (de)** *prep.* I-3
    very close (to) **tout près (de)** II-4
close **fermer** *v.* II-3
closed **fermé(e)** *adj.* II-4
closet **placard** *m.* I-8, II-P

clothes dryer **sèche-linge** *m.* I-8, II-P
clothing **vêtements** *m., pl.* I-6
cloudy **nuageux/nuageuse** *adj.* I-5
    It is cloudy. **Le temps est nuageux.** I-5
clutch **embrayage** *m.* II-3
coast **côte** *f.* II-6
coat **manteau** *m.* I-6
coffee **café** *m.* I-1
coffeemaker **cafetière** *f.* I-8, II-P
coins **pièces** *f. pl.* **de monnaie** II-4
cold **froid** *m.* I-2
    to be cold **avoir froid** *v.* I-2
    (weather) It is cold. **Il fait froid.** I-5
cold **rhume** *m.* II-2
color **couleur** *f.* I-6
    What color is… ? **De quelle couleur est… ?** I-6
comb **peigne** *m.* II-2
come **venir** *v.* I-7
come back **revenir** *v.* II-1
Come on. **Allez.** I-2
comedy **comédie** *f.* II-7
comic strip **bande dessinée (B.D.)** *f.* I-5
company *(troop)* **troupe** *f.* II-7
completely **tout à fait** *adv.* I-6
composer **compositeur** *m.* II-7
computer **ordinateur** *m.* I-1
computer science **informatique** *f.* I-2
concert **concert** *m.* II-7
congratulations **félicitations** II-7
connect **brancher** *v.* II-3
consider **considérer** *v.* I-5
constantly **constamment** *adv.* I-7
construct **construire** *v.* I-6
consultant **conseiller/ conseillère** *m., f.* II-5
continue *(doing something)* **continuer (à)** *v.* II-4
cook **cuisiner** *v.* II-1; **faire la cuisine** *v.* I-5; **cuisinier/ cuisinière** *m., f.* II-5
cookie **biscuit** *m.* I-6
cooking **cuisine** *f.* I-5
cool: *(weather)* It is cool. **Il fait frais.** I-5
corner **angle** *m.* II-4; **coin** *m.* II-4
cost **coûter** *v.* I-4
cotton **coton** *m.* I-6
couch **canapé** *m.* I-8, II-P
cough **tousser** *v.* II-2
count (on someone) **compter (sur quelqu'un)** *v.* I-8, II-P
country **pays** *m.* I-7
    country(side) **campagne** *f.* I-7

country-style **de campagne** *adj.* I-4
couple **couple** *m.* I-6
courage **courage** *m.* II-5
courageous **courageux/ courageuse** *adj.* I-3
course **cours** *m.* I-2
cousin **cousin(e)** *m., f.* I-3
cover **couvrir** *v.* II-3
covered **couvert (couvrir)** *p.p.* II-3
cow **vache** *f.* II-6
crazy **fou/folle** *adj.* I-3
cream **crème** *f.* II-1
credit card **carte** *f.* **de crédit** II-4
  to pay with a debit/credit card **payer par carte bancaire/de crédit** *v.* II-4
crêpe **crêpe** *f.* I-5
crime film **film policier** *m.* II-7
croissant **croissant** *m.* I-4
cross **traverser** *v.* II-4
cruel **cruel/cruelle** *adj.* I-3
cry **pleurer** *v.*
cup (of) **tasse (de)** *f.* I-4
cupboard **placard** *m.* I-8, II-P
curious **curieux/ curieuse** *adj.* I-3
curly **frisé(e)** *adj.* I-3
currency **monnaie** *f.* II-4
curtain **rideau** *m.* I-8, II-P
customs **douane** *f.* I-7

D

dance **danse** *f.* II-7
  to dance **danser** *v.* I-4
danger **danger** *m.* II-6
dangerous **dangereux/ dangereuse** *adj.* II-3
dark (*hair*) **brun(e)** *adj.* I-3
darling **chéri(e)** *adj.* I-2
darn **zut** II-3
dash (*punctuation mark*) **tiret** *m.* II-3
date (*day, month, year*) **date** *f.* I-5; (*meeting*) **rendez-vous** *m.* I-6
  to make a date **prendre (un) rendez-vous** *v.* II-5
daughter **fille** *f.* I-1
day **jour** *m.* I-2; **journée** *f.* I-2
  day after tomorrow **après-demain** *adv.* I-2
  day before yesterday **avant-hier** *adv.* I-7
  day off **congé** *m.*, **jour de congé** I-7
dear **cher/chère** *adj.* I-2
death **mort** *f.* I-6
December **décembre** *m.* I-5
decide (*to do something*) **décider (de)** *v.* II-3

deforestation **déboisement** *m.* II-6
degree **diplôme** *m.* I-2
degrees (*temperature*) **degrés** *m., pl.* I-5
  It is... degrees. **Il fait... degrés.** I-5
delicatessen **charcuterie** *f.* II-1
delicious **délicieux/délicieuse** *adj.* I-4
Delighted. **Enchanté(e).** *p.p., adj.* I-1
demand (that) **exiger (que)** *v.* II-6
demanding **exigeant(e)** *adj.*
  demanding profession **profession** *f.* **exigeante** II-5
dentist **dentiste** *m., f.* I-3
department store **grand magasin** *m.* I-4
departure **départ** *m.* I-7
deposit: to deposit money **déposer de l'argent** *v.* II-4
depressed **déprimé(e)** *adj.* II-2
describe **décrire** *v.* I-7
described **décrit (décrire)** *p.p., adj.* I-7
desert **désert** *m.* II-6
desire **envie** *f.* I-2
desk **bureau** *m.* I-1
dessert **dessert** *m.* I-6
destroy **détruire** *v.* I-6
destroyed **détruit (détruire)** *p.p., adj.* I-6
detective film **film policier** *m.* II-7
detest **détester** *v.* I-2
  I hate... **Je déteste...** I-2
develop **développer** *v.* II-6
dial (a number) **composer (un numéro)** *v.* II-3
dictionary **dictionnaire** *m.* I-1
die **mourir** *v.* I-7
died **mort (mourir)** *p.p., adj.* I-7
diet **régime** *m.* II-2
  to be on a diet **être au régime** II-1
difference **différence** *f.* I-1
different **différent(e)** *adj.* I-1
differently **différemment** *adv.* I-8, II-P
difficult **difficile** *adj.* I-1
digital camera **appareil photo** *m.* **numérique** II-3
dining room **salle à manger** *f.* I-8, II-P
dinner **dîner** *m.* II-1
  to have dinner **dîner** *v.* I-2
diploma **diplôme** *m.* I-2
directions **indications** *f.* II-4
director (*movie*) **réalisateur/ réalisatrice** *m., f.;* (*play/show*) **metteur en scène** *m.* II-7
dirty **sale** *adj.* I-8, II-P

discover **découvrir** *v.* II-3
discovered **découvert (découvrir)** *p.p.* II-3
discreet **discret/discrète** *adj.* I-3
discuss **discuter** *v.* II-3
dish (*food*) **plat** *m.* II-1
  to do the dishes **faire la vaisselle** *v.* I-8, II-P
dishwasher **lave-vaisselle** *m.* I-8, II-P
dismiss **renvoyer** *v.* II-5
distinction **mention** *f.* II-5
divorce **divorce** *m.* I-6
  to divorce **divorcer** *v.* I-3
divorced **divorcé(e)** *p.p., adj.* I-3
do (*make*) **faire** *v.* I-5
  to do odd jobs **bricoler** *v.* I-5
doctor **médecin** *m.* I-3
documentary **documentaire** *m.* II-7
dog **chien** *m.* I-3
done **fait (faire)** *p.p., adj.* I-6
door (*building*) **porte** *f.* I-1; (*automobile*) **portière** *f.* II-3
doubt (that)... **douter (que)...** *v.* II-7
doubtful **douteux/douteuse** *adj.* II-7
  It is doubtful that... **Il est douteux que...** II-7
download **télécharger** *v.* II-3
downtown **centre-ville** *m.* I-4
drag **barbant** *adj.* I-3; **barbe** *f.* I-3
drape **rideau** *m.* I-8, II-P
draw **dessiner** *v.* I-2
drawer **tiroir** *m.* I-8, II-P
dreadful **épouvantable** *adj.* I-5
dream (about) **rêver (de)** *v.* II-3
dress **robe** *f.* I-6
  to dress **s'habiller** *v.* II-2
dresser **commode** *f.* I-8, II-P
drink (carbonated) **boisson** *f.* **(gazeuse)** I-4
  to drink **boire** *v.* I-4
drive **conduire** *v.* I-6
  to go for a drive **faire un tour en voiture** I-5
driven **conduit (conduire)** *p.p.* I-6
driver (taxi/truck) **chauffeur (de taxi/de camion)** *m.* II-5
driver's license **permis** *m.* **de conduire** II-3
drums **batterie** *f.* II-7
drunk **bu (boire)** *p.p.* I-6
dryer (*clothes*) **sèche-linge** *m.* I-8, II-P
dry oneself **se sécher** *v.* II-2
due **dû(e) (devoir)** *adj.* II-1
during **pendant** *prep.* I-7
dust **enlever/faire la poussière** *v.* I-8, II-P
DVR **enregistreur DVR** *m.* II-3

Vocabulary

E

each **chaque** *adj.* I-6
ear **oreille** *f.* II-2
early **en avance** *adv.* I-2; **tôt** *adv.* I-2
earn **gagner** *v.* II-5
Earth **Terre** *f.* II-6
easily **facilement** *adv.* I-8, II-P
east **est** *m.* II-4
easy **facile** *adj.* I-2
eat **manger** *v.* I-2
   to eat lunch **déjeuner** *v.* I-4
éclair **éclair** *m.* I-4
ecological **écologique** *adj.* II-6
ecology **écologie** *f.* II-6
economics **économie** *f.* I-2
ecotourism **écotourisme** *m.* II-6
education **formation** *f.* II-5
effect: in effect **en effet** II-6
egg **œuf** *m.* II-1
eight **huit** *m.* I-1
eighteen **dix-huit** *m.* I-1
eighth **huitième** *adj.* I-7
eighty **quatre-vingts** *m.* I-3
eighty-one **quatre-vingt-un** *m.* I-3
elder **aîné(e)** *adj.* I-3
electric **électrique** *adj.* I-8, II-P
   electrical appliance **appareil** *m.* **électrique** I-8, II-P
electrician **électricien/ électricienne** *m., f.* II-5
elegant **élégant(e)** *adj.* I-1
elevator **ascenseur** *m.* I-7
eleven **onze** *m.* I-1
eleventh **onzième** *adj.* I-7
e-mail **e-mail** *m.* II-3
emergency room **urgences** *f., pl.* II-2
   to go to the emergency room **aller aux urgences** *v.* II-2
employ **employer** *v.* I-5
end **fin** *f.* II-7
endangered **menacé(e)** *adj.* II-6
   endangered species **espèce** *f.* **menacée** II-6
engaged **fiancé(e)** *adj.* I-3
engine **moteur** *m.* II-3
engineer **ingénieur** *m.* I-3
England **Angleterre** *f.* I-7
English **anglais(e)** *adj.* I-1
enormous **énorme** *adj.* I-2
enough (of) **assez (de)** *adv.* I-4
   not enough (of) **pas assez (de)** I-4
enter **entrer** *v.* I-7
envelope **enveloppe** *f.* II-4
environment **environnement** *m.* II-6
equal **égaler** *v.* I-3
erase **effacer** *v.* II-3
errand **course** *f.* II-1

escargot **escargot** *m.* II-1
especially **surtout** *adv.* I-2
essay **dissertation** *f.* II-3
essential **essentiel(le)** *adj.* II-6
   It is essential that... **Il est essentiel/indispensable que...** II-6
even **même** *adv.* I-5
evening **soir** *m.;* **soirée** *f.* I-2
   ... (o'clock) in the evening ... **heures du soir** I-2
every day **tous les jours** *adv.* I-8, II-P
everyone **tout le monde** *m.* II-1
evident **évident(e)** *adj.* II-7
   It is evident that... **Il est évident que...** II-7
evidently **évidemment** *adv.* I-7
exactly **exactement** *adv.* II-1
exam **examen** *m.* I-1
Excuse me. **Excuse-moi.** *fam.* I-1; **Excusez-moi.** *form.* I-1
executive **cadre/femme cadre** *m., f.* II-5
exercise **exercice** *m.* II-2
   to exercise **faire de l'exercice** *v.* II-2
exhibit **exposition** *f.* II-7
exit **sortie** *f.* I-7
expenditure **dépense** *f.* II-4
expensive **cher/chère** *adj.* I-6
explain **expliquer** *v.* I-2
explore **explorer** *v.* I-4
extinction **extinction** *f.* II-6
eye (eyes) **œil (yeux)** *m.* II-2

F

face **visage** *m.* II-2
facing **en face (de)** *prep.* I-3
fact: in fact **en fait** I-7
factory **usine** *f.* II-6
fail **échouer** *v.* I-2
fall **automne** *m.* I-5
   in the fall **en automne** I-5
   to fall **tomber** *v.* I-7
   to fall in love **tomber amoureux/amoureuse** *v.* I-6
   to fall asleep **s'endormir** *v.* II-2
family **famille** *f.* I-3
famous **célèbre** *adj.* II-7; **connu (connaître)** *p.p., adj.* I-8, II-P
far (from) **loin (de)** *prep.* I-3
farewell **adieu** *m.* II-6
farmer **agriculteur/ agricultrice** *m., f.* II-5
fashion **mode** *f.* I-2
   fashion design **stylisme de mode** *m.* I-2
fast **rapide** *adj.* I-3; **vite** *adv.* I-7

fat **gros(se)** *adj.* I-3
father **père** *m.* I-3
father-in-law **beau-père** *m.* I-3
favorite **favori/favorite** *adj.* I-3; **préféré(e)** *adj.* I-2
fax machine **fax** *m.* II-3
fear **peur** *f.* I-2
   to fear that **avoir peur que** *v.* II-6
February **février** *m.* I-5
fed up: to be fed up **en avoir marre** *v.* I-3
feel *(to sense)* **sentir** *v.* I-5; *(state of being)* **se sentir** *v.* II-2
   to feel like *(doing something)* **avoir envie (de)** I-2
   to feel nauseated **avoir mal au cœur** II-2
festival (festivals) **festival (festivals)** *m.* II-7
fever **fièvre** *f.* II-2
   to have fever **avoir de la fièvre** *v.* II-2
fiancé **fiancé(e)** *m., f.* I-6
field *(terrain)* **champ** *m.* II-6; *(of study)* **domaine** *m.* II-5
fifteen **quinze** *m.* I-1
fifth **cinquième** *adj.* I-7
fifty **cinquante** *m.* I-1
figure *(physique)* **ligne** *f.* II-2
file **fichier** *m.* II-3
fill: to fill out a form **remplir un formulaire** *v.* II-4
   to fill the tank **faire le plein** *v.* II-3
film **film** *m.* II-7
   adventure/crime film **film** *m.* **d'aventures/policier** II-7
finally **enfin** *adv.* I-7; **finalement** *adv.* I-7; **dernièrement** *adv.* I-7
find (a job/work) **trouver (un/ du travail)** *v.* II-5
   to find again **retrouver** *v.* I-2
fine **amende** *f.* II-3
fine arts **beaux-arts** *m., pl.* II-7
finger **doigt** *m.* II-2
finish *(doing something)* **finir (de)** *v.* I-4, II-3
fire **incendie** *m.* II-6
firefighter **pompier/femme pompier** *m., f.* II-5
firm *(business)* **entreprise** *f.* II-5;
first **d'abord** *adv.* I-7; **premier/ première** *adj.* I-2; **premier** *m.* I-5
   It is October first. **C'est le 1er (premier) octobre.** I-5
fish **poisson** *m.* I-3
fishing **pêche** *f.* I-5
   to go fishing **aller à la pêche** *v.* I-5

fish shop **poissonnerie** f. II-1
five **cinq** m. I-1
flat tire **pneu** m. **crevé** II-3
flight (air travel) **vol** m. I-7
floor **étage** m. I-7
flower **fleur** f. I-8, II-P
flu **grippe** f. II-2
fluently **couramment** adv. I-7
follow (a path/a street/a boulevard)
　**suivre (un chemin/une rue/
　un boulevard)** v. II-4
food item **aliment** m. II-1;
　nourriture f. II-1
foot **pied** m. II-2
football **football américain** m. I-5
for **pour** prep. I-5; **pendant**
　prep. II-1
　For whom? **Pour qui?** I-4
forbid **interdire** v. II-6
foreign **étranger/étrangère**
　adj. I-2
　foreign languages **langues**
　f., pl. **étrangères** I-2
forest **forêt** f. II-6
　tropical forest **forêt tropicale**
　f. II-6
forget (to do something) **oublier**
　(de) v. I-2
fork **fourchette** f. II-1
form **formulaire** m. II-4
former (placed before noun)
　ancien(ne) adj. II-7
fortunately **heureusement**
　adv. I-7
forty **quarante** m. I-1
fountain **fontaine** f. II-4
four **quatre** m. I-1
fourteen **quatorze** m. I-1
fourth **quatrième** adj. I-7
France **France** f. I-7
frankly **franchement** adv. I-7
free (at no cost) **gratuit(e)** adj. II-7
　free time **temps libre** m. I-5
freezer **congélateur** m. I-8, II-P
French **français(e)** adj. I-1
French fries **frites** f., pl. I-4
frequent (to visit regularly)
　fréquenter v. I-4
fresh **frais/fraîche** adj. I-5
Friday **vendredi** m. I-2
friend **ami(e)** m., f. I-1; **copain/
　copine** m., f. I-1
friendship **amitié** f. I-6
from **de/d'** prep. I-1
　from time to time **de temps en
　temps** adv. I-7
front: in front of **devant** prep. I-3
fruit **fruit** m. II-1
full (no vacancies) **complet
　(complète)** adj. I-7
full-time job **emploi** m.
　à plein temps II-5
fun **amusant(e)** adj. I-1

to have fun (doing something)
　s'amuser (à) v. II-3
funeral **funérailles** f., pl. II-1
funny **drôle** adj. I-3
furious **furieux/furieuse** adj. II-6
　to be furious that... **être
　furieux/furieuse que...** v. II-6

G

gain: gain weight **grossir** v. I-4
game (amusement) **jeu** m. I-5;
　(sports) **match** m. I-5
game show **jeu télévisé** m. II-7
garage **garage** m. I-8, II-P
garbage **ordures** f., pl. II-6
garbage collection **ramassage**
　m. **des ordures** II-6
garden **jardin** m. I-8, II-P
garlic **ail** m. II-1
gas **essence** f. II-3
gas tank **réservoir d'essence**
　m. II-3
gas warning light **voyant** m.
　d'essence II-3
generally **en général** adv. I-7
generous **généreux/généreuse**
　adj. I-3
genre **genre** m. II-7
gentle **doux/douce** adj. I-3
geography **géographie** f. I-2
German **allemand(e)** adj. I-1
Germany **Allemagne** f. I-7
get (to obtain) **obtenir** v. II-5
get along well (with) **s'entendre
　bien (avec)** v. II-2
get off **descendre (de)** v. I-6
get up **se lever** v. II-2
　get up again **se relever** v. II-2
gift **cadeau** m. I-6
　wrapped gift **paquet cadeau**
　m. I-6
gifted **doué(e)** adj. II-7
girl **fille** f. I-1
girlfriend **petite amie** f. I-1
give (to someone) **donner (à)** v. I-2
　to give a shot **faire une
　piqûre** v. II-2
　to give a tour **faire visiter**
　v. I-8, II-P
　to give back **rendre (à)** v. I-6
　to give one another **se donner**
　v. II-3
glass (of) **verre (de)** m. I-4
glasses **lunettes** f., pl. I-6
　sunglasses **lunettes de soleil**
　f., pl. I-6
global warming **réchauffement**
　m. **de la Terre** II-6
glove **gant** m. I-6
go **aller** v. I-4
　Let's go! **Allons-y!** I-4; **On y
　va!** II-2

I'm going. **J'y vais.** I-8, II-P
to go back **repartir** v. II-7
to go downstairs **descendre
　(de)** v. I-6
to go out **sortir** v. I-7
to go over **dépasser** v. II-3
to go up **monter** v. I-7
to go with **aller avec** v. I-6
golf **golf** m. I-5
good **bon(ne)** adj. I-3
　Good evening. **Bonsoir.** I-1
　Good morning. **Bonjour.** I-1
　to be good for nothing **ne
　servir à rien** v. II-1
　to be in a good mood **être de
　bonne humeur** v. I-8, II-P
　to be in good health **être en
　bonne santé** v. II-2
　to be in good shape **être en
　pleine forme** v. II-2
　to be up to something
　interesting **faire quelque
　chose de beau** v. II-4
Good-bye. **Au revoir.** I-1
government **gouvernement** m. II-6
grade (academics) **note** f. I-2
grandchildren **petits-enfants**
　m., pl. I-3
granddaughter **petite-fille** f. I-3
grandfather **grand-père** m. I-3
grandmother **grand-mère** f. I-3
grandparents **grands-parents**
　m., pl. I-3
grandson **petit-fils** m. I-3
grant **bourse** f. I-2
grass **herbe** f. II-6
gratin **gratin** m. II-1
gray **gris(e)** adj. I-6
great **formidable** adj. I-7;
　génial(e) adj. I-3
green **vert(e)** adj. I-3
green beans **haricots verts**
　m., pl. II-1
greenhouse **serre** f. II-6
　greenhouse effect **effet de serre**
　m. II-6
grocery store **épicerie** f. I-4
groom: to groom oneself (in the
　morning) **faire sa toilette** v. II-2
ground floor **rez-de-chaussée**
　m. I-7
growing population **population**
　f. **croissante** II-6
guaranteed **garanti(e)** p.p.,
　adj. I-5
guest **invité(e)** m., f. I-6;
　client(e)
　m., f. I-7
guitar **guitare** f. II-7
guy **mec** m. II-2
gym **gymnase** m. I-4

H

habitat **habitat** *m.* II-6
   habitat preservation **sauvetage des habitats** *m.* II-6
had **eu (avoir)** *p.p.* I-6
   had to **dû (devoir)** *p.p.* II-1
hair **cheveux** *m., pl.* II-1
   to brush one's hair **se brosser les cheveux** *v.* II-1
   to do one's hair **se coiffer** *v.* II-2
hairbrush **brosse** *f.* **à cheveux** II-2
hairdresser **coiffeur/coiffeuse** *m., f.* I-3
half **demie** *f.* I-2
   half past … (o'clock) **… et demie** I-2
half-brother **demi-frère** *m.* I-3
half-sister **demi-sœur** *f.* I-3
half-time job **emploi** *m.* **à mi-temps** II-5
hallway **couloir** *m.* I-8, II-P
ham **jambon** *m.* I-4
hand **main** *f.* I-5
handbag **sac à main** *m.* I-6
handsome **beau** *adj.* I-3
hang up **raccrocher** *v.* II-5
happiness **bonheur** *m.* I-6
happy **heureux/heureuse** *adj.;* **content(e)** II-5
   to be happy that… **être content(e) que…** *v.* II-6; **être heureux/heureuse que…** *v.* II-6
hard drive **disque (dur)** *m.* II-3
hard-working **travailleur/travailleuse** *adj.* I-3
hat **chapeau** *m.* I-6
hate **détester** *v.* I-2
   I hate… **Je déteste…** I-2
have **avoir** *v.* I-2; **aie (avoir)** *imp., v.* I-7; **ayez (avoir)** *imp. v.* I-7; **prendre** *v.* I-4
   to have an ache **avoir mal** *v.* II-2
to have to *(must)* **devoir** *v.* II-1
he **il** *sub. pron.* I-1
head *(body part)* **tête** *f.* II-2; *(of a company)* **chef** *m.* **d'entreprise** II-5
headache: to have a headache **avoir mal à la tête** *v.* II-2
headlights **phares** *m., pl.* II-3
headphones **casque** *f.* **à écouteurs** *m., pl.* II-3
health **santé** *f.* II-2
   to be in good health **être en bonne santé** *v.* II-2
health insurance **assurance** *f.* **maladie** II-5
healthy **sain(e)** *adj.* II-2

hear **entendre** *v.* I-6
heart **cœur** *m.* II-2
heat **chaud** *m.* 2
hello *(on the phone)* **allô** I-1; *(in the evening)* **Bonsoir.** I-1; *(in the morning or afternoon)* **Bonjour.** I-1
help **au secours** II-3
   to help *(to do something)* **aider (à)** *v.* I-5
   to help one another **s'aider** *v.* II-3
her **la/l'** *d.o. pron.* I-7; **lui** *i.o. pron.* I-6; *(attached to an imperative)* **-lui** *i.o. pron.* II-1
her **sa** *poss. adj., f., sing.* I-3; **ses** *poss. adj., m., f., pl.* I-3; **son** *poss. adj., m., sing.* I-3
Here! **Tenez!** *form., imp. v.* II-1; **Tiens!** *fam., imp., v.* II-1
here **ici** *adv.* I-1; *(used with demonstrative adjective* **ce** *and noun or with demonstrative pronoun* **celui***)* **-ci** I-6; Here is…. **Voici…** I-1
heritage: I am of… heritage. **Je suis d'origine…** I-1
herself *(used with reflexive verb)* **se/s'** *pron.* II-2
hesitate *(to do something)* **hésiter (à)** *v.* II-3
Hey! **Eh!** *interj.* 2
Hi! **Salut!** *fam.* I-1
high **élevé(e)** *adj.* II-5
high school **lycée** *m.* I-1
   high school student **lycéen(ne)** *m., f.* 2
higher education **études supérieures** *f., pl.* 2
highway **autoroute** *f.* II-3
hike **randonnée** *f.* I-5
   to go for a hike **faire une randonnée** *v.* I-5
him **lui** *i.o. pron.* I-6; **le/l'** *d.o. pron.* I-7; *(attached to imperative)* **-lui** *i.o. pron.* II-1
himself *(used with reflexive verb)* **se/s'** *pron.* II-2
hire **embaucher** *v.* II-5
his **sa** *poss. adj., f., sing.* I-3; **ses** *poss. adj., m., f., pl.* I-3; **son** *poss. adj., m., sing.* I-3
history **histoire** *f.* I-2
hit **rentrer (dans)** *v.* II-3
hold **tenir** *v.* II-1
   to be on hold **patienter** *v.* II-5
hole in the ozone layer **trou dans la couche d'ozone** *m.* II-6
holiday **jour férié** *m.* I-6; **férié(e)** *adj.* I-6
home *(house)* **maison** *f.* I-4
   at (someone's) home **chez…** *prep.* 4

home page **page d'accueil** *f.* II-3
homework **devoir** *m.* I-2
honest **honnête** *adj.* II-7
honestly **franchement** *adv.* I-7
hood **capot** *m.* II-3
hope **espérer** *v.* I-5
hors d'œuvre **hors-d'œuvre** *m.* II-1
horse **cheval** *m.* I-5
   to go horseback riding **faire du cheval** *v.* I-5
hospital **hôpital** *m.* I-4
host **hôte/hôtesse** *m., f.* I-6
hot **chaud** *m.* I-2
   It is hot (weather). **Il fait chaud.** I-5
   to be hot **avoir chaud** *v.* I-2
hot chocolate **chocolat chaud** *m.* I-4
hotel **hôtel** *m.* I-7
   (single) hotel room **chambre** *f.* **(individuelle)** I-7
hotel keeper **hôtelier/hôtelière** *m., f.* I-7
hour **heure** *f.* I-2
house **maison** *f.* I-4
   at (someone's) house **chez…** *prep.* I-2
   to leave the house **quitter la maison** *v.* I-4
   to stop by someone's house **passer chez quelqu'un** *v.* I-4
household **ménager/ménagère** *adj.* I-8, II-P
household appliance **appareil** *m.* **ménager** I-8, II-P
household chore **tâche ménagère** *f.* I-8, II-P
housewife **femme au foyer** *f.* II-5
housework: to do the housework **faire le ménage** *v.* I-8, II-P
housing **logement** *m.* I-8, II-P
how **comme** *adv.* I-2; **comment?** *interr. adv.* I-4
   How are you? **Comment allez-vous?** *form.* I-1; **Comment vas-tu?** *fam.* I-1
   How many/How much (of)? **Combien (de)?** I-1
How much is… ? **Combien coûte… ?** I-4
huge **énorme** *adj.* I-2
Huh? **Hein?** *interj.* I-3
humanities **lettres** *f., pl.* I-2
hundred: one hundred **cent** *m.* I-5
   five hundred **cinq cents** *m.* I-5
   one hundred one **cent un** *m.* I-5
   one hundred thousand **cent mille** *m.* I-5
hundredth **centième** *adj.* I-7
hunger **faim** *f.* I-4

hungry: to be hungry **avoir faim**
v. I-4
hunt **chasse** f. II-6
to hunt **chasser** v. II-6
hurried **pressé(e)** adj. II-1
hurry **se dépêcher** v. II-2
hurt **faire mal** v. II-2
to hurt oneself **se blesser**
v. II-2
husband **mari** m.; **époux** m. I-3
hyphen (punctuation mark)
tiret m. II-3

I

I **je** sub. pron. I-1; **moi** disj.
pron., sing. I-3
ice cream **glace** f. I-6
ice cube **glaçon** m. I-6
idea **idée** f. I-3
if **si** conj. II-5
ill: to become ill **tomber
malade** v. II-2
illness **maladie** f. II-5
immediately **tout de
suite** adv. I-4
impatient **impatient(e)** adj. I-1
important **important(e)** adj. I-1
It is important that... **Il est
important que...** II-6
impossible **impossible** adj. II-7
It is impossible that... **Il est
impossible que...** II-7
improve **améliorer** v. II-5
in **dans** prep. I-3; **en** prep. I-3; **à**
prep. I-4
included **compris
(comprendre)** p.p., adj. I-6
incredible **incroyable** adj. II-3
independent **indépendant(e)**
adj. I-1
independently
indépendamment adv. I-8, II-P
indicate **indiquer** v. 5
indispensable **indispensable**
adj. II-6
inexpensive **bon marché** adj. I-6
injection **piqûre** f. II-2
to give an injection **faire une
piqûre** v. II-2
injury **blessure** f. II-2
instrument **instrument** m. I-1
insurance (health/life) **assurance**
f. **(maladie/vie)** II-5
intellectual **intellectuel(le)**
adj. I-3
intelligent **intelligent(e)** adj. I-1
interested: to be interested (in)
s'intéresser (à) v. II-2
interesting **intéressant(e)** adj. I-1
intermission **entracte** m. II-7
internship **stage** m. II-5

intersection **carrefour** m. II-4
interview: to have an
interview **passer un
entretien** II-5
introduce **présenter** v. I-1
I would like to introduce
(name) to you. **Je te
présente... ,** fam. I-1
I would like to introduce
(name) to you. **Je vous
présente... ,** form. I-1
invite **inviter** v. I-4
Ireland **Irlande** f. I-7
Irish **irlandais(e)** adj. I-7
iron **fer à repasser** m. I-8, II-P
to iron (the laundry) **repasser
(le linge)** v. I-8, II-P
isn't it? (tag question) **n'est-ce
pas?** I-2
island **île** f. II-6
Italian **italien(ne)** adj. I-1
Italy **Italie** f. I-7
it: It depends. **Ça dépend.** I-4
It is... **C'est...** I-1
itself (used with reflexive verb)
se/s' pron. II-2

J

jacket **blouson** m. I-6
jam **confiture** f. II-1
January **janvier** m. I-5
Japan **Japon** m. I-7
Japanese **japonais(e)** adj. I-1
jealous **jaloux/jalouse** adj. I-3
jeans **jean** m. sing. I-6
jewelry store **bijouterie** f. II-4
jogging **jogging** m. I-5
to go jogging **faire du
jogging** v. I-5
joke **blague** f. I-2
journalist **journaliste** m., f. I-3
juice (orange/apple) **jus** m.
(d'orange/de pomme) I-4
July **juillet** m. I-5
June **juin** m. I-5
jungle **jungle** f. II-6
just (barely) **juste** adv. I-3

K

keep **retenir** v. II-1
key **clé** f. I-7
keyboard **clavier** m. II-3
kilo(gram) **kilo(gramme)** m. II-1
kind **bon(ne)** adj. I-3
kiosk **kiosque** m. I-4
kiss one another **s'embrasser**
v. II-3
kitchen **cuisine** f. I-8, II-P
knee **genou** m. II-2
knife **couteau** m. II-1

know (as a fact) **savoir** v.
I-8, II-P; (to be familiar
with) **connaître** v. I-8, II-P
to know one another **se
connaître** v. II-3
I don't know anything about
it. **Je n'en sais rien.** II-6
to know that... **savoir
que...** II-7
known (as a fact) **su (savoir)**
p.p. I-8, II-P; (famous) **connu
(connaître)** p.p., adj. I-8, II-P

L

laborer **ouvrier/ouvrière**
m., f. II-5
lake **lac** m. II-6
lamp **lampe** f. I-8, II-P
landslide **glissement de
terrain** m. II-6
language **langue** f. I-2
foreign languages **langues** f.,
pl. **étrangères** I-2
last **dernier/dernière** adj. I-2
lastly **dernièrement** adv. I-7
late (when something happens late)
en retard adv. I-2; (in the
evening, etc.) **tard** adv. I-2
laugh **rire** v. I-6
laughed **ri (rire)** p.p. I-6
laundromat **laverie** f. II-4
laundry: to do the laundry **faire
la lessive** v. I-8, II-P
law **loi** f. II-6
lawyer **avocat(e)** m., f. I-3
lay off (let go) **renvoyer** v. II-5
lazy **paresseux/paresseuse**
adj. I-3
learned **appris (apprendre)**
p.p. I-6
least **moins** II-1
the least... (used with adjective)
le/la moins... super. adv. II-1
the least... , (used with noun
to express quantity) **le moins
de...** II-6
the least... (used with verb or
adverb) **le moins...** super.
adv. II-1
leather **cuir** m. I-6
leave **partir** v. I-5; **quitter** v. I-4
to leave alone **laisser tranquille**
v. II-2
to leave one another **se quitter**
v. II-3
I'm leaving. **Je m'en
vais.** I-8, II-P
left: to the left (of) **à gauche
(de)** prep. I-3
leg **jambe** f. II-2
leisure activity **loisir** m. I-5
lemon soda **limonade** f. I-4

Vocabulary

lend (*to someone*) **prêter (à)** *v.* I-6
less **moins** *adv.* I-4
  less of... (*used with noun to express quantity*) **moins de...** I-4
  less ... than (*used with noun to compare quantities*) **moins de... que** II-6
  less... than (*used with adjective to compare qualities*) **moins... que** II-1
let **laisser** *v.* II-3
  to let go (*to fire or lay off*) **renvoyer** *v.* II-5
  Let's go! **Allons-y!** I-4; **On y va!** II-2
letter **lettre** *f.* II-4
  letter of application **lettre** *f.* **de motivation** II-5
  letter of recommendation/reference **lettre** *f.* **de recommandation** II-5
lettuce **laitue** *f.* II-1
level **niveau** *m.* II-5
library **bibliothèque** *f.* I-1
license: driver's license **permis** *m.* **de conduire** II-3
life **vie** *f.* I-6
life insurance **assurance** *f.* **vie** II-5
light: warning light (*automobile*) **voyant** *m.* II-3
  oil/gas warning light **voyant** *m.* **d'huile/d'essence** II-3
  to light up **s'allumer** *v.* II-3
like (*as*) **comme** *adv.* I-6; to like **aimer** *v.* I-2
  I don't like ... very much. **Je n'aime pas tellement...** I-2
  I really like... **J'aime bien...** I-2
  to like one another **s'aimer bien** *v.* II-3
  to like that... **aimer que...** *v.* II-6
line **queue** *f.* II-4
  to wait in line **faire la queue** *v.* II-4
link **lien** *m.* II-3
listen (to) **écouter** *v.* I-2
literary **littéraire** *adj.* II-7
literature **littérature** *f.* I-1
little (*not much*) (of) **peu (de)** *adv.* I-4
live **vivre** *v.* I-8, II-P
  live (in) **habiter (à)** *v.* I-2
living room (*informal room*) **salle de séjour** *f.* I-8, II-P; (*formal room*) **salon** *m.* I-8, II-P
located: to be located **se trouver** *v.* II-2
long **long(ue)** *adj.* I-3
  a long time **longtemps** *adv.* I-5

look (*at one another*) **se regarder** *v.* II-3; (*at oneself*) **se regarder** *v.* II-2
look for **chercher** *v.* I-2
  to look for work/a job **chercher du/un travail** II-4
loose (*clothing*) **large** *adj.* I-6
lose: to lose **perdre** *v.* I-6
  to lose weight **maigrir** *v.* I-4
lost: to be lost **être perdu(e)** *v.* II-4
lot: a lot of **beaucoup de** *adv.* I-4
love **amour** *m.* I-6
  to love **adorer** *v.* I-2
  I love... **J'adore...** I-2
  to love one another **s'aimer** *v.* II-3
  to be in love **être amoureux/amoureuse** *v.* I-6
luck **chance** *f.* I-2
  to be lucky **avoir de la chance** *v.* I-2
lunch **déjeuner** *m.* II-1
  to eat lunch **déjeuner** *v.* I-4

M

ma'am **Madame.** *f.* I-1
machine: answering machine **répondeur** *m.* II-3
mad: to get mad **s'énerver** *v.* II-2
made **fait (faire)** *p.p., adj.* I-6
magazine **magazine** *m.* II-7
mail **courrier** *m.* II-4
mailbox **boîte** *f.* **aux lettres** II-4
mailman **facteur** *m.* II-4
main character **personnage principal** *m.* II-7
main dish **plat (principal)** *m.* II-1
maintain **maintenir** *v.* II-1
make **faire** *v.* I-5
makeup **maquillage** *m.* II-2
  to put on makeup **se maquiller** *v.* II-2
make up **se réconcilier** *v.* II-7
malfunction **panne** *f.* II-3
man **homme** *m.* I-1
manage (*in business*) **diriger** *v.* II-5; (*to do something*) **arriver à** *v.* I-2
manager **gérant(e)** *m., f.* II-5, **responsable** *m., f.* II-5
many (of) **beaucoup (de)** *adv.* I-4
  How many (of)? **Combien (de)?** I-1
map (*of a city*) **plan** *m.* I-7; (*of the world*) **carte** *f.* I-1
March **mars** *m.* I-5
market **marché** *m.* I-4
marriage **mariage** *m.* I-6
married **marié(e)** *adj.* I-3
  married couple **mariés** *m., pl.* I-6
marry **épouser** *v.* I-3

Martinique: from Martinique **martiniquais(e)** *adj.* I-1
masterpiece **chef-d'œuvre** *m.* II-7
mathematics **mathématiques (maths)** *f., pl.* I-2
May **mai** *m.* I-5
maybe **peut-être** *adv.* I-2
mayonnaise **mayonnaise** *f.* II-1
mayor's office **mairie** *f.* II-4
me **moi** *disj. pron., sing.* I-3; (*attached to imperative*) **-moi** *pron.* II-1; **me/m'** *i.o. pron.* I-6; **me/m'** *d.o. pron.* I-7
  Me too. **Moi aussi.** I-1
  Me neither. **Moi non plus.** I-2
meal **repas** *m.* II-1
mean **méchant(e)** *adj.* I-3
  to mean (*with* **dire**) **vouloir** *v.* II-1
  means: that means **ça veut dire** *v.* II-1
meat **viande** *f.* II-1
mechanic **mécanicien/mécanicienne** *m., f.* II-3
medication (against/for) **médicament (contre/pour)** *m., f.* II-2
meet (*to encounter, to run into*) **rencontrer** *v.* I-2; (*to make the acquaintance of*) **faire la connaissance de** *v.* I-5, **se rencontrer** *v.* II-3; (*planned encounter*) **se retrouver** *v.* II-3
meeting **réunion** *f.* II-5; **rendez-vous** *m.* I-6
member **membre** *m.* II-7
menu **menu** *m.* II-1; **carte** *f.* II-1
message **message** *m.* II-5
  to leave a message **laisser un message** *v.* II-5
Mexican **mexicain(e)** *adj.* I-1
Mexico **Mexique** *m.* I-7
microwave oven **four à micro-ondes** *m.* I-8, II-P
midnight **minuit** *m.* I-2
milk **lait** *m.* I-4
mineral water **eau** *f.* **minérale** I-4
mirror **miroir** *m.* I-8, II-P
Miss **Mademoiselle** *f.* I-1
mistaken: to be mistaken (*about something*) **se tromper (de)** *v.* II-2
modest **modeste** *adj.* II-5
moment **moment** *m.* I-1
Monday **lundi** *m.* I-2
money **argent** *m.* II-4; (*currency*) **monnaie** *f.* II-4
  to deposit money **déposer de l'argent** *v.* II-4
month **mois** *m.* I-2
  this month **ce mois-ci** I-2
moon **Lune** *f.* II-6
more **plus** *adv.* I-4

more of **plus de** I-4
more … than (used with noun
to compare quantities)
plus de… que II-6
more … than (used with
adjective to compare qualities)
plus… que II-1
morning **matin** m. I-2; **matinée**
f. I-2
this morning **ce matin** I-2
Moroccan **marocain(e)** adj. I-1
most **plus** II-1
the most… (used with adjective)
le/la plus… super. adv. II-1
the most… (used with noun to
express quantity) **le plus
de…** II-6
the most… (used with verb
or adverb) **le plus…** super.
adv. II-1
mother **mère** f. I-3
mother-in-law **belle-mère** f. I-3
mountain **montagne** f. I-4
mouse **souris** f. II-3
mouth **bouche** f. II-2
move (to get around) **se
déplacer** v. II-4
to move in **emménager**
v. I-8, II-P
to move out **déménager**
v. I-8, II-P
movie **film** m. II-7
adventure/horror/science-
fiction/crime movie **film** m.
**d'aventures/d'horreur/de
science-fiction/policier** II-7
movie theater **cinéma
(ciné)** m. I-4
MP3 **MP3** m. II-3
much (as much … as) (used with
noun to express quantity)
autant de … que adv. II-6
How much (of something)?
Combien (de)? I-1
How much is… ? **Combien
coûte… ?** I-4
museum **musée** m. I-4
to go to museums **faire les
musées** v. II-7
mushroom **champignon** m. II-1
music: to play music **faire de la
musique** II-7
musical **comédie** f. **musicale**
II-7; **musical(e)** adj. II-7
musician **musicien(ne)** m., f. I-3
must (to have to) **devoir** v. II-1
One must **Il faut…** I-5
mustard **moutarde** f. II-1
my **ma** poss. adj., f., sing. I-3; **mes**
poss. adj., m., f., pl. I-3; **mon**
poss. adj., m., sing. I-3
myself **me/m'** pron., sing. II-2;
(attached to an imperative)
-moi pron. II-1

N

naïve **naïf (naïve)** adj. I-3
name: My name is… **Je
m'appelle…** I-1
named: to be named
s'appeler v. II-2
napkin **serviette** f. II-1
nationality **nationalité** f.
I am of … nationality. **Je suis
de nationalité…** I-1
natural **naturel(le)** adj. II-6
natural resource **ressource
naturelle** f. II-6
nature **nature** f. II-6
nauseated: to feel nauseated
avoir mal au cœur v. II-2
near (to) **près (de)** prep. I-3
very near (to) **tout près
(de)** II-4
necessary **nécessaire** adj. II-6
It was necessary… (followed
by infinitive or subjunctive)
Il a fallu… I-6
It is necessary…. (followed by
infinitive or subjunctive)
Il faut que… I-5
It is necessary that… (followed by
subjunctive) **Il est nécessaire
que/qu'…** II-6
neck **cou** m. II-2
need **besoin** m. I-2
to need **avoir besoin (de)** v. I-2
neighbor **voisin(e)** m., f. I-3
neighborhood **quartier**
m. I-8, II-P
neither… nor **ne… ni… ni…**
conj. I-4
nephew **neveu** m. I-3
nervous **nerveux/
nerveuse** adj. I-3
nervously **nerveusement**
adv. I-8, II-P
network (social) **réseau
(social)** m. II-3
never **jamais** adv. I-5; **ne…
jamais** adv. II-4
new **nouveau/nouvelle** adj. I-3
newlyweds **jeunes mariés**
m., pl. I-6
news **informations (infos)**
f., pl. II-7; **nouvelles** f., pl. II-7
newspaper **journal** m. I-7
newsstand **marchand de
journaux** m. II-4
next **ensuite** adv. I-7;
prochain(e) adj. I-2
next to **à côté de** prep. I-3
nice **gentil/gentille** adj. I-3;
sympa(thique) adj. I-1
nicely **gentiment** adv. I-7
niece **nièce** f. I-3
night **nuit** f. I-2

nine **neuf** m. I-1
nine hundred **neuf cents** m. I-5
nineteen **dix-neuf** m. I-1
ninety **quatre-vingt-dix** m. I-3
ninth **neuvième** adj. I-7
no (at beginning of statement to
indicate disagreement)
(mais) non I-2; **aucun(e)**
adj. II-2
no more **ne… plus** II-4
no problem **pas de
problème** II-4
no reason **pour rien** I-4
no, none **pas (de)** II-4
nobody **ne… personne** II-4
none (not any) **ne… aucun(e)**
II-4
noon **midi** m. I-2
no one **personne** pron. II-4
north **nord** m. II-4
nose **nez** m. II-2
not **ne… pas** I-2
not at all **pas du tout** adv. I-2
Not badly. **Pas mal.** I-1
to not believe that **ne pas
croire que** v. II-7
to not think that **ne pas
penser que** v. II-7
not yet **pas encore**
adv. I-8, II-P
notebook **cahier** m. I-1
notes **billets** m., pl. II-3
nothing **rien** indef. pron. II-4
It's nothing. **Il n'y a pas de
quoi.** I-1
notice **s'apercevoir** v. II-4
novel **roman** m. II-7
November **novembre** m. I-5
now **maintenant** adv. I-5
nuclear **nucléaire** adj. II-6
nuclear energy **énergie
nucléaire** f. II-6
nuclear plant **centrale nucléaire**
f. II-6
nurse **infirmier/infirmière**
m., f. II-2

O

object **objet** m. I-1
obtain **obtenir** v. II-5
obvious **évident(e)** adj. II-7
It is obvious that… **Il est
évident que…** II-7
obviously **évidemment**
adv. I-7
o'clock: It's… (o'clock). **Il est…
heure(s).** I-2
at … (o'clock) **à … heure(s)** I-4
October **octobre** m. I-5
of **de/d'** prep. I-3
of medium height **de taille
moyenne** adj. I-3

of the **des (de + les)** I-3

of the **du (de + le)** I-3

of which, of whom **dont** *rel. pron.* II-3

of course **bien sûr** *adv.* I-2; **évidemment** *adv.* I-7

  of course not *(at beginning of statement to indicate disagreement)* **(mais) non** I-2

offer **offrir** *v.* II-3

offered **offert (offrir)** *p.p.* II-3

office **bureau** *m.* I-4

  at the doctor's office **chez le médecin** *prep.* I-2

often **souvent** *adv.* I-5

oil **huile** *f.* II-1

  automobile oil **huile** *f.* II-3

  oil warning light **voyant** *m.* **d'huile** II-3

  olive oil **huile** *f.* **d'olive** II-1

  to check the oil **vérifier l'huile** *v.* II-3

okay **d'accord** I-2

old **vieux/vieille** *adj.*; *(placed after noun)* **ancien(ne)** *adj.* I-3

old age **vieillesse** *f.* I-6

olive **olive** *f.* II-1

olive oil **huile** *f.* **d'olive** II-1

omelette **omelette** *f.* I-5

on **sur** *prep.* I-3

  On behalf of whom? **C'est de la part de qui?** II-5

  on the condition that… **à condition que** II-7

  on television **à la télé(vision)** II-7

  on the contrary **au contraire** II-7

  on the radio **à la radio** II-7

  on the subject of **au sujet de** II-6

  on vacation **en vacances** I-7

once **une fois** *adv.* I-8, II-P

one **un** *m.* I-1

  one **on** *sub. pron., sing.* I-1

  one another **l'un(e) à l'autre** II-3

  one another **l'un(e) l'autre** II-3

  one had to… **il fallait…** I-8, II-P

  One must… **Il faut que/ qu'…** II-6

  One must… **Il faut…** *(followed by infinitive or subjunctive)* I-5

one million **un million** *m.* I-5

  one million *(things)* **un million de…** I-5

onion **oignon** *m.* II-1

online **en ligne** II-3

  to be online **être en ligne** *v.* II-3

  to be online (with someone) **être connecté(e) (avec quelqu'un)** *v.* I-7, II-3

only **ne… que** II-4; **seulement** *adv.* I-8, II-P

open **ouvrir** *v.* II-3; **ouvert(e)** *adj.* II-3

opened **ouvert (ouvrir)** *p.p.* II-3

opera **opéra** *m.* II-7

optimistic **optimiste** *adj.* I-1

or **ou** I-3

orange **orange** *f.* II-1; **orange** *inv.adj.* I-6

orchestra **orchestre** *m.* II-7

order **commander** *v.* II-1

organize (a party) **organiser (une fête)** *v.* I-6

orient oneself **s'orienter** *v.* II-4

others **d'autres** I-4

our **nos** *poss. adj., m., f., pl.* I-3; **notre** *poss. adj., m., f., sing.* I-3

outdoor *(open-air)* **plein air** II-6

over **fini** *adj., p.p.* I-7

overpopulation **surpopulation** *f.* II-6

overseas **à l'étranger** *adv.* I-7

over there **là-bas** *adv.* I-1

owed **dû (devoir)** *p.p., adj.* II-1

own **posséder** *v.* I-5

owner **propriétaire** *m., f.* I-8, II-P

ozone **ozone** *m.* II-6

  hole in the ozone layer **trou dans la couche d'ozone** *m.* II-6

P

pack: to pack one's bags **faire les valises** I-7

package **colis** *m.* II-4

paid **payé (payer)** *p.p., adj.* II-5

  to be well/badly paid **être bien/ mal payé(e)** II-5

pain **douleur** *f.* II-2

paint **faire de la peinture** *v.* II-7

painter **peintre/femme peintre** *m., f.* II-7

painting **peinture** *f.* II-7; **tableau** *m.* II-7

pants **pantalon** *m., sing.* I-6

paper **papier** *m.* I-1

Pardon (me). **Pardon.** I-1

parents **parents** *m., pl.* I-3

park **parc** *m.* I-4

  to park **se garer** *v.* II-3

parka **anorak** *m.* I-6

parking lot **parking** *m.* II-3

part-time job **emploi** *m.* **à mi-temps/à temps partiel** *m.* I-5

party **fête** *f.* I-6

pass **dépasser** *v.* II-3; **passer** *v.* I-7

  to pass an exam **être reçu(e) à un examen** *v.* I-2

passenger **passager/passagère** *m., f.* I-7

passport **passeport** *m.* I-7

password **mot de passe** *m.* II-3

past: in the past **autrefois** *adv.* I-8, II-P

pasta **pâtes** *f., pl.* II-1

pastime **passe-temps** *m.* I-5

pastry **pâtisserie** *f.* II-1

pastry shop **pâtisserie** *f.* II-1

pâté **pâté (de campagne)** *m.* II-1

path **sentier** *m.* II-6; **chemin** *m.* II-4

patient **patient(e)** *adj.* I-1

patiently **patiemment** *adv.* I-8, II-P

pay **payer** *v.* I-5

  to pay by check **payer par chèque** *v.* II-4

  to pay in cash **payer en espèces** *v.* II-4

  to pay with a debit/credit card **payer par carte bancaire/de crédit** *v.* II-4

  to pay attention (to) **faire attention (à)** *v.* I-5

peach **pêche** *f.* II-1

pear **poire** *f.* II-1

peas **petits pois** *m., pl.* II-1

pen **stylo** *m.* I-1

pencil **crayon** *m.* I-1

people **gens** *m., pl.* I-7

pepper *(spice)* **poivre** *m.* II-1; *(vegetable)* **poivron** *m.* II-1

per day/week/month/year **par jour/semaine/mois/ an** I-5

perfect **parfait(e)** *adj.* I-2

perhaps **peut-être** *adv.* I-2

period *(punctuation mark)* **point** *m.* II-3

permit **permis** *m.* II-3

permitted **permis (permettre)** *p.p., adj.* I-6

person **personne** *f.* I-1

pessimistic **pessimiste** *adj.* I-1

pharmacist **pharmacien(ne)** *m., f.* II-2

pharmacy **pharmacie** *f.* II-2

philosophy **philosophie** *f.* I-2

phone one another **se téléphoner** *v.* II-3

photo(graph) **photo(graphie)** *f.* I-3

physical education **éducation physique** *f.* I-2

physics **physique** *f.* I-2

piano **piano** *m.* II-7

pick up **décrocher** *v.* II-5

picnic **pique-nique** *m.* II-6

picture **tableau** *m.* I-1

pie **tarte** *f.* II-1

piece (of) **morceau (de)** *m.* I-4

piece of furniture **meuble** *m.* I-8, II-P
pill **pilule** *f.* II-2
pillow **oreiller** *m.* I-8, II-P
pink **rose** *adj.* I-6
pitcher (of water) **carafe (d'eau)** *f.* II-1
place **endroit** *m.* I-4; **lieu** *m.* I-4
planet **planète** *f.* II-6
plans: to make plans **faire des projets** *v.* II-5
plant **plante** *f.* II-6
plastic **plastique** *m.* II-6
plastic wrapping **emballage en plastique** *m.* II-6
plate **assiette** *f.* II-1
play **pièce de théâtre** *f.* II-7
play **s'amuser** *v.* II-2; (*a sport/a musical instrument*) **jouer (à/de)** *v.* I-5
to play regularly **pratiquer** *v.* I-5
to play sports **faire du sport** *v.* I-5
to play a role **jouer un rôle** *v.* II-7
player **joueur/joueuse** *m., f.* I-5
playwright **dramaturge** *m.* II-7
pleasant **agréable** *adj.* I-1
please: to please someone **faire plaisir à quelqu'un** *v.* II-5
Please. **S'il te plaît.** *fam.* I-1
Please. **S'il vous plaît.** *form.* I-1
Please. **Je vous en prie.** *form.* I-1
Please hold. **Ne quittez pas.** II-5
plug in **brancher** *v.* II-3
plumber **plombier** *m.* II-5
poem **poème** *m.* II-7
poet **poète/poétesse** *m., f.* II-7
police **police** *f.* II-3; **policier** *adj.* II-7
police officer **agent de police** *m.* II-3; **policier** *m.* II-3; **policière** *f.* II-3
police station **commissariat de police** *m.* II-4
polite **poli(e)** *adj.* I-1
politely **poliment** *adv.* I-8, II-P
political science **sciences politiques (sciences po)** *f., pl.* I-2
politician **homme/femme politique** *m., f.* II-5
pollute **polluer** *v.* II-6
pollution **pollution** *f.* II-6
pollution cloud **nuage de pollution** *m.* II-6
pool **piscine** *f.* I-4
poor **pauvre** *adj.* I-3
popular music **variétés** *f., pl.* II-7
population **population** *f.* II-6
growing population **population** *f.* **croissante** II-6

pork **porc** *m.* II-1
portrait **portrait** *m.* I-5
position (*job*) **poste** *m.* II-5
possess (*to own*) **posséder** *v.* I-5
possible **possible** *adj.* II-7
It is possible that... **Il est possible que...** II-6
post **afficher** *v.* II-5
post office **bureau de poste** *m.* II-4
postal service **poste** *f.* II-4
postcard **carte postale** *f.* II-4
poster **affiche** *f.* I-8, II-P
potato **pomme de terre** *f.* II-1
practice **pratiquer** *v.* I-5
prefer **aimer mieux** *v.* I-2; **préférer (que)** *v.* I-5
pregnant **enceinte** *adj.* II-2
prepare (for) **préparer** *v.* I-2
to prepare (*to do something*) **se préparer (à)** *v.* II-2
prescription **ordonnance** *f.* II-2
present **présenter** *v.* II-7
preservation: habitat preservation **sauvetage des habitats** *m.* II-6
preserve **préserver** *v.* II-6
pressure **pression** *f.* II-3
to check the tire pressure **vérifier la pression des pneus** *v.* II-3
pretty **joli(e)** *adj.* I-3; (*before an adjective or adverb*) **assez** *adv.* I-8, II-P
prevent: to prevent a fire **prévenir l'incendie** *v.* II-6
price **prix** *m.* I-4
principal **principal(e)** *adj.* II-4
print **imprimer** *v.* II-3
printer **imprimante** *f.* II-3
problem **problème** *m.* I-1
produce **produire** *v.* I-6
produced **produit (produire)** *p.p., adj.* I-6
product **produit** *m.* II-6
profession **métier** *m.* II-5; **profession** *f.* II-5
demanding profession **profession** *f.* **exigeante** II-5
professional **professionnel(le)** *adj.* II-5
professional experience **expérience professionnelle** *f.* II-5
program **programme** *m.* II-7; (*software*) **logiciel** *m.* II-3; (*television*) **émission** *f.* **de télévision** II-7
prohibit **interdire** *v.* II-6
project **projet** *m.* II-5
promise **promettre** *v.* I-6
promised **promis (promettre)** *p.p., adj.* I-6

promotion **promotion** *f.* II-5
propose that... **proposer que...** *v.* II-6
to propose a solution **proposer une solution** *v.* II-6
protect **protéger** *v.* I-5
protection **préservation** *f.* II-6; **protection** *f.* II-6
proud **fier/fière** *adj.* I-3
psychological **psychologique** *adj.* II-7
psychological drama **drame psychologique** *m.* II-7
psychology **psychologie** *f.* I-2
psychologist **psychologue** *m., f.* II-5
publish **publier** *v.* II-7
pure **pur(e)** *adj.* II-6
purple **violet(te)** *adj.* I-6
purse **sac à main** *m.* I-6
put **mettre** *v.* I-6
to put (on) (yourself) **se mettre** *v.* II-2
to put away **ranger** *v.* I-8, II-P
to put on makeup **se maquiller** *v.* II-2
put **mis (mettre)** *p.p.* I-6

Q

quarter **quart** *m.* I-2
a quarter after ... (o'clock) **... et quart** I-2
Quebec: from Quebec **québécois(e)** *adj.* I-1
question **question** *f.* I-6
to ask (*someone*) a question **poser une question (à)** *v.* I-6
quickly **vite** *adv.* I-7; **rapidement** *adv.* I-7
quite (*before an adjective or adverb*) **assez** *adv.* I-8, II-P

R

rabbit **lapin** *m.* II-6
rain **pleuvoir** *v.* I-5
acid rain **pluie** *f.* **acide** II-6
It is raining. **Il pleut.** I-5
It was raining. **Il pleuvait.** I-8, II-P
rain forest **forêt tropicale** *f.* II-6
rain jacket **imperméable** *m.* I-5
rained **plu (pleuvoir)** *p.p.* I-6
raise (in salary) **augmentation (de salaire)** *f.* II-5
rarely **rarement** *adv.* I-5
rather **plutôt** *adv.* I-1
ravishing **ravissant(e)** *adj.* II-5
razor **rasoir** *m.* II-2
read **lire** *v.* I-7
read **lu (lire)** *p.p., adj.* I-7
ready **prêt(e)** *adj.* I-3

real (true) **vrai(e)** adj.; **véritable** adj. I-3
real estate agent **agent immobilier** m., f. II-5
realize **se rendre compte** v. II-2
really **vraiment** adv. I-7; (before adjective or adverb) **tout(e)** adv. I-3; really close by **tout près** I-3
rear-view mirror **rétroviseur** m. II-3
reason **raison** f. I-2
receive **recevoir** v. II-4
received **reçu (recevoir)** p.p., adj. II-4
receiver **combiné** m. II-5
recent **récent(e)** adj. II-7
reception desk **réception** f. I-7
recognize **reconnaître** v. I-8, II-P
recognized **reconnu (reconnaître)** p.p., adj. I-8, II-P
recommend that… **recommander que…** v. II-6
recommendation **recommandation** f. II-5
record **enregistrer** v. II-3
recycle **recycler** v. II-6
recycling **recyclage** m. II-6
red **rouge** adj. I-6
redial **recomposer (un numéro)** v. II-3
reduce **réduire** v. I-6
reduced **réduit (réduire)** p.p., adj. I-6
reference **référence** f. II-5
reflect (on) **réfléchir (à)** v. I-4
refrigerator **frigo** m. I-8, II-P
refuse (to do something) **refuser (de)** v. II-3
region **région** f. II-6
regret that… **regretter que…** II-6
relax **se détendre** v. II-2
remember **se souvenir (de)** v. II-2
remote control **télécommande** f. II-3
rent **loyer** m. I-8, II-P
to rent **louer** v. I-8, II-P
repair **réparer** v. II-3
repeat **répéter** v. I-5
research **rechercher** v. II-5
researcher **chercheur/chercheuse** m., f. II-5
reservation **réservation** f. I-7
to cancel a reservation **annuler une réservation** I-7
reserve **réserver** v. I-7
reserved **réservé(e)** adj. I-1
resign **démissionner** v. II-5
resort (ski) **station** f. (**de ski**) I-7
respond **répondre (à)** v. I-6
rest **se reposer** v. II-2
restart **redémarrer** v. II-3

restaurant **restaurant** m. I-4
restroom(s) **toilettes** f., pl. I-8, II-P; **W.-C.** m., pl.
result **résultat** m. I-2
résumé **curriculum vitæ (C.V.)** m. II-5
retake **repasser** v. II-7
retire **prendre sa retraite** v. I-6
retired person **retraité(e)** m., f. II-5
retirement **retraite** f. I-6
return **retourner** v. I-7
to return (home) **rentrer (à la maison)** v. I-2
review (criticism) **critique** f. II-7
rice **riz** m. II-1
ride: to go horseback riding **faire du cheval** v. I-5
to ride in a car **rouler en voiture** v. I-7
right **juste** adv. I-3
to the right (of) **à droite (de)** prep. I-3
to be right **avoir raison** I-2
right away **tout de suite** I-7
right next door **juste à côté** I-3
ring **sonner** v. II-3
river **fleuve** m. II-6; **rivière** f. II-6
riverboat **bateau-mouche** m. I-7
role **rôle** m. II-6
room **pièce** f. I-8, II-P; **salle** f. I-8, II-P
bedroom **chambre** f. I-7
classroom **salle** f. **de classe** I-1
dining room **salle** f. **à manger** I-8, II-P
single hotel room **chambre** f. **individuelle** I-7
round-trip **aller-retour** adj. I-7
round-trip ticket **billet** m. **aller-retour** I-7
rug **tapis** m. I-8, II-P
run **courir** v. I-5; **couru (courir)** p.p., adj. I-6
to run into someone **tomber sur quelqu'un** v. I-7

sad **triste** adj. I-3
to be sad that… **être triste que…** v. II-6
safety **sécurité** f. II-3
said **dit (dire)** p.p., adj. I-7
salad **salade** f. II-1
salary (a high, low) **salaire (élevé, modeste)** m. II-5
sales **soldes** f., pl. I-6
salon: beauty salon **salon** m. **de beauté** II-4

salt **sel** m. II-1
sandwich **sandwich** m. I-4
sat (down) **assis (s'asseoir)** p.p. II-2
Saturday **samedi** m. I-2
sausage **saucisse** f. II-1
save **sauvegarder** v. II-3
save the planet **sauver la planète** v. II-6
savings **épargne** f. II-4
savings account **compte d'épargne** m. II-4
say **dire** v. I-7
scarf **écharpe** f. I-6
scholarship **bourse** f. I-2
school **école** f. I-2
science **sciences** f., pl. I-2
political science **sciences politiques (sciences po)** f., pl. I-2
screen **écran** m. II-3
screening **séance** f. II-7
sculpture **sculpture** f. II-7
sculptor **sculpteur/sculptrice** m., f. II-7
sea **mer** f. I-7
seafood **fruits de mer** m., pl. II-1
search for **chercher** v. I-2
to search for work/a job **chercher du/un travail** v. II-4
season **saison** f. I-5
seat **place** f. II-7
seatbelt **ceinture de sécurité** f. II-3
to buckle one's seatbelt **attacher sa ceinture de sécurité** v. II-3
seated **assis(e)** p.p., adj. II-2
second **deuxième** adj. I-7
security **sécurité** f. II-3
see **voir** v. II-7; (catch sight of) **apercevoir** v. II-4
to see again **revoir** v. II-7
See you later. **À plus tard.** I-1
See you later. **À tout à l'heure.** I-1
See you soon. **À bientôt.** I-1
See you tomorrow. **À demain.** I-1
seen **aperçu (apercevoir)** p.p. II-4; **vu (voir)** p.p. II-7
seen again **revu (revoir)** p.p. II-7
self/-selves **même(s)** pron. I-6
selfish **égoïste** adj. I-1
sell **vendre** v. I-6
seller **vendeur/vendeuse** m., f. I-6
send **envoyer** v. I-5
to send (to someone) **envoyer (à)** v. I-6
to send a letter **poster une lettre** II-4
Senegalese **sénégalais(e)** adj. I-1

sense **sentir** v. I-5
separated **séparé(e)** adj. I-3
September **septembre** m. I-5
serious **grave** adj. II-2;
   sérieux/sérieuse adj. I-3
serve **servir** v. I-5
server **serveur/serveuse**
   m., f. I-4
service station **station-service**
   f. II-3
set the table **mettre la table**
   v. I-8, II-P
seven **sept** m. I-1
seven hundred **sept cents** m. I-5
seventeen **dix-sept** m. I-1
seventh **septième** adj. I-7
seventy **soixante-dix** m. I-3
several **plusieurs** adj. I-4
shame **honte** f. I-2
   It's a shame that... **Il est**
   dommage que... II-6
shampoo **shampooing** m. II-2
shape (state of health) **forme** f. II-2
share **partager** v. I-2
shave (oneself) **se raser** v. II-2
shaving cream **crème à raser**
   f. II-2
she **elle** pron. I-1
sheet of paper **feuille de papier**
   f. I-1
sheets **draps** m., pl. I-8, II-P
shelf **étagère** f. I-8, II-P
shh **chut** II-7
shirt (short-/long-sleeved)
   chemise (à manches
   courtes/longues) f. I-6
shoe **chaussure** f. I-6
shopkeeper **commerçant(e)**
   m., f. II-1
shopping **shopping** m. I-7
   to go shopping **faire du**
   shopping v. I-7
   to go (grocery) shopping **faire**
   les courses v. II-1
shopping center **centre**
   commercial m. I-4
short **court(e)** adj. I-3;
   (stature) **petit(e)** I-3
shorts **short** m. I-6
shot (injection) **piqûre** f. II-2
   to give a shot **faire une piqûre**
   v. II-2
show **spectacle** m. I-5; (movie
   or theater) **séance** f. II-7
   to show (to someone) **montrer**
   (à) v. I-6
shower **douche** f. I-8, II-P
shut off **fermer** v. II-3
shy **timide** adj. I-1
sick: to get/be sick **tomber/être**
   malade v. II-2
sign **signer** v. II-4
silk **soie** f. I-6

since **depuis** adv. II-1
sincere **sincère** adj. I-1
sing **chanter** v. I-5
singer **chanteur/chanteuse**
   m., f. I-1
single (marital status) **célibataire**
   adj. I-3
   single hotel room **chambre** f.
   individuelle I-7
sink **évier** m. I-8, II-P;
   (bathroom) **lavabo** m. I-8, II-P
sir **Monsieur** m. I-1
sister **sœur** f. I-3
sister-in-law **belle-sœur** f. I-3
sit down **s'asseoir** v. II-2
sitting **assis(e)** adj. II-2
six **six** m. I-1
six hundred **six cents** m. I-5
sixteen **seize** m. I-1
sixth **sixième** adj. I-7
sixty **soixante** m. I-1
size **taille** f. I-6
skate **patiner** v. I-4
ski **skier** v. I-5; **faire du ski** I-5
skiing **ski** m. I-5
ski jacket **anorak** m. I-6
ski resort **station** f. **de ski** I-7
skin **peau** f. II-2
skirt **jupe** f. I-6
sky **ciel** m. II-6
sleep **sommeil** m. I-2
   to sleep **dormir** v. I-5
   to be sleepy **avoir sommeil**
   v. I-2
sleeve **manche** f. I-6
slice **tranche** f. II-1
slipper **pantoufle** f. II-2
slow **lent(e)** adj. I-3
slowly **lentement** adv. I-7
small **petit(e)** adj. I-3
smartphone **smartphone** m. II-3
smell **sentir** v. I-5
smile **sourire** m. I-6
   to smile **sourire** v. I-6
snack (afternoon) **goûter** m. II-1
snake **serpent** m. II-6
sneeze **éternuer** v. II-2
snow **neiger** v. I-5
   It is snowing. **Il neige.** I-5
   It was snowing... **Il**
   neigeait... I-8, II-P
so **si** II-3; **alors** adv. I-1
   so that **pour que** II-7
soap **savon** m. II-2
soap opera **feuilleton** m. II-7
soccer **foot(ball)** m. I-5
sociable **sociable** adj. I-1
sociology **sociologie** f. I-1
sock **chaussette** f. I-6
software **logiciel** m. II-3
soil (to make dirty) **salir** v. I-8, II-P
solar **solaire** adj. II-6

solar energy **énergie solaire** f. II-6
solution **solution** f. II-6
some **de l'** part. art., m., f., sing. I-4
   some **de la** part. art., f., sing. I-4
   some **des** part. art., m., f., pl. I-4
   some **du** part. art., m., sing. I-4
   some **quelques** adj. I-4
   some (of it/them) **en** pron. II-2
someone **quelqu'un** pron. II-4
something **quelque chose** m. I-4
   Something's not right.
   Quelque chose ne va pas. I-5
sometimes **parfois** adv. I-5;
   quelquefois adv. I-7
son **fils** m. I-3
song **chanson** f. II-7
sorry **désolé(e)** II-3
   to be sorry that... **être**
   désolé(e) que... v. II-6
sort **sorte** f. II-7
So-so. **Comme ci, comme**
   ça. I-1
soup **soupe** f. I-4
soupspoon **cuillère à soupe**
   f. II-1
south **sud** m. II-4
space **espace** m. II-6
Spain **Espagne** f. I-7
Spanish **espagnol(e)** adj. I-1
speak (on the phone) **parler**
   (au téléphone) v. I-2
   to speak (to) **parler (à)** v. I-6
   to speak to one another **se**
   parler v. II-3
specialist **spécialiste** m., f. II-5
species **espèce** f. II-6
   endangered species **espèce** f.
   menacée II-6
spectator **spectateur/**
   spectatrice m., f. II-7
speed **vitesse** f. II-3
speed limit **limitation de vitesse**
   f. II-3
spend **dépenser** v. I-4
   to spend money **dépenser de**
   l'argent I-4
   to spend time **passer** v. I-7
   to spend time (somewhere)
   faire un séjour I-7
spoon **cuillère** f. II-1
sport(s) **sport** m. I-5
   to play sports **faire du sport**
   v. I-5
sporty **sportif/sportive** adj. I-3
sprain one's ankle **se fouler la**
   cheville II-2
spring **printemps** m. I-5
   in the spring **au printemps** I-5
square (place) **place** f. I-4
squirrel **écureuil** m. II-6
stadium **stade** m. I-5
stage (phase) **étape** f. I-6
stage fright **trac** II-5

staircase **escalier** *m.* I-8, II-P
stamp **timbre** *m.* II-4
star **étoile** *f.* II-6
starter **entrée** *f.* II-1
start up **démarrer** *v.* II-3
station **station** *f.* I-7
 subway station **station** *f.* de
 métro I-7
 train station **gare** *f.* I-7
stationery store **papeterie** *f.* II-4
statue **statue** *f.* II-4
stay **séjour** *m.* I-7; **rester** *v.* I-7
 to stay slim **garder la ligne**
 v. II-2
steak **steak** *m.* II-1
steering wheel **volant** *m.* II-3
stepbrother **demi-frère** *m.* I-3
stepfather **beau-père** *m.* I-3
stepmother **belle-mère** *f.* I-3
stepsister **demi-sœur** *f.* I-3
still **encore** *adv.* I-3
stomach **ventre** *m.* II-2
 to have a stomach ache **avoir**
 mal au ventre *v.* II-2
stone **pierre** *f.* II-6
stop (doing something) **arrêter**
 (de faire quelque chose) *v.;*
 (to stop oneself) **s'arrêter** *v.* II-2
 to stop by someone's house
 passer chez quelqu'un *v.* I-4
 bus stop **arrêt d'autobus (de**
 bus) *m.* I-7
store **magasin** *m.;* **boutique** *f.* II-4
 grocery store **épicerie** *f.* I-4
stormy **orageux/orageuse**
 adj. I-5
 It is stormy. **Le temps est**
 orageux. I-5
story **histoire** *f.* I-2
stove **cuisinière** *f.* I-8, II-P
straight **raide** *adj.* I-3
 straight ahead **tout droit**
 adv. II-4
strangle **étrangler** *v.* II-5
strawberry **fraise** *f.* II-1
street **rue** *f.* II-3
 to follow a street **suivre une**
 rue *v.* II-4
strong **fort(e)** *adj.* I-3
student **étudiant(e)** *m., f.* 1;
 élève *m., f.* I-1
 high school student **lycéen(ne)**
 m., f. I-2
studies **études** *f.* I-2
studio *(apartment)* **studio**
 m. I-8, II-P
study **étudier** *v.* I-2
suburbs **banlieue** *f.* I-4
subway **métro** *m.* I-7
subway station **station** *f.* de
 métro I-7
succeed *(in doing something)*
 réussir (à) *v.* I-4

success **réussite** *f.* II-5
suddenly **soudain** *adv.* I-8, II-P;
 tout à coup *adv.* I-7.; **tout**
 d'un coup *adv.* I-8, II-P
suffer **souffrir** *v.* II-3
suffered **souffert (souffrir)**
 p.p. II-3
sugar **sucre** *m.* I-4
suggest (that) **suggérer (que)**
 v. II-6
suit *(man's)* **costume** *m.* I-6;
 (woman's) **tailleur** *m.* I-6
suitcase **valise** *f.* I-7
summer **été** *m.* I-5
 in the summer **en été** I-5
sun **soleil** *m.* I-5
 It is sunny. **Il fait (du)**
 soleil. I-5
Sunday **dimanche** *m.* I-2
sunglasses **lunettes de soleil**
 f., pl. I-6
supermarket **supermarché** *m.* II-1
supervisor **responsable** *m., f.* II-5
sure **sûr(e)** II-1
 It is sure that... **Il est sûr**
 que... II-7
 It is unsure that... **Il n'est**
 pas sûr que... II-7
surprise (someone) **faire une**
 surprise (à quelqu'un) *v.* I-6
surprised **surpris (surprendre)**
 p.p., adj. I-6
 to be surprised that... **être**
 surpris(e) que... *v.* II-6
sweater **pull** *m.* I-6
sweep **balayer** *v.* I-8, II-P
swell **enfler** *v.* II-2
swim **nager** *v.* I-4
swimsuit **maillot de bain** *m.* I-6
Swiss **suisse** *adj.* I-1
Switzerland **Suisse** *f.* I-7
symptom **symptôme** *m.* II-2

table **table** *f.* I-1
 to clear the table **débarrasser**
 la table *v.* I-8, II-P
tablecloth **nappe** *f.* II-1
tablet **tablette (tactile)** *f.* II-3
take **prendre** *v.* I-4
 to take a photo(graph) **prendre**
 une photo(graphe) *v.* II-3
 to take a shower **prendre une**
 douche II-2
 to take a train (plane, taxi, bus,
 boat) **prendre un train (un**
 avion, un taxi, un autobus,
 un bateau) *v.* I-7
 to take a walk **se promener**
 v. II-2
 to take advantage of **profiter**
 de *v.* II-7

to take an exam **passer un**
 examen *v.* I-2
to take care (of something)
 s'occuper (de) *v.* II-2
to take out the trash **sortir la/**
 les poubelle(s) *v.* I-8, II-P
to take time off **prendre un**
 congé *v.* II-5
to take *(someone)* **emmener**
 v. I-5
taken **pris (prendre)** *p.p., adj.* I-6
tale **conte** *m.* II-7
talented
 (gifted) **doué(e)** *adj.* II-7
tan **bronzer** *v.* I-6
tape recorder **magnétophone**
 m. II-3
tart **tarte** *f.* II-1
taste **goûter** *v.* II-1
taxi **taxi** *m.* I-7
tea **thé** *m.* I-4
teach **enseigner** *v.* I-2
 to teach *(to do something)*
 apprendre (à) *v.* I-4
teacher **professeur** *m.* I-1
team **équipe** *f.* I-5
teaspoon **cuillére à café** *f.* II-1
tee shirt **tee-shirt** *m.* I-6
teeth **dents** *f., pl.* II-1
 to brush one's teeth **se brosser**
 les dents *v.* II-1
telephone *(receiver)* **appareil**
 m. II-5
 to telephone *(someone)*
 téléphoner (à) *v.* I-2
 It's Mr./Mrs./Miss ... (on the
 phone.) **C'est M./Mme/**
 Mlle ... (à l'appareil.) II-5
television **télévision** *f.* I-1
 television channel **chaîne** *f.*
 (de télévision) II-3
 television program **émission**
 f. **de télévision** II-7
tell one another **se dire** *v.* II-3
temperature **température** *f.* I-5
ten **dix** *m.* I-1
tennis **tennis** *m.* I-5
tennis shoes **baskets** *f., pl.* I-6
tenth **dixième** *adj.* I-7
terminal (bus) **gare** *f.*
 routière I-7
terrace (café) **terrasse** *f.*
 de café I-4
test **examen** *m.* I-1
text message **texto, SMS** *m.* II-3
than **que/qu'** *conj.* II-1, II-6
thank: Thank you
 (very much). **Merci**
 (beaucoup). I-1
that **ce/c', ça** I-1; **que** *rel.*
 pron. II-3
 Is that... ? **Est-ce... ?** I-2
 That's enough. **Ça suffit.** I-5

That has nothing to do with us.
That is none of our business. **Ça
ne nous regarde pas.** II-6
that is… **c'est…** I-1
that is to say **ça veut dire** II-2
theater **théâtre** m. II-7
their **leur(s)** poss. adj., m., f. I-3
them **les** d.o. pron. I-7, **leur**
i.o. pron., m., f., pl. I-6
then **ensuite** adv. I-7, **puis** adv.
I-7, **puis** I-4; **alors** adv. I-7
there **là** I-1; **y** pron. II-2
Is there… ? **Y a-t-il… ?** I-2
over there **là-bas** adv. I-1
(over) there (used with
demonstrative adjective ce and
noun or with demonstrative
pronoun celui) **-là** I-6
There is/There are… **Il y a…** I-1
There is/There are…. **Voilà…** I-1
There was… **Il y a eu…** I-6;
Il y avait… I-8, II-P
therefore **donc** conj. I-7
these/those **ces** dem. adj., m., f.,
pl. I-6
these/those **celles** pron., f.,
pl. II-6
these/those **ceux** pron., m.,
pl. II-6
they **ils** sub. pron., m. I-1;
elles sub. and disj. pron., f. I-1;
eux disj. pron., pl. I-3
thing **chose** f. I-1, **truc** m. I-7
think (about) **réfléchir (à)** v. I-4
to think (that) **penser
(que)** v. I-2
third **troisième** adj. I-7
thirst **soif** f. I-4
to be thirsty **avoir soif** v. I-4
thirteen **treize** m. I-1
thirty **trente** m. I-1
thirty-first **trente et unième**
adj. I-7
this/that **ce** dem. adj., m.,
sing. I-6; **cet** dem. adj., m.,
sing. I-6; **cette** dem. adj., f.,
sing. I-6
this afternoon **cet après-midi**
I-2
this evening **ce soir** I-2
this one/that one
celle pron., f., sing. II-6;
celui pron., m., sing. II-6
this week **cette semaine** I-2
this weekend **ce week-end** I-2
this year **cette année** I-2
those are… **ce sont…** I-1
thousand: one thousand **mille**
m. I-5
one hundred thousand
cent mille m. I-5
threat **danger** m. II-6
three **trois** m. I-1

three hundred **trois cents** m. I-5
throat **gorge** f. II-2
throw away **jeter** v. II-6
Thursday **jeudi** m. I-2
ticket **billet** m. I-7
round-trip ticket **billet** m.
aller-retour I-7 bus/subway
ticket **ticket de bus/de
métro** m. I-7
tie **cravate** f. I-6
tight **serré(e)** adj. I-6
time (occurence) **fois** f. I-8, II-P;
(general sense) **temps** m.,
sing. I-5
a long time **longtemps** adv. I-5
free time **temps libre** m. I-5
from time to time **de temps
en temps** adv. I-7
to waste time **perdre son
temps** v. I-6
tinker **bricoler** v. I-5
tip **pourboire** m. I-4
to leave a tip **laisser un
pourboire** v. I-4
tire **pneu** m. II-3
flat tire **pneu** m. **crevé** II-3
(emergency) tire **roue (de
secours)** f. II-3
to check the tire pressure
**vérifier la pression des
pneus** v. II-3
tired **fatigué(e)** adj. I-3
tiresome **pénible** adj. I-3
to **à** prep. I-4; **au (à + le)** I-4;
aux (à + les) I-4
toaster **grille-pain** m. I-8, II-P
today **aujourd'hui** adv. I-2
toe **orteil** m. II-2; **doigt de
pied** m. II-2
together **ensemble** adv. I-6
tomato **tomate** f. II-1
tomorrow (morning, afternoon,
evening) **demain (matin,
après-midi, soir)** adv. I-2
day after tomorrow
après-demain adv. I-2
too **aussi** adv. I-1
too many/much (of) **trop
(de)** I-4
tooth **dent** f. II-1
to brush one's teeth **se brosser
les dents** v. II-1
toothbrush **brosse** f. **à dents** II-2
toothpaste **dentifrice** m. II-2
tour **tour** m. I-5
tourism **tourisme** m. II-4
tourist office **office du tourisme**
m. II-4
towel (bath) **serviette (de
bain)** f. II-2
town **ville** f. I-4
town hall **mairie** f. II-4
toxic **toxique** adj. II-6

toxic waste **déchets toxiques**
m., pl. II-6
traffic **circulation** f. II-3
traffic light **feu de signalisation**
m. II-4
tragedy **tragédie** f. II-7
train **train** m. I-7
train station **gare** f. I-7; **station**
f. **de train** I-7
training **formation** f. II-5
translate **traduire** v. I-6
translated **traduit (traduire)**
p.p., adj. I-6
trash **ordures** f., pl. II-6
travel **voyager** v. I-2
travel agency **agence de voyages**
f. I-7
travel agent **agent de voyages**
m. I-7
tree **arbre** m. II-6
trip **voyage** m. I-7
troop (company) **troupe** f. II-7
tropical **tropical(e)** adj. II-6
tropical forest **forêt tropicale**
f. II-6
true **vrai(e)** adj. I-3; **véritable**
adj. I-6
It is true that… **Il est vrai
que…** II-7
It is untrue that… **Il n'est pas
vrai que…** II-7
trunk **coffre** m. II-3
try **essayer** v. I-5
Tuesday **mardi** m. I-2
tuna **thon** m. II-1
turn **tourner** v. II-4
to turn off **éteindre** v. II-3
to turn on **allumer** v. II-3
to turn (oneself) around **se
tourner** v. II-2
twelve **douze** m. I-1
twentieth **vingtième** adj. I-7
twenty **vingt** m. I-1
twenty-first **vingt et unième**
adj. I-7
twenty-second **vingt-deuxième**
adj. I-7
twice **deux fois** adv. I-8, II-P
twist one's ankle **se fouler la
cheville** v. II-2
two **deux** m. I-1
two hundred **deux cents**
m. I-5
two million **deux millions**
m. I-5
type **genre** m. II-7

U

ugly **laid(e)** adj. I-3
umbrella **parapluie** m. I-5
uncle **oncle** m. I-3
under **sous** prep. I-3

understand **comprendre** v. I-4
understood **compris
(comprendre)** p.p., adj. I-6
underwear **sous-vêtement**
m. I-6
undress **se déshabiller** v. II-2
unemployed person **chômeur/
chômeuse** m., f. II-5
to be unemployed **être au
chômage** v. II-5
unemployment **chômage** m. II-5
unfortunately **malheureusement**
adv. I-7
unhappy **malheureux/
malheureuse** adj. I-3
union **syndicat** m. II-5
United States **États-Unis** m.,
pl. I-7
unless **à moins que** conj. II-7
unpleasant **antipathique** adj.
I-3; **désagréable** adj. I-1
until **jusqu'à** prep. II-4; **jusqu'à
ce que** conj. II-7
upset: to become upset **s'énerver**
v. II-2
us **nous** i.o. pron. I-6; **nous** d.o.
pron. I-7
USB drive **clé USB** f. II-3
use **employer** v. I-5
to use a map **utiliser un plan**
v. I-7
useful **utile** adj. I-2
useless **inutile** adj. I-2; **nul(le)**
adj. I-2
usually **d'habitude** adv. I-8, II-P

V

vacation **vacances** f., pl. I-7
vacation day **jour de
congé** m. I-7
vacuum **aspirateur** m. I-8, II-P
to vacuum **passer
l'aspirateur** v. I-8, II-P
valley **vallée** f. II-6
vegetable **légume** m. II-1
velvet **velours** m. I-6
very (before adjective) **tout(e)**
adv. I-3
Very well. **Très bien.** I-1
veterinarian **vétérinaire** m.,
f. II-5
videocassette recorder (VCR)
magnétoscope m. II-3
video game(s) **jeu vidéo (des
jeux vidéo)** m. II-3
videotape **cassette vidéo**
f. II-3
Vietnamese **vietnamien(ne)**
adj. I-1
violet **violet(te)** adj. I-6
violin **violon** m. II-7
visit **visite** f. I-6

to visit (a place) **visiter** v. I-2;
(a person or people) **rendre visite (à)** v. I-6; (to visit regularly)
fréquenter v. I-4
voicemail **messagerie** f. II-5
volcano **volcan** m. II-6
volleyball **volley(-ball)** m. I-5

W

waist **taille** f. I-6
wait **attendre** v. I-6
to wait (on the phone) **patienter**
v. II-5
to wait in line **faire la
queue** v. II-4
wake up **se réveiller** v. II-2
walk **promenade** f. I-5;
marcher v. I-5
to go for a walk **faire une
promenade** I-5; **faire un
tour** I-5
wall **mur** m. I-8, II-P
want **désirer** v. I-5; **vouloir** v. II-1
wardrobe **armoire** f. I-8, II-P
warming: global warming
réchauffement de la Terre
m. II-6
warning light (gas/oil) **voyant**
m. **(d'essence/d'huile)** II-3
wash **laver** v. I-8, II-P
to wash oneself (one's hands)
se laver (les mains) v. II-2
to wash up (in the morning)
faire sa toilette v. II-2
washing machine **lave-linge**
m. I-8, II-P
waste **gaspillage** m. II-6;
gaspiller v. II-6
wastebasket **corbeille (à papier)**
f. I-1
waste time **perdre son temps**
v. I-6
watch **montre** f. I-1; **regarder**
v. I-2
water **eau** f. I-4
mineral water **eau**
f. **minérale** I-4
way (by the way) **au fait** I-3;
(path) **chemin** m. II-4
we **nous** pron. I-1
weak **faible** adj. I-3
wear **porter** v. I-6
weather **temps** m., sing.
I-5; **météo** f. II-7
The weather is bad. **Il fait
mauvais.** I-5
The weather is dreadful. **Il fait
un temps épouvantable.** I-5
The weather is good/warm. **Il
fait bon.** I-5
The weather is nice. **Il fait
beau.** I-5

web site **site Internet/web**
m. II-3
wedding **mariage** m. I-6
Wednesday **mercredi** m. I-2
weekend **week-end** m. I-2
this weekend **ce week-end**
m. I-2
welcome **bienvenu(e)** adj. I-1
You're welcome. **Il n'y a pas
de quoi.** I-1
well **bien** adv. I-7
I am doing well/badly. **Je vais
bien/mal.** I-1
west **ouest** m. II-4
What? **Comment?** adv. I-4;
Pardon? I-4; **Quoi?** I-1 interr.
pron. I-4
What day is it? **Quel jour
sommes-nous?** I-2
What is it? **Qu'est-ce que
c'est?** prep. I-1
What is the date? **Quelle est
la date?** I-5
What is the temperature?
**Quelle température
fait-il?** I-5
What is the weather like? **Quel
temps fait-il?** I-5
What is your name? **Comment
t'appelles-tu?** fam. I-1
What is your name? **Comment
vous appelez-vous?** form. I-1
What is your nationality?
Quelle est ta nationalité?
sing., fam. I-1
What is your nationality?
Quelle est votre nationalité?
sing., pl., fam., form. I-1
What time do you have?
Quelle heure avez-vous?
form. I-2
What time is it? **Quelle heure
est-il?** I-2
What time? **À quelle
heure?** I-2
What do you think about that?
Qu'en penses-tu? II-6
What's up? **Ça va?** I-1
whatever it may be **quoi que
ce soit** II-5
What's wrong? **Qu'est-ce qu'il
y a?** I-1
when **quand** adv. I-4
When is …'s birthday? **C'est
quand l'anniversaire de …?**
I-5
When is your birthday?
**C'est quand ton/votre
anniversaire?** I-5
where **où** adv., rel. pron. I-4
which? **quel(le)(s)?** adj. I-4
which one **à laquelle** pron., f.,
sing. II-5

which one **auquel (à + lequel)** *pron., m., sing.* II-5
which one **de laquelle** *pron., f., sing.* II-5
which one **duquel (de + lequel)** *pron., m., sing.* II-5
which one **laquelle** *pron., f., sing.* II-5
which one **lequel** *pron., m., sing.* II-5
which ones **auxquelles (à + lesquelles)** *pron., f., pl.* II-5
which ones **auxquels (à + lesquels)** *pron., m., pl.* II-5
which ones **desquelles (de + lesquelles)** *pron., f., pl.* II-5
which ones **desquels (de + lesquels)** *pron., m., pl.* II-5
which ones **lesquelles** *pron., f., pl.* II-5
which ones **lesquels** *pron., m., pl.* II-5
while **pendant que** *prep.* I-7
white **blanc(he)** *adj.* I-6
who? **qui?** *interr. pron.* I-4; **qui** *rel. pron.* II-3
    Who is it? **Qui est-ce?** I-1
    Who's calling, please? **Qui est à l'appareil?** II-5
whom? **qui?** *interr.* I-4
    For whom? **Pour qui?** I-4
    To whom? **À qui?** I-4
why? **pourquoi?** *adv.* I-2, I-4
widowed **veuf/veuve** *adj.* I-3
wife **femme** *f.* I-1; **épouse** *f.* I-3
willingly **volontiers** *adv.* II-2
win **gagner** *v.* I-5
wind **vent** *m.* I-5
    It is windy. **Il fait du vent.** I-5
window **fenêtre** *f.* I-1
windshield **pare-brise** *m.* II-3
windshield wiper(s) **essuie-glace (essuie-glaces** *pl.***)** *m.* II-3
windsurfing **planche à voile** *v.* I-5
    to go windsurfing **faire de la planche à voile** *v.* I-5
winter **hiver** *m.* I-5
    in the winter **en hiver** I-5
wipe (the dishes/the table) **essuyer (la vaisselle/la table)** *v.* I-8, II-P
wish that… **souhaiter que…** *v.* II-6
with **avec** *prep.* I-1
    with whom? **avec qui?** I-4
withdraw money **retirer de l'argent** *v.* II-4
without **sans** *prep.* I-8, II-P; **sans que** *conj.* I-5
woman **femme** *f.* I-1

wood **bois** *m.* II-6
wool **laine** *f.* I-6
work **travail** *m.* II-4
    to work **travailler** *v.* I-2; **marcher** *v.* II-3; **fonctionner** *v.* II-3
work out **faire de la gym** *v.* I-5
worker **ouvrier/ouvrière** *m., f.* II-5
world **monde** *m.* I-7
worried **inquiet/inquiète** *adj.* I-3
worry **s'inquiéter** *v.* II-2
worse **pire** *comp. adj.* II-1; **plus mal** *comp. adv.* II-1; **plus mauvais(e)** *comp. adj.* II-1
worst: the worst **le plus mal** *super. adv.* II-1; **le/la pire** *super. adj.* II-1; **le/la plus mauvais(e)** *super. adj.* II-1
wound **blessure** *f.* II-2
wounded: to get wounded **se blesser** *v.* II-2
write **écrire** *v.* I-7
    to write one another **s'écrire** *v.* II-3
writer **écrivain(e)** *m., f.* II-7
written **écrit (écrire)** *p.p., adj.* I-7
wrong **tort** *m.* I-2
    to be wrong **avoir tort** *v.* I-2

Y

yeah **ouais** I-2
year **an** *m.* I-2; **année** *f.* I-2
yellow **jaune** *adj.* I-6
yes **oui** I-2; *(when making a contradiction)* **si** I-2
yesterday (morning/afternoon evening) **hier (matin/après-midi/soir)** *adv.* I-7
    day before yesterday **avant-hier** *adv.* I-7
yogurt **yaourt** *m.* II-1
you **toi** *disj. pron., sing., fam.* I-3; **tu** *sub. pron., sing., fam.* I-1; **vous** *pron., sing., pl., fam., form.* I-1
    you neither **toi non plus** I-2
    You're welcome. **De rien.** I-1
young **jeune** *adj.* I-3
younger **cadet(te)** *adj.* I-3
your **ta** *poss. adj., f., sing.* I-3; **tes** *poss. adj., m., f., pl.* I-3; **ton** *poss. adj., m., sing.* I-3; **vos** *poss. adj., m., f., pl.* I-3; **votre** *poss. adj., m., f., sing.* I-3;
yourself **te/t'** *refl. pron., sing., fam.* II-2; **toi** *refl. pron., sing., fam.* II-2; **vous** *refl. pron., form.* II-2

youth **jeunesse** *f.* I-6
youth hostel **auberge de jeunesse** *f.* I-7
Yum! **Miam!** *interj.* I-5

Z

zero **zéro** *m.* I-1

Supplementary Vocabulary

Dans la maison

allumer la lumière *to turn on the light*
du bois *wood*
le chauffage central *central heating*
la cheminé *chimney; fireplace*
la climatisation *air-conditioning*
la décoration intérieure *interior design*
en bas *downstairs*
en haut *upstairs*
éteindre la lumière *to turn off the light*
le fioul *heating oil*
le gaz *natural gas*
le grenier *attic*
la lumière *light*
une penderie *walk-in closet*
un plafond *ceiling*
le sol *floor*
le toit *roof*

Des tâches ménagères

aérer une pièce *to air a room*
arroser les plantes *to water the plants*
étendre le linge *to hang out/ hang up washing*
laver les vitres *to clean the windows*
une vitre *windowpane*

Des meubles et des objets de la maison

une ampoule *light bulb*
une bougie *candle*
un buffet *sideboard*
une corde à linge *clothesline*
une couette *comforter*
le linge de maison *linen*
une persienne *shutter*
une pince à linge *clothes pin*
un portemanteau *coat rack*
un radiateur *radiator*
un robot ménager *food processor*
un store *blind*
un volet *shutter*

Des fruits

un abricot *apricot*
un ananas *pineapple*
une cerise *cherry*
un citron *lemon*
une citrouille *pumpkin*
une fraise *strawberry*
une framboise *raspberry*
une mandarine *tangerine*
une mangue *mango*
un melon *cantaloupe*
un pamplemousse *grapefruit*
une pastèque *watermelon*
une papaye *papaya*
un potiron *pumpkin*
du raisin *grapes*

Des légumes

un artichaut *artichoke*
une asperge *asparagus*
une aubergine *eggplant*
un avocat *avocado*
une betterave *beet*
un brocoli *broccoli*
du céleri *celery*
un chou *cabbage*
un concombre *cucumber*
des épinards *spinach*
un radis *radish*

Des poissons et des fruits de mer

du cabillaud *cod*
un calmar *squid*
une coquille Saint-Jacques *scallop*
un crabe *crab*
une crevette *prawn; shrimp*
une palourde *clam*
une sole *sole; flounder*
une moule *mussel*
une huître *oyster*
une sardine *sardine*
du saumon *salmon*
une truite *trout*

De la viande

de l'agneau (m.) *lamb*
un canard *duck*
une caille *quail*
un filet (de) *fillet*
du foie *liver*
du lard fumé *smoked bacon*
un rôti *roast*
du veau *veal*

Quelques magasins

une crémerie *cheese and dairy product store*
un fleuriste *flower shop*
un hypermarché *large supermarket*
une supérette *mini-market*

La routine quotidienne

un après-shampooing *conditioner*
un chausson *slipper*
un gant de toilette *washcloth*
un peignoir *bathrobe*
une pendulette *small clock*
une pince à épiler *tweezers*
une savonnette *bar soap*
se démaquiller *to remove make-up*

Des parties du corps

la barbe *beard*
le cerveau *brain*
un cil *eyelash*
une côte *rib*
un coude *elbow*
le crâne *skull*
une cuisse *thigh*
une épaule *shoulder*
les fesses (f.) *buttocks*
le front *forehead*
une hanche *hip*
la langue *tongue*
les lèvres (f.) *lips*
une mâchoire *jaw*
le menton *chin*
un mollet *calf*
la moustache *mustache*
le nombril *navel; bellybutton*
un ongle *fingernail*
une paupière *eyelid*
un poignet *wrist*
le pouce *thumb*
un poumon *lung*
le sang *blood*
un sourcil *eyebrow*
un talon *heel*
le torse *torso; trunk*

Quelques professions de la santé

un docteur/une doctoresse *doctor*
un(e) kinésithérapeute *physical therapist*
un(e) oculiste *oculist*

La santé

un(e) auxiliaire médical *paramedic*
des béquilles (**f.**) *crutches*
une brûlure *burn*
le cancer *cancer*
un comprimé *tablet*
une crise cardiaque *heart attack*
une éruption *rash*
un fauteuil roulant *wheelchair*
des insomnies (**f.**) *insomnia*
une maladie *disease; sickness*
un pansement *bandage*
les premiers soins (**m.**) *first aid*
une pneumonie *pneumonia*
une salle d'opération *operating room*
un sirop *(cough) syrup*
un thermomètre *thermometer*
une transfusion *transfusion*
une vaccination *vaccination*
un virus *virus*

Quelques expressions liées à la santé

aller mieux *to get better*
avoir la jambe dans le plâtre *to have one's leg in a cast*
se brûler *to burn (oneself)*
se couper *to cut (oneself)*
entrer à l'hôpital (**m.**) *to check into the hospital*
s'évanouir *to faint*
faire un pansement à quelqu'un *to put a dressing on someone's wound*
garder la chambre/le lit *to stay in bed*
opérer *to operate*
porter des lunettes *to wear glasses*
prendre la tension de quelqu'un *to take someone's blood pressure*
prendre le pouls de quelqu'un *to take someone's pulse*
respirer (**profondément**) *to breathe (deeply)*
saigner *to bleed*

D'autres mots pour la technologie

une base de données *database*
la biotechnologie *biotechnology*
un bouton *button; knob*
un câble *cable*
le courant *current*
l'électricité (**f.**) *electricity*
une fusée *rocket*
un laboratoire spatial *space laboratory*
un moteur de recherche *search engine*
programmer *to program*
un satellite *satellite*
une touche *key*

D'autres mots pour la voiture

l'accélérateur *accelerator*
baisser la vitre *to roll down the window*
la batterie *battery*
la boîte de vitesses (**automatique/manuelle**) *(automatic/manual) transmission*
le carburateur *carburetor*
la carrosserie *bodywork*
les codes (**m.**) *low beams*
un concessionnaire *car dealer*
la consommation (**d'essence**) *mileage*
descendre la vitre *to roll down the window*
pleins phares (**m.**) *high beams*
remonter la vitre *to roll up the window*
la suspension *suspension*
les vitres (**f.**) *windows*

Quelques édifices

un aquarium *aquarium*
la caserne des pompiers *fire station*
un gratte-ciel *skyscraper*
un hôtel particulier *mansion*
l'hôtel de ville *town hall*
le palais de justice *law courts*
un pâté de maisons *block*

L'infrastructure

une ambulance *ambulance*
un camion de pompiers *fire engine*
la chaussée *street*
un panneau *street sign*
un réverbère *street light*
une route à trois voies *three-lane road*
un trottoir *sidewalk*
un tunnel *tunnel*

Quelques magasins

une boutique de mode *fashion store*
un cordonnier *shoe repair shop*
une galerie marchande *shopping mall*
un magasin de chaussures *shoe store*
un magasin de sport *sports store*
une parfumerie *perfumery shop*
un salon de coiffure *hairdressing salon*

Supplementary Vocabulary

D'autres occupations

un(e) **acheteur/euse** *buyer*
un **agent d'assurances** *insurance agent*
un **artisan** *craftsman*
un(e) **bibliothécaire** *librarian*
un(e) **chirurgien/ne** *surgeon*
un(e) **diététicien/ne** *dietician*
un(e) **diplomate** *diplomat*
un **éboueur/une éboueuse** *garbage collector*
un **garagiste** *car mechanic*
une **hôtesse de l'air/un steward** *flight attendant*
un(e) **interprète** *interpreter*
un(e) **juge** *judge*
un **marin** *sailor*
un **rédacteur/une rédactrice** *editor*

Quelques expressions

choisir une branche *to choose a field*
être en congé de maladie *to be on sick leave*
être en congé de maternité *to be on maternity leave*
être en/à la retraite *to be retired*
partir en retraite *to retire*
le secteur privé *private sector*
le secteur public *public sector*

L'environnement et la nature

l'atmosphère (f.) *atmosphere*
une **colline** *hill*
un **écosystème** *ecosystem*
le sable *sand*
le système solaire *solar system*

Des problèmes écologiques et des solutions

un **dépôt d'ordures** *garbage dump*
déboiser *to deforest*
le dioxyde de carbone *carbon dioxide*
une **éolienne** *windmill*
une **inondation** *flood*
une **marée noire** *oil spill*
des **panneaux solaires (m.)** *solar panels*
un **pesticide** *pesticide*
le reboisement *reforestation*
reboiser *to reforest*
la sécheresse *drought*

D'autres animaux

une **abeille** *bee*
un **âne** *donkey*
un **alligator** *alligator*
une **araignée** *spider*
une **baleine** *whale*
un **canard** *duck*
un **chameau** *camel*
un **cerf/un daim** *deer*
un **coq** *rooster*
un **coyote** *coyote*
un **éléphant** *elephant*
une **fourmi** *ant*
une **girafe** *giraffe*
un **gorille** *gorilla*
une **grenouille** *frog*
un **hippopotame** *hippopotamus*
un **insecte** *insect*
un **lézard** *lizard*
un **lion** *lion*
un **loup** *wolf*
une **mouche** *fly*
un **moustique** *mosquito*
un **mouton** *sheep*
un **orignal** *moose*
un **papillon** *butterfly*
un **perroquet** *parrot*
un **phoque** *seal*
une **poule** *chicken; hen*
un **ours** *bear*
un **renard** *fox*
un **renne** *reindeer*
un **requin** *shark*
un **rhinocéros** *rhinoceros*
une **sauterelle** *grasshopper*
un **singe** *monkey*
un **tigre** *tiger*
un **zèbre** *zebra*

Les arts du spectacle

un(e) **acteur/actrice comique/un(e) comique** *comedian*
un **autographe** *autograph*
un **bis** *encore*
bisser *to ask for an encore; to do an encore*
une **cantatrice** *opera singer*
une **chorale** *choir*
un(e) **comédien(ne)** *actor, actress*
les **coulisses (f.)** *backstage*
émouvant *moving*
un **fauteuil (d'orchestre)** *(orchestra) seat*
la **générale** *dress rehearsal*
huer *to boo*
la **première** *première*
une **matinée** *matinée*
le **méchant** *villain*
une **opérette** *operetta*
un(e) **ouvreur/euse** *usher/usherette*
pleurer *to cry*
un(e) **soliste** *soloist*

Les beaux-arts

un **atelier** *studio*
un **cadre** *frame*
un **chevalet** *easel*
encadrer *to frame*
une **fresque** *fresco*
une **galerie d'art** *art gallery*
une **palette** *palette*
une **peinture murale** *mural*
un **vernissage** *private view (exhibition)*

L'artisanat

l'argent (m.) *silver*
une **brodeuse** *embroiderer*
la **céramique** *ceramics*
un **charpentier** *carpenter*
une **couturière** *dressmaker*
le cuivre *copper*
une **dentellière** *lace maker*
un **facteur de pianos** *piano maker*
l'or (m.) *gold*
un **orfèvre** *goldsmith*
un **potier** *potter*
un **souffleur de verre** *glassblower*

AP® French Themes & Contexts

This index aligns the cultural content in **D'accord! 2** with the AP® French Language and Culture themes and recommended contexts to help you build the broad cultural understanding you need to succeed in class, on the AP® Exam, and beyond.

The numbers following each entry can be understood as follows:

(1) 9 = **(Unit)** page
As shown, the entry above would be found in Unit 1, page 9.

*Entries marked with an asterisk offer cultural information that supports the AP® theme and context but may not fully align with it.

Index of AP® Themes & Contexts

You can find a comprehensive index of AP® Themes & Contexts for all levels of **D'accord!** on the Supersite.

Grammar Index

Grammar Index

Photography and Art Credits

Cover: Philippe Lejeanvre.

Front Matter (TE): T36: SimmiSimons/iStockphoto; **T38:** Monkeybusinessimages/Bigstock.

Front Matter (SE): xix: (all) North Wind Picture Archives/Alamy; **xx:** (l) Courtesy of the Library of Congress; (r) Design Pics Inc/Alamy; **xxi:** Masterpics/Alamy; **xxii:** (tl) Moodboard/Fotolia; (bl) Moshimochi/Shutterstock; (br) Wavebreakmedia Ltd/Shutterstock; **xxiii:** JTB Photo Communications, Inc/Alamy; **xxiv:** (l) Gawrav/iStockphoto; (r) Yuri/iStockphoto; **xxv:** FMB/Isabel Schiffler/Future Image/WENN/Newscom; **xxvi:** (t) Monkey Business Images/Fotolia; (b) Yuri Arcurs/Fotolia; **xxvii:** (t) Monkeybusinessimages/iStockphoto; (b) Masterfile Royalty-Free; **xxviii:** David Schaffer/Media Bakery.

Reprise: 1: Solstock/Getty Images; **4:** (l) Oneclearvision/iStockphoto; (ml) Aleksander Mijatovic/Fotolia; (mr) Milhailomilovanovic/iStockphoto; (r) Sebra/Fotolia; **5:** (t) Martín Bernetti; (bl) Martín Bernetti; (bml) Photofriday/Shutterstock; (mr) VHL; (r) Martín Bernetti; **9:** Rossy Llano; **11:** (all) Anne Loubet; **12:** Cindy Miller Hopkins/DanitaDelimont; **13:** (all) Alt-6/Alamy; **19:** (t) Anne Loubet; (ml) Hemera Technologies/Photos.com; (mr) Vstock, LLC/Photolibrary; (bl) Anne Loubet; (br) Martín Bernetti; **23:** Anne Loubet; **24:** Donald Nausbaum/Getty Images.

Unite Preliminaire: 25: Helen & Bodil Sturesson/Johner Images; **32:** Anne Loubet; **33:** Maridav/Shutterstock; **45:** Giantstep Inc/Getty Images; **46:** Thinkstock/Corbis; **50:** Anne Loubet; **51:** David Redfern/Getty Images; **57:** 290712/Fotolia; **58:** (t) Stockshot/Alamy; (bl) Ben Blankenburg/Corbis; (bml) Martín Bernetti; (bmr) Martín Bernetti; (br) Martín Bernetti; **59:** Sigrid Olsson/AGE Fotostock; **60:** (l) Anne Loubet; (tr) Martín Bernetti; (br) Anne Loubet; **61:** (l) Anne Loubet; (tr) Anne Loubet; (mr) Anne Loubet; (br) Anne Loubet; **62:** (left col: t) Historical Picture Archive/Getty Images; (left col: m) Keystone Pictures/AGE Fotostock; (left col: b) Kurt Krieger/Getty Images; (t) Jeremy Reddington/Shutterstock; (ml) Abadesign/Shutterstock; (mr) Anne Loubet; (b) Benjamin Herzog/Fotolia; **63:** (tl) Tom Delano; (tr) Anne Loubet; (bl) Janet Dracksdorf; (br) Anne Loubet; **64:** (left col, t) Aksaran/Gamma-Rapho/Getty Images; (left col: m) Stills Press/Alamy; (left col, b) AF Archive/Alamy; (t) Structurae / Nicolas Janberg; (ml) Paanna/Depositphotos; (mr) Sigurcamp/Shutterstock; (b) Jean Dubuffet. Closerie Falbala (1971-1973). Painted epoxy resin and sprayed concrete. Surface area: 1.610 m2. Fondation Dubuffet, Perigny-sur-Marne (France). Copyright Fondation Dubuffet / ARS 2017; **65:** (tl) Kalpana Kartik/Alamy; (tr) Josse Christophel/Alamy; (bl) Tony C. French/Getty Images; (br) Bukki88/Depositphotos; **66–67:** Jessica Beets; **66:** (b) Jessica Beets; **67:** (inset) Jessica Beets; **68:** Anne Loubet; **69:** Terry J Alcorn/iStockphoto.

Unit 1: 71: Easy Production/Media Bakery; **73:** Martín Bernetti; **78:** (l) Franck Dubray/PhotoPQR/Ouest France/Newscom; (m) Gilles ROLLE/REA/Redux; (r) Kachelhoffer Clement/Corbis Historical/Getty Images; **79:** VHL; **81:** (l) Michael Weber/Image Broker/AGE Fotostock; (r) Jeffrey M. Frank/Shutterstock; **92:** Rich Legg/iStockphoto; **96:** Anne Loubet; **97:** (l) Sergio Pitamitz/Getty Images; (r) FoodCollection/Photolibrary; **98:** Anne Loubet; **101:** (t) Photolibrary; (bl) FogStock LLC/Photolibrary; (bml) Anne Loubet; (bmr) Design Pics/Alamy; (br) MediaPictures.pl/Shutterstock; **103:** (t) Comstock/Jupiterimages; (b) Martín Bernetti; **105:** (tl) Anne Loubet; (tr) Bold Stock/Fotosearch; (bl) Photolibrary; (br) Anne Loubet; **107:** Andersen Ross/Blend Images/Corbis; **108:** (left col: t) Chris Hellier/Corbis Historical/Getty Images; (left col: b) Hulton-Deutsch Collection/Corbis/Getty Images; (t) Christophe Boisvieux/Getty Images; (ml) David Osborne/Alamy; (mr) Dan Moore/iStockphoto; (b) Daniel Brechwoldt/iStockphoto; **109:** (tl) Janet Dracksdorf; (tr) Leslie Garland Picture Library/Alamy; (bl) Pecold/Fotolia; (br) Walid Nohra/Shutterstock; **112:** Pascal Pernix; **113:** José Blanco.

Unit 2: 115: Allison Shelley/Getty Images for the International Committee of the Red Cross; **122:** Pascal Pernix; **123:** (l) Janet Dracksdorf; (r) Rachel Distler; **140:** Chassenet/AGE Fotostock; **141:** Hulton-Deutsch Collection/Corbis/Getty Images; **143:** (l) Diane39/ iStockphoto; (r) Kalle Singer/Beyond/Corbis; **145:** Martín Bernetti; **151:** Anne Loubet; **152:** (left col: t) Bettmann/Getty Images; (left col: m) Album/Oronoz/Newscom; (left col: b) Bettmann/Getty Images; (t) Gonzalo Azumendi/AGE Fotostock; (ml) Kumar Sriskandan/Alamy; (mr) Mikhail Lavrenov/123RF; (b) Bettmann/Getty Images; **153:** (tl) Foodfolio/Alamy; (tr) Philip Lange/iStockphoto; (bl) Owen Franken/Corbis Documentary/Getty Images; (br) Troubadour Plays Six Musical Instruments. Handcoloured engraving from Pierre de la Mesangere's Le Bon Genre, Paris, 1817. Florilegius/SSPL/Getty Images; **154:** (t) Tonodiaz/Depositphotos; (b) Anne Loubet; **155:** Moodboard/Corbis; **156:** Radius Images/Alamy; **157:** Mediaphotos/iStockphoto.

Text Credits

Film Credits

Television Credits

Comic Credits